إِكتِشَافُ أَسْرَارِ الوُجُودِ
وَالحِكْمَةُ الخَفِيَّةُ وَرَاءَهُ

إكتِشَافُ أَسرَارِ الوُجُودِ وَالحِكْمَةُ الخَفِيَّةُ وَرَاءَهُ

دَليلُ البَحث عَنْ الحِكْمَةِ وَرَاءَ بُنْيَةِ الكَوْن

الكاتِب: صَاحِب حَكِيم

All Rights Reserved

Copyright © 2023 by
Laitman Kabbalah Publishers

ISBN: 978-1-77228-122-4

www.kab.info

حُقُوق الطبعِ والنَشرِ- عام ٢٠١٤
افِةُ حُقُوقِ النَشرِ محَفُوظةٌ لِدَارِ النَشرِ
وَلاَ يُسْمَحُ بِإعَادَةِ إِصْدَارِ هَذَا الكِتَابِ أَوْ أَيِّ جُزْءِ مِنْهُ بِأَيِّ شَكْلٍ مِنَ الأَشْكَالِ
إلاَّ بإِذْنٍ خَطِيٍّ مِنَ النَاشِرِينَ

الفهرس

مُقَدِمَةٌ عَن الكِتَابِ . . . . ١.

لَمحَةٌ مُختَصَرَةٌ . . . . ٣.

تَفسِيرُ المُصطَلَحاتِ ١٣

إختَبِرْ مَعلُومَاتَكَ. ١٤

غِذَاءٌ لِلفِكرِ ١٥

تَارِيخُ عِلمُ الحِكمَةِ وَكِتَابُ الزُوهَارِ ١٧

تَفسِيرُ المُصطَلَحاتِ: ٢٨

إختَبِرْ مَعلُومَاتَكَ. ٢٩

غِذَاءٌ لِلفِكرِ ٣٠

جَوهَرُ عِلمُ الحِكمَةِ الخَفِيَّةِ ٣١

تَفسِيرُ المُصطَلَحاتِ ٣٦

إختَبِرْ مَعلُومَاتَكَ. ٣٧

غِذَاءٌ لِلفِكرِ ٣٨

عِلمُ الحِكمَةِ وَعِلمُ النَفسِ ٣٩

إختَبِرْ مَعلُومَاتَكَ. ٤٧

غِذَاءٌ لِلفِكرِ ٤٨

عِلمُ الحِكمَةِ وَالفَلسَفَة ٤٩

إختَبِرْ مَعلُومَاتَكَ. ٦٢

غِذَاءٌ لِلفِكرِ ٦٣

لِمَنْ وُجِدَتْ هَذِهِ الحِكمَة ٦٥

تَفسِيرُ المُصطَلَحاتِ ٧٢

إختَبِرْ مَعلُومَاتَكَ ٧٣

غِذَاءٌ لِلفِكرِ ٧٤

ضَرُورَةُ المَعرِفَة ٧٥

تَفسِيرُ المُصطَلَحاتِ ٨٣

إختَبِرْ مَعلُومَاتَك ٨٤

غِذَاءٌ لِلفِكرِ ٨٥

الرَّجُلُ العَالِمُ وَالحَكِيمُ	٨٧
تَفْسِيرُ المُصْطَلَحَاتِ:	٩٣
إخْتَبِرْ مَعْلُومَاتَكَ.	٩٥
غِذَاءٌ لِلفِكْرِ	٩٦
إدْرَاكُ الوَاقِعِ الكَامِلِ	٩٧
تَفْسِيرُ المُصْطَلَحَاتِ:	١١٧
إخْتَبِرْ مَعْلُومَاتَكَ.	١١٩
غِذَاءٌ لِلفِكْرِ	١٢٠
لُغَةُ الفُرُوعِ	١٢٣
تَفْسِيرُ المُصْطَلَحَاتِ:	١٣٠
إخْتَبِرْ مَعْلُومَاتَكَ	١٣١
غِذَاءٌ لِلفِكْرِ	١٣٢
المُعَانَاةُ وَدَوْرُهَا فِي الحَيَاةِ	١٣٣
تَفْسِيرُ المُصْطَلَحَاتِ:	١٤٤
إخْتَبِرْ مَعْلُومَاتَكَ.	١٤٥
غِذَاءٌ لِلفِكْرِ	١٤٦
المَرَاحِلُ الأَرْبَعُ لِلنُّورِ المُبَاشِرِ	١٤٧
تَفْسِيرُ المُصْطَلَحَاتِ:	١٥٦
إخْتَبِرْ مَعْلُومَاتَكَ.	١٥٨
غِذَاءٌ لِلفِكْرِ	١٥٩
المَسَاخُ	١٦١
تَفْسِيرُ المُصْطَلَحَاتِ:	١٦٨
إخْتَبِرْ مَعْلُومَاتَكَ	١٦٩
غِذَاءٌ لِلفِكْرِ	١٧٠
التَّوَازُنُ الشَّكْلِيُّ	١٧٣
تَفْسِيرُ المُصْطَلَحَاتِ:	١٨٢
إخْتَبِرْ مَعْلُومَاتَكَ	١٨٣
غِذَاءٌ لِلفِكْرِ	١٨٤
الإِرَادَةُ الحُرَّةُ	١٨٧
تَفْسِيرُ المُصْطَلَحَاتِ:	٢٠٣

٢٠٤	إخْتَبِرْ مَعْلُومَاتَك
٢٠٥	غِذَاءٌ لِلْفِكْرِ
٢٠٧	إِظْهَارُ وَتَوَارِي نُورُ الخَالِقِ
٢٢٠	تَفْسِيرُ المُصْطَلَحَاتِ
٢٢١	إخْتَبِرْ مَعْلُومَاتَك
٢٢٢	غِذَاءٌ لِلْفِكْرِ
٢٢٥	المَرَاحِلُ الأَرْبَعُ لِنُمُو الرَغْبَةِ
٢٣٧	تَفْسِيرُ المُصْطَلَحَاتِ
٢٣٨	إخْتَبِرْ مَعْلُومَاتَك
٢٣٩	غِذَاءٌ لِلْفِكْرِ
٢٤١	لَيْسَ هُنَالِكَ سِوَاهُ
٢٤٣	لَيْسَ هُنَالِكَ سِوَاهُ
٢٧٣	تَفْسِيرُ المُصْطَلَحَاتِ
٢٧٤	القَدَاسَةُ: سِمَةُ العَطَاءِ
٢٧٥	إخْتَبِرْ مَعْلُومَاتَك
٢٧٦	غِذَاءٌ لِلْفِكْرِ
٢٧٧	مِنْ مَقَالَاتِ الرَابَاش
٢٨١	هَدَفُ المُجْتَمَعِ
٢٨٥	هَدَفُ المُجْتَمَعِ ٢
٢٨٩	مَحَبَّةُ الآخَرِينَ
٢٩١	وَسَاعَدَ كُلُ وَاحِدٍ صَاحِبَهُ
٢٩٣	شَجَرَةُ مَعْرِفَةِ الخَيْرِ والشَرِ
٢٩٧	تَأْثِيرُ البِيئَةِ عَلَى الإنْسَانِ

مُلاَحَظَةٌ عَامَةٌ: إِنَّ مَقَاطِعَ النُصُوصُ المَكتُوبَةُ بين «.......» وَبِالبُنْطِ العَرِيضِ تُشِيرُ إِلَى النُصُوصِ المَأخُوذَةُ مِنَ المَصَادِرِ وَالمَقَالاَتِ الرَئِيسِيَّةِ لِصَاحِبِ السُلَمِ.

مُقَدِمَةٌ عَن الكِتَابِ

بِنَاءً عَلَى دِرَاسَاتِ كِتَابُ الزُوُهَارِ وَكِتَابُ شَجَرَةِ الحَيَاةِ وَعَلَى أَسَاسِ آلآفِ السِنِينِ مِنَ البُحُوُثِ فِي عِلْمِ الحِكْمَةِ القَدِيمَةِ وَالَتِي وُجِدَتْ مُنْذُ وُجُوُدِ الخَلِيْقَةِ وَمَعَ وُجُوُدِ أبُونَا أدَم فِي هَذَا العَالَمَ؛ يُقَدِمُ لَنَا أَعْظَمُ عُلَمَاءِ الحِكْمَةِ المُعَاصِرِينَ جَوَابَاً جوهَرِيَّاً وَأَسَاسِيَّاً لأَكثَرِ الأَسْئِلَةِ أَهَمِيَّةٍ "مَا هُوَ مَعْنَى الحَيَاةِ"؟ وَمَا الذِي يُرَاوِدُ الإِنْسَانُ مُنْذُ وِلاَدَتِهِ فِي هَذَا العَالَمَ بَاحِثَاً طَوَالَ حَيَاتِهِ فِي مَعْرِفَةِ الجَوَاب.

إِلَى جَانِبِ النُصُوُصِ المَأخُوُذَةِ مِنْ مَصْدَرِهَا الأَصْلِيِّ وَالمَوثُوُقِ بِهِ يُقَدِمُ هَذَا الكِتَابُ شُرُوُحَاتٍ وَرُسُوُمٍ إِيْضَاحِيَّةٍ وَالَتِي تَصِفُ مَرَاحِلَ نُشُوءِ العَالَمِ الرُوُحِيِّ وَإِحرَازُ الإِنسَانِ فِيهِ، وَكَيْفَ يَسْتَطِيعُ الإِنْسَانُ أَنْ يَتَنَعَّمَ بِالحَيَاةِ وَبِمَلَذَّاتِهَا. وَيَحْتَوِي الكِتَابُ أَيْضَاً عَلَى شَرْحٍ عِلْمِي وَعَمَلِيٍّ لِلأَنَا وَكَيْفِيَّةِ إِدَارَةِ نِظَامِهَا لِيَسْتَطِيعَ الإِنْسَانُ التَخَطِّي فَوقَ المُعَانَاةِ وَالعَيشِ بِإِكْتِفَاءٍ تَامٍ.

لَقَدْ عَمِلَ عُلَمَاءُ حِكْمَةِ الزُوُهَارِ عَلَى تَفْسِيرِ جَمِيعِ مَا يَحْتَاجُهُ الإِنْسَانُ لِيَفْهَمَ وَيُدْرِكَ نِظَامَ الوُجُوُدِ وَالخَلِيْقَةِ فِي مِشْوَارِ حَيَاتِهِ فِي هَذَا العَالَمَ الَذِي وُلِدَ فِيْهِ مِنْ دُوُنِ أَيِّ خَيَارٍ لِيَعْلَمَ كَيْفَ يَكُونُ بِإِسْتِطَاعَتِهِ أَنْ يُغَيِّرَ قَدَرَهُ وَيَمْلِكَ زِمَامَ أُمُوُرِ حَيَاتِهِ بِيَدِهِ لِيُدِيرَ العَالَمَ بِسُلْطَةٍ. بِإِتِبَاعِ إِرْشَادَاتِ العُلَمَاءِ فِي طَرِيقَةِ البَحْثِ وَالدِرَاسَةِ يَسْتَطِيعُ الإِنْسَانُ أَنْ يَكْتَشِفَ المَفْهومَ الحَقِيقِيِّ لِلوَاقِعِ وَلِلكَونِ مِنْ حَولِهِ إِذْ أَنَّهم يُشِيرُوُنَ إِلَى كَيفِيَّةِ اسْتِخْدَامِ عِلْمُ الحِكْمَةِ هَذَا لإِيجَادِ المَعْنَى الرُوُحِيِّ الحَقِيقِيِّ فِي حَيَاتِنَا.

لَمْحَةٌ مُخْتَصَرَةٌ

أَهْلاً بِكُمْ أَيُهَا الإِخْوَةُ الكِرَام فِي هَذِهِ الدَوْرَةِ الدِرَاسِيَّةِ وَالَتِي تَدُورُ حَوْلَ مَعْرِفَةِ عِلْمُ الحِكْمَةِ الخَفِيَّةِ وَالتِي بَدَأَتْ مَعَ بِدَايَةِ الخَلِيْقَةِ وَمُنْذُ وُجُودِ أَبُونَا أَدم عَلَيْهِ السَلاَم. في خَطَأ أَدم خُلِقَ العَالَمُ الرُوحِيُّ بِدَرَجَاتِهِ وَأَعْطِيَ أَدَمُ الحِكْمَةَ كَطَرِيقَةٍ لِتَصْحِيحِ خَطَائِهِ وَالعَوْدَةِ إِلَى جَنَةِ عَدنِ، المَكَانُ الذي وُجِدَ فِيهِ. يُعتَبَرُ عِلْمُ الحِكْمَةِ القَدِيمَةِ الطَرِيقَةَ الوَحِيْدَةَ لإِكْتِشَافِ العَالَمَ الرُوحِيِّ وَالحَيَاةِ الرُوحِيَّةِ وَمَعْرِفَةِ الخَالِقِ والَتِي ظَهَرَتْ لِلبَشَرِيَّةِ وبِشَكلٍ وَاضِحٍ عَنْ يَدِ أَبُونَا وَسَيِّدُنَا إِبرَاهِيم عَلَيْهِ السَلاَمُ فِي القَرنِ الثَامِنِ عَشَرْ قَبْلَ المِيلاَدِ والَذِي يُعْتَبَرُ أَوَلَ عَالِمٍ مِنْ عُلَمَاءِ هَذِهِ الحِكْمَةِ المعرُوفِينَ لَدَيْنَا إِذْ أَنَّهُ أَوَل مَنْ كَشَفَ وُجُودَ الوَاقِعِ اللاَمَرئِيِّ.

رَأَى سَيدُنَا إِبرَاهِيمُ عَظَمَةَ وَمُعْجِزَةَ الوُجُودِ الإِنْسَانِيِّ وَبُنيَّةَ الكَونِ وَعَمَلَ قَوَانِينَ الطَبِيعَةِ وَسَأَلَ أَسئِلَةً كَثِيرَةً عَن الخَالِقِ مُسْتَفسِراً عَنْ عَظَمَةِ الخَلِيقَةِ فَظَهَرَ لَهُ العَالَمُ الأَعْلَى مِنْ خِلاَلِ الوَحِي وَالإِلهَام. هَذِهِ المَعرِفَةُ الَتِي اكْتَسبَهَا وَالطَرِيقَةُ الَتِي اسْتَخدَمَهَا فِي اكْتِسَابِ هَذِهِ المَعْرِفَةِ دوَّنَهَا وَحفِظَهَا لِلأَجْيَالِ الَتِي أَتَتْ بَعْدَهُ. عَلَى مَرِّ العُصُورِ إِنتَقَلَتْ الحِكْمَةُ مِنْ عَالِمٍ إِلى آخَرٍ "مِنْ مُعَلِّم إِلَى تِلْمِيذِهِ" وَكُلٌّ مِنْهُم أَضَافَ بَرَاهِينَ تَجربَتِهِ فِي الدِرَاسَاتِ التَحلِيلِيَّةِ وَالتَفسِيرِيَّةِ لِجَمِيعِ قَوَانِينِ النَظَرِيَّةِ المَنْصُوصِ عَلَيْهَا لِهَدَفِ جَمعِ الكَمِّ الأَكْبَرِ مِنَ المَعرِفَةِ. كُلُ الإِنْجَازَاتُ الَتِي تُوَصَّلَ إِلَيْهَا هَؤُلاَءِ العُلَمَاءِ فِي اكْتِشَافِ

وَمعرفَةِ العَالَمِ الرُوُحِيِّ دُوِّنَتْ فِي أُسْلُوبِ وَلُغَةٍ وَثِيْقَةِ الصِلَةِ بِالْمَوضُوعِ وَمُنَاسِبَةٍ لِلْجِيْلِ الَتِي عَاشَتْ فِيْهِ تِلْكَ النَفسِ.

اسْتَمَرَ عِلْمُ الحِكْمَةِ فِي الإِنتِشَارِ بَعْدَ المُدَوَنَاتِ التِي كَتَبَهَا سَيّدُنَا مُوسَى عَليْهِ السَلام. وَفِي المَرْحَلَةِ الزَمَنيَّةِ مِنْ سَنَةِ ٥٨٦ إلى سَنَةِ ٥١٥ فِي حِقبَةِ مَا قَبْلَ المِيلادِ كَانَ تَعْلِيمُ الكَابَالا مُنتَشِراً إِذْ كَانَ يُدَرَّسُ ضِمْنَ مَجْمُوُعَاتٍ صَغِيرَةٍ وَمُتَعَدِدَةٍ مِنْ طَالِبِي هَذَا العِلْم. وَلَكِنَّ بَعْدَ سَنَةِ السَبْعِينَ مَا بَعْدَ المِيلادِ إِلَى جِيْلنَا هَذَا هُنَاكَ ثَلاثُ مَرَاحِلِ خَاصَةٍ تُعْتَبَرُ مُهِمَةٌ جِداً فِي تَارِيخِ تَقَدُّمِ وَتَطَوُرِ هَذَا العِلْمِ والتِي صَدَرَتْ فِيْهَا أَهَمُ الكِتَابَاتِ الأَسَاسِيَّةِ مِنْ نَاحِيَّةِ دِرَاسَةِ نَظَرِيَّتِهِ وَأَسْلُوبِهَا.

تُحصَرُ المَرْحَلَةُ الأُولَى فِي ظُهُورِالعَالِمِ شِمُعون بَارْ يُوخَاي- شَمْعُوُنْ بِنْ يُوخَاي وَالمُلَقَبُ "بِالرَاشْبِي" . كَتَبَ الرَاشْبِي كَتَابُ الزُوهَارِ الَذِي شَرَحَ فِيهِ مَرَاحِلَ تَطَوُرِ النَفسِ البَشَرِيَّةِ عَلَى مَدَارِ السِتَةِ أَلْفِ سَنَةٍ المَاضِيَةِ أَيْ مُنْذُ نَشْأَتْ هَذِهِ النَفسُ وَمَرَاحِلَ نُمُوهَا وَتَطوِهَا فِي كُلِّ جِيْلٍ إِلَى أَنْ وَصَلَتْ إِلَى مَرْحَلَةِ التَصْحِيحِ النِهائِيَّةِ. شَمْعُوُنْ بِنْ يُوخَاي "الرَاشْبِي" كَانَ إِنْسَاناً مَعْرُوُفاً بِرزَانَتِهِ وَحِكمَتِهِ وَعَظَمَةَ مَقَامِهِ وَمَكَانَتِهِ فِي المُجْتَمع. وُلِدَ الرَاشْبِي وَتَرعْرَعَ فِي مُرتَفَعَاتِ الجَلِيلِ وَدَرَسَ الحِكْمَةَ عَلَى يَدِ العَالِمِ أَكِيْفَا لُمدَةِ ثَلاثَةَ عَشْرِ سَنَةٍ وَأَحْرَزَ أَعْلَى الدرَجَاتِ الرُوُحِيَّةِ.

أَمَا المَرْحَلَةُ الثَانِيَّةُ وَهِيَ الحُقْبَةُ التِي عَاشَ فِيْهَا العَالِمُ الشَهِيرُ اسْحَاق لُوريا وَالمُلَقَّبُ بالآرِي. أَظْهَرَ الآرِي لُغَةَ الحِكْمَةِ النَقيَّةِ ذَاتَ الأُسْلُوبِ الرَفِيعِ وَالمُتْقَنِ فِي كِتَابَاتِهِ وَهُوَ الذِي أَظْهَرَ بِدَايَةَ حُقْبَةٍ تَارِيخِيَّةٍ جَدِيدَةٍ حِيْنَ فَتَحَ المَجَالَ أَمَامَ العَامَةِ مِنَ النَاسِ لِلدرَاسَةِ. وَقَدْ تَرَكَ لنَا عَالِمُ الكَابَالا الآرِي

النِظَامَ الأَسَاسِيَّ فِي البَحْثِ وَالدِرَاسَةِ وَالَذِي مَا زِلْنَا نَسْتَخْدِمُهُ نَحنُ الآنَ فِي يَومِنَا هَذَا.

أَمَّا المَرحَلَةُ الثَالِثَةُ يُشَارُ إِلَيْهَا بِظُهُورِ العَالِمِ يَهُودَا أَشْلَاغ وَالَذِي أَلَّفَ كِتَابَ الشَرْحِ السُلَّمِيِّ لِكِتَابِ الزُوهَارِ وَلِتَعَالِيمِ الآرِي. مِنْ أَعْظَمِ أَعْمَالِهِ مَقَالُ "السَفِيرَاتُ العَشْرُ" وَالَتِي هِيَ شُرُوحَاتٌ مُفَصَّلَةٌ لِكِتَابَاتِ الآرِي وَالَتِي نُشِرَتْ فِي سِتَةِ عَشرِ جُزْءٍ فِي سِتَةِ مُجَلَدَاتٍ ابتَدَأَ نَشْرُهَا فِي سَنَةِ ١٩٣٧. وفِي سَنَةِ ١٩٤٠ نُشِرَ مَقَالُ "مَرْكَزُ وَمَخَارِجُ النَوَايَا" مَعَ مُخْتَارَاتٍ مِنْ كِتَابَاتِ الآرِي. وَمَقَالُ "الشُرُوحَاتُ السُلَّمِيَّةُ لِكِتَابِ الزُوهَارِ" وَالَتِي نُشِرَتْ فِي ثَمَانِيَةِ عَشرِ مُجَلَّدٍ مِنْ سَنَةِ ١٩٤٥ إِلَى سَنَةِ ١٩٥٣وَقَدْ لُقِبَ بِصَاحِبِ السُلَّمِ لِسَبَبِ أُسْلُوبِهِ فِي شَرْحِ مُسْتَوَى كُلِ عَالَمٍ مِنَ العَوَالِمِ الرُوحِيَّةِ وَتَقْسِيمَهُ لِدَرَجَاتٍ لإِعْطَاءِ الصُورَةِ الفِكْرِيَّةِ لِلْفَاصِلِ بَيْنَ كُلِ عَالَمٍ وَعَالَمٍ بِقِيَاسِ الدَرَجَاتِ المُكَوَّنَةِ مِنْ ١٢٥ دَرَجَةٍ "السَفِيرَات" حَسْبَ تَقسِيمِ العَوَالِمِ. هَذِهِ الدَرَجَاتُ مُقَسَّمَةٌ بِشَكْلٍ مُتَسَاوٍ وَمُتَكَافِئٍ بَيْنَ العَوَالِمِ الرُوحِيَّةِ الخَمْسَةِ. وَهَذِهِ العَوَالِمُ هِيَ عَالَمُ أَدَمْ كَادْمُونْ- عَالَمْ أَتْسِيلُوتْ- عَالَمْ بْرِيِيَّا- عَالَمْ يِتْسِيرَا- عَالَمْ عَاسِيَّا.

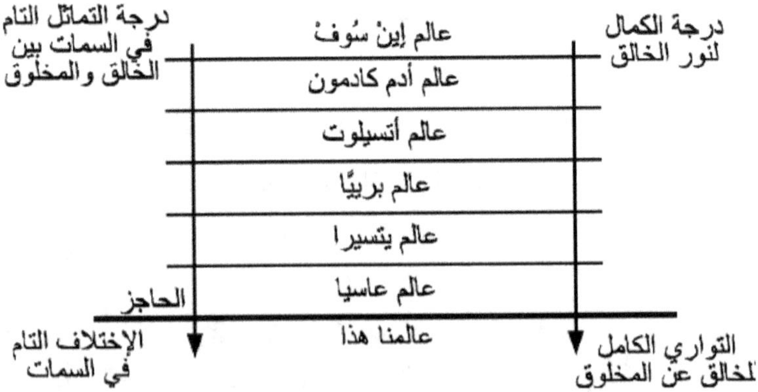

درجة التماثل التام في السمات بين الخالق والمخلوق
عالم إين سُوفْ
درجة الكمال لنور الخالق
عالم أدم كادمون
عالم أتسيلوت
عالم بريِيًا
عالم يتسيرا
عالم عاسيا
الحاجز
الإختلاف التام في السمات
عالمنا هذا
التواري الكامل للخالق عن المخلوق

وَبعْدَ صَاحِبِ السُلَّم أَتى العَالِمُ بَارُوخ شَالُومْ هَالَفي أشْلاغ وَالُملَقَّبُ "بالرَابَاشْ". كَتبَ الرَابَاشُ جَميعَ مَقالاَتِهِ وَكُتُبِهِ توَافُقاً مَعَ تعْلِيمَاتِ وَتوْجِيهَاتِ صَاحِبِ السُلَّم وَذلِكَ لِهَدفِ الُمحافَظَةِ عَلى أَصالَةِ المَعْلُومَاتِ مُسْتَخْدِماً أُسْلُوباً رَاقِياً وتفْصِيليّاً بَاذِلاً غَايَةَ الجُهْدِ فِي الشَرْحِ وَالتوْسِيعِ الُمفَصَّلِ لِكِتَابَاتِ صَاحِبِ السُلَّم مُقَدِماً أُسْلُوباً بَارِعاً مِنْ نَاحِيَةِ سَلاَسَةِ الأُسْلُوبِ لِمُساعَدَةِ القَارِئ عَلى فَهْمِ المَقالاَتِ الَتِي كَتبَهَا صَاحِبُ السُلَّم مُحَافِظاً عَلَى نَقَاوَةِ اللُغَةِ وَطَهَارَةِ المَعَانِي فِي النُصُوصِ التِي كُتِبَتْ بِالتَحْدِيدِ بِلُغَةٍ وَأُسْلُوبٍ مُتَنَاسِبٍ مَعَ مُسْتَوَى الوَعِي المَوْجُودِ فِي جِيلِنَا نَحْنُ لِفَهْمِ العَالَمِ الرُوحِيِّ وَإِحْرَازِه. كَانَ الرَابَاشُ إنسَاناً مُتوَاضِعاً وَوَدِيعاً هَادِئاً بِطَبْعِهِ وَمَرِحُ الرُوحِ وَقَلبُهُ يتوَقَّدُ بِمحَبَّةِ الآخَرين، لمْ يُشْغِلْهُ العَالَمُ المَادِيُّ وَلَمْ يَسْعَى وَرَاءَ المَجْدِ وَالشُهْرَةِ رَافِضاً كُلَ المَنَاصِبِ التِي عُرِضَتْ عَليْهِ. كَانَ هَمُّهُ الوَحِيْدُ مُنْصَبٌّ فِي نَشْرِ عِلْمِ الكَابَالا. فَقَد أَلَّفَ طَرِيقَةً جَدِيْدَةً لِتَعْلِيم نَظَرِيَّةِ الكَابَالا إِذْ كَتَبَ مَقَالاَتٍ أُسْبُوعِيَّةٍ لِطُلاَبِهِ الجُدُدِ فِيْهَا كَانَ يَشْرَحُ بِكَلِمَاتٍ بَسِيْطَةٍ كُلَ مَرْحَلَةٍ مِنْ مَرَاحِلِ عَمَلِ الإنْسَانِ الرُوحِيّ.

لَقَدْ جُمِعَتْ هَذِهِ المَقَالاَتِ فِي مَجْمُوعَةٍ مِنَ الكُتُبِ تَحْتَ عُنْوَانِ "دَرجَاتُ السُلَّم". كَانَ الرَابَاشُ الوَحِيْدُ الذِي نَجحَ فِي تقْدِيم أَفْضَلَ الطُرُقِ لِمَعْرِفَةِ عُمْقِ وَسِعَةِ وَاقِعُنَا الكَامِلُ. وَكَانَ فَرِيْدَاً مِنْ نَوْعِهِ إِذْ أَرَادَ أَنْ يُنِيْرَ الُمسْتَقْبَلَ أَمَامَ كُلِ إِنْسَانٍ وَقَدْ نَجحَ فِي عَمَلِهِ هَذَا، فَفِي تَطْبِيقِ شُرُوحَاتِهِ لِنَظَرِيَّةِ عِلْم الكَابَالا التي ترَكَهَا لنَا نَحْصَلُ عَلَى نِعْمَةِ إِظْهَارِ الوَاقِعُ الأَبَدِيُّ الحَقِيقِيُّ وَالكَامِلُ وَالذِي إِكْتَشَفَهُ عُلَماءُ الزُوهَارُ فِي كُلِ الأَجْيَالِ السَابِقَةِ.

بَعْدَ الرَابَاش جَمَعَ أَحَدْ تَلاَمِيذِهِ كَافَةَ النُصُوصِ الَتِي يَحْتَاجُ إِليهَا كُلُّ طَالِبٍ وَبَاحِثٍ فِي عِلْمِ الحِكْمَةِ لِهَدَفِ إِحْرَازِ العَوَالِمِ الرُوحِيَّةِ لِتَكُونَ فِي مُتَنَاوَلِ

العَامةِ. تُسْتَخْدَمُ هَذهِ النُصُوصِ فِي التَعْلِيمِ لِشَرحِ وَتَفسِيرِ وَبتَفَاصِيلِ خفَايَا هَذَا العِلْمِ عَلَى كَافَةِ الدرَجَاتِ لِلمُبْتَدِئِينَ وَلِلتَلامِيذِ المُتَقدِمينَ عَلى حَدٍ سَوَاءْ لِمُسَاعَدَةِ كُلُ مَنْ يَرْغَبَ التعَلُّمَ وَالبَحْثَ عَنْ مَعْنَى الحَيَاةِ وَيَجِدُ هَدَفَهُ فِيْهَا لِيَحْصَلَ عَلَى فَهْمٍ أَفْضَلٍ لِلسُلُوكِ فِي طَرِيقِ العَالَمِ الرُوحِيِّ مُرْتَقِيَّاً دَرجَاتَ السُلَمِ دَرَجَةً دَرَجَة فِي رِحْلَتِنَا الرَائِعَةُ إِلَى العَالَمِ الأَعلَى.

إِنَّ طَرِيقَةَ عَالمِ الكَابَالا فِي التَعَامُلِ مَعْ مَبَادِئِ العِلْمِ فِي شَرْحِهِ وَتَعْلِيمِهِ يَتَمَاشَى مَعَ مَبْدَأ الرَابَاشِ فِي رَغْبَتِهِ فِي جَعْلِ عِلْمُ الحِكمَةِ مُتَوفِراً لِكُلِ شَخْصٍ إِذْ يَرَى أَنَّهُ كَالخَلايَا فِي الجَسَدِ الوَاحِدِ هَكَذَا البَشَرِيَّةُ أَيْضَاً، فَالخَلايَا كُلُّهَا مُرْتَبِطَةٌ الوَاحِدَةُ بِالأُخرَى بِإِحْكَامٍ وَتَعْمَلُ بِإِنْتِظَامٍ مَعَ الخَلايَا الأُخْرَى مُقَدِمَةً كُلَ جُهْدِهَا فِي تَرَابُطٍ وَفِي إِنْسِجَامٍ كَامِلٍ لِضَمَانِ صِحَةِ الجَسَدِ وَبَقَائِهِ عَلَى قَيدِ الحَيَاةِ. فَمِنَ المُسْتَحِيلِ عَلَى الخَلِيَّةِ الوَاحِدَةِ التَوَاجُدِ بِمُفرَدِهَا لأَنَّ حَيَاتَهَا تَعْتَمِدُ عَلَى حَيَاةِ الخَلايَا البَاقِيَة، وَمِنَ المُتَعَارَفِ عَلَيْهِ عِلْمِيَّاً وَطِبِّيَّاً أَنَهُ لَو أَرَادَتْ خَلِيَّةٌ وَاحِدَةٌ أَنْ تَسْتَقِلَ بِذَاتِهَا رَافِضَةً مَبْدَأَ الإِنْسِجَامِ وَالتَعَاوُنِ فَإِنَّهَا تَتَحوَّلُ إِلَى خَلِيَّةٍ خَبِيثَةٍ وَتَتَكَاثَرُ بِسُرْعَةٍ وَبِالنِهَايَةِ تُؤَدِي إِلَى دَمَارِ وَمَوْتِ الجَسَدِ بِكَامِلِهِ.

فَالمَثَلُ هَذَا يَصِفُ لَنَا بِصُورَةٍ حَرفِيَّةٍ الأَهَمِيَّةَ فِي تَرَابُطِ البَشَرِيَّةِ وَالَتِي هِيَ بِمَثَابَةِ جَسَدٍ وَاحِدٍ وَنَحْنُ الأَفرَادُ كَالخَلايَا فِي هَذَا الجَسَدِ الضَخْمِ وَالَذِي بُنِيَ عَلَى مَبْدَأ "أَحِبَ قَرِيبَكَ كَنَفسِكَ" فَالتَرَابُطَ بِمَحَبَّةٍ وَإِنْسِجَامٍ بَيْنَ أَفرَادِ البَشَرِ مُهِمٌ جِداً لِبَقَاءِ البَشَرِيَّةِ إِذْ أَنَّ جَمِيعَ الفُرُوقِ التِي تُمَيِّزُ البَشَرَ لا مَكَانَةَ لهَا فِي الجَسَدِ الوَاحِدِ وَلَيسَ لهَا أَهمِيَّةً، فَمَهْمَا كَانَ جِنْسُكَ أَوْ لُغَتُكَ فَخَالِقُنَا وَاحِدٌ وَقَدْ جُبِلنَا مِنْ طِينَةٍ وَاحِدَةٍ وَكُلُنَا إِنْحَدَرنَا مِنْ أَدَمْ.

وَبِمَا أَنَّنَا الآنَ نَعِيشُ فِي زَمَنٍ مُمَيَّزٍ مِنْ تَارِيخِ الإِنْسَانِيَّةِ وَكُلٌّ مِنَّا يَشْعُرُ بِالأَزْمَةِ العَالَمِيَّةِ الَّتِي تَجْتَاحُ العَالَمَ بِأَكْمَلِهِ وَالإِقْتِصَادُ فِي حَالَةِ تَدَهْوُرٍ مُسْتَمِرٍّ وَأَوْجَاعُ البَشَرِيَّةِ مَا زَالَتْ فِي البِدَايَةِ. يَجِبُ عَلَيْنَا الإِرْتِبَاطُ مَعاً فِي وَحْدَوِيَّةِ الخَلَايَا فِي الجَسَدِ الوَاحِدِ وَلَدَيْنَا الرَّغْبَةُ فِي أَنْ يَكُونَ هَذَا الإِرْتِبَاطُ الَّذِي يَجْمَعُ بَيْنَنَا هُوَ الوَسِيلَةُ فِي مُسَاعَدَةِ العَالَمِ فِي السَّعْيِ نَحْوَ تَحْصِيلِ هَذَا الإِرْتِبَاطِ الَّذِي مِنْ خِلَالِهِ يَكُونُ التَّأْثِيرُ مُجْدِي فِي السَّيْطَرَةِ عَلَى جَمِيعِ الأَحْدَاثِ السَّلْبِيَّةِ الَّتِي تَحْدُثُ الآنَ وَتِلْكَ الَّتِي سَتَحْدُثُ فِي المُسْتَقْبَلِ وَالَّتِي سَتُعْمَلُ فِي أُسْلُوبٍ يَحُثُّنَا نَحْوَ التَّصْحِيحِ بِالقُوَّةِ الجَبْرِيَّةِ.

لَقَدْ رَأَيْنَا أَنَّهُ مِنَ المُنَاسِبِ إِعْطَاءَ لَمْحَةٍ مُوجَزَةٍ عَنْ مَصْدَرِ هَذِهِ الحِكْمَةِ لِنُوَضِّحَ المَصْدَرَ وَالمَنْشَأَ لِتَفَادِي أَيِّ فِكْرٍ يُثِيرُ الشَّكَّ فِي صِحَّةِ وَمِصْدَاقِيَّةِ العِلْمِ فِي حِينِ نَضَعُ بَيْنَ أَيْدِيكُمْ شَرْحٌ مَنْظُورِيٌّ مِنْ عُلَمَاءِ الحِكْمَةِ أَنْفُسِهُمْ وَلَيْسَ مِنْ أُدَبَاءٍ وَعُلَمَاءٍ غَيْرِ مَوْثُوقٍ بِهِمْ. مِنْ خِلَالِ هَذَا الكِتَابِ لَنْ تَحْصُلُوا عَلَى مَعْلُومَاتٍ سَطْحِيَّةٍ وَلَكِنْ سَنَضَعُ بَيْنَ أَيْدِيكُمُ المَعْلُومَاتِ وَالمَفَاهِيمَ المَبْدَئِيَّةُ وَالرَّئِيسِيَّةُ فِي مَنْهَجِ الدِّرَاسَةِ لِنُسَاعِدَكُمْ عَلَى فَهْمِ أُسْلُوبِ دِرَاسَةِ عِلْمُ هَذِهِ الحِكْمَةِ وَكَشْفُ أَسْرَارَهَا.

كَأَيِّ عِلْمٍ آخَرَ، وَمِنْ نَاحِيَةِ مَهَارَةِ الإِبْدَاعِ فِيهِ يَتَطَلَّبُ مِنَ الإِنْسَانِ البَرَاعَةَ فِي أُسْلُوبِ الدِّرَاسَةِ لِيَتَضَلَّعَ فِي المَعْرِفَةِ الجَذْرِيَّةِ لِهَذَا العِلْمِ السَّامِيِ. فِي الدُّرُوسِ الَّتِي نُقَدِّمُهَا إِلَيْكُمْ عَمِلْنَا عَلَى تَغْطِيَةِ كُلِّ المَعْلُومَاتِ الأَسَاسِيَّةِ وَالمُتَعَلِّقَةِ بِمَا يَحْتَاجُهُ الشَّخْصُ لِتَحْصِيلِ المَعْرِفَةِ القَوِيَّةِ عَنِ الحِكْمَةِ وَعَنْ مَعْرِفَةِ الإِنْسَانِ لِنَفْسِهِ وَهَدَفِهِ فِي الحَيَاةِ وَإِحْرَازِهِ لِلْعَالَمِ الرُّوحِيِّ.

عِلْمُ الحِكْمَةِ القَدِيمَةِ أَوْ عِلْمُ الحِكْمَةِ الخَفِيَّةِ يُدْعَى عِلْمُ حِكْمَةِ الكَابَالَا. قَدْ

شَاعَ بَيْنَ العَامَةِ مِنَ النَاسِ أَنَّ الكَابَالا مَذْهَبٌ مُتَصَوِّفٌ وَعَنِ المَشَاهِيرِ الَّذِينَ يَعْتَنِقُونَهُ وَإِرْتِبَاطُهُ بِالرِبَاطِ الاحْمَرِ وَإِلَى مَا لا آخِرَهُ مِنْ هَذِهِ الأُمُورِ. مَا يَعْتَنِقُونَ لَيْسَ عِلْمَ حِكْمَةِ الكَابَالا، فَعِلْمُ الكَابَالا لَمْ يَكُنْ فِي المَاضِي وَلَنْ يَكُنْ فِي المُسْتَقْبَلِ دِيَانَةً أَوْ مَذْهَبَاً لِيَعْتَنِقَهُ أَحَدٌ. فَهُمْ يَعْتَنِقُونَ مَذْهَبَاً مِنَ المَذَاهِبِ الشَرْقِيَّةِ وَالَّتِي أَخَذَتْ إِسْمَ الكَابَالا عَلَيْهَا. عِلْمُ حِكْمَةِ الكَابَالا الأَصْلِي يَبْحَثُ فَقَطْ فِي كَيْفِيَةِ إِحْرَازِ هَدَفِ الخَلِيقَةِ. وَإِنَّ هَدَفَ الخَلِيقَةِ خَاصٌ وَمُتَعَلِّقٌ بِالخَالِقِ فَقَطْ.

قَدْ أَحَاطَ بِعِلْمِ الكَابَالا الكَثِيرُ مِنَ الأَسَاطِيرِ وَالخُرَافَاتِ فِي التَكَلُّمِ عَنْهَا وَذَلِكَ بِسَبَبِ أَنَّ عِلْمَ الكَابَالا الحَقِيقِيَّ كَانَ مُخْفِيَّاً وَمُسْتَتِرَاً مُنْذُ آلَافِ السِنِينِ. فَبِالرَغْمِ مِنْ أَنَّ مَصْدَرَ الكَابَالا يَعُودُ فِي آثَارِهِ إِلَى العُصُورِ القَدِيمَةِ أَيْ مُنْذُ عَصْرِ مَدِينَةِ بَابِلَ وَلَكِنْ بِالحَقِيقَةِ بَقِيَتْ حِكْمَةُ الكَابَالا مَكْتُومَةً وَمَحْجُوبَةً عَنْ أَنْظَارِ الإِنْسَانِيَّةِ مُنْذُ أَنْ ظَهَرَتْ أَكْثَرَ مِنْ أَرْبَعَةِ آلَافِ سَنَةٍ وَحَتَى فِي يَوْمِنَا هَذَا نَجِدُ القَلِيلَ مِنَ النَاسِ يَعْلَمُونَ مَا هُوَ جَوْهَرُ عِلْمِ الكَابَالا. الكَابَالا هِيَ عِلْمُ تَرْكِيبِ مَجْمُوعَةِ العَمَلِيَاتِ وَالظَوَاهِرِ الفِيزِيَائِيَّةِ لِلوَاقِعِ كَكُلٍّ. الكَابَالا هِيَ حِكْمَةٌ تَكْشِفُ لَنَا عَنْ مَفْهُومِ الوَاقِعِ الَّذِي هُوَ بِالطَبِيعَةِ أَمْرٌ مُخْفِيٌ عَنْ حَوَاسِنَا الخَمْسَةِ.

لَا يُوجَدُ هُنَاكَ أَيُّ عَلَاقَةٍ لِحِكْمَةِ الكَابَالا مَعَ السِحْرِ أَوِ التَبْصِيرِ أَوِ التَرقِيَةِ أَوْ أَيِّ شَيْءٍ مِمَا يَتَدَاوَلُهُ النَاسُ فِيمَا بَيْنَهُمْ لِتَزْوِيدِهِمْ بِأَشْيَاءَ مُزَيَّفَةٍ يَدَّعُونَ بِقُدْرَتِهَا عَلَى الحِمَايَةِ مِنْ خَفَايَا القَدَرِ. حِكْمَةُ الكَابَالا هِيَ عِلْمٌ يُنَمِّي قُدْرَةَ الإِنْسَانِ عَلَى مُرَاقَبَةِ قَضَائِهِ وَقَدَرِهِ. فَإِنَّ عَالِمَ الكَابَالا الشَهِيرَ الآرِي حَرَّمَ مَانِعَاً إِسْتِعْمَالَ التَعْوِيذَاتِ فِي كِتَابَاتِهِ لِأَنَهَا لَا تُقَدِّمُ إِلَّا مُجَرَدَ دَعْمٍ نَفْسِيٍ لِلشَخْصِ لَا غَيْرَ.

إنَّ حِكْمَةَ الكَابَالا لا تَتفِقُ وَلا تَتعَامَلُ مَعْ أَنواعِ التَأمُلاتِ أَوْ النُبُوَاتِ أَوْ كُلِ مَا يَتعَلَقُ فِي هَذِهِ الأُمُورِ مِنْ مَنَاهِجٍ وَطُقُوسٍ. حِكْمَةُ الكَابَالا هِيَ عِلْمُ نِظَام الخَلِيْقَةِ وَبَرَاعَةُ تَدْبِيرِ وَإِدَارَةِ هَذَا النِظَامِ. تُعَلّمُ حِكْمَةُ الكَابَالا كَيْفَ يَكُونُ بِاسْتِطَاعَةِ أَيِّ شَخْصٍ إِدْرَاكُ وَحْي نِظَامِ الخَلِيْقَةِ. اليَوْمُ نَحْنُ نَعِيْشُ فِي عَصْرٍ مُمَيّزٍ وَفِي جِيلٍ نَجِدُ فِيهِ أَنَّ الرَغبَةَ إِلَى الأُمُوْرِ الرُوحِيَّةِ مُتَيَقِظَّةٌ لَدَى الكَثِيرِينَ مِنْ مُخْتَلَفِ الأَعْمَارِ وَمِنْ مُخْتَلَفِ مُسْتَوَيَاتِ وَمَجَالاَتِ الحَيَاةِ. لِذَلِكَ فَتَحَ العُلَمَاءُ المَجَالَ أَمَامَ الجَمِيعِ وَلِكُلِ مَنْ لَدَيْهِ الرَغْبَةَ فِي البَحْثِ وَالدِرَاسَةِ إِذْ جَعَلُوا فِي مُتَنَاوَلِ كُلِ مِنَا كَافَةَ البُحُوثِ وَالدِرَاسَاتِ الَتِي أَجرُوُهَا عَلَى مَدَارِ العُصُوْرِ وَالسِنِينِ وَكَافَةَ نَتَائِجِهَا بِبَرَاهِيْنَهَا القَائِمَةَ عَلَى قَوَانِينِ العِلْمِ الَذِي بُنيَ الكَوْنُ عَلَيْهِ.

قَدْ أُطْلِقَ عَلَى حِكْمَةِ الكَابَالا بِالحِكْمَةِ الخَفِيَّةِ لأَنَّ هَذَا العِلْمُ يُصْبِحُ جَلِيًّا فَقَطْ لِلإِنْسَانِ الَذِي يَفهَمُ وَيُدْرِكُ الصُوْرَةَ الحَقِيقِيَّةَ لِلكَوْنِ وَبُنيَتِهُ. يَجِبُ عَلَيْنَا إِدْرَاكَ الوَاقِعِ فِي أَنَّ العَالَمَ الّذِي نَعِيشُ فِيهِ لَيْسَ هُوَ مَنْبَعُ وَمَصْدَرُ الأَحْدَاثِ بَلْ العَالَمَ الذِي يَحْتَوِي عَلَى النَتَائِجِ وَالعَوَاقِبِ وَلِهَذَا السَبَبِ لا يُمْكِنُنَا القِيَامَ بِأَيِّ عَمَلٍ فِي هَذَا العَالَمَ قَدْ يَكُونُ لَهُ أَيُّ تَأثِيرٍ عَلَى العَالَمِ الرُوحِيّ بِأَيِّ شَكْلٍ مِنَ الأَشْكَالِ وَمَهمَا حَاوَلنَا إِيْجَادَ الحُلُولِ المُتَعَدِدَةِ نَجِدُ بِأَنَّ لَيسَ لَهَا أَيُّ تَأْثِيرٍ عَلَى نَتَائِجِ الأَحْدَاثِ نِهَائِيًّا لِذَلِكَ نَجِدُ أَنَّ رَبْطَ كُلَّ حَدَثٍ بِالجَذْرِ الَذِي نَشَأَ مِنْهُ يُسَاعِدُنَا فِي إِيْجَادِ الحَلِ المُنَاسِبِ وَهَذا مَا تُعَلِمُهُ الكَابَالا.

إِنَّ وَاقِعَنَا بِكَامِلِهِ مَبْنِيٌّ عَلَى الفِكْرِ أَوْ المَنْهَجِ أَنَّ هُنَاكَ عَالَمٌ أَعْلَى وَعَالَمُنَا نَحْنُ هُنَا فِي الأَسْفَلِ. وَلُغَةُ الكَابَالا وَالَتِي تُدْعَى لُغَةُ الفُرُوْعِ تَدلُ عَلَى مَا يُوجَدُ فِي عَالَمِنَا هَذَا مُسْتَخْدِمَةً مُصْطَلَحَاتٍ مِنْ هَذَا العَالَمِ لِلتَعْبِيرِ عَنْ مَجْرَى الأَحْدَاثِ. فَعَلَى سَبيلِ المِثَالِ إِذَا أَخَذْنَا قِصَةً مِنْ كِتَابِ مُوسَى عَلَيْهِ السَلاَمُ،

لِنَقُلْ أَنَّ القِصَةَ تَتكَلَمُ عَنْ عَائِلَةٍ رَحلَتْ مِنْ مَكَانٍ إِلَى آخرٍ، مِنْ خِلالِ النَظْرَةِ بِالعَيْنِ المُجرَدَةِ لِهَذا الحَدَثِ، تَبْدُو وَكَأَنَّهَا قِصةُ عَائِلَةٍ تَبْحَثُ عَنْ مَكَانٍ آخرٍ لِلْسَكَنِ وَلَكِنَ بِالنِسبَةِ لِعَالَمِ الكَابَالا نَجدُ أَنَّ هَذِهِ العِبَارَةَ تَأْخُذُ مَفْهُوماً مُختَلِفاً تَماماً عَنْ مَا يُدرِكُهُ الشَخْصُ العَادِيُّ إِذْ أَنَّ الكَابَالا تَتكَلَّمُ عَنْ قُوَاتٍ مُجَرَدَةٍ وَكَيفِيَّةِ تَدَاخُلِهَا مَعاً.

إِنَّ مُسْتَوى الإِحسَاسِ عِندَ عَالَمِ الكَابَالا رَفِيعٌ جِداً وَفِي مَضْمُونِهِ يَرْتَقِي عَنْ مَفهُومِنَا المُتَعَارَفُ عَلَيْهِ فِي فَهْمِ وتَحْلِيلِ الأَحَاسِيسِ والمَشَاعِرِ. ولِعَدَم وُجُودِ الكَلِمَاتِ وَالمُصْطَلَحَاتِ فِي العَالَمَ الرُوحِيِّ بِمَا أَنَّهُ عَالَمُ قُواتٍ فَقطْ لَجَأَ عُلَماءُ الكَابَالا لإِستِخْدَام المُصْطَلَحَاتِ المُتَعارَفِ عَلَيْهَا مِنَ العَامَةِ لِلتَعْبِيرِ عَنْمَا تَوَّصَلَ إِلَيْهِ مِنْ اكْتِشَافِ وَمَعْرِفَةِ العَالَمَ الأَعْلَى وَهَذَا مَا يُطْلَقُ عَلَيْهِ "لُغَةُ الفُرُوعِ". لِمَاذَا اسْتُخْدِمَ مُصْطَلَح الفُرُوعِ بِالذَاتِ؟ كَالشَجَرَةِ التِي تَتَشَعَّبُ جُذُوُرَهَا فِي بَاطِنِ الأَرْضِ إِنَّ جُذوْرَنَا نَحْنُ البَشَرُ أَيْ جُذُوُرُ النَفْسِ الإِنْسَانِيَّةِ هِيَ فِي العَالَمَ الرُوُحِيِّ وَأَغْصَانَهَا تَتجَلَى هُنَا فِي عَالَمِنَا، ولِهَذَا دُعِيَتْ لُغَةُ الكَابَالا بِلُغَةِ الفُرُوعِ لإِسْتِخْدَامِهَا التَعَابِيرِ وَالمُصْطَلَحاتِ التِي نَسْتَعْمِلُهَا نَحْنُ هُنَا فِي هَذَا العَالَمَ لِلتَعْبِيرِ عَنْ أَشْيَاءٍ وَمَشَاعِرٍ وَأَحَاسِيسٍ يَسْتَطِيعُ الإِنْسَانُ إِدْرَاكَهَا مِنَ المَعْنَى التِي تُوْحِيْ إِلَيْهِ، لِذَلِكَ اللُغَةُ التِي اسْتَخْدَمَهَا عُلَمَاءُ الكَابَالا فِي كِتَابَاتِهِم هِيَ لُغَةُ الفُرُوعِ وَذَلِكَ كَيْ يَتَمَكَنُوا مِنْ تَفْسِيرِ وَشَرْحِ مُواصَفَاتِ العَالَمَ الرُوُحِيِّ بِلُغَةٍ يَسْتَطِيعُ كُلُّ إِنْسَانٍ إِدْرَاكَ المَعْنَى المَجَازِيَّ وَالمَقصُوْدِ فِي اسْتِخْدَامِ هَذَا أَوْ ذَاكَ المُصْطَلَحِ بِالذَاتِ.

إِذَاً وَبِبَسَاطَةٍ لُغَةُ الفُرُوعِ هِيَ لُغَةٌ يَسْتَعِيرُ عَالَمُ الكَابَالا مِنَ مُفرَدَاتِهَا وَمُصْطَلَحَاتِهَا المُتَعَارَفِ عَلَيْهَا بَيْنَ العَامَةِ وَإِسْتِخْدَام هَذِهِ التَعَابِيرِ لِشَرْحِ الأُمُوْرِ الرُوُحِيَّةِ. بِمَا أَنَّ كُلَّ شَيءٍ مُوْجُوْدٌ فِي العَالَمَ الرُوُحِيِّ لَهُ مَا يُسَاوِيهِ أَوْ

مَا هُوَ مُتَكَافِئٌ مَعَهُ مِن نَاحِيَةِ الأَصْلِ وَالشَّكْلِ فِي عَالَمِنَا المَادِيِّ فَإِنَّ كُلَّ جَذْرٍ فِي العَالَمِ الرُّوحِيِّ لَهُ اسْمَهُ وَبِالتَّالِي الغُصْنُ النَّاشِئُ مِنْ هَذَا الجَذْرِ وَالمُتَدَلِّي مِنْهُ لَهُ اسْمَهُ الخَاصُّ بِهِ أَيْضاً. رُبَمَا أَنَّنَا لاَ نَعْرِفُ أَوْ لاَ نَسْتَطِيعُ وَصْفَ شُعُورِنَا وَأَحَاسِيسَنَا بِدِقَّةٍ وَلاَ نَعْلَمُ كَيْفِيَّةَ قِيَاسِهَا أَوْ مُقَارَنَتِهَا حَتَّى يَكُونَ بِإِمْكَانِنَا إِظْهَارَهَا كَمَا هِيَ، لِذَلِكَ نَحْنُ نَسْتَخْدِمُ كُلَّ أَنْوَاعِ الأَفْعَالِ فِي اللُّغَةِ المُسَاعِدَةِ وَاسْتِخْدَامِ التَّعَابِيرِ لإِعْطَاءِ نَوْعٍ مِنَ التَّجْسِيدِ المَعْنَوِيِّ لِكَيْ يَكُونَ فِي مَقْدُورِ الإِنْسَانِ فَهْمَهَا.

وَبِمَا أَنَّ لُغَةَ الفُرُوعِ لَيْسَتْ بِاللُّغَةِ الَّتِي يَسْهَلُ عَلَى الإِنْسَانِ العَادِيِّ فَهْمَهَا فَمُنْذُ عَامِ ١٩٩٥ عِنْدَمَا بَدَأَ عِلْمُ الكَابَالَا بِالإِنْتِشَارِ فِي العَالَمِ بِسَبَبِ الرَّغْبَةِ الَّتِي تُوجَدُ فِي جِيلِنَا هَذَا كَانَ التَّرْكِيزُ عَلَى تَعْلِيمِ كِتَابَاتِ صَاحِبِ السُّلَّمِ وَكِتَابَاتِ الرَابَاشِ وَالَّتِي كُتِبَتْ بِسَلاَسَةٍ تُمَكِّنُ أَيَّ إِنْسَانٍ مِنَ الإِسْتِسْقَاءِ مِنْ هَذَا العِلْمِ الرَّاقِي وَمُسَاعَدَتِهِ عَلَى إِيجَادِ أَجْوِبَةٍ لِمَعْنَى الحَيَاةِ وَوُجُودِ الإِنْسَانِ فِيهَا. مِنْ هَذِهِ الكُتُبِ وَالمَصَادِرِ أُخِذَتْ هَذِهِ الدُّرُوسُ وَنَتَمَنَّى أَنْ تَكُونَ فَانُوساً يُضِيءُ الدَّرْبَ أَمَامَ كُلِّ إِنْسَانٍ يَبْحَثُ عَنِ الطَّرِيقِ الصَّحِيحِ.

تَفْسِيرُ المُصْطَلَحاتِ

عِلْمُ حِكْمَةِ الكَابَالا: هُوَ عِلْمُ نِظَامِ الخَلِيْقَةِ وَفَنُ بَرَاعَةِ تَدْبِيرِ وَإِدَارَةِ هَذَا النِظَامِ.

لُغَةَ الفُرُوعِ: هِيَ لُغَةُ عِلْمِ حِكْمَةِ الكَابَالا وَتَسْتَخْدِمُ التَعَابِيرَ وَالمُصْطَلَحاتِ الَتِي نَسْتَعْمِلُهَا نَحْنُ هُنَا فِي هَذَا العَالَمِ لِلتَعْبِيرِ عَنْ أَشْيَاءٍ وَمَشَاعِرٍ وَأَحَاسِيسٍ يَسْتَطِيعُ الإِنْسَانُ إِدْرَاكَهَا مِنَ المَعْنَى الَتِي تُوْحِي إِلَيهِ.

شَمْعُوْنْ بِنْ يُوخَاي: لَقبَهُ الرَاشْبِي وَالَذِي كَتَبَ كِتَابَ الزُوُهَارِ.

اسْحَاق لُورِيَا: لَقَبَهُ الآرِي. هُوَ الَذِي أَظْهَرَ بِدَايَةَ حُقْبَةٍ تَارِيخيَّةٍ جَدِيْدَةٍ حِيْنَ فَتحَ المَجَالَ أَمَامَ العَامَةِ مِنَ النَاسِ لِدِرَاسَةِ عِلْمِ الكَابَالا.

يَهُودَا أَشْلاغ: لَقَبَهُ صَاحِبُ السُلَّمِ وَالَذِي أَلَّفَ كِتَابَ الشَرْحِ السُلَّمِيِّ لِكِتَابِ الزُوُهَارِ وَلِتَعَالِيمِ الآرِي.

بَارُوْخ شَالُومْ هَالَفِي أَشْلاغ: لَقبَهُ الرَابَاش. كَانَ الرَابَاش فَرِيْدَاً مِنْ نَوْعِهِ إِذْ أَرَادَ أَنْ يُنِيرَ المُسْتَقْبَلَ أَمَامَ كُلِ إِنْسَانٍ وَقَدْ نَجَحَ فِي عَمَلِهِ.

أَحِبَ قَرِيبَكَ كَنَفْسِكَ: هُوَ القَانُوْنُ الَذِي بُنِيَ الوُجُودُ عَلَيْهِ وَبِهِ تَسِيرُ قَوَانِيْنُ الطَبِيْعَةِ وَالَتِي خُلِقَ الإِنْسَانُ فِيْهَا.

إخْتَبِرْ مَعْلُومَاتَكَ.

س١ : مَا هِيَ المَرَاحِلُ الثَلاَثُ الهَامَةُ فِي تَارِيخِ تَقَدُمِ عِلْمِ حِكْمَةِ الكَابَالا؟

س٢ : عَرِّفْ عِلْمُ حِكْمَةِ الكَابَالا؟

س٣ : عَدِدْ دَرَجَاتَ العَوَالِمِ الرُوُحِيَّةِ الخَمْسَةِ؟

س٤ : لِمَاذَا يُعَدُّ سَيِّدُنَا ابْرَاهِيمُ عَلَيْهِ السَلاَمُ أَوَلُ عَالِمِ كَابَالا؟

لَمْحَةٌ مُخْتَصَرَةٌ

غِذَاءٌ لِلفِكْرِ

إِنَّ هَدَفَ الخَلِيقَةَ يَنْطَبِقُ عَلَى الجِنْسِ البَشَرِيِّ بِكَامِلِهِ مِنْ دُوْنِ حَصْرٍ.

مِنْ صَاحِبِ السُلَّمِ "مَحَبَةَ الخَالِقِ وَمَحَبَةَ الإِنسَانِ"

إِنَّ إِحْرَازَ هَدَفُ الخَلِيقَةِ يَقَعُ عَلَى عَاتِقِ الجِنْسِ البَشَرِيِّ بِكُلِ أَعْرَاقِهِ الأَبْيَضُ وَالأَسْوَدُ، الأَصْفَرُ وَالأَحْمَرُ بِدُوْنِ أَيِّ فَرْقٍ أَسَاسِي.

مِنْ مَقَالِ صَاحِبِ السُلَّمِ "الضَمَانِ الشَامِلِ" فَقَرَة ٢٣

إِنَّ هَدَفَ الخَلِيقَةِ لاَ يَقْتَصِرُ عَلَى مَجْمُوعَةٍ مُعَيَنَةٍ مِنَ النَاسِ أَوْ جَمَاعَةٍ خَاصَةٍ بَلْ بِالأَحْرَى إِنَّ إِحْرَازَ هَدَفُ الخَلِيقَةِ أَمْرٌ ضَرُوْرِيٌّ وَمُتَعَلِقٌ بِكُلِ إِنْسَانٍ مِنْ دُوْنِ اسْتِثْنَاءٍ. لَيْسَ مِنَ الصِحَةِ أَنَّ الإِنْسَانَ القَوِيَّ أَوْ الحَذِقَ أَوْ الشُجَاعَ هُوَ الَذِي يَتَغَلَّبُ عَلَى كَافَةِ الصُعُوبَاتِ فِي الطَرِيقِ لِلوُصُوْلِ إِلَى الهَدَفِ النِهَائِيِّ بَلْ بِالأَحْرَى أَنَّهُ مِنَ المُتَوَجِّبِ عَلَى الجَمِيْعِ مِنْ أَبْنَاءِ أَدَم إِحْرَازُ هَدَفِ الخَلِيقَةِ.

مِنْ كِتَابَاتِ الرَابَاشِ مَقَالُ "مَحَبَةِ الآخَرِينَ"

أَيُّ إِنْسَانٍ يَرْغَبُ فِي التَعَلُّمِ يَسْتَطِيعُ أَنْ يَدْرُسَ عِلْمُ حِكْمَةَ الكَابَالا، أَيُّ إِنْسَانٍ يَتَسَأَلُ فِي نَفْسِهِ عَنْ جَوْهَرِهِ وَوُجُودِهِ فِي هَذَا العَالَمِ وَعَنْ مَعْنَى حَيَاتِهِ وَهَدَفَهُ فِي هَذَا العَالَمِ يَسْتَطِيعُ البَحْثَ فِيْهِ، فَعِلْمُ حِكْمَةِ الكَابَالا وُجِدَ لِيُسَاعِدُ الإِنْسَانُ عَلَى الإِجَابَةِ عَلَى هَذِهِ الأَسْئِلَةِ.

مِنْ عَالَمِ الكَابَالا

إِنَّ القَانُونَ الأَوَلَ الَذِي نَعْلَمُ بِهِ فِي مَا يَتَعَلَّقُ بِنِيَّةِ الخَالِقِ أَنَّ رَغْبَتَهُ هِيَ فِي عَمَلِ الخَيرِ. أَرَادَ الخَالِقُ أَنْ يَخْلُقَ المَخْلُوقَ لِكَي يَتَلَقَى وَيَتَقَبَّلَ كُلَ حَسَنَاتِ الخَالِقِ.

مِنْ عَالَمِ الكَابَالا الرَنْحَال

تَارِيخُ عِلْمُ الحِكْمَةِ وَكِتَابُ الزُوهَار

إنَّ أَبُونَا وَسَيِّدُنَا إِبْرَاهِيمُ عَلَيْهِ السَّلَامُ هُوَ أَوَّلُ عَالِمٍ فِي عِلْمِ حِكْمَةِ الكَابَالا المَعْرُوفِ لَدَيْنَا. رَأَى سَيِّدُنَا إِبْرَاهِيمُ عَظَمَةَ وَمُعْجِزَةَ الوُجُودِ الإِنْسَانِي وَبُنْيَةَ الكَوْنِ وَعَمَلَ قَوَانِينَ الطَّبِيعَةِ وَسَأَلَ أَسْئِلَةً كَثِيرَةً عَنِ الخَالِقِ مُسْتَفْسِراً عَنْ عَظَمَةِ الخَلِيقَةِ فَظَهَرَ لَهُ العَالَمُ الأَعْلَى مِنْ خِلَالِ الوَحْيِ وَالإِلْهَامِ. هَذِهِ المَعْرِفَةُ التِي اكْتَسَبَهَا وَالطَّرِيقَةُ التِي اسْتَخْدَمَهَا فِي اكْتِسَابِ هَذِهِ المَعْرِفَةِ دَوَّنَهَا وَحَفِظَهَا لِلْأَجْيَالِ القَادِمَةِ.

فَعَلَى مَرِّ العُصُورِ إِنْتَقَلَ عِلْمُ الكَابَالا مِنْ عَالِمِ كَابَالا إِلَى آخَرَ بِشَكْلٍ شَفَوِيٍّ، وَكُلٌّ مِنْهُمْ أَضَافَ بَرَاهِينَ تَجْرِبَتِهِ الشَّخْصِيَّةِ لِجَمِيعِ قَوَانِينِ النَّظَرِيَّةِ المَنْصُوصِ عَلَيْهَا لِهَدَفِ جَمْعِ الكَمِّ الأَكْبَرِ مِنَ المَعْرِفَةِ. وَكُلُّ الإِنْجَازَاتِ التِي تَوَصَّلَ إِلَيْهَا عُلَمَاءُ الكَابَالا فِي اكْتِشَافِ وَمَعْرِفَةِ العَالَمِ الرُوحِيِّ دُوِّنَتْ فِي أُسْلُوبٍ وَلُغَةٍ وَثِيقَةِ الصِّلَةِ بِالمَوْضُوعِ وَمُنَاسِبَةٍ لِلْجِيلِ الَّتِي عَاشَتْ فِيهِ تِلْكَ النَّفْسِ.

اسْتَمَرَّ عِلْمُ الكَابَالا فِي الإِنْتِشَارِ بَعْدَ المُدَوَّنَاتِ التِي كَتَبَهَا سَيِّدُنَا مُوسَى عَلَيْهِ السَّلَامِ. وَفِي المَرْحَلَةِ الزَّمَنِيَّةِ مِنْ سَنَةِ ٥٨٦ إِلَى سَنَةِ ٥١٥ فِي حُقْبَةِ مَا قَبْلَ المِيلَادِ، كَانَ تَعْلِيمُ الكَابَالا مُنْتَشِراً إِذْ كَانَ يُدَرَّسُ ضِمْنَ مَجْمُوعَاتٍ صَغِيرَةٍ وَمُتَعَدِّدَةٍ مِنْ طَالِبِي العِلْمِ. وَلَكِنْ مُنْذُ سَنَةِ السَّبْعِينَ بَعْدَ المِيلَادِ إِلَى جِيلِنَا هَذَا هُنَاكَ ثَلَاثَةُ مَرَاحِلَ خَاصَةٍ تُعْتَبَرُ مُهِمَّةً جِدَّاً فِي تَارِيخِ تَقَدُّمِ عِلْمِ الكَابَالا وَالتِي صَدَرَتْ فِيهَا أَهَمُّ الكِتَابَاتِ الأَسَاسِيَّةِ فِي دِرَاسَةِ نَظَرِيَّةٍ وَأُسْلُوبِ عِلْمِ الكَابَالا.

ظَهَرَتِ المَرْحَلَةُ الأُوْلَى فِي القَرْنِ الثَانِي عِنْدَمَا كَتَبَ عَالِمُ الكَابَالا شَمْعُوْن بِنْ يُوْخَاي وَالمُلَقَّبُ "بِالرَاشْبِي" كِتَابَ الزُوْهَارِ. وَكَانَ هَذَا حَوالِي عَامُ المَائَةِ وَالخَمْسُوْنِ لِلمِيْلادِ. كَانَ عَالِمُ الكَابَالا شَمْعُوْن بِنْ يُوْخَاي تِلْمِيْذاً عِنْدَ عَالِمِ الكَابَالا عَاكِيْفَا وَالَذِي عَاشَ مِنْ سَنَةِ ٤٠ إِلَى سَنَةِ ١٣٥ لِلْمِيْلادِ فِي عَصْرِ الإِمبَراطُورِيَّةِ الرُومَانِيَّةِ حَيْثُ أَلْقَى الرُومَانُ القَبْضَ عَلَى عَالِمِ الكَابَالا عَاكِيْفَا وَعَلَى عَدَدٍ وَفِيرٍ مِنْ تَلامِيْذِهِ وَقَتَلُوهُم إِذْ أَنَّهم شَعَرُوا بِأَنَّ تَعْلِيمَ الكَابَالا لِلعَامَةِ أَمْرٌ يُهدِدُ سَلامَةَ حُكُومَتِهِمْ وَقُوَةَ سَيْطَرَتِهم عَلَى الشَعْبِ. فَقَدْ لَجَأَ الرُوْمَانُ إِلَى سَلْخِ جِلْدِ عَالِمِ الكَابَالا عَاكِيفَا عَنْ جَسَدِهِ بِوَاسِطَةِ مِكشَطَةٍ مِنَ الحَدِيدِ كَالمِكشَطَةِ الَتِي تُسْتَخْدَمُ فِي تَمْشِيطِ شَعْرِ الخَيْلِ كَعِقَابٍ لَهُ عَلَى تَعْلِيمِ وَنَشْرِ عِلْمِ الكَابَالا. بَعْدَ وَفَاةِ أَرْبَعِ وَعِشْرِينَ أَلفاً مِنْ تَلامِيذِ عَاكِيْفَا أُعْطِيَ السَمَاحُ لِعَالِمِ الكَابَالا الرَاشْبِي مِنْ قِبَلِ عَالِمِ الكَابَالا وَمُعَلِمِهِ عَاكِيْفَا وَعَالِمِ الكَابَالا يَهُوْدَا بِنْ بَابَا تَارِكِينَ فِي عُهْدَتِهِ مَسْؤُوْلِيَّةَ تَعْلِيمِ الأَجْيَالِ القَادِمَةِ بِنَفْسِ الأُسْلُوْبِ وَالمَنْهَجِ الَذِي تَلَقَّنَ بِهِ العِلْمُ هُوَ نَفْسُهُ مِنْ مُعَلِمِهِ وَأَيْضاً مَسْؤُوْلِيَّةُ ضَرُوْرَةَ المُحَافَظَةِ عَلَى نَقَاوَةِ وَطَهَارَةِ التَعْلِيمِ. فَإِنَّ شَمْعُوْن بِنْ يُوْخَاي -الرَاشْبِي وَأَرْبَعاً مِنْ تَلامِيْذِ عَاكِيْفَا الآخَرِينَ هُم الوَحِيْدِين الَذِينَ نَجَوْا بِحيَاتِهِم مِنْ يَدِ الرُوْمَانِ فَبَعْدَ أَنْ تَمَّ القَبْضُ عَلَى عَالِمِ الكَابَالا عَاكِيْفَا وَإِلقَائِهِ بِالسِجْنِ نَجَا الرَاشْبِي مَعَ إِبْنِهِ وَتَوَارُوا عَنِ الأَنْظَارِ مُختَبِئِينَ فِي كَهْفٍ لِمدَةِ ثَلاثُ عَشْرَةِ سَنَةٍ.

وَبَعْدَ ثَلاثِ عَشْرَةَ سَنَةٍ ظَهَرُوا وَفِي حَوْزَتِهم كِتَابُ الزُوْهَارِ وَنَظَرِيَّةٌ وَاضِحَةٌ فِي دِرَاسَةِ عِلْمِ حِكْمَةِ الكَابَالا وَإِحْرَازِ العَالَمِ الرُوْحِيِّ وَمَعْرِفَةَ الأُمُوْرِ الرُوْحِيَّةِ. لَقَدْ وَصَلَ الرَاشْبِي إِلَى أَعَلَى دَرجَاتِ العَالَمِ الرُوْحِيِّ وَالَتِي مِنَ المُمكِنِ لِلإِنْسَانِ الوُصُوْلُ إِلَيْهَا مُتَخَطِيّاً كَافَةَ دَرجَاتِ السُلَّمِ المِئَةَ وَالخَمْس

وَالعِشْرِينَ دَرَجَةٍ بِحَسْبِ تَرْتِيبِ العَوَالِمِ الرُوُحِيَّةِ كَمَا وَضَعَهَا الخَالِقُ وَالَتِي بِإمْكَانِ الإِنْسَانِ إِحْرَازَهَا أَثْنَاءَ وُجُودِهِ فِي هَذَا العَالَمَ. يُعَلِمُونَا كِتَابُ الزُوُهَارِ أَنَّ عَالِمِ الكَابَالا الرَاشْبِي وَإِبْنُهُ عَالِمُ الكَابَالا إِلِيعَازَرْ وَصَلُوا إِلَى دَرَجَةٍ رَفِيعَةِ المُسْتَوَى فِي العَالَمَ الرُوُحِيِّ وَالتِي يُطْلَقُ عَلَيْهَا دَرَجَةُ "إِيْلِيَا النَبِي" أَي أَنَّ النَبِيُ إِيلِيَا عَلَيهِ السَلاَمُ نَفْسَهُ قَامَ بِتَلْقِينِ العِلْمِ بِكُلِ تَفَاصِيلِهِ لِكِلَيْهُمَا.

لَقَدْ كُتِبَ كِتَابُ الزُوُهَارِ فِي صِيْغَةٍ رَمْزِيَّةٍ وَهِيَ صِيْغَةٌ فَرِيدَةٌ مِنْ نَوْعِهَا وَقُدِّمَ بِاللُغَةِ الآرَامِيَّةِ وَهِيَ اللُغَةُ التِي كَانَتْ سَائِدَةً فِي ذَاكَ العَصْرِ. يُخْبِرُنَا كِتَابُ الزُوُهَارِ بِأَنَّ اللُغَةَ الآرَامِيَّةَ هِيَ "الوَجْهُ الخَلْفِيُّ لِلُغَةِ العِبْرِيَّةِ" أَوْ إِذَا صَحَّ التَعْبِيرُ "الجِهَةُ الخَفِيَّةُ لِلُغَةِ العِبْرِيَّةِ"، لِذَلِكَ نَجِدُ بِأَنَّ مَقَالاتَ الزُوُهَارِ هِيَ مَزِيجٌ بَيْنَ اللُغَةِ الأَرَامِيَّةِ وَالعِبْرِيَّةِ.

لَمْ يَكْتُبْ عَالِمُ الكَابَالا شَمْعُوُن بِنْ يُوْخَاي كِتَابُ الزُوُهَارِ بِنَفْسِهِ وَلَكِنَّهُ شَرَحَ لَنَا الحِكْمَةَ وَطَرِيقَةَ إِحْرَازَهَا بِنِظَامِ وَأُسْلُوُبِ مُنْتَظِم وَثَابِتٍ وَأَمْلاَ هَذِهِ الحِكْمَةَ بِقَوَاعِدِهَا وَقَوَانِينِهَا وَأَسَاسِهَا عَلَى عَالِمِ الكَابَالا آبَا. آبَا هُوَ الَذِي كَتَبَ مُدوِناً جَمِيْعَ المَعْلُومَاتِ التِي تَلَقَّاهَا مِنْ عَالِمِ الكَابَالا شَمْعُوُن بِنْ يُوْخَاي فِي أُسْلُوبِ مُنَقَّحِ وَخَفِيٍّ وَلِهَؤُلاَءِ الَذِينَ يَبْحَثُوُنَ عَنِ الحِكْمَةِ بِالفِعْلِ وَبِكُلِ قَلْبِهِم هُمْ الوَحِيْدِينَ الَذِينَ يَسْتَحِقُوُنَ فَهْمَ مُحْتَوَيَاتِ كِتَابِ الزُوُهَارِ.

يُفَسِرُ كِتَابُ الزُوُهَارِ شَارِحاً أَنَّ مَرَاحِلَ تَطَوِّرِ الإِنْسَانِيَّةِ مُقَسَمَةٌ عَلَى مَدَارِ سِتَةَ آلآفِ سَنَةٍ مِنْ خِلاَلَهَا تَمُرُ النَفْسُ البَشَرِيَّةُ بِمَرَاحِلِ عَدِيْدَةٍ مِنَ النُمُوِ وَالتَطَوُرِ فِي كُلِ جِيْلٍ. فِي النِهَايَةِ تَصِلُ هَذِهِ النُفُوُسُ إِلَى مَرْحَلَةٍ يُقَالُ لَهَا "نِهَايَةُ مَرَاحِلِ التَصْحِيحِ" وَهِيَ المَرْحَلَةُ الأَعَلَى فِي الكَمَالِ وَالرُوُحِيَّةِ وَالَتِي يُمْكِنُ لِلْنَفْسِ البَشَرِيَّةِ الوُصُولَ إِلَيْهَا.

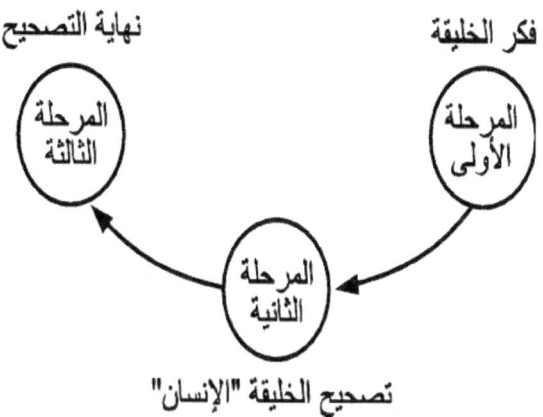

كَانَ عَالِمُ الكَابَالا شَمْعُوْن بِنْ يُوْخَاي مِنْ أَعظَمِ عُلمَاءِ الكَابَالا فِي عَصْرِهِ وَجِيْلِهِ الَذِي عَاشَ فِيْهِ. فَقَدْ كَتَبَ مَقَالاَتٍ كَثِيرَةٍ كَانَ فِيهَا يَشْرَحُ مُفَسِراً أَعْمَالَ عُلمَاءِ الكَابَالا الَذِينَ أَتوا قَبْلَهُ وَكَانَ قَدْ نَشَرَ جَمِيْعُ هَذِهِ الشُرُوحَاتِ بِكَامِلِهَا وَكُلَّهَا اليَومُ مَعْرُوفَةٌ وَمَحْفُوظَةٌ لَدَينَا إِلَى يَوْمِنَا هَذَا. وَأَمَا بِالنِسْبَةِ إِلَى الأَمْرِ المُتَعَلِقِ بِكِتَابِ الزُوهَارِ، فَقَدْ اخْتَفَى هَذَا الكِتَابُ عَنْ مُتنَاوَلِ العَامَةِ بَعْدَ كِتَبَتِهِ إِذْ كَانَتْ تُلْقَى مُحَاضَرَاتُ وَدِرَاسَاتُ نُصُوصِهِ وَكِتَابَاتِهِ فِي الخَفْيَةِ مِنْ قِبَلِ مَجْمُوعَةٍ صَغِيرَةٍ مِنْ عُلمَاءِ الكَابَالا. وَكَانَ عَالِمُ الكَابَالا مُوسَى بِنْ لِيُوْنْ هُوَ الَذِي نَشَرَ أَوَلَ نُسْخَةٍ مِنْ كِتَابِ الزُوهَارِ فِي القَرْنِ الثَالِثِ عَشَرْ فِي إِسْبَانْيَا.

أَمَا الحُقْبَةُ أَوْ المَرْحَلَةُ الثَانِيَةُ مِنْ نَشْأَةِ وَإِنْتِشَارِ عِلْمِ الكَابَالا كَانَتْ ذَاتَ أَهَمِيَّةٍ خَاصَةٍ بِالنِسْبَةِ لِلعِلْمِ وَبِالنِسْبَةِ لِجِيْلِنَا نَحْنُ، هَذِهِ الحُقْبَةُ هِيَ حُقْبَةُ تَارِيخِ "الآرِي" ، عَالِمُ الكَابَالا الشَهِيرِ اسْحَاقْ لُورِيَا وَالمُلَقَبُ "الآرِي" هُوَ الَذِي وَضَعَ وَشَرَحَ أُسْلُوبَ التَحْوِيلِ بَيْنَ النَظرِيَّتَينِ اللَتَينِ كَانَتَا تُتبَعَا فِي دِرَاسَةِ عِلْمُ حِكْمَةِ الكَابَالا. فَقَدْ ظَهَرَتْ لُغَةُ الكَابَالا النَقِيَّةُ ذَاتَ الأُسْلُوبِ الرَفِيعِ

وَالْمُتْقِنِ فِي كِتَابَاتِ الآرِي، فَهُوَ الَذِي أَعْلَنَ وَأَظْهَرَ بِدَايَةِ حُقبَةٍ تَارِيخِيَّةٍ جَدِيْدَةٍ حِيْنَ فَتحَ المَجَالَ أَمَامَ العَامَةِ مِنَ النَاسِ لِدِرَاسَةِ عِلْمِ الكَابَالا وَالَذِي كَانَ مَحْصُورًا قَبْلاً فِي ضِمْنِ البَعْضِ مِنَ المَجْمُوعَاتِ القَلِيْلَةِ جِداً مِنْ هَؤُلاءِ الَذِينَ يَسْتَطِيعُونَ الدِرَاسَةَ وَالبَحْثَ فِي هَذَا العِلْمِ الوَاسِعِ وَالعَمِيقِ

لَقَدْ وُلِدَ عَالِمُ الكَابَالا اسْحَاقْ لُورِيَا فِي مَدِينَةِ أُورُشَلِيم فِي عَام ١٥٣٤. تُوفِيَّ وَالِدُهُ وَهُوَ مَا زَالَ طِفْلاً صَغِيراً فَأَخَذَتْهُ أُمُهُ إِلَى مِصر حَيْثُ تَرعْرَعَ وَشَبَّ هُنَاكَ تَحْتَ رِعَايَةِ عَمِّهِ. كَانَ مَكْسَبُ رِزْقِهِ فِي مِصر مِنْ عَمَلِهِ فِي التِجَارَةِ وَلَكِنَّهُ كَرَّسَ مُعْظَمَ وَقْتِهِ فِي دِرَاسَةِ عِلْم الكَابَالا، فَكَمَا أُخْبِرَ وَقِيْلَ عَنْهُ بِأَنَّهُ قَدْ قَضَى سَبْعَ سِنِينٍ مِنْ حَيَاتِهِ فِي عُزْلَةٍ عَلَى جَزِيرَةِ الرَوْضَةِ الَتِي تَقَعُ عَلَى نَهْرِ النِيلِ حَيْثُ كَانَ يَدْرُسُ كِتَابَ الزُوهَارِ وَكِتَابَاتَ عُلَماءِ الكَابَالا الأَوَلِينَ وَكِتَابَاتُ عَالِمِ الكَابَالا مُوسَى كُورْدَافَارُو المُلقَبَ "بِالرَامَاك" وَالَذِي كَانَ مِنْ عُلَمَاءِ الكَابَالا اللامِعِينَ فِي جِيْلِهِ وَفِي عَصْرِهِ.

فِي سَنَةِ ١٥٧٠عَادَ الآرِي إِلَى مَدِينَةِ صَفَدْ فِي إِسْرَائِيل. بِالرَغْمِ مِنْ صِغَرِ سِنِّهِ وَهُوَ بَعْدُ فِي رَيْعَانِ شَبَابِهِ كَانَ يُدَرِّسُ وَيُلَقِّنُ عِلْمَ الكَابَالا. فِي مُدَةٍ قَصِيرَةٍ أَدْرَكَ النَاسُ الَذِينَ كَانُوا يَتَلَقَّونَ العِلْمَ عَلَى يَدِهِ مُسْتَوَى عَبْقَرِيَتِهِ وَحِكْمَتِهُ وَحِدَةَ ذَكَائِهِ وَقُدْرَتِهِ عَلَى الإِلْمَام بِكَافَةِ مَوَاضِيعِ وَشُرُوحَاتِ عِلْمِ الكَابَالا فَدُعِيَ بِلَقَبِ الرَجُلِ الحَكِيْمِ مِنْ صَفَدْ إِذْ كَانَ ذُو مَعْرِفَةٍ وَاسِعَةٍ وَعَمِيْقَةٍ فِي عُلُومِ الحِكْمَةِ الخَفِيَّةِ وَالَتِي أَخَذَتْ تَظْهَرُ مَعْرِفَتها أَمَامَ العَامَةِ، فَأَخَذَ النَاسُ يَأْتُونَ إِلَيْهِ طَالِبِينَ العِلْمَ وَالمَعْرِفَةَ وَهَكَذَا ذَاعَت شُهْرَتُهُ فِي العَالَمِ. وَعَلَى مَدَارِ العَامِ وَنِصْفِ العَامْ كَانَ تِلْمِيْذُهُ حَايِيمْ فِيتَال يُدَوِّنُ جَمِيْعَ الأَسْئِلَةِ الَتِي كَانَتْ تُطْرَحُ عَلَى الآرِي وَكَانَ يُدَوِّنُ أَجْوِبَتَهَا كَمَا أَجَابَ عَلَيْهَا الآرِي حَرْفِياً.

قَدْ تركَ لَنَا عَالِمُ الكَابَالا الآرِي النِظَامُ الأَسَاسِيُّ فِي البَحْثِ وَالدِرَاسَةِ فِي عِلْمِ الكَابَالا وَالَذِي مَا زِلْنَا نَسْتَخْدِمُهُ نَحْنُ الآنَ فِي يَوْمِنَا هَذَا. فَمِنْ بَعْضِ كِتَابَاتِهِ وَمُدَوِنَاتِهِ الشَهِيْرَةِ التِي تَركَهَا لَنَا كِتَابُ "شَجَرَةُ الحَيَاةِ" وَ "مَدَاخِلُ النَوَايَا" وَ "مَرَاحِلُ دَوْرَةَ النَفسِ" وَالكَثِيرُ أَيْضاً مِنَ النُصُوصِ وَالكِتَابَاتِ الأُخْرَى. قَدْ رَحلَ عَالِمُ الكَابَالا الشَهِيرُ الآرِي فِي سَنَةِ ١٥٧٢وكَانَ مَا يَزَالُ فِي أَوَجِّ شَبَابِهِ عَن عُمْرٍ يُنَاهِزُ الثَامِنَةَ وَالثَلاثِيْنَ. قَدْ سُجِلَتْ جَمِيْعُ مُؤَلَفَاتِهِ وَمُدَوَّنَاتِهِ حَسْبَ رَغْبَتِهِ وَطَلَبِهِ فِي المُحَافَظَةِ عَلَيْهَا وَعَدَمِ إِظْهَارِهَا لِلعَامَةِ قَبْلَ حُلُولِ الوَقْتِ المُنَاسِبِ لِنَشْرِهَا.

لَقَدْ قَدَّمَ عُظَمَاءُ عُلَمَاءِ الكَابَالا نَظَرِيَّةً خَاصَةً لِلدِرَاسَةِ وَالبَحْثِ وَقَامُوا عَلَى تَعْلِيمِهَا بِكَافَةِ تَفَاصِيلِهَا وَبَرَاعَةِ إِتْقَانِ أُسْلُوبِهَا وَلَكِنَهُم عَلِمُوا بِأَنَّ أَجْيَالَهُم لَمْ تَكُنْ عَلَى مُسْتَوَى الوَعِي الكَافِي وَالنَاضِجِ لِتَقدِيرِ قِيمَةِ هَذِهِ المَعْرِفَةِ الثَمِينَةِ وَفَهْمِ مَدَى فَعَالِيَتِهَا وَقُوَتِهَا وَلِهَذَا السَبَبُ كَانُوا يَلْجَؤُنَ إِلَى إِخْفَائِهَا عَنِ العَامَةِ وَفِي الأَحيَانِ الكَثِيرَةِ لَجَئُوا إِلَى إِتْلافِ الكَثِيرِ مِنَ المُدَوَّنَاتِ وَالنُصُوصِ أَيْضاً، فَإِنَّنَا نَعْلَمُ أَنَّ عَالِمَ الكَابَالا صَاحِبُ السُلَّمِ أَحْرَقَ وَأَتلَفَ القِسْمَ الكَبِيرَ مِنْ مُؤَلَفَاتِهِ إِذْ أَنَّهُ يُوجَدُ هُنَاكَ سِرٌّ هَامٌ يَكْمُنُ فِي وَاقِعِيَّةِ أَنَّ المَعْرِفَةَ دُونَتْ عَلَى الوَرَقِ وَمِنْ ثَمَّ أُتْلِفَتْ وَالسَبَبُ فِي ذَلِكَ هُوَ أَنَّهُ كُلَمَا أُظْهِرَ مِنَ الحِكْمَةِ لِهَذَا العَالَمِ المَادِي يَكُونُ ذُو تَأْثِيرِ قَاسِي وَبَالِغِ عَلَيْهِ وَعَلَى مُسْتَقْبَلِهِ وَأَنَّهُ فِي حَالِ إِظْهَارِ هَذِهِ الحِكْمَةِ ثَانِيَةً فِي زَمَانٍ آخرٍ، عَمَلٌ يُخَفِفُ مِنْ حِدَةِ وَبَلاغَةِ تَأْثِيرِهَا السَلْبِيِّ عَلَى عَالَمِنَا هَذَا. فَإِنَّ عَالِمَ الكَابَالا حَايِيمْ فِيتَال أَمَرَ بِإِخْفَاءِ وَدَفْنِ جُزءٍ كَبِيرٍ مِنْ مُدَوَّنَاتِ وَكِتَابَاتِ الآرِي، وَقَدْ أُوْثِقَ جُزءٌ مِنْهَا لِيَدِ إِبْنِهِ وَالذِي أَعَادَ تَرْتِيب هَذِهِ المُدَوَّنَاتِ المَشْهُورَةِ تَحت عُنْوَانِ "البَوابَاتُ الثَمَانِيَةُ"، وَبَعْدَهَا بِفَتْرَةٍ طَوِيلَةٍ نَقَب حَفِيْدُ حَايِيمْ فِيتَال بِصُحْبَةِ

مَجْمُوعَةٍ مِنْ تَلامِيْذِهِ جُزءً آخَراً مِنْ كِتَابَاتِ وَمُدَوَّنَاتِ الآرِي الَتِي كَانَتْ مَدْفُونَةً سَابِقاً.

شَاعَتْ دِرَاسَةُ كِتَابِ الزُوهَارِ ضِمْنَ المَجْمُوعَاتِ الصَغِيرَةِ بِشَكْلٍ مَفْتُوحٍ فِي أَيَامِ عَالِمِ الكَابَالا الآرِي وَإِزْدَهَرَتْ وَإِنْتَشَرَتِ المَعْرِفَةُ لِمُدَةِ مِئَتَيّ عَامٍ بَعْدَ رَحِيلِهِ. الحُقْبَةُ التَارِيخِيَّةُ العَظِيمَةُ لِدِرَاسَةِ مَنْشُورَاتِ الزُوهَارِ كَانَتْ مِنْ عَامِ ١٧٥٠وَحَتَى نِهَايَةَ القَرْنِ التَاسِعِ عَشَرْ حَيثُ وُجِدَ الكَثِيرُ مِنَ البَاحِثِينِ وَالمُعَلِمِينِ لِعِلْمِ الكَابَالا فِي العَالَمِ وَخَاصَةً فِي بُولَنْدَا وَرُوسْيَا وَالمَغْرِبِ وَالعِرَاقِ وَاليَمَنِ وَالعَدِيدِ مِنَ البُلْدَانِ فِي العَالَمِ، وَلَكِنْ بَعْدَ ذَلِكَ وَفِي بِدَايَةِ القَرْنِ العِشْرِين بَدَأَ إِهْتِمَامُ النَاسِ يَتَضَاءَلُ لِلْمَعْرِفَةِ حَتَى تَلاشَى هَذَا الإِهْتِمَامُ تَمَاماً.

أَمَا المَرْحَلَةُ الثَالِثَةُ لِنُمُوِ عِلْمِ الكَابَالا كَانَتْ قَدْ إِحْتَوَتْ عَلَى نَظَرِيَةٍ إِضَافِيَّةٍ وَأُسْلُوبِ تَعَالِيمِ الآرِي إِذْ كَانَتْ قَدْ كُتِبَتْ فِي عَصْرِنَا نَحْنُ مِنْ قِبَلِ عَالِمِ الكَابَالا يَهُودَا أَشْلاغ وَالذِي أَلَّفَ كِتَابُ الشَرْحِ السُلَّمِي لِكِتَابِ الزُوهَارِ وَلِتَعَالِيمِ الآرِي إِذْ أَنَّ النَظَرِيَّةَ الَتِي وَضَعَهَا كَانَتْ بِأَجْزَائِهَا وَتَفَاصِيْلِهَا الدَقِيقَةِ المُنَاسِبَةِ وَالمُتَمَاشِيَةِ مَعَ النُفُوسِ المُتَوَاجِدَةِ فِي جِيْلِنَا نَحْنُ. وُلِدَ عَالِمُ الكَابَالا يَهُودَا أَشْلاغ وَالمَعْرُوفُ بِلَقَبِ صَاحِبُ السُلَّم لِتَأْلِيفِهِ كِتَابُ "الشَرْحِ السُلَّمِي لِكِتَابِ الزُوهَارِ" فِي مَدِينَةِ لُوتْزَ فِي بُولَنْدَا، وَتَلَقَّى مَعْرِفَةَ القَانُونِ مُنْذُ شَبَابِهِ وَدَرَسَ فِي كُلِّيَةِ الحُقُوقِ وَأَبْدَعَ فِي مِهْنَتِهِ فِي مُمَارَسَةِ المُحَامَاةِ وَمِنْ ثُمَّ تَابَعَ طَرِيقَهُ فِي الدِرَاسَةِ وَالعَمَلِ إِلَى أَنْ أَصْبَحَ قَاضِيَاً فِي مَدِينَةِ وَارْسُو. فِي عَامِ ١٩٢١هَاجَرَ مِنْ وَارْسُو إِلَى إِسْرَائِيلِ مَعَ عَائِلَتِهِ وَبِالرَغْمِ مِنْ عَمَلِهِ فِي مَجَالِ القَانُونِ كَانَ يَدْرُسُ بَاحِثَاً فِي عِلْمِ الكَابَالا وَفِي كِتَابَاتِ عَالِمِ الكَابَالا الآرِي وَكَانَ مُنْكَبَّاً عَلَى كِتَابَةِ مَبَادِئِ وَتَفْسِيرَاتِ مَوَاضِيعِ الكَابَالا

قَبْلَ أَنْ بَدَأَ فِي كِتَابَةِ شُرُوحَاتِ كِتَابِ الزُوهَارِ فِي عَامِ ١٩٤٣. وَبَعْدَ سَنَةٍ وَاحِدَةٍ مِنْ إِنْتِهَائِهِ مِنَ الكِتَابَةِ لِشُرُوحَاتِ كِتَابِ الزُوهَارِ فِي عَامِ ١٩٥٣ تُوفِيَ صَاحِبُ السُلَّمِ وَدُفِنَ فِي مَدِينَةِ أُورُشَلِيمَ.

أَتَى بَعْدَهُ عَالِمُ الكَابَالا بَارُوخ شَالُومْ أَشْلاَغ وَالمُلَقَّبُ "بِالرَابَاش" وَهُوَ الإِبْنُ البِكْرُ لِصَاحِبِ السُلَّمِ. كَتَبَ الرَابَاشُ جَمِيعَ مَقَالاتِهِ وَكُتُبِهِ تَوَافُقًا مَعَ تَعْلِيمَاتِ وَتَوْجِيهَاتِ صَاحِبِ السُلَّمِ وَذَلِكَ لِهَدَفِ المُحَافَظَةِ عَلَى أَصَالَةِ المَعْلُومَاتِ مُسْتَخْدِمًا أُسْلُوبًا رَاقِيًا وَتَفْصِيلِيًّا بَاذِلاً غَايَةَ الجُهْدِ فِي الشَرْحِ وَالتَوْسِيعِ المُفَصَّلِ لِكِتَابَاتِ صَاحِبِ السُلَّمِ مُقَدِّمًا أُسْلُوبًا بَارِعًا مِنْ نَاحِيَةِ سَلاسَةِ الأُسْلُوبِ لِمُسَاعَدَةِ القَارِئِ عَلَى فَهْمِ المَقَالاتِ وَشُرُوحَاتِ كَافَةِ المَوَاضِيعِ التِي كَتَبَهَا صَاحِبُ السُلَّمِ مُحَافِظًا عَلَى نَقَاوَةِ اللُغَةِ وَطَهَارَةِ المَعَانِي فِي النُصُوصِ التِي كُتِبَتْ بِالتَحْدِيدِ بِلُغَةٍ وَأُسْلُوبٍ مُتَنَاسِبٍ مَعَ مُسْتَوَى الوَعْيِ المَوْجُودِ فِي جِيلِنَا نَحْنُ لِفَهْمِ العَالَمِ الرُوحِيِّ وَإِحْرَازِهِ.

لَقَدْ وُلِدَ الرَابَاشُ فِي مَدِينَةِ وَارْسُو فِي عَامِ ١٩٠٧ وَبَعْدَمَا تَزَوَّجَ قَبْلَهُ وَالِدَهُ وَضَمَّهُ إِلَى المَجْمُوعَةِ التِي كَانَتْ تَتَأَلَّفُ مِنْ عَدَدٍ قَلِيلٍ مِنَ الطَلَبَةِ المُنْتَخَبِينَ بِعِنَايَةٍ لِدِرَاسَةِ عِلْمِ حِكْمَةِ الكَابَالا وَمِنْ ثُمَّ سُمِحَ لَهُ بِتَدْرِيسِ الطُلاَّبِ الجُدُدِ اللِذِينَ كَانُوا يَرْغَبُونَ فِي تَعَلُّمِ الكَابَالا. بَعْدَ وَفَاةِ أَبِيهِ أَخَذَ عَلَى عَاتِقِهِ تَعْلِيمَ عِلْمِ الكَابَالا عَلَى نَمَطِ الأُسْلُوبِ نَفْسِهِ وَالطَرِيقَةِ التِي تَلَقَّنَهَا هُوَ نَفْسُهُ. وَكَوَالِدِهِ مِنْ قَبْلِهِ وَعَلَى الرَغْمِ مِنْ إِنْجَازَاتِهِ العَظِيمَةِ وَتَعْلِيمِهِ وَمَكَانَتِهِ فِي المُجْتَمَعِ إِذْ كَانَ قَدْ عُرِضَ عَلَيْهِ مَنَاصِبٌ مُخْتَلِفَةٌ إِلاَّ أَنَّهُ أَصَرَّ عَلَى عَدَمِ السَعْيِ وَرَاءَ شَهَوَاتِ العَالَمِ الفَارِغَةِ وَعَلَى العَيْشِ حَيَاةً بَسِيطَةً وَمُتَوَاضِعَةً. فَفِي حَيَاتِهِ عَمِلَ فِي مِهْنَةِ البِنَاءِ وَكَكَاتِبِ عَدْلٍ أَيْضًا. فِي الظَاهِرِ قَدْ عَاشَ الرَابَاشُ كَأَيِّ

إِنْسَانٍ عَادِيٍّ وَلَكِنَّهُ خَصَّصَ وَكَرَّسَ حَيَاتَهُ لِدِرَاسَةِ وَتَعْلِيمِ عِلْمُ الحِكْمَةِ. تُوُفِيَّ الرَابَاشُ فِي عَامِ ١٩٩١.

كَانَ عَالِمُ الكَابَالا يَهُودَا أَشْلاَغ "صَاحِبُ السُلَّم" مَعْرُوفاً بِجَدَارَتِهِ وَبِقُدْرَتِهِ وَالَتِي جَعَلَتْهُ يَرْتَقِي المَرْكَزَ الأَوْلِ فِي تَعْلِيمِ الأُمُورِ الرُوحِيَّةِ، وَكَمُعَلِّمٍ أَوَلٍ فِي جِيْلِنَا نَحْنُ كَانَ الإِنْسَانُ الوَحِيْدُ الَذِي مُنِحَ القُدْرَةَ وَالفَهْمَ وَالحِكْمَةَ فِي هَذَا الجِيلِ لِكِتَابَةِ شُرُوحَاتِ كِتَابِ الزُوهَارِ فِي أُسْلُوبٍ وَاضِحٍ وَجَلِيٍّ جَامِعاً كَافَةَ المَعْلُومَاتِ التِي احْتَوَتْهَا المُجَلَدَاتُ وَالمَقَالاَتُ وَكِتَابَاتُ الآرِي. فَهَذِهِ الكُتُبُ وَبِالإِضَافَةِ إِلَى مَقَالاتِ عَالِمِ الكَابَالا بَارُوخ شَالُوم أَشْلاَغ "الرَابَاش" هِيَ المَصْدَرُ الوَحِيْدُ الَذِي يُمْكِنُنَا اسْتِخْدَامُهُ وَالإِعْتِمَادُ عَلَيْهِ فِي إِقْتِنَاءِ المَعْرِفَةِ الحَقَّةِ. فَإِنَ دِرَاسَةَ هَذِهِ الكُتُبِ وَالمَقَالاَتِ هِيَ فِي أَهَمِيَتِهَا وَمَضْمُونِهَا مُعَادِلَةً لِدِرَاسَةِ كِتَابِ الزُوهَارِ وَكِتَابَاتِ الآرِي فِي أُسْلُوبٍ مُبَسَّطٍ وَجَلِيٍّ لِمُسْتَوَانَا الفِكْرِيِّ وَلِطَبِيْعَةِ إِدْرَاكِنَا فِي عَصْرِ التَقَدُّمِ وَالتِكْنُولُوجِيَا المُتَطَوِرَةِ الَذِي نَعِيشُ فِيْهِ. فَقَدْ كُتِبَتْ هَذِهِ الشُرُوحَاتُ (مُنْذُ خَمْسِينَ سَنَةٍ). فَهِيَ تُعَدُّ حَجَرَ الأَسَاسِ فِي مَعْرِفَةِ عِلْمِ الكَابَالا لِجِيْلِنَا إِذْ أَنَّهَا تُقَدِمُ لَنَا الفُرْصَةَ فَاتِحَةً المَجَالَ أَمَامَنَا لِدِرَاسَةِ مَقَالاَتٍ قَدِيمَةٍ كُتِبَتْ مُنْذُ أَلفِي سَنَةٍ مَضَتْ بِأُسْلُوبٍ نَتَمَكَّنُ مِنْ فَهْمِهَا وَكَأَنَّهَا كُتِبَتْ بِلُغَةِ عَصْرِنَا وَاسْتِخْدَامُ هَذِهِ المَعْلُومَاتِ كَنُقْطَةِ إِنْطِلاقٍ فِي البَحْثِ وَمَعْرِفَةِ العَالَمِ الرُوحِيِّ.

إِنَّ طَرِيقَةَ صَاحِبُ السُلَّمِ فِي الدِرَاسَةِ مُلاَئِمَةً لِكُلِ إِنْسَانٍ وَإِنَّ تَرْتِيبَ الدَرَجَاتِ وَالمُسْتَوَيَاتِ لِهَدَفِ إِحْرَازِ العَالَمِ الرُوحِيِّ الَذِي وَضَعَهُ لَنَا وَشَرَحَهُ فِي كِتَابَاتِهِ يُؤَكِّدُ وَبِوُضُوحٍ أَنَّهُ بِإِسْتِطَاعَةِ كُلٍ مِنَا دِرَاسَةَ عِلْمِ الكَابَالا بِلاَ إِسْتِثْنَاءِ وَمِنْ دُونِ أَيِّ قَلَقٍ أَوْ خَوْفٍ فَإِنَّ كُلَ إِنسَانٍ يَدْرُسُ عِلْمَ الكَابَالا. فَبِإِسْتِخْدَامِنَا لِكُتُبِ صَاحِبِ السُلَّمِ فِي دِرَاسَاتِنَا نَسْتَطِيعُ أَنْ نَصِلَ إِلَى كَيْفِيَّةِ

مَعْرِفَةِ تَصْحِيح "الأَنَا" لَدَيْنَا فِي كَافَةِ مَرَاحِلِ تَطَوُرِهَا وَبِشَكْلٍ كَامِلٍ. فَإِنَّ أَسْلُوبَ وَطَرِيقَةَ صَاحِبِ السُلَّم مَبْنِيَّةٌ عَلَى أَسَاسٍ يَتِمُ مِنْ خِلَالِهِ إِيقَاظُ قُدْرَةِ الإِدْرَاكِ لَدَى الإِنْسَانِ وَرَغْبَتِهُ فِي فَهْمِ العَالَمِ الأَعْلَى، فَقَدْ مَنَحَنَا الخَالِقُ رَغْبَةً عَظِيمَةً لِمَعْرِفَةِ جُذُورِ النَفسِ البَشَرِيَّةِ وَالعَوْدَةِ لهَا لِمَعْرِفَةِ هَدَفَ حَيَاتِنَا فِي هَذَا العَالَمِ وَإِيجَادِ الإِكْتِفَاءِ وَالسَعَادَةِ الحَقِيقِيَّةِ.

كَانَ ظُهُورُ كُلٍّ مِنْ عُلَمَاءِ الكَابَالا، عَالِمُ الكَابَالا شَمْعُونْ بِنْ يُوْخَاي "الرَاشْبِي" وَعَالِمُ الكَابَالا اسْحَاقْ لُوْرْيَا "الآرِي" وَعَالِم الكَابَالا يَهُودَا أَشْلاغ "صَاحِبُ السُلَّم" فِي أَجْيَالِهِم فِي الوَقْتِ المُنَاسِبِ لِلبَشَرِيَّةِ. فَبِظُهُورِ كُلٍّ مِنْهُم فِي الجِيلِ المُعَيَّنِ إِنَمَا يُشِيرُ إِلَى إِسْتِحْقَاقِيَّةِ ظُهُورِ هَذِهِ المَعْرِفَةِ وَالحِكْمَةِ لأَبْنَاءِ هَذَا الجِيلِ لِذَلِكَ أُرسِلَتْ هَذِهِ النَفسُ لِتَعْلِيم النَظَرِيَّةِ المُنَاسِبَةِ لِلتَصْحِيح لِلجِيلِ الَتِي عَاشَتْ فِيهِ. فَالأَجْيَالُ تَتَوَالَى الوَاحِدُ تِلوَ الآخَرِ وَكُلٌّ مِنْهَا عَلَى دَرَجَةِ اسْتِحْقَاقٍ أَكثَرَ مِنَ الجِيلِ الَذِي سَبَقَهُ لإِكتِشَافِ المَعْرِفَةِ الَتِي يَحْتَوِي عَلَيْهَا كِتَابُ الزُوهَارِ، فَإِنَّ كِتَابَاتَ عَالِمِ الكَابَالا شَمْعُونْ بِنْ يُوْخَاي قَدْ إِخْتَفَتْ لِفَترَةٍ مِنَ الزَمَنِ إِلَى مَجِيءِ عَالِمِ الكَابَالا الآرِي وَالَذِي أَخَذَ فِي تَفْسِيرِ لُغَةِ الكَابَالا الَتِي إِسْتُخْدِمَتْ آنَذَاكَ فِي الكِتَابَةِ إِلَى أُسْلُوبٍ وَلُغَةٍ أَكثَرَ سَلاَسَةٍ وَبِوُضُوحٍ كَافٍ وَهَذِهِ الكِتَابَاتُ حُفِظَتْ أَيْضاً بَعِيْداً عَنْ مُتَنَاوَلِ العَامَةِ وَأُعِيْدَ ظُهُوْرَ جُزْءٍ مِنْهَا مَرَةً أُخْرَى عِنْدَمَا كَانَ الوَقْتُ مُنَاسِباً لِقُبُولِهَا وَتَعْلِيمِهَا لِلعَامَةِ فِي الجِيلِ الَتِي ظَهَرَتْ فِيهِ. لَقَدْ مُنِحَ جِيْلَنَا نَحْنُ الفُرْصَةَ المِثَالِيَّةَ بِإِعْطَاءِنَا كَافَةَ الوَسَائِلِ فِي تَوفِيرِ الفُرْصَةِ لِدِرَاسَةِ عِلْم حِكْمَةِ الكَابَالا مِنْ خِلاَلِ النَظَرِيَّةِ وَالأُسْلُوبِ الَذِي وَضَعَهُ صَاحِبُ السُلَّم لِلْدِرَاسَةِ وَالبَحْثِ وَالَذِي بِدَوْرِهِ يَفْتَحُ المَجَالَ أَمَامَ أَيِّ إِنسَانٍ يَرْغَبُ فِي أَنْ يَتَعَلَّمَ الكَابَالا وَيَقُومُ بِتَصْحِيح نَفسِهِ.

نَحْنُ نَرَى أَنَّ كِتَابَ الزُوهَارِ يَتَكَلَّمُ لُغَةَ كُلِّ جِيلٍ ظَهَرَتْ لَهُ هَذِهِ المَعْرِفَةُ. فَفِي كُلِّ جِيلٍ نَجِدُ أَنَّ إِظْهَارَ الوَحْيِ كَانَ عَلَى مُسْتَوَى دَرَجَةٍ مُعَيَّنَةٍ وَوَاضِحَةٍ وَسَهْلَةِ المَنَالِ وَالفَهْمُ مُقَارَنَةً بِمُسْتَوَى إِظْهَارِ المَعْرِفَةِ لِلْجِيلِ الَّذِي سَبَقَهُ، فَكُلُّ جِيلٍ يَفْتَحُ كِتَابَ الزُوهَارِ وَيَنْشُرُ مَعْرِفَتَهُ عَلَى العَامَةِ بِطَرِيقَةٍ فَرِيدَةٍ مِنْ نَوْعِهَا وَمُتَنَاسِبَةٍ مَعَ دَرَجَةِ الوَعِي السَائِدِ وَمَعَ جُذُورِ النَفْسِ البَشَرِيَّةِ لِذَلِكَ الجِيلِ. وَلَكِنْ وَعَلَى نَفْسِ مُسْتَوَى الأَهَمِّيَّةِ جَرَتِ المُحَاوَلَةُ فِي إِخْفَاءِ كِتَابَاتٍ وَمَقَالَاتٍ وَمُدَوَّنَاتِ عِلْمِ الكَابَالَا لِغَرَضِ فَتْحِ المَجَالِ أَمَامَ هَؤُلَاءِ مِمَّنْ وُجِدَتْ لَدَيْهِمُ الرَغْبَةَ فِي تَعَلُّمِ الحِكْمَةِ بِالبَحْثِ عَنْ هَذِهِ الكِتَابَاتِ وَإِكْتِشَافِهَا بِأَنْفُسِهِم.

مِنَ الجَلِي أَنَّ عُلَمَاءَ الكَابَالَا يَعْلَمُونَ بِأَنَّ مَرَاحِلَ التَغْيِيرِ تَتَطَلَّبُ شَرْطَيْنِ أَسَاسِيَّيْنِ وَهُمَا: الزَمَانُ المُنَاسِبُ وَمَدَى نُضُوجُ النَفْسِ وَقُدْرَةُ إِدْرَاكِهَا وَالآنَ فِي زَمَانِنَا هَذَا نَحْنُ نَشْهَدُوا أَهَمَّ أَحْدَاثِ الإِنْسَانِيَّةِ مُتَمَثِّلَةً فِي وَعْيٍ وَتَقَدُّمٍ مَلْحُوظٍ مُشِيرَاً إِلَى عَصْرٍ جَدِيدٍ فِي مَجَالِ دِرَاسَةِ عِلْمِ حِكْمَةِ الكَابَالَا.

تَفْسِيرُ المُصْطَلَحاتِ:

كِتَابُ الزُوهَارِ: كِتَابُ البَهَاءِ المُتَأَلِقِ هُوَ الكِتَابُ الوَحِيْدُ الأَسَاسِيُّ وَالجَذْرِيُّ فِي دِرَاسَةِ عِلْمِ الكَابَالا. شِمْعُوُن بِنْ يُوْخَاي "الرَاشْبِي" هُوَ الَذِي كَتَبَ كِتَابَ الزُوهَارِ. يَصِفُ كِتَابُ الزُوهَارِ النِظَامَ الخَفِيَّ لِلقُوَةِ العُليَا فِي إِدَارَةِ العَالَمِ، وَيَصِفُ مُصَوِراً دَرَجاتَ العَالَمِ كُلَهُ وَالقُوَّاتُ العَظِيمَةُ التِي تَحْكُمُ هَذِهِ العَوَالِمِ.

فِكْرُ الخَلِيْقَةِ: هُوَ خَلْقُ المَخْلُوقِ وَإِغْدَاقُ النِعَمَ وَاللَذَّاتَ عَلَيْهِ.

تَصْحِيحُ الخَلِيْقَةَ: تَصْحِيحُ الأَنَا-أَيْ المَادَةُ التِي عُمِلَ مِنْهَا الإِنْسَانُ لِيَتَحَلَّى بِسِمَةِ العَطَاءِ بَدَلاً مِنْ حُبِّ الذَاتِ.

نِهَايَةُ التَصْحِيحِ: مَرْحَلَةُ التَوَازُنِ الشَكْلِيِّ التَامِ بَيْنَ سِمَاتِ الإِنْسَانِ وَسِمَاتِ نُوُرِ الخَالِقِ مِنْ مَحَبَّةٍ وَعَطَاءٍ تِجَاهَ الآخَرِينَ.

تَارِيخُ عِلْمُ الحِكْمَةِ وَكِتَابُ الزُوهَارِ

إِخْتَبِرْ مَعْلُومَاتَكَ.

س١ : لِمَاذَا يُعْتَبَرُ سَيِدُنَا إِبْرَاهِيمُ أَوَلَ عَالِمِ كَابَالاَ مَعْرُوفٌ لَدَيْنَا؟

س٢ : مَا هِيَ الشُرُوطُ الَتِي تَتَطَلَّبَهَا مَرَاحِلُ التَغْيِيرِ فِي كُلِ جِيلٍ؟

س٣: مَا هِيَ المَرَاحِلُ الخَاصَةُ فِي تَارِيخِ عِلْمِ الكَابَالا؟ وَمَا مَيِّزَةُ كُلٍّ مِنْهَا؟

المَرْحَلَةُ الأَولَى:

المَرْحَلَةُ الثَانِيَةُ:

المَرْحَلَةُ الثَالِثَةُ:

غذاءٌ للفكر

إنَّ عالِمَ الكَابَالا صاحِبُ السُلَّم قَدْ أَنْذَرَ مُسبَقاً فِي مَخْطُوطَاتٍ قَدْ أَلَّفَهَا فِي أَوَاخِرِ أَيَامِهِ أَنَّهُ إذَا لَمْ يَطْرَأْ تَحَوُلاً جَذْرِيَاً فِي المَسَارِ الأَنَانِيِّ الذِي تَخْطُوُ الإِنْسَانِيَّةُ نَحْوَهُ فَإنَّهَا سَتجِدُ نَفْسَها مُتَورِطَةٌ فِي حَرْبٍ عالَمِيَّةٍ ثَالِثَةٍ وَحتى رَابِعَةٍ وَالَتِي فِيهَا سَيَتِمُ إِسْتِخْدَامُ القَنَابِلِ الذَّرِيَّةُ وَالقَنَابِلُ الهَيْدُرُوجِينِيَّةُ بِحَيْثُ سَيَنْقَرِضُ مُعْظَمُ سُكَانَ العَالَمِ.

الرَغْبَةُ قَوِيَّةٌ فِي إِكْتِشَافِ العَالَمِ الرُوحِيِّ وَتَحْقِيقُ هَدَفِ الخَلِيْقَةِ وَلِذَلِكَ سَتَكُوُنُ حِكْمَةُ الكَابَالاَ مَفْتُوحَةٌ وَفِي مُتَنَاوَلِ الجَمِيع. كَمَا وَأَشَارَ عُلَمَاءُ الكَابَالا بِأَنَّ عِلْمَ حِكْمَةِ الكَابَالا سَيكُونُ المُفْتَاحُ الوَحِيْدُ لإيجَادِ حَلٍ لِلأَزْمَةِ العَالَمِيَّةِ الحَالِيَّةِ وَالَتِي تَنبَئُوا بِهَا مُنْذُ أَعْوَامٍ مَاضِيَةٍ وَالَتِي نَحْنُ فِي صَدَدِهَا اليَوْمُ.

بَعْدَمَا يَيأَسُ الإنسَانُ وَيَفْقِدُ الأَمَلَ تَمَاماً فِي المُحَاوَلَةِ فِي تَحْسِينِ حَيَاتِهِ عَمَا كَانَتْ عَلَيْهِ سَابِقاً وَالوُصُولُ إِلَى مَرْحَلَةٍ فِيهَا يَبْدُو أَنَّهُ لاَ يُوجَدُ أَيُّ شَيءٍ فِي هَذَا العَالَمِ يَجْعَلَهُ يَشْعُرُ بِالإِكْتِفَاءِ، عِنْدَهَا فَقَطْ يَتَسَأَلُ قَائِلاً: مَا هُوَ هَدَفُ حَيَاتِي هُنَا؟ لِمَاذَا أَنَا هُنَا فِي هَذَا العَالَمِ؟ مَا هُوَ الهَدَفُ وَالغَايَةُ مِنْ هَذِهِ الحَيَاةِ وَكُلُّ هَذِهِ المُعَانَاةِ فِيهَا.

مِنْ عالِمِ الكَابَالا

يَصِفُ كِتَابُ الزُوهَارُ النِظَامُ الخَفِيُّ لِلقُوَةِ العُلْيَا فِي إِدَارَةِ العَالَمِ. وَيَصِفُ مُصَوِّراً دَرَجَاتَ العَالَمَ كُلَّهُ وَالقُوَّاتُ العَظِيمَةُ التِي تَحْكُمُ هَذِهِ العَوالِمِ. كَمَا وَيَشْرَحُ أَيْضاً كَيْفِيَّةَ تَسَلْسُلِ كُلُ حَدَثٍ يَحْدُثُ هُنَا فِي عَالَمِنَا مُنْذُ نَشأَتِهِ فِي العَالَمِ الأَعْلَى مُنْحَدِراً إِلَى عَالَمِنَا هَذَا وَكَيْفِيَّةَ تَجلِّيهِ وَظُهُورِهُ هُنَا فِي وَاقِعِنَا. وَمَا يُضْفِي عَلَى كِتَابِ الزُوهَارِ نَوْعِيَتَهُ الفَرديَّةُ هُوَ الحَقِيقَةَ بِأَنَّهُ لَمْ يُكْتَبْ لِعَصْرِهِ بَلْ بِالأَحْرَى كُتِبَ مِنْ أَجْلِ الجِيلِ الَذِي سَيأَتِي بَعدَ أَلْفِي سَنَةٍ مِنْ وَقْتِ كِتَابَتِهِ أَيْ لِجيلِنَا نَحْنُ.

مِنْ صَاحِبِ السُلَّمِ

جَوهَرُ عِلْمُ الحِكْمَةِ الخَفِيَّةِ

لِماذا يَرْغَبُ الإنْسَانُ فِي أَكْثَرِ مِما تَجْلُبُهُ الحَيَاةُ لَهُ يومِيّاً؟ وَمَا هُوَ مَصْدَرُ هَذِهِ الرَغَبَاتَ وَكَيْفَ تَظْهَرُ فِي الإنْسَانِ؟ قَدْ تَطوَرَتِ البَشَرِيَّةِ عَبْرَ التَارِيخ بِرَغَبَاتٍ مُخْتَلِفَةٍ فِي دَرَجَاتِهَا وَنَوْعِيَتَهَا؛ فَفِي البِدَايَةِ كَانَتِ الرَغَبَات البَشَرِيَّةَ عَلَى دَرَجَةٍ بِدَائِيَّةٍ وَبَسِيطَةٍ فِي تَوْفِيرِ الحَاجَاتِ الضَرُورِيَّةِ لِلعَيْشِ وَإِسْتِمْرَارِ الجِنْسِ البَشَرِيِّ وَمِنْ ثَمَّ تَطَورَتِ الرَغَبَاتُ لِتَرْتَقِي إِلَى الوُصُولِ إِلَى الثَرَاءِ وَالسُلْطَةِ وَتَحْصِيلِ المَعْرِفَةِ.

فِي الرَغْبَةِ وَرَاءَ المَعْرِفَةِ أَخَذَ العِلْمُ يَزْدَهِرُ إِذْ بَدَأَ الشَخْصُ يَكْتَشِفُ أَصْلَ وَمَنْشَأَ كُلِ شَيءٍ وَالبَحْثَ عَنْ جُذُورِهِ وَلَكِنَّ وَبِرَغْم تَطَوُرِ الرَغَبَاتِ وَوُصُولِهَا إِلَى هَذَا الحَدِ نَجِدُ أَنَّهَا مَا زَالَت فِي إِطَارِ حُدُوْدِ هَذَا العَالَمِ المَادِيِّ الَذِي نَعِيشُ فِيهِ، فَإِنَّهُ فِي المَرْحَلَةِ التَالِيَةِ فَقَطْ يَبْدَأُ الإِنْسَانُ فِي رَغْبَةِ مَعْرِفَةَ المَصْدَرِ الحَقِيقِيِّ لِلحَيَاةِ وَمَعْرِفَةَ جَوهَرِهِ وَمَعْنَى هَذِهِ الحَيَاةِ الَتِي يَحْيَاهَا. فَالأَسْئِلَةُ "مِنْ أَيْنَ أَتيتُ؟ مَنْ أَنَا؟ وَمَا هُوَ هَدَفُ وُجُودِي؟" كُلُهَا تَجْلُبُ عَلَيهِ قِلَّةَ الرَاحَةِ وَالقَلَقِ. فَالرَغَبَاتُ الإِنْسَانِيَّةُ فِي طَبِيعَتِهَا أَنَانِيَّةٌ وَذُوْ طَابِعِ ذَاتِي لِلغَايَةِ وَتَلْتَمِسُ إِشْبَاعَ ذَاتِهَا لِلوُصُولِ إِلَى الكَمَالِ لِذَلِكَ نَجِدُ أَنَّ هَذِهِ الرَغَبَاتُ تَضْغَطُ بَلْ تُسَيطِرُ عَلَينا وَعَلَى أَيِّ سُلُوكٍ يَصْدُرُ مِنَّا. فَإِنَّ أَعلَى دَرَجَاتِ الأَنَا "حُبُ الذَاتِ" فِي الإِنْسَانِ هِيَ فِي رَغْبَتِهِ بِالإِمْتِلاءِ مِنْ مَعْرِفَةِ مَا وَرَاءَ عَالِمَنَا المَادِيِّ. أَيْ أَنَّهُ يُرِيدُ مَعْرِفَةَ مَصْدَرِ الرَغَبَاتِ لَدَيْهِ وَكَيْفِيَّةِ ظُهُورِهَا؟

إِنَّ مَصْدَرَ الرَغَبَاتِ هُوَ المُعَانَاةُ، وَالإِنْتِقَالِ مِنْ رَغْبَةٍ إِلَى أُخْرَى يَحْدُثُ فَقَطْ تَحْتَ تَأْثِيرِ الكَرْبِ وَالأَلَمِ. فَإِذَا وَجدَ الإِنْسَانُ ذَاتَهُ فِي مَرْحَلَةٍ يَشْعُرُ فِيهَا بِالإِكْتِفَاءِ وَالتَوازُنِ فَيَشْعُرُ بِالرَاحَةِ فِي أَنَّ كُلَ شَيءٍ عَلَى مَا يُرَامُ فِي حَيَاتِهِ. فِي حِينِ وُصُلِهِ إِلَى هَذَا الشُعُورِ نَجدُ أَنَّهُ وَعَلَى التوِّ أَخَذّتْ رَغْبَةٌ جَدِيدَةٌ فِي الظُهُورِ وَيَأخُذُ يَشْعُرُ بِأَنَّ هُنَاكَ شَيءٌ يَنْقُصَهُ وَيَسْعَى فِي تَجَارُبِ جَدِيدَةٍ يُحَاوِلُ مِنْ خِلاَلَهَا أَنْ يَجِدَ الإِكْتِفَاءَ فِي رَغْبَتِهِ الجَدِيدَةِ وَهَكَذَا هُوَ الأَمْرُ دَائِماً أَي أَنَّ الإِنسَانَ دَائِماً يَجْرِي وَرَاءَ مَلَذَّاتِ الحَيَاةِ طَوَالَ أَيَامِهِ، فَقَدْ وُلِدْنَا عَلَى وَجْهِ هَذِهِ البَسِيطَةِ نَعِيشُ وَنَمُوتُ مُحَاوِلِينَ أَنْ نُرضِي أَنْفُسِنَا فِي تَلبِيَةِ رَغَبَاتِنَا. وَلَكِنَّ وَفِي كُلِ مَرَاحِلِ حَيَاةِ الإِنْسَانِ وَعَلَى مَدَى تَطَورِ مَرَاحِلِ الإِنسَانِيَّةِ تَتَلاشَى جَمِيعُ الرَغَبَاتِ إِلاَّ وَاحِدَةٌ فَقَطْ وَهِيَ الرَغْبَةُ فِي إِحْرَازِ مَصْدَرَ مَنْبَعَ وَمَنْشَأَ النَفْسِ الإِنسَانِيَّةِ وَمَعْنَى الحَيَاةِ. عِنْدَمَا تَظْهَرُ هَذِهِ الرَغْبَةُ فِي الإِنسَانِ فَكُلُ شَيءٍ يَبْدُو غَيرَ ضَرُورِي وَلاَ قِيمَةَ لَهُ. فِي الوَقْتِ التِي تَظْهَرُ هَذِهِ الرَغْبَةَ يَبْدَأُ الإِنسَانُ فِي الشُعُورِ بِاليَأسِ إِذْ أَنَّهُ يَشْعُرُ بِالفَرَاغِ فِي قَلبِهِ وَكَأَنَّهُ لَمْ يَعُدْ يَجِدُ أَيَّ نوعٍ مِنَ السَعَادَةِ فِي هَذَا العَالَمِ وَتَبْدُو الحَيَاةَ عَبَثاً وَلاَ جَدْوَى فِيهَا إِذْ أَنَّهَا تَفْتَقِدُ صِدْقَ وَصِحَةَ الوَاقِعِ الَذِي يَعِيشُ فِيهِ إِذْ أَنَّهُ لاَ يَجِدُ جَوَاباً مُقْنِعاً لِسُؤَالِهِ عَنْ هَدَفِ وُجُودِهِ فِي هَذِهِ الحَيَاةِ؟ وَلِمَاذَا يَعِشُ فِي هَذَا العَالَمِ؟ عِنْدَمَا يَصِلُ الإِنْسَانُ إِلَى هَذِهِ المَرْحَلَةِ يَبْدَأُ البَحْثُ فِي عِلْمِ حِكْمَةِ الوُجُودِ وَالخَلِيقَةِ وَالعَالَمِ الرُوحِيِّ لِيَجِدَ العِلْمَ وَرَاءَ وَاقِعُ وَمَعْنَى وُجُودِهِ فِي هَذَا العَالَمِ.

عِلْمُ الحِكْمَةَ وَالَذِي يَحْتَوِي فِي طَيَّاتِهِ عَلَى أَسْرَارِ بُنْيَةِ الوُجُودِ مُنْذُ بِدَايَةِ الخَلِيقَةِ هُوَ نَظرِيَّةٌ فعّالَةٌ فِي مُسَاعَدةِ الإِنْسَانِ فِي إِيجَادِ مَعْنَىً لِحَياتِهِ ومَكَانَتِهِ فِي هَذَا العَالَمِ، وأيضاً عَن سَبَبِ وُجُودِهِ؛ لِمَاذَا وُلِدَ ولِمَاذَا يَعِيشُ فِي هَذَا العَالَمِ؟ مَا هُوَ هَدَفُ حَياتِهِ؟ مِنْ أينَ أَتَى وإِلى أَيْنَ هُوَ ذَاهِبٌ بَعْدَ إِنتِهاءِ أَيَّامِ حَيَاتِهِ؟

عِلْمُ الحِكْمَةِ هُوَ نَظَرِيَّةٌ وَطَرِيقَةٌ يَتَعَرَّفُ الإِنْسَانُ مِنْ خِلَالِهَا عَلَى مَعْرِفَةِ وَإِدْرَاكِ العَالَمِ الرُوحِيِّ، وَيَشْرَحُ لَنَا العَالَمَ الرُوحِيَّ مِنْ خِلَالِ دِرَاسَةٍ تَفْصِيلِيَّةٍ لِلْمُخَطَّطِ البَيَانِيِّ الَذِي بُنِيَ عَلَيْهِ الكَوْنُ بِأَشْمَلِهِ، وَيُعَلِّمُنَا كَيْفَ نَحْصُلُ عَلَى الحَاسَّةِ المُنَاسِبَةِ لِإِدْرَاكِ هَذِهِ المَعْرِفَةِ. فَمِنْ خِلَالِ هَذِهِ الحَاسَّةِ الجَدِيدَةِ وَالَّتِي تُدْعَى "الحَاسَّةُ السَادِسَةُ" وَالَّتِي سَنُوَضِّحُ مَاهِيَّتَهَا فِي الدُرُوسِ القَادِمَةِ يَسْتَطِيعُ الإِنْسَانُ الإِحْسَاسَ بِالعَالَمِ الرُوحِيِّ.

عِلْمُ حِكْمَةِ الكَابَالا لَيْسَ بِعِلْمٍ ذُو دِرَاسَةٍ نَظَرِيَّةٍ فَحَسْب وَلَكِنَّهُ عِلْمٌ عَمَلِيٌّ جِدًا. فَمِنْ خِلَالِهِ يَتَعَلَّمُ الإِنْسَانُ عَنْ نَفْسِهِ مَنْ هُوَ وَمَا هِيَ طَبِيعَتُهُ البَشَرِيَّةُ، وَيَتَعَلَّمُ كَيْفَ يَكُونُ بِإِسْتِطَاعَتِهِ تَغْيِيرَ نَفْسِهِ فِي كُلِّ مَرْحَلَةٍ مِنْ مَرَاحِلِ تَصْحِيحِ "الأَنَا" لَدَيْهِ، وَخُطْوَةً بِخُطْوَةٍ، وَكَيْفَ يَكُونُ بِإِمْكَانِهِ أَنْ يُدِيرَ بَحْثَهُ مِنْ نَفْسِهِ وَعَلَى نَفْسِهِ وَفِي دَاخِلِ نَفْسِهِ. وَلِهَذَا السَبَبِ دُعِيَتِ الكَابَالا بِالحِكْمَةِ الخَفِيَّةِ فَمِنْ خِلَالِهَا يُخْضِعُ الإِنْسَانُ إِلَى تَغْيِيرَاتٍ دَاخِلِيَّةٍ هُوَ الوَحِيدُ الَذِي يَعِيهَا وَيَشْعُرُ بِهَا فِي دَاخِلِهِ.

مَصْدَرُ كَلِمَةِ الكَابَالا فِي لُغَتِهَا الأَصْلِيَّةِ هِيَ "لَا- كَا- بِلْ" أَيْ التَقَبُّلِ أَوِ الأَخْذِ. يُظْهِرُ عِلْمُ حِكْمَةِ الكَابَالا مُشِيرًا إِلَى خَفَايَا النِيَّةِ وَرَاءَ أَيِّ فِعْلٍ يَقُومُ بِهِ الإِنْسَانُ بِإِسْمِ "الرَغْبَةِ فِي التَقَبُّلِ أَوِالأَخْذِ". الرَغْبَةُ تَدُلُّ عَلَى تَقَبُّلِ وَتَلَقِّي الإِنْسَانِ لِعِدَّةِ أَنْوَاعٍ مِنَ المَلَذَاتِ. مِنْ أَجْلِ أَنْ يَكُونَ الإِنْسَانُ قَادِرًا عَلَى الحُصُولِ عَلَى مَلَذَّةِ الحَيَاةِ وَرَغَدِ العَيْشِ لَا بُدَّ مِنْ أَنْ يَكُونَ رَاغِبًا وَمُسْتَعِدًا لِبَذْلِ طَاقَتِهِ وَأَقْصَى جُهُودِهِ فِي تَحْصِيلِ مَا يُرِيدُهُ. وَالسُؤَالُ هُوَ كَيْفَ يَكُونُ بِإِسْتِطَاعَةِ الإِنْسَانِ تَلَقِّي أَكْثَرَ قَدْرٍ مِنَ المَلَذَّاتِ مُقَابِلَ أَقَلِّ قَدْرٍ مُمْكِنٍ مِنَ الجُهْدِ وَمُقَابِلَ مَا يَوَدُّ الحُصُولَ عَلَيْهِ. فَكُلُّ إِنْسَانٍ يُحَاوِلُ إِيجَابَةَ هَذَا السُؤَالِ بِطَرِيقَتِهِ الخَاصَةِ.

إنَّ الرَغْبَةَ فِي الأَخْذِ أَوالتَقَبلِ هِيَ المَادَةُ التِي عُمِلَ مِنْهَا الإنسَانُ وَالتِي تَحْتَوِي عَلَى نِظَامِهَا الخَاصِ بِهَا فِي النُمو. فَفِي المَرْحَلَةِ الأُولَى يَسْعَى الشَخْصُ وَرَاءَ المَلذَّاتِ الجَسدِيَّةِ وبَعْدَهَا يَبْدأُ السَعْيَ وَرَاءَ المَالِ وَالغِنى وتَحْصِيلِ المَنَاصِبِ الإِجْتِمَاعِيَّةِ وَهُنَا تَظْهَرُ لَدَيْهِ رَغْبَةً أَكبَرَ وَأَقْوَى لِلسَعي وَلِتَحْصِيلِ مَرَاكِزِ وَمَنَاصِبِ ذَاتَ نُفوذٍ وَسُلْطَةٍ وَمِنْ ثَمَّ أَنَّهُ مِنَ المُمْكِنِ أَنْ تَتَولَّدَ لَدَيْهِ الرَغْبَة لِمَا وَرَاءَ عَالَمِنَا المَادِيِّ وَيَبْدَأُ بِالسَعْيِّ طَالِباً الرُوحِيَّةَ عَلَّهُ يَجِدُ نَوعَاً مِنَ الإِكْتِفَاءِ لِرَغْبَتِهِ المُلِحَّةِ فِي دَاخِلهِ وَإِيجَادِ مَعْنَى لِوُجُودِهِ وَسَبَبَ المُعَانَاةِ التِي يُواجِهُهَا. مِنْ خِلاَلِ الفَقَرَةِ التِي تَشْرَحُ مَرَاحِلَ نُمُوِ الرَغْبَةِ لَدَى الإِنْسَانِ سَنَرَى أَنَّهُ سَيُصْبِحُ ذُو مَعْرِفَةٍ وَيَعِي قُدُرَاتِهِ وَحُدُودِهِ فِي التَعَامُلِ مَعَ نَفْسِهِ أَيْ مَعَ الأَنَا فِيهِ.

يَخْتَصُ عِلْمُ الكَابَالا فِي البَحْثِ فِي العَالَمِ الأَعْلَى وَالذِي هُوَ مَنْبَعُ الأَحَاسِيسِ وَالأَفْكَارِ التِي لَيْسَ بِإِمْكَانِ الإِنْسَانِ الحُصُولُ عَلَيْهَا أَو مَعْرِفَتَهَا مِنْ تِلْقَاءِ نَفسِهِ. بِمَا أَنَنَا لا نَملِكُ السَيْطَرَةَ عَلَى وَاقِعِنَا بِأَكْمَلِهِ مِنْ حَوْلِنَا فنَحْنُ لاَ نَعْلَمُ مَصْدرَ أَو مَنْبَعَ أَحَاسِيسِنا وَأَفْكَارِنَا، إِذْ أَنَنَا نَعْجَبُ حَائِرِينَ فِي تَفْسِيرِ التَجَارُبِ التِي نُوَاجِهُهَا مُعَبِّرِينَ عَنْ كَونِهَا إِمَا بِالتَجَارُبِ الحُلوَةِ أَو المُرَةِ أَوْ التِي تَجْلبُ لَنَا إِمَا السَعَادَةَ أَو اليَأسَ. نَحْنُ لَسْنَا نَاجِحِينَ فِي بِنَاءِ أَو إِيجَادِ وَسَائِلِ عِلْمِيَّةٍ تُساعِدُنَا عَلَى فَحصِ مَشَاعِرِنَا وَلاَ حَتى فِي مَجَالِ عِلْمِ النَفْسِ أَوْ طِبِ النَفْسِ أَوْ بَاقِي العُلُوم الإِجْتِمَاعِيَّةِ وَالإِنْسَانِيَّةِ الأُخْرَى. فَالعَوَامِلُ المُورَثَّةُ لِسُلُوكِ الإِنْسَانِ مَا تَزَالُ خَفِيَّةً عَنْ مُسْتَوَى فَهْمِنَا وَإِدْرَاكِنَا إِلَى يَوْمِنَا هَذَا.

عِلْمُ حِكْمَةِ الكَابَالا هُوَ نِظَامٌ عِلْميٌّ مِنْ أَجْلِ تَقْيِيمِ وَتَقْدِيرِ أَحَاسِيسِ وَشُعُورِ الإِنْسَانِ، وَهَذَا يَتَطَلَّبُ الحُصُوْلَ عَلَى أَنْوَاعٍ مِنَ الأَحَاسِيسِ أَو بِتَعْبِيرِ أَصَحِ الإِلمَامُ بِكَافَةِ أَنْوَاعِ الأَحَاسِيسِ وَالرَغْبَاتِ بِجَمِيعِ مُسْتَوَيَاتِهَا لِتَتَوفَرَ لَدَيْنَا صِيْغَةً عِلْمِيَّةً مُتَكَامِلَةً وَمُحَدَدَةً لِكُلِ ظَاهِرَةٍ مِنَ الظَوَاهِرِ فِي كُلِ مَرَاحِلِهَا

وَلِكُلِ نَوْعٍ مِنَ الإِدْرَاكِ وَالحِسِ عِنْدَ الإِنْسَانِ. هَذَا هُوَ عَمَلُ الإِحْسَاسِ مُتَحِداً مَعَ الذَكَاءِ وَالإِدْرَاكِ العَقْلِيِّ وَهُوَ يُسْتَخْدَمُ فِي تَعْلِيمِ الطُلابِ المُبْتَدِئِينَ وَأَيْضاً يُسْتَخْدَمُ فِي عُلُومِ الهَنْدَسَةِ وَفِي عِلْمِ الوِرَاثَةِ وَفِي وَضْعِ المُخَطَطَاتِ الدِرَاسِيَّةِ لِمَنَاهِجَ المَرَاحِلِ التَعْلِيمِيَّةِ. فَعِنْدَمَا يَبْدَأُ الطُلابُ الجُدُدُ فِي دِرَاسَةِ عِلْمِ الكَابَالا يَبْتَدِؤُنْ أَولاً فِي التَعَرُّفِ عَلَى كُلِ نَوْعٍ وَلَوْنٍ مِنْ أَنْوَاعِ الشُعُورِالإِنسَانِي وَيَسْتَطِيعُونَ فَهْمَ أَحَاسِيسِهِمْ وَيَعْلَمُونَ أَيْضاً أَيُّ صِفَةٍ أَو إِسْم يُضْفُونَ عَلَيهَا فِي تَحْدِيدِ صِفَتِهَا طِبْقاً لِمَدَى وَقُوَةِ الشُعُورِ وَتَفَاصِيلِهِ وَإِتِّجَاهَاتِهِ.

عِلْمُ حِكْمَةِ الكَابَالا هُوَ عِلْمٌ قَدِيمٌ مَوْثُوقٌ بِهِ وَذُو جَدَارَةٍ وَبَرَاهِينٍ عِلْمِيَّةٍ ثَابِتَةٍ مِنْ خِلالِهِ يَتَمَكَّنُ الإِنْسَانُ مِنْ تَحْصِيلِ الوَعِي وَالمَعْرِفَةِ العَالِيَةِ المُسْتَوَى وَإِحْرَازِ العَالَمِ الرُوحِيِّ. فَهَذَا هُوَ هَدَفُ الإِنْسَانِ الحَقِيقِيِّ فِي هَذَا العَالَمِ. عِنْدَمَا يَشْعُرُ الشَخْصُ بِرَغْبَةٍ لِلعَالَمِ الرُوحِيِّ يَبْدَأُ يَشْعُرُ بِالتَوقَانِ وَالشَوقِ لَهُ وَعِنْدَهَا يَكُونُ بِإِمْكَانِهِ أَنْ يُنَمِي رَغْبَتُهُ مِنْ خِلالِ دِرَاسَةِ عِلْمُ حِكْمَةِ الكَابَالا الَتِي أَعْطَانَا إِيَّاهَا الخَالِقِ. فَكَلِمَةِ كَابَالا تَشْرَحُ فِي مَعْنَاهَا هَدَفُ كُلِ طَالِبِ لِهَذَا العِلْم وَهُوَ أَنْ يُدْرِكَ الإِنسَانُ كُلَ مَا فِي إِسْتِطَاعَتِهِ الوُصُولَ إِلَيْهِ كَكَائِنٍ مُفَكِرٍ وَأَرْقَى مِنْ جَمِيعِ الكَائِنَاتِ الحَيَّةِ.

تَفسِيرُ المُصْطَلَحَاتِ

عِلمُ الكَابَالا: هو عِلمٌ عَمَلِيٌّ مِن خِلالِهِ يَتَعلّمُ الإِنْسَانُ عَنْ نَفسِهِ وَعَن طَبِيعَتِهِ البَشَريَّةِ، وَهُوَ الطَرِيقَةُ الَتِي مِنْ خِلالِهَا يَسْتَطِيعُ مَعْرِفَةَ وإِدرَاكَ العَالَمِ الرُوحِيِّ.

الإِرَادَة فِي التَقَبُلِ-الأنا: الخَلِيقَةُ. وَهِيَ المَادَةُ التِي عُمِلَ مِنْهَا الإِنْسَانُ.

العَالَمُ الأَعْلَى: العَالَمُ الرُوحِيُّ بِكُلِ دَرَجَاتِهِ.

كَلمَةُ الكَابَالا: "لا- كَا- بِلْ" وَمَعْنَاهَا التَقبُلِ أَو الأَخْذِ.

النِيَّةُ: أَوْ السَرِيرَةُ. نِيَّةُ الإِنْسَانِ فِي أَيِّ عَمَلٍ يَقُومُ بِهِ هِيَ الأَدَاةُ التِي تُشِيرُ إِلَى قَصْدِ الإِنْسَانِ فِي سَعْيِهِ وَرَاءَ مَا يَرْغَبُ فِي الحُصُولِ عَلَيْهِ. وَهَذِهِ النِيَّةُ التِي تَخْضَعُ لِلتَصْحِيحِ.

عِلْمُ حِكْمَةِ الكَابَالا هُوَ عِلْمٌ قَدِيمٌ: وُجِدَ عِلْمُ حِكْمَةِ الكَابَالا مَعَ سُقُوطِ أَبُونَا أَدم كَطَرِيقَةٍ وَنَظَرِيَّةٍ لِتَصْحِيحِ الأَنَا فِيهِ. تَرَكَ لَنَا أَدم المُخَطَطَاتَ التِي تُشِيرُ إِلَى بُنْيَةِ العَالَمِ الرُوحِيِّ إِذْ أَنَّهُ الوَحِيْدُ الذِي رَأَهَا وَعَاشَ بِهَا وَنَقَلَهَا لَنَا بِشَكْلٍ تَصْوِيرِيٍّ وَبِتَفَاصِيلٍ دَقِيقَةٍ دُونَ كَافَةِ المَعْلُومَاتِ التِي كَانَ يَعلَمُ بِأَنَّنَا بِحَاجَةٍ لَهَا لِتَكْمِيلِ عَمَلِيَّةِ التَصْحِيحِ وَالتِي تَنَاقَلَهَا أَوْلادَهُ مِنْ بَعْدِهِ جِيلٌ بَعْدَ جِيلٍ، وَهَذِهِ هِيَ المَعْلُومَاتُ التِي يَعْتَمِدُ عَلَيْهَا عِلْمُ الكَابَالاَ وَيَبْحَثُ بِهَا.

الرَغْبَةُ عِنْدَ الإِنْسَانِ: هِيَ الإِرَادَةُ فِي الأَخْذِ أَو التَقَبُّلِ لِلذَاتِ.

مَصْدَرُ الرَغَبَاتِ هُوَ المُعَانَاةُ: الحَاجَةُ هِي الشَيءُ الوَحِيْدُ الذِي يَحُثُ الإِنْسَانُ عَلَى التَحَرُّكِ لِلبَحْثِ عَنْمَا يَسْتَطِيعُ سَدَّ حَاجَتِهِ. الحَاجَةُ هِيَ النَقْصُ التِي تَشْعُرُ بِهِ الإِرَادَةَ فِي التَقَبُّلِ وَهَذَا مَا يُسَبِبُ الشُعُورَ بِالأَلَمِ لَدَى الشَخْص.

إخْتَبِرْ مَعْلُومَاتَك.

س١ : مَا هِيَ الإِرَادَةُ فِي التَقَبُّلِ؟

س٢ : مَا هُوَ مَعْنَى المُصْطَلَحُ كَابَالاَ؟

س٣ : لِمَاذَا دُعِيَتْ حِكْمَةُ الكَابَالا بِالحِكْمَةِ الخَفِيَّةِ؟

س٤ : مَا هُوَ مَصْدَرُ الرَغْبَاتِ الإِنْسَانِيَّةِ؟

س٥ : مَا هِيَ مَوَاضِيعُ بَحْثِ عِلْمُ حِكْمَةِ الكَابَالاَ؟

غِذَاءٌ لِلفِكْرِ

إِنَّ جوهَرَ عَمَلُ الإنْسَانِ يَنْبَغِي أَنْ يَكُونَ فِي كَيْفِيَّةِ التَوَصُّلِ إِلَى الشُعُورِ بِاللَذةِ فِي إِغْدَاقِ الرِضَى وَالسَعَادَةَ عَلَى خَالِقِهِ

مِنْ كِتَابِ شَامَعْتِي

الوُجُودُ بِكَامِلِهِ المَرْئِيُّ أَوْ اللا مَرْئِيُّ عَلَى كَافَةِ طَبَقَاتِهِ وَمُسْتَوَيَاتِهِ يَنْقَسِمُ إِلَى جُزْئَيْنِ: الجُزْءُ أو المُسْتَوَى الأَوَلُ هُوَ الجزءُ الَذِي هُوَ ضِمْنَ إِطَارِ حَواسِنَا أَي مَا نَرَاهُ وَمَا نَسْمَعُهُ وَمَا نَسْتَطِيعُ جَسَّهُ وَالَذِي يُدْعَى "عَالَمَنَا" أو "هَذَا العَالَم" ، وَالجُزْءُ أو المُسْتَوَى الثَانِي هُوَ الجُزءُ الغَيرُ المَحْسُوسِ أو مَا هُوَ كَائِنٌ فَوْقَ طَاقَةِ الإِدْرَاكِ الحِسِيِّ لَدَيْنَا. وَلَكِنْ إِذَا كَانَ لَدَيْنَا حَاسَةً إِضَافِيَّةً هَلْ يُمْكِنَنَا أَنْ نَشْعُرَ بِالعَالَمَ بِصُورَةٍ كَامِلَةٍ؟ نَعَمْ، لأَنَّهُ بِسَبَبِ فُقْدَانِنَا القُدْرَةَ عَلَى إِحْسَاسِ وَإِدْرَاكِ العَالَمَ كُلِهِ أَيْ الوُجُودَ بِكَامِلِهِ أَنَّنَا نُعَانِي مِنَ العَذَابِ وَالمُعَانَاةِ فِي هَذِهِ الحَيَاةِ وَذَلِكَ لأَنَّنَا لا نُدْرِكُ كَيْفِيَّةِ التَعَامُلِ الصَحِيحِ مَعَ بَعْضِنَا البَعْضُ وَمَعَ الطَبِيعَةِ التِي تُحِيطُ بِنَا.

مِنْ عالمِ الكَابَالا

المَكَانُ الَذي تَتَوَصَّلُ فِيهِ جَمِيعُ العُلُوم وَبُحُوثِهَا فِي العَالَمِ إِلَى طَرِيقٍ مَسْدُودٍ، هَذِهِ النُقطَةُ هِيَ نُقْطَةُ بِدَايَةِ عِلْمُ حِكْمَةِ الكَابَالا.

عَالِمُ الكَابَالا نحمِن مِنْ بريسلِيف

مِنْ صِفَاتِ الخَالِقِ المُمَيَّزَةِ صِفَةُ المَحبَةِ وَالعَطَاءِ وَالكَرَم. مَتَى إِكْتَسَبَ الكَائِنُ الحَيُّ صِفَاتٌ مُتَمَاثِلَةٌ بِتِلْكَ التِي لِلخَالِقِ مِنْ المَحبَةِ الطَاهِرَةِ تجاه أَخِيهِ الإِنْسَان، وَالعَطَاءُ بِطِيبَةِ قَلْبٍ فِي مُعَامَلَةِ الآخَرِينَ؛ هَذِهِ المَرْحَلَةُ تُدْعَى التَوازُنَ بِالسِمَاتِ مَعَ الخَالِقِ أَيْ تَبَني الإِنْسَانُ مِنْ سِمَاتِ الخَالِقِ عَلَيْهِ وَالتَحَلِّي بِهذِهِ السِمَاتِ مِنْ مُنْطَلَقِ محبَتِهِ لِلخَالِقِ.

مِنْ عالمِ الكَابَالا

عِلْمُ الحِكْمَةِ وَعِلْمُ النَفْسِ

فِي المُجتَمَعِ الَذِي نَعِيشُ فِيهِ يُوجَدُ أُسْلُوبَيْنِ مِنَ التَعَامُلِ بَيْنَ النَاسِ، "**التَقَبُّلْ وَالعَطَاء**" هَذَا يَعْنِي أَنَّ كُل فَرْدٍ فِي المُجْتَمَعِ الإِنْسَانِيِّ يَجِبُ وَبِحَسَبِ قَوَانِينِ الطَبِيعَةِ أَنْ يَتَلَقَى حَاجَاتِهِ مِنَ المُجْتَمَعِ وَفِي المُقَابِلِ يَجِبُ أَنْ يَكُونَ عُضْواً فَعَّالاً فِيهِ لإِفَادَةِ مُجتَمَعِهِ.

تُثْبِتُ العُلُومُ حَقِيقَةَ وُجُودِ قُوتَيْنِ فِي كُلِ دَرَجَةٍ أَوْ مُسْتَوَى مِنْ مُسْتَوَيَاتِ الطَبِيعَةِ. تَتَصِفُ هَاتَانِ القُوتَانِ بِأَنَّهُمَا مُتَنَاقِضَتَانِ وَلَكِن كُلٌ مِنْهُمَا مُفْعَمَةٌ بِالحَيَوِيَّةِ وَفَعَالَةٌ فِي دَوْرِهَا.

فَفِي مُسْتَوَى الجَمَادِ نَرَى القُوَّتَانِ تَتَمَثَّلانِ بَيْنَ المَوَادِ الكِيمْيَائِيَّةِ المَادِيَّةِ المُتَبَادَلَةِ مِنْ جِهَةٍ وَالأَفْعَالُ المِكَانِيْكِيَّةُ مِنْ جِهَةٍ أُخْرَى. لِتَوْضِيحِ هَذِهِ النُقْطَةِ نَأْخُذُ عَلَى سَبِيلِ المِثَالِ التَجْوِيَةُ وَالَتِي هِيَ عَمَلِيَّةُ تَفْتِيتِ وَتَحَلُلِ الصُخُورِ وَالتُرْبَةِ وَالمَعَادِنِ عَلَى سَطْحِ الأَرْضِ أَوْ تَرَاصُصِهَا بِوَاسِطَةِ العَوَامِلِ الجَوِيَّةِ السَائِدَةِ دُوْنَ نَقْلِ الفُتَاتِ مِنْ مَكَانِهِ.

أَمَا بِالنِسْبَةِ إِلَى التَجْوِيَةِ الكِيمْيَائِيَّةِ فَهِيَ تَحْدُثُ حِينَمَا يَتَفَاعَلُ الهَوَاءُ أَوْ المَاءُ مَعْ المَعَادِنِ المُكَونَةِ لِلصُخُورِ فَيُؤَدْي إِلَى تَكْوِينِ مَعَادِنِ جَدِيدَةٍ أَي تَغْيِيرِ فِي تَرْكِيبِهَا الكِيمْيَائِي وَانْتَاجُ مَادَةً جَدِيدَةً أَوْ صَخْراً جَدِيداً. أَمَا بِالنِسْبَةِ إِلَى عَمَلِيَّةِ التَجْوِيَةِ المِيكَانِكِيَّةِ وَالَتِي يُطْلَقُ عَلَيْهَا أَحْيَاناً التَجْوِيَةُ الفِيزْيَائِيَّةُ وَهِيَ عَمَلِيَّةُ تَفْتِتِ الصُخُورِ إِلَى أَجْزَاءِ أَصْغَرْ دُوْنَ حُدُوثِ أَيِّ تَغْيِيرِ فِي التَرْكِيب

الكِيمْيَائِيِّ وَدُونَ حُدُوثِ أَيِّ إِنْتِقَالٍ أَوْ تَحَوُّلٍ فِي المَكَانِ. وَتَظْهَرُ هَذِهِ العَمَلِيَّةِ فِي عِدَةِ أَوْجُهٍ: العَامِلُ البَرِيُّ أي "الرِيَاحُ وَالمَاءُ وَالجَاذِبِيَّةُ". فَعِنْدَمَا تَتَجَمَّدُ المِيَاهُ فِي الشُقُوقِ حَيْثُ تَتَمَدَّدُ فِي الصَخْرِ فَتَعْمَلُ عَلَى تَشَقُقِهِ. أَيْضاً عَامِلُ تَأْثِيرُ جُذُورِ النَبَاتَاتِ وَالَتِي تَعْمَلُ أَحْيَاناً عَلَى تَفْتِيتِ الصُخُورِ خِلالَ مَرَاحِلِ نُمُوهَا. وَالحَيَوَانَاتُ عِنْدَمَا تَبْنِي بُيُوتَهَا فِي التُرْبَةِ أَوْ تَخْتَبِىءُ تَحْتَ التُرَابِ.

أَمَا عَلَى المُسْتَوَى النَبَاتِي مِنَ الطَبِيعَةِ نَرَى هَاتَانِ القُوتَانِ تَظْهَرَانِ فِي عَمَلِهِمَا مِنْ خِلالِ عَمَلِيَّةِ التَرْكِيبِ الضَوْئِيّ وَيَتِمُ هَذَا مِنْ خِلالِ عَمَلِيَّةٍ كِيمْيَائِيَّةٍ مُعَقَدَةٍ تَحْدُثُ فِي خَلايَا البَكْتِرْيَا الزَرْقَاءِ وَفِي صَانِعَاتِ اليَخْضُورِ أي الصَانِعَاتِ الخَضْرَاءِ وَالَتِي تُدْعَى أَيْضاً بِالكْلُورُوبلاسْتِ فِي كُلٍ مِنَ الطَحَالِبِ وَالنَبَاتَاتِ العُلْيَا، حَيْثُ يَتِمُ فِيهَا تَحْوِيلُ الطَاقَةُ الضَوْئِيَّةُ الشَمْسِيَّةُ مِنْ طَاقَةٍ كَهْرُومَغْنَاطِيسِيَّةٍ عَلَى شَكْلِ فُوتُونَاتِ أَشِعَةِ الشَمْسِ إِلَى طَاقَةٍ كِيمْيَائِيَّةٍ تُخْزَنُ فِي رَوَابِطِهَا مَادَةَ الجُلُوكُوزِ. وَهَذِهِ العَمَلِيَّةُ تَتِمُ فِي دَوْرَتَيْنِ: تُدْعَى الأُوْلَى بِتَفَاعُلاتِ الضَوْءِ وَهِيَ تَفَاعُلاتٌ تَعْتَمِدُ عَلَى وُجُودِ الضَوْءِ وَتَعْمَلُ عَلَيْهِ. وَتُدْعَى الثَانِيَةُ بِتَفَاعُلاتِ الظَلامِ وَهِيَ التَفَاعُلاتُ الَتِي تَعْمَلُ لَيْلاً وَفِي الظَلامِ اسْتِغْلالاً لِلمُنْتَجَاتِ النَهَارِيَّةِ الَتِي أُنْتِجَتْ فِي الضَوْءِ.

أَمَا عَلَى مُسْتَوَى الحَيِّ مِنَ الطَبِيعَةِ نَرَى هَاتَانِ القُوتَانِ تَظْهَرَانِ فِي الخَلايَا وَالأَعْضَاءِ. فَالخَلِيَّةُ هِيَ الوَحْدَةُ التَرْكِيبِيَّةُ وَالوَظِيفِيَّةُ فِي الكَائِنَاتِ الحَيَّةِ. فَكُلُ الكَائِنَاتُ الحَيَّةُ تَتَرَكَبُ مِنْ خَلِيَّةٍ وَاحِدَةٍ وَالَتِي فِي إِنْقِسَامِهَا تُنْتِجُ مَجْمُوعَةَ الخَلايَا المُتَشَابِهَةُ فِي التَرْكِيبِ وَالَتِي تُؤَدِي مَعاً وَظِيفَةً مُعَيَّنَةً فِي الكَائِنِ الحَيِّ. أَمَا الأَعْضَاءُ "الأَحْشَاءُ" فِي الجَسَدِ فَالعُضْوُ مِنْهَا هُوَ عِبَارَةٌ عَنْ مَجْمُوعَةٍ مِنَ الأَنْسِجَةِ الَتِي تَقُومُ بِوَظِيفَةٍ أَوْ عِدَةِ وَظَائِفٍ مُعَيَّنَةٍ وَمُحَدَدَةٍ. هَاتَانِ القُوتَانِ تَظْهَرَانِ بِشَكْلٍ خَاصٍ عَلَى دَرَجَةِ الإِنْسَانِ وَالَذِي يَنْتَمِي إِلَى العَالَمِ الرُوحِيِّ.

أَمَا بِالنِسْبَةِ إِلَى تَطَوْرِ الإِنْسَانِ فَقَدْ ظَهَرَ كَنَتِيجَةٍ لِتَطَوْرِ الأَنَا. فَفِي تَوَاجُدِهِ فِي مُسْتَوِيَاتِ الجَمَادِ وَالنَبَاتِي وَالحَيِّ فِي الطَبِيعَةِ نَرى بِأَنَّ الشَخْصَ يَتَطَوَرُ بِشَكْلٍ حَيَوِيٍّ وَمُسْتَمِرٍ تَحْتَ سَيْطَرَةِ الأَنَا وَالرَغَبَاتِ الأَنَانِيَّةِ وَالتِي تَتَغَلَّبُ عَلَى الرَغْبَةِ الفِطْرِيَّةِ وَالسَاذَجَةِ فِيهِ لِتُصْبِحْ أَكْثَرَ تَعْقِيداً.

تُقْسَمُ الرَغَبَاتُ إِلَى نَوْعَيْنِ، الرَغَبَاتُ الجَسَدِيَّةُ وَالتِي تَتَجَلَّى فِي حَاجَاتِ الإِنْسَانِ فِي البَقَاءِ وَالإِسْتِمْرَارِ كَالطَعَامِ وَالجِنْسِ وَبِنَاءِ العَائِلَةِ وَلِلرَغَبَاتِ الإِنْسَانِيَّةِ فِي تَحْصِيلِ الثَرَاءِ وَالإِحْتِرَامِ وَالسُلْطَةِ وَالمَعْرِفَةِ، وَفِي الرَغَبَاتُ الرُوحِيَّةُ. فَإِذَا جَزَّأْنَا مِحْوَرُ الزَمَنِ لِتَطَوْرِ البَشَرِيَّةِ نَجِدُ أَنَّهُ مُنْذُ حَوَالِي القَرْنِ الخَامِسِ قَبْلَ المِيْلادِ وَحَتى الخَامِسِ بَعْدَ المِيْلادِ كَانَ العَالَمُ يَطْمَحُ إِلَى الثَرَاءِ. طَبْعاً إِنَّ تَحْدِيدِ الزَمَنِ قَابِلٌ لِلمُنَاقَشَةِ وَتَنَازُعِ الأَرَاءِ عَلَيْهِ وَذَلِكَ يَعْتَمِدُ عَلَى نَوْعِيَّةِ الحَضَارَاتِ المُخْتَلِفَةِ التِي ظَهَرَتْ فِي هَذِهِ الحُقَبِ الزَمَنِيَّةِ. وَمِنَ القَرْنِ الخَامِسِ إِلَى القَرْنِ الخَامِسِ عَشَرْ نَجِدُ بِأَنَّ الرَغْبَةَ فِي تَحْصِيلِ السُلْطَةِ تَعَاظَمَتْ. فَالعُصُورُ الوُسْطَى لَمْ تَكُنْ المَرْحَلَةَ الزَمَنِيَّةَ التِي نَجِدُ فِيهَا أَنَّ الإِنْسَانِيَّةِ قَدْ فَتَرَ نُمُوهَا وَكَأَنَّهَا وَصَلَتِ إِلَى مَرْحَلَةِ الجُمُودِ، لا بَلْ أَنَّهَا كَانَتْ فِي الوَاقِعِ مَرْحَلَةَ نُمُوٍ دَاخِلِيٍّ عَمِيقٍ وَالَذِي تَمَثَلَ فِي الأَحْدَاثِ المُخْتَلِفَةِ لِهَذِهِ المَرْحَلَةِ الزَمَنِيَّةِ.

أَمَّا المَرْحَلَةُ التَالِيَةُ لِنُمُو الرَغْبَةِ تَتَحَدَدُ مِنَ القَرْنِ الخَامِسِ عَشَرِ إِلَى القَرْنِ العِشْرِينِ وَالَتِي فِيهَا ظَهَرَ الطُمُوحُ وَرَاءَ المَعْرِفَةِ.وَبَعْدَ ذَلِكَ أَخَذَ كُلُ شَيْءٍ بِالتَضَاؤُلِ حَتى بِدَايَةَ القَرْنِ العِشْرِينِ حِيْنَ ظُهُورِ حُقْبَةٍ جَدِيدَةٍ وَالَتِي بَدَأَتْ فِيهَا ظُهُورُ الرَغْبَةَ وَالإِدْرَاكَ الحِسْيَّ لِمَعْرِفَةِ الإِنْسَانِ لِمَعْنَى الحَيَاةِ. بِالرَغْمِ مِنْ أَنَّنَا نَجِدُ أَوَلَ تَسَاؤلاَتٍ فِي مَوْضُوعِ عِلْمُ النَفْسِ فِي عَصْرِ مِصْرَ القَدِيمَةَ بِاللُغَةِ الهِيْرُوغْلِيفِيَّةِ، وَفِي كِتَابَاتِ الفَيْلَسُوفِ الإِغْرِيقِيِّ أَفْلاطُونْ لَكِنَّهَا

جَمِيعَهَا أَتَتْ عَلَى مُسْتَوَى خَارِجِيٍّ وَلَمْ يَمُسْ جَوْهَرَ الإِنْسَانِ الدَاخِلِيِّ بِمَا أَنَّهُ فِي هَذِهِ المَرْحَلَةِ لَمْ يَظْهَرْ عِلْمُ النَفْسِ عَلَى مُسْتَوَى العَامَةِ وَلَمْ يَمُسْ مَوْضُوعَهُ الشَخْصِيَّاتَ البَارِزَةَ لِيَتِمَّ دِرَاسَتَهُ.

فَإِنَّهُ فَقَطْ بَعْدَ مَرْحَلَةِ إِشْبَاعِ الرَغَبَاتِ الجَسَدِيَّةِ دَخَلْنَا فِي المَرْحَلَةِ التِي بَدَأَ يَشْعُرُ فِيهَا الإِنْسَانُ بِحَاجَاتِهِ الرُوحِيَّةِ وَالَتِي تَتَعَلَّقُ بِجَوْهَرِ وُجُودِهِ. هُنَا أَخَذَتْ أَسْئِلَةٌ كَثِيرَةٌ وَمُتَعَدِدَةٌ بِالظُهُورِ بِخُصُوصِ المَعْرِفَةِ.وَهَذِهِ هِيَ نُقْطَةُ وُجُودِ وَوِلادَةِ عِلْمِ النَفْسِ وَالَتِي حَصَلَتْ فِي نِهَايَةِ القَرْنِ التَاسِعِ عَشَرِ وَبِدَايَةَ القَرْنِ العِشْرِينِ وَالَتِي مَهَدَتِ الطَرِيْقُ لَهُ إِلَى وَقْتِنَا هَذَا. فَعِلْمُ النَفْسِ هُوَ الدِرَاسَةُ الأَكَادِيمِيَّةُ وَالتَطْبِيقِيَّةُ لِلسُلُوكِ وَالإِدْرَاكِ وَالآلِيَاتِ المُسْتَنْبَطَةِ لَهُمَا.

بِكَلِمَةٍ أُخْرَى إِنَّ عِلْمَ النَفْسِ هُوَ الدِرَاسَاتُ العِلْمِيَّةُ لِلسُلُوكِ وَالعَقْلِ وَالتَفْكِيرِ وَالشَخْصِيَّةِ وَيُمْكِنُ تَعْرِيفَهُ بِأَنَّهُ الدِرَاسَةَ العِلْمِيَّةَ لِسُلُوكِ الكَائِنَاتِ الحَيَّةِ وَخُصُوصاً الإِنْسَانُ وَذَلِكَ بِهَدَفِ التَوَصُّلِ إِلَى فَهْمِ هَذَا السُلُوكِ وَتَفْسِيرِهِ وَالتَنَبُؤِ بِهِ وَالتَحَكُّمِ فِيهِ.وَلَكِنْ وَبَعْدَ مُرُورِ الفَتْرَةُ الأُولَى مِنْ نُمُوِ عِلْمِ النَفْسِ بَدَأَتْ تَظْهَرُ خَيْبَاتُ الأَمَلِ فِي قُدْرَتِهِ عَلَى مُسَاعَدَةِ الإِنْسَانِ إِذْ أَنَّهُ كَانَ مَحْصُوراً فِي تَهْدِئَتِهِ وَتَسْكِينِهِ بَدَلاً مِنْ إِظْهَارِ مَرَاحِلِ نُمُوِهِ وَمُسَاعَدَتِهِ عَلَى تَنْمِيَةِ رَغَبَاتِهِ أَكْثَرَ فَأَكْثَر. فَإِنَّهُ بِإِدْرَاكِ وَمَعْرِفَةِ مِقْدَارِ عَدَمِ مَعْرِفَتِنَا لِكُلِ هَذِهِ المَرَاحِلِ وَتَفهُمِنَا إِلَى أَيِّ مَدَى نَحْنُ لاَ نُدْرِكُ هَدَفَ نُمُونَا، أَخَذَ عِلْمُ النَفْسِ يَتَضَاءَلُ فِي تَأْثِيرِهِ وَفَعَالِيَتِهِ لِيَتَحَدَدُ دَوْرَهُ فِي التَطْبِيقَاتِ العَمَلِيَّةِ وَفِي تَطْبِيقِ نَظَرِيَّاتٍ مُخْتَلِفَةٍ وَنَشْرِ مَقَالاتٍ مُتَنَوعَةٍ هَدَفَهَا فَقَطْ إِرَاحَةَ النَاسِ، وَأَخَذَتِ النَتَائِجُ صَبْغَةَ الخِدْمَةِ إِذْ أَصْبَحَ عِلْمُ النَفْسِ فِي خِدْمَةِ تَهْدِئَةِ النَاسِ وَجَلْبِهِمْ إِلَى مَرْحَلَةِ إِخْمَادِ رَغَبَاتِهِمْ بَدَلاً مِنْ تَنْمِيَتِهِمْ وَالوُصُولِ بِهِمْ إِلَى أَعْلَى مَرَاحِلِ نُمُوْ الرَغْبَةِ، فَهَذَا مَا كَانَ مُتَوَقَّعٌ مِنْ عِلْمِ النَفْسِ.

أَمَا مِنْ مَنْظُورِ عِلْمُ الكَابَالا، تَتَوَاجَدُ هَاتَانِ القُوتَانِ فِي الطَبِيعَةِ، الأُولَى وَهِيَ قُوَةُ العَطَاءِ أَيْ القُوَةُ الإِيجَابِيَّةُ وَقُوَةُ التَقَبُّلِ أَيْ القُوَةُ السَلْبِيَّةُ وَاللَتَانِ تَتبَلْوَرَانِ عَلَى دَرَجَاتٍ مُخْتَلِفَةٍ "البِيُولُوجِيَّةُ وَالجَسَدِيَّةُ وَالأَخْلاقِيَّةُ". تَتَجَلَّى كِلْتَيهُمَا فِي نِظَامٍ مُتَوَازِنٍ فِي الطَبِيعَةِ. إِذَا كَانَتْ هَاتَانِ القُوَاتَانِ مُتَوَازِنَتَانِ فِي الجَسَدِ الإِنْسَانِي يَكُونُ الجَسَدُ صِحْيٌّ وَصَحِيحٌ. وَأَيْضاً إِذَا كَانَتِ هَاتَانِ القُوتَانِ مُتَوَازِنَتَانِ فِي الطَبِيعَةِ يَعْنِي أَنَّ الطَبِيعَةَ فِي حَالَةِ رَاحَةٍ تَامَةٍ. فَإِنَّ عَدَمَ التَوَازُنِ هُوَ الَذِي يُؤَدِي إِلَى كُلِ أَنْوَاعِ الحَرَكَةِ.

فِي الحَالَةِ الطَبِيعِيَّةِ، إِنَّ عَدَمَ التَوَازُنِ ضَرُورِيٌّ فِي الطَبِيعَةِ لأَنَّهُ يَجْلُبُ الحَيَاةَ إِذْ أَنَّهُ نَتِيجَةَ التَفَاعُلِ المُسْتَمِرِ بَيْنَ القُوتَانِ وَلَكِنْ فِي حُدُودٍ مُعَيَنَةٍ وَإِنَّ الإِخْتِلافَ الَذِي فِي العَلاقَةِ بَيْنَهُمَا هُوَ الَذِي يُبْدِعُ الحَيَاةَ. فَعَلَى سَبِيلِ المِثَالِ إِنَّ إِتْسَاعَ وَإِنْقِبَاضَ الصَدْرِ فِي عَمَلِيَّةِ الشَهِيقِ وَالزَفِيرِ وَخَفقَانِ القَلْبِ وَكَافَةَ الأَعْضَاءِ الأُخْرَى جَمِيعَهَا مَبْنِيَّةٌ عَلَى نِظَامِ الحَرَكَةِ المُتَبَادِلَةِ لِلقُوتَانِ المُخْتَلِفَتَانِ وَالَتِي تَدْعَمُ الوَاحِدَةَ الأُخْرَى بِشَكْلٍ كَامِلٍ مُتَمِمَةٌ كُلُ وَاحِدَةٍ عَمَلَ الأُخْرَى. وَالحَيَاةُ هِيَ نَتِيجَةُ هَذَا التَفَاعُلِ وَالَتِي تَظْهَرُ وَتَسْتَمِرُ بِنَاءً عَلَى التَفَاعُلِ المَضْبُوطِ وَالمُتَنَاغِمِ وَالمُنْسَجِمِ لِهَاتَيْنِ القُوَتَيْنِ.

خِلالَ عَمَلِيَّةِ النُمُو المُتَزَايِدَةِ سَنَصِلُ إِلَى نُقْطَةٍ فِيهَا يَبْلُغُ الجِنْسُ البَشَرِيُّ بِكَامِلِهِ إِلَى هَذَا النَوْعِ مِنَ التَفَاعُلِ المَضْبُوطِ وَالمُتَنَاغِمِ وَالمُنْسَجِمِ فِي التَعَامُلِ مَعاً وَيَكُونُ فِيهِ جَمِيعُ الأَفْرَادِ فِي تَنَاغُمٍ مُتَبَادَلٍ. وَلَكِنْ وَكَمَا عَمَلِيَّةُ التَنَفُسِ فِي الجَسَدِ تَعْمَلُ فِي تَنَاسُقٍ بَيْنَ الشَهِيقِ وَالزَفِيرِ هَكَذَا يَكُونُ التَرَابُطَ بَيْنَ البَشَرِ فِي تَنَاغُمٍ مُتَبَادَلٍ وَيُنْتِجُ هَذَا التَنَاغُمِ المُتَبَادَلِ حِيْنَمَا تَكُونُ القُوتَانِ قُوَةُ العَطَاءِ وَقُوَةُ التَقَبُّلِ تَتَوَاجَدَانِ فِي انْسِجَامٍ كَامِلٍ إِذْ تَتَفَاعَلُ الوَاحِدَةُ مَعَ الأُخْرَى فِي تَنَاوُبٍ لِتُكْمِلُ الوَاحِدَةَ عَمَلَ الأُخْرَى. فَبِالقَدْرِ الَذِي يَتَلَقَّى فِيهِ الشَخْصُ

يَتَوَجَّبُ أَنْ يُعْطِيَ بِالمُقَابِلِ وَالعَكْسُ صَحِيحٌ أَيْضاً إِذْ أَنَّهُ بِالقَدْرِ الَّذِي يُعْطِي فِيهِ الشَّخْصُ يَتَوَجَّبُ عَلَيْهِ أَنْ يَتَلَقَّى مُقَابِلَهُ. وَهَكَذَا نَسْتَطِيعُ العَيْشَ فِي حَالَةِ انْسِجَامٍ وَتَوَازُنٍ مَعاً عِنْدَمَا تَكُونُ قُوَّةُ العَطَاءِ تُسَاوِي قُوَّةَ الأَخْذِ. فَالطَبِيعَةُ هِيَ الَّتِي تَأْتِي بِنَا إِلَى حَالَةِ التَوَازُنِ هَذِهِ إِذَا كَانَ لَدَيْنَا العَزْمُ وَالنِيَّةُ لِلوُصُولِ إِلَى هَذِهِ النُّقْطَةِ إِذْ أَنَّ التَوَازُنَ هُوَ الإِتِّجَاهُ العَامُّ لِلطَبِيعَةِ.

نَحْنُ لَا نَسْتَطِيعُ عَمَلَ أَيِّ شَيْءٍ لِتَغْيِيرِ قَوَانِينِ عَمَلِ الطَبِيعَةِ، فَالإِنْسِجَامُ وَالتَوَازُنُ هُوَ القَانُونُ الَّذِي بُنِيَ عَلَيْهِ الوُجُودُ بِكَامِلِهِ. كُلُّ مَا نَسْتَطِيعُ عَمَلَهُ هُوَ إِدْرَاكُ كَيْفِيَّةِ تَطْبِيقِهِ فِي طَرِيقَةِ تَعَامُلِنَا مَعَ أَفْرَادِ البَشَرِيَّةِ وَمَعَ البِيئَةِ لِنَصِلَ إِلَى حَدٍّ نَسْتَطِيعُ فِيهِ الوُصُولَ إِلَى الهَدَفِ النِهَائِيِّ بِرَاحَةٍ وَسُهُولَةٍ.

مِنَ المُتَعَارَفِ عَلَيْهِ مُنْذُ القِدَمِ أَنَّ عُلَمَاءَ الكَابَالَا بِرَغْبَتِهِمْ فِي إِظْهَارِ العَالَمِ الرُوحِيِّ كَانَ يَتَوَجَّبُ عَلَيْهِمْ أَنْ يَبْدَأُوا مِنْ عَالَمِنَا لِيُمَهِّدُوا الطَرِيقَ أَمَامَهُمْ مِنْ خِلَالِ دِرَاسَتِهِمْ وَبَحْثِهِمْ فِي أَنْوَاعِ العُلُومِ المُخْتَلِفَةِ وَالَّتِي تَتَطَلَّبُ مِنْهُمْ جُهُوداً عَظِيمَةً وَمُعَانَاةً أَعْظَمَ أَيْ أَنَّهُ تَوَجَّبَ عَلَيْهِمْ إِنْتِزَاعُ أَنْفُسِهِمْ مِنَ المَادَةِ ذَاتِهَا الَّتِي عَمِلُوا مِنْهَا لِيَأْتُوا بِأَنْفُسِهِمْ إِلَى مَرْحَلَةٍ يَكُونُوا فِيهَا قَادِرِينَ عَلَى إِظْهَارِ العَالَمِ الرُوحِيِّ وَإِظْهَارِ نِظَامِهِ فِي نَوْعِ التَرَابُطِ بَيْنَ البَشَرِ بِشَكْلٍ صَحِيحٍ.

وَلَكِنْ بَعْدَ ذَلِكَ ظَهَرَتْ كِتَابَاتُ الآرِي وَالَّذِي شَرَحَ فِيهَا نَوْعِيَّةَ التَرَابُطِ الدَاخِلِيِّ وَالَّذِي يُوَحِّدُ النَاسَ مِنْ خِلَالِ نِظَامٍ خَاصٍّ مِنَ العَلَاقَةِ المُتَرَابِطَةِ كَمَا نَرَى فِي حَالِ العَلَاقَةِ بَيْنَ مَلْخُوتْ وَزَعِيرْآنْبِينْ، وَأَبَا وَإِيمَا، وَإِلَى مَا آخِرِهِ مِنْ نَوْعِيَّةِ التَرَابُطِ بَيْنَ السَفِيرَاتِ. مِنْ خِلَالِ تَفْسِيرِ العَلَاقَاتِ بَيْنَ السَفِيرَاتِ شَرَحَ الآرِي نَمُوذَجَ وَصُورَةَ التَرَابُطِ الَّتِي مِنَ المُمْكِنِ أَنْ يَتَوَاجَدَ فِيهَا النَاسُ فِي إِرْتِبَاطِهِمْ مَعاً، وَكَيْفَ أَنَّ نَوْعِيَّةَ التَرَابُطِ بَيْنَ السَفِيرَاتِ يُؤَثِّرُ عَلَيْنَا

وَبالُمقَابِلِ كَيْفَ أَنَّ تَرَابُطِنَا مَعاً يُؤَثِرُ عَلَى السَفِيرَاتِ وَإِيقَاظِ التَرَابُطِ فِيمَا بَيْنَهَا. فَإِنَّ نَوْعَ التَرَابُطِ فِي العَالَمِ الرُوحِيِّ نَفْسَهُ فِي عَالَمِنَا هُنَا إِلاَّ أَنَّ الفَرْقَ الوَحِيدَ أَنَّ التَرَابُطَ فِي العَالَمِ الرُوحِيِّ قَائِمٌ عَلَى مِيزَةِ العَطَاءِ.

فَكَمَا الحَالُ فِي نَوْعِيَّةِ شَبَكَةِ تَرَابُطِ العَلاقَاتِ فِيمَا بَيْنَنَا فِي عَالَمِنَا هُنَا هَكَذَا الوَضْعُ أَيْضاً بِالنِسْبَةِ لِلعَالَمِ الرُوحِيِّ إِلاَّ أَنَّ شَبَكَةَ الإِرْتِبَاطِ هَذِهِ دَاخِلِيَّةٌ أَيْ تَرَابُطِ النِقَاطِ فِي القَلْبِ عِنْدَ البَشَرِ بَعْضَهَا بِبَعْضٍ. وَهَكَذَا نَتَحَوَّلُ مِنْ عِلْمِ النَفْسِ المَادِيِّ إِلَى الرُوحِيِّ وَالَذِي مِنْ خِلالِهِ نُظْهِرُ التَرَابُطَ الحَقِيقِيِّ بَيْنَ أَجْزَاءِ النَفْسِ البَشَرِيَّةِ المُبَعْثَرَةِ. لَقَدْ شَرَحَ لَنَا عَالِمُ الكَابَالا الآرِي بِكُلِ التَفَاصِيلِ أَجْزَاءَ شَبَكَةِ التَرَابُطِ بَيْنَ النُفُوسِ وَوَاقِعِيَّةِ عَمَلِ التَرَابُطِ فِي يَوْمِنَا هَذَا، أَنَّهُ مِنْ خِلالِ عَمَلِنَا وَتَرَابُطِنَا فِي المَجْمُوعَةِ نَسْتَطِيعُ جَذْبَ النُورَ الَذِي يَقُومُ بِتَصْحِيحَنَا مِنْ خِلالِ نِظَامِ هَذِهِ الشَبَكَةِ. لَسْنَا أَنَّنَا نُحْرِزُ التَرَابُطَ عَنْ طَرِيقِ رَغَبَاتِنَا وَقُوَانَا الجَسَدِيَّةِ بَلْ بِالأَحْرَى عَنْ طَرِيقِ جَذْبِ النُورِ المُحِيطِ النَابِعِ مِنْ نِظَامِ شَبَكَةِ التَرَابُطِ فِي العَالَمِ الرُوحِيِّ هُوَ الَذِي يَقُومُ بِتَهْذِيبِنَا وَإِصْلاحِنَا.

إِذَا قُمْنَا بِدِرَاسَةِ بُنْيَةِ هَذَا النِظَامِ عَامِلِينَ عَلَى تَحْقِيقِ أُسْلُوبِ التَرَابُطِ نَفْسِهِ فِيمَا بَيْنَنَا عِنْدَهَا يَكُونُ مِنْ غَيْرِ المُهِم فَهْمَ تَفَاصِيلِ عَمَلِ النِظَامِ، فَلَيْسَ بِالمَعْرِفَةِ نَسْتَطِيعُ الإِحْرَازُ بَلْ بِوَاسِطَةِ الجُهْدِ الَذِي نَبْذُلُهُ إِذْ أَنَّ الجُهْدَ هُوَ الَذِي يُوْقِظُ تَأْثِيرَ القُوَى العُلْيَا عَلَيْنَا. فَكَمَا هُوَ الحَالُ فِي عَالَمِنَا إِذَا أَرَادَ الشَخْصُ إِحْرَازُ إِدْرَاكِ أَيُّ نِظَامٍ فِي أَيِّ مَجَالٍ مَا يَجِبُ أَنْ يَنْدَمِجَ هَذَا الشَخْصُ بِهَذَا النِظَامِ لِيُصْبِحَ جُزْءً مِنْهُ لِيَسْتَطِيعُ الإِحْسَاسَ بِهِ عِنْدَ دِرَاسَتِهِ لَهُ، وَهَكَذَا الحَالُ عِنْدَ دِرَاسَةِ نِظَامِ العَالَمِ الرُوحِيِّ، فَعِنْدَمَا نَصِلُ إِلَى مَرْحَلَةٍ نَسْتَطِيعُ الإِحْسَاسَ بِهِ، فَجْأَةً تَظْهَرُ صُورَةَ هَذَا النِظَامِ فِي دَاخِلِنَا وَنُدْرِكُ كَيْفِيَّةَ عَمَلِهِ وَنِظَامِ الإِرْتِبَاطِ بِهِ. وَأَمَا بِالنِسْبَةِ لِلتَغْيِيرِ الَذِي يَحْصَلُ فِي الإِنْسَانِ، الشَيْءُ الوَحِيدُ الَذِي يَتَغَيَّرُ

هُوَ النِيَّةَ عِنْدَهُ تجاهَ أَيِّ عَمَلٍ مَا يَقُوُمُ بِهِ، وَعِنْدَمَا يُصْبِحُ الشَخْصُ جُزْءً مِنْ هَذَا النِظَامِ يُصْبِحُ عَمَلَهُ مِنْ خِلالِ مِيزَةِ العَطَاءِ، وَكُلَّمَا زَادَ إِرْتِبَاطِهِ بِهِ كُلَّمَا زَادَ تَقَدُمَهُ نَحْوَ إِظْهَارِ عَمَلِ هَذَا النِظَامِ لِيَعْلَمَ كَيْفِيَّةَ العَمَلِ مَعَ القُوَى العُلْيَا "سِمَةُ العَطَاءِ" وَالإِرادَةِ فِي التَقَبُّلِ التِي فِيهِ لِيَجْمَعَ عَمَلَهَا فِي انْسِجَامٍ تَامٍ.

هَذَا عَمَلٌ عَظِيمٌ جِداً وَيَتَطَلَّبُ مِنَ الإِنْسَانِ العَمَلَ فِي الدِرَاسَةِ مَعَ المَجْمُوُعَةِ وَتَحْتَ تَوْجِيهِ عَالِمِ كَابَالا.

كَانَ مَعْرُوُفاً عَنْ صَاحِبِ السُلَّمِ إِحْتِرَامَهُ لِعِلْمِ النَفْسِ المَادِيِّ بِمَا أَنَّهُ فَتَحَ البَابَ أَمَامَ عِلْمِ حِكْمَةِ الكَابَالا. يَتَكَلَّمُ عِلْمُ النَفْسِ عَنْ قُوَاتِ نَفْسِ الكَائِنِ الحَيِّ وَالَتِي تَتَوَاجَدُ فِي عَالَمِنَا هَذَا عَلَى دَرجَةِ الوُجُوُدِ الدُنْيَوِيَّةِ.

يَتَكَلَّمُ عِلْمُ الكَابَالا عَنْ نُمُو هَذِهِ القُوَاتِ فِي الإِنْسَانِ عِنْدَمَا يَبْدَأُ هُوَ بِالنُمُوِ. وَيَعُوُدُ الفَضْلُ فِي ذَلِكَ إِلَى الشَرَارَةِ الرُوُحِيَّةِ فِي دَاخِلِهِ "النُقْطَةُ فِي القَلْبِ" وَالَتِي هِيَ جُزْءٌ مِنْ نَفْسِ أَدَمَ لِتَيَقُّظِهَا وَلِعَمَلِ النُوُرِ فِي تَصْحِيحِ الرَغَبَاتِ لِتَتَمَكَّنُ النُقْطَةُ فِي القَلْبِ مِنَ النُمُوِ. فَإِنَّ النُوُرَ يُؤَثِرُ عَلَى الإِنْسَانِ وَكَأَنَّهُ شَيْءٌ مِنَ الخَارِجِ وَلَكِنْ فِي الحَقِيقَةِ إِنَّ يَقْظَةَ النُوُرَ تَأْتِي مِنْ دَاخِلِهِ تَوَافُقاً وَانْسِجَاماً مَعَ طُلْبَتِهِ مُنَاجِياً الخَالِقَ فِي الرَغْبَةِ مِنَ الإِقْتِرَابِ مِنْهُ.

عِنْدَمَا تَبْدَأُ النُقْطَةُ فِي القَلْبِ فِي النُمُوِ يَشْعُرُ الإِنْسَانُ بِقُوَةِ النَفْسِ العَظِيمَةِ وَهَذَا يَعْنِي بِدَايَةَ نُمُو سِمَةِ العَطَاءِ فِيهِ، وَكُلَّمَا أَحْرَزَ مِنَ التَقَدُمِ كُلَّمَا زَادَ نُمُوَهُ لِيَعِي دَرَجَاتَ قُوَةِ النُوُرِ وَأَيُّ القُوَاتِ تَأْتِي مِنَ الخَطِ الأَيْمَنِ وَتِلْكَ التِي مِنَ الخَطِ الأَيْسَرِ إِذْ أَنَّ كُلٍ مِنْهَا لَهُ جُذُوُرَهُ الرُوُحِيَّةِ، وَمُبَاشَرَةً تَعْمَلُ هَذِهِ القُوَاتُ مَعاً رَابِطَةً الشَخْصُ بِلُغَةِ عِلْمِ حِكْمَةِ الكَابَالا. وَلَكِنْ يَجِبُ أَنْ نَعِي بِأَنَّ كُلَّ هِذِهِ القُوَاتُ هِيَ قُوَاتُ النَفْسِ الدَاخِلِيَّةِ فِي الإِنْسَانِ. هَذَا هُوَ عِلْمُ النَفْسِ الرُوُحِيِّ، عِلْمُ حِكْمَةِ الكَابَالا.

إِخْتَبِرْ مَعْلُومَاتَك.

س١ : مَا القُوَتَانِ اللَتَانِ تَتَوَاجَدَانِ فِي الطَبِيْعَةِ وَمَا مَيزَةُ كُلٍ مِنْهُمَا؟

س٢ : مَا هِيَ أَنْوَاعُ الرَغَبَاتِ وَكَيْفَ تَتَبَلْوَرُ فِي كَلٍ مِنْ مُسْتَوَيَاتِ الطَبِيْعَةِ؟

س٣ : عَرِّفْ عِلْمَ النَفْسِ؟

س٤ : إِشْرَحْ مَنْظُورُ عِلْمُ حِكْمَةِ الكَابَالا لِلقُوَتَيْنِ المَوْجُودَتَيْنِ فِي الطَبِيْعَةِ؟

س٥ : مَا هُوَ دَوْرُ النُقْطَةَ فِي القَلْبِ عِنْدَ الإِنْسَانِ فِي عَمَلِيَّةِ التَصْحِيحِ؟

غِذَاءٌ لِلفِكْر

الحُبُّ هُوَ الخَاصَّةُ الأَسَاسِيَّةُ الَتي بُنِيَى عَلَيْهَا العَالَمُ.

الحُبُّ فِي عِلْمِ الكَابَالا ذُو تَعْرِيفٍ عِلْمِيٍّ وَاسِعٍ وَشَامِلُ النِطَاقِ وَلَكِنْ وَبِشَكْلٍ مُخْتَصَرٍ نَسْتَطِيعُ القَوْلُ بِأَنَّ الحُبَّ هُوَ شُعُورُ الشَخْصِ بِالعَالَمِ الدَاخِلِي أَيْ فِي إِحْسَاسِهِ لِرَغَبَاتِ وَحَاجَاتِ شَرِيكِ حَيَاتِهِ وَالعَمَلُ عَلَى إِشْبَاعِهَا. فَالإِحْسَاسُ الَذِي يَشْعُرُ بِهِ الشَخْصُ أَثْنَاءَ إِشْبَاعِ حَاجَاتَ الشَخْصِ الآخَرِ هَذَا مَا يُسَمَى "الحُبُّ". أَيْ عِنْدَمَا يَبْذُلُ الوَاحِدُ تَرْكِيزَهُ فِي وَضْعِ حَاجَاتِ شَرِيكِ حَيَاتِهِ فِي دَرَجَةِ الأَوْلَوِيَّةِ، وَالعَمَلُ عَلَى جَعْلِ الشَرِيكِ يَشْعُرُ بِالإِكْتِفَاءِ وَالسَعَادَةِ، هَذَا الفِعْلُ يَعُودُ عَلَيْهِ بِالشُعُورِ بِالسُرُورِ الشَدِيدِ وَالإِكْتِفَاءِ لِنَفْسِهِ. فَالحُبُّ لَيْسَ إِحْرَازُ اللَذَّاتِ مِنَ الشَخْصِ الآخَرِ وَإِشْبَاعُ رَغَبَاتَكَ الغَرِيزِيَّةِ وَلَكِنَ الحُبُّ هُوَ عِنْدَمَا تُعْطِي مِنْ نَفْسِكَ لِشَرِيكِ حَيَاتِكَ لِتَلْبِيَةِ مُتَطَلَبَاتِهِ وَحَاجَاتِهِ المُعَيَنَةِ.

تَقُولُ الكَابَالا: "الزَوْجُ وَالزَوْجَةُ وَالوُجُودُ الإِلَهِيُّ بَيْنَهُمَا"

أَيْ أَنَّ النُورَ الإِلَهِيَّ مُتَوَاجِدٌ وَحَاضِرٌ بَيْنَهُمَا. فَمِنَ الصَعْبِ فِي أَنْ يَكُونَ هُنَاكَ أَيُّ صِلَةٍ أَوْ تَرَابُطٍ بَيْنَ الزَوْجِ وَزَوْجَتِهِ وَالَذِينَ يُمَثِلانِ الطَرَفَيْنِ المُتَنَاقِضَيْنِ مِنَ العَالَمِ إِلاَّ فِي حَالَةِ أَنَّ الخَالِقَ وَالَذِي هُوَ الحُبُّ الَذِي يُنَظِمُ وَيَتَحَكَّمُ بِالكَوْنِ يَكُونُ مُتَوَاجِداً بَيْنَهُمَا. الخَالِقُ نَفْسُهُ هُوَ قُوَى العَطَاءُ فِي الطَبِيْعَةِ -قُوَّةُ الحُبُّ الوَحِيْدَةُ القَادِرَةُ عَلَى جَمْعِ نَقِيْضَيْنِ ذُو سِمَاتٍ وَخَوَاصٍ مُخْتَلِفَةٍ.

عِلْمُ الحِكْمَةِ وَالفَلْسَفَة

الفَلْسَفَةُ كَلِمَةٌ يُونَانِيَّةٌ مُرَكَّبَةٌ مِنْ جُزْأَيْنِ "فِيلُو" وَمَعْنَاهَا "حُبٌّ" وَ"سُوفِيَا" وَمَعْنَاهَا "حِكْمَة"، أَيْ أَنَّ مَعْنَاهَا فِي الأَصْلِ اليُونَانِي "حُبُّ الحِكْمَة". وَيُعَدُّ الفَيْلَسُوفُ اليُونَانِي فِيثَاغُورْس أَوَّلَ مَنْ اسْتَخْدَمَ المُصْطَلَحَ فَلْسَفَة وَحَدَّدَ مَعْنَاهُ. وَتُسْتَخْدَمُ كَلِمَةُ الفَلْسَفَةِ فِي العَصْرِ الحَدِيثِ لِلإِشَارَةِ إِلَى السَّعْيِ وَرَاءَ المَعْرِفَةِ بِخُصُوصِ مَسَائِلَ جَوْهَرِيَّةٍ فِي حَيَاةِ الإِنْسَانِ وَمِنْهَا المَوْتُ وَالحَيَاةُ وَالوَاقِعُ وَالمَعَانِي وَالحَقِيقَةُ. وَتُسْتَخْدَمُ الكَلِمَةُ ذَاتُهَا أَيْضاً لِلإِشَارَةِ إِلَى مَا أَنْتَجَهُ كِبَارُ الفَلَاسِفَةِ مِنْ أَعْمَالٍ مُشْتَرَكَةٍ.

لَقَدْ كَانَتِ الفَلْسَفَةُ فِي بَادِئِ عَهْدِهَا فِي أَيَّامِ طَالِيسَ تَبْحَثُ عَنْ أَصْلِ الوُجُودِ وَصَانِعِهِ، وَالمَادَّةُ الَّتِي أُوجِدَ مِنْهَا الكَوْنُ، وَالعَنَاصِرُ الأَسَاسِيَّةُ الَّتِي تَكَوَّنَ مِنْهَا. وَطَالَ الجِدَالُ فِي هَذِهِ النُّقْطَةِ إِلَى أَنْ أَتَى سُقْرَاط وَالَّذِي وُصِفَ بِأَنَّهُ مَنْ "أَنْزَلَ الفَلْسَفَةَ مِنَ السَّمَاءِ إِلَى الأَرْضِ" حَيْثُ أَنَّهُ حَوَّلَ التَّفْكِيرَ الفَلْسَفِيَّ مِنَ التَّفْكِيرِ فِي الكَوْنِ وَمُوجِدِهِ وَعَنَاصِرِ تَكْوِينِهِ إِلَى البَحْثِ فِي ذَاتِ الإِنْسَانِ، وَهَذَا أَدَّى إِلَى تَغْيِيرٍ كَثِيرٍ وَكَبِيرٍ فِي مَعَالِمِ الفَلْسَفَةِ بِتَحْوِيلِ نِقَاشَاتِهَا إِلَى طَبِيعَةِ الإِنْسَانِ وَجَوْهَرِهِ، وَالإِيمَانُ بِالخَالِقِ، وَالبَحْثُ عَنْهُ، وَاسْتِخْدَامُ الدَّلِيلِ العَقْلِيِّ فِي إِثْبَاتِهِ. وَاسْتَخْدَمَ سُقْرَاط الفَلْسَفَةَ فِي إِشَاعَةِ الفَضِيلَةِ بَيْنَ النَّاسِ وَالصِّدْقِ وَالمَحَبَّةِ، وَكَانَ سُقْرَاط وَأَفْلَاطُونُ مُعْتَمِدِينَ عَلَى العَقْلِ وَالمَنْطِقِ كَأَسَاسَيْنِ مِنْ أُسُسِ التَّفْكِيرِ السَّلِيمِ الَّذِي يَسِيرُ وُفْقَ قَوَاعِدَ تُحَدِّدُ صِحَّتَهُ أَوْ بُطْلَانَهُ.

إِكْتِشَافُ أَسْرَارِ الوُجُودِ

وَلَكِنْ أَرِسْطُو هُوَ الوَحِيدُ الَذِي أَجَابَ عَنِ السُؤَالِ الَذِي يَتَعَلَّقُ بِمَاهِيَّةِ الفَلْسَفَةِ إِذْ قَالَ أَنَّ مَعْنَى الفَلْسَفَةِ يَرْتَبِطُ بِمَاهِيَّةِ الإِنْسَانِ الَّتِي تَجْعَلُهُ يَرْغَبُ بِطَبِيعَتِهِ فِي المَعْرِفَةِ. وَأَمَّا فِي يَوْمِنَا هَذَا وَبَعْدَ التَغْيِيرَاتِ الهَائِلَةِ الَّتِي حَصَلَتْ مُنْذُ أَيَامِ أَرِسْطُو وَأَفْلَاطُونَ وَبِالنَظَرِ إِلَى مَا هُوَ مُتَوَفِرٌ مِنَ المَعَارِفِ وَعَلَى الكَمِّ الهَائِلِ مِنْ أَسْئِلَةٍ وَقَضَايَا مَطْرُوحَةٍ فِي العَدِيدِ مِنَ المَجَالَاتِ إِلَى التَقَدُّمِ الَذِي حَقَقَهُ الفِكْرُ البَشَرِيُّ فِي مُخْتَلَفِ المَجَالَاتِ، لَمْ يَعُدْ دَوْرُ الفَيْلَسُوفِ فَقَطْ "حُبَّ الحِكْمَةِ" أَوْ طَلَبَهَا وَالبَحْثَ عَنْهَا بِوَاسِطَةِ العَقْلِ بِالرَغْمِ مِنْ عَدَمِ المَعْرِفَةِ المُتَوَفِرَةِ لِبُنْيَةِ الكَوْنِ، فَإِنَّ الفَيْلَسُوفَ الآنَ بَاتَ مُقَيَّدَاً بِالكَثِيرِ مِنَ المَنَاهِجِ المُخْتَلِفَةِ وَالقَوَانِينِ المَنْطِقِيَّةِ وَحَصِيلَةِ المَعْلُومَاتِ المُكْتَسَبَةِ مِنَ النَظَرِيَّاتِ العِلْمِيَّةِ وَتَطْبِيقَاتِهَا التَكْنُولُوجِيَّةِ الَّتِي لَا تَتْرُكُ مَجَالاً لِلشَكِّ فِي مَشْرُوعِيَتِهَا. فِي ضَوْءِ مَا ذُكِرَ نَجِدُ أَنَّهُ لَمْ يَعُدْ تَعْرِيفُ الفَلْسَفَةِ مُتَوَافِقَاً مَعَ الدَوْرِ الَذِي يُمْكِنُ أَنْ يَقُومَ بِهِ الفَيْلَسُوفُ المُعَاصِرُ وَالَذِي يَخْتَلِفُ كَثِيراً عَنْ دَوْرِ الفَلَاسِفَةِ مِنَ العُصُورِ السَابِقَةِ.

وَفِي بَحْثِ الفَلَاسِفَةِ فِيمَا وَرَاءَ الطَبِيعَةِ أَشَارُوا أَنَّ الفَلْسَفَةَ هِيَ عِلْمٌ يَدْرُسُ الوَاقِعَ وَالوُجُودَ مِنْ حَيْثُ طَبِيعَتِهِمَا الأَسَاسِيَّةِ وَيَدْرُسُ مَاهِيَّةَ الأَشْيَاءِ أَيْضَاً. وَمِنَ البَاحِثِينَ مَنْ يُقَسِّمُ عِلْمَ مَا وَرَاءَ الطَبِيعَةِ إِلَى مَيْدَانَيْنِ: عِلْمُ الوُجُودِ، وَعِلْمُ الكَوْنِ. فَعِلْمُ الوُجُودِ يَدْرُسُ المَوْجُودَاتِ؛ أَمَّا عِلْمُ الكَوْنِ فَيَدْرُسُ الكَوْنَ الطَبِيعِيَّ كَكُلٍّ. كَمَا أَنَّ عِلْمَ الكَوْنِ يُقْصَدُ بِهِ ذَلِكَ الفَرْعُ مِنَ العُلُومِ الَذِي يَدْرُسُ نِظَامَ الكَوْنِ وَتَارِيخَهُ وَمُسْتَقْبَلَهُ. يَتَنَاوَلُ عِلْمُ مَا وَرَاءَ الطَبِيعَةِ الأُمُورَ الَّتِي تَبْحَثُ فِي الوَاقِعِ؟ وَمَا الفَرْقُ بَيْنَ الظَاهِرِ وَالوَاقِعِ؟ مَا المَبَادِئُ وَالمَفَاهِيمُ العَامَةُ الَّتِي يُمْكِنُ بِمُوجَبِهَا تَفْسِيرُ تَجَارِبِنَا وَفَهْمِهَا؟ هَلْ لَدَيْنَا إِرَادَةٌ حُرَّةٌ أَمْ أَنَّ أَعْمَالَنَا مُسَيَّرَةٌ بِأَسْبَابٍ لَيْسَ لَنَا فِيهَا خِيَارٌ؟ لَقَدْ أَوْجَدَ الفَلَاسِفَةُ

عَدَداً مِنَ النَّظَرِيَّاتِ فِي عِلْمِ مَا وَرَاءَ الطَّبِيعَةِ وَهِيَ: المَادِّيَّةُ وَالمِثَالِيَّةُ وَالآلِيَّةُ وَالغَائِيَّةُ.

إِنَّ المَادِّيَّةَ تُؤَكِّدُ أَنَّ المَادَّةَ وَحْدَهَا هِيَ الَّتِي لَهَا وُجُودٌ حَقِيقِيٌّ، وَأَنَّ المَشَاعِرَ وَالأَفْكَارَ وَغَيْرَ ذَلِكَ مِنَ الظَّوَاهِرِ العَقْلِيَّةِ إِنَّمَا هِيَ نَاتِجَةٌ عَنْ نَشَاطِ المَادَّةِ. وَتُقَرِّرُ المِثَالِيَّةُ بِأَنَّ أَيَّ شَيْءٍ مَادِّيٍّ إِنَّمَا هُوَ فِكْرَةٌ أَوْ شَكْلٌ مِنْ أَشْكَالِ الفِكْرَةِ، وَبِمُقْتَضَاهَا فَإِنَّ الظَّوَاهِرَ العَقْلِيَّةَ هِيَ وَحْدُهَا المُهِمَّةُ وَالمُطَابِقَةُ لِلحَقِيقَةِ. أَمَّا الآلِيَّةُ فَتُؤَكِّدُ أَنَّ كُلَّ الأَحْدَاثِ إِنَّمَا هِيَ نَاتِجَةٌ عَنْ قُوَّةٍ آلِيَّةٍ مَحْضَةٍ، وَلَيْسَ عَنْ غَايَةٍ مُعَيَّنَةٍ، إِذْ لَا يُعْقَلُ أَنْ نَقُولَ أَنَّ الكَوْنَ فِي حَدِّ ذَاتِهِ ذُو غَايَةٍ مُعَيَّنَةٍ مِنْ وَرَاءِ وُجُودِهِ. أَمَّا الغَائِيَّةُ فَهِيَ عَلَى العَكْسِ، تُقِرُّ بِأَنَّ الكَوْنَ وَكُلَّ شَيْءٍ فِيهِ يَتَّصِفُ بِالوُجُودِ وَالحُدُوثِ مِنْ أَجْلِ غَايَةٍ مُعَيَّنَةٍ.

لَقَدْ عَانَى صَاحِبُ السُّلَّمِ مِنَ الكَثِيرِ مِنَ الصُّعُوبَاتِ فِي مُحَاوَلَتِهِ تَفْسِيرَ العَلَاقَةِ بَيْنَ عِلْمِ حِكْمَةِ الكَابَالَا وَبَيْنَ - الفَلْسَفَةِ وَالتَّعَالِيمِ الأُخْرَى، وَكُلُّ أَنْوَاعِ الأَدْيَانِ وَالعُلُومِ السِّيَاسِيَّةِ وَتَارِيخِ الإِنْسَانِيَّةِ وَالبُنْيَةِ الإِجْتِمَاعِيَّةِ وَبُنْيَةِ الهَيَاكِلِ الحُكُومِيَّةِ- لِأَنَّ عِلْمَ حِكْمَةِ الكَابَالَا الَّذِي قَدَّمَهُ هُوَ وَسِيلَةٌ لِبُلُوغِ هَدَفِ التَّصْحِيحِ النِّهَائِيِّ وَالَّذِي يَتَوَجَّبُ عَلَى الإِنْسَانِيَّةِ إِدْرَاكَهُ فِي يَوْمِنَا هَذَا إِذْ أَنَّهُ يُشَكِّلُ الوَسِيلَةَ الَّتِي مِنْ خِلَالِهَا يَكُونُ النُّمُوُّ وَالتَّغْيِيرُ نَحْوَ الأَحْسَنِ وَالأَفْضَلِ فِي حَيَاتِنَا كُلِّهَا وَالوُصُولُ بِالإِنْسَانِيَّةِ إِلَى العَالَمِ الرُّوحِيِّ.

إِنَّ الشَّخْصَ فِي هَذَا العَالَمِ يَتَأَلَّفُ مِنْ أَرْبَعِ دَرَجَاتٍ أَوْ مُسْتَوَيَاتٍ "الجَمَاد- النَّبَاتِي- الحَيِّ- وَالمُتَكَلِّمِ". إِنَّ دَرَجَاتِ الجَمَادِ وَالنَّبَاتِي وَالحَيِّ فِي البِيئَةِ أَوِ الطَّبِيعَةِ مِنْ حَوْلِنَا وَدَرَجَاتِ الجَمَادِ وَالنَّبَاتِي وَالحَيِّ الَّتِي فِي الطَّبِيعَةِ البَشَرِيَّةِ هُمَا نِظَامَيْنِ يَتِمُّ إِدَارَتُهُمَا تِلْقَائِيًّا وَبِدُونِ أَيِّ جُهْدٍ مِنْ نَاحِيَتِنَا، وَيَعْمَلُوا

مُؤَثِرِينَ عَلَيْنَا بِشَكْلٍ مُسْتَقِلٍ مِنْ تِلْقَاءِ ذَاتِهِمْ أَوْ بِإِكْرَاهٍ. أَمَا بِالنِسْبَةِ لِدَرَجَةِ الإِنْسَانِ أَوْ المُتَكَلِّم فِي الشَخْصِ يَتَوَجَّبُ أَنْ تُوجَدَ فِي تَوَافُقٍ مَعَ طَبِيْعَةِ القُوَى العُلْيَا وَلَكِنَ القُوَى العُلْيَا لا تَقُوْمُ بِإِدَارَتِهَا إِذْ أَنَّهَا بِمَثَابَةِ بَصِيرَةٍ أَوْ حُسْنِ تَمْيِزٍ فِي دَاخِلِ الشَخْصِ. وَأَنَّهُ مِنْ وَاجِبِ الإِنْسَانِ وَمِنْ حُرِيَّةِ الإِخْتِيَارِ لَدَيْهِ أَنْ يُكْمِلَ نَفْسَهُ أَيْ أَنْ يُنَمِّي دَرَجَةَ المُتَكَلِّم فِيهِ لِيُصْبِحَ مُتَجَانِساً وَمُتَوَازِناً فِي السِمَاتِ مَعَ طَبِيْعَةِ القُوَى العُلْيَا. فَإِنَّ هَذَا مَا يَجْعَلُنَا بَشَراً.

لَقَدْ عَمِلَتِ البَشَرِيَّةُ جَاهِدَةً فِي التَفْكِيرِ فِيمَا تَسْتَطِيعُ عَمَلَهُ بِهَذَا الجُزْءُ الإِنْسَانِيُّ "دَرَجَةُ المُتَكَلِّم" وَالتِي هِيَ جُزْءٌ مِنْ نَفْسِ أَدَم فِيهِ وَالقَائِمَةُ فَوُقَ دَرَجَاتِ الجَمَادِ وَالنَباتِّي وَالحَيّ فِي رَغَبَاتِهِ وَكَيْفَ تَسْتَطِيعُ التَأْثِيرَ عَلَى أَفْكَارِ الشَخْصِ وَكَيْفَ يَسْتَطِيعُ تَرْتِيبِهَا وَتَنْظِيمَهَا وَكَيْفَ يَتَوَجَّبُ عَلَيْهِ قُبُولَ العَالَمِ الَذِي يَعِيشُ فِيْهِ، وَحُرِيَتَهُ التِي أُعْطِيَتْ لَهُ، وَكُلُّ مَا جَمَعَتِ البَشَرِيَّةُ فِي تَارِيخِهَا.

وَكَخُلاصَةٍ نَسْتَطِيعُ القَوْلَ بِأَنَّ عِلْمَ حِكْمَةِ الكَابَالا يَتَعَلَّقُ "بِمَاهِيَّةِ الإِنْسَانِ وَمَا هُوَ دَوْرَهُ فِي هَذَا العَالَمِ؟" طَبْعاً إِنَّ هَذِهِ الأَشْيَاءُ كُلَّهَا نَابِعَةً مِنْ أَفْكَارِ الإِنْسَانِ مِمَا يَرَاهُ وَيَشْعُرُ بِهِ وَمِنَ المَعْرِفَةِ التِي يَحْصَلُ عَلَيْهَا مِنَ التَارِيخِ خِلالَ أَيَامِ حَيَاتِهِ. فَإِنَّ دَرَجَةَ المَفْهُومِ وَالإِدْرَاكِ الصَحِيحِ لِلجُزْءِ الإِنْسَانِيّ فِينَا التِي يَتَوَجَّبُ عَلَيْنَا اكْتِسَابَهَا، هِيَ فِي الوَاقِعِ دَرَجَةً أَعْلَى فِي دَاخِلِنَا وَإِلَى أَنْ نُحْرِزَ هَذِهِ الدَرَجَةَ لا نَسْتَطِيعُ فَهْمَهَا. وَلِهَذَا السَبَبُ نَجِدُ أَنَّ الفَلْسَفَةَ تَتَعَامَلُ مَعَ الأَشْيَاءِ المُجَرَدَةِ وَالمَجْهُولَةِ. وَمَعَ مُحَاوَلَةِ البَشَرِيَّةِ عَلَى فَهْمِ وَإِدْرَاكِ مَا تُحَاوِلُ الفَلْسَفَةُ تَقْدِيمَهُ لِلنَاسِ، ظَهَرَ عَلَى أَنَّهُ أَمْرٌ لَمْ يَتَمَكَّنَ البَشَرُ مِنْ إِحْرَازِهِ لِعَدَمِ قُدْرَتِهِمْ عَلَى الإِحْسَاسِ بِهَا بِمَا أَنَّهَا أَشْيَاءٌ مُجْرَدَةٌ، إِذْ أَنَّ نِظَامَ الأَنَا فِينَا لا

يَسْتَطِيعُ إِدْرَاكَ وَمَعْرِفَةَ مَا لا يَسْتَطِيعُ جَسَّهُ أَوْ الإِحْسَاسَ بِهِ. إِذاً مَا الَذِي نَسْتَطِيعُ عَمَلَهُ؟

فَإِذَا قَرَأْنَا الدِرَاسَاتَ وَالبُحُوثَ الفَلْسَفِيَّةَ الَتِي أَجْرَاهَا الفَلاسِفَةُ القُدَمَاءُ مُنْذُ نُشُؤِ الفَلْسَفَةِ إِلَى عَصرِنَا هَذَا نَرَى بِأَنَّهُ فِي كُلِ جِيلٍ حَاوَلُوا كُلَّ جُهُودِهِم فِي أَنْ يُوفِرُوا جَوَاباً عَنْ أُمُورِ حَيَاةِ الإِنْسَانِ وَعَنْ الوُجُودِ وَالحَيَاةِ بِشَكْلٍ عَامٍ. فَإِنَّنَا نُلاحِظُ كَمْ كَانَ الفَلاسِفَةُ القُدَمَاءِ سَاذَجِينَ وَذُوْ تَفْكِيرٍ فِطرِيٍ فَعَلَى سَبِيلِ المِثَالِ كَانُوا يَعْتَقِدُونَ بِأَنَّ نَفسَ الإِنْسَانِ هِيَ عِبَارَةً عَنْ النَفَسِ. وَلَكِنَّ مَعَ مُرُورِ الزَمَنِ نَرَى بِأَنهُمْ قَدْ أَحْرَزُوا بَعْدَ التَقَدُّمِ وَبَدَأُوا يَأْخُذُونَ مِنْ عِلْمِ الكَابَالا وَلَكِنْ نَحْنُ نُدْرِكُ أَنَّهُ مِنْ دُونِ اكْتِسَابِ وَالحُصُولِ عَلَى الهَدَفِ النِهَائِيِّ وَالَذِي تَسْتَطِيعُ البَشَرِيَّةُ بُلُوغَهُ عَنْ طَرِيقِ إِدْرَاكِ دَرَجَةِ المُتَكَلِّمِ فِي الشَخْصِ، وَمِنْ دُونِ الوُصُولِ إِلَى هَذِهِ المَعْرِفَةِ فَلا جَدْوَى مِنَ الكَلامِ فِي هَذِهِ الحَالَةِ إِذْ أَنَّهُ فَارِغٌ وَمُجَرَّدٌ مِنْ أَيِّ مَعْنَى.

وَبِمَا أَنَّ كُلَّ نَتَائِجَ الفَلْسَفَةِ كَانَتْ تَعْتَمِدُ عَلَى الخَيَالِ وَلَيْس عَلَى البُحُوثِ وَالتَجَارُبِ العِلمِيَّةِ أَيْ نَاتِجَةٌ عَنْ إِدْرَاكٍ حِسيٍّ إِذْ أَنهُم كَانُوا يَتَعَامَلُونَ فِي مَسَائِلِ مُجُرَدَةٍ، أَيْ أَنهُم كَانُوا يَتَعَامَلُونَ بِأَشْكَالٍ مِنْ دُونِ المَادَةِ "المَسْأَلَة" فِيهَا، وَلِذَلِكَ كَانَتِ النَتَائِجُ غَيْرَ صَحِيحَةٍ وَعِنْدَمَا حَاوَلَتِ البَشَرِيَّةُ فَهْمَهَا وَقَعَتْ فِي الكَثِيرِ مِنَ الكَرْبِ وَالعَذَابِ. وَلِذَلِكَ يَتَوَجَّبُ عَلَيْنَا أَنْ نُدرِكَ الفَلْسَفَةَ عَلَى أَنَّهَا ثَمَرَةَ العَقْلِ وَالخَيَالِ وَهِيَ مَحْدُودَةٌ جِداً وَخَاصَةً فِي أُمُورِ مَا وَرَاءَ عَالَمِنَا المَادِيِّ. لِذَلِكَ تَوَصَّلَتِ الفَلْسَفَةُ إِلَى مَا هُوَ عَلَيْهِ فِي يَوْمِنَا هَذَا إِذْ أَنَّهَا أَصْبَحَتْ فِي العُقُودِ العِدَّةِ المَاضِيَةِ مُجَرَدَ أَمْرٍ سَطْحِيٍ وَلا يَأْخُذَهُ النَاسُ بِجدِيَّةٍ، بَلْ تَحَوَّلَت إِلَى كُلِّ مَا يَسْتَطِيعُ المَرْءُ فَلْسَفَتَهِ مِنَ الخَيَالِ وَالنَزَوَاتِ الخَيَالِيَّةِ عَنِ الحَيَاةِ، لِذَلِكَ نَرَاهَا الآنَ مَرْكُونَةً جَانِباً بِمَا أَنَّ البَشَرِيَّةَ قَرَّرَتْ

بِالتَعَامُلِ مَعَ الحَيَاةِ بِنَاءً عَلَى مَبْدَأَ "القَاضِي لا يَمْلِكُ إِلا مَا تَرَاهُ عَيْنَاهُ" إِذَا كَانَ بِمُبْتَغَاهَا التَقَدُّمَ فِي الحَيَاةِ. لِذَلِكَ فَإِنَّ جَمِيعَ العُلُومِ مُتَضَمِّنَةً عِلْمَ النَفْسِ المَادِيَّ وَكُلُّ شَيْءٍ مِمَّا نَرَى نَتَائِجَهُ مِنَ الإِخْتِبَارَاتِ وَمِنَ التَجَارُبِ التَطْبِيقِيَّةِ التَّي يُثْبِتُهَا العِلْمُ تَطْبِيقاً لِلقَوَانِينِ الثَابِتَةِ هِيَ كُلُّ مَا لَدَيْنَا وَهِيَ كُلُّ مَا نُرِيدُهُ وَنَطْلُبُهُ. فَإِنَّ كُلَّ مَا هُوَ مُجَرَّدٌ لَمْ يَجْلُبْ عَلَيْنَا إِلا المَتَاعِبَ فِي المَاضِي إِذْ أَنَّهُ لَمْ يَكُنْ إِلاَّ بِدَعُ الخَيَالِ البَشَرِيِّ وَكُلَّمَا حَاوَلْنَا تَحْقِيقَهُ فِي الوَاقِعِ أَدَى بِنَا إِلَى فَشَلٍ مَرِيرٍ مِمَّا أَوْصَلَ إِلَى فُقْدَانِ قِيمَتِهَا مَعَ مُرُورِ الأَيَّامِ. لِذَلِكَ نَرَى بِأَنَّ الفَلْسَفَةَ لَمْ تَعُدْ الشَيْءَ الَذِي يَسْعَى وَرَاءَهُ العَالَمُ لِلحُصُولِ عَلَى أَجْوِبَةٍ.

فِي عَصْرِنَا هَذَا لا يُوجَدُ فَلْسَفَةٌ نَقِيَّةٌ بَلْ أَنَّ الفَلْسَفَةَ أَخَذَتْ تَمْتَزِجُ بِعِلْمِ النَفْسِ وَعُلُومٍ أُخْرَى مُتَنَوِّعَةٍ. حَتَى أَنَّنَا نَرَى أَنَّ التِكْنُولُوجِيَا بَدَأَتْ فِي الدُخُولِ فِي مَجَالَاتِ العُلُومِ وَالفَلْسَفَةِ لِلبَحْثِ عَنْ مَصَادِرِهَا. وَلِذَلِكَ نَحْنُ لا نَرَى اليَوْمَ أَنَّ الفَلْسَفَةَ حَيَّةً بِحَدِّ ذَاتِهَا وَلَوْلَا إِرْتِبَاطَهَا بِالعُلُومِ الأُخْرَى لَمْ تَكُنْ قَادِرَةً عَلَى التَوَاجُدِ إِلَى الآنِ.

لِنَرَى مَا الَذِي يَقُولُهُ صَاحِبُ السُلَّمِ فِي هَذَا الأَمْرِ، وَلِمَاذَا هَذَا المَوْضُوعُ هَامٌّ بِالنِسْبَةِ لَهُ. فَقَدْ قَالَ: «هَذَا لِسَبَبِ أَنَّ الفَلَاسِفَةَ يَعْتَقِدُونَ أَنَّهُمْ يَعْلَمُونَ الجَوَابَ لِجَوْهَرِ الحَيَاةِ بِالرَغْمِ مِنْ أَنَّ لَدَيْهِمْ آلَافٌ مِنَ الآرَاءِ المُتَنَوِّعَةِ حَوْلَ مَوْضُوعِ جَوْهَرِ الحَيَاةِ وَهَدَفُ الإِنْسَانِ فِيهَا وَذَلِكَ لِأَنَّ جَمِيعَ أَجْوِبَتِهِم قَائِمَةٌ حَسْبَ أَحْدَاثِ التَارِيخِ المُتَقَلِّبَةِ وَبِمَا أَنَّ التَارِيخَ فِي هَذِهِ الحَالَةِ يُشَكِّلُ سِلْسِلَةً مِنَ الأَخْطَاءِ وَخَيْبَاتِ الأَمَلِ المُتَكَرِّرَةِ عَلَى مَدَى حُقْبَاتِهِ مِمَّا يَجْعَلُ نَتَائِجَهُمْ وَحُلُولَهُمْ لا صِلَةَ لَهَا بِالمَوْضُوعِ نَفْسِهِ لِكَي يَكُونُوا مُؤَهَلِينَ لِإِعْطَاءِ جَوَابٍ صَحِيحٍ عَنْ مَوْضُوعِ جَوْهَرِ وَمَعْنَى الحَيَاةِ».

عِلْمُ الحِكْمَةِ وَالفَلْسَفَة

تَعْتَقِدُ الفَلْسَفَةُ بِأَنَّ الرُوحِيَّ أَنْتَجَ أَوْ أَحْدَثَ مَا هُوَ مَادِيٌّ وَأَنَّ النَفْسَ هِيَ الَتِي خَلَقَتِ الجَسَدَ. وَهَذَا التَصْرِيحُ يُشَكِلُ مُعْضِلَةً مِنْ دُونِ حَلٍ إِذْ أَنَّهُ يَتَطَلَّبُ التَرَابُطَ بَيْنَ العَالَمِ الرُوحِيِّ وَالعَالَمِ المَادِيِّ إِذْ أَنَّ التَرَابُطَ يُصْبِحُ أَسَاسِيّاً. وَمِنْ نَاحِيَةٍ أُخْرَى تَنُصُ الفَلْسَفَةُ عَلَى أَنَّهُ لا يُوجَدُ أَيَّ عَلاقَةٍ بَيْنَ الرُوحِيِّ وَالمَادِيِّ، وَالرُوحِيُّ لَيْسَ لَهُ أَيُّ تَأْثِيرٍ عَلَى المَادِيِّ، وَلِهَذَا لا يُوجَدُ أَيُّ تَدَاخُلٍ بَيْنَ العَالَمِ الرُوحِيِّ وَالعَالَمِ المَادِيِّ، وَبِنَاءً عَلَى هَذَا لا يَتَمَكَّنُ الرُوحِيُّ مِنْ أَنْ يُوَّلِدَ المَادِيَّ.

إِلَى جَانِبِ هَذَا نَجِدُ أَنَّ عِلْمَ حِكْمَةِ الكَابَالا يَبْقَى مُحَافِظاً عَلَى الفِكْرِ أَنَّ الإِنْسَانَ قَادِرٌ عَلَى مُنَاقَشَةِ وَحِوَارِ مَا يَسْتَطِيعُ الإِحْسَاسَ وَالبَحْثَ فِيهِ فَقَطْ. لِذَلِكَ حَتَى أَنَّ المُحَاوَلَةَ فِي تَعْرِيفِ الرُوحِيِّ يُوحِي أَوْ يَفْتَرِضُ ضِمْنَاً إِمْتِيَازَهُ وَإِنْفِصَالَهُ عَنْ المَادِيِّ. فَفِي البِدَايَةِ يَحْتَاجُ الإِنْسَانُ إِلَى إِحْرَازِ العَالَمِ الرُوحِيِّ عَنْ طَرِيقِ عِلْمِ الكَابَالا لِيَكُونَ قَادِراً عَلَى الوُصُولِ إِلَى الإِحْسَاسِ بِالعَالَمِ الأَعْلَى.

إِنَّ عِلَمَ حِكْمَةِ الكَابَالا لا يَعْمَلُ عَلَى دِرَاسَةِ القُوَى العُلْيَا وَلا يُحَاوِلُ إِثْبَاتَ قَوَانِينِهَا بِمَا أَنَّهُ يُعَرِّفُ نَفْسَهُ عَلَى أَنَّهُ عِلْماً تَجْرِيبِيّاً وَإِخْتِبَارِيّاً لِذَلِكَ لا يَتَكَلَّمُ عَنْمَا هُوَ خَارِجُ إِطَارِ وَإِمْكَانِيَّةِ الإِنْسَانِ فِيمَا يَسْتَطِيعُ إِحْرَازَهُ. وَأَنَّهُ لا يُلْغِي الإِحْرَازَ بِمَا أَنَّ تَعْرِيفَ الغَيْرَ مَوْجُودٍ لَيْسَ ذُوْ قِيمَةٍ أَقَلَّ مِنَ المَوْجُودِ. فَعَلَى سَبِيلِ المِثَالِ إِذَا نَظَرْنَا إِلَى مَادَةٍ أَوْ جَوْهَرٍ مَا مِنْ مَسَافَةٍ لَيْسَتْ بِبَعِيدَةٍ نَسْتَطِيعُ تَحْدِيدَ وَإِظْهَارَ كُلَّ العَوَامِلِ المَفْقُودَةِ فِيهِ فَهَذَا يُعْتَبَرُ عَلَى أَنَّهُ بُرْهَانٌ وَإِنْجَازٌ مُعَيَنٌّ لأَنَّهُ لَوْ كَانَ هَذَا الجَوْهَرُ أَوْ هَذِهِ المَادَةُ أَكْثَرَ بُعْداً عَنْمَا قَبْلٍ لَكَانَ مِنَ المُسْتَحِيلِ تَمْيزَ وَتَبْيِنَ العَوَامِلِ المَفْقُودَةِ فِيهِ. لِذَلِكَ إِنَّ المَبْدَأَ الرَئِيسِيَّ لِعِلْمِ الكَابَالا هُوَ "إِنَّ الشَيْءَ الَذِي مِنْ غَيْرِ المُمْكِنِ إِحْرَازَهُ يَكُونُ مِنْ غَيْرِ المُمْكِنِ

تَسْمِيَتَهُ" ، بِمَا أَنَّ إِعْطَاءَ الشَيْءَ إِسْمٌ أَيْ أَنَّنَا نَسْتَطِيعُ تَعْرِيفَ هَذَا الشَيْءِ عَلَى أَنَّهُ مِنَ المُمْكِنِ إِحْرَازَهُ. فَإِنَّ النُورَ الأَعْلَى الَذِي تُحرِزُهُ النَفْسَ وَالإِحْسَاسُ بِالقُوَى العُلْيَا وَأَفْعَالَهَا يَصِفُهَا عِلْمُ الكَابَالا بِأَدَقِّ تَفَاصِيلِ تَحْلِيلَهَا وَتَجْرِبَتَهَا كَتِلْكَ التِي لأَيٍّ مِنَ العُلُومِ المَوْجُودَةِ فِي عَالَمِنَا المَادِيِّ.

يَصِفُ عِلْمُ الكَابَالا العَالَمَ الرُوحِيَّ عَلَى أَنَّهُ شَيْءٌ غَيْرُ مُتَعَلِّقٍ تَمَاماً بِالزَمَانِ أَوْ المَكَانِ أَوْ المَادَةِ، بَلْ أَنَّهُ عَالَمٌ مَنْشَأ أَوْ مَصْدَرِ القُوَاتِ غَيْرَ مُتَقَلِّدٍ فِي جَسْدٍ. لِذَلِكَ نَحْنُ غَيْرَ قَادِرِينَ عَلَى فَهْمِ النُورِ الرُوحِيِّ عَلَى الإِطْلاقِ لِنَتَمَكَّنَ مِنْ تَعْرِيفِهِ وَمِنْ تَسْمِيَتِهِ، فَلَطَالَمَا يُوْجَدُ النُورُ خَارِجَ الإِنَاءِ الرُوحِيِّ لِلإِنْسَانِ لَيْسَ بِالإِمْكَانِ فَهْمَهُ لِيَتَمَكَّنُ الإِنْسَانُ مِنْ تَسْمِيَتِهِ لأَنَّ كَلِمَةَ النُورِ ذَات مَعْنىً مَجَازِيَّ وَلِذَلِكَ السَبَبُ يَصْعُبُ عَلَى الإِنْسَانِ إِدْرَاكَهُ. فَفِي وَصْفِ النُورِ يَتَكَلَّمُ عِلْمُ الكَابَالا عَنْ تَفَاعُلِ وَتَجَاوُبِ الإِنَاءِ الرُوحِيِّ فِي حَالِ تَوَاجُدِ نَوْعٍ مِنَ الإِتِصَالِ بَيْنَهُمَا وَلا يَتَكَلَّمُ مُطْلَقَاً عَنْ جَوْهَرِ النُورِ وَمَاهِيَتِهِ.

إِنَّهُ مِنَ المُمْكِنِ عَلَى الإِنْسَانِ إِحْرَازُ النُورِ، وَهَذَا الإِحْرَازُ يُدْعَى بِاللُغَةِ العِلْمِيَّةِ -المَادَةُ وَالشَكْلُ- أَيْ إِتِخَاذُ المَادَةَ بِدَاخِلِ شَكْلٍ مُعَيَّنٍ لِيَكُنْ بِالإِمْكَانِ إِدْرَاكَهَا مِنْ قِبَلِ المَنْطِقِ الإِنْسَانِيِّ، فَفِي هَذِهِ الحَالَةُ الشَكْلُ يَكُوْنُ نَتِيجَةَ الإِنْطِبَاعِ الَذِي يَحْصَلُ عَلَيْهِ الشَخْصُ مِنْ خِلالِ شُعُورِهِ بِالنُورِ وَالقُوَى- النُورُ هُوَ المَادَةُ. فَالإِحْسَاسُ بِشُعُورِ المَحَبَّةِ الَذِي يَمْلاءُ الإِنَاءَ يُشَارُ إِلَيْهِ بِالتَعْبِيرِ الشَكْلُ مِنْ غَيْرِ المَادَةِ.

فَعَلَى سَبِيلِ القَوْلِ نَحْنُ نَعْرِفُ أَنَّ كَلِمَةَ حُبْ إِذَا لَمْ تَرْتَبِطْ بِإِسْمٍ أَوْ بِشَيْءٍ مُعَينٍ تَبْقَى ذُوْ مَعْنىً مُجَرَداً لا يُمْكِنُ إِدْرَاكَهُ وَفَهْمَهُ وَلَكِنْ إِذَا أَعْطَيْنَاهَا شَكْلاً

كَمَا فِي قَوْلِنَا "حُبُّ الخَالِق" عِنْدَهَا يَكُوْنُ مِنَ المُمْكِنِ تَعْرِيفُهَا "بِالشَكْلِ". الإِنْخِرَاطُ بِهِ مَا يُدْعَى "إِكْتِسَابُ الشَكْلُ".

هَذِهِ الخُلاصَةُ هِيَ نَتِيجَةُ بَحْثٍ عِلْمِي صَلْبٍ وَبِمَا أَنَّ جَوْهَرَ الحُبُّ نَفْسَهُ يَبْقَى فِي إِحْرَازِنَا كَجَوْهَرِ النُوْرِ أَيْ أَنَّهُ شَيْءٌ مُجَرَّدٌ لِلمَنْطِقِ وَالإِدْرَاكِ الإِنْسَانِي أَيْ عِبَارَةً عَنْ مَفْهُوم فَقَطْ. وَلَكِنْ فِي حَالِ تَلَقَيْنَا هَدِيَّةً كَرَمْزٍ عَنِ المَحبَّةِ، تَأْخُذُ المَحَبَّةُ طَابِعاً أَكْثَرَ أَهْمِيَّةٍ لأَنَّهَا تُقَيَّمُ لَيْسَ بِقِيمَةِ الهَدِيَّةِ بَلْ أَنَّهَا تُحتِمُ وَتُحدِدُ عَظَمَةَ المُعْطِي نَفْسُهُ. فَإِنَّ المَحَبَّةَ وَالتَقْدِيرَ هُمَا الَذَيْنِ يُعْطِيَانِ هَذَا المَوْقِفُ مَعنَى الأَهَمِيَّةِ المُطْلَقَةِ، إِذْ يُصْبِحُ شُعُوْرُ المَحبَّةِ أَمْراً مُجرداً تَمَاماً عَنْ المَادَةِ لِيَبْقَى إِحْرَازُ المَحبَّةَ شُعُوْراً دَائِماً بَيْنَمَا لا تَتْرُكُ الهَدِيَّةُ أَيَّ أَثَرٍ فِي القَلْبِ. وَهَذَا هُوَ أَهَمُّ جُزْءٍ فِي العِلْمِ الَذِي يُطْلَقُ عَلَيْهِ "الشَكْلُ فِي حِكْمَةِ الكَابَالا".

إِنَّ الحُبَّ مُقَسَّمٌ إِلَى أَرْبَعِ مُسْتَوَيَاتٍ وَالَتِي تَتَمَاثَلُ مَعَ مُسْتَوَيَاتِ شُعُوْرِ الحُبِّ عِنْدَ الإِنْسَانِ. عِنْدَمَا يَتَلَقَّى الشَخْصُ هَدِيَّةً فَهُوَ لا يَشْعُرُ بَعْدُ بِشُعُوْرِ المَحبَّةِ تجاهَ الَذِي وَهَبَهُ هَذِهِ الهَدِيَّةُ وَخَاصَةً إِذَا كَانَ المُعْطِي عَلَى مُسْتَوَى أَعْلَى بِكَثِيرٍ مِنَ الَذِي تَقَبَّلَ الهَدِيَّةَ. لَكِنْ إِذَا أَخَذَ عَدَدُ الهَدَايَا بِإِزْدِيَادٍ بِشَكْلٍ ثَابِتٍ يَشْعُرُ الشَخْصُ أَنَّهُ بِالرَغْمِ مِنْ أَنَّ المُعْطِي صَاحِبُ سُمُوٍ وَعَظَمَةٍ يَسْتَطِيعُ أَنْ يُبَادِلَهُ شُعُوْرَ المَحبَّةِ وَكَأَنَّهُ عَلَى دَرجَةٍ مُتَكَافِئَةٍ مَعَهُ. فَإِنَّ قَانُوْنَ الحُبِّ بَيْنَ شَخْصَيْنِ يَنُصُّ عَلَى وُجُوْبِ تَوَاجُدِ الإِثْنَيْنِ عَلَى نَفْسِ المُسْتَوَى. وَهُنَا بِإِمْكَانِنَا تحْدِيدُ أَرْبَعَ مُسْتَوَيَاتٍ لِلْمَحبَّةِ:

١- تَقْدِيمُ الهَدِيَّةَ يُدْعَى عَالَمُ عاسِيًا.

٢- تَقْدِيمُ الهَدَايَا بِشَكْلٍ مُتَكَرِرٍ يُدْعَى بِعَالَمِ يِتْسِيرَا.

٣- إِظْهَارُ جَوْهَرُ المَحبَّةِ يُدْعَى بِعَالَمِ بِرِيًّا. فِي هَذِهِ المَرْحَلَةِ تَبْدَأُ دِرَاسَةَ "الشَكْلِ" فِي عِلْم حِكْمَةِ الكَابَالا لأَنَّهُ فِي هَذِهِ المَرْحَلَةِ تَمَّ الفَصْلُ بَيْنَ المَحبَّةِ وَالهَدِيَّةِ. فَإِنَّ النُورَ يَتْرُكُ عَالَمَ يتسيرَا أَيْ أَنَّ الحُبَّ يَبْقَى وَحْدَهُ وَمِنْ دُوْنِ النُوْرِ أَيْ مِنْ دُوْنِ الهَدِيَّةِ.

٤- بَعْدَمَا يَصِلُ الحُبُّ إِلَى المَرْحَلَةِ النِهَائِيَّةِ وَإِنْفِصَالِهِ عَنْ المَادَةِ يَسْتَطِيعُ الإِنْسَانُ الإِرْتِقَاءَ "إِحْرَازَ" مِنْ مُسْتَوَى الظُلْمَةِ "العَالَمُ المَادِيُّ" إِلَى مُسْتَوَى عَالَمِ أَتْسِيلُوْتْ المَكَانُ الَذِي فِيْهِ تَعُوْدُ المَادَةُ لِتَرْتَدِي الشَكْلَ بِمَعْنَى أَنَّهُ لا يَعُوْدُ هُنَاكَ فَرْقٌ بَيْنَ النُوْرِ وَبَيْنَ شُعُوْرِ المَحبَّةِ إِذْ أَنَّ الإِنْسَانَ يَشْعُرُ بِهِمَا وَكَأَنَّهُمَا شُعُوْراً وَاحِداً.

نَحْنُ نَعِي بِأَنَّ الرُوْحِيَّةَ هِيَ عِبَارَةً عَنْ قُوَى مُنْفَصِلَةً عَنِ الجَسَدِ وَلَيْسَ لَهَا أَيُّ صُوْرَةٍ مَادِيَّةٍ أَوْ حِسِيَّةٍ، فَهِيَ مِيْزَةٌ خَاصَةٌ وَلَيس لَهَا أَيُّ عَلاقَةٍ أَوْ نَوْعٍ مِنَ الإِتِصَالِ بِالعَالَمِ المَادِيِّ أَيْ عَالَمِنَا هَذَا. فَإِذَا كَانَ هَذَا صَحِيحاً، كَيْفَ يَكُوْنُ مِنَ المُمْكِنِ لِلْرُوْحِيِّ إِبْدَاءَ المَادِيِّ وَبَعْثُ الحَيَاةَ فِيْهِ؟

تُعْتَبَرُ القُوَّةَ فِي حَدِّ ذَاتِهَا مَادَةٌ حَقِيقِيَّةٌ كَأَيِّ مَادَةٍ مَحْسُوْسَةٍ فِي عَالَمِنَا. وَفِي عَدَمِ وُجُوْدِ صُوْرَةً حِسِيَّةً لِهَذِهِ المَادَةُ حَتَى يَسْتَطِيعَ الإِنْسَانُ إِدْرَاكَهَا مِنْ خِلالِ حَوَاسِهِ الخَمْسَةَ لا يُضْعِفُ أَوْ يُقَلِّلُ مِنْ قِيمَتِهَا. فَإِذَا أَخَذْنَا الأُوْكْسِجِيْنَ عَلَى سَبِيلِ المِثَالِ وَالَذِي هُوَ أَحَدُ أَهَمِّ العَنَاصِرِ الكِيمِيَائِيَّةِ بِمَا أَنَّهُ يُوْجَدُ فِي الكَوْنِ كُلَّهُ إِذْ أَنَّ الأُوْكْسِجِيْنَ ثُنَائِيُ الذرةِ يُشَكِلُ ٢٠,٨٪ مِنَ العَنَاصِرِ المَوْجُوْدَةِ فِي الهَوَاءِ. فِي ظُرُوْفِ الحَرَارَةِ وَالضُغُوْطِ القِيَاسِيَّةِ يَتَوَاجَدُ الأُوْكْسِجِيْنُ فِي الحَالَةِ الغَازِيَّةِ. فَإِذَا أَخَذْنَا زُجَاجَةً مِنَ الأُوْكْسِجِيْنِ النَقِيِّ، فَفِي النَظَرِ إِلَى الزُجَاجَةِ تَبْدُوُ وَكَأَنَّهَا فَارِغَةً إِذْ أَنَّ الأُوْكسجِيْنَ فِي حَالَتِهِ الغَازِيَّةِ لا يُمْكِنُ

رُؤْيَتَهُ أَوْ شَمَّهُ أَوْ تَذَوُّقَهُ أَوْ جَسَّهُ، وَهَكَذَا الأَمْرُ أَيْضاً بِالنِسْبَةِ لِلهَيْدُرُوجِينِ وَالَذِي هُوَ غَازٌ عَدِيمُ اللَوْنِ وَالرَائِحَةِ وَيُعَدُّ أَخَفَّ العَنَاصِرِ الكِيمِيَائِيَّةِ وَأَكْثَرَهَا وَفْرَةً فِي الكَوْنِ حَيْثُ يُشَكِلُ ٧٥٪ مِن حَجْمِ الكَوْنِ، وَلَكِنْ فِي حَالِ دَمْجِ هَاتَيْنِ المَادَتَيْنِ فَإِنَّ فِي تَفَاعُلِهِمَا مَعاً تَنْشَأُ الرَابِطَةُ الهَيْدُرُوجِينِيَّةُ فِي المَاءِ السَائِلِ وَالثَلْجِ، نَتِيجَةً لِقِوَى التَجَاذُبِ الكَهْرَبَائِيِّ بَيْنَ ذَرَّةِ الهَيْدُرُوجِينِ فِي جُزَيءٍ وَذَرَّةَ الأُكْسِجِينِ فِي جُزَيءٍ آخَرَ مُجَاوِرٍ. وَيَكُونُ لِذَرَّةِ الهَيْدُرُوجِينِ القُدْرَةَ عَلَى تَمَرْكُزِ نَفْسَهَا بَيْنَ ذَرَّتَيْ أُوكْسِجِينٍ تَرْتَبِطُ بِأَحَدِاهَا بِوَاسِطَةِ رَابِطَةٍ تَسَاهُمِيَّةٍ قُطْبِيَّةٍ وَبِالأُخْرَى بِوَاسِطَةِ رَابِطَةٍ هَيْدُرُوجِينِيَّةٍ. تُوجَدُ هَذِهِ الرَابِطَةُ فِي المُرَكَبَاتِ التِي تَحْتَوِي جُزَيئَاتَهَا عَلَى ذَرَّةِ هَيْدُرُوجِينٍ مُرْتَبِطَةٍ بِرَابِطَةٍ تَسَاهُمِيَّةٍ مَعَ ذَرَّةٍ أُخْرَى ذَاتَ سَالِبِيَّةٍ كَهْرَبَائِيَّةٍ عَالِيَةٍ، وَالمَاءُ هُوَ مِثَالٌ لِهَذِهِ المُرَكَبَاتِ.

فَالمَاءُ مُرَكَّبٌ كِيمِيَائِيٌّ مُكَوَّنٌ مِنْ ذَرَتَيِّ هَيدُرُوجِينْ وَذَرَّةٍ مِنَ الأُوكْسِجِينِ. يَنْتَشِرُ المَاءُ عَلَى الأَرْضِ بِحَالاتِهِ المُخْتَلِفَةِ السَائِلَةُ وَالصَلْبَةُ وَالغَازِيَّةُ. وَفِي الحَالَةِ السَائِلَةِ يَكُونُ شَفَّافاً وَبِلا لَوْنٌ وَلا طَعْمٌ أَوْ رَائِحَةٌ. وَفِي الحَالَةِ الصَلْبَةِ يَكُونُ فِيهَا المَاءُ عَلَى شَكْلِ جَلِيدٍ أَوْ ثَلْجٍ عِنْدَمَا تَكُونُ دَرَجَةُ حَرَارَةَ المَاءِ أَقَلَّ مِنْ الصِفْرِ المِئَوِيِّ. وَأَمَا فِي الحَالَةِ الغَازِيَّةِ يَكُونُ فِيهَا المَاءُ عَلَى شَكْلِ بُخَارٍ عَنْ طَرِيقِ الغَلَيَانِ. كَذَلِكَ الحَالُ بِالنِسْبَةِ إِلَى القُوَّاتِ التِي تَعْمَلُ فِي الطَبِيْعَةِ. فَبِمَا أَنَّهَا غَيْرُ مَرْئِيَّةٍ بِالنِسْبَةِ لَدَيْنَا يَكُونُ مِنَ المُسْتَحِيْلِ إِدْرَاكَهَا مِنْ خِلالِ حَوَاسِنَا الخَمْسَةِ. وَلَكِنْ مِنْ نَاحِيَةٍ أُخْرَى نَرَى الوَاقِعَ فِي كَيْفِيَّةِ تَحَوُّلِ مَادَةٍ وَاحِدَةٍ إِلَى عِدَّةِ أَشْكَالٍ عَلَى شَكْلٍ وَاقِعٍ مَلْمُوسٍ، لِذَلِكَ نَرَى بِأَنَّ مُعْظَمَ الصُوَرِ المَأْلُوفَةِ وَالمَطْبُوعَةِ فِي إِدْرَاكِنَا لا يُمْكِنَهَا التَوَاجُدَ بِشَكْلٍ ثَابِتٍ وَمُسْتَمِرٍ بِسَبَبِ خَوَاصِهَا المُمَيَّزَةِ وَالإِسْتِثْنَائِيَّةِ وَبِمَا أَنَّهَا مُسْتَمَدَّةٌ أَوْ نَاتِجَةٌ عَنْ إِدْرَاكِ الإِنْسَانِ

الحِسيِّ مِنْ خِلالِ حَواسِهِ الخَمْسَةِ فِي نِظَامِ الأَنَا فِيهِ. فإِنَّ جَوْهَرَ المَادَةِ يَكْمُنُ فِي "القِوَى" المُتَوَاجِدَةُ فِيها وَإِنَّ تَعْرِيفَنا لِقُوَّةٍ ما بِنُكْرَانِ إِرْتِبَاطِهَا بِمادَةٍ مُعيَّنَةٍ لَيْسَ إِلاَّ عِبَارَةً عَنْ شَيْءٍ شَاذٍ وَبَعِيدُ الإِحْتِمَالِ. فَإِلَى أَنْ يَتَطَوَّرَ العِلْمُ حَتى يَأْخُذَ شَكْلَهُ الكَامِلُ وَالمِثَالِيُّ يَجِبُ عَلَيْنَا أَنْ نَعْتَمِدَ عَلَى مَا هُوَ ذُوْ وَاقِعٍ صَلْبٍ وَمَلْمُوسٍ فَقَطْ.

بِمَا أَنَّ حِكْمَةَ الكَابَالا هِيَ عِلْمٌ حَقِيقِيٌّ يَسْعَى وَرَاءَ الإِحْرَازِ الوَاقِعِيِّ لِلكَوْنِ لا يُوجَدُ فِيهِ مَكَانٌ لأَيِّ سُؤَالٍ يَدْحَضُ الوَاقِعَ الحَقِيقِيَّ وَيُلْغِيهِ. فَإِنَّ الكَوْنَ مُؤَلَّفٌ مِنَ الإِنَاءِ "الرَغْبَةِ" وَمِنَ النُورِ "المَلَذَّةِ" وَإِنَّ الفَرْقَ بَيْنَهُمَا يَظْهَرُ فِي الخَلِيقَةِ الأُوْلَى فِي إِنْفِصَالِهَا عَنْ القُوَى العُلْيَا. وَكَمَا ذَكَرْنَا فِي البَحْثِ فِي مَرَاحِلِ النُوْرِ الأَرْبَعِ فَإِنَّ الخَلِيقَةَ الأُوْلَى "المَرْحَلَةُ الأُوْلَى" هِيَ الأَكْثَرَ طَهَارَةً إِذْ أَنَّهَا كَانَتْ مُمْتَلِئَةً مِنَ النُورِ إِلَى التَمَامِ وَالكَمَالِ إِذْ أَنَّهَا كَانَتْ تَتَلَقَّى المَسَرَّاتِ وَالمَلَذَّاتَ مِنْ جَوْهَرِ القِوَى العُلْيَا وَالتِي رَغْبَتَهَا هِيَ فِي أَنْ تَمْلاءَ الإِنَاءَ بِالإِكْتِفَاءِ التَامِ.

يُمْكِنُ تَقْدِيرُ حَجْمَ المَسَرَّةِ أَوْ المَلَذَةِ حَسْبَ قَدْرِ الرَغْبَةِ فِي تَلَقِّيهَا. فَكُلَّمَا ازْدَادَتْ قُوَةُ الرَغْبَةِ فِي التِلَقِّي كُلَّمَا إِزْدَادَ الشُعُوْرُ بِلَذَّةِ المَسَرَّةِ التِي تَتَلَقَّاهَا. لِذَلِكَ إِنَّ الخَلِيْقَةَ الأُوْلَى "الإِرَادَةُ فِي التَقَبُّلِ" مُنْقَسِمَةٌ إِلَى فِئَتَيْنِ:

١- جَوْهَرُ المُتَلَقِّي: الرَغْبَةُ فِي التَلَقِّي أَوْ جَسَدُ الخَلِيْقَةِ، وَالتِي هِيَ الإِنَاءُ لِتَلَقِّي المَسَرَّاتِ.

٢- جَوْهَرُ المَلَذَّةِ نَفْسَهَا: أَيْ نُوْرُ الخَالِقِ الذِي يَفِيضُ بِإِسْتِمْرَارٍ نَحْوَ خَلِيقَتِهِ.

وَهَكَذَا فَإِنَّ كُلَّ جُزْءٍ مِنْ أَجْزَاءِ الكَوْنِ يَتَكَوَّنُ مِنْ خَاصِيتِينِ مُتَدَاخِلَتَيْنِ لأَنَّ

"الإِرَادَةَ فِي التَقَبُّلِ" هِيَ أَسَاسُ الخَلِيقَةِ وَهِيَ سِمَةٌ لا تَتَوَاجَدُ فِي القِوَى العُلْيَا وَلِذَلِكَ دُعِيَتْ بالخَلِيْقَةِ.

أَمَا بِالنِسْبَةِ عَنْ كَيْفِيَّةِ إِبْدَاءِ الرُوحِيِّ لِمَا هُوَ مَادِيٌّ وَبَعَثُ الحَيَاةَ فِيهِ يَبْدُو أَنَّهُ أَمْرٌ صَعْبُ الإِدْرَاكِ إِذَا اعْتَبَرْنَا أَنَّهُ لا يُوجَدُ هُنَاكَ عَلاقَةٌ بَيْنَ الرُوحِيِّ وَالمَادِيِّ. وَلَكِنَّ واسْتِنَاداً عَلَى بُحُوثِ وَتَجَارُبِ عُلَمَاءِ الكَابَالا المَوْثُقَّةِ بِبرَاهِينِ قَائِمَةٍ عَلَى قَوَانِينِ الطَبِيعَةِ العِلْمِيَّةِ وَالفِيزْيَائِيَّةِ وَالذِينَ اكْتَشَفُوا بِأَنَّ هُنَاكَ تَشَابُهٍ وَتَمَاثُلٍ بَيْنَ كُلِّ مَيْزَةٍ رُوحِيَّةٍ وَمَثِيلَتُهَا فِي العَالَمِ المَادِيِّ وَمِنْ هُنَا نَجِدُ بِأَنَّ الفَرْقَ يَكْمُنُ فِي المَادَةِ فَقَطْ أَكَانَتْ رُوحِيَّةً أَمْ مَادِيَّةً، إِذْ أَنَّ جَمِيعَ السِمَاتِ الرُوحِيَّةِ تَعْمَلُ مِنْ خِلالِ المَادَةِ فِي العَالَمِ المَادِيِّ.

هُنَاكَ ثَلاث مَفَاهِيمٍ خَاطِئَةٍ فِي مُحَاوَلَةِ فَهْمِ مَاهِيَةِ الرُوحِيِّ وَالمَادِيِّ:

١- إِنَّ قُوَةَ الفِكْرُ الإِنْسَانِيُ هُوَ جَوْهَرُ الإِنْسَانِ أَيْ نَفْسَهُ الخَالِدَةَ.

٢- إِنَّ الجَسَدَ البَشَرِيَّ عِبَارَةً عَنْ إِمْتِدَادِ النَفْسِ وَنَتِيجَتَهَا.

٣- الجَوْهَرُ أَوْ المَادَةُ الرُوحِيَّةُ ذُو تَرْكِيبَةٍ بَسِيطَةٍ وَغَيْرَ مُعَقدَةٍ.

إِنَّ هَذِهِ الإِفْتِرَاضَاتِ الخَاطِئَةِ أَثْبَتَتْ عَدَمُ صِحَتِهَا مِنْ قِبَلِ عِلْمِ النَفْسِ المَادِيِّ وَمُنْذُ ذَلِكَ الحِينِ أَثْبَتَتْ بِأَنَّ كُلَ مَنْ يَبْتَغِي إِحْرَازَ العَالَمِ الرُوحِيِّ يَسْتَطِيعُ ذَلِكَ عَنْ طَرِيقِ عِلْمِ حِكْمَةِ الكَابَالا.

إِخْتَبِرْ مَعْلُومَاتَكَ.

س١ : مَا هِيَ دَرَجَاتُ أَوْ مُسْتَوَيَاتُ الرَغْبَةِ الَتِي يَتَأَلَّفُ الإِنْسَانُ مِنْهَا؟

س٢ : مَا هِيَ دَرَجَةُ المُتَكَلِّمِ؟ وَلِمَا مِنَ الضَرُورِيِّ عَلَى الإِنْسَانِ تَنْمِيَتَهَا؟

س٣ : مَا الأُمُورُ الَتِي يُعَالِجُهَا عِلْمُ الكَابَالا؟

س٤ : مَا هُوَ المَبْدَأُ الأَسَاسِيُّ فِي عِلْمِ حِكْمَةِ الكَابَالا بِالنِسْبَةِ لِقَانُونِ الإِحْرَازِ؟

س٥ : مَا هِيَ دَرَجَاتُ المَحَبَّةِ الأَرْبَعِ؟

س٦ : مَا هُمَا فِئَتَا الإِرَادَةَ فِي التَقَبُّلِ؟

غِذَاءٌ لِلفِكْر

لَقَدْ وَرَدَ فِي مَقَالٍ فِي صَحِيفَةِ الأُمَةِ لِعَالِمِ الكَابَالا الشَهِيرِ صَاحِبُ السُلَّم وَالَذِي نُشِرَ فِيهِ مَوَاضِيعاً مُخْتَلِفَةَ العَنَاوِينِ قَائِلاً: "إِنَّ الأَمَلَ الوَحِيدَ لَدَيْنَا فِي مُسْتَقْبَلٍ زَاهِرٍ يَكْمُنُ فِي تَأْسِيسِ أُسلُوبٍ جَدِيدٍ لِلتَعْلِيمِ التَرْبَوِيِّ لَنَا وَلأَوْلادِنَا لإِكْتِشَافِ وَإِيقَادِ الأَمَلِ وَالرَغْبَةِ فِي التَجْدِيدِ وَالإِبْدَاعِ التِي وُجِدَتْ فِينَا فِي المَاضِي وَإِعَادَةَ شُعْلَةِ هَذَا الأَمَلِ فِي خَلْقِ عَالَمٍ جَدِيدٍ نَجِدُ فِيْهِ السَعَادَةَ وَالإِكْتِفَاءَ".

قَبْلَ الشُرُوعِ فِي أَيِّ عَمَلٍ نَجِدُ أَنَّهُ مِنَ المُتَوَجِّبِ فِي البَدَايَةِ وَضْعُ الخُطَةُ المَدْرُوسَةُ بِحِكْمَةٍ وَالخَاضِعَةُ لِلْقَوَانِينِ العِلْمِيَّةِ الثَابِتَةِ وَالمُبَرْهَنَةِ وَمِنْ ثَمَّ بِنَاءُ أَسَاسٌ رَاسِخٌ وَسَلِيمٌ وَبِطَرِيقَةٍ صَحِيحَةٍ قَادِرَةٍ عَلَى تَحَمُّلِ هَيْكَلِ وَعِبْءِ هَذَا المَشْرُوعِ.

أَوَلاً وَقَبْلَ كُلِّ شَيْءٍ نَحْنُ بِحَاجَةٍ لِلْتَعْلِيمِ القَوِيِّ وَالرَاسِخِ فِي فَعَالِيَتِهِ كَمَا قَوَانِينُ الطَبِيْعَةِ فِي كِيَانِهَا وَنَتَائِجِ عَمَلِهَا. مُنْذُ بِدَايَةِ هَذَا القَرْنِ نَحْنُ نَعِيْ التَطُوُرَ الشَامِلَ الَذِي إِجْتَاحَ العَالَمَ بِأَكْمَلِهِ عَلَى كَافَةِ مُسْتَوَيَاتِ المُجْتَمَعِ المُتَطَوِرِ وَلَكِنْ نَجِدُ بِأَنَّ نِظَامَ التَرْبِيَةِ وَالتَعْلِيمِ هُوَ المَجَالُ الوَحِيدُ الَذِي مَا يَزَالُ سَائِرَاً عَلَى أَسَاسِهِ القَدِيمِ فِي مُعَامَلَةِ الإِنْسَانِ وَتَقْيِمِهِ وَكَأَنَّهُ آلَةً مُبَرْمَجَةً وَلَيْسَ حَسْبَ قُدُرَاتِهِ الذِهْنِيَةِ وَمَوَاهِبِهِ التِي مَنَحَهَا إِيَّاهُ الخَالِقِ لِيَكُوْنَ عُنْصُرَاً فَعَّالاً فِي المُجْتَمَعِ الإِنْسَانِيِّ. إِنَّ الأَحْدَاثَ التِي تَجْتَاحُ العَالَمَ اليَوْمَ تَحْصُلُ بِسَبَبِ تَدَهْوُرِ العَلاقَاتِ الإِنْسَانِيَّةِ وَقَمْعِ قُدُرَاتِ الشَخْصِ الطَبِيْعِيَّةِ فِيهِ، وَفِي حَلِّ هَذِهِ الظَاهِرَةِ تَكْمُنُ حُلُولُ الأَزْمَةَ العَالَمِيَّةَ التِي يُعَانِي مِنْهَا العَالَمُ اليَوْمُ وَعَلَى جَمِيعِ أَصْعِدَةِ الحَيَاةِ.

مِنْ صَاحِبِ السُلَّم

لِمَنْ وُجِدَتْ هَذِهِ الحِكْمَةِ

مُخْطِئِينَ، نَرَى الكَثِيرَ مِنَ النَاسِ يَنْسُبُونَ عِلْمَ حِكْمَةِ الكَابَالا إِلَى الدِيَانَةِ اليَهُودِيَّةِ. الحَقِيقَةُ إِنَّ حِكْمَةَ الكَابَالا وَالدِينَ يَخْتَلِفَانِ بِشَكْلٍ أَسَاسِيٍّ وَمِنْ نَاحِيَةِ الجوهَرِ بِشَكْلٍ تَام. فَإِنَّ هَدَفَ الدِينِ هُوَ فِي تَهْدِئَةِ النَاسِ وَتَغْذِيَةِ الأَمَلِ عِنْدَهُم أَنَّهُم إِذْ وَاظَبُوا عَلَى الصَلاةِ يَسْتَجِيبُ الخَالِقُ لَهُم وَيُغَيرُ سُلُوكَهُ تجاهَهُم مِنْ دُوْنِ أَنْ يُغَيرَ الإِنسَانُ طَبِيعَتَهُ الأَنَانِيَّةُ. وَلَكِنْ عِلْمُ حِكْمَةِ الكَابَالا يَأْخُذْ نَهجاً آخراً وَمُخْتَلِفاً تَمَاماً؛ فَكَلِمَةُ صَلاة فِي الكَابَالا تَعْنِي "قَضَى أَو أَصْدَرَ حُكْماً". فِي عِبَارَةٍ أُخْرَى أَنَّ الإِنسَانَ يَقْضِي عَلَى نَفْسِهِ فِي تَفَحُصِهِ لِلفَرقِ بَينَ سِمَاتِهِ وَسِمَاتِ الخَالِقِ طَالِباً مِنْهُ القُوَّةَ لِتَصْحِيحِ سِمَاتِهِ. فَحِكْمَةُ الكَابَالا تَشْرَحُ مُشِيرَةً إِلَى أَنَّ الخَالِقَ لا يَتَغَيَّرُ فِي سِمَاتِهِ وَصِفَاتِهِ إِذْ أَنَّهُ عَظِيمٌ فِي جُودِهِ تجاهَ خَلِيْقَتِهِ وَكَمَا يُشْرِقُ شَمْسَهُ عَلَى الصَالِحِ وَالطَالِحِ يُغْدِقُ الخَيْرَ عَلَى الجَمِيعِ، فَإِنَّ سُلُوكَهُ تجاهَ خَلِيْقَتِهِ يُوصَفُ "بِأَنَّهُ الجَيْدُ وَيُعْطِي الخَيْرَ لِلجَمِيعِ".

كُلُّ إِنْسَانٍ يَشْعُرُ بِالضَغْطِ المُتَواصِلِ لِلقُوَى العُلْيَا "الخَالِقُ" عَلَيْهِ بِحَسْبِ الفَارِقِ فِي السِمَاتِ بَيْنَهُمَا، فَكُلَمَا إِبْتَعَدَ الإِنْسَانُ عَنْ الخَالِقِ كُلَمَا إِزْدَادَ الضَغْطُ عَلَيْهِ وَعِنْدَ إِقْتِرَابِهِ يِتَهَاوَنُ الضَغْطُ عَلَيْهِ وَيَقِلُّ. بِالرَغْمِ مِنْ أَنَّ الخَالِقَ "القُوَى العُلْيَا" يَسْتَخْدِمُ أَسَالِيباً مُتَنوعَةً لِتَقْرِيبِنَا مِنْهُ، يَبْقَى هَدَفَهُ دَائِماً وَاحِداً فِي جَلْبِنَا إِلَى دَرَجَةِ الكَمَالِ وَالتِي يجِدُ فِيهَا الإِنسَانُ السَعَادَةَ وَالرَاحَةَ وَالإِكْتِفَاءَ التَام. فَإِذَا أَرَادَ الإِنسَانُ تَغْيِيرَ حَيَاتَهُ إِلَى الأَفْضَلِ فَهُوَ الذِي يَتَوَجَّبُ عَلَيْهِ أَنْ يُغَيِّرَ نَفْسَهُ.

فَبالرَغْمِ مِنْ أَنَّ البَشَرِيَّةَ وَعبْرَ التَارِيخِ كَانَتْ وَمَا زَالَتْ تَترَجَّى الخَالِقَ فِي أَنْ يَتغَيَّرَ وَيُغَيِّرَ مَجْرَى الحَيَاةِ وَقَوانِينَ الطَبِيعَةِ لِيَجْعَلَ الإِنسَانَ سَعِيدَاً وَلَكِن وَحتى الآنَ لَمْ نَشْهَدْ أَيَّ تَغْيِيرٍ، بَلْ عَلَى العَكْسِ، إِنَّ الخَالِقَ يَنْتَظِرُ التَغْيِيرَ مِنَا، وَلَطَالَمَا لا نَتبَعُ أُسْلُوبَ الحِكْمَةِ هَذِهِ فِي تَصْحِيحِ أَنْفُسِنا فَسَيَبْقَى طَرِيقَنا مَلِيئٌ بِالأَلَمِ وَالمُعَانَاةِ، وَسَتَبْقَى المَصَائِبُ وَالكَوارِثُ تَدْفَعُ بِنَا مِنَ الخَلفِ لِتَصِلَ بِنَا إِلَى مَكَانٍ يَبْدُو أَنَّهُ أَفْضَلَ مِمَا كُنَّا عَلَيْهِ وَلَكِنْ سَرِيعَاً مَا نَعِي بِأَنَّنَا فِي حَالٍ أَسْوَاءَ مِنْ ذِي قَبْلٍ لِذَلِكَ نَقُومُ بِتَغْيِرٍ مَا وَلَكِنَّ الأَحْدَاتَ تَتكَرَّرُ وَالتَارِيخُ يُعِيدُ نَفْسَهُ وَالإِنْسَانُ دَاخِلَ هَذِهِ الدَائِرَةِ المُغْلَقَةِ. وَلَكِنْ فِي إِسْتِخْدَامِنَا لأُسْلُوبِ الكَابَالا فَإِنَّ سِمَاتَنَا المُصَحَّحَةِ فِي المَرْحَلَةِ التِي نُوجَدُ فِيهَا تَحْمِلُ فِيهَا مِنْ نُورِ الخَالِقِ وَالذِي يَشِعُّ لِيُنِيرَ لَنَا المَرحَلَةَ القَادِمَةَ لِنَسْلُكَ فِيهَا وَلاَ نَتخَبَطُ كَالأَعْمَى فِي الطَرِيقِ. فَإِذَا عَلِمْنَا الهَدَفَ الصَحِيحَ أَمَامَنَا فَإِنَنَا نَسْعَى تِجَاهَهُ وَبِسُرُورٍ. وَهَذَا هُوَ الفَرْقُ بَيْنَ تَطَوُّرِ الإِنْسَانِيَّةِ المَأْلُوفِ وَبَيْنَ تَطَوُرِهَا بِحَسْبِ حِكْمَةِ الكَابَالا.

فِي يَومِنَا هَذَا نَرَى كَيْفَ أَنَّ العَالَمَ يَسِيرُ نَحْوَ الأَمَامِ مِنْ دُونِ وَعْيٍّ وَحَدْسٍ وَفِي عَدمِ تَفَهُّمٍ لأَسْبَابِ وُجُودِهِ. وَبِنَاءً عَلَى كُلِ مَا يَحْدُثُ فِي العَالَمِ نَرَى أَنَّ البَشَرِيَّةَ لاَ تَعِي مَسِيرَتَهَا وَإِلَى أَيْنَ تُقَادُ وَلا تُدْرِكُ السَبَبَ وَرَاءَ حَيَاةِ كُلِ شَخْصٍ لِمَاذَا يُوْلَدُ فِي هَذَا العَالَمِ وَيَعِيشُ فِيهِ وَمِنْ ثَمَّ يَمُوتْ. عِلْمُ حِكْمَةِ الكَابَالا يَفْتَحُ بَصِيرَةَ الإِنسَانِ وَيَقُودَهُ فِي الطَرِيقِ الصَحِيحِ نَحْوَ الكَمَالِ إِذْ أَنَّنا نَجِدُ أَنَّ سُلُوكَ الخَالِقِ وَتَصرُفَاتِهِ تِجَاهَنَا ذَاتَ مَعْنَى وَهَدَفٍ مُعيَّنٍ. فَقَدْ أَصْبَحَ وَاضِحَاً أَنَّ سُؤَالَنَا فِي أَنْ يُغَيرَ الخَالِقُ أُسْلُوبَهُ فِي التَعَامُلِ مَعَنا غَيْرُ مَعْقُوُلٍ وَلا جَدْوَى فِي مُتَابَعَةِ المُحَاوَلَةِ. فَإِذَا بَدَأْنَا فِي التَقَدُمِ فِي الطَرِيقِ الصَحِيحِ فَالنُورُ يُسَانِدُنَا وَبِمُسَاعَدَةِ الخَالِقِ نَتخَطَى فَوقَ المُعَانَاةِ وَبِالتَالِي نَتَقَدَّمُ

بِشَكْلٍ أَسرَعَ نَحْوَ الهَدَفِ، وَهَذَا هُوَ بِعَيْنِهِ الهَدَفُ وَالفَائِدَةُ مِنْ عِلْمِ حِكْمَةِ الكَابَالا. فَاليَومُ نَرَى أَنَّ البَشَرِيَّةَ بِأَكْمَلِهَا تَقِفُ عَلَى حَافَةِ الهَاوِيَةِ، فَاسْتِخْدَامُ المُخَدِرَاتِ فِي تَزَايُدٍ مُسْتَمِرٍ وَسَرِيعٍ وَاليَأْسُ وَالخَوفُ مِنْ دَمَارٍ كَامِلٍ لِلعَالَمِ يُخَيِّمُ كَشَبَحٍ لاَ يَهُزُهُ رِيحٌ وَظَلاَمَهُ لا يَدَعُ أَمَامَ البَشَرِيَّةَ أَيَّ خَيَارٍ إِلاَّ الهَرَبَ مِنَ المُعَانَاةِ وَالَتِي أَلَمَهَا كَالشَوكِ تَنْخَسُ ظُهُورَنَا.

مِنْ جَمِيعِ مَا وَرَدَ نَحْنُ نَرَى الآنَ بِوُضُوحٍ بِأَنَّ سُلُوكَ الخَالِقِ تِجَاهَ خَلِيْقَتِهِ ذُو هَدَفٍ فَائِقُ الأَهَمِيَّةِ وَعَظِيمٌ. فَإِرَادَةُ الخَالِقِ هِيَ فِي أَنْ نَلجَاءَ إِلَيْهِ وَنَسْأَلَ مِنْهُ المُسَاعَدَةَ وَالحِكْمَةَ فِي أَنْ نَجِدَ المَعُونَةَ اللاَزِمَةَ وَالقُوَّةَ لِنَتَقَرَّبَ مِنْهُ فَهَذِهِ صَلاَةٌ يَسْمَعُهَا الخَالِقُ وَيُلَبِيهَا عَلَى الفورِ وَمِنْ دُوْنِ أَيِّ تَبَاطُئٍ إِذْ يَفْتَحُ أَمَامَنَا العَالَمَ الرُوُحِيِّ وَيُعَلِمنَا إِحْرَازِهِ. عِلْمُ حِكْمَةِ الكَابَالا يُغَيِّرُ طَرِيقَةَ سَيْرِنَا فِي هَذِهِ الحَيَاةِ مِنْ طَرِيقِ المُعَانَاةِ إِلَى طَرِيقٍ أَفْضَلٍ، طَرِيقٌ إِيجَابِيٌّ وَمُرِيحٌ لِيُسَهِلَ عَلَيْنَا إِحْرَازَ العَالَمِ الرُوُحِيِّ وَدَرَجَةَ الكَمَالِ لِلعَيْشِ بِرَاحَةٍ وَأَمَانٍ وَسَعَادَةٍ إِذْ أَنَّهُ عَلْمٌ فَرِيدٌ مِنْ نَوْعِهِ فِي تَنْمِيَةِ قُدْرَةِ الإِنْسَانِ عَلَى مَعْرِفَةِ الشَرِ، وَتُنْمِي فِيْهِ الحَدْسَ الحَادَ وَالفِطْنَةَ وَنَفَاذَ البَصِيرَةِ لِمَعْرِفَةِ الخَيرِ وَالشَرِ. فَإِنَّ الصُعُوُبَةَ فِي التَمْيِزِ بَيْنَ الخَيْرِ وَالشَرِ هِيَ بِسَبَبِ الأَنَا "الأَنَانِيَّةُ وَحُبُّ الذَاتِ وَالَتِي هِيَ الشَرُ بِعَيْنِهِ" وَالَتِي تَبْدُوُ لَنَا بِأَنَّهَا جَيْدَةٌ. فَنَحْنُ مُعْتَادِينَ فِي التَعَامُلِ مَعَ الأَنَا فِينَا عَلَى أَنَّهَا أَدَاةٌ نَتَطَوَّرُ مِنْ خِلاَلَهَا فِي الحَيَاةِ وَلَكِنَّ الوَاقِعَ أَنَّ كَافَةَ أَحَاسِيسَنَا وَالشُعُورُ بِالمَلَذَّاتِ وَدَوَافِعُ الحَيَاةِ بَلْ أَنَّ جوهَرَنَا وَكَيَانَنَا الحَقِيقِيِّ نَحْنُ نَشعُرُ بِهِ فِي الأَنَا.

تُسَاعِدُنَا الكَابَالا عَلَى رُؤيَةِ أَسْبَابِ الشَرّ وَإِمْكَانِيَةِ إِصْلاحِهِ وَتَحسِينِهِ وَتَفْتَحُ المَجَالَ أَمَامَنَا لِلْتَقَدُمِ وَالنُمُوِ. إِنَّ الفَرْقَ بَيْنَ إِنسَانٍ وَآخَرٍ فِي طَرِيقِ الكَابَالاَ هُوَ فِي قُدْرَةِ كُلٍ مِنْهُمَا عَلَى التَمْيِزِ بَيْنَ الخَيْرِ وَالشَرّ. دِرَاسَةُ عِلْمُ الكَابَالا

تَجْعَلُ الشَخْصَ ذُوْ حِسٍ بَالِغِ الدِقَّةِ وَمُرْهَفٌ فِي التَمْيزِ بَيْنَ الوَاقِعِ المَادِيِّ وَالوَاقِعِ الرُوحِيِّ، وَبَيْنَ العَطَاءِ وَالتَقَبُّلِ لِلذَاتِ لِيَعِي هَدَفَ الخَلِيقَةِ وَلِيُحرِزَ دَرَجَةَ الكَمَالِ بِوُصُلِهِ إِلَى التَوَازُنِ فِي سِمَاتِهِ مَعَ سِمَاتِ الخَالِقِ مِنْ عَطَاءٍ وَمَحَبَّةٍ مُطْلَقَةٍ لِيَعِيشَ فِي هَذَا العَالَمِ حَيَاةً يَعُمَّهَا الأَمَانُ وَالسَعَادَةُ.

فِي أَيِّ مَجَالٍ يُطْرَحُ فِيْهِ مَوْضُوعُ عِلْمُ حِكْمَةِ الكَابَالا نَجِدُ أَنَّ بَعضَ العِبَارَاتِ الشَائِعَةِ وَالَتِي لَيْسَ لَهَا أَيُّ أَسَاسٍ وَاقِعِيٍّ أو مَنْطِقِيٍّ فِي مَوْضُوعِ العِلْمِ تَتَرَدُ غَالِباً وَبِشَكْلٍ شَائِعٍ وَسَنُشِيرُ إِلى بَعْضٍ مِنْهَا هُنا عَلَى سَبِيلِ المِثَالِ. فَإِنَّنَا نَجِدُ الكَثِيرَ يَتَسَأَلُونَ عَنْمَا إِذَا كَانَ مِنَ المُمْكِنِ إِصَابَةِ الإِنْسَانَ بِالجُنُونِ أَو الصَرَعِ إِذَا دَرَسَ الكَابَالا أَوعَنْ القَولِ الشَائِعِ فِي أَنَّهُ يَكُونُ مِنَ الأَفْضَلِ وَالأَكْثَرِ أَمْناً إِذَا دَرَسَ الإِنسَانُ عِلْمَ الكَابَالا بَعْدَ تَجَاوُزِ سِنِ الأَرْبَعِينَ مِنَ العُمْرِ أَو أَنَّهُ يَجِبُ أَنْ يَكُونَ الرَجُلُ مُتَزَوِّجاً وَمَعَهُ عَلَى الأَقَلِ ثَلاثَةُ أَطْفَالٍ حَتى يَكُونَ مِنَ المَسْمُوحِ لَهُ دِرَاسَةِ الكَابَالا أَو أَنَّهُ مِنَ المُحرَّمِ عَلَى النِسَاءِ دِرَاسَةِ عِلْمِ الكَابَالا وَإِلَى آخِرِهِ مِنْ هَذِهِ الشَائِعَاتِ الَتِي لَيْسَ لَهَا أَيُّ أَسَاسٍ مِنَ الصِحَةِ.

عِلْمُ حِكْمَةِ الكَابَالا عِلْمٌ مَفْتُوحٌ أَمَامَ الجَمِيعِ وَهُوَ فِي مَنَالِ كُلِ مَنْ تَوفَرَتْ لَدَيهِ الرَغْبَةُ الحَقِيقِيَّةُ أَيْ تَصْحِيحُ "الأَنَا" أَيْ "حُبُّ الذَاتِ" لَدَيْهِ واسْتِبْدَالَهَا بِمَحَبَّةِ الآخَرِينَ وَحُبُّ العَطَاءِ وَلإِحْرَازِ العَالَمِ الرُوحِيِّ. إِنَّ الحَاجَةَ لِعِلْمِ الكَابَالا نَابِعَةٌ مِنْ إِلحَاحِ نَفسُ الإِنْسَانِ فِيْهِ وحَثُّهَا لَهُ عَلى تَصْحِيحِ طَبِيعَتِهِ الأَنَانِيَّةِ. فَهَذَا الإِحْسَاسُ يَكُونُ بِمَثَابَةِ المِقْيَاسِ الَذِي يَسْتَطِيْعُ مِنْ خِلالِهِ أَنْ يُحدِدُ إِذَا كَانَ يُوجَدُ لَدَيْهِ بالفِعْلِ الإِسْتِعْدَادِ لِدِرَاسَةِ عِلْمُ الكَابَالا وَلَدَيْهِ الرَغْبَةُ الحَقِيقِيَّةُ فِي تَصْحِيحِ ذَاتِهِ. فَيَجِبُ أَنْ تَكُونَ الرَغْبَةَ فِي تَصْحِيحِ الإِنْسَانِ لِذَاتِهِ صَادِقَةٌ وَمِنْ دُوْنِ أَيِّ ضُغُوطٍ خَارِجِيَّةٍ بِمَا أَنَّ الإِنْسَانَ وَحْدَهُ هُوَ الَذِي بِإِمْكَانِهِ اكْتِشَافُ وَمَعْرِفَةُ رَغْبَتَهُ الحَقِيقِيَّةُ.

أَشَارَ عَالِمُ الكَابَالا الشَهِيرُ الآرِي أَنَّهُ مَعَ بِدَايَةِ هَذَا الجِيْلِ أَيْ جِيْلَنَا نَحْنُ سَيَكُونُ عِلْمُ الكابَالا مَفْتُوحاً أَمَامَ الجَمِيعِ، أَمَامُ الرِجَالِ وَالنِسَاءِ وَالأَطْفَالِ وَكُلُّ مَنْ يُحِبُ المَعْرِفَةَ وَالبَحْثَ فِيْهِ وَسَيَكُوْنُ بِاسْتِطَاعَةِ الجَمِيعِ دِرَاسَةَ الكَابَالا بَلْ أَكَّدَ أَنَّهُ مِنَ المُسْتَوجَبِ عَلَى الجَمِيعِ دِرَاسَة الكَابَالا. وَأَيْضاً عَالِمُ الكَابَالا يَهُودَا أَشْلاغ "صَاحِبُ السُلَّم" والذِي كَانَ أَعْظَمَ عُلَماءِ الكَابَالا فِي عَصْرِهِ قَدْ وَضَعَ لنَا نَظرِيَّةً وَطَرِيقَةً جَدِيْدَةً دَقِيْقَةً وَشَامِلَةً لِدِرَاسَةِ الكَابَالا تَتَماشَى مَعَ مُسْتَوَى الوَعْيِ وَالتَطَوُرِ فِي عَصْرِنَا هَذَا.

فَالإِنْسَانُ يَجِدُ طَرِيقَهُ إِلَى دِرَاسَةِ الكَابَالا عِنْدَمَا لا يَعُوْدُ يَجِدُ أَيَّ نَوعٍ مِنَ السَعَادَةِ وَالإِكتِفَاءِ فِي رَغَبَاتِهِ فِي كُلِ مَا يُوجَدُ فِي العَالَمِ المَادِيِّ وَيَكُوْنُ أَمَلَهُ الوَحِيدُ مِنَ اللُجُوءِ إِلَى دِرَاسَةِ عِلْم الكَابَالا هُوَ فِي أَنْ يَجِدَ أَجْوِبَةً عَلَى التَسَاؤُلاتِ العَدِيدَةِ التِي تُشْغِلُهُ لَعَلَهُ يَحْصَلُ عَلَى تَفْسِيرٍ وَفَهْم مَنْطِقِيٍّ وَوَاضِحٍ لِلأُمُوْرِ وَالأَحْدَاثِ التِي تَقَعُ بِهِ وَكُلُّ مَا يَأْخُذُ مَجْرَاهُ فِي مُحِيْطِهِ وَفِي العَالَمِ الَّذِي يَعِيشُ فِيْهِ. فَهُوَ لَمْ يَعُدْ يَجِدُ مِنَ الحُلوُلِ وَمِنَ الأَجْوِبَةِ فِي هَذَا العَالَمِ المَادِيِّ أَيٍّ لِلأَسْئِلَةِ المُهِمَةِ التِي تَتَعَلَّقُ فِي أُمُوْرِ وُجُوْدِهِ وَكَيَانِهِ فِي هَذَا الكَوْنِ.

الأَسْئِلَةُ التِي تُرَاوِدُ أَيَّ شَخْصٍ فِي هَذَا الحَالِ أَيْ فِي الوَضْعِ الذِي هُوَ عَلَيْهِ مِنْ عَدَمِ الإِكْتِفَاءِ بِالعَيْشِ مِنْ دُوْنِ هَدَفٍ وَفِي فَرَاغٍ لا نِهَايَةَ لَهُ هِيَ أَسْئِلَةٌ عَنْ مَعْنَى الوُجُوْدِ وَالكَوْنِ وَكَيَانُ الإِنْسَانِ فِيْهِ: مَنْ أَنَا؟ لِمَاذَا وُلِدْتُ فِي هَذَا العَالَمِ؟ مِنْ أَيْنَ أَتَيْتُ؟ وَإِلَى أَيْنَ أَنَا ذَاهِبٌ فِي نِهَايَةِ مَطَافِ هَذِهِ الحَيَاةِ؟ لِمَاذَا وُجِدْتُ فِي هَذَا العَالَمِ مِنْ الأَصْلِ وَلِمَاذَا يُوجَدُ الكَثِيرُ مِنَ المُعَانَاةِ والأَلَمِ فِي هَذِهِ الحَيَاةِ؟ هَلْ بِالإِمْكَانِ تَفَادِي هَذِهِ المُعَانَاةِ؟ هَلْ بِإِمْكَانِي الوُصُوْلَ إِلَى السَعَادَةِ الحَقِيقِيَّةِ وَالكَمَالِيَّةِ وَالإِحْسَاسِ بِالأَمْنِ وَالسَلامِ؟ فَالإِنْسَانُ يَشْعُرُ فِي

عَقْلِهِ البَاطِنِيِّ بِأَنَّ الأَجْوِبَةَ عَلَى كُلِ هَذِهِ الأَسْئِلَةِ تُوْجَدُ فَقَطْ فِي مَا وَرَاءَ العَالَمِ المَادِيِّ الَذِي يَعِيشُ فِيْهِ.

الجَوَابُ الوَحِيْدُ لِكُلِ هَذِهِ الأَسْئِلَةِ يُوْجَدُ فِي مَعْرِفَةِ العَالَمِ الرُوُحِيِّ وَالإِحْسَاسِ بِهِ. وَالطَرِيقَةُ الوَحِيْدَةُ لِلوُصُوُلِ إِلَى هَذِهِ المَعْرِفَةِ تَكُوُنُ عَنْ طَرِيقِ دِرَاسَةِ عِلْمُ الكَابَالا. فَمِنْ خِلالِ عِلْمِ الكَابَالا يَسْتَطِيعُ الإِنْسَانُ الدُخُولَ بِكُلِ أَحَاسِيْسِهِ إِلَى العَالَمِ الرُوُحِيِّ، المَكَانُ الوَحِيْدُ الذِي سَيَجِدُ فِيْهِ مَعْنَى لِوُجُوُدِهِ وَكَيَانِهِ فِي هَذَا العَالَمِ وَكَيْفَ يَسْتَطِيعُ أَنْ يَسُوْدَ عَلَى حَيَاتِهِ وَيَجِدُ الهُدُوءَ وَالطُمَأْنِينَةَ وَالسَعَادَةَ وَالكَمَالَ هُنَا فِي حَيَاتِهِ عَلَى الأَرْضِ.

فِي مَقَالِ "المُقَدِّمَةُ فِي دِرَاسَةِ السَفِيرَاتِ العَشرْ" لِصَاحِبِ السُلَّمِ مَكْتُوبٌ: "إِذَا وَضَعْنَا فِي قَلْبِنَا النِيَّةَ فِي مُحَاوَلَةِ الإِجَابَةِ عَلَى سُؤَالٍ وَاحِدٍ فَقَطْ أَنَا مُتَأَكّدٌ بِأَنَّهُ لا يَعُوُدُ يُوْجَدُ أَيُّ مَكَانٍ لِلظَنِ وكُلُّ الشُكُوُكِ تَتَلاشَى مِنَ الأُفُقِ مِن نَاحِيَةِ ضَرُوُرَةِ دِرَاسَةِ الإِنْسَانِ لِعِلْمِ الكَابَالا. السُؤَالُ هُوَ: مَا هُوَ هَدَفُ حَيَاتِي؟"

البَشَرُ دَائِماً يَلْجَؤُنَ إِلَى مُحَاوَلَةِ إِيجَادِ حُلُوُلٍ سَرِيعَةٍ إِذْ يَسْعَوُنَ وَرَاءَ مُمَارَسَةِ السِحْرِ وَالتَأَمُلِ وَأَنوَاعُ الشِفَاءِ وَهُمْ فِي الحَقِيْقَةِ غَيْرُ مُهْتَمِين بِبُنيَةِ العَالَمِ الرُوُحِيِّ وَلا فِي مَعْرِفَةِ قَوَانِينِ إِحْرَازِ العَالَمِ الرُوُحِيِّ. إِنَّ مُسْتَوَى وَنَوْعِيَّةَ إِهْتِمَامِهِم هَذَا يَحُولُ بَيْنَهُم وَبَيْنَ تَحْقِيقِ أَيِّ تَقَدُمٍ وَإِيجَادِ أَيُّ مَنْفَعَةٍ فِي عِلْمِ الكَابَالا بِسَبَبِ عَدَمِ وُجُودِ الرَغْبَةِ الصَادِقَةِ وَالدَافِعِ الصَحِيحِ لِدِرَاسَةِ الكَابَالا.

عِنْدَمَا يَكُوُنُ الوَقْتُ مُنَاسِبٌ فِي حَيَاةِ الإِنْسَانِ أَيْ عِنْدَمَا تَتَوَاجَدُ الحَاجَةُ الحَقِيقِيَّةُ، عِنْدَهَا يَبْدَأُ الشَخْصُ فِي البَحْثِ مُفَتِشاً عَنْ الطَرِيقِ الصَحِيحِ بَاذِلاً

كُلَّ جُهْدِهِ فِي إيجَادِهِ. فَإِنَّ كُلَ شَيءٍ يُسَاعِدُ عَلَى تَأْهِيلِ الإِنْسَانِ وَوُصُولِهِ إِلَى هَذِهِ المَرْحَلَةِ يَعْتَمِدُ عَلَى جُذُورِ نَفْسِ الإِنسَانِ وَعَلَى النُقْطَةِ فِي القَلْبِ. فَالرَغْبَةُ الصَادِقَةُ فِي قَلْبِهِ لِلعَالَمِ الرُوحِيِّ هِيَ الَتِي تَقُودَهُ فِي طَرِيقِ الكَابَالا.

تَفْسِيرُ المُصْطَلَحَاتِ

العَالَمُ المَادِّيُ: هُوَ العَالَمُ الَّذِي نَعِيشُ فِيهِ.

العَالَمُ الرُّوحِيُّ: وَهُوَ مَجْمُوعَةُ العَوَالِمِ الفَاصِلَةِ بَيْنَ المَخْلُوقِ وَالخَالِقِ وَالَّتِي إِنْحَدَرَتْ مِنْهَا النَفْسُ الإِنْسَانِيَّةُ "أَدَمْ" فِي سُقُوطِهِ مِنَ العِنَايَةِ الإِلَهِيَّةِ.

مَعْرِفَةُ العَالَمِ الرُّوحِيِّ: أَيْ إِدْرَاكُ الوَاقِعِ الشَّامِلِ لِلْخَلِيقَةِ بِكَامِلِهِ المَرْئِي وَاللَامَرْئِي مِنْهُ.

القُوَى العُلْيَا: مُصْطَلَحٌ يُنْسَبُ إِلَى الخَالِقِ كَوْنُهُ السُّلْطَةُ المُطْلَقَةُ وَالوَحِيدَةُ فِي الوُجُودِ بِأَكْمَلِهِ.

الرَغْبَةُ: هِيَ الحَاجَةُ الَّتِي تُوْلَدُ فِي الإِنْسَانِ لِمَا يَخُصُّ مَا وَرَاءَ العَالَمِ المَادِّيِّ الَّذِي يَعِيشُ فِيهِ مِنْ دُونِ إِيجَادِ الإِكْتِفَاءِ لِيَشْعُرَ بِالسَّعَادَةِ.

الأَنَانِيَّةُ: هِيَ حُبُّ الذَّاتِ وَالَّتِي هِيَ طَبِيعَةُ الإِنْسَانِ. هِيَ الأَنَا وَالَّتِي هِيَ المَادَّةُ الَّتِي عُمِلَ مِنْهَا الإِنْسَانُ أَيْ الخَلِيقَةُ الوَحِيدَةُ الَّتِي خَلَقَهَا الخَالِقُ.

الشَرُّ: الأَنَانِيَّةُ وَحُبُّ الذَّاتِ.

قَوَانِينُ الطَبِيعَةِ: هِيَ القَوَانِينُ الفِيزِيَائِيَّةُ الَّتِي يَخْضَعُ لَهَا الكَوْنُ وَتَسِيرُ بِهَا الطَبِيعَةُ بِإِنْسِجَامٍ كَامِلٍ.

دَرَجَةُ الكَمَالِ: هِيَ المَرْحَلَةُ الَّتِي يَصِلُ إِلَيْهَا الإِنْسَانُ فِي التَمَاثُلِ فِي سِمَاتِهِ مَعَ تِلْكَ الَّتِي يَتَحَلَّى بِهَا الخَالِقُ مِنْ مَحَبَّةٍ وَعَطَاءٍ مُطْلَقٍ، عِنْدَهَا يَسْتَطِيعُ العَيْشَ بِسَعَادَةٍ وَاكْتِفَاءٍ دَائِمٍ.

إِخْتَبِرْ مَعْلُومَاتَكَ

س١ : مَا هُوَ هَدَفُ الخَلِيقَةُ؟

س٢ : مَا هُوَ هَدَفُ الخَالِقُ تِجَاهَ خَلِيقَتِهِ؟

س٣ : كَيْفَ يُسَاعِدُ عِلْمُ الكَابَالا الإِنْسَانُ عَلَى مَعْرِفَةِ الخَيْرِ وَالشَرِّ وَعَلَى التَمْيِزِ بَيْنَهُمَا؟

س٤ : مَا هُوَ العَامِلُ الأَسَاسِيُّ الَذِي يُؤَهِلُ الإِنْسَانَ لِدِرَاسَةِ عِلْمِ حِكْمَةِ الكَابَالا؟

س٥ : هَلْ بِإِسْتِطَاعَةِ كُلَّ شَخْصٍ البَحْثَ فِي عِلْمِ الكَابَالا أَوْ أَنَّهُ مَحْصُورٌ فِي فِئَةٍ مَحْدُوْدَةٍ وَهَلْ يَتَطَلَّبُ مُؤَهِلاَتٍ مُعَيَّنَةٍ مِنَ الإِنْسَانِ الَذِي يَرْغَبُ فِي الدِرَاسَةَ

غِذَاءٌ لِلفِكْرِ

"إِنَّهُ فَوقَ القُدْرَةِ البَشَرِيَّةِ لِلإِدْرَاكِ مُحَاوِلَةَ فَهْمِ جَوْهَرُ الصِفَاتِ الرُوحِيَّةِ فِي حَدِ ذَاتِهَا كَالحُبِّ وَالعَطَاءِ بِشَكْلٍ مُطْلَقٍ. حَتَى إِنَّ وُجُودَ إِحْسَاسٍ وَشُعُورٍ كَهَذَا هُوَ فَوْقَ قُدْرَةِ الفَهْمِ لَدَيْنَا، فَيَبْدُو أَنَّنَا نَحْتَاجُ إِلَى حَافِزٍ وَمُحَرِكٍ لِنَقُومَ بِأَيِّ فِعْلٍ مِنْ دُوْنِ أَيِّ مَنْفَعَةٍ شَخْصِيَّةٍ. وَلِهَذَا السَبَبُ بِعَيْنِهِ فَإِنَّ سِمَاتاً كَالحُبِ وَالعَطَاءِ المُطْلَقِ يَجِبُ أَنْ تُمْنَحَ لَنَا مِنَ الأَعَالِي أَيْ مِنَ الخَالِقِ، وَهَؤُلاءِ الذِيْنَ إِخْتَبَرُوا هَذَا الشُعُورَ هُمْ فَقَطْ القَادِرِينَ عَلَى فَهْمِهِ".

مِنْ عَالِمِ الكَابَالا

إِذَا كَانَتْ لَدَى أَيُّ إِنْسَانٍ مِنَا الرَغْبَةَ فَإِنَّهُ يَسْتَطِيعُ أَنْ يَدْرُسَ عِلْمُ حِكْمَةِ الكَابَالا. الرَغْبَةُ هِيَ عِنْدَمَا يَشْعُرُ الشَخْصُ بِحَاجَةٍ فِي دَاخِلِهِ لإِيجَادِ جَوَابٍ عَلَى هَذِهِ الأَسْئِلَةِ: لِمَا وُجِدْتُ هُنَا فِي هَذَا العَالَمِ؟ وَمَا هُوَ مَعْنَى وَهَدَفُ وُجُودِي هُنَا؟

مِنْ كِتَابَاتِ الآرِي

نَصَّ كِتَابُ الزُوُهَارِ عَلَى أَنَّهُ فِي عَصْرِنَا الحَالِيِّ بِالتَحْدِيدِ سَتَظْهَرُ حِكْمَةُ الكَابَالاَ. وَهَذَا بِسَبَبِ أَنَّ رَغْبَةَ النَاسِ تَطَوَّرَتْ وَبَدَأَتْ تَتَطَلَّبُ تَصْحِيحاً حَقِيقِيَّاً مُوَافِقاً لِلْمُتَطَلَّبَاتِ الرُوحِيَّةِ مَعَ الفَهْمِ وَالرَغْبَةِ فِي التَعَايُشِ السِلْمِيِّ وَحَيَاةٌ هَادِئَةٌ بِعَكْسِ التِي نَحْيَاهَا الآنَ. إِنَّ حِكْمَةَ الكَابَالاَ هِيَ الوَحِيْدَةُ القَادِرَةُ عَلَى إِشْبَاعِ رَغْبَتِنَا فِي هَذَا الجِيلِ.

مِنْ كِتَابِ الزُوُهَارِ

الإِنسَانُ هُوَ نُقْطَةُ مَرْكَزِ الخَلِيقَةِ.

مِنْ مَقَالِ صَاحِبُ السُلَّمِ "المُقَدِمَةُ لِكِتَابِ الزُوهَارِ"

ضَرُورَةُ المَعْرِفَةِ

كَانَ الكَثِيرُ مِنَا فِي مَرْحَلَةِ الطُفُولَةِ يَعْتَقِدُ بِأَنَّ العَالَمَ مُمْتَلِئٌ بِكُلِ أَنْوَاعِ القُوَّاتِ المُخْتَلِفَةِ كَالأَشْبَاحِ وَالقِصَصِ الخَيَالِيَّةِ وَلَكِنَّ عِنْدَمَا يَبْلُغُ الإِنْسَانُ مَرْحَلَةَ الشَبَابِ وَالوَعِي يَبْدَأُ فِي التَخَلِّي عَنْ جَمِيعِ هَذِهِ الأَفْكَارِ وِلَكِنَّ وَبَيْنَ الحِينِ وَالآخَرِ نَشْعُرُ بِأَنَّ هَذِهِ القُوَّاتَ تُوْجَدُ بِالفِعْلِ. فِي حَقِيقَةِ الوَاقِعِ نَحْنُ دَائِماً نَبْحَثُ عَنْ هَذِهِ القُوَّاتِ فِي حَيَاتِنَا اليَومِيَّةِ، نَحْنُ نُرِيدُ التَعَرُّفَ عَلَى العَالَمِ الَذِي نَعِيشُ فِيهِ وَفِي حَالِ بَقَائِهِ مَجْهُولاً لَدَيْنَا يَعْنِي بِأَنَنَا لَنْ نَسْتَطِيعَ التَخَلُصَ مِنَ الشَكِ وَالعَيْشِ بِسَلاَمٍ وَطُمَأْنِينَةٍ.

عِنْدَمَا يَتَعَلَّقُ الأَمْرَ بِالعَالَمِ الَذِي نَعِيشُ فِيهِ، لَدَيْنَا الفُضُولِيَّةَ فِي مَعْرِفَتِهِ وَفَهْمِ نِظَامِهِ وَهَذِهِ الفُضُولِيَّةَ تُثِيرُ فِينَا أَسْئِلَةً كَثِيرَةً: "مَنْ أَنَا"، "أَيْنَ أَنَا"، "وَمَا هُوَ مَصِيرِي"؟ أَسْئِلَةٌ كَهَذِهِ تَحُضُّنَا عَلَى السَعْي لِمَعْرِفَةِ الوَاقِعِ الَذِي نَعِيشُ فِيهِ. إِنَّ أَفْضَلَ حَالَةٍ أَوْ مَرْحَلَةٍ يَسْتَطِيعُ الإِنْسَانُ الوُصُولَ إِلَيهَا فِي هَذَا العَالَمِ هِيَ التَوَازُنُ أَيْ العَيْشُ فِي تَوَازُنٍ مَعَ مُحِيْطِهِ. مِنَ المُمْكِنِ وَصْفُ حَالَةِ التَوَازُنِ هَذِهِ بِحَالَةِ الجَنِينِ فِي الرَحْمِ إِذْ أَنَّ كُلَّ شَيءٍ كَائِنٌ لِلإِهْتِمَامِ بِهِ وَلاَ يُوجَدُ ضَرُورَةٌ لِبَذْلِ أَيِّ جُهْدٍ مِنْ نَاحِيَتِهِ لِحِمَايَةِ نَفْسِهِ مُقَابِلَ أَيِّ ضَرَرٍ.

يُشِيرُ العِلْمُ إِلَى هَذِهِ المَرْحَلَةِ بِإِسْمِ "هُومُوسْتَاتِكْ". كَلِمَةُ هُومُو بِاللُغَةِ الإِغْرِيقِيَّةِ تَعْنِي مُمَاثِلٌ أَو شَبِيهٌ، وَكَلِمَةِ سْتَاتِكْ تَعْنِي حَالَةٌ أَو وَضْعٌ وَأَيُّ شَيءٌ قَائِمٌ فِي الوُجُودِ يَسْعَى نَحْوَ حَالَةِ التَوازُنِ هَذِهِ. تَشْرَحُ القَوَانِينَ

الفِيزْيَائِيَّةِ وَالكِيْمِيَائِيَّةِ وَعِلْمُ الأَحْيَاءِ بِأَنَّ السَبَبَ الوَحِيدَ وَرَاءَ حَرَكَةِ المَادَةِ فِي الوُجُودِ وَفِي أَيٍّ مِنْ دَرَجَاتِهَا هُوَ تَوَقَانُهَا لِلوُصُولِ إِلَى حَالَةِ التَوازُنِ مَعَ مُحِيْطِهَا. أَمَّا بِالنِسْبَةِ لَنَا نَحْنُ البَشَرُ، لِكَي نَصِلَ إِلَى حَالَةِ التَوازُنِ مَعَ مُحِيْطِنَا يَتَوَجَّبُ عَلَيْنَا مَعْرِفَةَ طَبِيعَةِ هَذَا المُحِيطِ الَذِي نَعِيشُ فِيهِ لِنَتَمَكَّنَ مِنَ الوُصُولِ إِلَى مَرْحَلَةِ التَسَاوِي وَالتَوازُنِ مَعَهُ. عِنْدَهَا فَقَطْ نَعْلَمُ كَيْفَ نَسْتَطِيعُ الوُصُولَ إِلَى مَرْحَلَةٍ تَكُونُ فِيهَا رَغْبَةُ الجَمِيعِ وَاحِدَةً وَتَجْمَعُهُمُ الأَفْكَارُ وَالمَبَادِئُ نَفْسَهَا وَلاَ يَكُنَّ أَحَدٌ الغَيْضَ أَو الحِقْدَ عَلَى آخرٍ، حِيْنَئِذٍ يَتَجَلَّى كُلُّ شَيءٍ لِلعَيَانِ فِي سَلاَمٍ وَمَحَبَّةٍ. هَذَا هُوَ الهَدَفُ الَذِي وُجِدَ عِلْمُ حِكْمَةِ الكَابَالا مِنْ أَجْلِهِ لِنَتَعَلَّمَ أَنْ نُحْرِزَ السَلاَمَ بَيْنَ جَمِيعِ أَفْرَادِ البَشَرِيَّةِ.

يَقْضِي العِلْمُ جَمِيعَ مُتَطَلَبَاتِ وَحَاجَاتِ العَالَمِ وَلَكِنَّ وَلِلأَسَفِ إِنَّ تَطَوُرَ العِلْمِ وَالتَكْنُولُوجيَا لَمْ يُوصِلْنَا إِلَى دَرَجَةِ الإِكْتِفَاءِ الدَاخِلِي وَالسَعَادَةِ. وَمَعَ كَافَةِ جُهُوْدِنَا فِي السَعْيِ وَرَاءَ الكَمَالِ وَرَاحَةِ البَالِ وَالسَعَادَةِ نَجِدُ أَنَّ قَسَاوَةَ وَاقِعَنَا تَتَزَايَدُ بِاسْتِمْرَارٍ وَيوماً بَعْدَ يوم مُهَدَدَةً وُجُوْدَنَا فِي العَيْشِ بِسَلاَمٍ. وَهُنَا نَتَسَاَلُ إِذَا كَانَ الجَمِيْعُ يَسْعَى نَحْوَ الأَفْضَلِ لِمَاذَا نَرَى الصُعُوبَاتِ وَالمَشَاكِلَ تَتَفَاقَمُ مِنْ حَوْلِنَا؟

إِنَّ الصُعُوبَاتَ الَتِي تُوَاجِهُهَا الإِنْسَانِيَّةَ نَاشِئَةٌ عَنْ عَدَمِ مَعْرِفَةِ الوَاقِعِ الشَامِلِ، وَعَدَمِ مَعْرِفَةِ بُنْيَتِهِ وَتَأثِيرِهِ عَلَى الإِنْسَانِ إِذْ أَنَنَا لاَ نَعْلَمُ مَا نَحْتَاجُ عَمَلَهُ لِنَصِلَ إِلَى حَالَةِ تَوازُنٍ مَعَهُ. يَبْدُو أَنَّهُ كُلَّمَا اسْتَقْصَى الإِنْسَانُ مُتَعَمِقاً فِي فَحْصِهِ لِلمَادَةِ الَتِي خُلِقَ مِنْهَا مُحَاوِلاً فَهْمِ طَبِيعَتِهِ وَطَبِيعَةَ العَالَمِ الَذِي يَعِيشُ فِيهِ، مَا زَالَت كُلَ جُهُودِهِ تَبُوءُ بِالفَشَلِ مِنْ نَاحِيَةِ فَهْمِهِ لِلطَبِيعَةِ الَذِي هُوَ جُزْءٌ مِنْهَا، لِمَاذَا وُجِدَتْ وَهَدَفَ وُجُودِ كُلِّ عَامِلٍ فِيهَا. حَتَى أَنَّ البُحُوثَ العِلْمِيَّةَ المُتَطَوِرَةَ تُصَرِّحُ بِأَنَّهُ فِي مَرْحَلَةٍ مُعَيَنَةٍ تُصْبِحُ المَادَةَ غَامِضَةً وَفِي هَذِهِ النُقْطَةِ

يَتَوَقَفُ العُلَمَاءُ مُدَعِينَ فِي أَنَّهُم لَمْ يَتَوَصَّلُوا إِلَى أَيٍّ نَتِيجَةٍ قَاطِعَةٍ فِي تَحْلِيلِ وَفَهْمِ تَرْكِيبَةِ الوُجُودِ وَهَدَفَ الإِنْسَانِ وَدَوْرِهِ فِي هَذَا الوُجُودِ. إِنَّ فَشَلَهُمْ هَذَا غَيْرُ نَابِعٍ عَنْ نَقْصٍ فِيمَا يَحْتَاجُونَ إِلَيْهِ فِي بُحُوثِهِمْ وَلَكِنَّهُ يَكْمُنُ فِي عَدَمِ قُدْرَتِهِمْ عَلَى إِدْرَاكِ الوَاقِعِ الشَامِلِ كَكُل.

بَيْنَمَا نَعْتَمِدُ كُلِيّاً عَلَى حَوَاسِنَا الخَمْسَةِ فِي عَالَمِنَا المَادِيِّ نَشْعُرُ وَكَأَنَّنَا نَسْتَطِيعُ عَمَلَ مَا يَحْلُوْ لَنَا وَلَكِنَّ عِنْدَمَا نَدْخُلُ العَالَمَ الرُوحِيَّ نُدْرِكُ بِأَنَّ الوَاقِعَ هُوَ الَذِي يَصْنَعُ بِنَا مَا يَبْغَاهُ. لَكِنْ فِي وُصُولِنَا إِلَى دَرَجَةٍ رُوحِيَّةٍ مُعَيَّنَةٍ نُدْرِكُ بِأَنَّنَا نَحْنُ الذِينَ نَبْنِي الوَاقِعَ الَذِي نَعِيشُ فِيهِ أَيْ أَنَّنَا نَصِلُ إِلَى فَهْمِ الوَاقِعِ عَلَى أَنَّهُ صُورَةٌ ظَاهِرِيَّةٌ لِطَبِيْعَتِنَا البَشَرِيَّةِ. هَذِهِ هِيَ النُقْطَةُ التِي يَتَوَقَّفُ العُلَمَاءُ فِي بُحُوثِهِمْ عِنْدَهَا وَاصِفِينَ بِأَنَّ هُنَاكَ حَدٌّ مُعَيَّنٌ وَبَعْدَهُ لا يَسْتَطِيعُ الإِنْسَانُ فَهْمَ وَتَمْيِزَ مَا هُنَاكَ. هَذِهِ النُقْطَةُ بَيْنَ العَالَمِ المَلْمُوسِ وَالعَالَمَ الَذِي لا نَسْتَطِيعُ إِدْرَاكَهُ بِشَكْلٍ حِسيٍّ هُوَ الحَدُ الفَاصِلُ بَيْنَ عُلُومِ الطَبِيعَةِ وَالعُلُومِ الأُخْرَى وَعِلْمُ حِكْمَةِ الكَابَالاَ.

يَشْرَحُ عِلْمُ حِكْمَةِ الكَابَالاَ بِأَنَّهُ يُوجَدُ أُسْلُوبٌ مُعَيَّنٌ لِلْبَحْثِ يَسْمَحُ لَنَا فِي إِخْتِرَاقِ الحَدِ الَذِي لَمْ يَسْتَطِعْ العُلَمَاءُ تَخَطِيهِ وَالَذِي هُوَ "عَالَمُ مَنْشَأَ الأَحْدَاثِ". فَالوُصُولُ إِلَى هَذِهِ النُقْطَةِ هُوَ الَذِي يُسَاعِدُنَا فِي إِدْرَاكِ سَبَبِ وُجُودِ العَالَمِ، مَا الَذِي يَتَطَلَّبُهُ مِنَا، وَكَيْفَ نَسْتَطِيعُ أَنْ نَتَوَاجَدَ فِي حَالِ تَوَازُنٍ لِنَعِيشَ فِي سَلاَمٍ وَهُدُوءٍ. هَؤُلاءِ الذِينَ وَصَلُوا إِلَى العَالَمِ المَوْجُودِ بَعْدَ الحَدِ الَذِي لَمْ يَسْتَطِعْ العُلَمَاءُ إِخْتِرَاقَهُ فِي بُحُوثِهِمْ يُدْعَونَ بِعُلَمَاءِ الكَابَالاَ.

يَقُولُ عُلَمَاءُ حِكْمَةِ الكَابَالاَ بِأَنَّهُ وَرَاءَ العَالَمَ المَرْئِيِّ تَقِفُ الطَبِيعَةَ بِإِرَادَتِهَا وَقَضَائِهَا مُحِيطَةً بِالوَاقِعِ الشَامِلِ بِكَامِلِه. هَذِهِ الإِرَادَةُ وَالقَضَاءُ يَحْتَضِنَانِ الوَاقِعِ

مُدِيرِينَ إِيَّاهُ بِنِظَامٍ يَعُودُ بِالفَائِدَةِ عَلَيْهِ، وَبالإِضَافَةِ إِلَى ذَلِكَ هَذِهِ الإِرَادَةُ وَهَذَا القَضَاءُ يَسُنُّ القَانُونُ العَامُ لِلوَاقِعِ وَالَذِي هُوَ قَانُونٌ مُطْلَقٌ وَيَتَوجَّبُ عَلَى جَمِيعِ مَسَائِلِ الوَاقِعِ التَوازُنَ مَعَهُ. يُسَاعِدُنَا عِلْمُ حِكْمَةِ الكَابَالاَ عَلَى فَهْمِ سُلُوكِ الطَبِيعَةِ تجَاهَنَا وَالشُعُورِ بهَا لِنَسْتَطِيعَ التَعَامُلَ مَعَهَا بِنَفْسِ الطَرِيقَةِ لِنَتَوَصَّلَ إِلَى دَرَجَةِ التَوَازُنِ مَعَهَا إِذْ أَنَّ عُلَمَاءَ الكَابَالاَ قَادِرِيْنَ عَلَى إِخْتِرَاقِ الفِكْرِ الَذِي يُحِيطُ بِالوَاقِعِ بِاسْتِخْدَامِهِم حِكْمَةَ الكَابَالا.

فعِنْدَمَا يبدأُ الإنْسَانُ العَادِيُّ بِدِرَاسَةِ رَسَائِلَ وَمُذَكَرَاتِ وَكِتَابَاتِ عُلَمَاءِ الكَابَالا يَبْدَأُ فِي اكْتِشَافِ مَا وَرَاءَ العَالَمِ المَادِيِّ وَفِي مَعْرِفَةِ العَالَمِ الرُوحِيِّ الخَفِيِّ عَنْ حَوَاسِهِ وَقُدْرَةِ إِدْرَاكِهِ الحِسِيِّ.وَلَكِنْ وَبَعْدَ الحُصُولِ عَلَى الحَاسَةِ السَادِسَةِ التِي يَتَبَنَّاهَا الشَخْصُ مِنْ خِلَالِ البَحْثِ وَالدِرَاسَةِ يَسْتَطِيعُ الإِحْسَاسَ وَرُؤْيَةَ مَا كَانَ مخْفِيًّا عَنْ أَنْظَارِهِ مِنْ قَبْلِ.

يُوجَدُ لَدَى كُلُ إِنْسَانٍ القُدْرَةَ الطَبِيْعِيَّةَ عَلَى تَنْمِيَّةِ الحَاسَةِ السَادِسَةِ وَلِهَذَا السَبَبِ عَمِلَ عُلَمَاءُ الكَابَالا عَلَى نَقلِ مَعْرِفَتِهِمْ عَنْ بُنْيَةِ العَالَمِ المَادِيِّ وَالخَلِيْقَةِ وَالعَالَمِ الأَعلَى.

عِنَدمَا يَبْدأُ الإِنْسَانُ فِي البَحْثِ فِي مَوَاضِيعِ عِلْمِ حِكْمَةِ الكَابَالا مِنَ المُمْكِنِ أَنْ لاَ تَتَوَاجَدُ لَدَيْهِ القُدْرَةَ لإِسْتِيعَابِ وَفَهْمِ مَا يَقْرَأُهُ بِشَكْلٍ كَامِلٍ وَمُفَصَّلٍ وَلَكِنْ إِذَا كَانَ يَرْغَبُ فِي الفَهْمِ وَالبَحْثِ فِي هَذَا العِلْمِ وَبِالطَرِيْقَةِ الصَحِيْحَةِ فَبِرَغْبَتِهِ هَذِهِ يَسْتَطِيعُ جَذْبَ النُورِالإِلَهِيِّ إِلَيْهِ، النُورُ هُوَ الَذِي بِإِمْكَانِهِ تَصْحِيْحَ "الأَنَا" فِي الإِنْسَانِ لِيَتَمكَّنَ وَبِالتَدْرِيجِ مِنْ إِدْرَاكِ وَاقِعِهِ الرُوحِيِّ. إِنَّ كَلِمَةَ "تَصْحِيحُ" كَثِيراً مَا تُسْتَخْدَمُ فِي عِلْمِ حِكْمَةِ الكَابَالا لِهَدَفِ شَرْحِ التَغْيِيرِ الَذِي يَطْرَاءُ عَلَى الرَغْبَةِ "الإِرَادَةُ فِي الأَخْذِ أَو حُبُّ الذَاتِ" عِنْدَ

الإِنْسَانِ وَاكْتِسَابِهِ مِنْ خَصَائِصِ وَسِمَاتِ النُورِ وَالعَالَمِ الرُوحِيِّ مِن المَحبَّةِ والعَطَاءِ المُطْلَقِ.

كُلُّ شَخْصٍ لَدَيهِ هَذِهِ الحَاسَةُ فِي حَالَةِ سُبَاتٍ وَهَذَا مَا يُدْعَى النُقْطَةُ فِي القَلبِ أيْ "الحَالَةُ الجَنِينِيَّةُ لِلنَفْسِ الإنْسَانِيَّةِ". مُقَابِلُ هَذِهِ النُقْطَةِ فِي القَلبِ يُوجَدُ النُورُ وَالَذِي فِي النِهَايَةِ سَيَمْلاءُ هَذِهِ النُقْطَةُ وَسَيَمْلاءُ الحَاسَةَ السَادسَةَ فِي مَرحَلَةِ نُموِهَا. الحَاسَةُ السَادسَةُ أَيْضَاً تُدْعَى بِالإِنَاءِ الرُوحِيِّ لَدَى الإِنْسَانِ وَالَتِي فِي طَبِيْعَتِهَا تَسْتَطِيعُ التَوَاجُدَ مِنْ دُوْنِ الوَاقِعِ المَادِيِّ أَيْ "الجَسَدْ". إِنَّ الإِنَاءَ الرُوحِيَّ لِلشَخْصِ العَادِي الَذِي لَمْ يَدْرُسْ حِكْمَةَ الكَابَالا مِنْ قَبلِ لا يَنْمُو بِشَكْلٍ كَافٍ حَتَى يَسْتَطِيعَ الإِحْسَاسَ بِالعَالَمِ الرُوحِيِّ، فَعِنْدَمَا يَدْرُسُ الإِنسَانُ وَيَبْحَثُ فِي عِلْم حِكْمَةِ الكَابَالا الأَصْلِيِّ بِالطَرِيقَةِ الصَحِيْحَةِ الَتِي وَضَعَهَا لَنَا عُلمَاءُ الكَابَالا عِنْدَهَا يَتَوَلَّدُ النُورَ فِي قَلْبِهِ وَيَبْدَأُ فِي تَنْمِيَةِ الإِنَاءِ لَدِيهِ؛ فِي هَذِهِ المَرْحَلَةِ تَبْدَأُ النُقْطَةُ فِي القَلبِ فِي النُمُوِ وَتَكْبَرُ أَكْثَرَ فَأَكْثَرَ سَامِحَةً مَكَاناً لِلنُورِ لِيَدْخُلَهَا، وَعِنْدَمَا يَدْخُلُ النُورَ إِلَى قَلبِ الإِنسَانِ عِنْدَهَا يَبْدَأُ يَشْعُرُ بِالعَالَمِ الرُوحِيِّ. نُقْطَةُ القَلبِ هَذِهِ هِيَ نَفْسُ الإِنْسَانِ.

مِنْ غَيْرِ المُمْكِنِ عَمَلُ أَيِّ شَيءٍ مِنْ دُوْنِ مُسَاعَدَةِ العَالَمَ الأَعْلَى أَيْ مِنْ دُوْنِ المُسَاعَدَةِ الَتِي يَتَلَقَاهَا الإِنْسَانُ مِنَ الخَالِقِ وَمِنْ دُوْنِ مُسَاعَدَةِ النُورِ المُحِيْطِ الَذِي يَجْتَذِبُهُ الشَخْصُ أَثنَاءَ بَحْثِهِ لِيُنِيرَ الدَرْبَ أَمَامَ الإِنْسَانِ. حَتَى إِذَا كُنَّا فِي مَرْحَلَةٍ لا نَسْتَطِيعَ فِيْهَا تَمْيِزَ وَمَعْرِفَةَ دَرجَاتِ وَمُسْتَوى النُورِ فَهُنَاكَ إِرْتِبَاطٌ مُبَاشَرٌ بَيْنَ النُقْطَةِ فِي قَلبِ الإِنْسَانِ وَبَيْنَ النُورِ لأَنَّ النُقْطَةَ فِي القَلبِ هِيَ عِبَارَةٌ عَنْ شَرَارَةٍ مِنَ النُورِ الإِلَهِيِّ وَكَالجَنِينِ فِي الرَحْمِ هَكَذَا يَرْعَاهَا الخَالِقُ وَيَمْلَئَهَا مِنْ نُورِهِ وَيُنَمِيهَا لأَنَّ هَذِهِ هِيَ إِرَادَتُهُ.

مِنْ خِلالِ الدِرَاسَةِ وَالبَحْثِ فِي الحِكْمَةِ يَسْتَطِيعُ الشَخْصُ الإِرْتِبَاطَ بِمَصْدَرِ النُورِ وَبِشَكْلٍ تَدْرِيجِيٍّ يَبْدأُ بِالشُعُورِ بِرَغْبَةٍ لِلرُوحِيَّةِ وَالعَالَمِ الرُوحِيِّ وَهَذِهِ المَرْحَلَةُ تُدْعَى بِلُغَتِهَا الأَصْلِيَّةِ "سقولا". وَلِذَلِكَ نَجِدُ أَنَّهُ مِنَ الضَرُورِيِّ دِرَاسَةَ الكَابَالا بِالتَحْدِيدِ مِنْ الكُتُبِ الَتِي خَلَّفَهَا لَنَا عُلَمَاءُ الكَابَالا لأَنَهَا المَصْدَرُ الوَحِيدُ الَذِي يَحْتَوِي عَلَى شَرْحِ وَتَفْسِيرِ الإِرْتِبَاطِ الَذِي يَتَوَاجَدُ بَيْنَ النُورِ وَكَيْفِيَةِ عَمَلِهِ وَتَأْثِيرِهِ عَلَى المَخْلُوقِ. بِحَسْبِ عِلْمِ الكَابَالا إِنَّ كَافَةِ أَجْزَاءِ الخَلِيقَةِ مُرْتَبِطَةٌ جَمِيعُهَا بَعْضاً بِبَعْضٍ خَاضِعَةٌ لِقَانُونِ الخَلِيقَةِ الصَارِمِ، وَبِمَا أَنَّنَا لاَ نَسْتَطِيعُ إِدْرَاكَ نَوعِيَّةِ وَمَدَى إِرْتِبَاطِ هَذِهِ الأَجْزَاءِ مَعاً لأَنَهَا مُتَوَارِيَةٌ عَنْ قُدْرَةِ إِدْرَاكِنَا لِذَلِكَ لَسْنَا قَادِرِينَ عَلَى رَبْطِ الحَدَثِ مَعَ مَصْدَرِهِ الأَسَاسِيِّ وَالنَابِعِ مِنْهُ وَلَكِنَ بِدِرَاسَةِ كُتُبِ الكَابَالاَ نَحْصَلُ عَلَى الإِدْرَاكِ فِي مَعْرِفَةِ التَرَابُطِ الصَحِيحِ وَهَذَا مَا يُدْعَى سقولا.

كَتَبَ عَالِمُ الكَابَالا صَاحِبُ السُلَّمِ فِي كِتَابِهِ "المُقدِمَةِ فِي دِرَاسَةِ السَفِيرَاتِ العَشْرِ" وَقَالَ: «**لِمَاذا يُرشِدُ عُلمَاءُ الكَابَالا مُوجِهِينَ كُلَّ شَخْصٍ إِلَى ضَرُورَةِ دِرَاسَةِ عِلْمِ الكَابَالا؟ صَحِيحٌ أَنَّهُ مِنَ الجَيِّدِ وَالمُفِيدِ التَشْجِيعُ لإِكتِسَابِ الإِنْسَانِ لِسِمَاتٍ وَصِفَاتٍ رَاقِيَةٍ مِنْ خِلالِ إِقْبَالِهِ عَلَى دِرَاسَةِ عِلْمِ حِكْمَةِ الكَابَالا حَتى وَإِنْ لَمْ يَكُنْ لِدَى هَذَا الشَخصِ إِلمَاماً مَبْدَئِيَّاً بِالعِلْمِ وَلا فِي مَوَاضِيعِهِ الَتِي يَبْحَثُ فِيهَا فَإِنَّ رَغْبَتَهُ الشَدِيدَةَ فِي البَحْثِ وَمُحَاوَلَتِهِ فِي فَهْمِ مَا يَضْطَلِعُ عَلَيهِ كَفِيلٌ بِتَنْبِيهِ وَإِيقَاظِ النُورِالمُحِيطِ بِنَفْسِهِ. وَهَذَا يَعْنِي بِأَنَّ كُلَّ إِنسَاناً لَدَيْهِ الفُرْصَةَ الَتِي تَضْمَنُ لَهُ إِمْكَانِيَّةِ إِحْرَازِ العَالَمِ الرُوحِيِّ وَنَيْلِ كُلَّ مَا جَعَلَهُ وَعَمِلَهُ الخَالِقُ مِنْ أَجْلِهِ مُنْذُ بِدَايَةِ الخَلِيْقَةِ**».

وَهَكَذَا تَبْقَى نَفْسُ الإِنْسَانَ تَسْعَى نَحْوَ إِحْرَازِ الهَدَفِ الَذِي وَضَعَهُ الخَالِقُ لَهَا إِلَى أَنْ تَصِلَ إِلَى هَدَفِ الخَلِيْقَةِ النِهَائِيِّ، حَتَى وَإِنْ لَمْ يَكُنْ بِإِمْكَانِ الإِنْسَانِ

الوُصُولَ إِلَى الهَدَفِ النِهَائِيِّ فَالنُوُرُ يكُونُ قَدرَهُ وَنَصِيْبَهُ. فَإِنَّ النُورَ المُحِيطَ يَنْتَظِرُ الإِنسَانَ إِلَى أَنْ يَصِلَ إِلَى مَرْحَلَةٍ يَكُوُنُ فِيهَا مُسْتَعِداً لِتَحْضِيرِ إِنَاءِهِ الرُوحِيَّ كَيْ يَسْتَطِيعَ تَلَقّي النورَ فِيهِ. وَمَعَ هَذَا وَبِالرَغْمِ مِنْ عَدَمِ تَوَفُرِ الوِعَاءُ الرُوُحِيُّ لَدَى الإِنْسَانِ، فَفِي حَالِ تَوَاجُدِ الرَغْبَةِ عِنْدَهُ فِي البَحْثِ فِي عِلْمِ الحِكْمَةِ وَدِرَاسَةِ النُصُوصِ وَالمَقَالاَتِ كَافٍ فِي أَنْ يَحْصَلَ عَلَى القُدْرَةِ فِي إِجْتِذَابِ النُوُرِ إِلَيْهِ لِكَي يُنِيرَ حَيَاتَهُ وَلَكِنْ بِدَرَجَةٍ مَحْدُوُدَةٍ فَقَطْ لأَنَّ النُوُرَ فِي هَذِهِ الحَالَةِ لَيْسَ لَهُ مَكَانٌ وَبِالتَالِي لاَ يَسْتَطِيعُ أَنْ يَتَغَلْغَلَ فِي دَاخِلِ نَفْسِهِ بِسَبَبِ فُقْدَانِهِ لِلوِعَاءِ الرُوُحِيِّ أَيْ أَنَّ نَفْسَ الإِنْسَانِ غَيْرُ مُؤَهَلَةٍ وَبِالتَالِي غَيْرُ قَادِرَةٍ عَلَى قُبُولِ النُوُرِ.

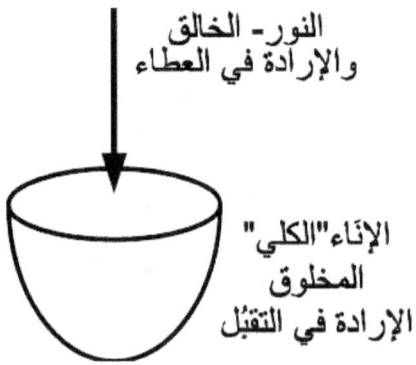

عِلْمُ حِكْمَةِ الكَابَالا هُوَ الوَسِيلَةُ الوَحِيدَةُ لِبِنَاءِ الوِعَاءِ أَو الإِنَاءِ الرُوحِيِّ عِنْدَ الإِنْسَانِ وَالَذي مِنْ خِلاَلِهِ يَسْتَطِيعُ التَلَقِّي مِنْ نُوُرِ الخَالِقِ فِي نَفْسِهِ، فَالنُوُرُ الَذِي يَتَلَقَّاهُ الإِنْسَانُ مِنَ الأَعْلَى أَثْنَاءَ إِنْشِغَالِهِ فِي البَحْثِ يَمْنَحُهُ نِعْمَةً مِنَ السَمَاءِ مُغْدِقاً عَلَيْهِ وَفْرَةً مِنَ القَدَاسَةِ وَطَهَارَةِ القَلْبِ مُقَرِباً إِيَّاهُ اكْثَرَ فَاكْثَرَ مِنَ الوُصُولِ إِلَى دَرَجَةِ الكَمَالِ.

إنَّ المَيزَةَ التِي يَتحَلَّى بِهَا عِلْمُ الكَابَالا هِيَ فِي تَذَوُّقِ الإِنْسَانِ طَعْمَ وَحَلاوَةَ العَالَمِ الرُوحِيِّ مِنْ خِلالِ دِرَاسَتِهِ وَبَحْثِهِ فِيْهِ؛ وَمِنْ خُلاصَةِ تَجْرِبَتِهِ هَذِهِ يَصِلُ الإِنْسَانُ إِلَى مَرْحَلَةٍ يُفَضِلُ فِيْهَا الأُمُورَ الرُوحِيَّةَ بَدَلاً مِنْ سَعْيِهِ وَرَاءَ الأَشْيَاءِ المَادِيَّةِ وَالتِي لا تَبْعَثُ فِي نَفْسِهِ إِلاَّ الفَرَاغَ. وَتَوَافُقاً مَعَ المُسْتَوَى الرُوحِيِّ الذِي يَصِلُ إِلَيْهِ الإِنْسَانُ يَسْتَطِيعُ أَنْ يُحَدِدَ وَيُوضِحَ إِرَادَتَهُ وَمُبْتَغَاهُ مِنَ الحَيَاةِ كَمَا وَيَتعَلَّمُ تَجَنُّبَ الأَشْيَاءِ التِي كَانَتْ تَسْتَحْوِذُ عَلَى إِنْتِبَاهِهِ فِي المَاضِي جَارِيَاً وَرَائَهَا مِنْ دُونِ جَدْوَى، وَكَالإِنسَانِ البَالِغِ الذِي لا يُعَاوِدُ الإِهْتِمَامَ وَالسَّعيَ وَرَاءَ الأُمُورِ السَخِيْفَةِ وَالنَزَعَاتِ الشَبَابِيَّةِ.

فَإِذاً مَا الحَاجَةُ إِلَى عِلمِ حِكْمَةِ الكَابَالا؟ الحَاجَةُ هِيَ فِي أَنَّ عِلْمَ الكَابَالا أُعْطِيَ لَنَا كَنُقْطَةِ إِنْطِلاقٍ نَحْوَ التَغْيِيرِ وَالتَصْحِيْحِ، أُعْطِيَ لَنَا كَيْ نَسْتَطِيعَ إِدْرَاكَ وَفَهْمَ العَالَمِ الرُوحِيِّ وَمعْرِفَةَ الخَالِقِ وَسِمَاتِهِ الفَضِيْلَةِ وَلِنَعِي عِلاقَةَ الإِرْتِبَاطِ التِي تَجْمعُ بَيْنَ الخَالِقِ وَالمَخْلُوقِ. هَذِهِ فَقَطْ هِيَ الأَسْبَابُ التِي تَوَفَّرَ عِلْمُ الكَابَالا مِنْ أَجْلِهَا، فَإِنَّ كُلَ مَنْ يَتعَلَّمُ الكَابَالا لِهَدَفِ تَصْحِيْحِ ذَاتِهِ وَصَقْلِ وَتَهْذِيبِ نَفْسِهِ لِهَدَفِ مَعْرِفَةِ الخَالِقِ يَصِلُ إِلَى مَرْحَلَةٍ يَعِي فِيْهَا قُدْرَتَهُ فِي تَحْسِينِ ذَاتِهِ وَبِالتَالِي تَحْقِيقِ هَدَفِهِ فِي هَذِهِ الحَيَاةِ.

تَفْسِيرُ المُصْطَلَحاتِ

الأَنَا: الخَلِيْقَةُ. وَهِيَ الشَيءُ الوَحِيْدُ الذي خَلَقَهُ الخَالِقُ مِنَ العَدَمِ.

التَصْحِيْحُ: تُسْتَخْدَمُ لِلتَعْبِيرِ عَنْ مَا يَطْرَاءُ عَلَى الرَغْبَةِ "الإِرَادَةُ فِي التَقَبُّلِ أَوْ حُبِ الذَاتِ" عِنْدَ الإِنْسَانِ وَإِكْتِسَابِهِ مِنْ خَصَائِصِ وَسِمَاتِ النُورِ وَالعَالَمِ الرُوحِيِّ مِنَ المَحَبَّةِ وَالعَطَاءِ المُطْلَقِ.

النُقطَةُ فِي القَلْبِ: الحَالَةُ الجَنِينِيَّةُ لِلنَفْسِ الإِنْسَانِيَّةِ؛ أَي الرَغْبَةُ فِي مَعْرِفَةِ الخَالِقِ وَالعَالَمِ الرُوحِيِّ.

العَطَاءُ المُطْلَقُ: وَهِيَ السِمَةُ التِي يَتَحَلَّى بِهَا الخَالِقُ.

هَدَفُ الخَلِيْقَةِ النِهَائِيِّ: وَهُوَ الوُصُولُ إِلَى مَرْحَلَةِ الكَمَالِ مِنْ خِلَالِ التَصْحِيْحِ الكَامِلِ لِلأَنَا فِي الوُصُولِ إِلَى نُقْطَةِ التَوَازُنِ الكَامِلِ فِي السِمَاتِ مَعَ الخَالِقِ.

مَعرِفَةُ الخَالِقُ: وُصُولُ الإِنْسَانُ إِلَى مَرْحَلَةِ التَوازُنِ الشَكْلِيِّ مَعَ سِمَةِ العَطَاءِ.

النُورُالمُحِيطُ: هُوَ القُوَّةُ التِي تَقُوْمُ بِتَصْحِيْحِ الأَنَا فِيْنَا. يَتَوَاجَدُ النُوْرُ المُحِيْطُ خَارِجَ مَدَى إِحْسَاسِ الإِنْسَانِ الَذِي لا يَمْتَلِكُ الإِنَاءَ المَنَاسِبَ لِإِحْتِوَاءِ النُورِ فِيْهِ وَعَنْ طَرِيْقِ الدِرَاسَةِ بِحَسْبِ مَنْهَجِ وَأُسْلُوبِ عُلَمَاءِ الكَابَالا يَقُوْمُ النُوْرَ بِجَذْبِنَا إِلَيْهِ قَائِماً بِتَصْحِيحِ رَغَبَاتِنَا لِيَسْكُنُ فِي دَاخِلِ الرَغَبَاتِ المُصَحَّحَةِ آتِياً بِالإِنسَانِ إِلَى مَرْحَلَةِ الكَمَالِ وَالتِي هِيَ نِهَايَةُ التَصْحِيحِ.

إخْتَبِرْ مَعْلُومَاتَك

س١ : مَا هِيَ الحَاسَةُ السَادِسَةُ وَمَا حَاجَةُ الإِنْسَانِ لَهَا؟

س٢ : مَا مَعْنَى المُصْطَلَحُ "النُقْطَةُ فِي القَلْبِ"؟

س٣: مَا هِيَ الوَسِيلَةَ لِبِنَاءِ الإِنَاءِ الرُوحِيِّ لِدَى الإِنْسَانِ؟

س٤ : مَا هِيَ الحَاجَةُ لِدِرَاسَةِ عِلْمُ حِكْمَةِ الكَابَالا؟

ضَرُورَةُ المَعْرِفَةِ

غِذَاءٌ لِلفِكْرِ

إِنَّ النفْسَ البَشَرِيَّةَ هِيَ - الإِرَادَةُ فِي الأَخْذِ وَالتَقَبُّلِ- وَالتِي خَلَقَهَا الخَالِقُ كَجُزءٍ مِنْهُ، جُزءٌ وَاحِدٌ وَمُتَكَامِلٌ، وَلِكَي يَتَمَكَّنَ الخَالِقُ مِنْ إِعْطَاءِ هَذِهِ النَفْسُ اسْتِقْلالِيَتَهَا وَحُرِّيَةَ الذَاتِ لِذَلِكَ تَوجَبَ إِبْعَادَهَا عَنْهُ لِتَكُونَ مَخْلُوقاً مُسْتَقِلاً بِذَاتِهِ. وَبِمَا أَنَّ هَذِهِ النَفْسُ أَو هَذِهِ الرَغْبَةُ هِيَ وَاحِدَةٌ وَمُتَكَامِلَةٌ تَوَجَّبَ تَجْزِيئَهَا إِلَى أَجْزَاءٍ كَثِيرَةٍ لِتَحْصَلَ عَلَى حُرِّيَتَهَا وَهَذِهِ هِيَ مَرْحَلَةُ التَحْطِيمِ التِي مَرَّتْ بِهَا النَفْسُ الإِنسَانِيَّةُ.

مِنْ عَالَمِ الكَابَالا

نَحْنُ هُنَا لِهَدَفِ تَأْسِيسِ مُجْتَمَع لِكُلِ مَنْ لَدَيْهِ الرَغْبَةَ فِي أَنْ يَسِيرَ وَيَسْلُكَ فِي طَرِيقِ عَالَمِ الكَابَالا صَاحِبُ السُلَّم، الطَرِيقُ الوَحِيدُ الذِي مِنْ خِلالِهِ يَسْتَطِيعُ المَرءُ الإِرْتِقَاءَ إِلَى دَرَجَةِ "المُتَكَلِّمِ" أَيْ إِلَى مُسْتَوَى أَدَم وَلا يَبْقَى عَلَى المُسْتَوى البَهِيمِيَّ فِي الحَيَاةِ.

مِنْ كِتَابَاتِ الرَابَاشِ

لاَ يُوجَدُ أَيُّ حِكْمَةٍ فِي العَالَمِ نَجِدُ مَسَائِلَهَا تَنْدَمِجُ مَعاً مُنصَهِرَةً فِي مَسَارٍ وَاحِدٍ فِي إِتجَاهِ قَانُونِ الحَدَثِ وَالعَاقِبَةِ مُرْتَبِطَةٍ مَعاً كَمَا السِلْسِلَةُ. لِذَلِكَ فِي حَالِ ضَيَاعِ وَلَوْ حَتَى القَدْرُ القَلِيلُ مِنْ هَذِهِ المَعْرِفَةِ تُصْبِحُ الحِكْمَةَ بِأَكْمَلِهَا وَكَأَنَّهَا ظَلاَمٌ أَمَامَ عُيُونِنَا بِمَا أَنَّ جَمِيعَ عَوَامِلِهَا وَعَنَاصِرَهَا مُتَحِدَةً فِي وَحْدَوِيَّةٍ بِشَكْلٍ قَوِيٍّ وَكَأَنَّهَا مُنْصَهِرَةً مَعاً.

مِنْ مَقَالِ جَوهَرِ حِكْمَةِ الكَابَالا لِصَاحِبِ السُلَّمِ

إِنَّ جَمِيعَ الظَوَاهِرِ السَلْبِيَّةِ فِي حَيَاتِنَا إِذَا كَانَ ذَلِكَ عَلَى المُسْتَوَى الفَرْدِيِّ أَمْ عَلَى المُسْتَوَى الأَكْثَرَ شُمُولاً هِيَ نَتِيجَةً لِعَدَمِ مُرعَاةِ قَوَانِينِ الطَبِيْعَةِ.

مِنْ عَالَمِ الكَابَالا

الرَجُلُ العَالِمُ وَالحَكِيمُ

هَلْ أَنَّ كُلَّ مَنْ يَدْرُسُ عِلْمَ حِكْمَةِ الكَابَالَا يَصْرِفُ إِهْتِمَامَهُ عَنِ العَالَمِ وَعَنْ حَيَاتِهِ اليَوْمِيَّةِ لِيَعُدْ لاَ يَهْتَمُّ بِعَائِلَتِهِ وَأَوْلاَدِهِ وَعَمَلِهِ؟ هَلْ يَتَوَجَّبُ عَلَيْهِ أَنْ يُبْعِدَ نَفْسَهُ عَنْ كُلِّ مَلَذَّاتِ الحَيَاةِ وَيَعِيشُ حَيَاةَ التَقَشُّفِ وَالحِرمَانِ؟ أَوْ رُبَمَا يَتَعَالَى فَوْقَ الجَمِيعِ فِي مَعْرِفَتِهِ نَاظِراً بِإِزْدِرَاءٍ إِلَى الآخَرِينَ مِنْ حَيْثُ أَنَّهُ مُوَقَّرٌ وَحَكِيمٌ وَمُتَعَالٍ بِمَعْرِفَتِهِ إِذْ لَهُ مَنْزِلَةٌ خَاصَّةٌ رَافِعاً نَفْسَهُ فَوْقَ الجَمِيعِ بِمَا أَنَّهُ يَفْهَمُ بُنْيَةَ الوُجُودِ وَمَرَاحِلِهِ الكَامِلَةِ وَيَرَى كُلَّ شَيْءٍ مِنَ البِدَايَةِ إِلَى النِهَايَةِ وَيَرَى مُعَانَاةَ النَاسِ وَالبَشَرِيَّةِ فِي نَظْرَةِ اللاَمْبَالاَةِ.

بِالطَبْعِ لاَ. إِنَّ سُلُوكَ عَالِمِ الكَابَالَا يَخْتَلِفُ عَنْ كُلِّ مَا وَرَدَ أَعْلاَهُ. عِلْمُ حِكْمَةِ الكَابَالَا لاَ يُمْلِي عَلَى الإِنْسَانِ أَنْ يَعِيشَ حَيَاةَ التَقَشُّفِ بَلْ عَلَى العَكْسِ، إِذْ يُحْتِّمُ فِي أَنْ يَعِيشَ الإِنْسَانُ حَيَاتَهُ بِالكَامِلِ وَمِنْ دُونِ أَنْ يُحْرِمَ نَفْسَهُ مِنْ أَيِّ شَيْءٍ إِلاَّ مِنَ الفَاحِشَةِ وَالزِنَا. لاَ يَقْصِّرُ فِي وَاجِبَاتِهِ نَحْوَ عَائِلَتِهِ وَمُجْتَمَعِهِ، غَيْرَ مُتَعَالٍ فِي مَعْرِفَتِهِ وَكَأَنَّهُ رَجُلٌ مُتَدَيِّنٌ يَحْكُمُ عَلَى الآخَرِينَ سَاخِراً فِي مَصَائِبِهِمْ، بَلْ أَنَّهُ يَنْظُرُ إِلَى العَالَمِ كَمَا يَنْظُرُ الأَبُ الصَالِحُ إِلَى أَوْلاَدِهِ، قَلْبُهُ مَلِيءٌ بِالعَطْفِ وَالمَحَبَّةِ نَحْوَهُمْ، يَشْعُرُ بِأَلَمِهِمْ وَيَتَوَجَّعُ لِمُعَانَاتِهِمْ، يَرْجُو الخَيْرَ لَهُمْ وَأَنْ يَعِيشُوا بِرَاحَةٍ وَأَمَانٍ.

عَالِمُ الكَابَالَا هُوَ الإِنْسَانُ الذِي يَنْظُرُ إِلَى العَالَمِ مِنْ مَنْظُورٍ مُخْتَلِفٍ لِلحَيَاةِ إِذْ أَنَّهُ يَرَى العَالَمَ مِنْ خَارِجِ إِطَارِ الأَنَا. فَهُوَ يَرَى شَظَايَا النَفْسِ البَشَرِيَّةِ المُبَعْثَرَةِ

وَالَتِي تَنَاثَرَتْ إِلَى أَجْزَاءٍ صَغِيرَةٍ فِي أَنْحَاءِ العَالَمِ بَعْدَ سُقُوطِ أَبُونَا أَدَم مِنَ العَالَمِ الرُوحِيِّ وَيَعْمَلُ عَلَى تَحْضِيرِ الطَرِيقَةِ أَو النَظَرِيَّةِ التِي تَتَنَاسَبُ مَعَ فِكْرِ الجِيْلِ الَذِي يَعِيشُ فِيْهِ لِمُسَاعَدَتِهِم فِي جَمْعِ هَذِهِ النُفُوسِ لِيُقَدِّمَ لَهُمْ كُلَّ مَا يَحْتَاجُونَ إِلَيْهِ لِيَنَالُوا الرَاحَةَ وَالهَنَاءَ وَإِحْرَازَ العَالَمِ الرُوحِيِّ بِسُهُولَةٍ وَهُوَ يَضَعُ كُلَّ جُهْدِهِ طَوَالَ أَيَّام حَيَاتِهِ لِيُعِدَّ الطَرِيقَ الصَحِيحَ أَمَامَ كُلِ مَنْ لَدَيْهِ يَقْظَةً نَحْوَ العَالَمِ الرُوحِيِّ لِكَي يُوَفِّرَ لَهُ كُلَّ مَا يَحْتَاجَهُ لِيَصِلَ إِلَى دَرَجَةِ الكَمَالِ وَيَعِيشَ فِي إِكْتِفَاءٍ وَسَعَادَةٍ لا تَزُولُ. فَهُوَ كَالأَبِ الَذِي يَشْعُرُ بِمَسْؤُولِيَّةٍ عَظِيمَةٍ تِجَاهَ أَوْلادِهِ فِيمَا يَسْتَطِيعُ تَقْدِيمَهُ لِلإِنسَانِيَّةِ، فَهُوَ يَأْخُذُ عَلَى نَفْسِهِ وَعَلَى عَاتِقِهِ جَمِيعُ مَا يَشْعُرُ بِهِ النَاسُ مِنْ عَذَابٍ وَلَوعٍ وَشُعُورُ النَقْصِ وَالعَجْزِ وَعَدَمُ الوَفَاءِ وَخَيْبَاتُ الأَمَلِ وَالإِحْسَاسِ بِالفَرَاغِ وَاليَأسِ لِتَكُنْ الرَابِطَ لَهُ بِالإِنسَانِيَّةِ لِيَسْتَطِيعَ مُسَاعَدَتِهَا.

فِي حَقِيقَةِ الوَاقِعِ نَحْنُل لاَ نَعِي مَدَى مُسَاعَدَةِ عَالِمِ الكَابَالا لَنَا فِي هَذَا العَالَمِ وَهَذَا بِسَبَبِ فُقْدَانِ المَسَاخِ وَالحَاسَةِ التِي نَسْتَطِيعُ مِنْ خِلالِهَا الوُصُولَ إِلَى هَذِهِ المَعْرِفَةِ. فِي الدُرُوسِ التَالِيَةِ سَنُعْطِي شَرْحٌ مُفَصَّلٌ عَنْ المَسَاخِ وَالحَاسَةِ التِي يَحْتَاجُهَا الإِنْسَانُ لِلإِحْسَاسِ بِالعَالَمِ الرُوحِيِّ. وَلَكِنْ وَعِنْدَمَا يَبْدَأُ الإِنْسَانُ فِي إِحْرَازِ العَالَمِ الرُوحِيِّ يَأْخُذُ فِي تَنْمِيَةِ هَذِهِ الحَاسَةِ بِالإِضَافَةِ إِلَى حَوَاسِهِ الخَمْسَةَ فِي دَاخِلِهِ وَيَكْتَشِفُ العَالَمَ الرُوحِيَّ مِنْ خِلاَلِهَا وَيَأْخُذُ يَشْعُرُ بِأَنَّهُ جُزءٌ مِنْ نَفْسِ أَدَم "النَفْسُ الإِنْسَانِيَّةُ"، عِنْدَهَا يَعْلَمُ دَوْرَ عُلَمَاءِ الكَابَالا وَلَيْسَ تِجَاهَهُ فَحَسْب بَلْ تِجَاهَ الإِنْسَانِيَّةِ بِأَكْمَلِهَا وَعَلَى مَدَى التَارِيخِ وَالتَصْحِيحِ الَذِي قَامُوا بِهِ وَالذِي مِنْ دُوْنِهِ لَمْ وَلَنْ يَكُنْ بِإِسْتِطَاعَتِنَا إِحْرَازَ العَالَمِ الرُوحِيِّ.

فَكَمَا الشَخْصُ الَذِي يُولَدُ إِلَى العَالَمِ فِي يَومِنَا هَذَا فَإِنَّهُ يَسْتَمْتِعُ وَيَنْعَمُ بِثِمَارِ

آلافِ السِنِينِ مِنْ تَطوُرِ الإِنْسَانِيَّةِ وَمَا تَوَصَّلَتْ إِلَيْهِ مِنْ حَضَارَةٍ وَتَقَدُم عِلْمِيٍّ وَتكْنُولُوجِيٍّ لِخِدْمَةِ الإِنسَانِ، وَبِالرَغْمِ مِنْ أَنَّهُ لا يَزَالُ طِفْلاً وَيَعْتَمِدُ كُلِيَّاً عَلَى وَالِدَيهِ فِي كُلِّ شَيءٍ إِلاَّ أَنَّ المُجْتَمَعَ وَالعِلمَ وَالتَكْنُولُوجِيَا تَعْمَلُ جَمِيعُهَا لِمَصْلَحَتِهِ. فَهَؤُلاءُ الَذِينَ عَاشُوا مِنْ قَبْلِهِ عَمِلُوا كَادِحِينَ وَبَذَلُوا جُهْدَاً فَائِقَاً فِي إِكْتِشَافَاتِهِم مُتَحَمِلِينَ أَلَمَ وَقَسَاوَةَ الظُرُوفِ التِي عَاشُوا فِيهَا لِيُقَدِمُوا لَهُ المَعرِفَةَ التِي تُمَكِنَهُ فِي أَنْ يَعِيشَ بِرَاحَةٍ وَيَكْبَرُ فِي ظُرُوفٍ أَفْضَلَ مِنَ التِي عَاشُوا فِيهَا وَالتِي تُوفِرُ لَهُ كُلَّ مَا يَحْتَاجُهُ لِيَنْمُو بِسُرعَةٍ بِدَرجَةِ تَطوُرِ الإِنْسَانِيَّةِ مِنْ حَوْلِهِ وَيَعِيشُ بِسَعَادَةٍ وَيَقُومُ بِدَوْرِهِ فِي مُجْتَمَعِهِ لِيُتَابِعَ فِي نُمُوَ البَشَرِيَّةِ نَحْوَ الأَفْضَلِ. وَهَكَذَا هُوَ الأَمْرُ بِالنِسْبَةِ إِلَى إِحْرَازِنَا لِلعَالَمِ الرُوحِيِّ فَإِنَّهُ قَائِمٌ عَلَى الأَسَاسِ الَذِي بَنَاهُ عُلَمَاءُ الكَابَالا خِلاَلَ السِنِينِ وَعَبْرَ العُصُورِ، وَعِنْدَمَا نَبْدَأُ فِي النُمُوِ الرُوحِيِّ نَسْتَطِيعُ إِدْرَاكَ مَا قَدمُوهُ لَنَا وَمَعْرِفَةَ وَتَقْدِيرَ كُلَّ مَا عَمِلُوهُ مِنْ أَجْلِنَا. هَذِهِ هِيَ عَلاَقَةُ عَالِمِ الكَابَالاَ مَعَ الإِنْسَانِيَّةِ وَالطَرِيقَةُ التِي يَتَعَامَلُ مَعَهَا فِي عِلاَقَتِهِ مَعَ البَشَرِيَّةِ.

عَالِمُ الكَابَالا هُوَ بَاحِثٌ مُتَخَصِصٌ فِي دِرَاسَةِ قَوَانِينَ الطَبِيْعَةِ مُسْتَخْدِماً أَحْدَثَ وَأَدَّقَ النَظَرِيَّاتِ ذَاتَ البَرَاهِينِ الثَابِتَةِ وَالتِي أُثْبِتَتْ فَعَّالِيَتَهَا عَلَى مَرِّ الزَمَانِ مِنْ خِلاَلِ إِجْرَاءِ التَجَارُبِ وَالإِخْتِبَارَاتِ التِي أُثْبِتَتْ صِحتَهَا. يَبْحَثُ عَالِمُ الكَابَالا وَيَدْرُسُ جَوْهَرَ وُجُودِهِ كَإِنْسَانٌ مُسْتَخْدِماً كَافةَ الوَسَائِلِ التِى لَدَيْهِ مِنَ الأَحَاسِيسِ وَالمَشَاعِرِ بِالإِضَافَةِ إِلَى قُدْرَةِ العَقلِ البَشَرِيِّ التِي يَتَمَتعُ بِهَا.

لاَ يَخْتَلِفُ البَاحِثُ فِي عِلْمِ الكَابَالا عَنْ أَيِّ إِنْسَانٍ عَادِيٍّ، فَهُوَ لَيْسَ فِي حَاجَةٍ إِلَى إِقْتِنَاءِ مَوَاهِبَ خَاصَةٍ أَوْ مَقْدِرَةٍ خَاصَةٍ أَوْ حِرْفَةٍ أَوْ مِهْنَةٍ خَاصَةٍ كَمَا وَلَيْسَ مِنَ الضَرُورِيِّ أَنْ يَكُونَ إِنْسَاناً حَكِيماً أَوْ أَنْ يَتَمَثَّلَ بِصِفَةٍ مُعَيَّنَةٍ أَوْ أَنْ يَحْمِلَ رَمْزاً مُعَيَّناً يَدُلُ عَلَى قَدَاسَتِهِ أَو مَجَالُ تَخَصُصِهِ أَوْ مَكَانَتِهِ فِي

المُجتَمعِ الَذِي يَعِيْشُ فِيْهِ. هَذَا الإِنْسَانُ العَادِيُّ يَصِلُ إِلَى مَرْحَلَةٍ فِي حَيَاتِهِ يُقرِرُ فِيْهَا البَحْثَ لِلوُصُولِ إِلَى طَرِيقَةٍ يَسْتَطِيْعُ مِنْ خِلاَلَهَا أَنْ يجِدَ أَجْوِبَةً مَنْطِقِيّةً وَثَابِتَةً بِبَرَاهِينِ عِلْمِيَّةٍ جَدِيْرَةٍ بِالثِقَةِ لأَسْئِلَةٍ تُشْغُلُهُ مُرَاوِدَةً فِكْرَهُ عَلَى الدَوَامِ وَمُسَبِبَةً لَهُ القَلَقُ وَعَدَمُ الرَاحَةِ وَبِإِسْتِخْدَامِهِ لِنَظَرِيَّةِ البَحْثِ المُمَيَّزَةِ وَالإِسْتِثْنَائِيَّةِ التِي يُقَدِمُهَا عِلْمُ الكَابَالا يَنْجَحُ الإِنْسَانُ بِاكْتِسَابِهِ حَاسَةً جَدِيدَةً وَالَتِي نُطْلِقُ عَلَيهَا إِسْمُ "الحَاسَةُ السَادِسَةُ" وَهِيَ الحَاسَةُ التِي يَسْتَطِيعُ مِنْ خِلاَلِهَا الإِحْسَاسَ بِالعَالَمِ الرُوحِيِّ.

مِنْ خِلاَلِ الحَاسَةِ السَادِسَةِ يَسْتَطِيعُ البَاحِثُ فِي عِلْمِ الكَابَالا الشُعُورَ بِالعَالَمِ الرُوحِيِّ وَكَأَنَّهُ وَاقِعٌ جَلِيٌّ أَمَامَهُ وَوَاضِحٌ لِلعَيَانِ كَشُعُوْرِهِ بِالوَاقِعِ المَادِيِّ الَذِي يَعِيشُ فِيْهِ هُنَا فِي هَذَا العَالَمِ، وَمِنْ خِلاَلِ هَذَا الإِحْسَاسِ يَسْتَطِيْعُ أَنْ يَتلَقَّى المَعْرِفَةَ وَإِدْرَاكَ العَالَمِ الرُوحِيِّ وَالوَاقِعِ الكَامِلِ وَالَذِي يَتَضَمَّنُ عَالَمُنَا المَادِيِّ وَالعَالَمُ الأَعْلَى بِخَوَافِيهِ.

البَاحِثُ فِي عِلْمِ الكَابَالا يَسْتَطِيعُ إِحْرَازَ العَالَمِ الرُوحِيَّ دَرَجَةً بِدَرَجَةٍ مُرْتَقِيٍ مِنْ عَالَمٍ إِلَى آخَرٍ. مِنْ خِلاَلِ إِحْرَازِهِ هَذَا يُصْبِحُ لَدَيْهِ القُدْرَةَ بِإِمْتِلاَكِ الإِدْرَاكِ فِي النَظَرِ إِلَى جُذُورِ كُلِّ مَا هُوَ كَائِنٌ وَمَوْجُودٌ وَفِي كُلِّ مَا يحْدُثُ فِي عَالَمِنَا مُنْذُ نَشْأَتِهِ إِلَى مَا يَظْهَرُ عَلَيْهِ فِي وَضْعِهِ الحَالِي فِي وَاقِعِنَا مُتَضَمِناً كُلَّ المَرَاحِلِ التِي مَرَّ بِهَا، كُلُّ شَيءٍ فِي العَالَمِ وَهَذَا طَبْعاً يَتَضَمَّنُ وُجُودَ الإِنْسَانِ نَفسِهُ. الصِفَةُ وَالعَامِلُ المُشْتَرَكُ بَيْنَ جمِيعِ البَاحِثِينَ فِي عِلْمِ الكَابَالا هُوَ فِي إِمْكَانِيَّةِ وَعْيِهِمْ وَإِحْسَاسِهِمْ بِالعَالَمِ الرُوحِيِّ قَادِرِينَ عَلَى الشُعُورِ بِهِ بِالرَغْمِ مِنْ أَنَّهُم يَعِيشُونَ فِي عَالَمِنَا المَادِيِّ.

مِنْ خِلاَلِ البَحْثِ المُسْتَمِرِ وَالمُرَكَّزِ يَعِي البَاحِثُونَ فِي عِلْمِ الكَابَالا مَعْرِفَةَ

وَإِدْرَاكَ الوَاقِعِ الشَّامِلِ، الوَاقِعُ الَّذِي لَا يُدْرِكُهُ الإِنْسَانُ العَادِيُّ إِلَّا نِسْبَةَ ١٠٪ مِنْهُ فَقَطْ، وَلِهَذَا السَّبَبِ يَكُونُ لَدَى عُلَمَاءِ الكَابَالَا القُدْرَةُ عَلَى دِرَاسَةِ هَذَا الوَاقِعِ وَمَعْرِفَةِ قَوَانِينِهِ وَعُمْقِ فَعَالِيَتِهَا وَتَعْلِيمِهَا لِلْآخَرِينَ. وَنَتِيجَةً لِجُهُودِهِمُ المُكَثَّفَةِ وَأَبْحَاثِهِمْ فَقَدْ زَوَّدُونَا بِنَظَرِيَّةٍ جَدِيدَةٍ نَسْتَطِيعُ بِوَاسِطَتِهَا مَعْرِفَةَ وَإِدْرَاكَ مَصْدَرِ الحَيَاةِ مِنْ خِلَالِ مَعْرِفَتِنَا وَفَهْمِنَا لِلْعَالَمِ الرُّوحِيِّ، وَقَدْ سَجَّلُوا بُحُوثَهُمْ فِي كُتُبٍ عَدِيدَةٍ كُتِبَتْ بِلُغَةٍ وَأُسْلُوبٍ خَاصٍّ. يَجِبُ عَلَيْنَا نَحْنُ قِرَاءَةُ هَذِهِ الكُتُبِ وَالبَحْثُ فِيهَا بِحَسْبِ الطَّرِيقَةِ الَّتِي يُعَلِّمُونَا إِيَّاهَا هَؤُلَاءِ البَاحِثِينَ حَتَّى يَكُونَ بِإِمْكَانِنَا الحُصُولُ عَلَى أَكْبَرِ قَدْرٍ مُمْكِنٍ مِنَ المَعْرِفَةِ المَوْجُودَةِ فِي هَذِهِ الكُتُبِ وَبِالتَّالِي لِتُصْبِحَ هَذِهِ الكُتُبُ بِمَثَابَةِ "الإِنَاءِ" الَّذِي مِنْ خِلَالِهِ يَسْتَطِيعُ الإِنْسَانُ اكْتِشَافَ الحَقِيقَةِ بِنَفْسِهِ وَلِيَحْصُلَ عَلَى مَعْرِفَةِ مَعْنَى وَهَدَفِ حَيَاتِهِ.

فِي جَمِيعِ الكُتُبِ وَالمُدَوَّنَاتِ الَّتِي خَلَّفَهَا لَنَا عُلَمَاءُ الكَابَالَا شَرَحُوا فِيهَا كَيْفِيَّةَ إِدْرَاكِ الوَاقِعِ الشَّامِلِ بِعُمْقٍ (الوَاقِعُ الَّذِي يَتَضَمَّنُ وَاقِعَنَا المَادِيَّ وَالوَاقِعَ الغَيْرَ مَرْئِيٍّ أَوِ المُدْرَكِ مِنْ خِلَالِ حَوَاسِّنَا الخَمْسَةِ) أَيِ الوَاقِعُ المَرْئِيُّ وَاللَّامَرْئِيُّ عَلَى حَدٍّ سَوَاءٍ، كَمَا وَشَرَحُوا الطَّرِيقَةَ وَالأُسْلُوبَ التَّقْنِيَّ لِلْبَحْثِ العِلْمِيِّ مُسْتَنِدِينَ عَلَى التَّجْرُبَةِ الشَّخْصِيَّةِ القَائِمَةِ وَالمُسْنَدَةِ عَلَى البَرَاهِينِ العِلْمِيَّةِ المَبْنِيَّةِ عَلَى قَوَانِينِ الطَّبِيعَةِ. إِذَا كُنَّا نُرِيدُ فَهْمَ وَإِدْرَاكَ العَالَمِ الرُّوحِيِّ وَمَا يَدُورُ فِيهِ يَجِبُ أَنْ نَرْتَقِيَ إِلَى دَرَجَتِهِ وَإِلَّا فَلَنْ يَكُنْ بِإِمْكَانِنَا فَهْمُ مَا يَشْرَحُهُ لَنَا عُلَمَاءُ الكَابَالَا فِي كُتُبِهِمْ.

فَمِنَ الإِلْمَامِ بِكَافَّةِ وُجُهَاتِ النَّظَرِ وَالتَّجَارِبِ العِلْمِيَّةِ عَلَى مَرِّ العُصُورِ، وَجَدَ عُلَمَاءُ الكَابَالَا الطَّرِيقَةَ الَّتِي تُسَاعِدُ هَؤُلَاءِ الَّذِينَ يَبْحَثُونَ عَنْ مَعْنَى وُجُودِهِمْ فِي هَذَا العَالَمِ، وَالَّذِينَ يَتَّبِعُونَ قَوَانِينَ البَحْثِ كَمَا نَصَّ عَلَيْهَا عُلَمَاءُ الكَابَالَا فِي مَعْرِفَةِ وَإِحْرَازِ العَالَمِ الرُّوحِيِّ بِحَسْبِ دَرَجَاتِ السُّلَّمِ الَّتِي

إِرْتَقُوا مِنْ خِلاَلَهَا العَالَمَ الرُوحِيَّ بِأَنْفُسِهِمْ. هَذِهِ النَظَرِيَّةِ مَا يُدْعَى بِعِلْمِ حِكْمَةِ الكَابَالا.

تَفْسِيرُ المُصْطَلَحَاتِ :

عَالِمُ الكَابَالَا : هُوَ بَاحِثٌ مُتَخَصِّصٌ فِي دِرَاسَةِ قَوَانِينِ الطَّبِيعَةِ مُسْتَخْدِماً أَحْدَثَ وَأَدَقَّ النَظَرِيَّاتِ ذَاتِ البَرَاهِينِ الثَّابِتَةِ. يَبْحَثُ عَالِمُ الكَابَالَا وَيَدْرُسُ جَوْهَرَ وُجُودِهِ كَإِنْسَانٍ مُسْتَخْدِماً كَافَّةَ الوَسَائِلِ الَّتِي لَدَيْهِ.

الحَاسَّةُ السَّادِسَةُ : وَهِيَ الحَاسَّةُ الَّتِي يَسْتَطِيعُ الإِنْسَانُ مِنْ خِلَالِهَا الإِحْسَاسَ بِالعَالَمِ الرُّوحِيِّ.

الوَاقِعُ الشَّامِلُ : وَهُوَ الوَاقِعُ الَّذِي يَتَضَمَّنُ وَاقِعَنَا المَادِّيَّ وَالوَاقِعَ الغَيْرَ مَرْئِيٍّ أَوِ المُدْرَكِ مِنْ خِلَالِ حَوَاسِّنَا الخَمْسَةِ.

الشُّعُورُ بِالعَالَمِ الرُّوحِيِّ : أَيِ الإِدْرَاكُ الحِسِّيُّ مِنْ خِلَالِ الإِحْسَاسِ بِوُجُودِهِ الوَاقِعِيِّ وَلَيْسَ مِنْ خِلَالِ مَعْرِفَةٍ مُجَرَّدَةٍ أَوْ خَيَالٍ لَا أَسَاسَ لَهُ.

فَهْمُنَا لِلْعَالَمِ الرُّوحِيِّ : أَيْ فَهْمُ بُنْيَةِ الوُجُودِ بِوَاقِعِهِ الكَامِلِ، وَكَيْفِيَّةِ نِظَامِ العَوَالِمِ بِدَرَجَاتِهَا.

كُتُبُ عِلْمِ حِكْمَةِ الكَابَالَا : قَدْ سَجَّلَ عُلَمَاءُ الكَابَالَا بُحُوثَهُمْ فِي كُتُبٍ كُتِبَتْ بِلُغَةٍ وَأُسْلُوبٍ خَاصٍّ وَالَّتِي يَتَوَجَّبُ عَلَيْنَا نَحْنُ قِرَاءَتَهَا وَالبَحْثُ فِيهَا بِحَسْبِ الطَّرِيقَةِ الَّتِي يُرْشِدُونَا إِلَيْهَا حَتَّى يَكُونَ بِإِمْكَانِنَا الحُصُولُ عَلَى أَكْبَرِ قَدْرٍ مُمْكِنٍ مِنَ المَعْرِفَةِ لِتُصْبِحَ هَذِهِ الكُتُبُ أَدَاةً مِنْ خِلَالِهَا يَسْتَطِيعُ الإِنْسَانُ اكْتِشَافَ الحَقِيقَةِ بِنَفْسِهِ وَلِيَحْصُلَ عَلَى مَعْرِفَةِ مَعْنَى وَهَدَفِ حَيَاتِهِ.

حَيَاةُ التَقَشُّفِ أَوِ التَصَوُّفِ : هِيَ تَعْذِيبُ الإِنْسَانِ لِلأَنَا فِيهِ بِحِرْمَانِ نَفْسِهِ مِنَ العَيْشِ بِهَنَاءٍ فِي العَالَمِ الَّذِي خَلَقَهُ الخَالِقُ لِأَجْلِنَا لِهَدَفِ الوُصُولِ إِلَى دَرَجَةٍ يَكُونُ فِيهَا مُسْتَحِقٌّ لِلْعَالَمِ الرُّوحِيِّ. وَهَذَا الأُسْلُوبُ يَتَعَارَضُ تَمَاماً مَعَ تَعَالِيمِ

عِلْمُ حِكْمَةِ الكَابَالاَ وَالَتِي تَنُصُّ بِضَرُورَةِ تَصْحِيحِ الأَنَا أَيْ الرَغَبَاتِ الأَنَانِيَّةِ فِي الإِنْسَانِ لِيَتَمَكَّنَ مِنْ إِحْرَازِ العَالَمِ الرُوحِيِّ وَمَا يَتَخَالَفُ مَعَ هَذَا لَيْسَ بِكَابَالا.

إِخْتَبِرْ مَعْلُومَاتكَ.

س١ : مَا هُوَ الوَاقِعُ الشَامِلُ؟

س٢ : مَنْ هُوَ عَالِمُ الكَابَالاَ؟

س٣: عَنْمَا يُعَبِّرُ المُصْطَلَحُ "أَدَم" فِي اسْتِخْدَامِهِ؟

س٤ : هَلْ يَفْرِضُ عَلَيْنَا عِلْمُ الكَابَالا أَيٌّ مِنْ أَنْوَاعِ التَقَشُّفِ وَهَلْ لَهُ عَلاَقَةٌ بِالتَصَّوُفِ؟

س٥ : مَا أَهَمِيَّةُ الكُتُبِ التِي تَرَكَهَا لَنَا عُلَمَاءُ الكَابَالا فِي مُسَاعَدَةِ الإِنْسَانِ فِي بَحْثِهِ؟

غَذَاءٌ لِلفِكرِ

أَنْتُم الذِينَ تُحِبُونَ الربَّ تُبْغِضُونَ الشرَّ، فَإِنَّ الخَالِقُ يَحْفَظُ نُفُوسَ أَتْبَاعِهِ وَيُخلِصُهُم مِنْ أَيْدِي الأَثَمَةِ وَفَاعِلِي الشرِّ، وَهذَا تَفْسِيرُهُ بِأَنَّهُ لَيْسَ كَافِيَاً عَلَيْكَ أَيُّهَا الإِنْسَانُ أَنْ تُحِبَ الخَالِقَ وَأَنْ ترْغَبَ فِي التَقَرُّبِ وَالإِلْتِصَاقِ بِهِ وَلَكِنْ يَجِبُ عَلَىَ الإِنْسَانِ أَنْ يَكْرَهَ الشرَّ.

مِنْ صَاحِبُ السُلَّمِ

كُلُّ شَيءٍ مِنْ مُكَوِنَاتِ الوَاقِعِ فِي عَالَمِنَا أَكَانَ الحَسَنُ أَوْ السَيئُ وَحَتَى أَكْثَرَ الأَشْيَاءِ سُؤاً وَضَرَراً، لَهُ مَكَانَتَهُ وَحَقَّهُ فِي التَوَاجُدِ فِي هَذَا العَالَمَ، وَلا يُمْكِنُ إِبَادَتَهُ أَوْ مَحْوَهُ بِالكَامِلِ، فَالمَسْؤُولِيَّةُ التِي تَقَعُ عَلَيْنَا هِيَ تَصْحِيحَهُ وَتَحْسِينَ سُلُوكَهُ فَقَطْ، فَبِالتَمَعُّنِ وَمُلاحَظَةِ كَيْفِيَّةِ إِنْسِجَام عَمَلِ الخَلِيقَةِ كَافٍ لِيُعَلِمُنَا عَنْ عَظَمَةِ وَكَمَالِ الخَالِقِ. لِذَلِكَ يَجِبُ عَلَيْنَا أَنْ نَفْهَمَ وَأَنْ نَكُونَ شَدِيْدِيَّ الحَذَرِ فِي تَلْفِيقِ الخَلَلِ إِلَى أَيِّ جُزْءٍ أَوْ عُنْصُرٍ مِنَ الخَلِيْقَةِ كَالقَولِ أَنَّ هَذَا المَخْلُوقَ لا حَاجَةَ لَهُ وَلا ضَرُوْرَةً لِوُجُودِهِ، لأَنَّ ذَلِكَ يُعْتَبَرُ إِفْتِرِاءٌ عَلَى الخَالِقِ نَفْسِهِ.

مِنْ مَقَالِ الحُرِيَّةِ لِصَاحِبِ السُلَّمِ

طَرِيقُ الكَابَالا هُوَ لا أَكْثَرُ وَلا أَقَلُّ مِنْ سِلْسِلَةٍ مُتَعَاقِبَةٍ مِنَ الجُذُورِ المُتَمَاسِكَةِ وَالمُتَدَالِيَةِ إِلَى الأَسْفَلِ بِنَاءً عَلَى نَظَرِيَّةِ الحَدَثِ وَالعَاقِبَةِ عَلَى شَكْلِ قَوانِينٍ ثَابِتَةٍ وَمُحَدَدَةٍ تَتَنَاسَجُ كُلَّهَا مُتَمَازِجَةً لِتُشَكِلَ هَدَفَاً وَاحِداً وَعَظِيماً نَسْتَطِيعُ وَصْفَهُ بِأَنَّهُ وَحْيُ وَإِظْهَارُ وَرَعِ وَصَلاحَ الخَالِقِ تَعَظَّمَ ذِكْرُهُ تِجَاهَ خَلِيْقَتِهُ فِي هَذَا العَالَمَ.

مِنْ صَاحِبُ السُلَّمِ

إِدرَاكُ الوَاقِعُ الكَامِلِ

مِنْ أَجْلِ فَهْمِ عِلْمُ حِكْمَةِ الكَابَالا وَكِتَابُ الزُوُهَارِ، يَجِبُ عَلَيْنَا أَنْ نَتعَلَّمَ بُنْيَةَ الخَلِيْقَةَ بِأَكْمَلَهَا. بُنْيَةُ كُلِّ العَوَالِمِ وَكَيْفِيَّةَ عَمَلِ القَوَانِينِ الحَاكِمَةِ لِهَذِهِ العَوَالِمِ وَكَيْفِيَّةَ تَأْثِيرَهُمْ عَلَى نُفُوسِ البَشَرِ وَأَيْضاً كَيْفِيَّةَ تَأْثِيرُ نُفُوسِ البَشَرِ عَلَى هَذِهِ العَوَالِمِ، وَكَيْفَيَّةَ إِدَارَةَ وَحُكْمَ الخَالِقِ لِلوُجُودِ بِكَامِلِهِ وَأَيْضاً كَيْفِيَةَ تَأْثِيرُ الكَائِنَاتِ الحَيَّةِ عَلَى العَنَايَةِ الإِلَهِيَّةِ.

عَلَى مَدَى الوُجُودِ نَرَى أَنَّ الإِنْسَانِيَّةَ كَانَتْ وَمَا زَالَتْ تَعْتَمِدُ عَلَى حَوَاسِ الإِنْسَانِ الخَمْسَةِ فِي مُحَاوَلَتِهَا البَحْثَ فِي الوَاقِعِ الَذِي تَعِيشُ فِيْهِ مُحَاوِلَةً جَمْعُ مَا تَسْتَطِيعُهُ مِنْ مَعْلُومَاتٍ لِصِيَاغَةِ العُلُوم لِتَطُورِ الإِنْسَانِيَّةِ. إِنَّ هَدَفَ العِلْمُ وَالمَعْرِفَةُ وُجِدَ لِتَحْسِينِ حَيَاتِنَا وَمُسَاعَدَتِنَا فِي اسْتِخْدَامِ مَوَارِدِ العَالَمِ بِشَكْلٍ فَعَّالٍ. يَخْتَلِفُ عِلْمُ حِكْمَةِ الكَابَالاَ عَنْ العُلُوم الأُخْرَى فِي أَنَّهُ يَبْحَثُ فِي العَالَمَ الَذِي يَفُوُقُ قُدْرَةَ إِدْرَاكِ الإِنْسَانِ العَادِي. وَلِلبَحْثِ فِي هَذَا العَالَمَ يَجِبُ أَنْ يَكُونَ الإِنْسَانُ مُزَوَّداً بِحَاسَةٍ أُخْرَى وَالَتِي مِنْ خِلالِهَا يَكُوْنُ بِإِسْتِطَاعَتِهِ إِدْرَاكَ وَفَهْمَ العَالَمَ الأَعْلَى، وَبِإِضَافَةِ هَذِهِ القُدْرَةِ الحِسيَّةِ الجَدِيْدَةِ يَسْتَطِيعُ الإِنْسَانُ جَمْعَ كُلِ التَجَارُبِ وَالبَرَاهِينِ عَنْ العَالَمِ الأَعْلَى. كَأَيٍّ مِنْ العُلَمَاءِ فِي بَحْثِهِمْ وَجَمْعِهِم لِلمَعْلُومَاتِ وَالبَرَاهِينِ وَفِي تَدْوِينِ المُلاحَظَاتِ وَالتَحْلِيلِ المَوضُوعِيِّ لِتِلْكَ المَعْلُومَاتِ بِاتِبَاعِ أَسَالِيبِ وَمَنَاهِجِ عِلْمِيَّةٍ مُحَدَدَةٍ بِقَصْدِ التَأكُدِ مِنْ صِحَتِهَا وَتَعْدِيلَهَا أَوْ إِضَافَةَ الجَدِيدِ لَهَا لِيُمْكِنَهُم التَوَصُّلِ إِلَى القَوَانِينِ وَالنَظَرِيَّاتِ أَوْ التَنَبُؤِ بِحُدُوُثِ أَيٍّ مِنَ الظَوَاهِرِ وَالتَحَكُّمِ فِي أَسْبَابِهَا

هَكَذَا أَيْضاً عَالِمُ الكَابَالا إِذْ أَنَّ بَحْثَهُ العِلْمِيَّ يَعْتَمِدُ عَلَى الطَرِيقَةِ العِلْمِيَّةِ وَالَّتِي بِدَوْرِهَا تَعْتَمِدُ عَلَى الأَسَالِيبِ المُنَظَمَةِ المَوْضُوعَةِ فِي تَسْجِيلِ المَعْلُومَاتِ وَوَصْفِ الأَحْدَاثِ. فَهِيَ خَطَوَاتٌ مُنَظَمَةٌ تَهْدُفُ إِلَى اكْتِشَافِ وَتَرْجَمَةِ الحَقَائِقِ وَهَذَا بِالتَالِي يُؤَدِّي إِلَى فَهْمِ القَوَانِينِ وَالأَحْدَاثِ الَّتِي تَأْخُذُ مَجْرَاهَا هُنَا فِي العَالَمِ. بِنَاءً عَلَى كَافَةِ هَذِهِ البُحُوثِ دَوَّنَ عُلَمَاءُ الكَابَالا النَتَائِجَ عَبْرَ آلَافِ السِنِينِ المَاضِيَّةِ وَنَتَائِجُ هَذِهِ البُحُوثِ مَا يُدْعَى بِعِلْمِ حِكْمَةِ الكَابَالا.

يَصِفُ عِلْمُ حِكْمَةِ الكَابَالا الأَحْدَاثَ الَّتِي تَنْشَأُ مِنَ العَالَمِ الأَعْلَى أَيْ مِنَ الخَالِقِ وَتَتَسَلْسَلُ مُنْحَدِرَةً إِلَى عَالَمِنَا مِنْ خِلَالِ العَوَالِمِ الرُوحِيَّةِ، كَمَا وَتَصِفُ كَيْفِيَّةَ انْتِشَارِهَا فِي عَالَمِنَا المَادِيِّ مِمَّا يَجْعَلُنَا قَادِرِينَ عَلَى إِدْرَاكِهَا مِنْ خِلَالِ حَوَاسِنَا الخَمْسَةِ. فَإِنَّ عَالَمَنَا نَحْنُ هُوَ نَتِيجَةٌ لِلْعَالَمِ الأَعْلَى وَعِلْمُ الكَابَالا يَشْتَمِلُ عَلَى المَعْرِفَةِ لِلْوُجُودِ كَكُلٍّ أَوْ لِلْوَاقِعِ الشَامِلِ وَلَيْسَ جُزْءٌ مِنْهُ فَقَطْ كَالعُلُومِ الأُخْرَى لِذَلِكَ عِلْمُ الكَابَالا هُوَ الوَسِيلَةُ الوَحِيدَةُ وَالفَعَّالَةُ فِي مُسَاعَدَتِنَا فِي البَحْثِ فِي الوُجُودِ الكَامِلِ. فَإِنَّ دَوْرَةَ سِيَاقِ تَسَلْسُلِ هَذِهِ المَرَاحِلِ بِأَجْمَعِهَا مِنْ نُقْطَةِ البِدَايَةِ إِلَى النِهَايَةِ، تَتَضَمَّنُ فِيهَا المَرْحَلَةَ قَبْلَ إِنْحِدَارِ النَفْسِ إِلَى هَذَا العَالَمِ وَإِرْتِدَائِهَا فِي الجَسَدِ، بِالإِضَافَةِ إِلَى جَمِيعِ أَطْوَارِ الحَيَاةِ الَّتِي نَمُرُّ فِيهَا خِلَالَ تَوَاجُدِنَا فِي هَذَا العَالَمِ، كَمَا وَتَشْمَلُ المَرْحَلَةَ بَعْدَمَا تَعُودُ النَفْسُ إِلَى جُذُورِهَا فِي العَالَمِ الأَعْلَى. فَالحِكْمَةُ تَبْحَثُ وَتُنَاقِشُ كُلَّ الأَحْدَاثِ النَاتِجَةِ عَنِ الخَالِقِ وَلَا تَبْحَثُ فِي جَوْهَرِ الخَالِقِ ذَاتِهِ.

فِي ضَوْءِ الأَزْمَةِ الَّتِي تُوَاجِهُهَا الإِنْسَانِيَّةُ وَشُعُورُ العَجْزِ المُتَزَايِدِ، فَقَدْ حَانَ الوَقْتُ لِظُهُورِ عِلْمِ حِكْمَةِ الكَابَالا لِشَرْحِ وَتَوْضِيحِ أَنَّ هَدَفَ الوَاقِعِ وَالوُجُودِ كُلَّهُ هُوَ لِرَفْعِ الجِنْسِ البَشَرِي إِلَى المُسْتَوَى الرُوحِيِّ الأَعْلَى لِيَكُونَ الإِنْسَانُ عَلَى صُورَةِ خَالِقِهِ. فَإِنَّ هَدَفَ الخَلِيقَةِ سَقَطَ مُنْحَدِراً إِلَى هَذَا العَالَمِ

إدراكُ الواقعُ الكَامِلِ

لِتُتاحَ لَنَا الفُرْصَةَ لِيرتَفِعُ الإنْسَانُ بِحُرِيَّةِ الإِخْتِيَارِ لَديْهِ إلَى أَعلَى درجَةٍ رُوحِيَّةٍ إلَى دَرَجَةِ الكَمَالِ.

بِإحْرَازِ الإِنْسَانِ لِلعَالَمِ الرُوحِيِّ فِي حِيْنَ تَوَاجُدِهِ فِي هَذَا العَالَمِ فَهُوَ يُمْسِكُ الوَاقِعُ بِكِلاَ جُزْئَيْهِ المَرْئِيِّ وَاللاَمَرْئِيِّ مِنْهُ، فَالجَسَدُ مُسْتَقِرٌ هُنَا فِي العَالَمِ بَيْنَمَا النَفْسُ تَنْمُو فِي تَوَازُنِهَا بِسِمَاتِهَا مَعَ سِمَاتِ الخَالِقِ فَهَذَا هُوَ هَدَفُ الخَلِيْقَةِ وَالخَالِقُ نَفْسُهُ يَقُودُنَا نَحْوَهُ. يَجِبُ عَلَيْنَا أَنْ نَمْلِكَ النَظْرَةَ الصَحِيْحَةَ نَحْوَ الوَاقِعِ. فَكَمَا ذَكَرْنَا قَبْلاً أَنَّ كَلِمَةَ كَابَالا فِي لُغَتِهَا الأَصْلِيَّةِ هِيَ "لا- كَا- بِلْ" وَمَعْنَاهَا التَقَبُّلُ أَوْ الأَخْذُ. فَالكَابَالا إِذاً تُعلِمُنَا كَيْفَ نَتَقَبَّلُ بِشَكْلٍ صَحِيحٍ، فَفِي إِتِبَاعِ السُلُوْكِ الصَحِيحِ تِجَاهَ الوَاقِعِ نَسْتَطِيعُ أَنْ نَخْتَبِرَ مِنَ المُتَعِ وَالمَلَذَّاتِ مِنْ دُوْنِ حُدُودٍ، هَذِهِ المُتَعُ لَيْسَتْ مِنَ المَلَذَّاتِ الدُنْيَوِيَّةِ وَالتِي سُرْعَانَ مَا تَزُولُ وَلَكِنَهَا تِلْكَ التِي تَدُوْمُ وَشُعُورُ الإِكْتِفَاءِ مِنْهَا لا يَزُوْلُ أَبَداً وَالتِي تَكُوْنُ لَنَا الدَافِعَ فِي إِحْرَازِ مَا وَرَاءَ حُدُودِ هَذَا العَالَمِ المَحْدُوْدِ. فَإِنَّ إِحْسَاسَ الإِنْسَانِ بِالزَمَنِ نَابِعٌ مِنْ تَأَرْجُحِهِ مُتَقَلِباً فِي إِحْسَاسِهِ بَيْنَ الخَيرِ وَالشَرِّ أَو إِحْسَاسِهِ بَيْنَ الحُصُوْلِ عَلى الإِكْتِفَاءِ وَفُقْدَانِهِ إِذْ أَنَّنَا لاَ نَشْعُرُ بِالزَمَنِ فِي حِيْنِ الشُعُوْرَ بِإِكْتِفَاءٍ تَامٍ.

إِنَّ حَيَاةَ الإِنسَانِ تَحْتَوِي دَائِماً عَلَى عُنْصُرَينِ أَوْ قُوَّتَيْنِ مُتَنَاقِضَتَينِ السَالِبُ وَالمُوجِبُ. عِنْدَمَا تَتَغَلغَلُ اللَذَّةُ إِلَى رَغْبَةِ الإِنْسَانِ تُلْغِيهَا تَمَاماً؛ فَعِنْدَمَا يَمْلءُ الزَائِدُ النَاقِصَ يُلْغِيهِ لِذَلِكَ نَشْعُرُ بِالفَرَاغِ حِيْنَ نَنَالُ مَا كُنَّا نَسْعَى وَرَاءَهُ.

كَمَا هُوَ الحَالُ فِي الدُوْرَةِ الكَهْرَبَائِيَّةِ القَصِيرَةِ ذَاتَ المُقَاوَمَةِ الصَغِيرَةِ جِداً فِي حَالِ وُجُودِ تَيَارٍ مُبَاشَرٍ. فَحَسْبَ قَانُونِ أُوم الكَهْرَبَائِي (شِدَةَ التَيَار = الجُهْدُ\ المُقَاوَمَةُ). وَبِمَا أَنَّ المُقَاوَمَةَ تُسَاوِي الصِفْرَ وَأَنَّ الجُهْدَ ذُو قِيمَةٍ مُعَيَّنَةٍ غَيْرُ الصِفْرَ سَوَاءَ كَانَتْ سَالِبَةً أَوْ مُوجِبَةً، فَإِنَّ التَيَارَ سَيَقْتَرِبُ مِنَ المَالاَنِهَايَةِ فِي

مَطَالِهِ وَسَيَغْدُو تَيَاراً فَائِضاً وَمُرُورُ تَيَارٍ شَدِيدٍ فِي أَسْلَاكٍ ذَاتَ مُقَاوَمَةٍ مَحْدُودَةٍ يُسَبِّبُ إِحْتِرَاقَ الأَسْلَاكِ وَانْفِجَارَ الأَجْهِزَةِ. وَهَكَذَا الحَالُ بِالنِسْبَةِ إِلَى الرَغْبَةِ فِي أَيِّ مَجَالٍ مِنْ مَجَالَاتِ الحَيَاةِ، فَلَطَالَمَا نَجْعَلُ التَرَابُطَ الغَيْرَ مُتَوَازِنٍ بَيْنَ الرَغْبَةِ وَالمَلَذَّةِ دَاخِلَهَا كَمَا فِي نِظَامِ عَمَلِ الدَوْرَةِ الكَهْرَبَائِيَّةِ القَصِيرَةِ سَنَجِدُ أَنْفُسَنَا حَبِيسَيْ اللاشَيْءِ فِي مُعَادَلَةٍ نَتِيجَتُهَا الصِفْرُ. وَلَكِنْ إِذَا وَضَعْنَا مُسْتَحَثٍّ أَوْ مُكَثِّفٍ وَالَذِي يَعْمَلُ كَمَرْشَحٍ كَامِنٍ بَيْنَ هَذَيْنِ العَامِلَيْنِ المُتَنَاقِضَيْنِ "الرَغْبَةُ وَالمَلَذَّةُ" عِنْدَهَا يَعْمَلَانِ مَعاً بِتَنَاسُبٍ كَامِلٍ مِمَّا يُؤَدِّي إِلَى ظُهُورِ مُتْعَةٍ أَوْ لَذَّةٍ مُسْتَمِرَّةٍ وَدَائِمَةٍ.

يَشْرَحُ عُلَمَاءُ الكَابَالَا بِأَنَّ المُتْعَةَ وَاللِذَّةَ تَنْبُعُ مِنَ القُوَى العُلْيَا. هَذِهِ القُوَى تُرْسِلُ لَنَا المُتْعَةَ بِسَبَبِ مَحَبَّتِهَا لَنَا وَإِرَادَتِهَا فِي أَنْ نَشْعُرَ بِالسَعَادَةِ. وَلَكِنْ عِنْدَمَا نُحَاوِلُ تَلَقِّي المُتْعَةَ بِشَكْلٍ مُبَاشِرٍ نَجِدُ أَنَّ المُتْعَةَ تُلْغِي رَغْبَتَنَا فِي التَمَتُّعِ بِهَا وَبِالتَالِي يَتَوَقَّفُ الشُعُورُ بِالإِسْتِمْتَاعِ. وَلَكِنْ يُوجَدُ هُنَاكَ طَرِيقَةٌ أُخْرَى فِي إِقَامَةِ عَلَاقَةٍ مُتَبَادَلَةٍ لِلإِرْتِبَاطِ بِالمُتْعَةِ، فَإِذَا إِسْتَطَعْنَا اكْتِشَافَ مَحَبَّةِ القُوَى العُلْيَا لَنَا وَالتَبَادُلَ مَعَهَا بِإِعَادَةِ هَذِهِ المَحَبَّةِ مَعَ مَحَبَّتِنَا نَحْنُ مَعَهَا نَجِدُ أَنْفُسَنَا عَلَى نَفْسِ المُسْتَوَى مَعَهَا فِي إِرَادَةِ كُلٍّ مِنَ الطَرَفَيْنِ فِي إِرْضَاءِ وَجَلْبِ السُرُورِ لِلآخَرِ، وَتُصْبِحُ الرَغْبَةُ فِي إِرْضَاءِ الآخَرِ هِيَ المُتْعَةُ الَتِي لَا تَزُولُ؛ فَالرَغْبَةُ فِي مَحَبَّةِ الآخَرِ نَابِعَةٌ مِنَ القَلْبِ مَعَ عَدَمِ السَعْيِ وَرَاءَ تَحْصِيلِ أَيِّ شَيْءٍ لِلذَاتِ. وَلِهَذَا السَبَبِ إِنَّ المُتْعَةَ فِي هَذِهِ الحَالَةِ لَا تَتَغَلَّبُ عَلَى الرَغْبَةِ لِتَرْوِيَ عَطَشَهَا مُشْبِعَةً إِيَّاهَا عَنْ تَلَقِّي المَحَبَّةِ وَهُنَا يَسْتَطِيعُ المَخْلُوقُ تَلَقِّي المُتْعَةَ مِنْ دُونِ حُدُودٍ وَالَتِي يَشْعُرُ بِهَا وَكَأَنَّهَا حَيَاةٌ أَبَدِيَّةٌ.

سَنُوَضِّحُ هَذَا فِي مِثَالِ الأُمِّ الَتِي تَرْغَبُ فِي جَلْبِ المُتْعَةِ لِإِبْنَتِهَا بِإِعْطَائِهَا قِطْعَةً مِنَ الحَلْوَى. أَمَا الإِبْنَةُ فَهِيَ تَسْتَمْتِعُ بِالحَلْوَى اللَذِيذَةِ وَلَكِنْ سُرْعَانَ مَا

تَنْتَهِي مِنْ أَكْلِ قِطْعَةِ الحَلْوَى سُرعَانَ مَا تَتَلاَشَى المُتْعَةُ التِي جَلَبَتْهَا. وَلَكِنْ لَو تُغَيرُ الفَتَاةَ عِلاَقَتَهَا فِي رَبْطِ المُتْعَةِ بِوَالِدَتِهَا بَدَلاً مِنْ قِطْعَةِ الحَلوَى نَفْسِهَا لِتَفْتَكِرَ فِي مَحَبَّةِ وَالِدَتِهَا وَالَتِي قَدَمَتِ الحلوَى لَهَا، عِنْدَهَا تَسْتَطِيعُ تَقَبُّلَ الحَلوَى لَيْسَ لِسَبَبِ طَعْمِ الحَلوَى اللَذِيذِ وَالغَيْرِ دَائِمِ وَلَكِنْ لأَنَّهَا تَودُ مُبَادَلَةَ أُمِهَا بِنَفْسِ المَحَبَّةِ، فَتَتَلَّقَى مَا تُقَدِمُهُ لَهَا أُمَهَا لِتُرْضِيهَا وَتَجْلُبُ لَهَا السَعَادَةَ. هَذَا النَوعَ مِنَ التَرَابُطِ يَخْلِقُ عَلاَقَةً جَدِيدَةً وَمُخْتَلِفَةً كُلِيّاً بَيْنَ المُعْطِي وَالمُتَلَقِّي إِذْ أَنَّ الطَرَفَيْنِ أَصْبَحُوا عَلَى مُسْتَوَى وَاحِدٍ فِي رَغْبَةِ كُلٍّ مِنْهُمَا فِي إِرْضَاءِ الآخَرِ. فَالمُعْضِلَةُ فِي إِلغَاءِ الزَائِدِ لِلنَاقِصِ وُجِدَ حَلَّهَا إِذْ أَصْبَحَ المُتَلَقِّي (النَاقِصُ)مُعْطِيّاً (زَائِدٌ). فَفِي حَالِ تَلَقِّي النُورُ فَقَطْ لأَجْلِ إِرْضَاءِ وَسَعَادَةِ الخَالِقِ "كَمَا أَوْضَحَ لَنَا المِثَالُ فِي الأَعْلَى" فَهَذَا يَخْلُقُ تَوازُناً بَيْنَ الإِثْنَينِ وَبِالتَالِي لا تُعَدُّ اللَّذَةَ أَوْ المُتْعَةَ تُبْطِلُ الرَغْبَةَ وَتُلْغِيهَا. فَالنِيَّةُ هِيَ العَامِلُ المُهِمُ فِي عَلاَقَتِنَا مَعَ الخَالِقِ، فَالنِيَّةُ فِي التَقَبُّلِ هِيَ التِي تُمَكِنَنَا مِنْ تَلَقِّي كُلَّ شَيءٍ لَيْسَ لأَجْلِ الحُصُوْلِ عَلَى اللَّذَةِ فَحسبْ بَلْ لأَنَّنَا نُرِيدُ إِرْضَاءَ الخَالِقِ وَإِسْعَادَهُ فِي تَقَبُّلِ مَا يُرِيدُ إِغْدَاقَهُ عَلَيْنَا.

وَهكَذَا نَصِلُ وَبِالتَدْرِيجِ إِلَى مَرْحَلَةٍ فِيهَا نُحرِزُ طِبَاعَ وَسِمَاتَ الخَالِقِ مِنْ مَحَبَةٍ وَعَطَاءٍ فِينَا. عِلْمُ حِكْمَةِ الكَابَالا يُعَلِّمُ كَيْفِيَّةَ تَنْمِيَةِ هَذِهِ العَلاَقَةِ بَيْنَ الخَالِقُ وَالمَخْلُوقِ. تِيُقَدِمُ دِرَاسَةُ حِكْمَةَ الكَابَالا لِلإِنْسَانِ أَجْوِبَةً عَلَى كُلِ تَسَاؤُلاَتِهِ. فَيَسْتَطِيعُ الشَخْصُ أَنْ يَدْرُسَ نَظَرِيَّةَ الحَدَثِ وَالعَاقِبَةِ وَإِرْتِبَاطِهَا بِعَالَمِنَا، وَيَدْرُسُ أَيْضاً العَالَمَ الرُوحِيَّ وَالَذِي هُوَ مَصْدَرَ كُلِ شَيْءٍ فِي عَالَمِنَا هُنَا. إِنَّ تَجَلِّي العَوَالِمِ الرُوحِيَّةَ العَلْيَا يَحْدُثُ عَلَى شَكْلٍ تَدْرِيجِي وَفِي دَاخِلِ نَفْسِ الإِنْسَانِ.

إِنَّ نِظَامَ العَوَالِمِ مُقَسَّمٌ إِلَى خَمْسَةِ أَجْزَاءٍ:

فِي قِمةِ هَذَا النَظَامِ يُوجَدُ عَالَمُ "إِينْ سُوفْ" عَالَمُ اللانِهَايَةِ وَالَتِي فِيْهِ قُوَّةُ الخَالِقِ تُوجَدُ بِشَكْلٍ مُطْلَقٍ. يَلِيهِ مُنْحدِراً مِنَ الأَعْلَى نَحْوَ الأَسْفَلِ عَالَمُ "أَدَمْ كَادْمُونْ" أَيِ الأَوَلُ أَو البِدَائِيُّ. وَهُنَا قَسَّمَ الخَالِقُ سِمَةَ العَطَاءِ إِلَى خَمْسَةِ أَنْوَاعِ تَتَمَاشَى مَعَ دَرَجَاتِ الإِرَادَةِ فِي التَقَّبُلِ لَدَيْنَا. فَفِي عَالَمِ أَدَمْ كَادْمُونْ يَكُونُ مِقْدَارُ الإِحْسَاسَ بِالمَسَرَّاتِ وَاللَذَّةِ فِي الإِرَادَةِ فِي التَقَبُّلِ ١٠٠٪ وَكُلَمَا إِنْحَدَرْنَا فِي دَرَجَاتِ العَالَمِ يَقِلُّ مِقْدَارَ هَذِهِ المَلَذَّاتِ إِذْ أَنَّ نِسْبَتَهَا تُصْبِحُ فِي عَالَمِ الأَتْسِيلُوت ٨٠ ٪ وَتَقِلُّ أَكْثَرَ فِي عَالَمِ البِرِيئَا وَتُصْبِحُ نِسْبَتَهَا ٦٠٪ وَأَمَا فِي عَالَمِ اليَتْسِيرَا فَتُصْبِحُ٤٠٪ وَفِي عَالَمِ عَاسِيَّا تَبْدُوُ وَكَأَنَّهَا تَتَلاشَى إِذْ تُصْبِحُ نِسْبَتَهَا ٢٠٪ إِلَى أَنْ نَصِلَ إِلَى عَالَمِنَا هَذَا تُصْبِحُ مَعْدُومَةً.

وَفِي الدَرَجَةِ أَدْنَاهُ يُوجَدُ عَالَمُ أَتْسِيلُوت وَالَذِي يُمَثِلُ نِظَامُ القِيَادَةَ وَالسُلْطَةَ وَالمُنْقَسِمَةَ إِلَى خَمْسَةِ أَجْزَاءٍ: كِيتِير- حُوخْمَا - بِينَا - زَعِيرَآنْبِين - مَلْخُوت، وَالَتِي يُنْسَبُ لَهَا بِإِسْمِ "عَاتِيق -أَرِيخ آنْبِينِ" وَالَتِي هِيَ بِمَثَابَةِ رَأْسِ عَالَمَ أَتْسِيلُوت. و "آبَا - إِيمَا" وَالَتِي يَأْتِي مِنْهُمَا كَافَةَ أَنْوَاعِ النُورِ إِلَيْنَا. وَتَحْتَ عَالَمِ أَتْسِيلُوت تُوجَدُ العَوَالِمُ "بِرِيِيَّا- يِتْسِيرَا- عَاسِيَّا" وَالَتِي تُوجَدُ فِيهَا جُذُوُرُ النُفُوسِ الإِنْسَانِيَّةِ. وَفِي النِهَايَةِ يُوجَدُ عَالَمَنَا هَذَا.

يَقُولُ صَاحِبُ السُلَّمِ فِي مَقَالِهِ المَدْخَلُ لِمُقَدِمَةِ عِلْمُ حِكْمَةِ الكَابَالا - «**إِنَّ جَمِيعَ العَوَالِمِ الأَعْلَى مِنْهَا وَالأَسْفَلُ بِكُلِ مَا تَحْتَوِيهِ جَمِيعُهَا خُلِقَتْ مِنْ أَجْلِ الإِنْسَانِ فَقَطْ**».

عِنْدَمَا سَقَطَ أَدَمُ مِنَ العَالَمِ الرُوحِيِّ وَتَبَعْثَرَتْ نَفْسَهُ إِلَى عِدَةِ أَجْزَاءٍ "البَشَرِيَّةُ" إِنْحَدَرَتْ كُلُّ النُفُوسِ مِنْ خِلاَلِ نِظَامِ العَوَالِمِ الَذِي ذَكَرْنَاهُ وَفِي إِحْرَازِنَا لِلعَالَمِ

الرُّوحِيِّ يَتَحَتَّمُ عَلَيْنَا العَوْدَةُ مِنَ الطَّرِيقِ ذَاتِهِ وَالَّذِي إِنْحَدَرْنَا مِنْهُ إِلَى هَذَا العَالَمِ. وَلَكِنْ مَا هُوَ سَبَبُ هَذِهِ المَرَاحِلِ وَلِمَاذَا يَجِبُ المُرُورُ بِهَا حَسْبَ تَرْتِيبِهَا؟

يَمْلُكُ الخَالِقُ رَغْبَةً قَوِيَّةً وَمُتَأَصِّلَةً فِي العَطَاءِ لِذَلِكَ لاَ يُوجَدُ ضَرُورَةٌ فِي الإِلْحَاحِ عَلَيْهِ لِيُغْدِقَ عَلَيْنَا الخَيْرَ وَالمَسَرَّاتِ. فَالخَالِقُ يَرْغَبُ فِي العَطَاءِ إِذْ أَنَّ جَوْهَرَهُ هُوَ العَطَاءُ ذَاتُهُ وَلَكِنَّهُ لاَ يَوَدُّ لَنَا أَنْ نَكُونَ مُجَرَّدَ مَخْلُوقَاتٍ نَتَلَقَّى مِنْهُ حَاجَتَنَا اليَوْمِيَّةَ كَالمُتَوَسِّلِ الَّذِي يَلْتَمِسُ مَا يَحْتَاجُ مِنْ خُبْزِهِ اليَوْمِيِّ بَلْ يَرْغَبُ فِي أَنْ نَكُونَ مُتَمَاثِلِينَ مَعَهُ فِي السِّمَاتِ. فَفِي إِنْحِدَارِ الإِرَادَةِ فِي التَّقَبُّلِ مِنَ العَالَمِ الأَعْلَى إِلَى عَالَمِنَا هَذَا كَانَتْ تَفْقِدُ مِنْ قُدْرَتِهَا عَلَى رُؤْيَةِ نُورِ الخَالِقِ. فَنَرَى الرَّدَّ العَكْسِيَّ هُنَا، فَكُلَّمَا إِنْحَدَرَتِ النَّفْسُ فِي دَرَجَاتِ العَالَمِ كُلَّمَا كَبُرَتِ الأَنَا وَازْدَادَ حُبُّ الذَّاتِ فِيهَا مِمَّا كَانَ يُحْجَبُ الخَالِقَ عَنْهَا أَكْثَرَ فَأَكْثَرَ كَمَا يُرِينَا الرَّسْمُ فِي الأَسْفَلِ، إِلَى أَنْ وَصَلْنَا إِلَى هَذَا العَالَمِ وَالَّذِي فِيهِ إِحْسَاسُ الإِرَادَةِ فِي التَّقَبُّلِ بِنُورِ الخَالِقِ مَعْدُومٌ تَمَامًا أَيْ أَنَّ فِي كَثَافَتِهَا فِي حُبِّ الذَّاتِ وَالأَنَانِيَّةِ حَجَبَتِ الأَنَا نُورَ الخَالِقِ عَنْ نَفْسِهَا تَمَامًا.

إِنَّ كَلِمَةَ عَالَمٍ فِي لُغَتِهَا الأَصْلِيَّةِ "هَا-عَالَامَا" وَمَعْنَاهَا الإِخْتِفَاءُ أَوِ التَّوَارِي. فِي قُبُولِ الخَالِقِ فِي تَلْبِيَةِ طُلْبَةِ الإِرَادَةِ فِي التَّقَبُّلِ لِرَغْبَتِهَا فِي أَنْ تَتَمَاثَلَ بِسِمَاتِهِ وَيَكُونُ لَهَا القُدْرَةُ عَلَى العَطَاءِ كَمَا هُوَ تَوَجَّبَ عَلَى الخَالِقِ أَنْ يُحْجَبَ نَفْسَهُ عَنْهَا لِتَتَمَكَّنَ مِنَ الحُصُولِ عَلَى حُرِّيَّةِ الإِخْتِيَارِ فِي رَغْبَتِهَا فِي الوُصُولِ إِلَى مَا تَبْغَاهُ وَلِهَذَا السَّبَبِ خَلَقَ الخَالِقُ نِظَامَ العَوَالِمِ بِدَرَجَاتِهَا وَالَّتِي تَتَمَاثَلُ مَعَ مَرَاحِلِ نُمُوِّ الرَّغْبَةِ حَتَّى يَسْتَطِيعَ المَخْلُوقُ أَنْ يَحْصُلَ عَلَى الرَّغْبَةِ لِلْخَالِقِ وَلِلْعَالَمِ الرُّوحِيِّ وَفِي الحُصُولِ عَلَى سِمَةِ العَطَاءِ. فَفِي إِنْحِدَارِ الإِرَادَةِ فِي التَّقَبُّلِ مِنَ العَالَمِ الأَعْلَى إِلَى العَالَمِ المَادِّيِّ إِكْتَشَفَتْ مَدَى تَنَاقُضِهَا مَعَ الخَالِقِ وَعَلَيْهَا أَنْ تَعْمَلَ مِنْ

خِلاَلِ دَرَجَاتِ العَوَالِمِ الَتِي إِنْحَدَرَتْ مِنْهَا لإِحْرَازِ العَالَمِ الرُوحِيِّ وَالوُصُولِ إِلَى دَرَجَةِ الكَمَالِ وَالوُصُولِ إِلَى هَدَفِهَا فِي تَمَاثُلِهَا مَعَ سِمَاتِ الخَالِقِ.

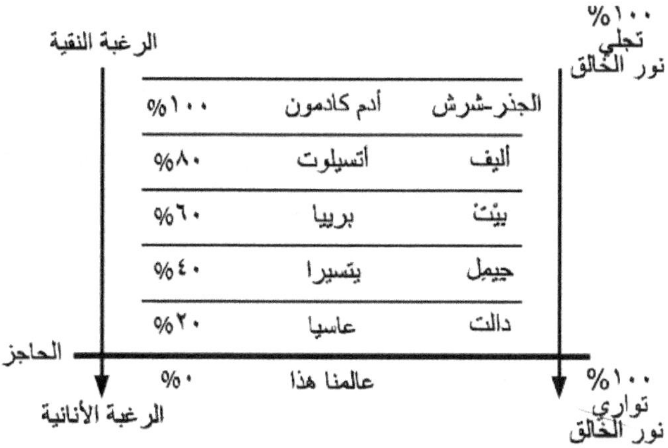

الرغبة النقية
١٠٠%
تجلي
نور الخالق
الجذر-شرش
أدم كادمون
١٠٠%
أليف
أتسيلوت
٨٠%
بيْتْ
برييا
٦٠%
جيمِل
يتسيرا
٤٠%
دالت
عاسيا
٢٠%
الحاجز
عالمنا هذا
٠%
الرغبة الأنانية
١٠٠%
تواري
نور الخالق

يُنَمِّي الإِنْسَانُ حَاسَةً إِضَافِيَّةً فِي دَاخِلِهِ وَهِيَ بِدَوْرِهَا أَكْثَرَ حَسَاسِيَّةٍ مِنْ حَوَاسِهِ الخَمْسَةِ الأُخْرَى وَالَتِي بِوَاسِطَتِهَا يَسْتَطِيعُ إِدْرَاكَ القُوَاتِ الإِضَافِيَّةِ فِي الكَوْنِ مِنْ حَوْلِهِ، أَيْ الجُزءُ المُسْتَتِرُ عَنْ عُيُوْنِ الإِنْسَانِ العَادِي. فَالنِظَامُ الَذِي يَعْمَلُ مِنْ خِلاَلِهِ الإِنْسَانُ هُوَ نِظَامُ الأَنَا "الإِرَادَةُ فِي التَقَبُلِ أَوْ حُبُّ الذَاتِ". إِذَا أَتَيْنَا بِصُنْدُوقٍ وَجَعَلْنَا فِيهِ خَمْسُ فَتَحَاتٍ- الصُنْدُوقُ هُوَ الإِنسَانُ وَالفَتَحَاتُ التِي فِيْهِ هِيَ حَوَاسُ الإِنْسَانِ الخَمْسَةِ- فَالبِيئَةُ الَتِي تُحِيطُ بِالإِنْسَانِ هِيَ الوَاقِعُ الشَامِلُ المَرْئِيُّ وَاللاَمَرئِيُّ مِنْهُ وَلَكِنْ إِنَّ قُدْرَةَ حَوَاسُنَا الخَمْسَةُ لاَ تَسْتَطِيعُ تَجَاوُزَ حُدُوْدِ عَالَمِنَا المَادّيِّ. فَالإِنْسَانُ نِظَامٌ مُغْلَقٌ وَمُسْتَقِلٌ يَعْمَلُ بِحدِ ذَاتِهِ أَيْ أَنَّ حَوَاسَنَا الخَمْسَةَ تَعْمَلُ فَقَطْ فِي عَالَمِنَا المَادِيِّ فَكُلُ مَا يَسْتَطِيعُ الإِنْسَانُ جَسَّهُ وَسَمَاعَهُ وَرُؤيَتَهُ وَتَذَوُقَهُ وَشَمَّهُ هَذَا فَقَطْ مَا يَسْتَطِيعُ إِدْرَاكُهُ.

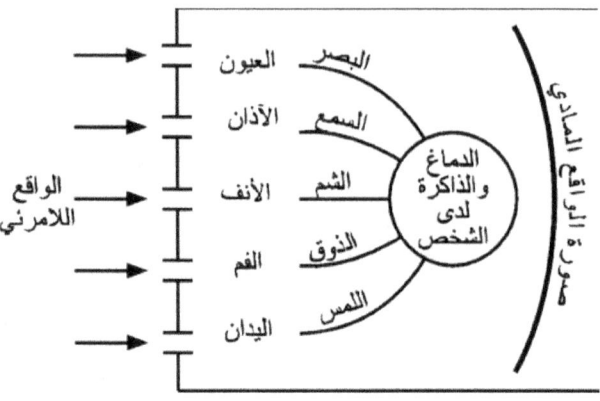

المُشكِلَةُ لَدَيْنَا هِيَ أَنَّ كُلَّ حَاسَةٍ مِنْ حَوَاسِنَا الخَمْسَةِ تَعْمَلُ طِبْقاً لِنِظَامِ الأَنَا. كَقُوَّةِ جَاذِبِيَّةِ الثُّقْبِ الأَسْوَدِ فِي الفَضَاءِ. هَكَذَا يَمْتَصُ الثُّقْبُ الأَسْوَدُ الضَّوءَ أَو الجِسْمَ المَارَّ بِجَانِبِهِ بِفِعْلِ الجَاذِبِيَّةِ كَمَا يَبْدُو لِمَنْ يُرَاقِبُهُ مِنَ الخَارِجِ كَأَنَّهُ مَنْطَقَةٌ مِنَ العَدَمِ، إِذْ لَا يُمْكِنُ لأَيِّ إِشَارَةٍ أَو مَوْجَةٍ أَو جُسَيْمٍ الإِفْلَاتَ مِنْ مَنْطَقَةِ تَأْثِيرِهِ فَيَبْدُو بِذَلِكَ أَسْوَدَ. هَكَذَا الأَنَا فِي الإِنْسَانِ هِيَ مِحْوَرُ سُلُوكِ وَعَمَلِ الإِنْسَانِ وَكَأَنَّهُ مُسْتَعْبَدٌ لَهَا وَلَا يَسْتَطِيعُ التَّجَاوُبَ مَعَ أَيِّ شَيْءٍ خَارِجَ حُدُودِ هَذَا الصُّنْدُوقِ بَلْ أَنَّهَا مَرْكَزُ وُجُودِهِ وَكِيَانِهِ.

مِنْ أَجْلِ مَعْرِفَةِ مُحِيطِنَا وَحَقِيقَةِ الوَاقِعِ الكَامِلِ أَيِ الوَاقِعِ بِكُلِّ مَا يَتَضَمَّنُهُ الوُجُودُ وَلَيْسَ عَالَمُنَا المَادِيُّ فَقَطْ، نَحْنُ بِحَاجَةٍ إِلَى تَنْمِيَةِ حَاسَةٍ إِضَافِيَّةٍ وَالَّتِي يُشِيرُ إِلَيْهَا عُلَمَاءُ الكَابَالَا "بِالحَاسَةِ السَادِسَةِ". هُنَا نُرِيدُ أَنْ نُوَضِّحَ مَا المَقْصُودُ بِالحَاسَةِ السَادِسَةِ، فَنَحْنُ لَا نَتَكَلَّمُ عَنْ مَا يُطْلَقُ عَلَيْهِ إِسْمُ الحَاسَةِ السَادِسَةِ مِنْ قِبَلِ هَؤُلَاءِ الَّذِينَ يُمَارِسُونَ التَّنْجِيمَ وَالتَبْصِيرَ وَمَا يَتَعَلَّقُ بِكُلِّ هَذِهِ الأُمُورِ، وَلَكِنَّ المَقْصُودَ هُنَا هُوَ حَاسَةٌ تَتَمَكَّنُ مِنْ خِلَالِهَا أَنْ تَخْلُقَ نَوْعِيَّةً مِنَ الإِتِّصَالِ مَعَ مَا هُوَ خَارِجَ الصُّنْدُوقِ وَخَارِجَ نِطَاقِ حَوَاسِكَ الخَمْسَةِ.

كَالهَوَائِيِّ لِلتِلْفَازِ- فَإِنَّكَ تَضَعُ الهَوَائِيَّ أَوْ "الأَنْتِينِ" عَلَى السَطْحِ- أَي خَارِجَ الصُنْدُوقِ لِكَي يَكُونَ بِإِمْكَانِكَ إِسْتِقْبَالُ المَوجَاتِ الهَوَائِيَّةِ لإِلتِقَاطِ المَحطَةِ وَبالتَالِي لِتَرَى مَا يَجْرِي فِي العَالَمِ مِنْ حُولِكَ هَكَذَا الأَمْرُ بِالنِسْبَةِ لِلحَسَاسَةِ السَادِسَةِ فِي عِلْمِ الكَابَالا. وَلِكَي يَتَمَكَّنَ الشَخْصُ مِنَ الوُصُولِ إِلَى إِقْتِنَاءِ هَذِهِ الحَاسَةُ الجَدِيدَةُ يَجِبُ أَنْ يَكُونَ لَدَيْهِ الحَاجَةَ "النُقْطَةُ فِي القَلْبِ" إِلَى مَعْرِفَةِ مَا يَدُورُ خَارِجَ الصُنْدُوقِ أَي خَارِجَ إِطَارِ إِدْرَاكِهِ المَادِيَّ لِلأُمُورِ وَالعَالَمِ مِنْ حَوْلِهِ. فَمِنْ دُونِ الحَاجَةَ وَالرَغْبَةَ فِي مَعْرِفَةِ مَا يَدُورُ حَوْلَهُ سَيَبْقَى مُكْتَفِياً بِنِظَامِ "الأَنَا" فِي إِدَارَةِ حَيَاتِهِ. فَإِنَّ الرَغْبَةَ فِي مَعْرِفَةِ الوُجُودِ هِيَ مَنْبَعَ الأَسْئِلَةِ الَتِي تُرَاوِدُ الإِنسَانُ الَذِي يَبْدَأُ فِي البَحْثِ عَنْ جُذُورِهِ. فَفِي تَسَاؤُلِهِ عَنْ مَعْنَى حَيَاتِهِ وَوُجُودِهِ فِي هَذَا العَالَمِ وَعَنْ هَدَفِهِ الَذِي وُلِدَ مِنْ أَجْلِهِ إِشَارَةٌ إِلَى ظُهُورِ الحَاجَةِ فِيهِ فِي البَحْثِ عَنْ الخَالِقِ وَعَنْ العَالَمِ الرُوحِيِّ.

يُطْلَقُ عَلَى حِكْمَةِ الكَابَالا بِالحِكْمَةِ الخَفِيَّةِ لأَنَّ هَذَا العِلْمُ يُصْبِحُ جَلِيَّاً فَقَطْ لِلإِنْسَانِ الَذِي يَفْهَمُ وَيُدْرِكُ الصُورَةَ الحَقِيقِيَّةَ لِلكَوْنِ. بِسَبَبِ الطَرِيقَةِ المُخْتَلِفَةِ عَنِ المُتَعَارَفِ عَلَيْهِ فِي تَعْلِيمِ وَتَثْقِيفِ الإِنْسَانِ حِكْمَةُ الكَابَالا كَانَتْ دَائِماً وَمَا زَالَتْ ذَاتَ مَكَانَةٍ بَارِزَةٍ وَمُخْتَلِفَةٍ عَنْ الأَدْيَانِ الشَائِعَةِ.

فَعِلْمُ الكَابَالا يُنَمِّي فِي الإِنسَانِ حِسٌ لِنَقْدِ وَتَحْلِيلِ الأُمُورِ. يُنَمِّي فِيهِ حَدْسٌ وَاضِحٌ وَالقُدْرَةُ عَلَى البَحْثِ الوَاعِي بِشَأْنِ نَفْسِهِ وَالعَالَمُ المُحِيطُ بِهِ. خَارِجَ نِطَاقِ نَوْعِيَةِ هَذِهِ الصِفَاتِ المَذْكُورَةِ لاَ يَسْتَطِيعُ الإِنْسَانُ أَنْ يَبْحَثَ فِي مَعْرِفَةِ العَالَمَ الَذِي يَعِيشُ فِيهِ وَالعَالَمُ الرُوحِيُّ الأَعْلَى. فَالثَقَافَةُ الَتِي يُقَدِمُهَا عِلْمُ الكَابَالا هِيَ فَرْدِيَّةٌ بِكُلِيَتِهَا وَمُعَارِضَةٌ بِشَكْلٍ مُطْلَقٍ لِلتَعْلِيمِ الجَمَاعِي الشَامِلِ لِطَبَقَاتِ المُجْتَمَعِ. فَالإِنْسَانُ الَذِي يَدْرِسُ وَيَبْحَثُ فِي عِلْمِ حِكْمَةِ الكَابَالا يَجِبُ أَنْ تَتَوَفَرَ لَهُ الحُرِيَّةَ فِي البَحْثِ فِي مَعْرِفَةِ النَفْسِ وَأَيْضاً الوَسَائِلَ

وَالإمْكَانِيَاتَ الَتِي تُسَاعِدُهُ عَلَى النُمُوِ المُسْتَمِرِّ. لا يَتَوجَّبُ أَبَداً أَنْ يَكُونَ النُمُوُ الدَاخِلِيُ لِلإِنْسَانِ مَحْدُوداً بِأَيَّةِ صُورَةٍ عَلَى الإِطْلاَقِ.

فَإذَا أُعْطِيَ الإنسَانُ كُلَ أَنْوَاعِ التَعْلِيمَاتِ وَالأَوَامِرِ الَتِي يَتَوجَبُ عَلَيْهِ إتبَاعَهَا تُعْدَمُ حُرِيَتُهُ بِسَبَبِ أَنَّهُ فُرِضَ عَلَيْهِ أُسْلُوبُ وَنَمُوذَجُ إِنسَانٍ آخَرِ مُخَالِفاً لِكِيَانِهِ وَنَفْسِهِ. إِنَّنَا نَقْتَرِبُ مِنْ نِهَايَةِ حُقْبَةِ تَطَوُرِ البَشَرِيَّةِ وَإِلَى بِدَايَةِ دُخُولِ الإِنْسَانِيَّةِ بِأَكْمَلِهَا إِلَى العَالَمِ الرُوحِيِّ. فَلَمْ يَشْهَدْ التَارِيخُ مِنْ قَبْلِ رُؤْيَةَ أَعْدَادٍ كَبِيرَةٍ وَمُتَزَايِدَةٍ مِنَ النَاسِ الَذِينَ يُبْدُونَ إِهْتِمَاماً لِدِرَاسَةِ الكَابَالا. وَاليَومُ تُعَدُّ دِرَاسَةَ عِلْمِ حِكْمَةِ الكَابَالا مِنَ الدِرَاسَاتِ ذُو الإِعْتِبَارِ وَالمَقَامِ المُحْتَرَمِ. وَهَذَا كُلَهُ يُشِيرُ إِلَى أَنَّ تَغْيِيراً رَائِعَاً وَشَامِلاً قَادِماً مِنْ فَوقٍ مِنَ العَالَمِ الأَعْلَى مِنْ عِنْدِ الخَالِقِ.

يَقُولُ صَاحِبُ السُلَّمِ: "طَرِيقُ الكَابَالا هُوَ لا أَكْثَرُ وَلا أَقَلُ مِنْ سِلْسِلَةٍ مُتَعَاقِبَةٍ مِنَ الجُذُورِ المُتَماسِكَةِ وَالمُتَدَالِيَةِ إِلَى الأَسْفَلِ بِنَاءً عَلَى نَظَرِيَّةِ الحَدَثِ وَالعَاقِبَةِ عَلَى شَكْلِ قَوَانِينٍ ثَابِتَةٍ وَمُحَدَدَةٍ تَتَنَاسَجُ كُلُّهَا مُتَمَازِجَةٌ لِتُشَكِلُ هَدَفاً وَاحِداً وَعَظِيماً نَسْتَطِيعُ وَصْفَهُ بِأَنَّهُ وَحْيُ وَإِظْهَارُ وَرَعُ وَصَلاَحُ الخَالِقِ تَعَظَّمَ ذِكْرُهُ تِجَاهَ خَلِيْقَتُهُ فِي هَذَا العَالَمِ."

كَمَوضُوعٍ لِلدِرَاسَةِ، يُعَالِجُ عِلْمُ الكَابَالا مَوضُوعَ الخَلِيْقَةِ فَقَطْ. فَالشَيْءُ الوَحِيْدُ المَوجُودُ إِلَى جَانِبِ الخَالِقِ هُوَ "نَفْسُ الإِنسَانِ" أَوْ "الأَنَا" وَالَتِي هِيَ مَوضُوُعُ البَحْثِ فِي عِلْمِ الكَابَالا. يُجَزِءُ هَذَا العِلْمُ النَفْسَ أَوْ الأَنَا إِلَى أَجْزَاءٍ شَارِحاً بُنْيَةَ وَمُكَونَاتَ كُلُّ جُزءٍ بِمُفْرَدِهِ وَهَدَفُ وُجُودِهِ. يَشْرَحُ عِلْمُ الكَابَالا كَيْفَ أَنَّ كُلَّ جُزءٍ مِنَ الأَنَا عِنْدَ الإِنْسَانِ وَالَتِي تُدْعَى "النَفْسُ" بِإِمْكَانِهَا أَنْ تَتَغَيَّرَ حَتَى يَسْتَطِيعُ الشَخْصُ أَنْ يُدْرِكَ وَيُحَقِقَ هَدَفَ الخَلِيقَةِ،

وَهَذَا الهَدَفُ مَرْغُوبٌ مِنْ قِبَلِ الطَرَفَينِ -الخَالِقُ وَالمَخْلُوقُ- هَذَا إِذَا كَانَ الإِنْسَانُ يُدْرِكُ هَدَفَهُ الَذي وُلِدَ مِنْ أَجْلِهِ.

لاَ يُوجَدُ عِلْمٌ فِي العَالَمِ يَسْتَطِيعُ وَبِشَكْلٍ تَصْوِيرِي أَو تَحْلِيلِي وَمِنْ خِلاَلِ اسْتِخْدَامِ تَرَاكِيبِ مُخْتَلِفَةٍ أَنْ يَشْرَحَ أَحَاسِيسَنَا وَرَغَبَاتِنَا وَكَمْ هِيَ مُخْتَلِفَةٌ وَمُتَعَدِدَةُ الأَنْوَاعِ، وَكَمْ هِيَ مُتَقَلِبَةٌ -أَيْ مِنْ غَيرِ المُمْكِنِ التَنَبُؤُ بِهَا- وَكَمْ هِيَ مُتَمَيزَةٌ بِشَكْلٍ مُطْلَقٍ في كُلِّ فَرْدٍ مِنَا. وَهَذَا بِسَبَبِ أَنَّ رَغَبَاتَنَا تَظْهَرُ فِي فِكْرِنَا وَأَحَاسِيسَنَا بِشَكْلٍ تَدْرِيجِي وَبِطَرِيقَةٍ مُحَدَدَةٍ لِسِلْسِلَةٍ مُتَعَاقِبَةٍ حَتى يَكُونُ بِإِمْكَانِنَا مَعْرِفَتَهَا وَبِالتَالِي إِصْلاَحَهَا.

الخَالِقُ هُوَ مَصْدَرُ النُورِ أَيْ "البَهْجَةُ وَالمَسَرَّاتُ". هَذَا هُوَ الإِحْسَاسُ المُتَعَارَفُ عَلَيْهِ مِنْ قِبَلِ هَؤُلاءِ الَذِينَ شَعَرُوا بِوُجُودِ جَلاَلَةِ عَظَمَتِهِ. أُنَاسٌ كَهَؤُلاءِ وَالَذِينَ يَتَقَرَّبُونَ مِنَ الخَالِقِ وَيَشْعُرُونَ بِهِ يُدْعَونَ بِعُلَمَاءِ الكَابَالا. كَمَا ذَكَرْنَا مِنْ قَبْلٍ إِنَّ كَلِمَةَ كَابَالا مُشْتَقَةٌ مِنْ كَلِمَةِ (لِي-كَا-بِلْ) أَيْ تَقَبُّلُ أَوْ تَلَقِي مِنْ نُورِ الخَالِقِ. بِإِسْتِطَاعَةِ الإِنْسَانِ أَنْ يَتَقَرَّبَ إِلَى الخَالِقِ مِنْ خِلاَلِ التَوَازُنِ فِي نَوْعِيَّةِ وَسِمَاتِ الرَغَبَاتِ فَقَطْ. فَالخَالِقُ هُوَ رُوحٌ أَيْ أَنَّهُ غَيرُ مَادِيٍّ أَوْ مَحْسُوسٍ وَمِنَ المُسْتَطَاعِ أَنْ نَشْعُرَ بِهِ فِي قُلُوبِنَا. المَقْصُودُ بِكَلِمَةِ "قَلبْ" هُنَا لَيْسَ المَضَخَّةَ الَتِي تُنَظِمُ تَحْرِيكَ الدَمِ فِي عُرُوقِنَا وَلَكِنَ المَقْصُودُ هُنَا بِكَلِمَةِ القَلْبْ، مَرْكَزُ كُلِّ إِحْسَاسٍ يَشْعُرُ بِهِ المَرءُ.

عَلاَوَةً عَلَى ذَلِكَ لاَ يَسْتَطِيعُ الإِنْسَانُ أَنْ يَشْعُرَ بِالخَالِقِ بِكُلِّ قَلْبِهِ وَلَكِنْ وَبِالتَحْدِيدِ مِنْ خِلاَلِ نُقْطَةٍ صَغِيرَةٍ فِيْهِ فَقَطْ. فَفِي دَوْرَةِ الحَيَاةِ يَأْتِي الإِنْسَانُ إِلَى مَرْحَلَةٍ أَو مَوقِفٍ مُعَينَّ يَعِي وُجُودَ النُقْطَةِ فِي قَلْبِهِ وَعِنْدَهَا يَبْدَأُ الشَخْصُ بِالشُعُورِ بِرَغْبَةٍ تِجَاهَ العَالَمِ الرُوحِيِّ وَالخَالِقِ. وَكُلَّمَا أَخَذَتْ هَذِهِ الرَغْبَةُ تَنْمُو

فِي سِمَاتِهَا المُشَابِهَةِ لِتِلْكَ التِي لِلخَالِقِ فِي مَحَبَّةِ الآخَرِينَ وَالعَطَاءِ، عِنْدَهَا يَسْتَطِيعُ النُورُ أَنْ يَدْخُلَ هَذِهِ الرَغْبَةَ "أي أَنْ يَدْخُلَ النُورُ قَلْبَ الإِنْسَانِ".

قَلْبُ الإِنْسَانُ هُوَ مَرْكَزُ وَمُجْمَعُ الرَغَبَاتُ الأَنَانِيَّةِ، وَالنُقْطَةُ الصَغِيرَةُ فِي دَاخِلِهِ هِيَ جُزءٌ مِنَ الرَغْبَةِ الرُوحِيَّةِ وَالمَحَبَّةِ لِلغَيرِ أَيْ "عَكْسُ الأَنَانِيَّةِ" وَالمَزْرُوعَةُ فِيْنَا مِنْ فَوقْ بِوَاسِطَةِ الخَالِقِ نَفْسُهُ. إِنَّ مِنْ وَاجِبِنَا أَنْ نُغَذِّي هَذِهِ الحَالَةَ الجَنِينِيَّةَ لِهَذِهِ الرَغْبَةُ الرُوحِيَّةُ لِتَصِلَ إِلَى دَرَجَةٍ أَنَّهَا هِيَ نَفْسَهَا "وَلَيسَ طَبِيعَتَنَا الأَنَانِيَّةَ" تَكُونُ قَادِرَةً عَلَى أَنْ تُحدِدَ وَتُقَرِرَ كُلَ طُمُوحَاتِنَا. وَفِي نَفسِ الوَقْتِ وَبِتَنْمِيَةِ الرَغْبَةِ الرُوحِيَّةِ أَنَّ رَغَبَاتَنَا الأَنَانِيَّةَ التِي فِي قَلْبِنَا تَسْتَسْلِمُ وَتَتَقَلَّصُ ثُمَ تَذْبَلُ وَتَتَلاشَى.

بَعْدَ وِلاَدَتِنَا فِي هَذَا العَالَمِ كُلُ شَخْصٍ مِنَا مُلْزَمٌ أَنْ يُغَيِّرَ مَشَاعِرَ قَلْبِهِ مِنْ حُبِّ الذَاتِ إِلَى حُبِّ الآخَرِين أَثْنَاءَ تَوَاجُدِنَا هُنَا فِي هَذَا العَالَمِ. هَذَا هُوَ هَدَفُ حَيَاةُ الإِنْسَانِ وَسَبَبُ وُجُودِهُ هُنَا فِي هَذَا العَالَمِ وَالَذِي هُوَ أَيْضاً هَدَفُ كُلّ الخَلِيقَةِ. فَإِنَّ الإِسْتِبْدَالَ الكَامِلَ لِلرَغَبَاتِ الأَنَانِيَّةَ "حُبُّ الذَاتِ" بِرَغَبَاتِ مَحَبَّةِ الآخَرِينَ يُدْعَى "نِهَايَةُ مَرَاحِلِ التَصْحِيحِ". يَتَوَجَّبُ عَلَى كُلِّ فَرْدٍ مِنَا وَعَلَى كُلِ الإِنْسَانِيَّةِ أَنْ تُحرِزَ هَذَا التَصْحِيحُ مَعاً فِي هَذَا العَالَمِ. طَرِيقَةُ التَصْحِيحِ هَذِهِ تُدْعَى "بِعِلْمُ الكَابَالا".

يَجِبُ عَلَيْنَا أَنْ نُوَجِّهَ إِنْتِبَاهَنَا إِلَى شَيءٍ وَاحِدٍ فَقَطْ وَهُوَ نُورُ الخَالِقِ الَذِي يُنَمِيْنَا وَالَذِي يَقُومُ بِتَقْوِيمِنَا. إِذَا كُنَّا نَتُوقُ بِأَنْ نَخْتَبِرَ تَأْثِيرَ نُورِ الخَالِقِ عَلَيْنَا وَعَلَى حَيَاتِنَا وَاضِعِينَ أَنْفُسَنَا فِي طَاعَتِهِ عِنْدَهَا فَقَطْ سَيُنْجِزُ النُورُ عَمَلَهُ فِيْنَا. لَيْسَ هُنَاكَ إِكْرَاهٌ أَوْ إِجْبَارٌ عَلَى أَيِّ شَيءٍ فِي العَالَمِ الرُوحِيِّ. تَصْحِيحُ أَوْ تَقْوِيمُ النَفْسِ يَنْشَأُ فَقَطْ بِحَسَبِ مِقْدَارِ رَغْبَةُ الإِنْسَانِ بِإِخْضَاعِ نَفْسِهِ لِلتَقْوِيمِ.

الإِضَافَةِ إِلَى هَذَا، يَجِبُ أَنْ تَكُونَ رَغْبَةُ الإِنْسَانِ صَادِقَةً وَحَقِيقِيَّةً وَلَيسَتْ زَائِفَةً أَو شَكْلِيَّةً؛ وَهَذَا مَعْنَاهُ أَلاَّ يَكُونَ هُنَاكَ أَيُّ مُرَاوَغَةٍ، فَمَا تَنْطُقُهُ بِشَفَتَيْكَ يَجِبُ أَنْ يُمَاثِلَ تَمَاماً الَذِي فِي خَفَايَا قَلْبِكَ. نَحْنُ فَقَطْ نَسْتَخْدِمُ هَذَا النَوعَ مِنَ السُلُوكِ فِي الكَابَالا وَالَذي لَهُ أَفْضَلَ تَأْثِيرِ عَلَيْنَا مِنْ نَاحِيَةِ تَقْوِيمِ أَنْفُسِنَا وَمُسَاعَدَتِنَا عَلَى إِجْتِيَازِ كُلِ مَرْحَلَةٍ حَتَى نَصِلُ إِلَى غَايَةِ هَدَفِنَا الَذِي هُوَ الإِتِحَادُ مَعَ الخَالِقِ.

لَقَدْ خُلِقَ الإِنْسَانُ أَنَانِيَاً بِشَكْلٍ مُطْلَقٍ، فَلَيْسَ بِإِمْكَانِهِ أَنْ يَتَبَنَى رَغَبَاتاً مُخْتَلِفَةً عَنْ الَتِي وُلِدَ فِيْهَا مِنْ أَنَاسٍ آخَرِينَ أَو مِنْ عَالِمِهِ المُحِيطُ بِهِ - لأَنَّ مُحِيْطَهُ مُشَابِهٌ لَهُ تَمَاماً - وَبِمَا أَنَّ لَيْسَ لَهُ أَيُّ إِرْتِبَاطٍ أَوْ صِلَةٍ بِالعَالَمِ الرُوحِيِّ حَيْثُ أَنَّ إِرْتِبَاطَهِ الرُوحِيُّ مُمْكِنٌ فَقَطْ إِذَا كَانَتْ هَذِهِ الرَغَبَاتُ تُشَكِّلُ عَامِلاً مُشْتَرَكَاً بَيْنَهُ وَبَيْنَ الخَالِقِ. فَإِذاً مِنَ المُمْكِنِ الحُصُولُ عَلَى الصِفَاتِ الرُوحِيَّةِ فَقَطْ مِنْ خِلاَلِ الرَغَبَاتِ الغَيرِيَّةِ أَيْ حُبُّ الغَيْرِ. وَبِمَا أَنَّ الشَخْصَ فِي هَذَا العَالَمِ لَيْسَ لَدَيْهِ مَجَالُ المَعْرِفَةِ لِيَتَجَاوَزُ مِنْ خِلاَلِهَا الحُدُودَ المَادِيَّةَ لِهَذَا العَالَمِ بِنَفْسِهِ لِهَذَا السَبَبُ وُجِدَ عِلْمُ الكَابَالا لِيُسَاعِدُ الإِنْسَانَ عَلَى اكْتِسَابِ رَغَبَاتَ العَالَمِ الرُوحِيِّ.

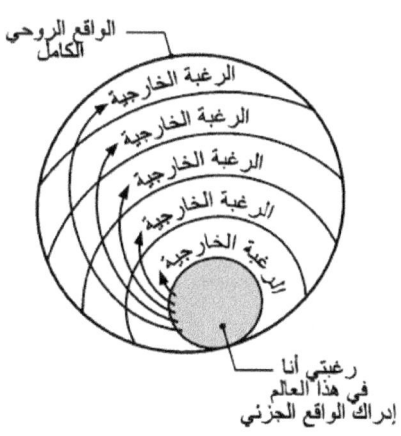

مِنْ أَجْلِ خَلْقِ الإِنْسَانِ مُنْفَصِلاً عَنْهُ لِكَي يُدْرِكَ عَدَمَ أَهَمِيَّتِهِ مِنْ دُوْنِ الخَالِقِ وَبِكُلِ حُرِيَةٍ يَخْتَارُ الرَغْبَةَ فِي الإِرْتِقَاءِ نَحْوَ العَالَمِ الرُوحِيِّ، خَلَقَ الخَالِقُ كُلَّ الخَلِيقَةِ كَدَرَجَاتٍ مُنْحَدِرَةٍ مِنَ الأَعَلى إِلَى الأَسْفَلِ. يَنْزِلُ نُوْرُ الخَالِقُ فِي نِطَاقِ هَذِهِ الدَرَجَاتِ وَفِي أَسْفَلِ هَذِهِ الدَرَجَاتِ خُلِقَ عَالَمُنَا وَخُلِقَ الإِنْسَانُ. فَعِنْدَ إِدْرَاكِ الإِنْسَانِ بِضَئَالَتِهِ وَعَدَمِ أَهَمِيَتِهِ وَأَيْضاً بِرَغْبَتِهِ فِي التَقَرُبِ مِنَ الخَالِقِ، عِنْدَهَا وَإِلَى حَدِ رَغْبَةُ الإِنْسَانِ فِي التَقَرُّبِ مِنَ الخَالِقِ يَسْتَطِيعُ الإِقْتِرَابَ مُسْتَخْدِمَاً الدَرَجَاتَ نَفْسَهَا الَتِي إِنْحَدَرَ مِنْهَا مِنَ البِدَايَةِ. بِشَكْلٍ كُلِّي يُوجَدُ هُنَاكَ عَشْرُ دَرَجَاتٍ وَتُدْعَى "السَفِرَاتُ العَشْرُ" تَسَلْسُلِهَا كَالتَالِي: كِيتِير - حُوخْمَا بِينَا - حِيسِيد - قِيفورَا - تِيفِيرِتْ - نِيتْسَاحْ - هُوْدْ - يَاسُوُدْ - مَلْخُوتْ.

كَحِجَابٍ أَو سِتَارٍ تَحْجُبُ هَذِهِ الدَرَجَاتُ العَشْرُ عَنَا الخَالِقُ وَنُوُرَهُ. هَذِهِ السَتَائِرُ العَشْرُ تُمَثِلُ العَشْرُ دَرَجَاتٍ وَمِنْ خِلاَلِهَا نَسْتَطِيعُ قِيَاسَ مَسَافَةَ بُعْدِنَا عَنْ الخَالِقِ. بِالرَغْمِ مِنْ إِحْصَاءِنَا لِعَشْرِ دَرَجَاتٍ، نَرَى أَنَّ الكُتُبَ تُشِيرُ فِي كَثِيرٍ مِنَ الأَحْيَانِ إِلَى وُجُودِ خَمْسُ دَرَجَاتٍ بَدَلُ العَشْرَةُ، وَهَذَا لأَنَّ الدَرَجَاتَ السِّتَ التَالِيَةَ: "حِيسِيّد - قِيفُورَا - تِيفِيرِتْ - نِيتْسَاحْ - هُوُدْ - يَاسُوُدْ" مَجْمُوعَةٌ مَعاً فِي سِفِيرَا (مُفْرَدٌ لِكَلِمَةُ سَفِيرَاتْ) وَاحِدَةٍ أَوْ دَرجَةٍ وَاحِدَةٍ وَتُدْعَى زَعِيرَآنْبِين. يُشَارُ إِلَى دَرَجَةِ زَعِيرَآنْبِينِ بِالإِسْمِ تِيفِيرِتْ لأَنَّ هَذِهِ السَفِيرَا تُظْهِرُ السِمَاتَ وَالصِفَاتَ المُشْتَرَكَةَ لِجَمِيعِ السَفِيرَاتِ السِّتَةِ مُجْتَمِعَةً مَعَاً.

للإِقْتِرَابِ مِنَ الخَالِقِ يَتَوَجَّبُ عَلَيْنَا إِرْتِقَاءُ دَرَجَاتَ العَالَمِ الرُوحِيِّ نَفْسَهَا الَتِي انْحَدَرَتِ النَفْسُ البَشَرِيَّةُ مِنْ خِلاَلِهَا إِلَى أَنْ وَصَلَتْ إِلَى عَالَمِنَا هَذَا. تَتَوَاجَدُ الدَرَجَةُ الأُوْلَى مِنْ سُلَّمِ العَالَمِ الرُوحِيِّ (نَاظِرِينَ مِنَ الأَسْفَلِ إِلَى الأَعْلَى أَي

مِنْ عَالَمِنَا هَذَا إِلَى العَالَمِ الرُوحِيِّ) فَوْقَ إِطَارِ حُدُودِ الأَنَا أَيْ فَوْقَ حُدُودِ عَالَمِنَا مُبَاشَرَةً. كُلُّ دَرَجَةٍ تَتَحَلَّى بِصِفَاتِهَا الخَاصَّةِ مِنْ سِمَاتِ النُورِ فِيهَا فِي دَرَجَاتِهِ وَبِإِرْتِقَائِنَا يَتَوَجَّبُ عَلَيْنَا تَبَنِّي السِمَاتِ وَالصِفَاتِ الَّتِي تَتَصِفُ بِهَا الدَرَجَةُ الَّتِي نَتَوَاجَدُ فِيهَا. المَقْصُودُ بِاكْتِسَابِ سِمَاتٍ وَصِفَاتٍ مُتَمَاثِلَةٍ وَمُتَطَابِقَةٍ أَيْ أَنْ يَكُونَ لَدَيْنَا نَوْعِيَّةَ الرَغَبَاتِ نَفْسِهَا الَّتِي لِلنُّورِ عَلَى هَذَا المُسْتَوَى. فَفِي حَالِ التَوَافُقِ فِي الرَغَبَاتِ لِلوَقْتِ يَخْتَفِي السِتَارُ أَوْ الحَاجِزُ الَّذِي كَانَ يَفْصِلُنَا عَنِ الخَالِقِ مِنْ قَبْلُ وَيَتَرَكَّزُ وُجُودُنَا فِي إِطَارِ هَذَا المُسْتَوَى أَوْ هَذِهِ الدَرَجَةِ وَعِنْدَهَا يَكُونُ هُنَاكَ تِسْعُ دَرَجَاتٍ تَفْصِلُنَا عَنِ الخَالِقِ بَدَلاً مِنَ العَشَرَةِ.

فَعِلْمُ الكَابَالَا يَدْرُسُ وَيَبْحَثُ فِي كَيْفِيَّةِ تَعَاقُبِ هَذِهِ الجُذُورِ وَإِنْحِدَارِ هَذِهِ القُوَاتِ مِنَ الأَعَالِي، قُوَّاتٌ كَامِلَةٌ وَمِثَالِيَّةٌ وَأَبَدِيَّةٌ، وَكَيْفَ تَتَحَوَّلُ هَذِهِ القُوَّاتُ خِلَالَ إِنْحِدَارِهَا إِلَى عَالَمِنَا هَذَا. القَانُونُ الَّذِي بِهِ يَأْخُذُ هَذَا الحَدَثُ مَجْرَاهُ هُوَ قَانُونٌ مُطْلَقٌ غَيْرُ قَابِلٍ لِلتَغْيِيرِ كَقَوَانِينِ الطَبِيعَةِ المَوْجُودَةِ فِي عَالَمِنَا هَذَا أَيْضاً غَيْرُ قَابِلَةٍ لِلتَغْيِيرِ. صَحِيحٌ أَنَّ بِإِمْكَانِنَا اسْتِخْدَامَ هَذِهِ القَوَانِينِ بِطُرُقٍ مُخْتَلِفَةٍ وَلَكِنَّ القَوَانِينَ نَفْسَهَا لَا تَتَغَيَّرُ. تَنْحَدِرُ هَذِهِ القُوَّاتُ إِلَى عَالَمِنَا هَذَا مِنَ الأَعْلَى وَتُؤَثِّرُ عَلَى الإِنْسَانِ وِفْقاً لِلقَوَانِينِ الصَارِمَةِ وَالمُطْلَقَةِ مِنْ أَجْلِ الإِرْتِقَاءِ بِهَذَا الإِنْسَانِ بِشَكْلٍ تَدْرِيجِيٍّ خِلَالَ وُجُودِهِ هُنَا فِي هَذَا العَالَمِ.

يَتَضَمَّنُ عِلْمُ الكَابَالَا كُلَّ شَيْءٍ خُلِقَ مِنَ الفِكْرِ الَّذِي نَشَأَ مِنَ الخَالِقِ. يَدْرُسُ هَذَا العِلْمُ وَيَبْحَثُ فِي كَيْفِيَّةِ إِرْتِدَاءِ هَذَا الفِكْرِ بِتِلْكَ القُوَّاتِ وَكَيْفَ هَذِهِ القُوَّاتُ بِدَوْرِهَا أَنْشَأَتْ مَسْأَلَةً وَالَّتِي هِيَ المَشِيئَةُ أَوْ الرَغْبَةُ بِالتَمَتُّعِ وَالتَنَعُّمِ وَكَيْفَ انْبَثَقَ الإِنْسَانُ مِنْ هَذِهِ المَشِيئَةِ. كَمَا وَيَبْحَثُ هَذَا العِلْمُ أَيْضاً فِي كَيْفِيَّةِ سَمَاحِ هَذِهِ القُوَّاتِ لِلإِنْسَانِ بِأَنْ يَصِلَ وَبِشَكْلٍ تَدْرِيجِيٍّ إِلَى الهَدَفِ الأَعْلَى وَالأَسْمَى أَيْ أَنْ يَصِلَ إِلَى مُسْتَوَى الوَحْدَوِيَّةِ مَعَ الخَالِقِ أَيْ التَمَاثُلِ بَيْنَ

سِمَاتِ الخَالِقِ وَسِمَاتِ الإِنْسَانِ مِنْ مَحَبَّةٍ وَعَطَاءٍ عَلَى الرَغْمِ مِنْ تَوَاجُدِهِ فِي عَالَمِنَا هَذَا والَذِي يُعْتَبَرُ الدَرَجَةَ الأَدْنَى مِنَ الوُجُودِ كَكُلْ.

يَعْنِي القَانُونُ العَامُ أَنَّهُ فِي نِهَايَةِ مَرَاحِلَ النُمُوِ الرُوحِيِّ الكَامِلِ سَتَبْلُغُ الإِنْسَانِيَّةُ بِأَجْمَعِهَا مَرَامَهَا بِشَكْلٍ مَحْتُوم بِإِحْرَازِهَا العَالَمَ الأَعْلَى حَيْثُ تَتَوَاجَدُ القُوَّةُ الإِلَهِيَّةُ الحَاكِمَةُ. تَتَجَلَّ الغَايَةُ أَوْ الهَدَفُ الرَئِيسِيُّ لِلقُوَةِ المُنْبَثِقَةِ مِنَ الخَالِقِ نَفْسِهِ فِي أَنَّ السَبَبَ الوَحِيدَ وَالمُتَعَذِّرَ إِجْتِنَابَهُ هُوَ أَنَّ الخَلِيْقَةَ بِأَكْمَلِهَا وُجِدَتْ لِتُحَقِّقَ هَدَفَهَا فِي إِحْرَازِ التَوَازُنِ مَعَ الخَالِقِ وَالإِتِحَادِ مَعَهُ، وَلإِحْرَازِ الفَهْمِ وَالإِدْرَاكِ التَامِ لِعَظَمَتِهِ وَالتَوَازُنُ مَعَ صِفَاتِهِ بِحَسْبِ القَوَانِينِ المُحَدَّدَةَ لِلنُمُوِ الرُوحِيِّ. هَذَا مَا يُدْعَى بِالقَانُوْنِ العَامِ لِلكَوْنِ.

لَيسَ هُنَاكَ أَيُّ قُوَّةٍ أَوحَدَثٍ أَو حَتَى فِكْرٍ يَنْشَأُ مِنَ الخَالِقِ يَأْخُذُ مَجْرَاهُ فِي هَذَا العَالَمَ خَارِجُ إِطَارِ أَوْ حُدُوْدِ القَانُونِ العَامِ. كُلُّ مَا يَحْدُثُ فِي الكَوْنِ خَاضِعٌ لِمَبْدَأ أَوْ لِلْمَفْهُوْمِ العَامِ لِهَذَا القَانُونِ. كَلِمَةُ "عَام" تَعْنِي "شَامِلاً لِكُلِّ شَيءٍ وَبِدُوْنِ إِسْتِثْنَاءٍ". وَهَذِهِ الثَلاثُ "الفِكْرُ وَالقُوَّةُ وَالحَدَثُ" تَشْمُلُ فِي مَضْمُوْنِهَا مَبَادِئَ بُنْيَةِ الكَوْنِ بِأَكْمَلِه.

فَمَهمَا كُنَّا مُقْتَنِعِينَ بِأَنَّهُ مِنَ الصَعْبِ بَلْ أَنَّهُ مِنْ غَيرِ المُمْكِنِ وُجُودَ أَيِّ تَنَاقُضٍ أَوْ نَقْصٍ أَوْ خَلَلٍ فِي كَوْنِهِ لَيْسَ جُزءً مِنْ هَذَا الفِكْرِ فَهَذَا أَمْرٌ مُسْتَحِيلٌ وَبَعِيدٌ كُلَّ البُعْدِ عَنْ الصِحَةِ. فَإِنَّ كُلَ مَا يَحْدُثُ فِي الرَغْبَةِ أَوْ فِي الفِكْرِ أَوْ فِي السُلُوْكِ هُوَ جُزءٌ مُبَاشَرٌ مِنَ القَانُوْنِ العَامِ وَالذِي بِدَوْرِهِ هُوَ الحَاجَةُ الضَرُورِيَّةُ لِتَتَمَكَّنَ الخَلِيقَةَ مِنَ الوُصُولِ إِلَى مَنْزِلَتِهَا الرَفِيعَةِ فِي العَالَمِ الأَعْلَى. وَلَكِنَّهُ وَاضِحٌ مِنْ وُجْهَةِ نَظَرِنَا المُحدُوْدَةِ فِي إِطَارِ حَوَاسِنَا أَنَّهُ يَصْعُبُ عَلَينَا

فَهْمَ وَإِدْرَاكَ كُلِ الَذِي يَحْدُثُ حَوْلَنَا، وَلَكِنَ القَانُونُ هُوَ القَانُونُ وَيبْقَى هَكَذَا مُحَدَداً وَبِإِحْكَامٍ مِنْ دُونِ زِيَادَةٍ وَلا نُقْصَانٍ.

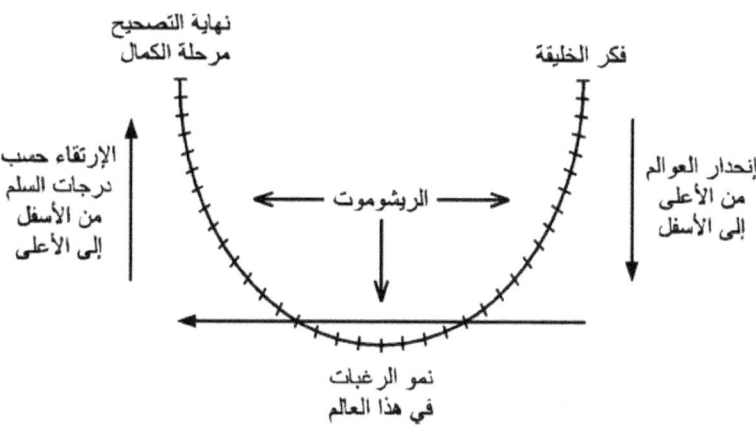

يُؤَكِدُ القَانُونُ العَام بِحَتْمِيَتِهِ أَنَّ الإِنْسَانِيَّةَ بِأَكْمَلِهَا سَتَصِلُ إِلَى مَرْحَلَةِ بُلُوغِ هَدَفِهَا وَلَكِنْ وَفِي ضَوءِ مَا قِيلَ لا بُدَّ أَنْ يَتَسَاءَلَ المَرءُ قَائِلاً: " إِذَا كُنَّا نَخْطُو فِي هَذَا الإِتِجَاهِ عَلَى أَيَّةِ حَالٍ فَلِمَاذَا إِذاً يَجِبُ عَلَيْنَا أَيْضاً أَنْ نَسْأَلَ مِنَ الخَالِقِ لِيُهْدِيْنَا فِي نَفْسِ هَذَا الإِتِجَاهِ وَلِمَاذَا يَتَوَجَّب عَلَيْنَا بَذْلَ أَيُّ جُهْدٍ؟ أَلَيس بِإِمْكَانِنَا الجُلُوسُ تَحْتَ السَمَاءِ مُرَاقِبِينَ النُجُومَ فِي لَيْلَةٍ مُقْمِرَةٍ أَوْ حَتَى فِي بُيُوتِنَا الحَدِيثَةِ أَمَامَ جِهَازِ التِلفَازِ أَوْ حَتَى نَجْلُسُ مِنْ دُونِ عَمَلِ أَيِّ شَيءٍ وَنَنْتَظِرَ هَذِهِ القَوَانِينَ لِتُؤَثِرَ عَلَيْنَا وَتُغَيِّرَ مَجْرَى حَيَاتِنَا" ؟

فِي الوَاقِعِ أَنَّ مَدَى تَأثِيرِ هَذِهِ القَوَانِينِ عَلينَا وَجَذْبَنَا تِجَاهَ الهَدَفِ يَعْتَمِدُ عَلَى دَرَجَةِ تَعَاوُنِنَا مَعَهَا وَتَلائُمِنَا وَتَوافُقِنَا مَعَ تَوْجِيهَاتِهَا وَهَدَفِهَا وَطَرِيقَةِ فَعَالِيَتِهَا أَوْ أَسْلُوبِهَا. الإِنْسَانُ مُكَوَّنٌ مِنْ فِكْرٍ وَإِرَادَةٍ وَفِعْلٍ وَمِنَ المُتَوَجِّبِ عَلَيْهِ أَنْ

يَجْعَلَ فِكْرَهُ وَإِرَادَتَهُ وَسُلُوكَهُ مَعَاً مُتلائِمَةٌ وَمُتَشَابَهَةٌ فِي الصِفَاتِ مع تِلْكَ التِي لِلْخَالِقِ أَيْ وَبِمَعْنَى آخرِ إِنْعِكَاسُ فِكْرُ الخَالِقِ عَلَى سُلُوكِ الإِنْسَانِ لأَنَّ القَانُونَ الَذِي يُقَرِّبُ الإِنْسَانُ مِنَ الهَدَفِ يُؤَثِرُ عَلَيْهِ فَقَطْ فِي حُدُودِ دَرَجَةِ تُوَافُقِهِ مَعَ صِفَاتِ وَسِمَاتِ الخَالِقِ.

إِذَا كَانَ الإِنسَانُ نَفْسَهُ لاَ يَطْمَحُ أَوْ يَتُوقُ نَحوَ الهَدَفِ الَذِي عَيَّنَهُ لَهُ الخَالِقُ بَلْ إِخْتَارَ أَنْ يَقِفَ ثَابِتَاً فِي مَكَانِهِ رَافِضَاً أَنْ يَخْطُوَ إِلَى الأَمَامِ، فَإِخْتِيَارُهُ هَذَا سَيُؤَدِّي بِهِ إِلَى إِزْدِيَادَ إِمْتِصَاصِهِ لِلإِنْطِبَاعَاتِ السَلْبِيَّةِ التِي فِي بيئَتِهِ وَفِي مُحِيطِهِ حَتَى يَصِلَ إِلَى نُقْطَةٍ فِيهَا يَعِي وَبِوُضُوحٍ أَنَّ وُقُوفَهُ فِي نَفْسِ المَكَانِ لا جَدْوَى فِيهِ وَلَنْ يَعُودَ عَلَيْهِ بِأَيِّ نَفعٍ عِنْدَهَا يُدْرِكُ بِأَنَّهُ مِنَ اللازِمِ أَنْ يَتَحَرَّكَ وَيَسِيرَ مُوَجِهاً نَفْسَهُ نَحوَ الهَدَفِ.

مِنْ نَاحِيَةٍ أُخْرَى أَنَّ تَرَاكُمَ الإِنْطِبَاعَاتِ السَلْبِيَّةِ وَقُدْرَتَنَا عَلَى فَهْمِ هَذِهِ السَلْبِيَاتِ يُشَارُ إِلَيْهِ بِمَفْهُوم "إِدْرَاكُ الإِنْسَانُ بِشَرِّ نَفْسِهِ". وَلَكِنْ هَذَا المَفْهُومُ بِعَيْنِهِ لا يُحرِضُنَا عَلَى التَقَدُّم بَتَاتَاً. فَالإِنْسَانُ يَصِلُ إِلَى مَرْحَلَةِ الإِدْرَاكِ بِشَرِّ نَفْسِهِ عِنْدَمَا تُرَاوِدُهُ أَسْئِلَةٌ عَنْ وَضعِهِ الَذِي يَشْعُرُ بِهِ إِذْ يَتَسَأَلُ "لِمَاذَا أَنَا وَاقِفٌ فِي نَفْسِ المَكَانِ وَلَيْس لَدَيَّ الرَغْبَةَ فِي التَقَدُّمِ؟ مَا هِيَ طَبِيعَتِي البَشَرِيَّةِ؟ وَلِمَاذَا تُقَاوِمُ وَبِشِدَّةٍ التَقَرُّبَ مِنَ الخَالِقِ وَمِنْ مَحَبَّةِ الأَخرِينَ وَمِنَ العَطَاءِ بِسَخَاءٍ بِدُونِ مَنْفَعَةٍ شَخْصِيَّةٍ؟ مِنَ المُحْتَمَلِ أَنْ يَقُودُنَا تَفْكِيرُنَا هَذَا إِلَى الإِعْتِقَادِ أَنَّنَا أَحْرَزْنَا تَقَدُماً مَلْحُوظَاً وَلَكِنَّ هَذَا لَيسَ بِصَحِيحٍ. فَإِنَّ جَمِيعَ هَذِهِ الأَفْكَارُ لَيْسَتْ إِلاَّ تَرَاكُمَاتُ الإِمْكَانِيَّاتِ وَالطَاقَةِ السَلْبِيَّةِ الكَامِنَةِ فِي دَاخِلِنَا وَالتِي تَتَزَايَدُ بِطبيعتها فِي التَكَدُّسِ إِلَى أَنْ تَصِلَ بِنَا إِلَى دَرَجَةٍ كَبِيرَةٍ مِنَ الضُغُوطِ كَافِيَةً لِتُوْقِظُ فِي دَاخِلِنَا رَغْبَةً حَقِيقِيَةً وَالَتِي بِدَوْرِهَا تُحُثُّنَا عَلَى أَخْذِ خُطْوَةٍ وَلَو صَغِيرَةٌ تِجَاهَ الخَالِقِ.

فِي اللَحْظَةِ التِي نَصِلُ بِهَا إلَى هَذِهِ النُقْطَةِ أَوْ إلَى هَذَا الإحْسَاسِ نَرَى بِأَنَّ القُوَّةَ التِي تَجْذُبُنَا وَرَائَهَا أَيْ نُورُ الخَالِقِ "أُورْ حُوزِيرْ" وَهُوَ النُورُ الذِي يَعُودُ إلَى المَصْدَرِ تُؤَثِرُ عَلَيْنَا فِي الحَالِ وَهَكَذَا تَتَوَفَّرُ لَنَا الفُرْصَةَ بِالتَقَرُّبِ مِنَ الخَالِقِ وَلَوْ بِخُطْوَةٍ صَغِيرَةٍ جِداً تُقَاسُ بِالمِلِيمِتْرَاتِ. هَذَا هُوَ السَبَبُ أَنَّ الإنْسَانِيَّةِ وَبِالرَغْمِ مِنْ أَنَّهَا سَارَتْ فِي طَرِيقٍ مُفْعَمٍ بِالآلامِ وَالعَذَابِ عَلَى مَدَى آلافِ السِنِينِ مِنْ تَارِيخِهَا، لَمْ تَبْرَحْ مِنْ مَكَانِهَا وَلَمْ تَخْطُو وَلَوْ خُطْوَةً وَاحِدَةً نَحْوَ الخَالِقِ. بَلْ أَدْرَكْتْ بِشَكْلٍ جُزْئِي أَيْ أَصْبحتْ مُتَفَهِمَةً لِشَرِّهَا، وَلَكِن إدْرَاكَهَا لِشَرِّهَا لَيْسَ إلاَّ مُجَرَدَ إدْرَاكٍ جُزئِي.

فَإذاً هَذَا النَوعُ مِنَ الإدْرَاكِ مَا يَزَالُ بِلاَ هَدَفٍ وَلَيْسَ فَقَطْ بَعِيدٌ بَلْ أَنَّهُ مُنْفَصِلٌ تَمَاماً عَنْ المَصْدَرِ. وَلَكِن حَالَمَا تَحْصَلُ البَشَرِيَّةَ عَلَى قُدْرَةِ الإدْرَاكِ الكَامِلَةِ وَالصَادِقَةِ عِنْدَهَا تَتَيَّقظْ فِيهَا رَغْبَةٌ حَقِيقِيَّةٌ لِلوُصُولِ إلَى الهَدَفِ المَوْضُوعِ أَمَامَهَا وَعِنْدَهَا فَقَطْ تَسْتَطِيعُ أَنْ تَعْلُو وَتَرْتَقِي مِنْ مَكَانِهَا إلَى المَرْحَلَةِ التَالِيَةِ. أَيْ أَنَّهَا تَعْلُو مِنَ المَرْحَلَةِ المُتَوَاجِدَةِ فِيهَا الآنَ وَالتِي تُعْتَبَرُ أَدْنَى دَرجَاتِ الوُجُودِ "عَالَمُنَا هَذَا" إلَى بِدَايَةِ العَالَمِ الأَعْلَى. يُمَثِّلُ عَالَمُنَا الدُنْيَوِيُّ الذِي نَعِيشُ فِيْهِ الدَرَجَةَ الأَدْنِي مِنَ الوُجُودِ كَكُلْ وَهُوَ بِحَدِ ذَاتِهِ غيرُ مُنْقَسِمٍ إلَى دَرجَاتٍ. فَمَا مَعْنَى عِبَارَةُ "بِدَايَةُ العَالَمِ الأَعْلَى أَوْ الأَسْمَى"؟ مَعْنَاهَا بِدَايَةَ تَمَاثُلِ وَتَوَازُنِ سِمَاتُ وَصِفَاتُ الإِنْسَانِ مَعَ سِمَاتُ وَصِفَاتُ الخَالِقِ وَبِدَايَةَ بُزُوغِ أَوْ نُشُوءِ رَغْبَةٌ فِيهِ مُشَابِهَةٌ لِرَغْبَةِ الخَالِقِ فِي إغْدَاقِ الخَيْرِ عَلَى خَلْقِتِهِ، أَيْ أَنْ يَرْتَقِي الإنْسَانُ فَوْقَ الأَنَانِيَّةِ وَحُبُّ الذَاتِ فِيْهِ وَيَتَمَثَّلُ بِصِفَاتِ الخَالِقِ نَحْوَ بَنِي جِنْسِهِ مِنْ مَحَبَّةٍ وَعَطَاءٍ تِجَاهَ الآخَرِينَ.

تَفْسِيرُ المُصْطَلَحَاتِ:

عَالَمُ إينْ سُوفْ: هُو عَالَمُ اللانِهَايَةِ وَالَذِي فِيْهِ قُوَّةُ الخَالِقِ تَتَوَاجَدُ بِشَكْلٍ مُطْلَقٍ.

عَالَمٌ: المُصْطَلَحُ فِي لُغَتِهِ الأَصْلِيَّةِ هُوَ "هَا-عَالاَمَا" وَتُشِيرُ إِلَى إِخْتِفَاءِ وَتَوَارِي نُوُرَ الخَالِقِ عَنْ المَخْلُوُقِ. التَمَاثُلُ فِي السِمَاتِ: أَيْ تَشَابُهُ الخَواصِ بَيْنَ شَيْئَيْنِ أَوْ بَيْنَ شَخْصَيْنِ وَفِي مَفْهُومِ عِلْمِ الكَابَالاَ يَعْنِي تَمَاثُلُ سِمَاتَ المَخْلُوُقِ بِسِمَاتِ خَالِقِهِ.

الرَغْبَةُ النَقِيَّةُ: وَهِيَ الرَغْبَةُ القَرِيبَةُ فِي طَبِيعَتِهَا لِلنُوُرِ التِي وُجِدَتْ مِنْهُ وَمِنَ السَهْلِ تَصْحِيحَهَا.

الرَغْبَةُ الأَنَانِيَّةُ: وَهِيَ الرَغْبَةُ البَعِيدَةُ فِي طَبِيعَتِهَا مِنَ النُوُرِ وَمِنَ الصَّعْبِ تَصْحِيحَهَا إِلاَّ بِوَاسِطَةِ النُوُرِ.

نِظَامُ الأَنَا: وَهُوَ نِظَامٌ مُغْلَقٌ وَمُسْتَقِلٌ يَعْمَلُ بِحَدِ ذَاتِهِ وَمِنْ خِلاَلِ حَوَاسِنَا الخَمْسَةُ فَقَطْ.

الحَاسَةُ السَادِسَةُ: وَهِيَ الحَاسَةُ التِي يَحْصَلُ عَلَيهَا الإِنْسَانُ لِيَتَمَكَّنَ مِنَ الإِحْسَاسِ بِالعَالَمِ الرُوحِيِّ.

الخَالِقُ: هُوَ القُوَّةُ المُطْلَقَةُ وَالسُلْطَةُ العُلْيَا التِي تُسَيْطِرُ وَتُدِيْرُ الكَوْنَ بِكَامِلِهِ مُتَضمِناً الإِنْسَانُ وَهُوَ مَصْدَرُ النُوُرِ وَالمَسَرَّاتِ.

كَابَالاَ: وَهِيَ مُشْتَقَةٌ مِنْ كَلِمَةِ (لِي-كَا-بَل) وَمَعْنَاهَا التَقَبُّلُ الصَحِيحُ لِنُوُرِ الخَالِقِ.

السَفِرَاتُ العَشْرُ: تُشِيرُ إِلَى دَرَجَاتِ وَحَجْمِ ظُهُورِ نُورَ الخَالِقِ دَاخِلَ الإِنَاءِ الرُوحِيِّ لَدَى الإِنْسَانُ أَيْ دَاخِلَ الرَغْبَةِ.

الفِكْرُ وَالقُوَّةُ وَالحَدَثُ: وَهِيَ العَنَاصِرُ الَتِي تَشْمُلُ فِي مَضْمُونِهَا مَبَادِئُ بُنْيَةَ الكَوْنِ بِأَكْمَلِهِ.

إِدْرَاكُ الإِنْسَانُ بِشَرِّ نَفْسِهِ: وَهُوَ إِدْرَاكُ الإِنْسَانُ لِطَبِيعَتِهِ الأَنَانِيَّةِ فِي حُبِّ الذَاتِ وَالَتِي هِيَ الشَّرُ.

نُمُوُ الرَغْبَةُ: وَهِيَ المَرَاحِلُ الَتِي تَتَزَايَدُ مِنْ خِلاَلِهَا الرَغْبَةُ فِي تَقَبُّلِهَا وَإِسْتِيعَابِهَا لِنُورِ الخَالِقِ.

الرِيشِيمُوتْ: وَهِيَ المَعْلُومَاتُ الَتِي تَحْتَوِي عَلَى بَيَانَاتٍ أَوْ بَرَامِجِ الحَيَاةِ الَتِي يَمُرُ بِهَا الإِنْسَانُ فِي دَوْرَةِ حَيَاتِهِ. كُلٌّ مِنْ هَذِهِ المَعْلُومَاتِ تُحدِدُ كُلَّ مَوْقِفٍ أَوْ حَدَثٍ فِي حَيَاةِ الشَخْصِ.

إِخْتَبِرْ مَعْلُومَاتَكَ.

س١ : مَا هُوَ مَوضُوعُ عِلْمِ حِكْمَةِ الكَابَالا الأَسَاسِيُّ وَمَا العَامِلاَنِ الوَحِيدَانِ اللَّذَانِ يُشَكِلاَنِ مُوْضُوعَ بَحْثِهِ؟

س٢ : لِمَاذَا يُشَارُ إِلَى الخَالِقِ عَلَى أَنَّهُ الرَغْبَةُ فِي العَطَاءِ؟

س٣ : مَا الَذِي يَحْتَاجُ الإِنسَانُ إِلَيْهِ لِيَتَمَكَّنَ مِنَ الحُصُولِ عَلَى الحَاسَةِ السَادِسَةِ؟

س٤ : مَا المَقْصُودُ بِالمُصْطَلحِ "التَصْحِيح"؟

س٥ : مَا هِيَ السَفِيرَاتُ العَشْرُ وَدَوْرَهَا فِي إِحْرَازِ الإِنْسَانِ لِلعَالَمِ الرُوحِيِّ؟

س٦ : مَا هُوَ القَانُونُ العَامُ؟

غِذَاءٌ لِلفِكْر

مَا مَعْنَى عِبارَةَ عَظَمَةُ الخَالِقِ

سَمِعْتُ فِي عَامِ ١٩٤٨

إنَّ عِبارَةَ عَظَمَةُ الخَالِقِ تَتَضَمَّنُ فِي مَعْنَاهَا أَنَّهُ مِنَ المُتَوَجِّبِ عَلَى الإِنْسَانِ أَنْ يَسْأَلَ مِنَ الخَالِقِ بِأَنْ يَمْنَحهُ القُوَّةَ لِيَعْلُو بِفِكْرِهِ فوق حُدُودِ المَنْطِقِ. وَهَذَا يَعْنِي بِأَنَّ هُنَاكَ دَرَجَتَانِ لِمُسْتَوَى إِدْرَاكِ مَعْنَى عِبارَةُ "عَظَمَةُ الخَالِقِ".

الدَرَجَةُ الأُولَى: أَنْ لاَ يَمْتَلِئَ الإِنسَانُ مِنَ المَعْرِفَةِ الإِنْسَانِيَّةِ وَالنَبَاهَةِ العَقْلِيَّةِ وَالَتِي فِيهَا يَعْتَقِدُ فِي أَنَّهُ يَستَطِيعَ إيجَادَ جَوابٍ لِكُلِ تَسَاؤُلاَتِهِ، وَلَكِنْ يَكُونُ رَاغِباً فِي أَنْ يُجِيبَهُ الخَالِقُ عَلَى كُلِّ أَسْئِلَتِهِ وَلَيْسَ هُوَ نَفْسَهُ. نَحْنُ نُعَبِّرُ عَنهَا بِكَلِمَةِ "عَظَمَةُ" لأَنَّ كُلَّ الحِكْمَةِ تَأتِي مِنَ الأَعَالِي وَلَيْسَ مِنَ الإِنْسَانِ وَمِنْ خِلاَلِ حِكْمَةِ الخَالِقِ فِي عَظَمَتِهِ يَسْتَطِيعُ الإِنْسَانُ الإِيجَابَةَ عَلَى تَسَاؤُلاَتِهِ.

فِي أَيِّ شَيءٍ يَكُونُ الإِنْسَانُ قَادِراً عَلَى إِيجَادِ حَلٍ لِمُعْضِلَتِهِ يُعْتَبَرُ بِأَنَّهُ قَدْ وَجدَ الحَلَ مِنْ خِلاَلِ قُدْرَتِهِ العَقْلِيَّةِ وَهَذَا يَعْنِي بِأَنَّ الإِرَادَةَ فِي حُبِّ الذَاتِ تُدْرِكُ بِأَنَّهُ مِنَ الجَدِيرِ بِالإِهْتِمَام وَمُسْتَحِقُ الجُهْدِ أَمْرُ حِفْظِ وَصَايَا الخَالِقِ وَالعَمَلُ بِهَا. وَلَكِنْ حِينَ يَتَطَلَّبُ الأَمْرُ مِنَ الإِنْسَانِ التَخطِي فَوقَ حُدُودِ المَنطِقِ العَقْلِي لَدَيْهِ إِلَى دَرجَةِ الإِيمَانِ فَهَذَا يَتَطَلَّبُ الكَثِيرُ مِنَ الجُهْدِ وَهَذَا مَا يُدْعَى "بِخِلاَفِ مَنْطِقِ الإِرَادَةِ فِي الأَخْذِ لِلذَاتِ".

الدَرَجَةُ الثَانِيَةُ: إِنَّ عَظَمَةَ الخَالِقَ تَعْنِي بِأَنْ يَكُونَ الإِنْسَانُ فِي حَاجَةٍ إِلَى الخَالِقِ لأَنْ يَمْنَحَهُ رَغَبَاتُ قَلْبِهِ، وَمِنْ أَجْلِ ذَلِكَ يَتوَجَّبُ عَلَى الإِنْسَانِ إِمَّا أَنْ يَعْلُوُ بِفِكْرِهِ فَوْقَ حُدُوْدِ المَنْطِقِ فِي مُواجَهَةِ الوَاقِعِ عَلَى أَنَّهُ لاَ يَسْتَطِيعُ مِلئَ

الفَرَاغ فِي نَفْسِهِ وَبِالتَالِي هُوَ بِحَاجَةٍ إِلَى الخَالِقِ. أَوْ أَنْ يُدْرِكَ أَنَّ الخَالِقَ وَحْدَهُ هُوَ الَذِي يَسْتَطِيعُ مَنْحَهُ القُوَّةَ لِلخُرُوج فَوْقَ حُدُودِ الذَاتِ أَوْ حُدُودِ المَنْطِقِ العَقْلاَنِيِّ لَدَيْهِ. أَيْ أَنَّ الَذِي يُعْطِيهِ إِيَّاهُ الخَالِقُ هُوَ مَا يُدْعَى "عَظَمَةُ الخَالِقُ".

مِنْ كِتَابِ شَامَعْتِي لِصَاحِبِ السُلَّمِ

لُغَةُ الفُرُوعِ

إِحْدَى النَتَائِجِ المُعْتَرَفِ بِهَا بَيْنَ العُلَمَاءِ أَنَّ البَاحِثَ عَاجِزٌ عَنْ إِعْطَاءِ إِسْمٍ لِلعَنَاصِرِ المَادِيَّةِ لِلنِظَامِ الأَوَلِ وَالذِي يُدْعَى بِالعَوَالِمِ الرُوحِيَّةِ. هَذَا لِسَبَبِ أَنَّ لُغَتَنَا هِيَ وَسِيلَةٌ أَوْ أَدَاةٌ حِسيَّةٌ لِقُدْرَةِ الإِدْرَاكِ عِنْدَ الإِنْسَانِ وَالتِي وُلِدَتْ مِنْ إِمْتِزَاجِ الشُعُورِ مَعَ الأَفْكَارِ وَالتِي بِدَوْرِهَا نَتِيجَةَ تَأْثِيرِ العَالَمِ المَحْدُودِ بِإِطَارِ المَكَانِ وَالزَمَانِ وَالحَرَكَةِ.

أَظْهَرَتْ بُحُوثُ عُلَمَاءِ الكَابَالا أَنَّ بُنْيَةَ العَوَالِمِ الرُوحِيَّةِ هِيَ نَفْسَهَا فِي كُلٍّ مِنْ هَذِهِ العَوَالِمِ، الفَارِقُ الوَحِيْدُ هُوَ فِي المَادَةِ التِي تَكَوَّنَتْ مِنْهَا. الفَرْقُ مَوْجُودٌ فِي عُنْصُرِ التَقَبُّلِ فِي كُلٍّ مِنَ هَذِهِ العَوَالِمِ وَالمَحْدُودُ بِحَتْمِيَّةِ المَسَافَةِ فِي قُرْبِ أَوْ بُعْدِ هَذِهِ الدَرَجَةِ فِي التَوَازُنِ الشَكْلِيِّ مَعَ سِمَاتِ القُوى العُلْيَا. وَبِنَاءً عَلَى هَذَا، تَتَجَلَّى القُوَى العُلْيَا فِي كُلِ جُزْءٍ مِنْ دَرَجَاتِ كُلٍ مِنْ هَذِهِ العَوَالِمِ بِدَرَجَةٍ مُعَيَنَةٍ وَبِحَسْبِ قَدْرِ تَبَاعُدِهَا عَنْ مِيِّزَةِ القُوَى العُلْيَا وَتَمَاثُلِهَا الجُزْئِي مَعَهَا وَالذِي يُوَضِّحُ هَدَفَهَا عَلَى هَذَا المُسْتَوَى. بِحُدُودِ هَذَا الإِطَارِ، كُلُّ جُزْءٍ مِنْ هَذَا النِظَامِ مَعاً يُشَكِلُ القُوَى العُلْيَا لِلجُزْءِ السُفْلِيِّ أَوْ الذِي يَلِيهِ وَالذِي يَنْشَأُ مِنْهُ وَبِالتَالِي يُحَدِدُ مُظْهِراً كَامِلَ مِيِّزَاتِهِ.

كُلُّ هَذَا أَعْطَى الفُرْصَةَ لِلْعُلَمَاءِ لِتَطْبِيقِ نِظَامِ رُمُوزٍ خَاصٍ يُدْعَى "لُغَةُ الفُرُوعِ" لِنَقْلِ المَعْلُومَاتِ الخَاصَةِ لِكُلِّ دَرَجَةٍ مِنَ الخَلِيْقَةِ وَالتِي يَصْعُبُ شَرْحَهَا وَتَفْسِيرَهَا. فَإِنَّ كُلَّ كَلِمَةٍ فِي نِظَامِ لُغَةِ الفُرُوعِ مُرْتَبِطَةٌ بِشَكْلٍ لَغَوِيٍّ

بِشَيءٍ مُعَينَّ أَوْ ظَاهِرَةٍ مُعَيَّنَةٍ مِنْ ظَوَاهِرِ عَالَمِنَا الذِي نَعِيشُ فِيهِ وَالَذِي يُعَدُّ بِمَثَابَةِ الفَرْعِ أَوْ الغُصْنِ بِمَا أَنَّ جُذُورَ النَفْسِ إِنْحَدرَتْ مِنَ العَالَمِ الأَعْلَى أَيْ مِنَ العَالَمِ الرُوحِيِّ.

هَذِهِ هِيَ المَيِّزَةُ الَتِي تَتَحلَّ بِهَا لُغَةُ الفُرُوعِ التِي يَسْتَخْدِمُهَا عُلَمَاءُ الكَابَالا لِنَقْلِ المَعْلُومَاتِ الضَرُورِيَّةِ لِلْعَالَمِ بِكَامِلِهِ. هَذِهِ هِيَ اللُغَةُ الَتِي تَدَاوَلَهَا عُلَمَاءُ الكَابَالا فِيمَا بَيْنَهُم لِتَتَمَكَّنَ الأَجْيَالُ الآتِيَةُ بَعْدَهُمْ إِسْتِخْدَامِهَا إِذْ أَنَّهَا مُنَاسِبَةٌ وَتَفِي بِالمُرَادِ فِي كَفَائَتِهَا لِتَخْدُمَ حَاجَةَ كُلَّ فَرْدٍ فِي رَغْبَتِهِ فِي دِرَاسَةِ الوُجُودِ وَمُسَاهَمتِهِ فِي إِدْرَاكِ وَإِنْجَازِ هَدَفِهِ. هَذَا الأُسْلُوبُ أَوْ هَذَا المَنْهَجُ المُتَكَامِلُ فِي خَلْقِ المُصْطَلَحَاتِ لِعِلْمِ الكَابَالا يَتَوَافَقُ مَعَ مَبَادِئِ لُغَةِ الفُرُوعِ بِنَاءً عَلَى بُنْيَةِ الوُجُودِ كَمَوضُوعٍ دِرَاسِيٍّ لِهَذَا العِلْمِ.

عِندَمَا نَفتَكِرُ فِي أَيِّ شَيءٍ مَا ونَشعُرُ بِهِ ونَتَمنَّى أَن نُوْصِلَ هَذا الفِكرَ وهَذا الشُعُورَ لشَخْصٍ آخَرٍ حَتى يَتمكَّنَ هَذا الشَخْصُ مِنْ الإِحسَاسِ بِمَا نَشْعُرُ بِهِ فَإِنَنَا نَسْتَخْدِمُ الكَلِمَاتُ والمُصْطَلَّحَاتُ للتَعْبِيرِ عَنمَا يَدُورُ فِي دَاخِلِنَا. فَمِن نَاحِيَةِ إِستِخدَامِ العِبَارَاتِ والمُصطَلَحَاتِ المُعيَّنَةِ هُنَاكَ إِجمَاعٌ بِشَكلٍ عَامٍ مِنَ النَاسِ فِي إِستِخدَامِ هَذِهِ العِبَارَاتِ المُخْتَلفَةِ لِلتعْبِيرِ عَنِ الأَشْيَاءِ التِي نُرِيدُ التَكَلُّمَ عَنْهَا. فَعِنْدَمَا نُطلِقُ عَلى شَيءٍ مَا التَعبِيرَ بِوَصْفِهِ أَنَهُ شَيءٌ حُلوُ المَذَاقِ فَالإِنْسَانُ الآخَرُ يَفْهَمُ مُبَاشَرةً مَا هو المَقْصُوْدُ مِنْ إِسْتِخدَامِ هذا المُصْطَلَح بِمَا أَنَهُ يَسْتَطِيعُ فَهْمَ مَا هُوَ المَذَاقُ الحُلو لِلطَعَامِ. ولَكِنْ كَمْ هُوَ إِستِخدَامُ وَفَهْمُ هَذا المُصطَلَح قَرِيبٌ مِنَ الإِدْرَاكِ والفَهْمِ الحَقِيقِيّ لِمَعْنَى هَذِهِ الكَلِمَةِ وَكَمْ هُوَ قَرِيبٌ لِمَا نَتَصوَّرُهُ فِي فِكْرِنَا وأَحَاسِيسِنَا مِنْ مَفْهُوم لهَذَا المُصْطَلَح في طَبِيعَتِهِ وَمُسْتَوى قُوَّةِ تَعْبِيرِهِ إِذْ أَنَّهُ يَختَلِفُ مِنْ إِنسَانٍ إِلَى آخرٍ. فَمَا هِي الطَرِيقَةُ

المُفَضَلَةُ فِي نَقْلِ أَحَاسِيسِنَا لِلآخَرِينَ مُسْتَخْدِمِينَ الكَلِمَاتَ ذَاتَ المَعْنَى المَحْدُودِ وَالَتِي تختَلِفُ بِقُوَّةِ التَعْبِيرِ مِنْ شَخْصٍ إِلَى آخَرٍ؟

إِنَّ مُستَوى الإِحسَاسَ عِنْدَ عَالِمِ الكَابَالا رَفِيعٌ جِداً وفِي مَضْمُونِهِ يَرتَقِي عَنْ مَفْهُومِنَا المُتَعَارَفَ عَلَيْهِ فِي فَهْمٍ وتحْلِيلِ الأَحَاسِيسِ وَالمَشَاعِرِ. وَبِمَا أَنَّهُم يَرْغَبُونَ فِي نَقْلِ رَوَائِعِ العَالَمِ الرُوحِيِّ الَذِي لاَ يُمْكِنُ لِلإِنْسَانِ العَادِيِ مَعْرِفَتَهَا إِلاَّ عَنْ طَرِيقِ الأَحَاسِيسِ، فَلِيَتَمَكَّنُوا مِنْ ذَلِكَ لَجَأَ العُلَمَاءُ إِلَى إِسْتِخْدَامِ كَلِمَاتٍ ومُصْطَلَحَاتٍ مِنْ عَالَمِنَا لِوَصْفِ العَالَمِ الرُوحِيِّ وَأَحْيَاناً لَجَأوا إِلَى إِسْتِخْدَامِ العَلامَاتِ المُوسِيقِيَّةِ أَيْضاً لِلتَعْبِيرِ عَنْمَا لاَ تَسْتَطِيعُ الكَلِمَاتُ التَعْبِيرَ عَنْهُ أَوْ شَرْحَهُ أَوْ تَفْسِيرَهُ.

يُدَوّنُ عُلَماءُ الكَابَالا خِبْرَتَهم وَأَحَاسِيسَهُم عَلَى كَافَةِ مُسْتَويَاتِ الدَرَجَاتِ المُخْتَلِفَةِ فِي مَرَاحِلِ بُحُوثِهِم وَإِحْرَازِهِم العَالَمَ الرُوحِيَّ، فَهُمْ يَكْتُبُونَ عَنْ القُوَاتِ العُلْيَا وَعَنْ وُجُودِهَا وَفَعَالِيَتَها فِي العَالَمَ كَمَا وَيُدَوّنُونَ مَعْلُومَاتٍ عَنْ تجَارِبِهم الشَخْصِيَّةِ عَلَى كُلِ مُسْتَوى لِهَدَفِ مُسَاعَدَتِنَا فِي فَهْمٍ وإِدْرَاكِ مَرَاحِلِ النُمُوِ المُخْتَلِفَةِ كَمَا ويَتَشَارَكُونَ فِيمَا بَينَهُم فِي كُلِ المَعْلُومَاتِ الَتِي تَوَّصَلُوا إِلَيْهَا بِأَنْفُسِهِم وَعُلَمَاءُ الكَابَالا مِنْ قَبلِهِم بِمَا أَنَّ تَبَادُلَ الأَفكَارِ فِي الدِرَاسَةِ لَيْسَ فَقط مُهِمٌ بَل ضَرُورِيٌ جِداً ومُثمِرٌ، كَمَا وَيَضَعُونَ أَعْمَالَهُم وَنَتَائِجَ بُحُوثِهم فِي مُتَنَاوَلِ الَذِينَ يَبْحَثُونَ فِي مَعْرِفَةِ العَالَمِ الرُوحِيِّ وَإِيجَادِ الحِكْمَةِ.

لِعَدَمِ وُجُودِ الكَلِمَاتِ والمُصْطَلَحَاتِ فِي العَالَمِ الرُوحِيِّ بِمَا أَنَّه عَالَمُ قُوَاتٍ فَقَطْ، فَلِلتَعْبِيرِ عَنْمَا تَوَّصَلَ إِلَيْهِ عُلَماءُ الكَابَالا مِنْ إِكتِشَافِ ومَعْرِفَةِ العَالَمِ الأَعْلَى، إِسْتَخْدَمُوا مُصْطَلَحَاتٌ مُتَعَارَفٌ عَلَيْهَا مِنَ العَامَةِ وَهَذَا مَا يُطْلَقُ عَلَيْهِ "لُغَةُ الفُرُوعِ". لِمَاذَ اسْتِخْدَامُ مُصْطَلَحُ الفُرُوعِ بالذَاتِ؟ كَالشَجَرَةِ، فَإِنَّ

جُذُوُرَنَا نَحْنُ البَشَرُ أَيْ جُذُوُرُ االنَفْسِ الإِنْسَانِيَّةِ هِيَ فِي العَالَمِ الرُوُحِيِّ وَأَغْصَانهَا تَتَجلَّى هُنَا فِي عَالَمِنَا، وبِنَاءً عَلَى هَذَا دُعِيَتْ لُغَةُ الكَابَالا بِلُغَةِ الفُرُوُعِ لإِسْتِخْدَامِهَا التَعَابِيرَ والمُصْطَلَحَاتَ التِي نَسْتَعْمِلُهَا نَحْنُ هُنَا فِي هَذَا العَالَمَ لِلتَعْبِيرِ عَنْ أَشْيَاءٍ وَمَشَاعِرٍ وَأَحَاسِيسٍ يَسْتَطِيعُ الإِنْسَانُ إِدْرَاكَهَا مِنَ المَعْنَى التِي تُوْحِي إِلَيْهِ، لِذَلِكَ اللُغَةُ التِي إِسْتَخْدَمَهَا عُلَمَاءُ الكَابَالا فِي كِتَابَاتِهِم هِيَ لُغَةُ الفُرُوُعِ وَذَلِكَ كَيْ يَتَمَكَّنُوا مِنْ تَفْسِيرِ وَشَرْحِ مُوَاصَفَاتِ العَالَمَ الرُوُحِيِّ بِلُغَةٍ يَسْتَطِيعُ كُلُّ إِنْسَانٍ إِدْرَاكَ المَعْنَى المَجَازِيَّ وَالمَقْصُوُدَ فِي إِسْتِخْدَامِ هَذَا أَوْ ذَاكَ المُصْطَلَحِ بِالذَاتِ.

إِذاً وَبِبَسَاطَةٍ لُغَةُ الفُرُوُعِ هِيَ لُغَةٌ يَسْتَعِيرُ عَالِمُ الكَابَالا مِنْ مُفْرَدَاتِهَا وَمُصْطَلَحَاتِهَا المُتَعَارَفُ عَلَيْهَا بَينَ العَامَةِ وإِسْتِخْدَامُ هَذِهِ التَعَابِيرِ لِشَرْحِ الأُمُوُرِ الرُوُحِيَّةِ. بِمَا أَنَّ كُلَّ شَيءٍ مُوُجُوُدٌ فِي العَالَمِ الرُوُحِيِّ لَهُ مَا يُسَاوِيهِ أَوْ مَا هُوَ مُتَكَافِئٌ مَعَهُ مِنْ نَاحِيَةِ الأَصْلِ وَالشَكْلِ فِي عَالَمِنَا المَادِيِّ فَإِنَّ كُلَّ جَذْرٍ فِي العَالَمِ الرُوُحِيِّ لَهُ اسْمَهُ وَبِالتَالِي الغُصْنُ النَاشِئُ مِنْ هَذَا الجَذْرُ وَالمُتَدَلِّي مِنْهُ لَهُ اسْمَهُ الخَاصُ بِهِ أَيْضاً. رُبَمَا أَنَّنَا لاَ نَعْرِفُ أَوْ لاَ نَسْتَطِيعُ وَصْفَ شُعُوُرِنَا وَأَحَاسِيسِنَا بِدِقَةٍ وَلاَ نَعْلَمُ كَيفِيَّةِ قِيَاسِهَا أَوْ مُقَارَنَتِهَا حَتَى يَكُوُنُ بِإِمْكَانِنَا إِظْهَارَهَا كَمَا هِيَ، لِذَلِكَ نَحْنُ نَسْتَخْدِمُ كُلَّ أَنْوَاعِ الأَفْعَالِ فِي اللُغَةِ المُسَاعِدَةِ، وَنَسْتَخْدِمُ التَعَابِيرَ لإِعْطَاءِ نَوْعٍ مِنَ التَجْسِيدِ المَعْنَوِيّ لِكَي يَكُوُنَ فِي مَقْدُوُرِ الإِنْسَانِ فَهْمَهَا.

لَقَد وَرَدَ فِي كِتَابَاتِ عَالِمِ الكَابَالا يَهُودا أَشْلاَغْ فِي مَقَالِهِ "جَوْهَرُ عِلْمِ الكَابَالا" مَا يَلِي: «**يَخْتَارُ عَالِمُ الكَابَالا لُغَةً خَاصَةً وَالتِي يُنْسَبُ إِلَيْهَا بِلُغَةِ الفُرُوُعِ لاَ يُوُجَدُ حَدَثٌ يَأْخُذُ مَجْرَاهُ فِي هَذَا العَالَمَ مَا لَمْ تَكُنْ أَسْبَابُهُ نَابِعَةٌ مِن جُذُوُرِهِ فِي العَالَمِ الرُوُحِيِّ. بِخِلاَفِ المَعْرِفَةِ المُتَدَاوَلَةِ وَمَا نَفْتَكِرُهُ فَإِنَّ كُلَّ شَيءٍ**

فِي عَالَمِنَا يَنْشَأُ مِنَ العَالَمِ الرُوحِيِّ وَمِنْ ثُمَّ يَتَجلَّى حَدَثُهُ هُنَا فِي هَذَا العَالَمِ. فَقدْ وَجدَ عُلماءُ الكَابَالا أَنَّ لُغَةَ الفُرُوعِ مُتَناسِبَةٌ مَع هَدَفِهم فِي نَقلِ مَعْرِفَتِهم وتَجارِبِهم فِيمَا بَيْنَهم أَكَانَ بشَكلٍ شَفَوِيٍّ أَوْ كِتَابِيٍّ عَلى حَدٍ سَوَاء لأَنفُسِهِم وَلِلأَجْيَالِ الآتِيَةِ أَيْضاً. فَقَدْ إِقْتَبَسُوا مِنْ مُصْطَلَحَاتِ عَالَمِنَا هَذَا مُرَكِبِينَ لُغَةَ الفُرُوعِ وكُلُّ مُصْطَلَحٍ إِسْتَخْدَمُوهُ فِي هَذِهِ اللُغَةِ تَفسِيْرَهُ وَاضِحٌ وَمُبَانٌ لِلمَعْنَى المَقْصُودِ وَالدالِ عَلىَ جَذْرِ هَذَا المُصْطَلَحِ أَوْ هَذَا التَعْبِيرِ فِي نِظَامِ العَالَمِ الأَعْلَى».

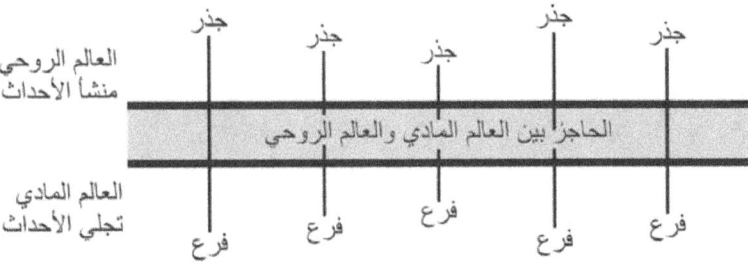

إِذاً لِكُلِ قُوَّةٍ مُوُجُودَةٍ فِي هَذَا العَالَمِ يُوُجَدُ هُنَاكَ جَذْرٌ لَهَا فِي العَالَمِ الرُوحِيّ. فَإِنَّ كُلَّ قُوَّةٌ فِي العَالَمِ الرُوحِيِّ مُرْتَبِطَةٌ وَمُتَلازِمَةٌ مَعْ قُوَّةٍ وَاحِدَةٍ فَقَطْ وَمَعَ الفُرُوُعِ النَاتِجَةِ عَنْهَا فِي عَالَمِنَا المَادِيِّ هَذَا. قَدْ كُتِبَ بِخُصُوُصِ عَلاَقَةَ التَرَابُطِ القَائِمَةِ بَيْنَ الجَذْرِ وَالفَرْعِ مَا يَلِي: "أَنَّهُ لاَ يَوْجَدُ شَيءٌ يَنْشَأُ وَيَنْبُتُ فِي العَالَمِ إِنْ لَمْ يَكُنْ هُنَاكَ مَلاَكٌ يَحُثُهُ عَلَى النُموِ". وَهَذَا يَعْنِي بِأَنَّهُ لاَ يُوْجَدُ أَيُّ شَيءٍ فِي عَالَمِنَا لَيْسَ لَهُ أَيَّ قُوَّةٍ مُتَمَاثِلَةٍ مَعَهُ فِي العَالَمِ الرُوحِيِّ. وَبِسَبَبِ هَذِهِ العَلاَقَةُ المُتبَادَلَةُ وَالمُبَاشَرَةُ، وَبِسَبَبِ أَنَّ الرُوحِيَّاتَ لاَ تَحتَوي عَلَى أَسمَاءِ بَلْ عَلَى أَحَاسِيسٍ وَقُوَّاتٍ مِنْ دُوْنِ "غِطَاءٍ مَحْسُوسٍ" أَيْ مَادَةٍ سَاتِرَةٍ لَهَا ذَاتَ

صِفَةٍ مَا، لِذَلِكَ لَجَأَ عُلَمَاءُ الكَابَالا لإِسْتِخْدَام أَسْمَاءٍ ذَاتَ الصِّفَةِ الفَرْعِيَّةِ لِلُغَةٍ فِي هَذَا العَالَمَ بِهَدَفِ إِعْطَاءِ صِفَةٍ وَتَعْرِيفٍ مُعَيَّنٍ لِجُذُورِهَا الرُوحِيَّةِ. وَأَضَافَ صَاحِبُ السُلَّمِ فِي مَقَالِهِ شَارِحاً: مَعَ اسْتِخْدَام كُلِّ الشُرُوحَاتِ أَنْتَ سَتُدْرِكُ أَنَّ مَا يَظْهَرُ فِي بَعْضِ الأَحْيَانِ فِي كُتُبِ الكَابَالا عَلَى أَنَّهَا نَظْرَةٌ مُخْتَلِفَةٌ لِمُصْطَلَحٍ أَوْ لِكَلِمَةِ الرُوحِ الإِنْسَانِيَّةِ وَخَاصَةً فِي كُتُبِ الكَابَالا الأَسَاسِيَّةِ لِلدَارِسِينَ الجُدُدِ وَأَيْضاً فِي كِتَابِ الزُوهَارِ وَكُتُبِ عَالِمِ الكَابَالا الشَهِيرِ الآرِي. وَالسُؤَالُ الوَارِدُ هُنَا هُوَ لِمَاذَا اسْتَخْدَمَ عِلْمُ الكَابَالا هَذَا النَوْعَ مِنَ المُصْطَلَحَاتِ بِالذَاتِ لِلتَعْبِيرِ عَنْ أَفْكَارٍ رَفِيْعَةٍ وَنَبِيلَةٍ وَسَامِيَةٍ فِي مَضْمُونِهَا؟ وَالتَفْسِيرُ لِهَذَا هُوَ أَنَّهُ لاَ يُوجَدُ أَيُّ لُغَةٍ فِي العَالَمِ مِنَ المُمْكِنِ إِسْتِخْدَامِهَا بِشَكْلٍ مَنْطِقِيٍّ إِلاَّ لُغَةُ الفُرُوعِ الفَرِيدَةُ مِنْ نَوْعِهَا لأَنَّهَا تَتَطَابَقُ مَعَ الجُذُورِ العُلْيَا لِكُلِ مَا هُوَ ظَاهِرٌ فِي عَالَمِنَا المَادِيِّ هُنَا.

لَيْسَ مِنَ المُفَاجِئِ إِذَا وَرَدَ اسْتِخْدَامُ بَعْضِ التَعَابِيرِ الغَرِيبَةِ بِمَا أَنَّه تِبْعاً لِطَبِيْعَةِ اللُغَةِ لاَ يُوجَدُ هُنَا مَجَالُ إِخْتِيَارٍ وَاسِعٍ، فَمِنْ نَاحِيَةٍ عِلْمِيَّةٍ إِنَّ المَسْأَلَةَ أَيْ "المَادَةَ" الجَيْدَةَ لاَ يُمْكِنُ أَنْ تَحُلَّ مَكَانَ المَسْأَلَةِ الرَدِيئَةِ أَوْ السَيِّئَةِ والعَكْسُ أَيضاً صَحِيحٌ. يَجِبُ عَلَيْنَا دَائِماً نَسْبُ الحَدَث (الفَرْعِ) الَذِي يَظْهَرُ فِي عَالَمِنَا إِلَى الجُذْرِ الصَحِيحِ الَذِي نَشَأَ هَذَا الحَدثَ مِنْهُ وَبِشَكْلٍ دَقِيْقٍ وَكَمَا تَنُصُ عَلَيْنَا الضَرُورَةُ يَجِبُ عَلَيْنَا الشَرْحُ والتَفصِيْلُ بِشَكْلٍ وَاسِعٍ ويَقِينٍ إِلَى أَنْ نَصِلَ إِلَى التَعْبِيرِ أَوْ التَعْرِيفِ الدَقِيْقِ لِمَا نَرَاهُ.

يُوْجَدُ الكَثِيرُ مِنَ المُصْطَلَحَاتِ المُسْتَخْدَمَةِ فِي عِلْمِ الكَابَالا وَالتِي تَتَكرَّرُ مَرَاتٍ عَدِيدَةً وَفِي عِدَةِ مَقَالاَتٍ وَهَذِهِ المُصْطَلَحَاتُ تُعْتَبَرُ مِنَ المُصْطَلَحَاتِ الرَئِيسِيَّةِ فِي عِلْمِ الكَابَالا، كَلِمَاتٌ وعِبَارَاتٌ مِثْلُ: "مَكَانٌ -زَمَانٌ - حَرَكَةٌ - نَقصٌ - جَسَدٌ - أَعضَاءُ الجَسَدِ - قُبلَةٌ - عِنَاقٌ" نَرَى أَنَّ جَمِيعَ هَذِهِ

المُصْطَلَحاتُ تَتَرَدَدُ مَرَةً تِلْوَ الأُخْرَى وَفِي مَواضِيعِ مُخْتَلِفَةٍ حَتي يَصِلَ الطَالِبُ إلَى نُقْطَةٍ يَتَمَكَّنُ مِنَ الشُعُوُرِ بِالمَعْنَى الكَابَالِّ الصَحِيحَ لِهَذَا المُصْطَلح بِكُلِ دَرَجاتِ صِيْغَتِهِ وَطُرُقِ اسْتِخْدَامِهِ وَمَعْنَى المُصْطَلَحِ الصَحِيحِ فِي أَيِّ مَقَالٍ يَبحَثُ فِيْهِ.

كَلِمَةٌ أَخيرَةٌ، يجِبُ أَنْ يَعلَمَ كُلَّ بَاحِثٌ ودَارِسٌ لِهَذَا العِلْمِ بِأَنَّ مِنَ الكَثِيرِينِ الذِينَ يَدَّعُوُنَ بِأَنهُم مِنْ مُعَلِميّ حِكْمَةِ الكَابَالا والذِينَ يُحَاوِلُوُنَ تَفْسِيرَ عِلْمُ الكَابَالا لأَتْبَاعِهِم بِشَكلٍ خَاطِئٍ. والخَطَاءُ نَابعٌ مِنَ الوَاقِعِ أَنَّ عُلماءَ حِكْمَةِ الكَابَالا الحَقيقِيِّنَ دَوَّنُوا مَعْرِفَتَهُم مُسْتَخْدِمِينَ لُغَةَ الفُرُوعِ وَالَتِي بِطَبِيْعَيهَا تَسْتَعِيرُ مِنَ التَعَابِيرِ وَالمُصْطَلَحاتِ التِي يَسْتَخْدِمُهَا العَامَةُ مِنَ النَاسِ وَلَكِنْ بِخِلاَفِ العَامَةِ اسْتَخْدَمَ عُلَماءُ الكَابَالا هَذِهِ التَعَابِيرِ لِلْتَكَلُّمِ عَنْ أَفكَارٍ وَأُمُوُرٍ رُوُحِيَّةٍ. وَلَكِنَ أَوْلاَئِكَ الذِينَ يَدَّعُونَ مَعْرِفَةَ الكَابَالا لاَ يَفهَمُونَ وَلاَ يُدرِكُوُنَ الإِسْتِخْدَامَ الصَحِيْحَ اللُغَةِ. فَهُم يُعَلِّمُوُنَ أَنَّهُ يُوجَدُ هُنَاكَ عَلاقَةٌ بَينَ الجَسَدِ وبَينَ الإِنَاءِ الرُوُحِيِّ. عَلَى سَبِيلِ المِثَالِ يَقُوُلُوُنَ أَنَّهُ مِنْ خِلاَلِ أَفْعَالِ الإِنْسَانِ الجَسَدِيَّةِ وَكَأَنَّهُ يَعْمَلُ شَيئاً يُعَدُّ أَو يُعتَبَرُ عَملاً رُوُحِيَّاً.

لُغَةُ الفُرُوعِ هِيَ جُزءٌ تَامٌ وَمُتَكَامِلٌ فِي عِلْمِ الكَابَالا وفِي عَدمِ اسْتِخْدَامِهَا بِالشَكلِ وَالأُسْلُوُبِ الصَحِيحِ التِي وُضِعَتْ مِنْ أَجْلِهِ لاَ يَسْتَطِيعُ الإِنْسَانُ تَعَلُّمَ عِلْمُ حِكْمَةِ الكَابَالا الأَصْلِي.

تَفْسِيرُ المُصْطَلَحَاتِ:

الجَذْرُ: المَصْدَرُ أَوْ سَبَبُ الأَحْدَاثِ.

عَالَمُ الجُذُورِ: وَهُوَ العَالَمُ الرُوحِيُّ وَالَذِي هُوَ مَصْدَرُ كُلِّ شَيءٍ.

الفَرْعُ: وَهُوَ النَتِيجَةُ. أَيْ كُلُ مَا يَظْهَرُ فِي عَالَمِنَا مِنْ أَحْدَاثٍ وَالَتِي أَخَذَتْ مَجْرَاهَا فِي العَالَمِ الرُوحِيِّ.

عَالَمُ الفُرُوعِ: العَالَمُ المَادِيُّ أَيْ عَالَمُنَا الَذِي نَعِيْشُ فِيهِ.

لُغَةُ الفُرُوعِ: وَهِيَ مَجْمُوعَةُ مُصْطَلَحَاتٍ تُشِيرُ إِلَى الوَاقِعِ الرُوحِيِّ فِي اسْتَخْدَامِهَا أَسْمَاءٌ وَمُصْطَلَحَاتٌ مِنَ المُتَعَارَفِ عَلَيهَا فِي العَالَمِ المَادِيِّ.

الحَاجِزُ بَيْنَ العَالَمِ المَادِيِّ وَالعَالَمِ الرُوحِيِّ: هُوَ الحَاجِزُ فِي أُسْلُوبِنَا فِي إِدْرَاكِ الوَاقِعِ وَالحَدِّ بَيْنَ العَالَمِ المَادِيِّ وَالَذِي نُدْرِكُهُ بِحَواسِنَا الخَمْسَةِ وَالعَالَمِ الرُوحِيِّ وَالَذِي نُدْرِكُهُ بِوَاسِطَةِ الحَاسَةِ السَادِسَةِ. فِي الوَقْتُ الَذِي نَخْرُجُ مِنْ إِطَارِ حَدِّ إِدْرَاكِ الوَاقِعِ المَادِيِّ يَبْدَأُ الإِنْسَانُ بِفَهْمِ لُغَةِ الفُرُوعِ أَيْ يَبْدَأُ الإِنْسَانُ فِي تَلَقِّي نُورُ النَفْسِ وَالَذِي هُوَ أَضْعَفُ دَرَجَاتِ النُورِ.

القُواتُ العُلْيَا: المَقْصُودُ بِهَا إِخْتِلَافُ قُوَّةُ نُورِ الخَالِقِ فِي كُلِّ دَرَجَةٍ مِنَ العَالَمِ الرُوحِيِّ وَتَأْثِيرَهَا عَلَى الإِنْسَانِ.

الجُذُورُ العُلْيَا: مَنْبَعُ كُلُّ حَدَثٍ يَأْخُذُ مَجْرَاهُ فِي العَالَمِ.

إِخْتَبِرْ مَعْلُومَاتَكَ

س١ : فِي أَيِّ عَالَمٍ نَشَأَتِ النَّفْسُ البَشَرِيَّةُ؟

س٢ : مَا هِيَ لُغَةُ الفُرُوعِ؟

س٣ : بِمَاذَا تَتَمَيَّزُ لُغَةُ الفُرُوعِ عَنْ غَيْرِهَا مِنَ اللُّغَاتِ؟

س٤ : بَيْنَمَا تَبْدُو تَعَابِيرُ لُغَةِ الفُرُوعِ وَكَأَنَّهَا أَحْيَاناً غَيْرَ مُتَمَاشِيَةٍ مَعَ المَنْطِقِ المَعْنَوِيِّ لِلكَلِمَةِ، لِمَاذَا إِذاً إِسْتَخْدَمَ عِلْمُ الكَابَالا هَذَا النَّوعَ مِنَ المُصْطَلَحَاتِ بِالذَّاتِ لِلتَعْبِيرِ عَنْ أَفكَارٍ رَفِيعَةٍ ونَبِيلَةٍ وسَامِيَةٍ فِي مَضْمُونِهَا؟

س٥ : مَا عِلاقَةُ الفَرعِ بِالجَذرِ فِي الإِرْتِبَاطِ بَيْنَ العَالَمِ الرُّوحِيِّ وَالعَالَمِ المَادِّيِّ؟

غِذَاءٌ لِلفِكْر

الوُجُودُ بِكَامِلِهِ المَرْئِي أَوْ اللاَمَرْئِي عَلَى كَافَةِ طَبَقَاتِهِ وَمُسْتَوَيَاتِهِ يَنْقَسِمُ اِلَى جُزْئَينِ: الجُزْءُ أَوْ المُسْتَوَى الأَوَلُ هُوَ الجُزْءُ الَذِي يَتَوَاجَدُ ضِمْنَ إطَارِ حَوَاسِنَا أَيْ مَا نَرَاهُ وَمَا نَسْمَعُهُ وَجَسَّهُ وَالَذِي يُدْعَى "عَالَمَنَا" أَوْ "هَذَا العَالَمُ" ، وَالجُزْءُ أَوْ المُسْتَوَى الثَانِي هُوَ الجُزْءُ الغَيْرُ المَحْسُوسِ أَوْ مَا فَوْقَ طَاقَةِ الإِدْرَاكِ الحِسيِّ لَدَيْنَا. وَلَكِنْ إذَا كَانَتْ لَدَيْنَا حَاسَةٌ إِضَافِيَّةٌ هَلْ يُمْكِنُنَا أَنْ نَشْعُرَ بِالعَالَمِ بِصُورَةٍ كَامِلَةٍ؟ نَعَم. لأَنَّهُ بِسَبَبِ فُقْدَانِنَا القُدْرَةَ عَلَى إِحْسَاسِ وَإِدْرَاكِ العَالَمَ كُلَّهُ، أَيْ الوُجُودُ بِكَامِلِهِ أَنَّنَا نُعَانِي مِنَ العَذَابِ وَالمُعَانَاةِ فِي هَذِهِ الحَيَاةِ وَذَلِكَ لأَنَّنَا لاَ نُدْرِكُ كَيْفِيَّةَ التَعَامُلِ الصَحِيحِ مَعَ بَعْضِنَا البَعْضُ وَمَعَ الطَبِيعَةِ التِي تُحِيطُ بِنَا.

إِنَّ المُجْتَمَعَ المَبْنِيَّ عَلَى مَبْدَأ "أَحِبَّ قَرِيبَكَ كَنَفْسِكَ" وَالَذِي هُوَ مَبْدَأُ الحَيَاةِ وَبُنْيَةُ وَأَسَاسُ المُجْتَمَعِ هُوَ مُجْتَمَعٌ صَحِيحٌ فِي جَوهَرِهِ وَلِلكَرَاهِيَّةِ لاَ مَحلَّ فِيهِ. فَفِي طَيَّاتِ جَسَدِ "الأَنَا" تُوجَدُ شَرَارَةُ النُورِ التِي أَضَاءَهَا سَيِدُنَا إِبْرَاهِيمُ وَالَتِي حفَرَهَا وَنَقَشَهَا فِينَا مِنْ خِلاَلِ الأَجْيَالِ المَاضِيَةِ. وَإِذَا كَانَ فِي إِرَادَةِ كُلٍ مِنَّا إِنْعَاشُ هَذِهِ الشَرَارَةِ لِتَتَوَّهَجَ بِلَهِيبِ المَحَبَّةِ لِلآخَرِينَ سَتُنْعِشُ هَذِهِ الشَرَارَةُ حَيَاتَنَا وَتَجْلُبُ النُمُوَ وَالإِزْدِهَارَ لِلمُجْتَمَعِ الَذِي يَتَمَنَّى كُلُّ شَخْصٍ العَيْشَ فِيْه.

مِنْ عَالَمِ الكَابَالا

المُعَانَاةُ وَدَوْرَهَا فِي الحَيَاةِ

لِهَدَفِ إِبْقَاءِ الإِبْحَارِ عَبْرَ المِيَاهِ الهَادِئَةِ وَالْمُحَافَظَةِ عَلَى انْسِجَامِ المَعْلُومَاتِ اَلْتِي نَتَلَقَّاهَا فِي كُلِ مَرْحَلَةٍ وَفِي كُلِ دَرْسٍ نَوَدُّ أَنْ نُذَكِرَكُمْ بِأَنَّنَا قَدْ تَكَلَّمْنَا عَنْ مَاهِيَّةِ عِلْمِ اَلْكَابَالاَ وَمَصْدَرِهِ وَلِمَاذَا دُعِيَّ بِعِلْمِ اَلْحِكْمَةِ اَلْخَفِيَّةِ. وَبَحَثْنَا أَيْضاً فِي مَوْضُوعِ لُغَةِ اَلْفُرُوعِ اَلْتِي اسْتُخْدِمَتْ فِي نُصُوصِ عِلْمِ الْكَابَالا فِي مَاهِيَّتِهَا وَمَصْدَرِهَا وَطَرِيقَةِ إِسْتِخْدَامِهَا. وَتَكَلَّمْنَا أَيْضاً عَنْ مَعْرِفَةِ حَقِيقَةِ الْوَاقِعِ الْمُحِيْطِ بِنَا وَعَنْ الْحَاسَةِ الْسَادِسَةِ كَوَسِيْلَةٍ فِي إِدْرَاكِ وَمَعْرِفَةِ الْعَالَمِ الْرُوْحِيّ وَعَنْ أَهَمِيَّةِ الرَغْبَةِ وَالَتِي بِدَوْرِهَا تُشَكِّلُ الدَّافِعَ فِي تَوْجِيْهِ الإِنْسَانِ نَحْوَ العَالَمِ الرُوحِيّ لِيَجِدَ مَعْنىً وَهَدَفاً لِحَيَاتِهِ.

وَأَمَّا فِي هَذَا الدَرْسِ سَنَتَكَلَمُ عَنْ الْهَدَفِ مِنْ وَرَاءِ فِكْرَةِ وُجُودِ الْخَلِيْقَةِ وَسَنَتَكَلَمُ عَنْ الْمُعَانَاةِ الَتِي نُوَاجِهُهَا فِي هَذِهِ الحَيَاةِ وَالدَّوْرُ الَّذِي تَلْعَبُهُ فِي نُمُوِّنَا الْرُوحِيّ.

إِنَّ جَوْهَرَ فِكْرَةُ عَمَلِ الْخَلِيْقَةِ هُوَ رَغْبَةُ الْخَالِقِ فِي عَمَلِ مَخْلُوقٍ وَمَلْءِ هَذَا الْمَخْلُوقِ بِالإِبْتِهَاجِ وَالسُّرُورِ مِنْ غَيْرِ حُدُودٍ. هَذَا هُوَ مَنْبَعُ وَمَصْدَرُ أَيِّ حَدَثٍ يَتَجَلَّ فِي وَاقِعِنَا، وَأَيُّ حَدَثٍ يَأْخُذُ مَجْرَاهُ فِي حَيَاتِنَا هُوَ نَتِيجَةُ هَذِهِ الرَّغْبَةُ. نَحْنُ نَرَى كُلَّ حَدَثٍ فِي مَنْظُورِهِ الشَّامِلِ وَالَذِي يَضُمُّ الْبِدَايَةَ وَالنِهَايَةَ وَلَكِنَّ الْمُشْكِلَةَ لَدَيْنَا هِيَ أَنَّنَا نَعْتَقِدُ أَنَّهُ مِنَ الْمُتَوجَبِ عَلَيْنَا الإِسْتِفْسَارَ عَنْ أُمُورِ الْحَيَاةِ الْمُعَقَّدَةِ وَالتَّسَاؤُلَ عَنْ عَدَمِ قُدْرَتِنَا لِمَعْرِفَةِ مَاذَا يَجْرِي فِي

الْكَوْنِ وَمُحَاوَلَةَ تَخْمِينِ مَصِيرِنَا وَقَدرِنَا الْمَكْتُوبِ لَنَا فِي هَذِهِ الْحَيَاةِ. وَلَكِنْ فِي الْوَاقِعِ أَنَّ الْحَاجَةَ لَدَيْنَا هِيَ فِي مَعْرِفَةِ حَقِيْقَةٍ وَاحِدَةٍ لاَ غَيْرَ وَالتِي تَفْرِضُ عَلَيْنَا أَنْ نَسْأَلَ السُّؤَالَ الْوَحِيْدَ وَالأَكْثَرَ أَهَمِّيَةً وَالذِي فِي إِجَابَتِهِ سَنَحْصَلُ عَلَى مَعْرِفَةٍ عَالِيَةٍ وَنَكْتَسِبَ مَنْظُوراً جَدِيْداً لِلْحَيَاةِ وَالْعَالَمِ الَذِي نَتَوَاجَدُ فِيْهِ. والسُؤَالُ هُوَ: إِذَا كَانَ الخَالِقُ رَمْزَ المَحبَّةِ وَالجُوْدِ والعَطَاءِ الكَامِلِ وَكُلُّ مَا يَأْتِي مِنْهُ هُوَ الخَيْرُ إِذاً لِمَاذَا نَرَى الشَّرَ يَمْلَءُ عَالَمُنَا؟ وَإِذَا كُنْتُ أَنَا الإِنْسَانُ قَدْ وُجِدْتُ هُنَا فِي هَذَا العَالَمِ لِهَدَفِ الْوُصُولِ إِلَى حَالَةِ الكَمَالِ وَالأَبَدِيَّةِ فَكَيْفَ يَكُوْنُ هَذَا مُمْكِناً وَأَنَا أَعِيْشُ فِيْ عَالَمٍ يَجْتَاحُهُ الشَّرُ بِلاَ حُدُوْدٍ؟ وَكَيْفَ سَيَكُونُ بِاسْتِطَاعَتِيْ إِدْرَاكُ هَذَا الكَمَالِ بِطَبِيْعَتِيْ الأَنَانِيَّةِ؟

سُؤَالٌ عَمِيْقٌ وَوَاسِعُ الأَبْعَادِ. وَلِهَدَفِ مُسَاعَدَتِنَا سَنَسْتَعِينُ بِكِتَابَاتِ وَنُصُوصِ عُلَمَاءِ الْكَابَالا إِذْ أَنَهُمْ وَضَعُوا لَنَا إِطَاراً لِتَوْجِيهِنَا فِي المَسَارِ الصَّحِيحِ فَكُلُ الْكِتَابَاتِ وَالنُصُوصِ حُفِظَتْ مِنْ أَجلِنَا نَحْنُ وَالتِي دَوَّنَ فِيهَا العُلَمَاءُ عَلَى مَرِّ الأَجْيَالِ نَتَائِجَ بُحُوثِهِمْ وَتَجَارِبُهُمُ الشَّخْصِيَّةِ بَعْدَ قَضَاءِ مُعْظَمُ سِنِينِ حَيَاتِهِمْ فِي البَحْثِ فِي دِرَاسَةِ الحَقَائِقِ التِي بُنِيَّ الوُجُودُ عَلَيْهَا وَالتِي انْتَقَلَتْ مِنْ مُعَلِمٍ إِلَى تِلْمِيذِهِ عَلَى مَرِّ الْعُصُوْرِ ابْتِدَاً مِنْ أَبُوْنَا أَدَم إِلَى الْرَابَاشِ أَخِرُ عَالِمِ كَابَالا فِي جِيلِنَا.

يُخْبِرُنَا عَالِمُ الكَابَالا الشَّهِيرُ يَهُودَا أَشْلاَغْ وَالْمُلَقَبُ بِصَاحِبِ السُّلَمِ بِأَنَّ هُنَاكَ قَانُوْنٌ أَسَاسِيٌ فِي عِلْمِ الكَابَالا وَالقَائِلُ "أَنَّ كُلَّ مَا لاَ يُمْكِنُ إِدْرَاكَهُ أَوْ الوُصُولَ إِلَيْهِ لا يُمْكِنُ تَسْمِيَتُهُ"؛ أَيْ التَّعْبِيرَ عَنْهُ بِاسْتِخْدَامِ أَي إِسْمٍ أَوْ مُصْطَلَحٍ لِتَسْمِيَتُهُ. فَمَا الَذِي يَعْنِيهِ بِذَلِكَ؟ الهَدَفُ الَذِي نُرِيْدُ أَنْ نَصِلَ إِلَيْهِ هُوَ الإِدْرَاكُ الحِسِّيُ المُبَاشِرُ بِالخَالِقِ، وَلَيْسَ بِفِكْرَةٍ مُجَرَدَةٍ أَوْ مَبْدَأ أَوْ مَفْهُومٍ فِكْرِيٍّ أَوْ ثَقَافِيّ لِأَنَّهُ لا تُوجَدُ إِجَابَةً حَقِيْقِيَّةً فِي مِثْلِ هَذَا النَّوْعِ مِنَ التَّفْكِيرِ،

فَالإِنْسَانُ لَا يُمْكِنُهُ أَنْ يَشْعُرَ بِالثِّقَةِ الكَامِلَةِ بِمُجَرَّدِ فِكْرَةٍ أَوْ بِالمَفْهُومِ التَّجْرِيدِيِّ لِمَبْدَأٍ مَا، بَلْ يَتَوَجَّبُ عَلَى الإِنْسَانِ أَنْ يَكُونَ قَادِراً عَلَى الشُّعُورِ بِحَقِيقَةِ هَذِهِ الفِكْرَةِ بِشَكْلٍ وَاقِعِيٍّ كَإِحْسَاسِهِ بِقَدَمَيْهِ وَهُوَ مُنْتَصِبٌ عَلَيْهِمَا أَوْ كَمَا لَوْ كَانَ يَنْظُرُ إِلَى شَيْءٍ مَا أَمَامَهُ وَيَرَاهُ بِعَيْنَيْهِ. فَالإِدْرَاكُ لِهَذِهِ المَعْرِفَةِ يَجِبُ أَنْ يَكُونَ حِسِّيٍّ. إِذاً إِنَّ الحَاجَةَ هُنَا فَقَطْ هِيَ فِي تَغْيِيرِ طَرِيقَةِ إِدْرَاكِ الحَقِيقَةِ وَلَيْسَ الأَفْكَارَ ذَاتَهَا.

فِي الوَاقِعِ إِنَّ الإِنْسَانَ غَيْرُ قَادِرٍ عَلَى فَهْمِ الأَحْدَاثِ الَّتِي تَأْخُذُ مَجْرَاهَا فِي حَيَاتِهِ - أَيْ مَعْرِفَةَ مَصْدَرِهَا وَسَبَبِهَا - لِأَنَّهُ يَرْفُضُ قِسْماً كَبِيراً مِنْ وَاقِعِهِ الَّذِي حَوْلَهُ بِسَبَبِ نِظَامِ الأَنَا الَّذِي هُوَ أَسِيرٌ لَهُ. فَإِنَّ الكَثِيرَ مِمَّا يَحْدُثُ فِي العَالَمِ الَّذِي يَعِيشُ فِيهِ الإِنْسَانُ يُقَدِّرُهُ وَيَعْتَبِرُهُ عَلَى أَنَّهُ شَيْءٌ مُؤْذٍ وَغَيْرُ صَالِحٍ وَبِالتَّالِي يَتَجَنَّبُهُ وَيَرْفُضُهُ، وَهَذَا بِسَبَبِ "الأَنَا" فِينَا أَيِ النِّظَامِ الَّذِي نَسِيرُ بِمُوجَبِهِ وَالَّذِي هُوَ "الرَّغْبَةُ فِي الأَخْذِ أَوْ حُبُّ الذَّاتِ". وَهَذِهِ الرَّغْبَةُ أَوِ الأَنَا تَعْمَلُ بِمَثَابَةِ نِظَامِ التَّوْجِيهِ الَّذِي يُسَيِّرُ حَيَاتَنَا. هَذَا يَعْنِي أَنَّنَا خَاضِعُونَ تَمَاماً تَحْتَ سَيْطَرَةِ الأَنَا وَبِنَاءً عَلَى هَذَا إِنَّ عَمَلَ الأَنَا كُلَّهُ يَتَرَكَّزُ إِمَّا عَلَى جَذْبِنَا وَرَاءَ الأَشْيَاءِ الَّتِي نَجِدُ فِيهَا المُتْعَةَ وَالَّتِي نَعْتَبِرُهَا جَيِّدَةً، أَوْ أَنَّهَا تَذْهَبُ بِنَا بِالإِتِّجَاهِ المُعَاكِسِ لِمَا تَحْسِبُهُ شَيْئاً لَا يُعَدُّ مَصْدَرَ مُتْعَةٍ لَدَيْنَا بَلْ سَيُوَلِّدُ الشُّعُورَ بِالفَرَاغِ لَدَيْنَا وَبِالتَّالِي فَإِنَّنَا نَهْرُبُ وَنَبْتَعِدُ عَنْ هَذِهِ الأَشْيَاءِ.

وَهُنَا نَرَى أَنَّ الأَنَا مُسَيْطِرَةٌ تَمَاماً عَلَى كَيْفِيَّةِ إِحْسَاسِنَا بِالرَّغْبَةِ وَالشُّعُورِ بِالإِكْتِفَاءِ بِهَا، فَإِنَّنَا نَجِدُ عَلَى سَبِيلِ المِثَالِ أَنَّهُ فِي حَالَةِ الجُوعِ إِذَا قُدِّمَ إِلَيْنَا طَبَقٌ مِنَ الطَّعَامِ الشَّهِيِّ فَالمُتْعَةُ تَبْدَأُ مِنَ اللَّحْظَةِ الَّتِي نَتَنَسَّمُ الرَّائِحَةَ الطَّيِّبَةَ وَالَّتِي تَفْتَحُ الشَّهِيَّةَ لَدَيْنَا، وَهَكَذَا تَبْدَأُ الرَّغْبَةُ فِي الإِزْدِيَادِ وَتَتَعَمَّقُ فِي دَاخِلِنَا لِدَرَجَةِ أَنَّنَا نَشْعُرُ بِأَنَّ رَائِحَةَ الطَّعَامِ الشَّهِيِّ تَتَخَلَّلُ دَاخِلَ أَنْفُسِنَا وَعِنْدَمَا نَبْدَأُ فِي تَنَاوُلِ

الطَّعَامَ نَبْدَأُ بِالْإِسْتِمْتَاعِ بِهِ وَهَكَذَا تَأْخُذُ رَغْبَتُنَا بِالْإِمْتِلَاءِ دَرَجَةً بِدَرَجَةٍ وَكُلَّمَا اسْتَمَرَّيْنَا فِي الْأَكْلِ نَرَى بِأَنَّ اللَّذَّةَ وَالشَّهْوَةَ بَدَأَتْ تَأْخُذُ لَوْنًا مُخْتَلِفًا عَمَّا كَانَتْ عَلَيْهِ فِي الْبِدَايَةِ إِذْ أَنَّ الْمُتْعَةَ بَدَأَتْ بِالْإِضْمِحْلَالِ حَتَّى لَمْ نَعُدْ نَسْتَمْتِعُ بِالطَّعَامِ كَمَا فِي الْبِدَايَةِ عِنْدَمَا تَنَاوَلْنَا اللُّقْمَةَ الْأُولَى، إِلَى أَنْ تَقِلَّ شَهْوَتُنَا إِلَى الطَّعَامِ لِدَرَجَةٍ أَنَّنَا نَتَوَقَّفُ عَنِ الْأَكْلِ تَمَامًا. نَحْنُ لَمْ نَتَوَقَّفْ عَنْ تَنَاوُلِ الطَّعَامِ بِسَبَبِ وُصُولِنَا إِلَى دَرَجَةِ التُّخْمَةِ وَلَكِنْ بِسَبَبِ أَنَّنَا لَا نَحِسُّ بِالشُّعُورِ بِالْمُتْعَةِ فِي الْأَكْلِ عِنْدَمَا نَشْعُرُ بِالشَّبَعِ. هَذَا هُوَ شَرَكُ الْأَنَا أَوِ الْإِرَادَةُ فِي التَّقَبُّلِ؛ فَفِي حِينِ الْحُصُولِ عَلَى مَا نُرِيدُهُ لَا نَعُدْ نَتَمَتَّعُ بِهِ رَافِضِينَ إِيَّاهُ. وَهَذَا يُرِينَا كَيْفِيَّةَ عَمَلِ الْأَنَا فِينَا مِنْ نَاحِيَةِ الْإِسْتِمْتَاعِ بِالرَّغْبَةِ وَالَّتِي هِيَ مَحْدُودَةٌ جِدًّا.

أَمَّا الْحُصُولُ عَلَى الْمُتْعَةِ فِي الْعَالَمِ الرُّوحِيِّ تَخْتَلِفُ مِنْ مُنْطَلَقِ أَنَّنَا لَا نَشْعُرُ بِحَالَةِ الْفَرَاغِ الْكَامِلِ وَالتَّامِّ وَلَكِنْ نَحْنُ نَحْصُلُ عَلَى الْمُتْعَةِ وَاللَّذَّةِ بِشَكْلٍ مُسْتَمِرٍّ. فِي الْمُخَطَّطِ التَّالِي نَرَى مُسْتَوَى نُقْصَانِ الْمُتْعَةِ كُلَّمَا امْتَلَأَتِ الرَّغْبَةُ أَكْثَرَ فَأَكْثَرَ.

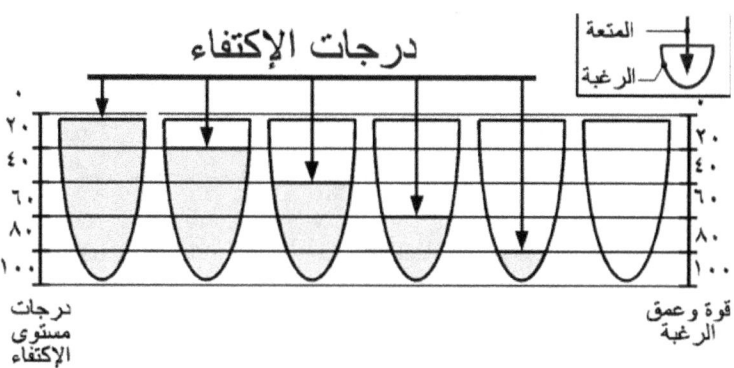

نَحْنُ نَسْعَى فَقَطْ وَبِاسْتِمْرَارٍ وَرَاءَ تِلْكَ الْأَشْيَاءِ الَّتِي تُعْتَبَرُ جَيِّدَةً وَمَصْدَرَ لَذَّةٍ وَمُتْعَةٍ عِنْدَنَا، لِذَلِكَ لَيْسَ لَدَيْنَا الْإِدْرَاكُ الصَّحِيحُ لِحَقِيقَةِ الْوَاقِعِ مِنْ حَوْلِنَا

لِأَنَّ تَرْكِيزَنَا يَكُوْنُ مَحْصُوْراً فِي جُزْءٍ وَاحِدٍ وَصَغِيرٍ وَبِالتَّالِي لاَ نَسْتَطِيعُ رُؤْيَةَ الصُّوْرَةِ بِشَكْلِهَا الكَامِلِ، وَلِهَذَا السَّبَبُ يَكُوْنُ إِدْرَاكُنَا لِلْوَاقِعِ خَاطِئٌ لِأَنَّ اهْتِمَامَنَا مُنْصَبٌّ فَقَطْ عَلَى نُقْطَةٍ وَاحِدَةٍ. إِنَّ حَصْرَ تَرْكِيْزِنَا عَلَى الْجُزْءِ الصَّغِيرِ مِنْ الحَيَاةِ أَوْ الحَدَثِ الَذِي يَجْرِي فِي حَيَاتِنَا نَاتِجٌ عَنْ نَظْرَتِنَا لِلْحَدَثِ عَلَى أَنَّهُ شَيءٌ سَيِّئٌ أَوْ مُعَقَّدٌ وَالَذِي عَاقِبَتُهُ سَتَكُوْنُ حَزِينَةٌ أَو قَاسِيَةٌ عَلَيْنَا. هَذِهِ مُشْكِلَةٌ كَبِيرَةٌ بِالنِّسْبَةِ لَنَا. فَإِذَا نَظَرْنَا إِلَى الطَّبِيْعَةِ مِنْ حَوْلِنَا نَجِدُ أَنَّ كُلَّ الحَقَائِقِ فِي وَاقِعِنَا ظَاهِرَةٌ فَقَطْ نَتِيجَةَ قَانُونِ التَّبَايُنِ.

فَإِنَّ قَانُوْنَ التَّبَايُنِ يُظْهِرُ لَنَا المَعْرِفَةَ الكَامِلَةَ لِلْطَرَفَينِ المُتَفَاعِلَيْنِ فَإِنَّنَا نَعْرِفُ البُرُوْدَةَ مِنْ نَقِيضَتِهَا الحَرَارَةُ وَنَعْرِفُ العُلُو لِأَنَهُ يُوجَدُ مَا يُدْعَى أَسْفَلْ، وَنَعْرِفُ الصَّغِيرَ مُقَارَنَةً بِمَا هُوَ كَبِيرٌ. فَإِذَا نَظَرْنَا إِلَى الحَرَارَةِ فِي حَدِّ ذَاتِهَا وَلَمْ يَكُنْ هُنَاكَ شَيءٌ مُعَاكِسٌ لَهَا لِيَكُوْنَ بِإِمْكَانِنَا مَعْرِفَةَ نَوْعِيَّتِهَا وَصِفَتِهَا المُمَيَّزَةِ وَالَتِي تُحَدِّدُ لَنَا إِطَارَ مَفْهُومِهَا وَأَهَمِّيَتِهَا وَتَأْثِيرِ زِيَادَتِهَا أَوْ نُقْصَانِهَا، فَإِنَّهَا تُعْتَبَرُ- شَيئاً مُجَرَّداً- وَلَنْ يَكُنْ بِإِمْكَانِنَا أَنْ نَشْعُرَ بِأَيِّ شِيءٍ فِيهِ. فَإِنْ لَمْ يَكُنْ هُنَاكَ أَيَّ حَرَكَةٍ بِمَعْنَى فُقْدَانُ الوَسِيلَةَ لِقِيَاسِ أَيَّ شَيْءٍ إِذاً فَمَا الَذِي يُمَكِنُنَا مَعْرِفَتَهُ عَنْ الحَرَارَةِ؟ لاَ يُوجَدُ أَيُّ شَيْءٍ فِي كَوْنِ أَيِّ شَيءٍ فِي وَاقِعِنَا مُجَرَّدٌ لِأَنَّهُ لَنْ يُوْجَدَ فِيهِ أَيَّ نَوْع مِنَ الشُّعُورِ أَوْ الحَرَكَةِ. إِذاً إِنَّ المُقَارَنَةَ بَيْنَ مَا نَعْتَبِرَهُ جَيِّدٌ وَالسَّبَبُ فِي أَنَّنَا نَعْتَبِرُهُ جَيِّدٌ، وَبَيْنَ مَا نَخْتَبِرُهُ فِي الحَيَاةِ عَلَى أَنَّهُ تَجْرِبَةٌ سَيِّئَةٌ وَالسَّبَبُ فِي أَنَّنَا نَعْتَبِرُهَا سَيِّئَةٌ هُوَ الشَيءُ الوَحِيدُ الَذِي يَجِبُ عَلَيْنَا مُوَازَنَتَهُ.

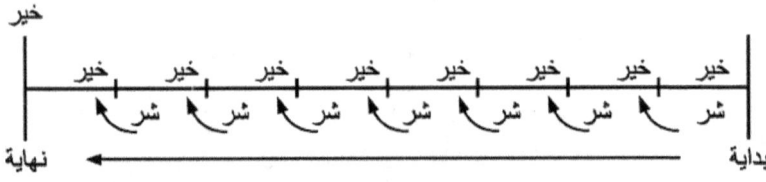

إِذاً نَحْنُ بِحَاجَةٍ إِلَى طَرِيقَةٍ وَنِظَامٍ ثَابِتٍ مُتَكَامِلٍ وَجَدِيرٍ بِالثِّقَةِ يُسَاعِدُنَا فِي وَضْعِ الأُمُورِ فِي نِطَاقٍ أَكْبَرَ مِنَ الوَاقِعِ المَادِّيِّ المَحْدُودِ لِنُقَيِّمَ كُلَّ مَا يُوَاجِهُنَا، لِأَنَّ كُلَّ تَقْيِيمِنَا لِلْخَيْرِ وَالشَّرِّ يَكُونُ مِنْ خِلَالِ الرَّغْبَةِ الأَنَانِيَّةِ التِي فِينَا أَيْ "اَلأَنَا" وَهَذَا تَقْيِيمٌ ذَاتِيٌّ تَمَاماً وَغَيْرَ مَوْضُوعِيٍّ ؛ وَلِهَذَا السَّبَبُ نَحْنُ نَقُولُ أَنَّ بَعْضَ الأَحْدَاثِ التِي نَرَاهَا عَلَى أَنَّهَا شَرّاً. وَلَكِنْ إِذَا كُنَّا حَقّاً نَنْظُرُ فِي الأَمْرِ بِعُمْقٍ فَلَا بُدَّ مِنَ النَّظَرِ فِي التَّجْرِبَةِ الفِعْلِيَّةِ مِنْ كُلِّ جَانِبٍ أَيْ النَّظَرُ إِلَى مَصْدَرِ الحَدَثِ وَالسَّبَبُ الَّذِي أَدَّى إِلَيْهِ وَالنَّتَائِجِ الحَاصِلَةِ وَتَأْثِيرَهَا عَلَيْنَا فِي الوَقْتِ الحَالِي وَفِي المُسْتَقْبَلِ بِمَعْنَى كَوْنِهَا العَامِلُ الَّذِي سَيَلْعَبُ دَوْراً مُهِمّاً فِي مَا سَيَحْدُثُ بَعْدَ ذَلِكَ. إِذاً لِتَتَحَقَّقَ فِي رَدِّ فِعْلِكَ بِصِدْقٍ يَجِبُ عَلَيْكَ أَنْ تَرَى الحَدَثَ أَوْ التَّجْرِبَةَ الَّتِي مَرَرْتَ بِهَا فِي حَقِيقَةِ وَاقِعِهَا الأَصْلِيَّةِ وَهَذَا هُوَ المَقْصُودُ بِعِبَارَةِ "إِنَّ كُلَّ مَا لَا يُمْكِنُ إِدْرَاكَهُ أَوْ الوُصُولَ إِلَيْهِ لَا يُمْكِنُ تَسْمِيَتُهُ".

فَإِذَا نَظَرْنَا إِلَى أَمْرِ الحَرَائِقِ الطَّبِيعِيَةِ لِلْغَابَاتِ، فَكُلُّ مَا نَرَاهُ هُوَ المِقْدَارُ الهَائِلُ مِنَ الضَّرَرِ، وَفِي هَذِهِ الحَالَةِ نَقُولُ أَنَّ مَا حَدَثَ كَانَ سَيِّئاً جِدّاً لِلْأَشْجَارِ وَلِلْبِيئَةِ، وَلَكِنْ فِي نِطَاقٍ أَوْسَعَ مِنَ التَّفْكِيرِ الوَاقِعِي الشَّامِلِ، مَا حَدَثَ هُوَ شَيْءٌ جَيِّدٌ وَنَافِعٌ لِأَنَّ الغَرَضَ وَالهَدَفَ مِنْهُ هُوَ إِزَالَةُ كُلِّ مَا هُوَ ضَعِيفٌ وَمَرِيضٌ وَاسْتِبْدَالَهُ بِالأَفْضَلِ، فَالأَشْجَارُ سَتَنْمُو بِكَثَافَةٍ أَكْبَرَ وَبِحَالَةٍ صَحِيحَةٍ وَصِحِّيَةٍ وَأَيْضاً حَصَلَتِ التُّرْبَةُ عَلَى السَّمَادِ الطَّبِيعِي الفَائِقِ الجَوْدَةِ وَالَّذِي بِدَوْرِهِ سَيَكُونُ مَصْدَرَ غِذَاءٍ غَنِيٍّ بِكُلِّ المَعَادِنِ لِلْنُمُوِّ الكَثِيفِ لِلْأَشْجَارِ فِي المُسْتَقْبَلِ. فَالأَشْيَاءُ الَّتِي كَانَتْ تَحُولُ دُونَ النُّمُوِّ الصَّحِيحِ لِلْأَشْجَارِ تَغَيَّرَتْ بِسَبَبِ الحَرِيقِ. وَالآنَ وَبِمَا أَنَّهُ تَوَفَّرَ لَنَا صُورَةُ الوَاقِعِ الشَّامِلِ لِلْحَدَثِ هَلْ مَا زِلْتَ تَعْتَقِدُ بِأَنَّ مَا حَصَلَ كَانَ شَيْئاً سَيِّئاً؟

فَمِنْ هَذَا الْمُنْطَلَقِ نَجِدُ بِأَنَّ عِلْمَ الكَابَالا يَسْمَحُ لَنَا بِأَنْ نَرَى الصُّورَةَ الكَامِلَةَ أَوْ مَا نُسَمِّيهِ بِالوَاقِعِ الشَّامِلِ لِكُلِّ حَدَثٍ يَأْخُذُ مُجْرَاهُ فِي حَيَاتِنَا وَعَلَى كَافَّةِ مُسْتَوَيَاتِ الحَيَاةِ، وَهَذَا يَكُونُ مُمْكِنَاً مِنْ خِلَالِ النُّمُوِّ الرُّوحِيِّ لِلشَّخْصِ وَالَّذِي يَرْفَعُ المَخْلُوقَ مِنْ دَرَجَةِ الكَائِنِ الحَيِّ أَيْ "المُسْتَوَى البَهِيمِيّ لِلْوُجُودِ" إِلَى دَرَجَةِ الْمُتَكَلِّمِ أَيْ "المُسْتَوَى الإِنْسَانِيِّ الكَامِلِ أَيْ عَلَى صُورَةِ خَالِقِهِ" أَيْ إِنْسَانٌ ذُو نَفْسٍ نَامِيَةٍ وَتَتَحَلَّى بِسِمَاتِ خَالِقِهَا.

إِنَّ مُسْتَوَى دَرَجَةِ الْمُتَكَلِّمِ هِيَ نُقْطَةُ البِدَايَةِ حَيْثُ يَبْدَأُ مِنْهَا الإِنْسَانُ بِالتَّفَاعُلِ مَعَ النِّظَامِ الأَعْلَى وَأَنْ يُصْبِحَ جُزْءً مِنْهُ بِحَيْثُ أَنَّهُ يَسْتَطِيعُ أَنْ يَرَى الوَاقِعَ بِكَامِلِهِ وَلَيْسَ جُزْءٌ مِنْهُ فَقَطْ، وَيَسْتَطِيعُ أَنْ يَنْظُرَ إِلَى مَا يَحْدُثُ مِنْ خِلَالِ المَعْرِفَةِ الشَّامِلَةِ لِلْأُمُورِ أَيْ السَّبَبُ الَّذِي أَدَّى إِلَى هَذَا الحَدَثِ لِيَأْخُذَ مُجْرَاهُ فِي عَالَمِنَا وَمَا هِيَ النَّتِيجَةُ الحَقِيقِيَّةُ وَالهَدَفُ مِنْهُ. بِكَلِمَةٍ أُخْرَى سَيَكُونُ بِمَقْدُورِ الإِنْسَانِ أَنْ يَفْهَمَ طَرِيقَةَ عَمَلِ النِّظَامِ الَّذِي مِنْ خِلَالِهِ يُدِيرُ الخَالِقُ عَالَمَنَا وَكَيْفَ تَتَحَرَّكُ بِنَا هَذِهِ القُوَى العُلْيَا بِقُدْرَتِهَا الفَائِقَةِ وَبَرَاعَتِهَا وَتَقُودُنَا فِي طَرِيقٍ سَالِكٍ فِي نِظَامِ الأَنَا المُسَيْطِرِ عَلَى حَيَاتِنَا لِتَجْذِبَنَا وَرَاءَ مَا هُوَ نَافِعٌ وَصَالِحٌ وَتَرُدَّنَا عَمَّا هُوَ مَكْرُوهٌ وَضَارٌّ. إِذَا كُنَّا نَسْتَطِيعُ أَنْ نَرَى كُلَّ مَا يَحْدُثُ مِنْ هَذَا المُسْتَوَى عِنْدَهَا نَسْتَطِيعُ أَنْ نَرَى الأَحْدَاثَ بِكَامِلِهَا وَلَيْسَ فَقَطْ مَا يَحْدُثُ بَيْنَ الحِينِ وَالآخَرِ.

فَمَا الَّذِي يَتَوَجَّبُ عَلَيْنَا فِعْلُهُ لِنَكُونَ قَادِرِينَ عَلَى الوُصُولِ إِلَى هَذَا المُسْتَوَى العَالِي وَالرَّفِيعِ أَيْ إِلَى "دَرَجَةِ الْمُتَكَلِّمِ"؟ وَكَيْفَ يُمْكِنُنَا رُؤْيَةُ الأُمُورِ مِنْ خِلَالِ هَذَا المَنْظُورِ؟ الحَقُّ أَنَّنَا لَا نَسْتَطِيعُ التَّوَصُّلَ إِلَى هَذَا مِنْ تِلْقَاءِ أَنْفُسِنَا. فَالْخِيَارُ الوَحِيدُ الَّذِي أَمَامَنَا هُوَ بِمَعُونَةِ مَا هُوَ مَوْجُودٌ أَصْلاً هُنَاكَ، فَيَجِبُ

عَلَيْنَا أَنْ نَكُونَ قَادِرِينَ عَلَى الإِحْسَاسِ وَالشُّعُورِ بِمَا هُوَ كَائِنٌ حَتَى نَسْتَطِيعُ أَنْ نَتَشَابَهَ بِهِ.

إِنَّ قُوَّةَ التَّطَوُرِ هِيَ فِي نُمُوِ هَذِهِ الرَغَبَاتِ فِي كُلِّ مُسْتَوَيَاتِهَا وَبِحَسْبِ دَرَجَاتِهَا وَأَنَّ نِظَامَ القُوَى العُلْيَا أَيْ الخَالِقُ قَدْ رَتَّبَ لَنَا أَنْ نَنْمُوَ وَنَتَقَدَّمَ مِنْ خِلاَلِ هَذِهِ الرَغَبَاتِ إِلَى أَنْ نَصِلَ إِلَى المَرْحَلَةِ الَتِي فِيهَا نَتُوقُ وَنَرْغَبُ الشَيءَ الصَحِيحَ بِالتَّحْدِيد. وَلَكِنْ وَبِمَا أَنَّنَا عُنْصُراً أَوْ طَرَفاً فَعَّالا فِي تَقَدُّمِنَا الرُوُحِيّ وَنُمُونَا بِطَرِيقَةٍ غَيْرَ مُبَاشَرَةٍ أَيْ لَيْسَ مِنْ خِلاَلِ إِرَادَتِنَا أَنَّنَا تَوَاجَدْنَا فِي هَذَا الوَضْعِ وَلَيْسَ بِإِرَادَتِنَا أَيْضاً أَنْ نُحْرِزَ أَيُّ تَقَدُّمٍ إِلَى أَنّ نَصِلَ إِلَى مَرْحَلَةِ الإِيقَاظِ عِنْدَمَا تَصْحُو النُّقْطَةُ فِي القَلْبِ لَدَى الشَّخْصِ.

وَقْفَةٌ صَغِيرَةٌ هُنَا لِتَوْضِيحِ مُصْطَلَحِ النُّقْطَةَ فِي القَلْبِ. فَإِنَّ كُلَّ إِنْسَانٍ لَدَيْهِ نُقْطَةٌ فِي قَلْبِهِ وَلَكِنَّ الكَثِيرَ مِنَّا لا يَشْعُرُ بِهَا لأَنَّنَا لَسْنَا بَعْدُ بِالغِنَ حَتَى يَكُونَ بِإِمْكَانِنَا الشُّعُورُ بِهَا. يَأْتِي الإِنْسَانُ فِي دَوْرَةِ الحَيَاةِ إِلَى مَرْحَلَةٍ أَوْ مَوْقِفٍ مُعَيَّنٍ يَعِيَّ وُجُودَ النُّقْطَةِ فِي قَلْبِهِ، وَهُنَا يَبْدَأُ الشَّخْصُ بِالشُّعُورِ بِرَغْبَةٍ تِجَاهَ العَالَمِ الرُّوُحِيّ وَالقُوَّةِ العُلْيَا. نُقْطَةِ بِدَايَةِ هَذَا الشُّعُورِ وَالتَّوَقَانِ لِلعَالَمِ الرُّوُحِيّ مَا يُدْعَى بِالنُّقْطَةِ فِي القَلْبِ. مِنْ هَذِهِ النُّقْطَةِ يَبْدَأُ الإِنْسَانُ فِي البَحْثِ عَنْ جَوَابٍ مُقْنِعٍ عَنْ مَعْنَى الحَيَاةِ، وَمَا هِيَ صِلَةُ الوَصْلِ بَيْنَهُ وَبَيْنَ خَالِقِهِ؟ وَمَا هُوَ الدَّوْرُ الَّذِي تَلْعَبُهُ العِنَايَةُ الإِلَهِيَّةُ فِي حَيَاةِ الإِنْسَانِ؟ لِتَوْفِيرِ الأَجْوِبَةِ لِكُلِّ هَذِهِ التَّسَاؤُلاتِ وَإِشْبَاعِ هَذِهِ الرَغْبَةِ يَكُونُ فَقَطْ عَنْ طَرِيقِ البَحْثِ فِي عِلْمِ حِكْمَةِ الكَابَالا.

وَمِنْ هُنَا يَحْدُثُ الإِيقَاظُ مِنْ خِلاَلِ مَجْمُوعَةِ الأَحْدَاثِ وَالتِي نَصِفُهَا "بِالحَدَثِ الجَيِّدِ أَوْ السَّيِئ". بِعِبَارَةٍ أُخْرَى، إِنَّ رَغَبَاتَنَا تَنْمُو وَتَتَغَيَّرُ بِاسْتِمْرَارٍ

بِحَيْثُ تُصْبِحُ أَسْئِلَتُنَا أَكْثَرَ عُمْقاً وَاتِسَاعاً. فَكُلُّ حَدَثٍ فَظِيعٍ يَأْخُذُ مُجْرَاهُ فِي حَيَاتِنَا وَفِي العَالَمِ مِنْ حَوْلِنَا يَجْعَلُنَا نَتَسَائَلُ بِعُمْقٍ عَمَّا هُوَ السَّبَبُ الحَقِيقِيّ لِهَذِهِ المُعَانَاةِ؟ لِمَاذَا أَنَا أُعَانِي وَكَيْفَ يُمْكِنُنِي وَقْفَ هَذِهِ المُعَانَاةِ؟ فَإِنَّ قُوَّةَ التَّطَوُرِ هَذِهِ تَبْقَى تُسَيِّرُنَا بِشَكْلٍ غَيْرَ مُبَاشِرٍ حَتَى نَصِلَ إِلَى نُقْطَةٍ فِيهَا نَرْفُضُ أَنْ نَقْتَنِعَ بِأَيِ جَوَابٍ بَلْ يَجِبُ عَلَيْنَا أَنّ نَحْصُلَ عَلَى الإِجَابَةِ الحَقِيقِيَةِ لِسَبَبِ المُعَانَاةِ الَتِي نَمُرُّ فِيهَا، لِأَنَّ الجَوابَ عَلَى السُؤَالِ يَأْتِي فَقَطْ مِنَ القُوَى العُلْيَا أَيْ مِنَ الخَالِقِ الَذِي يُدِيرُ هَذَا النِّظَامَ وَيُسَيّرُ حَيَاتَنَا.

هُنَا يَصِلُ الإِنْسَانُ إِلَى مَرْحَلَةٍ فِيهَا يُرَكِزُ شُعُورَهُ وَرَغْبَتَهُ فِي تَكْوِينِ وَعْيٍ فِي دَاخِلِهِ لِإِلْتِمَاسِ جَوَابٍ مُقْنِعٍ لِهَذَا السُّؤَالِ وَلاَ يُمْكِنُ لِأَيِّ رَغْبَةٍ أُخْرَى أَنْ تَحُلَّ مَحَلَّ إِحْسَاسِهِ الصَّادِقِ فِي إِيجَادِ الجَّوَابِ الصَّحِيحِ، فَهَذِهِ الحَاجَةُ الآنَ أَصْبَحَتْ وِعَاءً لِإِحْتِوَاءِ الجَوَابِ أَيْ أَصْبَحَ لِلإِنْسَانِ القُدْرَةَ عَلَى تَلَقِي جَوَاباً لِمَا كَانَ يَطْلُبُهُ. وَلَكِنْ حَتَى نَصِلَ إِلَى مَعْرِفَةِ سَبَبِ المُعَانَاةِ، عَلَيْنَا أَوَّلاً أَنْ نَعْرِفَ مَا هُوَ الجَيِّدُ وَمَا هُوَ السَيِّءُ بِنَاءً عَلَى مِقْيَاسٍ عَادِلٍ، صَحِيحٍ وَثَابِتٍ. وَالآنَ نَحْنُ طَبعاً نَعْلَمُ أَنَّنَا لا نَسْتَطِيعُ اَلإِعْتِمَادَ عَلَى نِظَامِ الأَنَا فِينَا لِكَوْنِهِ أَنَانِيٌّ فِي تَقْيِيمِ الأُمُورِ وَالأَحْدَاثِ وَبِالتَّالِي فَلَنْ نَحْصَلَ عَلَى جَوَابٍ صَحِيحٍ مِنْهُ. فَالمِقْيَاسِ العَادِلِ وَالثَّابِتِ يَجِبُ أَنْ يَكُوْنَ مُقَابِلَ شَيءٍ غَيْرَ مُتَقَلِبٍ بِاسْتِمْرَارٍ.

وَصِفَاتُ العَدْلِ وَالثَّبَاتِ هِيَ مِنْ صِفَاتِ الخَالِقِ فَقَطْ. فَسِمَاتَهُ التِي يَتَحَلَّى بِهَا مِنْ مَحَبَّةٍ وَعَطَاءٍ مُطْلَقٍ وَبِالمُقَابِلُ صِفَتِي أَنَا المَخْلُوقُ وَالتِي هِيَ حُبُّ الذَّاتِ. فَإِنَّ مِقْيَاسَ اَلتَّبَايُنِ هَذَا بَيْنَ هَاتَيْنِ الصِّفَتَيْنِ المُتَنَاقِضَتَيْنِ هُوَ الَذِي سَيُعْطِينَا الشُّعُورَ فِي مَكَانِ وُجُودِنَا أَيْ المُسْتَوَى الَذِي نَحْنُ عَلَيْهِ أَوْ الَذِي تَوَصَّلْنَا

إِلَيْهِ، لِأَنَّ اَلشيءَ الوَحِيْدَ المُتَواجِدُ خَارِجَ إِطَارِ الأَنَا لِنَحُسَ وَنَشْعُرُ بِهِ هُوَ الخَالِقْ. وَالسُؤَالُ الآنَ هُوَ كَيْفَ يُمْكِنُنِي الحُصُولُ عَلَى هَذَا الإِحْسَاسِ؟

يَقُولُ عُلَمَاءُ الكَابَالا الَذِينَ أَحْرَزُوا العَالَمَ اَلرُوحِيَّ بِأَنَّنَا نَعِيشُ فِي بَحْرٍ مِنْ النُّورِ أَيْ نُورِ الخَالِقِ، هَذَا يَعْنِي أَنَّنَا دَائِماً فِي حَالَةِ تَلَقِي لِلبَهْجَةِ والسُرُورِ مِنْ اَلخَالِقِ فِي إِنَائِنَا الرُوحِيّ "الكُلي". هَذِهِ هِيَ إِرادَتُنَا أَوْ الرَغْبَةُ فِي اَلتَّلَقِي أَيْ الأَنَا، وَالنُّورُ الإِلَهِيُّ يَمْلَؤُنَا دَائِماً وَبِشَكْلٍ مُسْتَمِرٍ بِالبَهْجَةِ وَالسُرُورِ. وَلَكِنْ يَتَوَقَفُ الأَمْرُ عَلَى نَظْرَتِنَا لِمَا يَجْرِي مِنْ حَوْلِنَا وَعَلَى الصِفَةِ أَوْ اَلصِيغَةِ اَلتِي نَجْعَلَهَا عَلَيْهِ، وَكَيْفِيَةِ تَعْرِيفِنَا لِمَا يَحْدُثُ لَنَا.

جَمِيعُ الأَحْدَاثِ التِي تَحْدُثُ لَنَا وَمَعَنَا فِي هَذِهِ الحَيَاةِ قَدْ أُرْسِلَتْ إِلَيْنَا بَالشَّكْلِ المُبَاشِرِ أَيْ مِنَ النُّورِ مِنْ مَصْدَرِهِ المُبَاشِرِ. وَلَكِنْ إِذَا شَعَرْنَا بِالنُّورِ بِهَذِهِ الطَرِيقَةِ أَيْ بِشَكْلٍ مُبَاشِرٍ، أَيْ أَنَّ نَشْعُرَ بِهِ مِنْ خِلالِ الرَغْبَةِ فِي التَّلَقِي لَدَيْنَا وَنَحْنُ لاَ نَعْرِفُ السَّبَبَ وَرَاءَ هَذِهِ العَطِيَّةِ. والَذِي يَجِبُ أَنْ نَسْعَى لِعَمَلِهِ فِي هَذِهِ الحَالَةِ هُوَ أَنْ نُحَاوِلَ فَهمَ الفِكْرِ وَرَاءَ هَذَا الحَدَثِ أَيْ أَنّ نَتَسَائَلَ فِي نَوْعِيَةِ هَذَا العَطَاءِ، وَمَا هِيَ نِيَّةُ الخَالِقِ وَقَصْدِهِ مِنْ خِلاَلِ مَا يَحْدُثُ مَعَنَا؟ وَكَيْفَ أَنَّ هَذَا الحَدَثَ مُرْتَبِطٌ وَمُتَعَلِّقٌ بِالقُوَةِ التِي تُنَمِّينَا وَكَيْفَ سَتَصِلُ بِنَا إِلَى الشُّعُورِ بِالرِضَى وَالإِكْتِفَاءِ؟

فَإِذَا كَانَ بِوِسْعِنَا فَهْمَ وَاسْتِيعَابَ هَذَا الشُّعُورِ عِنْدَهَا سَيَكُونُ بِإِمْكَانِنَا فَهْمَ مَا يَحْدُثُ مِنْ حَوْلِنَا أَيْ أَنْ نَصِلَ إِلَى المُسْتَوَى الَذِي فِيهِ تَكُونُ لَنَا رُؤْيَةً جَلِيَّةً لِلأُمُورِ وَيَكُونُ هَمُّنَا الوَحِيْدُ مُرَكَّزٌ فِي السَّعْيِّ وَرَاءَ تَبْرِيرِ عَمَلَ الخَالِقَ مِنَ المُنْطَلَقِ أَنَّه جَيِّدٌ وَأَنَّ كَلَّ مَا يَأْتِي مِنْ عِنْدِهِ هُوَ بَرَكَةٌ وَنِعْمَةٌ. فَهَذِهِ هِيَ صِفَاتُ الرَّجُلِ الصِدِّيقِ. لِأَنَّ الرَّجُلَ الصِدِّيقَ بِالرَّغْمِ مِمَا يُوَاجِهُهُ فِي الحَيَاةِ مِنَ

الحَسَنِ وَالسَيِّءِ، فَإِنَّ قَلْبُهُ وَفِكْرُهُ دَائِماً مُوَجَّهٌ وَرَاءَ قُوَى الخَالِقِ الخَيِّرَةِ وَالحَسَنَةِ وَالَتِي تُوَجِهُنَا في مَسِيرَةِ حَيَاتِنَا. إِنَّ الفَرْقَ بَيْنَ مَا نَشْعُرُ بِهِ فِي نَفسِنَا "أَيْ الْوِعَاءُ الرُّوحِيّ لَدَيْنَا" وَفِكْرُ الخَالِقِ وَرَاءَ الحَدَثِ، أَيْ الهُوَّةُ بَيْنَ فِكْرِنَا وَفِكْرُ الخَالِقِ هُوَ مَصْدَرِ المُعَانَاةِ.

التَّنَاقُضُ بَيْنَ طَبِيعَتِي أَيْ- النِّيةُ فِي التَقَبُّلِ أَوْ حُبُّ الذَّاتِ- وَبَيْنَ نِيَّةِ الخَالِقِ فِي العَطَاءِ المُطْلَقِ، هَذَا التَّنَاقُضُ وَهَذَا التَّبَايُنُ مَا يُسَبِبُ لِي الشُعُوُر بِالمَشَقَّةِ وَالمُعَانَاةِ. فَإِنَّ قَانُوُنَ العَطَاءِ المُطْلَقِ هُوَ القَانُوُنُ العَامُ الَذِي يحْكُمُ الْكَوْنَ وَكُلَّ شَيْءٍ فِيْهِ. وَإِنَّ جَمِيعَ قَوَانِينَ الطَّبِيْعَةِ مَبْنِيَّةٌ عَلَى أَسَاسِ هَذَا القَانُوُنِ وَتَسِيرُ تَبَعاً لَهُ فِي كُلِّ انْسِجَامٍ، وَاسْتِنَاداً عَلَيْهِ يَتَعَيَّنُ وَيَتَوَجَّبُ عَلَى جَمِيعِ أَشْكَالِ الحَيَاةِ إِيجَادُ التَّوَازُنِ. وَإِلَى الدَّرَجَةِ الَتِي لاَ نُحَافِظْ بِهَا عَلَى التَّوَازُنِ لِقَانُوُنِ الحَيَاةِ هَذَا، فَإِنَّنَا لَنْ نَجِدَ إِلاَّ المُعَانَاةِ فِي كُلِّ جَوَانِبَ الحَيَاةِ وَلَيْسَ عَلَى الصَّعِيدِ الشَّخْصِيِّ فَقَطْ بَلْ إِنَّ الخَلَلَ سَيُأَثِرُ عَلَى الإِنْسَانِ وَعَلَى مُحِيطِهِ عَلَى السَّوَاءِ.

الدِرَاسَةُ وَالبَحْثُ فِي نُصُوصِ عِلْمِ حِكْمَةِ الكَابَالا لَيْسَ لِهَدَفِ المَعْرِفَةِ الفِكْرِيةِ، وَلَكِنَ الرَغْبَةَ فِي الإِرْتِقَاءِ فَوْقَ المُعَانَاةِ هِيَ الَتِي سَتُمَكِنُنَا مِنْ فَهمِ مَعْنَى وَكَيْفِيَةِ عَمَلِ القَانُوُنِ العَامِ الَذِي يَسِيرُ عَلَيْهِ الْكَوْنُ، وَالَذِي مِنْ خِلاَلِهِ نَصِلُ إِلَى مَعْرِفَةِ سِمَاتُ النُّورِ وَسِمَاتُ الإِنْسَانِ الأَنَانِيَةِ وَكَيْفِيَةِ إِيجَادِ التَّوَازُنِ بِتَغْيِيرِ هَذِهِ الصِّفَاتِ الأَنَانِيَةِ وَاسْتِبْدَالِهَا بِسِمَاتِ النُّورِ لِيَتَمَكَّنَ الإِنْسَانُ مِن خَلْقِ التَّوَازُنِ وَالتَّخَطِّي فَوْقَ المُعَانَاةِ.

تَفْسِيرُ المُصْطَلَحَاتِ:

رَغْبَةُ الخَالِقُ: تَنْحصِرُ فِي عَمَلِ مَخْلُوقٍ وَمَلْءِ هَذَا المَخْلُوقِ بِالإِبْتِهَاجِ وَالسُّرُورِ مِنْ غَيْرِ حُدُودٍ.

الشَرُّ: هُوَ الرَغْبَةُ فِي التَقَبُّلِ لِلذَاتِ فِي إِشْبَاعِ الإِنْسَانِ لِرَغَبَاتِهِ الأَنَانِيَّةِ عَلَى حِسَابِ الآخَرِينَ.

كُلُّ مَا لا يُمْكِنُ إِدْرَاكُهُ أَوْ الْوُصُولُ إِلَيْهِ لا يُمْكِنُ تَسْمِيَتُهُ: المَقْصُودُ هُنَا أَنَّ إِدْرَاكَ الإِنْسَانُ لِلعَالَمِ الرُوحِيِّ يَجِبُ أَنْ يَكُونَ إِدْرَاكاً حِسِيَّاً مَبْنِيَّاً عَلَى وَاقِعٍ صَلْبٍ وَحَقِيقِيٍّ وَلَيْسَ عَلَى فِكْرَةٍ مُجَرَدَةٍ أَوْ شَيءٍ مِنْ صُنْعِ الخَيَالِ أَوْ التَأَمُلِ. هَذَا مَبْدَأٌ يَخْدُمُ كَأَسَاسٍ رَئِيسِيٍّ عِنْدَ جَمِيعِ عُلَمَاءِ الكَابَالا فِي مَسْأَلَةِ إِحْرَازِ العَالَمِ الرُوحِيِّ.

المُتْعَةُ وَاللَّذَّةُ: مُصْطَلَحٌ يُعَبِّرُ عَنْ الشُعُورِ بِالإِكْتِفَاءِ الَذِي يَشْعُرُ بِهِ الإِنْسَانُ فِي قَلْبِهِ، وَدَوَامَهَا يَعْتَمِدُ عَلَى قَرَارِ الإِنْسَانِ نَفْسِهِ فِي طَرِيقَةِ تَلَقِيهَا إِمَّا فِي رَغْبَاتِهِ الأَنَانِيَّةِ أَوْ لِإِرْضَاءِ الخَالِقِ فِي العَطَاءِ لِلآخَرِينَ فِي مَحَبَّةٍ "أَحِبَّ قَرِيبَكَ كَنَفْسِكَ".

دَرَجَةُ المُتَكَلِم: هُوَ مُسْتَوَى يَصِلُ إِلَيْهِ الإِنْسَانُ وَفِيْهِ تَأْخُذُ رَغَبَاتَهِ فِي التَحَوُّلِ مِنَ السَعْيِ وَرَاءَ الأَشْيَاءِ المَادِيَّةِ إِلَى الرَغْبَةِ فِي التَقَرُّبِ مِنَ الخَالِقِ وَإِحْرَازِ العَالَمِ الرُوحِيِّ. فِي هَذِهِ المَرْحَلَةِ تَنْمُو رَغْبَةُ الإِنْسَانِ وَتَصِلُ فِي نُمُوهَا إِلَى مُسْتَوَى أَنَّهُ أَصْبَحَ يَرْغَبُ فِي الأَشْيَاءِ المَوْجُودَةِ خَارِجَ إِطَارِ هَذَا العَالَمِ. لِذَلِكَ نَقُولُ عَنْهَا بِأَنَّهَا نُقْطَةُ البِدَايَةِ حَيْثُ يَبْدَأُ مِنْهَا الإِنْسَانُ بِالتَّفَاعُلِ مَعَ النِّظَامِ الأَعْلَى وَأَنْ يُصْبِحَ جُزْءً مِنْهُ بِحَيْثُ أَنَّهُ يَسْتَطِيعُ أَنْ يَرَى الْوَاقِعَ بِكَامِلِهِ.

إِخْتَبِرْ مَعْلُومَاتَكَ.

س١ : مَا هُوَ نِظَامُ الأَنَا فِي الإِنْسَانِ؟

س٢ : إِشْرَحْ العَمَلَ المِيكَانِيكِيَّ لِلرَغْبَةِ فِي الإِنْسَانِ وَمَدَى دَوَامِهَا وَلِمَاذَا تَتَلاَشَى؟

س٣ : كَيْفَ يُسَاعِدُنَا قَانُونُ التَبَايُنِ فِي الحُصُوُلِ عَلَى الإِدْرَاكِ الصَحِيحِ لِلوَاقِعِ فِي رُؤيَةِ الحَدَثِ وَتَأْثِيرِهُ عَلَيْنَا؟

س٤ : كَيْفَ يُسَاعِدُنَا إِدْرَاكُ نِظَامِ الأَنَا عَلَى رُؤيَةِ مَا يَحْدُثُ بِحَيَاتِنَا كَصُوُرَةٍ كَامِلَةٍ وَلَيْسَ عَلَى شَكْلِ أَحْدَاثٍ مُتَنَاثِرَةٍ؟

س٥ : مَا مَعْنَى مُصْطَلَحُ "النُقْطَةُ فِي القَلبِ"؟ وَهَلْ تَتَوَاجَدُ عِنْدَ كُلِ إِنْسَانٍ؟

س٦ : مَا هُوَ سَبَبُ المُعَانَاةَ فِي حَيَاةِ الإِنْسَانِ؟

س٧: مَا هُوَ مَصْدَرُ المُعَانَاةَ؟

غِذَاءٌ لِلفِكْر

كُلُّ شَيءٍ مِنْ مُكَونَاتِ الوَاقِعِ فِي عَالَمِنَا أَكَانَ الحَسَنُ أَوْ السَيئُ وَحتَى أَكْثَرَ الأَشْيَاءِ سُؤاً وَضَرَراً لَهُ مَكَانَتَهُ وَحقَهُ فِي التَوَاجُدِ فِي هَذَا العَالَمِ، وَلاَ يُمْكِنُ إبَادَتَهُ أَو مَحْوَهُ بالكَامِلِ. فَالمَسْؤوليَّةَ التِي تَقَعُ عَلَيْنَا هِيَ تَصْحِيحَهُ وَتَحْسِينَ سُلُوكَهِ فَقَطْ، فَبِالتَمعُنِ وَمُلاَحظَةِ كَيْفِيَّةِ إنسِجام عَمَلِ الخَلِيقَةِ كَافٍ لِيُعَلِمُنَا عَنْ عَظَمَةِ وَكَمالِ الخَالِقِ. لِذَلِكَ يَجِبُ عَلَينَا أَنْ نَفْهَمَ وَأَنْ نَكُونَ شَدِيدِيَّ الحَذَرِ فِي تَلْفِيقِ الخَلَلِ إِلَى أَيِّ جُزءٍ أَوْ عُنْصرٍ مِنَ الخَلِيقَةِ كَالقَولِ أَنَّ هَذَا المَخْلُوقَ لاَ حَاجَةَ لَهُ وَلاَ ضَرُورَةَ لِوُجُودِهِ، لأَنَّ ذَلِكَ يُعْتَبَرُ إفْتِرَاءٌ عَلَى الخَالِقِ نَفْسِهِ.

لَكِنَّ وَكَما هُوَ مَعْرُوفٌ لَدَى الجَمِيعُ أَنَّ الخَالِقَ لَمْ يُكْمِلْ عَمَلِيَّةَ الخَلْقِ عِنْدَمَا خَلَقَ الخَلِيقَةَ. وَبِنَظرَتِنَا إِلَى الوَاقِعِ الذِي نَعِيشُ فِيهِ مِنْ كُلِ جَوَانِبِهِ أَي مِنْ نَاحِيَةِ عَمَلِ القَانُونِ العَامِ وَالقَانُونِ الخَاصِ فَإِنَّنَا نَرَى أَنَّ الكُلَّ مُلتَزِمٌ بِقَوَانِينِ النُمُوِ التَدْرِيجِيِّ إِبْتِدَاءً مِنْ مَرحَلَةِ العَدَمِ إِلَى مَرْحَلَةِ النُمُوِ الكَامِلِ وَلِهَذَا السَبَبِ عِنْدَمَا نَتَذَوَّقُ الطَعْمُ المَرِيرُ لِثَمَرَةٍ مَا فِي بِدَايَةِ نُمُوهَا فَهَذَا لاَ يُعَدُّ خَلَلٌ أَوْ عِلَّةٌ فِي الثَمَرَةِ لأَنَّهُ وَاضِحٌ لِلجَمِيعِ بِأَنَّ الثَمَرَةَ لَمْ تُكْمِلْ عَمَلِيَّةَ نُمُوِهَا.

وَهَكَذَا هُوَ الحَالُ فِي كُلِ عَامِلٍ مِنْ عَوَامِلِ الطَبِيعَةِ. فَإِذَا بَدَى أَيُّ عُنْصُرٍ أَوْ عَامِلٍ مَا مِنَ الوَاقِعِ المُحِيطِ بِنَا عَلَى أَنَّهُ سَيءٌ وَمُؤذِيٌ لَنَا، فَإِنْ دَلَّ هَذَا عَلَى شَيءٍ إِنَّمَا يَدُلُّ عَلَى أَنَّ هَذَا العَامِلُ لاَ يَزَالُ فِي المَرْحَلَةِ الإِنْتِقَالِيَّةِ مِنْ مَرَاحِلِ نُمُوهِ. وَلِذَلِكَ لاَ يَحِقُ لَنَا القَولُ أَنَّ هَذَا الشَيءُ سَيءٌ وَلَيسَ مِنَ الحِكْمَةِ بِأَنَ نَدَّعِي أَنَّ هُنَاكَ عَيْبٌ فِيهِ وَيَسْتَوجِبُ إِزَالَتَهُ.

مِنْ مَقَالِ السَلاَمِ فِي العَالَمِ لِصَاحِبِ السُلَّمِ

المَرَاحِلُ الأَرْبَعُ لِلنُوُرِ المُباشَرِ

لِنبْدَأُ الدَرْسَ بِمَقْطَعٍ مِنْ مَقَال "دِرَاسَةُ السَفِيرَاتِ العَشرْ" لِعَالِمِ الكَابَالا يَهُودَا أَشْلاغْ وَالمُلَقَّبُ بِصَاحِبِ السُلَّمِ. يَقُوُلُ المَقَالُ:

«وَلِذَلِكَ يجِبُ أَنْ نَسْأَلَ لِمَاذَا إِذاً أَصرَّ عُلمَاءِ الكَابَالا عَلى إِلتِزَام كُلِ شَخْصٍ عَلَى دِرَاسَةِ عِلم حِكْمَةِ الكَابَالا؟ الوَاقِعُ أَنَّ هُنَاكَ شَيءٌ عَظِيمٌ وَمُسْتَحِقُ الإِشَارَةِ إِليْهِ إِذْ أَنَّ هُنَاكَ عِقَارٌ وَبَلْسَمٌ مُدْهِشٌ بَلْ خَلاَبٌ وَفَاتِنٌ لأَوْلَئِكَ الَذِينَ يُشْغِلُوَنَ أَنفُسِهم بِعِلْمِ حِكْمَةِ الكَابَالا. عَلَى الرَغم مِنْ أَنهُم لاَ يَعُوا أَوْ يُدْرِكُوا عُمْقَ التَأْثِيرَ الَذِي يَنْعَكِسُ عَلَيهِمْ وَعَلَى العَالَمِ مِنْ حَولِهِم فِيمَا يَتَعَلَمُوُنَهُ مِنْ خِلاَلِ الشَوقِ والرَغْبَةِ الكَبِيرَةِ فِي دَاخِلِ أَنفُسِهِم أَنَّهم يُوقِظُوُنَ النُوُرَ الذِي يُحِيطُ بِهمْ».

فِي حِينِ أَنَّ الشَخْصَ لَمْ يَصِلْ إِلَى إِحْرَازِ دَرجَةِ الكَمَالِ الرُوُحِيِّ فَإِنَّ النُوُرَ المُعَدَّ لِيَصِلَهُ يُعْتَبَرُ أَوْ يُدْعَى النُوُرُ المُحِيْطُ. النُوُرُ المُحِيْطُ هُوَ النُوُرُ الَذِي يَتَوَاجَدُ حَوْلَ الإِنْسَانِ مُنْتَظِراً إِيَاهُ كَي يُنَقِيَ أَوْ يُطَهِرَ الإِرَادَةَ فِي التَقَبلِ لَدَيْهِ. فَفِي حِينِ تَطْهِيرِ الإِنْسَانِ لإِرَادَتِهِ يَأْخُذُ النُوُرَ المُحِيْطَ شَكْلَ الرِدَاءِ لِيَكسِي الجُزءَ مِنَ الإِنَاءِ الرُوُحِيِّ الَذِي أَعَدَهُ الإِنْسَانُ.

ومِنْ ثَمَّ حَتَى وَلَو لَمْ يَكُنْ لِلشَخْصِ الوِعَاءَ الرُوُحِيَّ المُنَاسِبَ لِلنُوُرِ يَكْفِي أَنْ يَبْحَثَ الإِنْسَانُ فِي هَذِهِ الحِكْمَةِ مُشِيراً وَذَاكِراً أَسْمَاءَ النُوُرِ فِي دَرَجَاتِهِ المُتَعَدِدَةِ وَأَجْزَاءُ الإِنَاءِ المُرْتَبِطَةِ بِنَفسِهِ، فَفِي عَمَلِهِ هَذَا يُشِعُّ النُوُرَ عَلَيْهِ وَلَكِنْ

إلَى حَدٍ مُعيَّن. أَيْ أَنَّ النُّورَ يُشِّعُ عَلَيْهِ مِنْ دُونِ أَنْ يَملءَ أَوْ يَكْسِي هَذَا النُّورَ نَفسَ هَذَا الشَخْصِ مِنَ الدَاخِلِ وَذَلِكَ لِعَدَمِ وُجُودِ الإِنَاءَ القَادِرَ عَلَى إحتِوَاءِ النُورِ وَالحِفَاظِ عَليْهِ. وَلَكِنْ بِالرَغمِ مِنْ ذَلِكَ إِنَّ الإِستِنَارَةَ التِي تلَقَاهَا الشَخْصُ مَرَةً بعدَ مَرةٍ مِنْ خِلالِ بَحْثِه تَمْنَحُهُ القُدْرَةَ عَلَى إجتِذَابِ النِعْمَةِ عَلَيْهِ مِنَ الأَعْلَى جَالِباً عَلى نَفسِهِ الوَفْرَةَ مِنَ الطَهَارَةِ وَالقَدَاسَةِ وَالنَقَاءِ وَهَذَا مَا يُؤَدِي بِالإِنْسَانِ إِلَى التَقَرُّبِ مِنْ دَرجَةِ الكَمَالِ. تَضَمَّنُ عِلْمُ الكَابَالا كُلَّ شَيءٍ خُلِقَ مِنَ الفِكْرِ الذِي نَشَأَ مِنَ الخَالِقِ إِذْ يَبحَثُ فِي كَيفِيَّةِ إرتِدَاءِ هَذَا الفِكْرِ بِتِلكَ الْقُوّاتِ وَكَيفَ أَنشَأَتِ هَذِهِ القُوَّاتُ بِدَوْرِهَا المَادَةَ وَالتِي هِيَ المَشِيْئَةَ أَوْ الرَغْبَةَ بِالتَمتُّعِ وَكَيفَ انْبَثَقَ الإِنْسَانُ مِنْ هَذِهِ المَشِيئَةِ. كَمَا وَيَبحَثُ أَيْضاً فِي كَيفِيَّةِ سَمَاحِ هَذِهِ القُوَّاتُ لِلإِنسَانِ فِي أَنْ يَصِلَ وَبِشَكلٍ تَدْرِيجِيٍّ إِلَى الهَدَفِ الأَعْلَى وَالأَسْمَى فِي الإِرْتِبَاطِ مَعَ الخَالِقِ عَلَى الرَغْمِ مِنْ تَوَاجُدِنَا فِي عَالَمِنَا هَذَا وَالَذِي يُعتَبَرُ الدَرَجَةَ الأَدْنَى مِنَ الوُجُودِ. وَفِي هَذَا الدَرْسِ سَنُعَالِجُ أُمُوْرَ المَرَاحِلِ الأَرْبَعِ لِعَمَلِ الخَلِيْقَةِ وَالتِي سَتَكُونُ لنَا البِنَاءَ التَحتِيَّ وَالأَسَاسِيَّ لِكُلِ مَا هُو مَوجُودٌ فِي الخَلِيْقَةِ. فَوُجُودُ المَخْلُوقِ وَكُلُ شَيءٍ نَشَأَ مَعَ عَمَلِ هَذِهِ المَادَةِ التِي وُجِدَتْ مِنَ اللاشَيءِ نَرَاهُ فِي كُلِ وَجْهٍ مِنْ مَرَاحِلِ عَمَلِ الخَلِيْقَةِ.

يَقُولُ عُلَمَاءُ الكَابَالا بِأَنَّهُ يَتوَجَبُ عَلَى كُلِ مَنْ يَدْرُسُ عِلْمَ الكَابَالا أَنْ يعلَمَ بِأَنَّهُ يُوْجَدُ هُنَاكَ أَسْرَارٌ لِلوُجُودِ وَلكِنْ لاَ يَجُوزُ لَنَا أَنْ نَتكَلَّمَ عَنْ هَذِهِ الأَسْرَارِ لِسَبَبِ أَنَّهَا فوقَ قُدْرَتَنَا لِلتَعْبِيرِ عَنْهَا وَنَقلِهَا بِشَكْلٍ سَلِيمٍ وَصَحِيحٍ لِذَلِكَ لاَ نَرَى أَبَداً أَيٍّ مِنْ كُتُبِ عِلْمِ الكَابَالا الحَقِيقِيِّ يُنَاقِشُ هَذَا المَوْضُوعِ بَتَاتَاً. إِنَّ أَسْرَارَ الخَلِيْقَةِ هَذِهِ وَالتِي تُدْعَى جَوْهَرُ الخَالِقِ وَمَاهِيَّته نُطْلِقُ عَلَيْهَا إِسمُ - أَتزْمُوتُو- وَأَنَّهُ مِنَ المُحَرَّمِ التَكلُّمَ عَنْ جَوْهَرِ الخَالِقِ وَمَاهِيَّتِهِ.

المَقصُودُ بِكَلِمَة مُحرَّم أَيْ أَنَّهُ مِنَ المُسْتَحِيلِ إِدْرَاكِ جَوْهَرِ الخَالِقِ لأَنَّهُ فِي الوَاقِعِ لَيْسَ لَدَيْنَا الإِدْرَاكُ وَالمَعْرِفَةُ كَمَا أَنَّنَا لاَ نَمْلِكُ الإِنَاءَ المُنَاسِبَ لِنَسْتَطِيعُ التَعبِيرَ بِالكَلام فِي وَصْفِ جَوهَرِ الخَالِقِ، هَذَا شَيءٌ تَكْمُنُ مَعْرِفَتُهُ فِي قُدْرَةِ إِحْرَازِ الإِنْسَانِ لِلعَالَمِ الرُوحِيِّ. وَكَمَا أَوْرَدْنَا ذَاكِرِينَ مِنْ قَبْلِ أَنَّ القَانُونَ الَذِي يَتَبِعُهُ عُلَمَاءُ الكَابَالا فِي إِحْرَازِ العَالَمِ الرُوحِيَّ يَنُصُ عَلَى أَنَّ كُلَّ شَيءٍ لاَ نَتَمَكَّنُ مِنْ إِحْرَازِهِ بَعدْ لاَ نَتَكَلَّمُ عَنْهُ.

فَقَبْلَ ظُهُورِ الخَلِيْقَةِ كَانَ الخَالِقَ وَحْدَهُ. وَالشَيءِ الوَحِيدُ المَوْجُودُ إِلَى جَانِبِ الخَالِقِ هُوَ "نَفْسُ الإِنْسَانِ" أَوْ "الأَنَا" التِي عَمِلَهَا الخَالِقُ.

لِنَبْدَأُ إِذاً مِنْ نُقْطَةِ البِدَايَةِ أَيْ مِنَ الخَالِقِ. يَقُولُ عُلَمَاءُ الكَابَالا أَنَّ الأَسَاسَ الأَوَّلِيَّ لِفِكْرَةِ عَمَلِ الخَلِيْقَةِ بَدَأَ بِنِيَّةِ الخَالِقِ فِي عَمَلِ المَخْلُوقِ وَإِغْدَاقِ البَهْجَةِ وَالسُرُورِ عَلَيْهِ وَهَذَا مَا يُدْعى بِالمَرْحَلَةِ الجَذْرِيَّةِ وَالتِي هِيَ الأَسَاسُ لِلوَاقِعِ الشَامِلِ. هَذِهِ النِيَّةُ أَوْ هَذَا الفِكْرُ أَصْبَحَ نُوراً وَهَذَا النُورُ إِنْصَّبَ بِرَغبَتِهِ فِي عَمَلِ مَخْلُوقٍ لِيُغْدِقَ عَلَيْهِ السُرُورَ وَالبَهْجَةَ. هَذِهِ هِيَ المَرْحَلَةُ الأُولى الجَذْرِيَّةِ أَيْ البِهِيْنَا شُرِشْ أَوْ مَا يُدْعَى السَفِيرَا كِيْتِيرْ.

١- إِنَّ عَمَلِيَّةَ إِنْتِشَارِ النُورِخَلَقَ رَغبَةً فِي التَلَّقِي "الإِرَادَةُ فِي التَقبُّلِ" وَهَذِهِ الرَغْبَةَ تُدْعَى إِنَاءَ وَهَذَا الإِنَاءُ كَانَ مُمْتَلِىءً بِالنُورِ بِشَكْلٍ كَامِلٍ مُتَلَذِذٍ بِهِ بِتَنَعُّمٍ لِدَرَجَةٍ أَنَّهُ لَمْ يَكُنْ بِإِسْتِطَاعَتِهِ أَنْ يَشْعُرَ بِإِسْتِقْلالِيَتِه. هَذِهِ هِيَ المَرْحَلَةُ الأُولَى وَالَتِي تُدْعَىَ بِالبِهِيْنَا أَلِيفْ أَوْ السَفِيرَا حُوْخْمَا أَوْ نُورُ الحِكْمَةِ.

٢- فِي هَذِهِ المَرْحَلَةِ إِنَّ المُتعَةَ الَتِي يَشعُرُ بِهَا الإِنَاءِ فِي تَمَاثُلِهِ مَعَ الخَالِقِ يُدْعَى نُورُ الرَحْمَةِ أَوْ أُورْ حَسَدِيمْ فِي الشُعُورِ بِالتَلَذُّذِ وَالتَنَعُم بِالنُورِ بَدَأَ الإِنَاءُ يَشْعُرُ بِخاصِيَّةِ النُورُ أَيْ بِوُجُودِ سِمَةِ العَطَاءِ. وَنَتِيجَةً لِهَذَا الشُعُورِ أَبْدَلَ الإِنَاءُ

الرَغْبَةَ فِي التَلَقِّي التِي وُجِدَ بِهَا إِلَى الرَغْبَةِ فِي العَطَاءِ. فَبِرَغْبَةِ الإِنَاءِ فِي التَمَاثُلِ مَعَ النُورِ بِصِفَةِ العَطَاءِ هِيَ المَرحَلَةُ الثَانِيَةُ التِي تُدْعَى بِالبِهِيْنَا بِيتْ أَيْ الرَغْبَةُ بِالعَطَاءِ أَوْ السَفِيرَا بِيْنَا.

٣- فِي المَرْحَلَةِ الثَالِثَةِ أَبْدَأَ النُورُ الإِرَادَةَ فِي العَطَاءِ. وَلَكِنْ بَعْدَمَا أَحسَ الإِنَاءُ النُورَ أَخَذَ يَشْعُرُ بِأَنَّهُ لاَ يَستَطِيعُ العَطَاءَ إِذْ لَمْ يَتَلَقَّى شَيءٌ مِنَ النُورِ فِيْهِ، فَشَرَعَ التَلَقِّي لِلنُورِ كَمَا فِي المَرحَلَةِ الأُولَى وَلَكِنْ هُنَا أَخَذَ يُدْرِكُ تَمَاثُلَهُ مَعَ النُورِ. وَنَتِيجَةً لِهَذَا ظَهَرَتِ المَرحَلَةُ التَالِيَةُ لِلعَيَانِ: الرَغْبَةُ فِي التَلَقِّي كَمَا فِي المَرحَلَةِ الأُولَى مُتَحِدَةٌ وَمُمتَزِجَةٌ مَعَ الإِرَادَةِ فِي العَطَاءِ كَمَا فِي المَرحَلَةِ الثَانِيَةِ. هَذَا الإِنْدِمَاجِ أَنْشَأَ المَرحَلَةَ الثَالِثَةَ وَالتِي تُدْعَى بِالبِهِيْنَا جِيمُلْ أَوْ السَفِيرَا زَعِيرَآنْبِينْ.

٤- هَذَا الإِنَاءُ الآنَ مُؤَلَّفٌ مِنْ دَرَجَتَينِ مُتَنَاقِضَتَينِ إِذْ أَنَّهُ أَدْرَكَ طَبِيعَتَهُ بِأَنَّهُ إِرَادَةٌ فِي التَلَقِّي فَقَطْ وَلَيْسَ لَهُ القُدْرَةَ أَوْ حَتَى الرَغْبَةَ فِي العَطَاءِ فَإِنَّهُ مِنَ الطَبِيعِيِّ بِالنِسبَةِ لَهُ التَلَقِّي أَكْثَرَ مِنَ العَطَاءِ، مِنْ هَذَا وُلِدَتْ وَلِلمَرَةِ الأُولَى رَغْبَةً فِي التَلَقِّي مُسْتَقِلَةٍ بِحَدِ ذَاتِهَا عَلَى خِلاَفِ الرَغبَةِ التِي ظَهَرَتْ فِي المَرحَلَةِ الأُولَى. هَذِهِ هِي المَرحَلَةُ الرَابِعَةُ وَالتِي تُدْعَى بِالبِهِيْنَا دَالِتْ أَوْ السَفِيرَا مَلخُوتْ.

فِي المَرحَلَةِ الرَابِعَةِ فَقطْ تَسْتَطِيعُ الخَلِيْقَةُ إِخْتِيَارَ تَلَقِي النُورَ مِنْ الخَالِقِ لَيْسَ لِتَتَمَتَعُ بِهِ فِي ذَاتِهَا وَلَكِنْ لإِرْضَاءِ الخَالِقِ مِنْ خِلاَلِ إِرَادَتِهَا الحُرَةِ. وَهَذِهِ هِيَ الرَغْبَةَ الأُولَى فِي التَنَعُّمِ بِالنُورِ وَالتِي ظَهَرَتِ مِنْ بَاطِنِ الخَلِيْقَةِ نَفسِهَا. إِنَّ المَرَاحِلَ الأَربَعَ "بِهِيْنَا أَلِيّفْ وَبِهِيْنَا بِيتْ وَبِهِيْنَا جِيمُلْ وَبِهِيْنَا دَالِتْ" مَا تُدعَى بِالمَرَاحِلِ الأَربَعِ لِلنُورِ المُبَاشَرِ المُنبَثِقِ مِنَ الخَالِقِ مِنْ أَجلِ خَلْقِ الإِرَادَةَ فِي

المَرَاحِلُ الأَرْبَعُ لِلنُّورِ المُبَاشَرِ

التَلَقِّي أَيْ السَفِيرَا مَلخُوتْ وَالتِي هِي الخَلِيقَةُ الحَقِيقِيَّةُ وَتُدْعَى "عَالَمُ اللانِهَايَةِ" وَأَنَّ جَمِيعَ العَوَالِمِ وَالنُفُوسِ تَمْتَدُ مِنْ هُنَا.

وَهَذَا مُخَطَطٌ لِتَوضِيحِ ظُهُورِ البِهِيْنَاتِ فِي كُلِ مَرحَلَةٍ مِنْ مَرَاحِلِ ظُهُورِهَا.

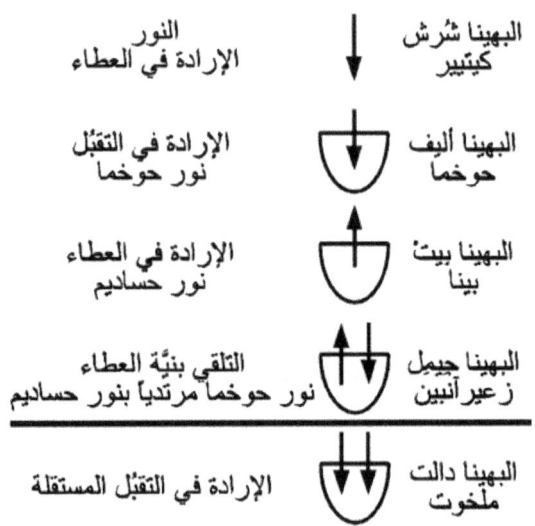

إنَّ كُلاً مِنَ المَرَاحِلِ الأَربَعِ مِنْ خَلْقِ الإِنَاءِ مُخْتَلِفَةٌ فِي جَوْهَرِهَا إِذْ فِيْهَا تَتَمَيَّزُ كُلُ مَرحَلَةٍ عَنْ الأُخْرَى بِقَدَرِ قُوَّةٍ أَوْ كَثَافَةِ الإِرَادَةِ فِي التَلَقِي فِيْهَا. فَإِنَّ المَرحَلَةَ الجَذرِيَّةَ وَالمَرحَلَةَ الأُولَى لاَ يُوجَدُ فِيْهَا رَغْبَةٌ لِلتَلَقِّي بَتَاتَاً وَلَكِنْ كُلَمَا زَادَتِ المَسَافَةُ بَينَ الخَالِقِ وَالخَلِيْقَةِ كُلَمَا كَبُرَتِ الأَنَا وَزَادَ عُمْقَهَا فِي حُبِ الذَاتِ وَفِي الإِرَادَةِ فِي التَلَقِّي لِنَفسِهَا. فَفِي المَرحَلَةِ الرَابِعَةِ نَرَى أَنَّ السَفِيرَا مَلخُوتْ أَنَانِيَّةٌ بِشَكلٍ كُلِّيٍ ومُطْلَقٍ فِي رَغَبَاتِهَا وَهَذِهِ الرَغَبَاتُ الأَنَانِيَّةُ نَشَأَتْ مِنْ قَرَارِهَا هِيَ بِالذَاتِ.

كُلٌّ مِنْ المَرَاحِلِ الأَربَع مُتَعَاقِبَةٌ بِشَكلٍ مُتَتَالٍ إِذْ نَجِدُ وَكَأَنَّ كُلَ بهيْنَا مَوْجُودَةٌ فِي البهيْنَا الَتِي تَلِيهَا كَمَا أَشَرنَا فِي المُخَطَطِ أَعْلاَهُ، فَإِنَّ كِييّتِرْ تُوجَدُ دَاخِلَ حُوخْما، وَكِييّتِر وَحُوخْما تُوجَدَانِ دَاخِلَ بينا، وَالثَلاثَةُ مَعَاً يَتَوَاجَدُونَ دَاخِلَ زَعِيير ٓآنبينْ، وَالسَفِيرَا مَلخُوتْ تَحْتَوي الكُلُ فِيْهَا إِذْ أَنَّ كُلَ مَرحَلَةٍ تَدْعَمُ الَتِي تَلِيهَا وَتُوَفِرُ لَهَا شُرُوطَ تَوَاجُدِهَا.

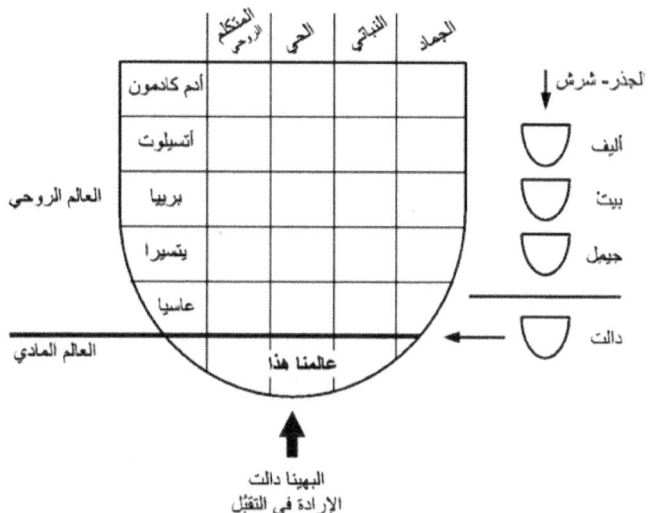

دالت
البهينا دالت
الإرادة في التقبّل

إِنَّ الشُعُورَ بِالخَجَلِ ظَهَرَ فِي الإِرَادَةِ فِي التَلَقِّي وَالَذِي أَدَّى بِدَورِهِ إِلى ظُهُورِ الرَغْبَةَ بِالتَماثُلِ مَعَ الخَالِقِ فِي سِمَةِ العَطَاءِ مِمَا أَدَى إِلَى حُدُوثِ التُسُومتْسُومْ أَلِيفْ أَيْ إِحْتِبَاسٍ أَوْ تَقيِيدِ الرَغْبَةِ فِي تَلَقِّي نُورِ الخَالِقِ أَنْ يَأخُذَ مَكَانَهُ هُنَا. لِمَاذَا لَمْ يَأْخُذْ التُسُومْتسُومْ مَكانُهُ فِي المَرحَلَةِ الأُولَى؟ لأَنَّ فِي البِهيْنَا أَلِيفْ لَمْ تَكُنْ رَغبَةَ الإِنَاءِ نَابِعَةً مِنْهُ بَلْ كَانَتْ وَمَا زَالَتْ فِي هَذِهِ المَرحَلَةِ إِرَادَةَ الخَالِقِ بِشَكلٍ بَحْتٍ وَلَكِن هُنَا الخَلِيْقَةُ أَوْ مَلخُوتْ تَحصُرُ رَغْبَتَهَا فِي التَلَقِّي مِنْ تِلقَاءِ ذَاتِها مَانِعَةً نَفسَهَا مِنْ اسْتِخْدَامِ هَذِهِ المُتعَةَ لِلذَاتِ. فَإِنَّ التُسُومْتُسُومْ فِي

هَذِهِ الحَالَةِ أَخَذَ مَكَانَهُ لَيْسَ عَلَى الإِرَادَةِ فِي التَلَقِّي بَلْ عَلَى المَرَامِ أَوْ القَصْدِ فِي التَلَقِّي. إِذاً الأَمْرُ هُنَا يَعزُوُ لِلنِيَةِ وَالمَرَامِ فِي التَلَقِّي.

كَمَا أَشَرنَا سَابِقاً وَرَأَينَا أَنَّ النُورَ مَلاءَ الإِنَاءَ بِالكَامِلِ وَبَدَأَ الإِنَاءُ يَشْعُرُ بِمُتعَةِ العَطَاءِ مِنْ دُونِ مُقَابِلٍ وَبِلَذَةٍ وَلَكِنْ وَفِي نَفسِ الوَقتِ أَخَذَتِ السَفِيرَا مَلخُوتْ تَشْعُرُ بِخَاصِيَتِهَا وَالَتِي هِي مُنَاقِضَةٌ تَمَاماً لِتِلكَ الَتِي لِلخَالِقِ وَهَذَا مَا أَدَى إِلَى وِلاَدَةِ الشُعُورِ بِالحَيَاءِ وَالخَجَلِ بِسَبَبِ إِحسَاسِهَا بِكَرَمِ وَمَحبَةِ الخَالِقِ وَعَطَاءِهِ المُطلَقِ لإِسْعَادِهَا وَعَدَمِ قُدرَتِهَا عَلَى مُبَادَلَتِهِ هَذَا العَطَاءُ وَقَرَرَتِ التَوَقُفِ عَنْ تَلَقِّي نُورَ الخَالِقِ فِيهَا.

إِنَّ حَدَثَ إِخْلاَءِ مَلخُوتْ نَفسَهَا مِنَ النُورِ مَا يُدْعَى بِالتُسُومْتُسُومْ أَلِيفْ أَوْ التُسُومْتُسُومْ الأَوَل. بَعْدَ إِفضَاءِ نَفسَهَا مِنَ النُورِ وَالشُعُورُ بِالفَرَاغِ تَوَصَّلَتْ مَلخُوتْ إِلَى نَوعٍ مِنَ التَوَازُنِ مَعَ المُعطِي وَهُنَا أَصْبَحَ الإِثنَانُ عَلَى دَرَجَةٍ وَاحِدَةٍ فَالخَالِقُ لَمْ يَعُدْ يُعطِي وَلَمْ تَعُدْ مَلخُوتْ تَتَلَقَّى مِنْهُ أَيَّ شَيءٍ. وَلَكِن عَلَى هَذِهِ الحَالَةِ كَيفَ سَتَصِلُ مَلخُوتْ لِدَرَجَةِ التَوَازُنِ فِي السِمَاتِ مَعَ الخَالِقِ؟ فَعِنْدَمَا قَرَرَتْ مَلخُوتْ رَفضَ تَلَقِي النُورَ مِنْ دُوُنِ مُقَابِلٍ وَضَعَتْ لِنَفسِهَا شَرْطاً إِذْ قَرَرَتْ قُبُولَ جُزءٍ صَغِيرٍ مِنَ النُورِ بِشَرطِ أَلاَّ تَأخُذُهُ لِنَفسِهَا بَلْ مِنْ أَجلِ إِرضَاءِ الخَالِقِ وَلِمَسَرَّتِهِ عَالِمَةً بِأَنَّ الخَالِقَ يَرغَبُ بِأَنْ يَنعَمَ عَلَيهَا بِكُلِ مَا تُرِيدَهُ لِمَسَرَّتِهَا. لِذَلِكَ يُعتَبَرُ هَذَا النَوعِ مِنَ التَلَقِّي المَشرُوطِ نَوعٌ مِنَ العَطَاءِ إِذْ أَنَّهُ لَيْسَ التَلَقِّي لِحُبِ الذَاتِ بَلْ لإِرضَاءِ الخَالِقِ وَفِي هَذِهِ الحَالَةِ تَحَوَّلَتْ مَلخُوتْ بِصِفَاتِهَا مِنْ الأَخْذِ إِلَى العَطَاءِ.

مِنْ أَجلِ خَلْقِ الإِنْسَانِ مُنفَصِلاً عَنهُ وَلِكَي يُدْرِكُ هَذَا الإِنْسَانُ عَدمَ أَهَمِيَّتِهِ مِنْ دُونِ الخَالِقِ وَبِكُلِ حُرِيَّتِهِ يَختَارُ الرَغْبَةَ فِي الإِرتِقَاءِ نَحوَ العَالَمِ الرُوحِيِّ،

خَلَقَ الخَالِقُ كُلَ الخَلِيْقَةِ كَدَرَجَاتٍ مُنْحَدِرَةٍ مِنَ الأَعْلَى إِلَى الأَسفَلِ أَيْ إِلَى عَالَمِنَا هَذَا الَذِي نَحنُ فِيهِ. يَنْحَدِرُ نُورُ الخَالَقِ فِي نَطَاقِ هَذِهِ الدَرَجَاتِ وَفِي أَسفَلِ هَذِهِ الدَرَجَاتِ خُلِقَ عَالَمُنَا وَخُلِقَ الإِنْسَانُ. فَعِندَ إِدْرَاكِ الإِنْسَانُ بِضَئَالَتِهِ وَأَيضاً بِرَغْبَتِهِ فِي التَقَرُّبِ مِنَ الخَالِقِ، عِندَهَا وَإِلَى حَدِ رَغْبَةِ هَذَا الإِنْسَانِ فِي التَقَرُّبِ مِنَ الخَالِقِ يَسْتَطِيعُ الإِقْتِرَابَ مُسْتَخْدِماً نَفْسَ الدَرَجَاتِ الَتِي إِنْحَدَرَ مِنْهَا مِنَ البِدَايَةِ أَيْ عِنْدَمَا سَقَطَ أَبُونَا أَدم مِنَ العِنَايَةِ الإِلَهِيَّةِ.

يُوجَدُ هُنَاكَ عَشْرُ دَرَجَاتٍ وَتُدْعَى "العَشَرُ سْفِيرُاتْ" وَتَسَلْسُلِهَا كَالتَالِي: **كيتير - حوخما - بينا - حيسيّد - قيفورا - تيفيرّت - نيتساح - هود - ياسّوود - ملخوت**. بِالرَغْمِ مِنْ إِحصَاءِنَا لِعَشرِ دَرَجَاتِ سَنَرَى أَنَّ عُلَمَاءِ الكَابَالا يَذكُرُونَ دَائِماً وُجُودَ خَمسُ درَجَاتٍ، وَهَذَا لأَنَّ الدَرَجَاتَ السِّتَةَ التَالِيَةَ: **حيسيّد - قيفورا - تيفيرّت - نيتساح - هود - ياسّوود** كُلُهَا مَجْمُوعَةٌ فِي سَفِيرَةٍ وَاحِدَةٍ أَوْ دَرَجَةٍ وَاحِدَةٍ وَتُدْعَى زَعِيرَآنْبِينْ. يُشَارُ إِلَى دَرَجَةِ زَعِيرَآنْبِينْ بِالإِسْمِ تِيفِيرِتْ لأَنَّ هَذِهِ السَفِيرَا تُظْهِرُ السِمَاتَ وَالصِفَاتَ المُشتَرَكَةَ لِجَمِيعِ السَفِيرَاتِ السّتَةِ مُجتَمِعَةً معاً.

فَإِذاً هُنَاكَ خَمسُ دَرَجَاتٍ لِتَوَارِي وَبُعْدِ الخَالِقِ عَنَّا مُتَدَالِيَةً مِنَ الأَعْلَى إِلَى الأَسْفَلِ وهي **كيتير- حوخما - بينا - تيفيرت - ملخوت**

كَلٌ مِنْ هَذِهِ الدَرَجَاتِ المُتَعَاقِبَةِ تُدْعَى "عَالَمْ" مِنْ كَلِمَةِ "هَاعَلامَا" وَمَعْنَاهَا شَيئٌ مُختَفِيٌ أَوْ مُحجُوبٌ. كُلُ عَالَمٍ لَهُ دَرَجَاتِهِ الخَاصَّةَ بِهِ وَتُدْعَى- بَارتْسُوفِيمْ - "مُفرَدَهَا بَارتْسُوفْ" وَكُلُ بَارتْسُوفٍ لَهُ دَرَجَاتَهُ الخَاصَّةَ بِهِ وَتُدْعَى سْفِيرَاتْ. بِشَكْلٍ كُلِّي هُنَاكَ ٥×٥×٥=١٢٥ دَرَجَةً أَو ١٢٥ سَفِيرَا مَوجُودَةٌ بَينَنَا وَبَينَ الخَالِقِ.

كَسِتَارٍ تَحجُبُ هَذِهِ الدَرجَاتُ الخَالِقَ وَنُورَهُ عَنا. هَذِهِ الدَرجَاتُ تُمَثِلُ مِقدَارَ مَسَافَةُ بُعدِنَا عَنْ الخَالِقِ وَبِقَدَرِ تَبَنِّي سِمَاتِ النُوُرِ فِي كُلِ دَرجَةٍ يَجِبُ عَلَيْنَا تَغيِيرَ رَغَبَاتِنَا الأَنَانِيَّةِ لِتُصْبِحَ مُتَطَابِقَةً مَعَ سِمَاتِ النُورِ نَجِدُ أَنَّ فِي حَالِ التَوَافُقِ فِي الرَغَبَاتِ لِلوَقتِ يَخْتَفِي السِتَارُ بَيّنَنَا وَبَينَ الخَالِقِ وَيَترَكَزَ وُجُودَنَا فِي إِطَارِ هَذِهِ الدَرجَةِ.

كُلُ جزءٍ مِنَ الخَلِيقَةِ يَسْتَخْدِمُ هَذَا النِظَامَ فِي تَعَاقُبِ وَتَسَلسُلِ الدَرجَاتِ وَالعَوَالِمِ وَكُلُّ التَعَابِيرِ وَالمُصْطَلَحَاتِ المُسْتَخدَمَةِ فِي عِلْمِ الكَابَالا هِي لِلْتَعْبِيرِ عَن العِلاَقَةِ بينَ النُورِ وَالإِرَادَةِ فِي التَلَقِّي أي الإِنْسَانِ. وَهُنَا نَرَى بِأَنَّ عُلَمَاءَ الكَابَالا أَعْطُونَا الرَسْمَ البَيَانِي مُتَدرِجاً مِنَ الأَعْلَى إِلَى الأَسْفَلِ إبتِدأً مِنْ مَرْحَلَةِ خَلْقِنَا وَتَوَاجُدْنَا هُنَا فِي هَذَا العَالَمِ وَكَيفِيَّةَ إِحرَازُ الإِنْسَانِ لِلعَالَمِ الرُوحِيِّ وَالعَودَةِ إِلَى جُذُورِهِ. فَمِنَ اللَحْظَةِ الَتِي يَقُوُمُ بِهَا المَخْلُوقُ بِحَدِّ رَغْبَتِهِ الأَنَانِيَّةِ فِي تَلَقِّي نُوُرِ الخَالِقِ فِي إِنَاءِ حُبِ الذَاتِ لَدَيّهِ يَبدَأُ فِي بِنَاءِ نِظَامِ العَوَالِمِ وَإِحْرَازَ هَدَفِ الخَلِيْقَةِ طِبقاً لِمَا قُمْنَا بِشَرحِهِ فِي هَذَا الدَرسِ.

يَقُولُ عَالِمُ الكَابَالا: "إِنَّ الإِنْسَانَ يَشْتَمِلُ عَلَى كُلِ شَيءٍ فِي دَاخِلِهِ. إِذَا قَامَ الإِنْسَانُ بِتَصحِيحِ نَفسِهِ وَكَأَنَّهُ يَتَضَمَّنُ العَالَمَ بِأَجْمَعِهِ فِي مَرَاحِلِ تَصحِيحِ نَفسِهِ وَفِي تَقَرُبِهِ مِنَ الخَالِقِ. لِذَلِكَ يَتَوجَبُ عَلَى الإِنْسَانِ تَصحِيحَ نَفسِهِ فَقَطْ. فَإِنَّ الإِنْسَانَ الَذِي يَسْمُو تِجَاهَ العَالَمِ الرُوُحِيِّ وَتِجَاهَ الخَالِقِ يَرْفَعُ مَعَهُ العَوَالِمَ بِأَجْمَعِهَا. لِذَلِكَ قِيلَ أَنَّ العَوَالِمَ بِأَكمَلِهَا خُلِقَتْ مِنْ أَجْلِ الإِنْسَانِ".

تَفْسِيرُ المُصْطَلَحَاتِ:

النُورُ: هُوَ قُوَى العَطَاءِ.

الإِنَاءُ "الكُلِّي": وَهُوَ الإِرَادَةُ فِي التَقَبُّلِ وَالتَلَقِّي.

المَرَاحِلُ الأَرْبَعَةُ لِلنُورِ المُبَاشِرِ: وَهِيَ مَرَاحِلُ خَلْقِ الإِرَادَةِ فِي التَقَبُّلِ بِوَاسِطَةِ النُورِ.

مَلْخُوت: وَهِيَ الخَلِيقَةُ أَيِ الإِرَادَةُ فِي التَقَبُّلِ وَالَّتِي عَمَلَهَا الخَالِقُ.

المَرْحَلَةُ الجَذْرِيَّةُ: هِيَ نِيَّةٌ أَوْ فِكْرُ الخَالِقِ الَّذِي أَصْبَحَ نُوراً، وَهَذَا النُورُ إِنْصَبَّ بِرَغْبَتِهِ فِي عَمَلِ مَخْلُوقٍ لِيُغْدِقَ عَلَيْهِ السُرُورَ وَالبَهْجَةَ.

أَتْزَمُوتُو: المَقْصُودُ بِهَذَا الإِسْمِ جَوْهَرُ الخَالِقِ وَمَاهِيَّتُهُ وَالَّذِي لَا يَسْتَطِيعُ إِنْسَانٌ فِي الوُجُودِ إِدْرَاكَهُ مِنْ خِلَالِ قُوَاهُ العَقْلِيَّةِ وَلِذَلِكَ لَا يَتَكَلَّمُ عُلَمَاءُ الكَابَالَا أَبَداً عَنْ جَوْهَرِ الخَالِقِ. لَا يَتَكَلَّمُ عِلْمُ الكَابَالَا عَنْ إِحْرَازِ الخَالِقِ وَلَكِنْ عَنْ إِحْرَازِ العَالَمِ الرُوحِيِّ وَنُورُ الخَالِقِ وَلَيْسَ جَوْهَرُهُ. أَتْزَمُوتُو هُوَ قُوَى لَا يُمْكِنُنَا إِدْرَاكُهَا بِشَكْلٍ حِسِّيٍّ وَلَكِنْ نَحْنُ نَسْتَطِيعُ إِدْرَاكَ أَفْعَالِ هَذِهِ القُوَى وَمَدَى تَأْثِيرَهَا عَلَيْنَا.

المُحَرَّمُ: كَلِمَةٌ مُحَرَّمٌ فِي عِلْمِ الكَابَالَا تَعْنِي أَنَّهُ مِنَ المُسْتَحِيلِ عَلَى الإِنْسَانِ إِدْرَاكُ مَا تُشِيرُ إِلَيْهِ الكَابَالَا بِأَنَّهُ مُحَرَّمٌ. فَعِنْدَمَا يَقُولُ عِلْمُ الكَابَالَا بِأَنَّهُ مِنَ المُحَرَّمِ التَكَلُّمُ عَنْ أَتْزَمُوتُو يَعْنِي أَنَّهُ مِنَ المُسْتَحِيلِ عَلَى الإِنْسَانِ إِدْرَاكُ وَفَهْمُ جَوْهَرِ الخَالِقِ.

التَلَقِّي بِنِيَّةِ العَطَاءِ: أَيْ إِسْتِخْدَامُ الرَغْبَةِ لِلإِرَادَةِ فِي التَقَبُّلِ فِي العَمَلِ مِنْ أَجْلِ مَصْلَحَةِ الآخَرِينَ لِجَلْبِ الرِضَا وَالسُرُورِ لِلخَالِقِ تَبَارَكَ اسْمُهُ.

نُورُ حَسَادِيمْ: هُوَ النُّورُ الَذِي تَتَلَقَّاهُ الإِرَادَةُ فِي التَّقَبُّلِ فِي رَغْبَتِهَا لِتَصِلَ إِلَى التَّوَازُنِ فِي السِّمَاتِ مَعَ الخَالِقِ. نُورُ حَسَادِيمْ هُوَ النُّورُ الَذِي تَشْعُرُ مِنْ خِلَالِهِ الإِرَادَةُ فِي التَّقَبُّلِ بِالإِكْتِفَاءِ عِنْدَ الحُصُولِ عَلَيْهِ.

الشُّعُورُ بِالخَجَلِ: هُوَ الفَرَاغُ الَذِي يَفْصِلُ بَيْنَ السَّفِيرَا مَلْخُوتْ وَبَيْنَ الخَالِقِ. أَيْ عِنْدَمَا تَصِلُ الإِرَادَةُ فِي التَّقَبُّلِ إِلَى مَرْحَلَةٍ تُدْرِكُ فِيهَا إِخْتِلَافَ طَبِيعَتِهَا عَنْ طَبِيعَةِ الخَالِقِ؛ هَذَا الفَاصِلُ أَوِ الفَارِقُ هُوَ مَا يُدْعَى بِالشُّعُورِ بِالخَجَلِ.

التُّسُومْتْسُومْ: أَيْ إِحْتِبَاسُ أَوْ تَقْيِيدُ الرَّغْبَةَ فِي تَلَقِّي نُورِ الخَالِقِ. أَيْ وَضْعُ حَدٍّ عَلَى تَوَسُّعِ الرَّغْبَةِ أَيْ أَنَّ الرَّغْبَةَ بَدَأَتْ تَشْعُرُ بِوُجُودِ الخَالِقِ مِمَّا أَدَّى بِهَا إِلَى الشُّعُورِ بِالخَجَلِ وَهَذَا مَا دَفَعَهَا لِقَرَارِهَا فِي تَقْيِيدِ رَغْبَتِهَا أَيْ القِيَامِ بِالتْسُومْتْسُومْ. وَهَذَا يَعْنِي نِهَايَةَ نُمُوِّ هَذِهِ الرَّغْبَةِ. طَبِيعَةُ الإِرَادَةِ فِي التَّقَبُّلِ هِيَ التَّمَتُّعُ بِالنُّورِ وَالمَلَذَّاتِ مِنْهُ وَلَكِنْ فِي وُصُولِهَا إِلَى الإِحْسَاسِ بِالخَجَلِ يَعْنِي إِدْرَاكِهَا لِمَصْدَرِ النُّورِ وَهَذَا المَقْصُودُ بِالوُصُولِ إِلَى نِهَايَةِ المَرَاحِلِ الأَرْبَعَةِ مِنَ النُّورِ المُبَاشِرِ وَمِنْ هَذِهِ النُّقْطَةِ تَبْدَأُ الرَّغْبَةُ بِالنُّمُوِّ لَيْسَ بِحَجْمِهَا وَلَكِنْ بِمِيزَتِهَا وَبِخَاصِّيَتِهَا.

بَارْتْسُوفْ: هُوَ الإِرَادَةُ فِي التَّقَبُّلِ مَعَ المَسَاخْ. يَتَأَلَّفُ كُلُّ بَارْتْسُوفٍ مِنْ ثَلَاثَةِ أَقْسَامٍ "رُوشْ- تُوخْ- سُوفْ". وَيَحْتَوِي كُلُّ بَارْتْسُوفٍ فِي بُنْيَتِهِ عَلَى عَشْرِ سَفِيرَاتٍ.

السَفِيرَات: مُفْرَدُهَا سَفِيرَا. وَتُخْدَمُ كَسِتَارٍ حَاجِبٍ لِنُورِ الخَالِقِ عَنَّا وَتُمَثِّلُ مِقْدَارَ مَسَافَةٍ بُعْدِنَا عَنِ الخَالِقِ وَمَدَى التَّبَايُنِ فِي سِمَاتِنَا مَعَ سِمَاتِ النُّورِ فِي كُلِّ دَرَجَةٍ مِنَ العَوَالِمِ الرُّوحِيَّةِ.

إِخْتَبِرْ مَعْلُومَاتَك.

س١ : عَدِّدْ مَرَاحِلَ النُورِالأَرْبَعَ وَمِيزَةَ كُلٍ مِنْهَا؟

المَرْحَلَةُ الأُولَى:

المَرْحَلَةُ الثَانِيَةُ:

المَرْحَلَةُ الثَالِثَةُ:

المَرْحَلَةُ الرَابِعَةُ:

س٢ : مَا هِيَ المَرْحَلَةُ الجَذْرِيَّةُ؟

س٣ : مَا هُوَ الشُعُورُ بِالخَجَلِ وَفِي أَيِّ المَرَاحِلِ ظَهَرَ فِي الإِرَادَةِ فِي التَقَبُّلِ؟

س٤ : مَا هُوَ التُسُومتْسُومْ؟

س٥ : عَدِّدْ السَفِيرَاتُ العَشْرُ؟

س٦ : مَا هُوَ دَوْرُ السَفِيرَاتُ العَشْرُ وَكَيْفَ تُساعِدُنَا فِي إِحْرَازِ العَالَمِ الرُوحِيِّ؟

س٧ : عَدِّدْ العَوَالِمِ الرُوحِيَّةَ الخَمْسَةَ؟

غِذَاءٌ لِلفِكْر

صَاحِبُ النُوُرِ السَاطِعِ وَالمُتَأَلِقِ

صَاحِبُ النُوُرِ مِنَ السَمَاوَاتِ يُشْرِقُ
وَهُنَاكَ مِنْ خَلْفِ سَتَائِرِ الحَاجِزِ يَكْمُنُ

مِنْ هُنَاكَ سِرُّ البَارِ نَقِيٌّ وَوَاضِحٌ لِلعَيَانِ
وَالنُوُرُ وَالظَلامُ سَاطِعَينِ مُتَأَلِقَينِ مَعاً

كَمْ مِنَ الطِيِّبِ أَنْ تُلقِي نَفْسَكَ فِي أَفْعَالِهِ
وَلَكِنْ إِحْذَرْ مِنْ أَنْ تُحَاوِلَ أَنْ تَمُدَ يَدَكَ لِلإِمْسَاكِ بِهِ

عِنْدَهَا تَسْتَطِيعُ أَنْ تَسْمَعَ صَوْتَهُ وَتَرَى نُورَهُ
هُنَاكَ فِي حِضْنِ الجَبَّارِ صَاحِبُ الإِسْمُ العَظِيمُ

تَسْتَطِيعُ أَنْ تَتَذَوَّقَ وَتَسْتَطْيِبَ كَلامَ الحَقِ
وَتَتَلَفَّظَ بِالكَلاَمِ الطَاهِرِ النَقِيِّ
وَكُلَ مَا سَتَرَاهُ
سَتَرَاهُ بِعَيْنَيكَ أَنْتَ وَلَيْسَ آخَرٌ

مِنْ صَاحِبُ السُلَّمِ

المَسَاخُ

لَقَدْ تَكَلَّمْنَا فِي الدَرْسِ السَابِقِ عَنْ المَرَاحِلِ الأَرْبَعِ لِلنُورِ المُبَاشِرِ وَعَنْ السَفِيرَاتِ وَتَرْتِيبِهَا. وَفِي هَذَا الدَرْسِ سَنَتَكَلَّمُ عَنْ كَيفِيَّةِ الحُصُولِ عَلَى حَاسَةٍ جَدِيدَةٍ لِنَتَمَكَّنَ مِنَ الإِحْسَاسِ بِالعَالَمِ الرُوحِيِّ وَنَشْرَحُ مَا هُوَ المَسَاخُ أَيْ السِتَارُ وَمَا هُوَ مَنْشَأُهُ وَدَوْرَهُ.

فِي بَحْثِنَا فِيمَا وَرَاءَ عَالَمِنَا المَادِيِّ الَذِي نَعِيشُ فِيهِ تَوَصَلْنَا إِلَى الإِدْرَاكِ بِوُجُودِ عَالَمٍ آخَرَ مُحْجُوبٍ عَنَا. فَنَحْنُ نَشْعُرُ بِوُجُودِهِ عَنْ طَرِيقِ الحَدْسِ بِالرَغْمِ مِنْ أَنَّنَا لاَ نَرَاهُ. لَكِنْ لِمَاذَا نَحْنُ نَفْتَرِضُ وُجُودَ عَالَمٍ خَفِيٍّ بِالرَغْمِ مِنْ أَنَّنَا لاَ نَشْعُرُ بِهِ بِحَوَاسِنَا؟ السَبَبُ هُوَ فِي أَنَّنَا نُدْرِكُ وَجُودَ قَوَانِينَ خَاصَةٍ وَالَتِي هِيَ جُزْءٌ مِنْ وُجُودِ عَالَمٍ أَكْبَرَ وَأَكْثَرَ إِتْسَاعاً. نَحْنُ نَعْلَمُ أَنَّهُ يَجِبُ أَنْ يَكُونَ هُنَاكَ قَوَانِيناً عَامَّةً أَكْثَرَ مَنْطِقِيَّةً تُعَلِلُ وَتُوَضِحُ وُجُودَنَا فِي هَذَا العَالَمِ بِصُورَةٍ شَامِلَةٍ وَتُلاَئِمُ وَاقِعَنَا. فَكَيْفَ إِذاً يُمْكِنُ أَنْ نَشْعُرَ بِالعَالَمِ اللاَمَرْئِيِّ أَوْ نَشْعُرُ بِالوُجُودِ بِكَامِلِهِ وَنَحْنُ نَفْتَقِدُ الحَوَاسَ المُلاَئِمَةَ لَهُ؟

الوُجُودُ بِكَامِلِهِ المَرْئِيِّ أَوْ اللاَمَرْئِيِّ عَلَى كَافَةِ طَبَقَاتِهِ وَمُسْتَوَيَاتِهِ يَنْقَسِمُ إِلَى جُزْئَيْنِ: الجُزْءُ الأَوَّلُ هُوَ الجُزْءُ الكَائِنُ ضِمْنَ إِطَارِ حَوَاسِنَا وَهَذَا هُوَ عَالَمُنَا أَوْ "هَذَا العَالَمُ" الَذِي نَتَوَاجَدُ فِيهِ؛ وَالجُزْءُ الثَانِي هُوَ الجُزْءُ الغَيْرُ المَحْسُوسِ بِالنِسْبَةِ لَنَا. وَلَكِنْ إِذَا كَانَتْ لَدَيْنَا حَاسَةٌ إِضَافِيَّةٌ هَلْ يُمْكِنُنَا أَنْ نَشْعُرَ بِالعَالَمِ بِصُورَةٍ كَامِلَةٍ؟ طَبْعاً، السَبَبُ فِي فُقْدَانِنَا القُدْرَةَ عَلَى إِدْرَاكِ الوُجُودِ بِكَامِلِهِ

أَنَّنَا نُعَانِي مِنَ العَذَابِ فِي هَذِهِ الحَيَاةِ وَذَلِكَ لِأَنَّنَا لاَ نُدْرِكُ كَيْفِيَّةَ التَّعَامُلِ الصَّحِيحِ مَعَ بَعْضِنَا البَعْضِ وَمَعَ الطَّبِيعَةِ الَّتِي تُحِيطُ بِنَا. مِنْ خِلاَلِ عِلْمِ الكَابَالَا يَسْتَطِيعُ الإِنْسَانُ اكْتِسَابَ وَتَطْوِيرَ حَاسَّةٍ إِضَافِيَّةٍ جَدِيدَةٍ وَتُدْعَى بِالحَاسَّةِ السَّادِسَةِ. وَكَالهَوَائِيِّ لِإِلْتِقَاطِ المَوْجَاتِ الأَثِيرِيَّةِ هَكَذَا الحَاسَّةُ السَّادِسَةُ لِلإِنْسَانِ فَهِيَ تُسَاعِدُهُ عَلَى الشُّعُورِ بِالوَاقِعِ الشَّامِلِ.

نَرَاهُ مِنَ الضَّرُورِيِّ هُنَا أَنْ نُوَضِّحَ مَا يَقْصِدُهُ عُلَمَاءُ الكَابَالَا بِالحَاسَّةِ السَّادِسَةِ، فَنَحْنُ لاَ نَتَكَلَّمُ عَنْمَا يُطْلَقُ عَلَيْهِ إِسْمُ الحَاسَّةِ السَّادِسَةِ مِنْ قِبَلِ هَؤُلاَءِ الَّذِينَ يُمَارِسُونَ التَّنْجِيمَ وَالتَّبْصِيرَ وَمَا يَتَعَلَّقُ بِكُلِّ هَذِهِ الأُمُورِ وَلَكِنَّ المَقْصُودَ هُنَا هُوَ حَاسَّةٌ نَتَمَكَّنُ مِنْ خِلاَلِهَا أَنْ نَخْلِقَ نَوْعِيَّةً مِنَ الإِتِّصَالِ مَعَ مَا هُوَ خَارِجَ الصُّنْدُوقِ أَيْ خَارِجَ نِظَامِ الأَنَا وَخَارِجَ نِطَاقِ حَوَاسِنَا الخَمْسَةِ. كَالهَوَائِي لِلتِّلْفَازِ؛ فَكَمَا أَوْرَدْنَا سَابِقاً فَإِنَّكَ تَضَعُ الهَوَائِي عَلَى السَّطْحِ أَيْ خَارِجَ الصُّنْدُوقِ لِكَيْ يَكُونَ بِإِمْكَانِكَ اسْتِقْبَالَ المَوْجَاتِ الهَوَائِيَّةِ لِإِلْتِقَاطِ المَحَطَّةِ لِتَرَى مَا يَدُورُ فِي العَالَمِ مِنْ حَوْلِكَ، وَهَكَذَا الأَمْرُ بِالنِّسْبَةِ لِلْحَاسَّةِ السَّادِسَةِ فِي عِلْمِ الكَابَالَا. وَلِكَيْ تَتَمَكَّنَ مِنْ فِعْلِ ذَلِكَ يَجِبُ أَنْ تَكُونَ لَدَيْكَ الحَاجَةُ إِلَى مَعْرِفَةِ مَا يَدُورُ خَارِجَ الصُّنْدُوقِ أَيْ خَارِجَ إِطَارِ إِدْرَاكِنَا المَادِّي لِلأُمُورِ وَالعَالَمِ مِنْ حَوْلِنَا. فَمِنْ دُونِ الشُّعُورِ وَالرَّغْبَةِ فِي مَعْرِفَةِ مَا يَدُورُ حَوْلَنَا سَنَبْقَى مُكْتَفِينَ بِنِظَامِ "الأَنَا" فِي إِدَارَةِ حَيَاتِنَا.

وَالآنَ لِنَتَكَلَّمْ عَنِ المَسَاخِ. فَمَا هُوَ المَسَاخُ؟ المَسَاخُ هُوَ حَاجِزٌ، وَتُنْسَبُ إِلَى قُوَّةِ الحَصْرِ أَوِ التَّحْدِيدِ وَالإِمْتِنَاعِ الَّتِي يُظْهِرُهَا الكَائِنُ الحَيُّ مُقَابِلَ النُّورِ السَّامِي مَانِعاً إِيَّاهُ مِنَ الدُّخُولِ إِلَى "البِهِينَا دَالِتْ" أَيْ مَلْخُوتْ. وَهَذَا يَعْنِي أَنَّهُ فِي اللَحْظَةِ الَّتِي يَلْمُسُ النُّورُ فِيهَا البِهِينَا دَالِتْ عَلَى الفَوْرِ تَجْمَعُ البِهِينَا

دَالِتْ قُوَّتِهَا مُظْهِرَةً إِيَّاهَا فِي قُوَّةِ رَدَّةِ فِعْلِهَا فِي تَصَادُمِهَا مَعَ النُورِ دَافِعَةً إِيَّاهُ لِلوَرَاءِ. هَذِهِ القُوَّةُ تُدْعَى "المَسَاخ".

لِنَتَكَلَّمَ الآنَ عَنْ كَيْفِيَّةِ نُشُوءِ المَسَاخِ وَمَا حَاجَتُنَا إِلَيْهِ. كَمَا رَأَيْنَا أَنَّ النُورَ يَنْبَثِقُ بِشَكْلٍ مُبَاشَرٍ مِنَ الخَالِقِ بَيْنَمَا أَنَّ الكُلِّي أَوْ الإِنَاءِ عُمِلَ وَوُجِدَ مِنَ النُورِ نَفْسِهِ. فِي الوَاقِعِ أَنَّ النُورَ يَحْتَوِي عَلَى مِقْدَارٍ صَغِيرٍ مِنَ الرَغْبَةِ فِي التَلَقِّي وَلَكِنْ هَذِهِ الرَغْبَةَ أَخَذَتْ بِالنُمُوِّ وَبِالتَالِي إِنْفَصَلَتْ السَفِيرَا مَلْخُوتْ عَنْهَا.

إِنَّهُ مِنَ الضَرُورِي وُجُودِ السَفِيرَاتِ العَشْرِ أَوِ العَوَالِمِ الأَرْبَعِ وَالَّتِي تَتَطَابَقُ مَعَ البَهِينَاتِ الأَرْبَعَةِ فِي المَخْلُوقِ إِذْ أَنَّ الإِرَادَةَ فِي التَلَقِّي تَنْحَدِرُ مِنَ الخَالِقِ مِنْ خِلَالِ العَوَالِمِ الأَرْبَعِ حَتَى يَبْلُغَ نُمُوَّهَا الكَامِلَ فِي عَالَمِنَا هَذَا.

إِنَّ ظُهُورَ التُسُومْتُسُومْ الأَوَّلَ "أَيْ إِنْحِصَارِ أَوْ الحَدِّ فِي رَفْضِ المَخْلُوقِ فِي تَلَقِّي المَسَرَّاتِ فِي رَغَبَاتِهِ الأَنَانِيَّةِ مَا يُدْعَى بِالتُسُومْتُسُومْ" وَالمَسَاخُ فِي البَهِينَا دَالِتْ أَنْشَأَ نِيَّةً وَالَّتِي تَخْدُمُ بِمَثَابَةِ إِنَاءٍ جَدِيدٍ بِجَانِبِ البَهِينَا، وَهَذَا الإِنَاءُ الجَدِيدُ يَحْتَوِي عَلَى رَغْبَةٍ فِي العَطَاءِ لِإِرْضَاءِ الخَالِقِ وَهَذَا مَا يُدْعَى "أُورْ حُوزِير" أَيِ النُورُ المُنْعَكِسُ وَلَكِنَّ كَمِيَّةَ النُورِ تَعْتَمِدُ عَلَى كَثَافَةِ الرَغْبَةِ. فَبَعْدَ التُسُومْتُسُومْ لَمْ تَعُدْ البَهِينَا دَالِتْ قَادِرَةً عَلَى التَلَقِّي فَالنُورُ المُنْعَكِسُ هُوَ الذِي أَخَذَ هَذَا الدَورَ الآنَ وَلَكِنَّ البَهِينَا دَالِتْ وَبِسَبَبِ قُوَّةِ الرَغْبَةِ فِيهَا تَسْتَوْجِبُ الإِلْتِزَامَ بِالنُورِ المُنْعَكِسِ لِتَتَمَكَّنَ مِنْ تَلَقِّي النُورِ أَوْ المَسَرَّاتِ.

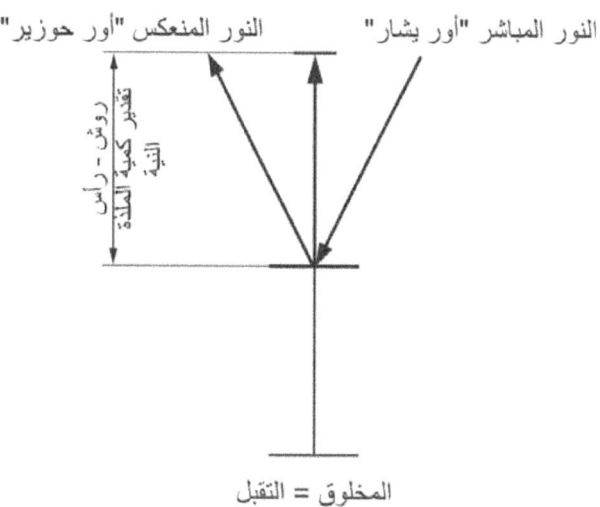

إذاً نحنُ نَرَى هُنَا أَنَّ الإرَادَةَ فِي التَلَقِّي الأَصْلِيَّةِ أَيْ الَتِي تَشَكَّلَتْ فِي البِدايَةِ مَا زَالَتْ تَعْمَلُ بِكُلِ قُوَّتَها وَلَكِنَّ الآنَ اكْتَسَبَتْ نِيَّةً جَدِيدَةً فِي التَلَقِّي أَيْ رَغبَتِها لِلتَلَقَّي لإِرْضَاءِ وَمَسَرَّةِ الخَالِقِ وَلَيْس لِنفسِهَا فِي أَنَانِيَّةِ حُبِ ذَاتِها. إذاً وَبِفَضْلِ المَساخِ الَذِي تلاحَمَ مَعَ البَهيْنَا دَالِتْ وَالَذِي بِتَصادُمِهِ يَعْكِسُ النُورَ مُعْطِيَّاً إيَّاهُ شَكلاً جَدِيداً فِي حِينِ أَنَّ الإرادَةَ فِي الأَخْذِ تَتَغَيَّرَ لِتُصْبِحَ إرادَةً فِي العَطَاءِ بَينَمَا يَبْقَى الجَوهَرُ نَفسَهُ مِنْ دُوْنِ أَيْ تَغييرٍ، وَعَلاوَةً عَلَى هَذَا إنَّ قُوَّةَ الإرَادَةِ فِي تَلَقِّي المَسَرَّةِ تَشتَمِلُ عَلَى النُورِ المُنْعَكِسِ فِيْهَا جَاعِلاً مِنْهَا إنَاءً مُلائِماً.

دَائِماً، يُوجَدُ هُنَاكَ قُوَّتَانِ فِي المَسَاخِ، تُدْعَى الأُولَى كَاشِيُوتْ أَيْ قُوَّةُ التَصدِي لِتَلَقَّي النُورَ وَأَمَا الثَانِيَةَ فَتُدْعَى أَقْيُوتْ أَيْ قُوَّةُ الإرَادَةِ فِي الأَخْذِ لِلبهيْنَا دَالِتْ. فَإِنَّهُ بِقَدْرِ قُوَّةِ وَكَثَافَةِ الأَقْيُوتْ يَكُونُ بِإِسْتِطَاعَةِ الإِرَادَةَ فِي الأَخْذِ إِحْرَازُ كَمِيَةٍ كَبِيرَةٍ مِنَ النُورِ فِيْهَا.

إِذاً يَتَمَيَّزُ المَسَاخُ بِخَاصِتَينِ إثنَتَينِ. الأُولَى كَاشِيُوتْ "القُوَّةُ" وَالتِي تَحُولُ مَانِعَةً النُورِ مِنَ الدُخُولِ إلَى مَلخُوتْ فَأَيُّ كَمِيَّةٍ مِنَ النُورِ تَأتِي إلَى المَسَاخِ تُدْفَعُ بِقُوَّةٍ لِتعُودَ إلَى الأَعلَى.

أَمَا الخَاصِيَّةَ الثَانِيَةَ لِلمَسَاخِ وَهِيَ أَڤِيُوت "الكَثَافَةُ" أَيْ الغُرُورُ وَحُبُّ الذَاتِ وَهَذَا مَا يُمْكِنُ إِضَافَتِهِ إلَى قُوَةِ المَسَاخِ لِلبهِيْنَا دَالِتْ لِيَكُونَ مِنَ المُمْكِنِ إِسْتِخْدَامُهَا لِلتَلَقِّي مِنْ أَجْلِ الخَالِقِ لإِرْضَائِهِ. بِمَا أَنَّهُ يُوجَدُ خَمسُ رَغْبَاتٍ لِخَمسِ أَنْوَاعِ مِنَ المَسَرَّةِ فِي مِلخُوتْ فَهِيَ التِي تَعْكِسُ كُلٌّ مِنْهَا مُتَفَادِيَةً تَقَبُّلَ المَلَذَّاتِ الأَنَانِيَّةِ. المَسَاخُ شَبِيهٌ بِالسِتَارِ عَلَى النَافِذَةِ لِحَجْبِ أَشِعَةِ الشَمسِ، يُصْنَعُ السِتَارُ عَادَةً مِنَ القِمَاشِ وَأَمَا ذَاكَ الذِي فِي العَالَمِ الرُوحِيِّ فَالمَادَةُ التِي يُصْنَعُ مِنْهَا السِتَارُ "المَسَاخ" تُدْعَى "كَاشِيُوت" أَيْ القُوَّةُ أَوْ القَسَاوَةُ أَوْ الصَلاَبَةُ.

فِي النَتِيجَةِ بِإِمْكَانِنَا القَولُ أَنَّ الخَالِقَ وَالذِي هُوَ الرَغْبَةُ فِي العَطَاءِ المُطْلَقِ أَعَدَّ الإِرَادَةَ فِي التَلَقِّي وَرَغِبَ فِي مَلْئِهَا بِالمَسَرَّةِ حَتَى الإِكْتِفَاءِ التَام وَلَكِنْ وَفِي عِنَادِ وَصَلاَبَةِ رَأيِ الخَلِيْقَةِ فِي رَغْبَتِهَا فِي عَدَم تَلَقِّي أَيِّ شَيءٍ لِنَفسِهَا هُنَا يَأَتِي دَوْرُ المَسَاخِ فِي مُسَاعَدَةِ الخَلَيْقَةِ عَلَى التَوَّصُلِ فِيمَا قَرَرَتْهُ. هُنَا يَجِبُ عَلينَا أَنْ نُؤَكِّدَ بِشَكْلٍ وَاضِحٍ أَنَّهُ لاَ يُوْجَدُ أَيُّ حَدٍ لِرَغْبَةِ المَخْلُوقِ فَإِذَا رَأَى المَخْلُوقُ أَيُّ مَا يَبْعَثُ المَسَرَّةِ وَاللَذَّةِ فِي نَفسِهِ فَمِنَ الطَبِيعِيِّ بِأَنْ يرغَبَ فِي تَلَقِيَهُ بِالكَامِلِ وَلَكِنْ يَستَطِيعُ أَنْ يَتَلَقَاهُ فِي حَالِ تَحْدِيدِ نَوعِيَّةِ النِيَّةِ والتِي يَكُونُ بِإِمْكَانِهِ التَلَقِي مِنْ خِلاَلَهَا أَيْ النِيَّةَ فِي العَطَاءِ وَلكِنَ هَذَا لاَ يَعنِي أَنَّ المَلَذَّةَ وَالمُتعَةَ غَائِبَةٌ تَمَاماً مِنَ الإِرَادَةِ فِي التَقبُلِ فِيه.

نَجِدُ الكَثِيرِ مِمَنْ يَقُولُونَ بِضَرُورَةِ إِخْلاَءَ النَفسِ مِنَ المَسَرَاتِ وَيُشَجِعُونَ

التَقَشُّفَ لِكَيْ يَنَالَ الإِنْسَانُ مُبْتَغَاهُ مِنَ الخَالِقِ. هَذَا لَيْسَ بِشَيْءٍ نَتْبَعُهُ أَوْ نُشَجِّعُ عَلَيْهِ. فَالخَالِقُ هُوَ الَّذِي خَلَقَ الإِرَادَةَ فِي التَقَبُّلِ وَهَذَا شَيْءٌ ثَابِتٌ وَلَيْسَ قَابِلٌ لِلتَغْيِيرِ وَفِي حَالِ تَوَارِي وَإِضْمِحْلَالِ الإِرَادَةِ فِي التَلَقِّي يَضْمَحِلُ الإِنْسَانُ مِنَ الوُجُودِ وَمِنَ الحَيَاةِ. إِذَاً فَإِنَّهُ مِنَ المُسْتَحِيلِ كَمَا وَلَيْسَ مِنَ الضَرُورِي إِلْغَاءُ الإِرَادَةِ فِي التَقَبُّلِ وَلَكِنْ يَجِبُ عَلَى الإِنْسَانِ أَنْ يُصَلِّي طَالِبَاً مِنَ الخَالِقِ أَنْ يُعْطِيَهِ الفُرْصَةَ كَيْ يَسْتَطِيعَ اسْتِخْدَامَ الإِرَادَةِ فِي التَلَقِّي مَعَ النِيَّةِ لِإرْضَاءِ الخَالِقِ.

إِنَّ المُسْتَوَى الرُوحِيَّ لِلإِنْسَانِ يَتَحَدَّدُ فِي كَيْفِيَّةِ قُدْرَةِ النُورِ المُنْعَكِسِ أَنْ يَأْخُذَ مُغَلَّفَاً فِي طَيَّاتِهِ النُورَ المُبَاشَرَ الآتِي إِلَيْهِ بِشَكْلٍ كَامِلٍ أَيْ كُلَّ المَلَذَّاتِ الَّتِي أَتَوَقَّعَهَا وَأَصْبُو إِلَيْهَا لِكَيْ يَكُونَ بِإِمْكَانِي أَنْ أَتَلَقَّاهَا مِنْ أَجْلِ إِرْضَاءِ الخَالِقِ. إِنَّ السَفِيرَا مَلْخُوتْ التَابِعَةَ لِعَالَمِ اللَاّنِهَايَةِ مُقَسَّمَةٌ إِلَى عِدَّةِ أَجْزَاءٍ وَكُلُّ جُزْءٍ يَخْتَلِفُ عَنِ الآخَرِ فِي خَاصِيَّةِ المَسَاخِ فَقَطْ. إِذَاً الدَرَجَاتُ تَخْتَلِفُ مِنَ الوَاحِدَةِ إِلَى الأُخْرَى عَلَى حَسَبِ قُوَّةِ وَقَسَاوَةِ المَسَاخِ. فِي عَالَمِنَا الَّذِي نَعِيشُ فِيهِ لَا يُوجَدُ مَسَاخٌ لِذَلِكَ نَحْنُ لَا نَسْتَطِيعُ الشُعُورَ بِوُجُودِ الخَالِقِ وَالعَالَمِ الرُوحِيِّ وَحَالَمَا يَتَمَكَّنَ الإِنْسَانُ مِنْ إِحْرَازِ مَسَاخٍ يَبْدَأُ فِي الإِحْسَاسِ بِالعَالَمِ الرُوحِيِّ عَلَى الدَرَجَةِ الدُنْيَا لِعَالَمٍ أَسِيَّا وَمِنْ ثَمَّ يَبْدَأُ فِي التَقَدُّمِ فِي إِرْتِقَاءِ السُلَّمِ لِلْعَالَمِ الرُوحِيِّ مَعَ مُسَاعَدَةِ قُوَّةِ المَسَاخِ الَّتِي يَلْزَمُهُ أَنْ يَعْمَلَ عَلَى تَقْوِيَتِهَا.

مَاذَا يَعْنِي الإِنْتِقَالُ مِنْ دَرَجَةٍ رُوحِيَّةٍ إِلَى أُخْرَى؟ الإِنْتِقَالُ يَعْنِي أَنْ يَحْصَلَ الإِنْسَانُ عَلَى خَاصِيَّةِ الدَرَجَةِ التَالِيَةِ لِلدَرَجَةِ الَّتِي يَتَوَاجَدُ عَلَيْهَا حَالِيَّاً. فَفِي أَيِّ دَرَجَةٍ مُعَيَّنَةٍ فِيهَا يَسْتَطِيعُ الإِنْسَانُ أَنْ يَزِيدَ مِنْ حَجْمِ وَمِقْدَارِ المَسَاخِ الَّذِي لَهُ، يُصْبِحُ مِنَ السَهْلِ عَلَيْهِ أَنْ يَرْتَفِعَ إِلَى الدَرَجَةِ التَالِيَةِ وَكُلَّمَا إِرْتَقَى الإِنْسَانُ إِلَى الأَعْلَى كُلَّمَا إِزْدَادَ إِحْسَاسُهُ وَإِحْرَازُهُ بِالعَالَمِ الرُوحِيِّ.

نَرَى أَنَّهُ يُوجَدُ خَمسُ بهينَاتٍ لِلأَڤيُوتِ فِي المَسَاخِ أَيْ أَنَّهُ يُوجَدُ خَمسُ دَرَجَاتٍ لِلرَغْبَةِ فِي المَسَاخِ وَمِنْ خِلالِهَا يَمْتَدُ النُورُ إِلَى أَعْلَى الدَرَجَاتِ فِيهَا أَيْ إِلَى دَرَجَةِ كِيتِير. إِذاً يُوجَدُ خَمسُ دَرَجَاتٍ لِلرَغْبَةِ فِي تَلَقِّي المَسَرَاتِ للإِرَادَةِ فِي التَلَقِّي أَوْ التَقبَّلِ فِي المَسَاخِ. هُنَاكَ النُورُ وَالَذِي هُوَ المَسرَةُ وَالمَلَذَّةُ، وَهُنَاكَ الكِلي أَيْ الإِنَاءُ وَالَذِي هُوَ الإِرَادَةُ فِي الأَخْذِ وَهُنَاكَ المَسَاخُ وَالَذِي هُو القُوَةُ فِي التَصدّي فِي رَفضِ تَلَقّي النُورِ فِي الأَنَا أَيْ فِي إِمْلاءِ الرَغْبَةِ الأَنَانِيَّةِ. إِذاً هُنَاكَ الخَالِقُ وَالمَخْلُوقُ وَهَذَا هُوَ الوُجُودُ بِكَامِلِهِ وَلا يُوجَدُ أَيِّ شَيءٍ آخَرٍ بِجَانِبِ مَا ذَكَرنَا إِذْ يجِبُ عَلَى الإِنْسَانِ أَنْ يَعْرِفَ هَذِهِ الحَقِيقَةَ فَإِنَّ تُفسرَ عِلمُ الكَابَالا مُسْتَنِداً عَلَى هَذِهِ العَنَاصِرَ الثَلاثَةِ فقطْ.

كُلُ شَيءٍ يَعتَمِدُ عَلَى قُوَّةِ تَصَدّي المَسَاخِ وَعَلَى النِيَّةِ لَدَى الإِنْسَانِ وَهيَ الَتِي تُغَيِّرُ الإِنْسَانَ مِنَ الآخِذِ إِلَى المُعطِي. وَهَذِهِ هِي اللُعْبَةُ بَينَ الخَالِقِ وَالمَخْلُوقِ فِي تَحْوِيلِ الإِرَادَةَ فِي التَلَقّي عِنْدَ المَخْلُوقِ إِلَى الإِرَادَةَ فِي العَطَاءِ الَتِي يَتحَلَّى بِهَا الخَالِقِ.

تَفْسِيرُ المُصْطَلَحاتِ:

المَساخُ: هُوَ الحَدُ الَذِي يَضَعهُ الإِنْسَانُ عَلَى الرَغَبَاتِ الأَنَانِيَّة لَدَيْهِ لِعَدَمِ التَقَبُّلِ فِي حُبِ الذَاتِ بَلْ بِنِيَّةِ إِرْضَاءِ الخَالِقِ. المَسَاخُ هُوَ الإِنَاءُ الرُوحِيُّ المُصَحَّحُ، إِنَاءُ النَفْسِ التِي بِهَا تَسْتَطِيعُ الإِحْسَاسَ بِالخَالِقِ. عَمَلَهُ يَتَجَلَّى فِي قُوَّةِ الحَصْرِ أَوْ التَحْدِيدِ وَالإِمتِنَاعِ التِي تُظْهِرُهَا الإِرَادَةُ فِي التَقَبُّلِ مُقَابِلَ النُورِ السَّامِي مَانِعَةً إِيَّاهُ مِنَ الدُخُولِ إِلَى "البِهِيْنا دالِتْ" أَيْ مَلخُوتْ.

أُورْ حُوزِيرْ: أَيْ النُورُ المُنْعَكِسُ. أَيْ النُورُ الَذِي تَرْفُضُ الإِرَادَةَ فِي التَقَبُّلِ تَلَقِيهِ فِي رَغَبَاتِهَا الأَنَانِيَّةِ.

كَاشْيُوتْ: أَيْ قُوَّةُ المَسَاخِ فِي دَفْعِ النُورِ وَالتَصَدِّي لَهُ فِي قُدْرَةِ الإِنْسَانِ فِي عَدَمِ تَلَقِّي النُورِ فِي رَغَبَاتِهِ الأَنَانِيَّةِ. إِذاً هِيَ القُوَّةُ التِي تَحُولُ مَانِعَةً النُورَ مِنَ الدُخُولِ إِلَى مَلخُوتْ.

أَقْيُوتْ: وَتَدُلُ عَلَى كَثَافَةِ الإِرَادَةُ فِي التَقَبُّلِ.

إِخْتَبِرْ مَعْلُومَاتَكَ

س١ : عَرِّفْ المَسَاخْ؟

س٢ : مَا حَاجَةَ الإِنْسَانِ لِلمَسَاخِ فِي إِحْرَازِ العَالَمِ الرُوحِيِّ؟

س٣: مَا هِيَ خَوَاصُ المَسَاخِ وَمَا هِيَ مَيزَةُ كُلٌّ مِنْهَا؟

س٤ : مَا هُوَ دَوْرُ المَسَاخِ فِي إِرْتِقَاءِ وَانْتِقَالِ الإِنْسَانِ مِنْ كُلِ دَرَجَةٍ رُوحِيَّةٍ إِلَى أَخْرَى؟

س٥ : هَلْ يَعْتَمِدُ تَصْحِيحُ الإِرَادَةَ فِي التَقَبُّلِ عَلَى قُوَّةِ المَسَاخِ أَمْ عَلَى نِيَّةِ الإِنْسَانِ؟

س٦ : مَا هُوَ "أُورْ حُوزِيرْ"؟

غِذَاءٌ لِلْفِكْرِ

خِلَالَ بَحْثِهِ وَتَحْلِيلِ قَوَاعِدِ القَوَانِينِ الطَّبِيعِيَّةِ وَجَدَ إِبْرَاهِيمُ بِأَنَّ الإِنْسَانَ هُوَ العَامِلُ الوَحِيدُ الخَارِجُ عَنْ نِظَامٍ وَإِطَارِ هَذِهِ القَوَانِينِ الَّتِي وَضَعَهَا الخَالِقُ. قَدْ نَجَحَ إِبْرَاهِيمُ فِي إِدْرَاكِ وَفَهْمِ عَمَلِ القُوَّةِ الَّتِي تَتَوَارَى وَرَاءَ الطَّبِيعَةِ وَأَدْرَكَ عَظَمَةَ الفِكْرِ الَّذِي خَلَقَ الكَوْنَ وَالحَيَاةَ فِيهِ وَأَظْهَرَ مِنْ خِلَالِ بَرَاهِينَ عِلْمِيَّةٍ هَدَفَ وُجُودِ الإِنْسَانِ فِي هَذَا العَالَمِ فِي مُسَاعَدَتِهِ عَلَى تَصْحِيحِ طَبِيعَتِهِ البَشَرِيَّةِ أَيْ "الأَنَا" الَّتِي وُلِدَ فِيهَا وَإِحْرَازِ مَصْدَرٍ وَمَنْبَعِ الحَيَاةِ مِنْ خِلَالِهَا فِي إِنْسِجَامٍ مُتَكَامِلٍ مَعَ البِيئَةِ مِنْ حَوْلِهِ. وَلَكِنَّ الإِنْسَانَ مُنْهَمِكٌ فِي المُحَاوَلَةِ فِي السَّيْطَرَةِ عَلَى الطَّبِيعَةِ وَعَلَى العَالَمِ مِنْ حَوْلِهِ مُتَجَاهِلاً جَمِيعَ إِنْذَارَاتِ الطَّبِيعَةِ الَّتِي تُوَجِّهُهَا لَهُ فِي كُلِّ مَرَّةٍ يَتَعَدَّى حُرْمَةَ قَوَانِينِهَا إِذْ أَنَّ السَّعْيَ وَرَاءَ مَلَذَّاتِ الحَيَاةِ وَالسَّيْطَرَةِ عَلَى مَنْ حَوْلِهِ أَعْمَى بَصَرَهُ لِدَرَجَةِ أَنَّ حُبَّ الذَّاتِ لَدَيْهِ فَصَلَهُ تَمَامَاً عَنِ الطَّبِيعَةِ مِنْ حَوْلِهِ وَالَّتِي هُوَ جُزْءٌ مِنْهَا مِمَّا يُسَبِّبُ لَهُ المُعَانَاةَ الَّتِي يُوَاجِهُهَا فِي هَذِهِ الحَيَاةِ.

تَنَهَّدَ إِبْرَاهِيمُ مُتَسَائِلاً فِي نَفْسِهِ "آهِ، لَوْ أَنَّ هَؤُلَاءِ البَابِلِيُّونَ يَفْهَمُونَ سِرَّ الحَيَاةِ هَذَا". عِنْدَهَا أَخَذَ يُظْهِرُ لَهُمْ شَارِحَاً القَوَانِينَ الَّتِي يَسِيرُ عَلَيْهَا الكَوْنُ وَكَيْفِيَّةَ تَعَامُلِ الطَّبِيعَةِ مَعَ الإِنْسَانِ حَسْبَ نَوْعِيَّةِ سُلُوكِهِ نَحْوَهَا. وَأَظْهَرَ شَارِحَاً لَهُمْ أَنَّ رَدَّ فِعْلِ الطَّبِيعَةِ فِي عَزْلِ الإِنْسَانِ عَنِ الآخَرِينَ هُوَ إِعْطَاءُ الفُرْصَةِ لِكُلِّ شَخْصٍ لِيَنْمُوَ بِشَكْلٍ صَحِيحٍ مُعْتَمِدَاً عَلَى نَفْسِهِ كَمَا لَوْ كَانَ الإِنْسَانُ يَلْعَبُ لُعْبَةَ الشَّطْرَنْجِ، فَكُلَّمَا زَادَتِ الصُّعُوبَاتُ الَّتِي يُوَاجِهُهَا وَزَادَتِ التَّحَدِّيَاتُ فِي الوُصُولِ إِلَى الهَدَفِ كُلَّمَا حَصَلَ عَلَى مَهَارَةٍ أَكْثَرَ وَذَكَاءٍ أَرْفَعَ فِي بَرَاعَتِهِ فِي اللَّعِبِ وَالوُصُولِ إِلَى دَرَجَةٍ يُصْبِحُ هُوَ فِيهَا سَيِّدُ هَذِهِ اللُّعْبَةِ.

بِخِلَافِ لُعْبَةِ الشَّطَرَنْجِ، الشَّيْءُ الوَحِيدُ وَالأَكْثَرُ أَهَمِّيَّةً فِي لُعْبَةِ الحَيَاةِ هَذِهِ أَنَّهُ مِنَ الصَّعْبِ بَلْ مِنَ المُسْتَحِيلِ أَنْ يَغْلُبَ الإِنْسَانُ إِذَا لَعِبَ لِوَحْدِهِ إِذْ أَنَّ الشَّرْطَ الوَحِيدَ لِلرِبْحِ هُنَا هُوَ فِي التَّعَاوُنِ مَعَ الآخَرِينَ وَهَذَا هُوَ مَعْنَى الضَّمَانُ المُتَبَادَلُ بَيْنَ النَاسِ.

مِنْ عَالَمِ الكَابَالَا

التَوازُنُ الشَكْلِيُّ

لَقد تعَلَمْنَا فِي الدَرسِ السَابِقِ عَن المَساخِ وَالذِي هُوَ الأَدَاةُ الأَسَاسِيَّةُ فِي مَعرِفَةِ وَتحصِيلِ عِلْمِ حِكمَةِ الكَابَالا إِذْ رَأَينا أَنَّ المَساخَ هُوَ النِيَّةُ فِي التَلَقِّي مِنْ أَجْلِ الإِغدَاقِ عَلَى الخَالِقِ، وَلِمُسَاعَدَةِ المَخْلُوقِ فِي الوُصُولِ إِلَى هَذا الهَدَفِ يَتوَجَّبُ عَلَيْهِ أَنْ يَتوَصَّلَ إِلَى نَوعٍ مِنَ التَوازُنِ الشَّكْلي فِي السِمَاتِ مَعَ الخَالِقِ فِي تَصحِيحِ الأَنَا وَتحوِيلِهَا مِنْ حُبِ الذاتِ إلى مَحبَّةِ الآخَرينَ أَيْ التَمثُلِ بالخَالِقِ فِي المَحبَّةِ لِلآخَرِينِ. عِلْمُ الكَابَالا لاَ يُعَّلِمُ أَوْ يَنُصُّ عَلَى أَي شَيءٍ لاَ يَتَماشَى مَعَ قَوانِينِ الطَبيْعَةِ أَوْ يَتَنَاقَضُ مَعَ المَنطِقِ الإِنْسَاني. فَإِنَّ جَمِيعَ عُلُومِ الطَبيْعَةِ وَبِكُلِ أَنْوَاعِهَا مِنَ العُلُوم المُتَنوعَةِ لِلمَعْرِفَةِ ذَاتَ المَنَاهِجِ المُخْتَلِفَةِ كَعِلْمِ الدِينِ وَعِلْم الفَلَكِ وَعِلْمِ النحوِ، وَالعُلُومُ التَطبِيقِيَّةُ كَعِلمِ الطِبِ، وَالعُلُومُ الطَبِيْعِيَّةُ كَالفِيزيَاءِ وَالكِيمْيَاءِ، وَعِلْمُ الأَحيَاءِ وَعِلْمُ الكَونِ وَعِلْمُ الوُجُودِ وَالعُلُومُ الهَندَسِيَّةُ وَالعُلُومُ الإِنسَانِيَّةُ وَالإِجْتِمَاعِيَّةُ وَالإِقتِصَادِيَّةُ وَعِلْمُ النَفسِ جَمِيعُهَا تَتكَلَّمُ عَنْ كُلِ جزءٍ مِنَ الخَلِيْقَةِ يَسْعَى مُحَاوِلاً الوُصُولَ إِلَى نُقطَةِ الوَسَطِ لِيَجِدَ التَوازُنَ الطَبيعِيَّ وَالبِيُولُوجِيَّ. فَهَذَا هُوَ المَبْدَأُ الرَئِيسِيُّ لِكُلِ قَانُونٍ فِي الطَبِيْعَةِ وَهذَا هُوَ أَيْضاً مَبْدَأُ عِلْمُ الكَابَالا وَلَكِنَّ الفَرْقَ بَين كُلِ هَذِهِ العُلُومِ وَعِلْمُ الكَابَالا إِنَّ عِلْمَ الكَابَالا يَنْسُبُ جَمِيعَ هَذِهِ القَوَانِينِ المُشْتَرَكَةِ لِلطَبِيعَةِ إِلى الإِنْسَانِ.

إِنَّ حَقِيقَةَ الوَاقِعِ فِي أَنَّنَا مُرتبِطِينَ بالطَبِيْعَةِ وَالبِيئَةِ التِي نَعِيشُ فِيهَا يُحَتِمُ عَلَيْنَا الخُضُوعَ لَهَا، وَهَذَا الوَاقِعُ لَيْسَ بِمَسأَلَةٍ تَتَعَلَّقُ بِإِرَادَةِ الإِنْسَانِ أَوْ فِي وُجُودِهِ

فِي هَذَا العَالَمِ إِنَّمَا هِيَ مُعَادَلَةٌ بَسِيطَةٌ، فَإِذَا أَخَذَ الإِنْسَانُ عَلَى عَاتِقِهِ قَوَانِينَ الطَبِيْعَةِ فِي المُحَافَظَةِ عَلَيْهَا بِالتَوَازُنِ مَعَهَا يَعِيشُ بِرَاحَةٍ وَهَنَاءٍ وَإِذَا رَفَضَهَا وَلَمْ يَتَقَيَدْ بِقَوَانِينِهَا فَلَنْ يَلقَى إِلاَّ المُعَانَاةَ وَالعَذَابَ.

إِنَّ القَانُونَ المُشتَرَكَ لِلطَبِيْعَةِ يَأتِي بِنَا إِلَى دَرَجَةِ التَوّازُنِ وَالَتِي تُدْعَى "مَركَزُ الخَلِيْقَةِ" فَفِي اللَحْظَةَ التِي يَبدأَ الإِنْسَانُ فِي الإِرَادَةِ فِي العَودَةِ إِلَى مَركَزِ الخَلِيْقَةِ أَوْ إِلَى نُقْطَةِ التَوازُنِ مَعَ الطَبِيْعَةِ سَيَشعُرُ أَنَّهُ إِتَّخَذَ الطَرِيقَ المُرِيحَ وَذَلِكَ لأَنَّهُ جَعَلَ نَفْسَهُ فِي تَوَافُقٍ وَإِنسِجَامٍ مَعَ القُوَّةِ التِي تُسَيِّرُ الطَبِيْعَةَ فِي المُحَافَظَةِ عَلَى قَوَانِينِهَا. وَإِذَا تَجَاهَلَ هَذِهِ القَوَانِينِ لِيَسلُكَ فِي طَرِيقِهِ حَسْبَ رَأْيِهِ مِنْ دُوْنِ المُبَالاَةِ بِهَا فَسَوفَ يَحصُدُ العَوَاقِبَ السَيِّئَةَ. هَذَا هُوَ المَبدَأُ التِي تَعمَلُ الطَبِيعَةُ مِنْ خِلاَلِهِ إِذْ أَنَّ كُلَّ مَنْ إِنْتَهَكَ حُرمَةَ قَوَانِينِهَا يُعَاقَبُ وَالإِنْسَانُ جُزءٌ مُتَلاَزِمٌ وَلاَ يَتَجَزَءُ عَنْ الطَبِيعَةِ إِذْ أَنَّهُ أُخِذَ مِنْهَا.

إِلَى جَانِبِ الإِنْسَانِ لاَ يُوجَدُ هُنَاكَ أَيُّ مَخْلُوقٍ آخَرٍ خَارِجٍ عَنْ قَوَانِينِ الطَبِيْعَةِ لأَنَّ جَمِيعَ المَخْلُوقَاتِ الأُخْرَى تَسْلُكُ حَسْبَ دَوَافِعِهَا الغَرِيزِيَّةِ فَقَطْ وَالَتِي تَتَمَاشَى مَعَ الطَبِيْعَةِ. إِنَّ هَذِهِ الدَوَافِعَ الغَرِيزِيَّةَ مَوجُودَةٌ أَيْضاً فِي الإِنْسَانِ وَلَكِنَّهَا غَيرُ كَافِيَةٍ لِيَسْتَطِيعُ العَيشَ بِهَا وَإِنْ لَمْ يَصِلْ الإِنْسَانُ إِلَى هَذِهِ المَعرِفَةِ سَيُؤَدِي بِهِ هَذَا إِلَى الإِنْقِرَاضِ وَلِهَذَا السَبَبُ مِنَ الأَفْضَلِ لَنَا أَنْ نَسِيرُ بِتَوَافُقٍ وَحَسْبَ هَدَفِ الطَبِيْعَةِ وَالَذِي سَيُسَاعِدُنَا فِي تَصحِيحِ كَافَةَ مُسْتَوَيَاتِ وَاقِعِنَا الأَربَعَةِ "مُستَوَى الجَمَادُ وَالنَبَاتِيُّ وَالحَيُّ وَمُستَوَى المُتَكَلِّم". الإِنْسَانُ الَذِي يَسِيرُ فِي طَرِيقِ التَصْحِيحِ وَفِي تَوَافُقٍ مَعَ قَوَانِينِ الطَبِيْعَةِ يُوجَدُ فِي مُستَوَى المُتَكَلِّمِ مِنَ الوَاقِعِ. يَجِبُ عَلَى الإِنْسَانِ أَنْ يَسْعَى جَاهِداً فِي أَنْ يَضَعَ فِي إِعتِبَارِهِ بِأَنَّ كُلَّ مَا يَشْعُرُ بِهِ يَأتِيهِ مِنَ القُوَى العُلْيَا وَلِهَدَفٍ مُعَيَنٍ أَيْ مِنَ

القَانُوْنِ المُشْتَرَكِ لِلطَبِيْعَةِ إِذْ أَنَّ هَذَا القَانُوْنُ يجْلِبُ التَوَازُنَ وَالحُرِيَّةَ لِدَرجَةِ الوُجُوْدِ الجَسَدِيِّ وَأَيْضاً إِلَى المُسْتَوَى الرُوحِيِّ.

بِإِمْكَانِنَا القَولُ أَنَّ الوُصُولَ إِلى التَوازُنِ هُوَ فِي العَودَةِ إِلَى نُقطَةِ المَركَزِ وَالَتِي إِنْبَثَقْنَا مِنْهَا، وَبِنَاءً عَلَى ذَلِكَ يجِبُ عَلَيِنَا مَعرِفَةَ أَنَّ الشَرْطَ الأَوَلَ لِلمُحَافَظَةِ عَلَى هَذَا القَانُوْنِ هُوَ فِي مَعْرِفَةِ أَنَّ كُلَ شَيءٍ مِما نَشْعُرُ بِهِ وَكُلَ مَا يَأتِي عَلَى الإِنْسَانِ يَأتِي مِنْ مَصدَرٍ وَاحِدٍ لا غَيرْ ومِنْ نُقطَةِ المَركَزِ هَذِهِ لِتَعوُدُ بِهِ إِلَى نُقطَةِ التَوازُنِ. هَذَا القَانُونِ يُدْعَى "بِقَانُونِ التَوَازُنِ الشَكْلِيِّ" أَو "التَوَازُنِ فِي السِمَاتِ" نُقْطَةُ المَركَزِ أَو الخَالِقِ.

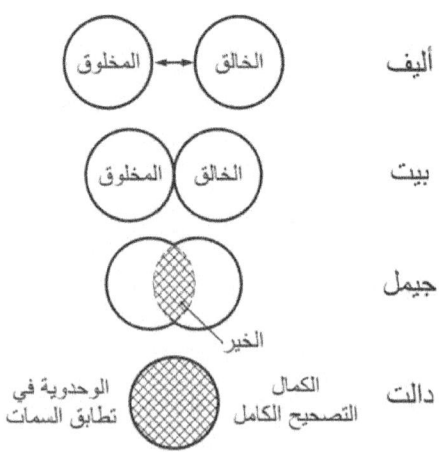

إِنَّ إِرَادَةَ الخَالِقِ تَقُودَنَا إِلَى الكَمَالِ. وَالإِنْسَانُ أَيْضاً يحَاوِلُ الوُصُوْلَ إِلَى دَرَجَةِ الكَمَالِ وَلأَجْلِ هَذَا فَهُوَ يحَتَاجُ إِلَى مَعرِفَةِ وَدِرَاسَةِ المِنَهَاجِ الذي مِنْ خِلالِهِ يُنَمِي بِهِ الخَالِقُ الإِنْسَانَ وَيرتَقِي بِهِ فِي دَرَجَاتِ العَالَمِ الرُوحِيِّ. فَإِذَا أَرَادَ الإِنْسَانُ مَعْرِفَةَ الخَالِقِ وَمَعْرِفَةَ النِظَامِ أَوْ المِنْهَاجِ الَذِي يَعْمَلُ الخَالِقُ مِنْ

خِلاَلِهِ لِمَنفَعَةِ الإِنْسَانِ سَيُظهِرُ الخَالِقُ هَذِهِ المَعرِفَةَ لِلإِنْسَانِ. يَقُولُ عَالِمُ الكَابَالاَ يَهُودَا أَشْلاَغْ المُلَقَّبُ بِصَاحِبِ السُلَّمِ:

«فِي البِدَايَةِ يَجِبُ عَلَى الإِنْسَانِ أَنْ يُدرِكَ فِي أَنَّهُ مُعتَمِدٌ وَبِشَكلٍ كُلِّيٍّ عَلَى الخَالِقِ فَقَطْ وَإِذَا تَعَافَى الإِنْسَانُ مِنَ المُحَاوَلَةِ لِخَلقِ أَيِّ نَوعٍ مِنَ التَوَاصُلِ مَعَ الخَالِقِ فَعَلَى الأَغْلَبِ أَنَّهُ سَيَنْقَرِضُ مِنَ الوُجُودِ».

فَإِنَّ أَيَّ مَجْهُودٍ يَبْذُلُهُ الإِنْسَانُ فِي مُحَاوَلَتِهِ فِي الإِقتِرَابِ مِنَ الخَالِقِ وَمِنَ الهَدَفِ فِي العَوْدَةِ إِلَى نُقطَةِ المَركَزِ فَعَّالَةٌ فِي عَمَلِهَا. فَإِذَا أَرَادَ الإِنْسَانُ أَنْ يُقَوِّيَ وَيُشَدِّدَ تَفكِيرَهُ لِيَبلُغَ هَذَا الهَدَفِ فَيَجِبُ عَلَيْهِ أَنْ يُكَرِسَ وَقتَهُ لِمَعْرِفَةِ المَبدَأَ الَذِي يُنْسَبُ إِلَيْهِ "لَيْسَ هُنَالِكَ سِوَاهُ" لِيَستَطِيعَ دِرَاسَةَ نِظَامِ العَوَالِمِ. إِذاً يَجِبُ عَلَى الإِنْسَانِ مَعرِفَةَ أَنَّ هُنَاكَ نِظَامٌ أَسَاسِيٌّ وَفِي ضِمْنِهِ نِظَامٌ فَرْعِيٌّ وَالَذِي يُؤَثِرُ عَلَيْنَا وَعَلَى أَجْسَادِنَا وَعَلَى نُفُوسِنَا وَعَلَى العَالَمِ بِأَكْمَلِهِ مِنْ حَوْلِنَا.

إِذَا إِبتَغَى الإِنسَانُ فِي أَنْ يَكُونَ عَلَى إِتِصَالٍ دَائِمٍ مَعَ القُوَى العُلْيَا يَتَوَجَبُ عَلَيهِ أَنْ يُنَمِّي أَدَاةً حِسيَّةً جَدِيدَةً يَبدَأُ مِنْ خِلاَلِهَا بِالشُعُورِ بِالإِرتِبَاطِ بِالعَالَمِ الرُوحِيِّ. فَإِنَّ القُوَى العُلْيَا تُمْلِي عَلَى الإِنْسَانِ طَرِيقَةَ التَعَامُلِ وَالإِرتِبَاطِ مَعاً مِنْ خِلاَلِ نِظَامِ "لَيسَ هُنَالِكَ سِوَاهُ" وَكَيفِيَّةِ بُنيَتِهِ وكَيفِيَّةِ عَمَلِهِ فِي وَاقِعِنَا وَالوَاقِعِ الشَامِلِ بِأَكمَلِهِ كَمَا تَطمَحُ بِالإِنْسَانِ فِي إِعَادَتِهِ إِلَى نُقْطَةِ المَركَزِ لِتَكْشِفَ لَهُ كَيْفِيَّةَ عَمَلِ هَذَا النِظَامِ فِي وَاقِعِنَا وَمِنْ خِلاَلِ الإِنْسَانِ نَفْسَهُ. فَإِذَا كَانَ الإِنْسَانُ قَادِرٌ عَلَى فَهمِ القُوَّةِ المُشتَرَكَةِ وَالَتِي يُدَارُ العَالَمَ مِنْ خِلاَلِهَا يُصْبِحُ قَادِراً عَلَى فَهْمِ إِدَارَةِ نَفسِهِ بِشَكلٍ صَحِيحٍ وَهَذَا مَا يُقَالُ فِيهِ "الإِنْسَانُ يَتَعَلَّمُ مِنْ نَفْسِهِ" فَإِنَّ نَفْسَ الإِنْسَانِ كَبرنَامِجٍ فِي حَاسُوبٍ وَقَبلَ أَنْ تَسكُنَ هَذِهِ النَفْسُ فِي المَادَةِ أَيِ "الجَسَدِ" الَتِي عَمِلَهُ الخَالِقُ كَمَسْكَناً لَهَا كَانَت

عِبارَةً عَنْ فِكرٍ وَإِرتِباطٍ بَينَ مَجْمُوعَةِ أَحْداثٍ مُعَيَّنَةٍ حَصَلَتْ فِي مَواقِفٍ مُخْتَلِفَةٍ.

الخَالِقُ وَالذِي هُوَ الرَغْبَةَ فِي أَنْ يُنْعِمَ المَسرَّاتِ عَلى خَلِيْقَتِهِ عَمِلَ نِظَاماً كَنِظَامِ الحَاسُوبِ، وَإِذَا دَرَسْنَا هَذَا النِظَامُ نَعْلَمُ كَيْفَ نُوَاجِهُ مَوَاقِفَ الحَيَاةِ التِي تُصَادِفُنَا فَهَذَا النِظَامُ مَوْجُودٌ فِي دَاخِلِنَا وَلَكِنَّهُ مَعزُولٌ فِي نَفسِهِ، وَهَذَا النِظَامُ غَيرُ قَابِلٍ لِلْتَغيِرِ بَلْ أَنَّ رَغَباتَ الإِنْسَانِ هِيَ التِي تَتغَيَّر وَبِالتَالِي تُؤَثِرُ عَلَى النِظَامِ نَفسِهُ. بِسَبَبِ المُعَانَاةِ التِي يَمُرُ بِهَا الإِنْسَانُ فِي حَيَاتِهِ يُصْبِحُ أَكثَرَ تَلائُماً فِي التَعَامُلِ مَعَ هَذَا النِظَامِ إِذْ يَشْعُرُ بِهِ وَكَأَنَّهُ أَقَلَّ قَساوَةٍ وَرَحِيمٍ عَلَيْهِ بَعضَ الشَيءِ.

يَشرَحُ عِلْمُ الكَابَالا أَنَّ القُوَى العُلْيَا فِي حَالَةِ سُكُوْنٍ وَالخَلِيْقَةُ أَوْ الإِرَادَةُ فِي التَلَقِّي هِيَ التِي تَتَغَيَّرُ وَكُلُّ شَيءٍ يَعْتَمِدُ عَلَى التَغْيِيرِ الذِي يَحْصَلُ فِي الخَلِيْقَةِ لأَنَّ النُورَ لاَ يَتغَيَّرْ. يَتعَامَلُ النُورُ مَعَنَا فِي صَلابَةٍ بِلاَ مُرُونَةٍ أَوْ رَحْمَةٍ وَأَنَّ طَرِيقَةَ أَوْ أُسْلُوبَ التَعَامُلِ هَذَا لاَ يُمْكِنُهُ أَنْ يَتغَيَّرَ لأَنَّ النُورَ يَمْتَدُ وَيَعمَلُ فِي الخَلِيْقَةِ كُلِهَا مِنْ مَكَانِ مَنْبَعِهِ الأَصْلِيِّ مِنْ مُسْتَوَى دَرجَةِ الكَمَالِ، وَبِمَا أَنَّنَا نُوجَدُ فِي عَالَمٍ بَعِيدٍ عَنِ الكَمَالِ نَشْعُرُ بِأَنَّ عَطَاءَ وَتَعَامُلَ الخَالِقِ مَعَنَا مِنْ دُونِ مُرُونَةٍ وَلاَ رَحْمَةٍ وَلِذَلِكَ نَرَى أَنَّ تَعَامُلَ النُورِ مَعَنَا بِهَذِهِ الطَرِيقَةِ يُجْبِرُنَا فِي أَنْ نَعمَلَ عَلَى إِحرَازِ دَرجَةِ الكَمَالِ أَيْ تَغيِرِ سِمَاتِنَا الأَنَانِيَّةِ لِتُصبِحَ كَسِمَاتِ الخَالِقِ وَإِذَا لَمْ نَطمَحْ لِلوُصُولِ إِلَى دَرجَةِ التَوازُنِ فِي السِمَاتِ سَنَجِدُ أَنفُسَنَا فِي مَوقِفٍ فِيْهِ نَشْعُرُ بِقَسوَةٍ وَصَرَامَةِ القُوَى العُلْيَا فِي تَعَامُلِهَا مَعَنَا لِهَدَفِ جَلْبِنَا دَافِعَةً إِيَّانَا نَحوَ نُقطَةِ المَركَزِ أَيْ نُقطَةُ التَوازُنِ الكَامِلِ مَعَهَا لِيَكُوْنَ بِإِمْكَانِنَا أَنْ نَشْعُرَ بِمَحبَّةِ الخَالِقِ وَنَتَلَقَّى مِنهُ كُلَّ المَسرَّاتِ التِي يُرِيدُ أَنْ يُغْدِقَهَا عَلَينَا.

إِنَّ الوُصُولَ إِلَى التَوَازُنِ يَعْتَمِدُ عَلَى قُبُولِ وَتَجَاوُبِ الإِنْسَانِ مَعَ طَرِيقَةِ الخَالِقِ فِي جَلْبِهِ إِلَى دَرَجَةِ الكَمَالِ فِي تَوَازُنٍ تَامٍّ مَعَهُ. لَقَدْ أَشَرْنَا قَبْلاً وَاصِفِينَ طَرِيقَةَ النُورِ كَبرنَامِج الحَاسُوبِ لِنُوضِحَ أَنَّ كِلَيْهِمَا غَيْرُ قَابِلٍ لِلتَغيرِ بَتَاتاً. بِإِمْكَانِكَ أَنْ تَغْضَبَ مِنَ الحَاسُوبِ وَتَصْرُخَ وَتَلْعَنَ وَلَكِنَّ الحَاسُوبَ لَنْ يَتَجَاوَبَ مَعَكَ وَلاَ بِأَيِّ شَكْلٍ إِلاَّ إِذَا قُمْتَ بِحَلِّ المُشْكِلَةِ مِنْ تِلْقَاءِ نَفْسِكَ، وَهَكَذَا الأَمْرُ بِالنِسْبَةِ لِلطَرِيقَةِ فِي التَعَامُلِ مَعَ القَوَانِينِ الَتِي وَضَعَهَا الخَالِقُ أَمَامَنَا، فَإِذَا لَمْ نَكُنْ رَاغِبِينَ لِلرُضُوخِ إِلَى الخَالِقِ فِي تَصْحِيحِهِ لأَنْفُسِنَا عَبَثاً يَضِيعُ أَمَلُنَا فِي رَجَاءِ تَعَامُلِ الخَالِقِ مَعَنَا بِلُطْفٍ وَكَرَمٍ.

لَقَدْ أَوْضَحَ الخَالِقُ لَنَا فِي قَوْلِهِ: "أَنَا الرَبُّ لاَ أَتَغَيَّرُ" إِذَاً حَتَى لَوْ أَنَّنَا أَحْسَسْنَا بِأَنَّ الخَالِقَ هُوَ المُتَقَلِّبُ مَعَنَا فِي طَرِيقَةِ التَعَامُلِ فَالحَقِيقَةُ أَنَّنَا نَحْنُ الَذِينَ نَتَغَيَّرُ. نَحْنُ نَجْهَلُ مَدَى إِعْتِمَادِ جِهَازِنَا الحِسِّيِّ عَلَى أَحَاسِيسِنَا فَإِذَا تَغَيَّرَتْ أَحَاسِيسُنَا وَمَشَاعِرُنَا حَتَى وَلَوْ فِي مِقْدَارٍ ضَئِيلٍ نَرَى وَكَأَنَّ العَالَمَ مِنْ حَوْلِنَا هُوَ الَذِي يَتَغَيَّرُ وَهَكَذَا تَخْتَلِفُ وِجْهَةُ نَظَرِنَا بِالنِسْبَةِ لِأَيِّ مَوْضُوعٍ أَوْ أَمْرٍ مَا عَمَّا كَانَ عَلَيْهِ مِنْ قَبْلُ. فَقَبْلَ أَنْ يَرْتَفِعَ الإِنْسَانُ فِي مَفْهُومِهِ فِي إِحْرَازِ العَالَمِ الرُوحِيِّ يَشْعُرُ وَكَأَنَّ الخَالِقَ هُوَ الَذِي يَتَغَيَّرُ فِي تَعَامُلِهِ مَعَهُ.

كَالحَاسُوبِ تَبْدُو الطَبِيعَةُ وَكَأَنَّهَا فِي صُنْدُوقٍ وَالإِنْسَانُ هُوَ الوَحِيدُ القَادِرُ عَلَى تَشْغِيلِهِ وَإِدَارَتِهِ فَهُوَ الوَحِيدُ الَذِي يَسْتَطِيعُ العَمَلَ فِي هَذَا النِظَامِ أَيْ أَنَّهُ يَسْتَطِيعُ تَلَقِّي المَعْلُومَاتِ مِنْهُ كَمَا يَسْتَطِيعُ التَأْثِيرَ عَلَى هَذِهِ المَعْلُومَاتِ الَتِي يَتَلَقَاهَا وَالحُصُولَ عَلَى رَدٍّ لِأَفْعَالِهِ الَتِي يَقُومُ بِهَا وَنَحْنُ سَنُعْلِمُكُمْ كَيْفِيَّةَ اسْتِخْدَامِ هَذَا النِظَامِ كَمَا تَعَلَمْنَاهُ مِنْ مُعَلِّمِنَا وَرَأَيْنَا مَدَى تَأْثِيرِهِ وَفَعَالِيَتِهِ.

عُلَمَاءُ الكَابَالا هُمُ الوَحِيدُونَ القَادِرُونَ عَلَى اسْتِخْدَامِ وَإِدَارَةِ هَذَا

النِظَامِ، وتَعْلِيمُنَا الطَرِيقَةَ الصَحِيحَةَ فِي التَعَامُلِ مَعَ هَذَا النِظَامِ جِيلٍ بَعْدَ جِيلٍ إِذْ شَرَحُوا لَنَا فِي كُتُبِهِمْ كَيْفِيَّةَ إِدَارَةِ هَذَا العَالَمِ الَذِي نَعِيشُ فِيْهِ. دُعِيَتْ حِكْمَةُ الكَابَالا بِالحِكْمَةِ الخفيَّة وَذَلِكَ بِسَبَبِ أَنَّ الإِنْسَانَ المُسْتَحِقَ هُوَ الوَحِيْدُ الَذِي يَسْتَطِيعُ دِرَاسَتَهَا وَالحِكْمَةُ بِدَورِهَا تَفتَحُ مَدَاخِلَهَا أَمَامَهُ، أَمَا بِالنِسبَةِ لِلبَقِيَّةِ مِنَ العَامَةِ فَيَبقَى الأَمرُ سِراً مُخْفِيَّاً عَنْهُم فَالإِنْسَانُ الَذِي لاَ يُصَحِحُ نَفسَهُ كَمَا تَتَطَلَّبُ الطَبِيْعَةُ مِنْهُ لِيَعُودَ إِلَى نُقطَةِ المَرْكَزِ التِي أُبْدِأَ مِنهَا فَلَنْ يَكُنْ بِإِمْكَانِهِ فَهْمَ هَذِهِ الحِكْمَةَ.

مِنْ أَجلِ العَودَةِ إِلَى التَوَاصُلِ مَعَ الخَالِقِ كَمَا كَانَ عَلَيْهِ الأَمْرُ فِي البِدَايَةِ عِندَمَا خَلَقَ الرَبُّ النفسَ البَشَرِيَّة وأَلبَسَهَا جَسَدٌ فِي إِنْحَدَرِهَا إِلَى هَذَا العَالَمَ. أَوْجَدَ الخَالِقُ نِظَاماً وَضَعَهُ لَنَا لِكَي نَتَمَكَّنَ مِنْ خِلاَلِهِ العَودَةَ إِلى مَا كَنا عَلَيهِ فِي البِدَايَة فَي حَالَةِ التَوازُنِ الكَامِلِ مَعَهُ. النِظَامُ يَحتَوِي عَلَى هَدَفٍ فِي بَرنَامجِهِ وَيَعْمَلُ عَلَى جَلبِ الخَلِيْقَةِ بِكَامِلِهَا لِهَذَا الهَدَفِ. يُدْعَى الهَدَفُ بِالقَانُونِ العَام وَالَذِي أُعِدَّ لِلعَوْدَةِ بِكُلِ شَيءٍ فِي العَالَمَ إِلَى دَرجَةِ الكَمَالِ.

يَعْمَلُ هَذَا القَانُونُ كَعَمَلِ قَانُونِ الجَاذِبِيَّةِ إِذْ يَجْتَذِبُ الجَمِيعَ إِلَيْهِ إِلَى نُقطَةِ المَرْكَزِ. إِذَا لَمْ نَطْمَحْ تِجَاهَ نُقطَةِ المَرْكَزِ سَنَشعُرُ بِقُوَةِ الجَاذِبِيَّةِ كَأَلَمٍ حَادٍ وَحِدَّتُهُ تَعُودُ إِلَى مَدَى الفَارِقِ بَينَ رَغْبَتِنَا فِي بُلُوغِ وَتَحقِيقِ التَوَازُنِ وَقُوَةِ دَفْعِنَا تِجَاهَ نُقْطَةِ المَرْكَزِ. فَإِذَا وُجِدَتْ لَدَينَا الرَغْبَةَ فِي التَقَدُمِ فِي البَحْثِ وَالدِرَاسَةِ أَقْوَى مِنْ قُوَةِ الدَفْعِ التِي نُوَاجِهُهَا فَسَنَشعُرُ بِالإِكْتِفَاءِ وَالسَعَادَةِ. عِنْدَمَا يَرتَبِطُ الإِنْسَانُ بِشَكْلٍ صَحِيْحٍ مَعَ الوَاقِعِ المُحِيطِ بِهِ يَبْدَأُ بِإِدْرَاكِ وَفَهْمِ أَنَّ كُلَ مَا يَشْعُرُ بِهِ آتٍ مِنَ الخَالِقِ لِغَرَضِ تَقْرِيبِهِ مِنْهُ وَهُنَا يُدْرِكُ الإِنْسَانُ السَبَبَ الَذِي جَعَلَهُ يَرْغَبُ فِي التَقَرُّبِ مِنَ الخَالِقِ عَلَى أَنَّهُ النَتِيجَةَ أَي أَنَّهُ يَنْسُبُ إِلَى رَغبَاتِهِ عَلَى أَنَّهَا أَفعَالُ الخَالِقِ وَيَشعُرُ بِأَنَّ كُلَّ شَيءٍ يَأتِيهِ يَأتِي مِنَ الخَالِقِ مَا عَدَا

القَرَارُ الوَحِيْدُ فِي رَغْبَتِهِ فِي التَقَرُّبِ مِنَ الخَالِقِ وَالَذِي يُصْبِحُ الهَدَفَ بَدَلاً مِنْ أَنْ يَكُونَ الوَسِيلَةَ فِي الوُصُولِ إِلَى غَايَةٍ مَا. فَالهَدَفُ إِذاً هُوَ الخَالِقُ وَلَيْسَ الإِنْسَانُ.

هَذَا يَعنِي بِأَنَّهُ مِنَ الضَرُورِيِّ عودَةُ الإِنْسَانِ إِلَى المَكَانِ الَذِي وُجِدَ فِيْهِ قَبْلَ إنحِدَارِهِ إِلَى هَذَا العَالَمَ أَيْ أَنَّهُ يَجِبُ عَلَيْهِ الإِرتِبَاطَ مَعَ الخَالِقِ مَا دَامَ يُوجَدُ فِي هَذَا العَالَمَ. فَإِذَا كَانَ يَصْبُو إِلَى المَالِ وَالجَاهِ أَو إِذَا كَانَ يَسْأَلُ مِنْ أَجْلِ قُدُومِ المَطَرِ عَلَى سَبِيلِ المِثَالِ فَهَذَا يُدْعَى "لو لِيشْيِمَا" أَيْ لَيسَ مِنْ أَجلِ الخَالِقِ إِذْ أَنَّ هَذِهِ الرَغْبَةَ تَنْتَمِي إِلَى دَرجَةِ الجَمَادِ فِي الطَبِيْعَةِ، وَأَمَا إِذَا مَا كُنْتُ أَصْبُو إِلَيهِ هُوَ التَقَرُّبُ مِنَ الخَالِقِ إِذاً فَإِنَّ الهَدَفَ المَوضُوعَ أَمَامِي هُوَ مِنْ أَجْلِ الخَالِقِ وَلَيسَ مِنْ أَجلِ نَفْسِي، هَذَا هُوَ هَدَفُ الخَلِيْقَةِ الحَقِيقِيِّ.

وَلَكِنَّ وَفِي كِلاَ الحَالَتَينِ نَحْنُ مُرتَبِطِينَ بِالخَالِقِ كَإِرتِبَاطِ الجَنِينِ بِأُمِهِ مِنْ خِلاَلِ الحَبْلِ السُّرِيِّ. فَإِنَّ الإِنْسَانَ الَذِي يُصَلِي حَتَى مِنْ دُونِ أَنْ يُدْرِكَ مَعنَى العَمَلَ الَذِي يَقُومُ بِهِ فَهَذَا لَنْ يُبعِدُ الأَلَمَ عَنْهُ إِذْ أَنَّ الخَالِقَ يُرسِلُ الأَلَمَ لِهَدَفٍ مُعَيَّنٍ وَيَجِبُ عَلَى الإِنْسَانِ أَنْ يُدْرِكَ سَبَبَ هَذَا الأَلَمِ وَهَذِهِ المُعَانَاةِ التِي تُوَاجِهُهُ فِي هَذِهِ الحَيَاةِ إِذْ أَنَّهَا الوَسِيلَةَ الوَحِيْدَةَ التِي تُحَثُّهُ عَلَى السُؤَالِ عَنِ الخَالِقِ وَبَحثِهِ فِي إِيجَادِ الإِرتِبَاطِ مَعَهُ فَإِنَّهُ مِنَ المُهِم جِداً أَنْ يَفْهَمَ الإِنْسَانُ أَنَّ المُعَانَاةَ التِي يُرسِلُهَا الخَالِقُ لَهُ ذَاتَ هَدَفٍ مُعَيَّنٍ.

إِنَّ إِرْتِقَاءَ الإِنْسَانِ نَحوَ العَالَمَ الرُوحِيِّ يَبْدَأُ مِنَ اللَحْظَةِ التِي يَرْغَبُ بِهَا فِي التَقَرُّبِ مِنَ الخَالِقِ فَوقَ كُلِ الظُرُوفِ السَيِءِ مِنْهَا أَو الجَيدِ فَهُوَ يَحْصُرُ رَغْبَتَهُ الأَنَانِيَّةُ لِلأَشْيَاءِ العَالَمِيَّةِ وَهَذَا مَا يُدْعَى فِي عِلمِ الكَابَالا "التُسُومْتسُومْ" أَيْ إِمْتِنَاعَهُ مِنَ الإِنْسِيَاقِ وَرَاءَ رَغْبَاتِهِ الأَنَانِيَّةِ. وَفِي الوَقْتِ الَذِي فِيهِ يَسْتَطِيعُ

الإِنْسَانُ السَيطَرَةَ عَلَى نَفسِهِ عِنْدَهَا يَحْصَلُ عَلَى القُدرَةِ فِي التَنعُّم وَالتَلَذُذِ بِكُلِ شَيءٍ فِي الحَيَاةِ مِنْ أَجْلِ الخَالِقِ وَلَيسَ مِنْ أَجْلِ نَفسِهِ وَهَذَا شَيءٌ مُتَنَاقِضٌ تَمَاماً مَعَ طَبيعَتِهِ أَيْ مَعَ الأَنَا فِيهِ. فَالإِنْسَانُ الَذِي يَرْغَبُ فِي التَقَرُّبِ مِنَ الخَالِقِ لاَ يَحْسَبُهُ عَلَى أَنَّهُ مَصْدَرَ المَسَرَّاتِ وَالنِعَم لِملءِ رَغَبَاتِهِ الأَنَانِيَّةِ بَلْ يَتَقَبَّلُ كُلَّ شَيءٍ مِنْهُ بِقَنَاعَةٍ فِي أَنَّ الخَالِقَ يُحِبُهُ وَهُوَ يُحَاوِلُ أَنْ يُقَرِبُهُ مِنْهُ فَإِنَّ جَمِيعَ الأَحَاسِيسِ السَيئَةِ التِي يَشعُرُ بِهَا الإِنْسَانُ لَيسَتْ إِلاَّ وَسِيلَةً لِيُدْرِكَ أَنَّ إِنَاءَهُ الرُوحِيُّ بِحَاجَةٍ إِلَى تَصْحِيحٍ، فَكَمَا تَضَعُ يَدَكَ عَلَى الجُرحِ المَفْتُوحِ وَتَشعُرُ بِالأَلَمِ هَكَذَا الأَمْرُ عِنْدَمَا يُظْهِرُ الخَالِقُ لَنَا الجُزءَ المُصَّدعَ وَالمَشْقُوقِ مِنَ النَفْسِ فَإِنَّنَا أَحيَاناً نَشعُرُ بِأَلَمٍ عَمِيقٍ وَلَكِنْ عِنْدَمَا نُدْرِكُ سَبَبَ الأَلَمِ وَمَصدَرَهُ وَنَتَوَجَّهُ إِلَى الخَالِقِ فِي رِغْبَةٍ تَصْحِيحِ هَذَا الشَرْخِ نَرَى أَنَّ الأَلَمَ يَتَلاَشَى إِذْ أَنَنا نَشْعُرُ بِأَنَّ الأَلَمَ شَيءٌ سَيءٌ فِي البِدَايَةِ وَلَكِنَ بَعدَهَا نَرَى بِأَنَّ الأَلَمَ كَانَ وَسِيلَةً أَسَاسِيَّةً فِي تَقَدُمِنَا الرُّوحِيِّ.

تَفْسِيرُ المُصْطَلَحاتِ:

التَوازُنُ الشَّكليُّ: وَهُوَ التَسَاوِي مِنْ نَاحِيَةِ المَبدَأِ الشَكْلِيِّ بَيْنَ شَيْئَيْنِ.

لُوْ لِيشْيِمَا: لَيْسَ مِنْ أَجْلِ الخَالِقِ. فالرَغْبَةُ هُنَا تَنْتَمِي إِلَى دَرَجَةِ الجَمَادِ فِي الطَبِيْعَةِ، وَلَكِنْ إِذَا مَا كُنْتُ أَصْبُو إِلَيْهِ هُوَ التَقَرُّبُ مِنَ الخَالِقِ إِذاً فَإِنَّ الهَدَفَ المَوضُوعَ أَمَامِي هُوَ مِنْ أَجْلِ الخَالِقِ وَلَيْسَ مِنْ أَجْلِ ذَاتِ الشَخْصِ.

الحَيَاةُ: الإِحْسَاسُ بِالنُورِ فِي دَاخِلِ الإِرَادَةِ فِي التَقَبُّلِ.

سِمَةُ العَطَاءِ: هِيَ سِمَةُ الخَالِقِ. وَهِيَ المَرْحَلَةُ الَتِي يَتَمَاثَلُ بِهَا المَخْلُوقُ مَعَ دَرَجَةِ الخَالِقِ فِي مَحَبَّةِ الآخَرِينَ.

التَصْحِيحُ: تَغْيِيرُ طَبِيْعَةَ اسْتِخْدَامِ الإِرَادَةَ فِي التَقَبُّلِ مِنْ نِيَّةِ الأَخْذِ لِلذَاتِ لِنِيَّةِ العَطَاءِ لِمَنْفَعَةِ الآخَرِينَ.

هَدَفُ الخَلِيْقَةِ: وَهُوَ تَصْحِيحُ وَرَبْطُ كُلِّ أَجْزَاءِ النَفْسِ الإِنْسَانِيَّةِ الَتِي تَحَطَمَتْ بِسُقُوطِ أَدَمِ مِنَ العَالَمِ الرُوحِيِّ وَالعَوْدَةَ بِهَا فِي وَحْدَوِيَّةٍ وَكَمَالٍ إِذْ أَنَّ الخَالِقَ خَلَقَ الإِنْسَانُ وَيَرْغَبُ أَنْ يَرْفَعَهُ إِلَى أَعْلَى دَرَجَاتِ العَالَمِ الرُوحِيِّ.

إِخْتَبِرْ مَعْلُومَاتَكَ

س١ : مَا المَقْصُودُ بِالوُصُوُلِ إِلَى نُقْطَةِ التَوَازُنِ؟

س٢ : كَيْفَ يَصِلُ الإِنْسَانُ إِلَى دَرَجَةِ التَوَازُنِ الشَكْلِيِّ فِي السِمَاتِ مَعَ الخَالِقِ؟

س٣ : مَا نَتِيجَةُ تَقَاعُصَ الإِنْسَانِ فِي السَعْيِ نَحْوَ نُقْطَةِ التَوَازُنِ الكَامِلِ؟

س٤ : مَا مَعْنَى كَلِمَةُ التُسُومْتُسُوم؟

س٥ : مَا هُوَ هَدَفُ الخَلِيْقَةِ الحَقِيقِيِّ؟

غِذَاءٌ لِلفِكْر

وَسَاعَدَ كُلُ وَاحِدٍ صَاحِبَهُ

يَجِبُ عَلَينَا أَنْ نَفْهَمَ كَيْفَ يَكُونُ بِإِسْتِطَاعَةِ أَيِّ إِنْسَانٍ مُسَاعَدَةَ صَاحِبِهِ أَوْ أَخِيهِ الإِنْسَانِ. وَهَلْ هَذَا مَطْلُوبٌ حَيْثُ يُوجَدُ أُنَاسٌ مِنْ كُلِ الفِئَاتِ أَيْ الغَنِيُّ وَالفَقِيرُ، الحَكِيمُ وَالأَحْمَقُ، الضَعِيفُ وَالقَوِيُّ؟ وَلَكِنْ إِذَا كَانَ الكُلُّ أَغْنِيَاءٌ وَأَذْكِيَاءٌ وَأَقْوِيَاءٌ والخ. كَيْفَ يَكُونُ الإِنْسَانُ قَادِراً عَلَى مُسَاعَدَةِ الإِنْسَانِ الآخَرَ؟

نَرَى بِأَنَّ هُنَاكَ عَامِلٌ وَاحِدٌ مُشْتَرَكٌ بَيْنَ الجَمِيعِ وَهُوَ مَزَاجُ الإِنْسَانِ. فَقَدْ قِيلَ "إِذَا كَانَ عِنْدَ الشَخْصِ هَمٌّ مَا فِي قَلْبِهِ فَلِيَتَكَلَّمَ عَنْهُ مَعَ الآخَرِينَ. فَإِذَا كَانَ الأَمْرُ يَتَعَلَّقُ بِإِحْسَاسِ الشَخْصِ بِالفَخْرِ بِنَفْسِهِ وَبِالكِبْرِيَاءِ فَفِي هَذِهِ الحَالَةِ لاَ يُوجَدُ وَسِيلَةٌ أَوْ مَعْرِفَةٌ مَهْمَا كَانَتْ وَاسِعَةٌ وَشَامِلَةٌ بِإِسْتِطَاعَتِهَا مُسَاعَدَةَ هَذَا الشَخْصِ".

بِالأَصَّحِ أَنَّ الشَخْصَ الوَحِيْدَ الَذِي يَسْتَطِيعُ مُسَاعَدَةَ الآخَرِ هُوَ الَذِي يَرَى صَاحِبَهُ فِي حَالَةِ ضَعْفٍ. إِذْ إِنَّهُ مَكْتُوبٌ "لاَ يَسْتَطِيعُ أَيَّ إِنْسَانٍ تَخْلِيصَ نَفْسِهِ فِي كَوْنِهِ حَبِيسَ الضَعْفِ". بِالأَحْرَى إِنَّ صَاحِبَهُ هُوَ الَذِي يَسْتَطِيعُ مُسَاعَدَتَهُ وَرَفْعَ مَعْنَوِيَاتَهُ.

بِمَعْنَى أَنَّ صَاحِبُ هَذَا الإِنْسَانِ هُوَ الَذِي يَسْتَطِيعُ رَفْعَهُ مِنْ حَالَةِ الضَعْفِ هَذِهِ إِلَى حَالَةٍ مُفْعَمَةٍ بِالحَيَاةِ بِمُسَانَدَتِهِ لَهُ. مِنْ ثَمَّ يَبْدَأُ الإِنْسَانُ بِإِكْتِسَابِ القُوَّةِ وَالثِقَةِ بِالحَيَاةِ وَوِفْرَتِهَا، وَيَأْخُذُ يَسْعَى نَحْوَ الهَدَفِ وَكَأَنَّهُ فِي مُتَنَاوَلِ يَدِهِ. لَقَدْ اتْضَحَ بِأَنَّهُ يَجِبُ عَلَى كُلِّ وَاحِدٍ مِنَا بِأَنْ يَكُونَ مُتَيَقِظاً وَيُفَكِرُ كَيْفَ بِإِمْكَانِهِ مُسَاعَدَةَ صَاحِبِهِ فِي رَفْعِ مَعْنَوِيَاتِهِ، فَإِنَّ فِي مُتَنَاوَلِ أَيِّ إِنْسَانٍ دَائِماً أَنْ يَجِدَ الحَاجَةَ لَدَى

صَاحِبِهِ فِي مُسَانَدَتِهِ وَرَفْعِ مَعْنَوِيَاتِهِ، لأَنَّهُ فِي هَذِهِ المَسْأَلَةِ بِالذَاتِ يَسْتَطِيعُ أَيُّ شَخْصٍ أَنْ يَجِدَ هَذِهِ الحَاجَةَ عِنْدَ صَاحِبِهِ وَيَسْتَطِيعُ أَيْضاً أَنْ يَمْلَئَهَا.

مِنْ كِتَابَاتِ الرَابَاش

الإِرَادَةُ الحُرَّةُ

فِي هَذا الدَرسِ سَنتطَرقُ إِلَى مَوضُوعٍ أَساسِيٍ وَهُوَ مَوضُوعُ الإرَادَةِ الحُرَة وَالَذِي مَا يَزالُ مَوضُوعٌ غَامِضٌ لِلكَثِيرِينَ وَغَيرُ مَفهُوم عِنْدَ الأَغْلَبِيَةِ مِنَ العَامَةِ. مُوضُوعُ إذَا مَا كَانَ الإِنسَانُ يَمْلكُ الإرَادَةَ الحُرةَ أَمْ لاَ هُوَ مَوضُوعٌ يَدُوْرُ حَوْلَهُ أَسْئِلَةٌ كَثِيرَةٌ.

لَقَدْ حَاوَلَ الفَلاسِفَةُ عبرَ التَارِيخِ إِيجَادَ جَوابٍ لِلسُؤَالِ: "هَلْ يُوجَدُ هُنَاكَ إِرَادَةً حُرَةً"؟ فَقَدْ حَاوَلُوا أَنْ يَعْرِفُوا مُظْهِرِينَ بِوُضُوحٍ مَعْنَى مَفهُوم الإِخْتِيَارِ وَوَصَلُوا إِلَى النَتِيجَةِ بِأَنَّهُ يُوجَدُ هُنَاكَ حُريَةَ إِخْتِيَارٍ وَلَكِنْ مَحْدُودَةٍ وَفِي المُجتَمع فَقَطْ لِهَؤلاءِ الذِينَ يَمْتَلِكُونَ شَخْصِيَةً بَالِغَةَ التَهْذِيبِ. وَلَكِنَهُمْ فَهِمُوا فِيمَا بَيْنَهُمْ بِأَنَّهُمْ لَنْ يَتَمَكَنُوا مِنَ السَيطَرَةِ عَلَى المُسْتَقبَلِ لِوُجُودِ الإِحْتِمَالِ الدَائِم فِي أَنْ يُوَاجِهَ الإِنْسَانُ مَصَائِبَ تُغَيّرُ حَيَاتَهِ عَلَى شَكْلٍ كَامِلٍ كَأَنْ يَقعُ الإِنْسَانُ ضَحِيَةَ حَادِثٍ مُؤْسِفٌ أَو أَنْ يُصَابَ بِمَرَضٍ مُزْمِنٍ وَعَلَى أَثرِه يَقعُ فِي غَيبُوبَةٍ تَامَةً. وَطَبْعَاً بِإِمْكَانِ الإِنْسَانِ أَنْ يَتَجَاهَلَ غِيَابَ حُريَّةِ الإِخْتِيَارِ هُنَا مُقْتَنِعَاً بِأَنَّ هَذِهِ الأُمُورِ لَنْ تُصِيبَهُ هُوَ وَلَكِنَ هَذَا التَجَاهُلَ لَنْ يُسَهِلَ أُمُورَ الحَيَاةِ عَلَيْهِ. وَحتَى النُموَ وَالتَطُورِ الوُرَاثِيَّ لَمْ يُحَسِّنْ وَضْعنَا أَبَداً بَلْ رَسَّخَ التَفْكِيرُ فِي عَدَم مُلكِيَّةِ الإِنْسَانِ لِحرِيَّةِ الإِخْتِيَارِ وَكَأَننَا جَمِيعَنَا مَوجُودُونَ فِي حُجرَةٍ مُغْلَقَةٌ مُقَيَّدِينَ بِقُيُودِ الجِينَاتِ الَتِي وُلِدْنَا بِهَا وَالَتِي لَنْ نَتَمكَّنْ الفَرَارَ مِنْهَا أَبَداً.

وَمِنْ ثَم أَتَى عِلْمُ الكَابَالا وَالَذِي يَعْتَبِرُهُ عُلَمَاءُ الكَابَالا عَلَى أَنَّهُ أَعْلَى دَرَجَاتِ

تَطَوُرِ العِلْمِ لِنَجِدُ أَنَنَا لَسْنَا فَقَطْ مُكَبَلِينَ بِقُيُودِ الجِينَاتِ البِيُولُوجِيَّةِ وَلَكِنْ أَنَنَا مُبَرْمَجِينَ مِنْ خِلاَلِ سِجِلِ المَعْلُومَاتِ التِي تَدَاوَلَتْ مُنْذُ بِدَايَةِ وُجُودِ الحَيَاةِ البَشَرِيَّةِ وَالَتِي حُفِرَتْ فِي الدِمَاغِ وَالقَلْبُ وَالنَفْسُ. هَذِهِ المَعْلُومَاتُ هِيَ التِي تُقَرِرُ وَتُحَدُّ حَيَاتِنَا.

فَفِي هَذَا العَالَمَ نَحْنُ مُعْتَمِدِينَ وَبِشَكْلٍ كَامِلِ عَلَى العِنَايَةِ الإِلَهِيَّةِ بِشَكْلٍ تَام إِذْ أَنَنَا مُجْبَرُونَ أَنْ نُولَدَ فِي هَذِهِ الحَيَاةِ. نَحْنُ لاَ نَخْتَارُ وَقْتَ مَوْلِدُنَا وَلاَ العَائِلَةُ التِي نَرْغَبُ أَنْ نُولَدُ فِيهَا وَلاَ نَخْتَارُ مَوَاهِبَنَا التِي نُحَبذُهَا وَلاَ النَاسُ الذِينَ نُفَضِلُ صُحْبَتَهُم. كُلُ سِمَاتُنَا الشَخْصِيَّةِ مُحَدَّدَةٌ مُسْبَقاً وَكُلٌ مِنَا مَوْلُودٌ وَحَظَهُ مَعَهُ. فَفِي هَذَا الوَضْعِ هَلْ يُوجَدُ هُنَاكَ حُرِيَّةٌ بَتَاتاً؟

كُلٌ مِنَ الطَبِيْعَةِ وَالمُجْتَمَعِ الإِنْسَانِيِّ مَعاً وُجِدَ حَسْبَ قَوَانِينَهُ الخَاصَّةَ بِهِ وَكَذَلِكَ كُلُ التَغْيِّرَاتِ التِي تَأْخُذُ مَجْرَاهَا فِي هَذَا العَالَمَ لَهَا قَوَانِينَهَا الخَاصَّةَ أَيْضاً وَالتِي لاَ نَسْتَطِيعُ تَجَاوُزَهَا. لَيْسَ هُنَاكَ شَيءٌ يَعْتَمِدُ عَلَى الإِنْسَانِ بَتَاتاً وَلَكِنَّ كُلَّ مَا يَخُصُ الجِنْسُ البَشَرِّيُّ مَقْضِيٌّ بِهِ مِنَ الأَعَلَى حَتَى مُحِيْطَهُ الذِي يَعِيشُ فِيهِ وَالذِي يَتَضَمَّنُ كَامِلَ القُوَّاتِ التِي تَعْمَلُ فِيهِ لِتَصِلَ بِهِ إِلَى دَرَجَةِ التَصْحِيحِ الكَامِلِ. فَأَيُّ نَوْعٍ مِنَ الحُرِيَّةِ هُنَا نَسْتَطِيعُ التَكَلُّمَ عَنْهُ أَو حَتَى التَفْكِيرَ بِهِ؟ إِذَا كُنَّا وَجَدْنَا لِنُطِيعُ نِظَامَ الطَبِيعَةِ فَإِنَّ مَعْنَى وُجُودِنَا مُبْهَمٌ وَغَيْرُ وَاضِحٌ.

إِنَّ هَدَفِ الطَبِيْعَةَ لَيْسَ فِي أَنَّ كُلَّ مَا ذَكَرْنَا سَابِقاً فِي أَنْ يَسْتَمِرَ عَلَى حَالِهِ وَمِنْ دُونِ أَيِّ مُبَرِرٍ بَل أَنْ يُسَاعِدُنَا فِي الوُصُولِ إِلَى دَرَجَةِ الكَمَالِ وَبِالتَحْدِيدِ مِنْ خِلاَلِ إِرَادَتِنَا الحُرَّةِ، وَلِهَذَا السَبَبِ إِنَّهُ مِنَ الضَرُورِيَّ جِداً إِيجَادُ مَكَانَ حُرِيَّةِ الإِخْتِيَارِ هَذَا وَفِي أَيِّ شَكْلٍ تَتَجَلَّى حُرِيَّةُ الإِخْتِيَارِ هَذِهِ بِوُضُوحٍ.

فَبِالرَغْمِ مِنْ إِدْرَاكِنَا الحِسِيِّ لِلإِطَارِ القَاسِيِ الذِي يَتَوَاجَدُ فِيهِ عَالَمُنَا فَإِنَّ

الطُمُوحَ فِي الوُصُولِ إِلَى الحُرِيَّةِ يَتَحكَمُ فِي حَيَاتِنَا. إِذاً يَجبُ عَلَيْنَا أَنْ نَعْلَمَ أَيُّ المَجَالاَتِ التِي نَمْلِكُ حُرِيَّةَ الإِخْتِيَارِ فِيهَا، مَا الَذِي يَعْتَمِدُ عَلَينَا نَحْنُ وَنَسْتَطِيعُ تَقرِيرَه بِحُرِيَّةٍ، وَمَا الَذِي يَملا عَلَينَا مِنَ الأَعْلَى وَلَيْسَ لَنَا أَيُّ قَولٍ أَو إِخْتِيَارٍ فِيهِ.

المُشْكِلَةُ هُنَا هِيَ أَنَّ مَرْحَلَةَ التَطورِ التِي وَصَلْنَا إِلَيْهَا مِنْ تَقَدمٍ فِي كَافَةِ المَجَالاَتِ تَحُولُ بَيْنَنَا وَبيْنَ رُؤيَةِ كُلِّ التَحدِيدَاتِ التِي تَتَحَكَمُ بنَا مِنَ الأَعْلَى. فَحَتى لَو كَانَ هُنَاكَ أَفعَالٌ أَوقَرَارَتٌ قَلِيلَةٌ فِيهَا نَسْتَطِيعُ مُمَارَسَةَ حُرِيَّةِ الإِخْتِيَارِ إِذاً يَجبُ عَلَيْنَا الحُصُولَ عَلَى الفَهْمِ التَامِ لِمَا هُوَ مَطْلُوبٌ مِنَا حَتَى نَتَمكَّنَ مِنَ اسْتِخْدَامِ حُرِيَّةِ الإِخْتِيَارِ لَدَيْنَا لِتَغْيِّرِ أَحْدَاثِ قَدَرنَا وَأَما مَا يَخُصُّ كُلَّ الأَشْيَاءِ الأُخْرَى تَبْقَى خَاضِعَةً تَحْتَ قَوَانِينِ الطَبِيْعَةِ تِلْكَ التِي بِإِسْتِطَاعَتِنَا تَغْيِرَهَا وَتِلْكَ التِي لاَ نَمْلِكُ أَيَّ نَوْعٍ مِنَ السَيْطَرَةِ عَلَيْهَا.

فَمَا هُوَ جَوْهَرُ الحُرِيَّةِ؟ بِشَكْلٍ عَامٍ نَرَى أَنَّهُ يُشَارُ إِليْهَا بِقَانُونِ الطَبِيْعَةِ وَالذِي يَتَجلَّى فِي كَافَةِ مَظَاهِرِ الحَيَاةِ وَجَوَانِبِهَا. رُؤيَتنَا لِعَذَابِ الحَيَوَانَاتِ عِنْدَ وُقُوْعِهَا فِي الأَسْرِ شَاهِدٌ عَلَى تَحَدِّي الطَبِيْعَةِ لأَيِّ أَنْوَاعِ العُبُودِيَّةِ، وَحَتى الإِنْسَانُ وَعَلَى مَرِّ العُصُوْرِ حَارَبَ دَافِعاً الثَمنَ غَالِياً جِدَاً مُقَابِلَ وَلَو الكَمِّ القَلِيلِ مِنَ الحُرِيَّةِ.

إِنَّ مَفْهُومَنَا لِلحُرِيَّةِ غَامِضٌ إِلَى حَدٍ بَعِيدٍ وَقَبْلَ أَنْ نُطَالِبَ بِحُرِيَتِنَا الشَخْصِيَّةِ يَجْدُرُ بِنَا فِي البِدَايَةِ أَنْ نَعْلَمَ إِدْرَاكَ كَيْفِيَّةِ اسْتِخْدَامِ هَذِهِ الحُرِيَّةِ. فَإذَا أَلقَيْنَا نَظْرَةً تَحْلِيلِيَّةً لأَفْعَالِ الإِنْسَانِ نَجدُ بِأَنَّ لَيْسَ وَاحِدٌ مِنْهَا نَابِعٌ مِنْ مَبْدَأ الحُرِيَّةِ الشَخْصِيَّةِ. فَإِنَّ طَبِيعَتَهُ الدَاخِلِيَّةَ وَالظُرُوفُ الخَارِجيَّةُ المُحِيطَةُ بِهِ تُجْبِرُهُ عَلَى التَصرُّفِ تَمَاشِياً مَعَ طَبِيعَتِهِ السُلُوكِيَّةِ التِي وُلِدَ بِهَا. فَالَطبِيْعَةُ وَضَعَتْنَا فِي

المَكَانِ بَيْنَ المُتْعَةِ وبَيْنَ المُعَانَاةِ وَلَسْنَا أَحْرَاراً فِي إِخْتِيَارِ المُعَانَاةِ أَوْ التَخَلُّصِ مِنَ المَلَذَّاتِ أَوْ المُتعِ فِي الحَيَاةِ.

بالنَظَرِ إِلَى الحَيَوَانَاتِ نَجِدُ أَنَّ الإِنْسَانَ هُوَ الوَحِيْدُ الَذِي يَمْلُكُ النُمُوَ وَالوَعِيَ فِي قُدْرَتِهِ عَلَى رُؤيَةِ الهَدَفِ أَمَامَهُ وَلِذَلِكَ هُوَ قَادِرٌ عَلَى أَنْ يَنْسَجِمَ أَوْ يَتَقَبَّلَ كَمِيَةً مُعَيَّنَةً مِنَ المُعَانَاةِ مُتَوَقِعاً أَنْ تُعَوِّضُهُ الحَيَاةُ فِي المُسْتَقْبَلِ عَنْمَا عَانَى مِنْهُ فِي المَاضِ. فَفِي الوَاقِعِ كُلُّ شَيءٍ يَخْضَعُ لِعَمَلِيَّةٍ حِسَابِيَّةٍ إِذَا صَحَّ التَعْبِيرِ، فَفِي رُؤيَةِ المَلَذَّةَ التِي يَتَرَقَّبَهَا الإِنسَانُ، وَفِي الإِحْتِمَالِ بالحُصُولِ عَلَيْهَا يُوَافِقُ خَاضِعاً لِلمُعَانَاةِ فِي سَبِيلِ الحُصُولِ عَلَى المُتْعَةِ أَو المَلَذَّةِ التِي يَبْغَاهَا.

إِذَا قُلْنَا عَلَى سَبِيلِ المِثَالِ بِأَنَّ الأَمْرَ يَتعَلَّقُ بِصِحَتِنَا سَنَجِدُ أَنْفُسَنَا رَاضِينَ لِلخُضُوعِ لِعَمَلِيَةٍ جِرَاحِيَّةٍ صَعْبَةٍ وَرُبَّ خَطِيرَةٍ إِلَى جَانِبِ دَفْعِ مَبْلَغٍ كَبِيرٍ لِهَدَفِ العَيْشِ بِصَحَّةٍ جَيدَةٍ وَمِنْ دُونِ أَلَمٍ، أَو نُوَافِقُ عَلَى العَمَلِ المُضْنِي لِلحُصُولِ عَلَى مُقَابِلٍ جَيدٍ يَتِيحُ لَنَا فُرْصَةَ العَيْشِ بِرَاحَةٍ وَهَنَاءٍ. فَكُلُ شَيءٍ هُوَ نَتِيجَةَ حِسَابَاتِنَا التِي نُجْرِيهَا لِنُوَازِنَ بَيْنَ قَدْرِ المُعَانَاةِ وَالمَلَذَّةِ التِي سَنَجْنِيهَا مِنْهَا فَإِذَا فَاقَتْ كَمِيَّةُ المُتْعَةَ قَدْرَ المُعَانَاةِ فَإِنَّنَا نَعْمَلُ كُّلَ مَا بِوِسْعِنَا لِنَحْصَلَ عَلَيهَا. هذِهِ هِيَ الطَرِيقَةُ التِي صُمِمَ بِهَا الإِنْسَانُ وَهَذَا هُوَ الطَابِعُ الَذِي طُبِعَ بِهِ. فَالأُنَاسُ الَذِينَ يَبْدُونَ عَلَى أَنَّهُم مُغَامِرِينَ أَو مُسْتَهْتِرِينَ أَو حُمْقَى أَو حَتَى الرُومَنْسِينَ مِنْهُمُ وَالذِينَ لاَ يُبَالُونَ فِي تَضْحِيَةِ أَنْفُسِهِمْ فِي سَبِيلِ أَيِّ شَيءٍ أَوْ أَيِّ أَحدٍ لَيْسَ هُمْ إِلاَّ أُنَاسٌ يُجِيدُونَ حِسَابَ النَتَائِجِ التِي سَتَعُودُ عَلَيْهِم وَلِذَلِكَ نَرَاهُم يَحْتَمِلُونَ الكَرْبَ وَالعَذَابَ فِي مُقَابِلِ مَا يَبْغُونَ وَالَذِي نَنْظُرُ نَحْنُ إِلَيهِ وَكَأَنَّهُ عَمَلٌ بُطُولِيٌّ وَلَكِنَ فِي الوَاقِعِ وَفِي أَيٍّ مِنَ المَوَاقِفِ نَجِدُ أَنَّنَا دَائِماً نَقُومُ بِحِسَابَاتِنَا لِلحُصُولِ عَلَى أَكْبَرِ قَدْرٍ مِنَ المَلَذَّاتِ.

يعتَرِفُ عُلَمَاءُ النَفْسِ بِأَنَّهُ مِنَ المُمكِنِ أَنْ يُغَيِيرَ الإِنْسَانُ أَولَوِيَاتَه فِي الحَيَاةِ إِلَى دَرَجَةٍ أَنَّ الإِنْسَانَ الجَبَانَ يُصْبِحُ بَطَلاً. فَقَدْ يَسْمُوُ المُسْتَقْبَلَ إِلَى دَرَجَةٍ رَفِيعَةٍ فِي عَيْنَيِّ الإِنْسَانِ لِيُضَحِي بِأَيِّ شَيءٍ قَابِلاً حَتَى الفَقْرِ المُدْقِعِ لِيَصِلَ إِلَى صُوُرَةِ المُسْتَقْبَلِ الَتِي تَلُوُحُ أَمَامَهُ. وَمِنْ هُنَا نَجِدُ بِأَنَّ لَيْسَ هُنَاكَ أَيُّ فَارِقٍ بَيْنَ الإِنْسَانِ وَالحَيَوَانِ وَإِذَا كَانَ هَذَا حَقّاً فَالحُرِيَّةُ وَالإِخْتِيَارُ الذَكِيُّ شَيءٌ غَيرُ وَاقِعِيٍّ وَلاَ وُجُودَ لَهُ.

إِذاً فَمَنْ هُوَ الَذِي يُحدِدُ وَيَحْسُمُ نَوعِيَّةَ المَلَذَّاتِ؟ فَعَلَى مَا يَبْدُوُ عَلَيْهِ الأَمْرُ فِي هَذِهِ النُقْطَةِ أَنَّهُ لَسْنَا فَقَطْ لاَ نَمْلِكُ حُرِيَّةَ الإِخْتِيَارِ وَلَكِنْ حَتَى مِيزَةَ وَصِفَةَ المَلَذَّةِ لَيْسَتْ هِيَ حَقٌّ مَقْصُورٌ عَلَى أَيٍّ مِنَّا. فَالمَلَذَّةُ لَيْسَتْ نَابِعَةٌ أَوْ حَتَى تَتَمَاشَى مَعَ إِرَادَتِنَا الحُرَّةِ وَلَكِنَهَا تُفْرَضُ عَلَيْنَا مِنَ الآخَرِينَ فَنَحْنُ لاَ نَخْتَارُ نَمَطَ وَمَوضَةَ الأَزْيَاءِ حَسْبَ عَصْرِهَا وَلاَ طَرِيقَةَ الحَيَاةِ الَتِي نَعِيشُهَا وَحَتَى الطَعَامَ إِذْ أَنَّهُ مَفْرُوضٌ عَلَيْنَا مِنْ مُحِيطِنَا. فَكُلُ حَيَاتُنَا مُقَيَّدَةٌ بِسُلُوكِ وَعَادَاتِ المُجْتَمَعِ الَذِي نَعِيشُ فِيهِ وَالَتِي أَصْبَحَتْ قَانُونَ الوُجُوُدِ وَالسُلُوكُ الإِنسَانِيَّ. فَإِذَا كَانَ الأَمْرُ هَكَذَا فَأَيْنَ هِيَ حُرِيَّةُ الإِخْتِيَارِ لَدينَا؟ بِنَاءً عَلَى هَذَا يَتَضِحُ بِأَنَّهُ لاَ يُوُجَدُ لاَ جَزَاءً وَلاَ عِقَاباً عَلَى جَمِيعِ أَعْمَالِنَا وَأَفعَالِنَا.

إِذَا كَانَتْ حَيَاةُ كُلُّ فَرْدٍ مِنَّا تَسِيرُ حَسْبَ القَانُوُنَ الَذِي يُمْلِيهِ عَلَيْنَا الآخَرُوُنَ وَتُفْرِضُهُ عَلَيْنَا البِيئَةَ الَتِي نَعِيشُ فِيْهَا إِذاً لِمَاذَا يَعْتَقِدُ الفَرْدُ بِأَنَّهُ مُسْتَقِلٌ بِحَدِ ذَاتِهِ؟ مَا هِيَ المِيزَةُ الخَاصَةُ فِي كُلِ مِنَا؟ وَأَيٌّ مِنْ هَذِهِ الخَوَاصِ نَسْتَطِيعُ تَغْيرَهَا؟ فِي تَحْدِيدِ وَتَصْنِيفِ هَذِهِ الخَوَاصِ فِينَا يَجِبُ عَلَينَا أَنْ نُمَيِّزَ كُلُّ وَاحِدَةٍ وَنَعْمَلُ عَلَى تَنْمِيَتِهَا.

كُلُ شَخْصٍ فِي هَذَا العَالَمِ مُصَمَمٌ مِنْ أَرْبَعَةِ مَرَاحِلٍ:

١- الأَسَاسُ وَالَذِي هُوَ المَادَةُ الأَسَاسِيَّةُ الَتِي صُنِعَ مِنْهَا الإِنْسَانُ وَهَذِهِ هِيَ الخَاصِيَّةُ أَوْ السِمَةُ الَتِي لاَ يُمْكِنُ تَغْيِرَهَا أَبَداً إِذْ أَنَّهَا تَحْتَوِي عَلَى نِظَام نُمُوِ وَتَطْوِيرِ هَذِهِ الخَاصِيَّةِ. كَحَبَةِ القَمْحِ حِينَمَا تُوضَعُ فِي التُربَةِ نَرَى بِأَنَّ القِشْرَةَ الخَارِجِيَّةَ هِيَ الَتِي تَتَلاشَى وَلَكِنَّ الخَاصِيَّةَ الَتِي تُمَيِّزُ حَبَةَ القَمْحِ عَنْ غَيرِهَا مِنَ الحُبُوبِ هِيَ الأَسَاسُ الَذِي يَنْمُو مِنْهُ البُرعُمَ الجَدِيدَ؛ هُوَذَا الحَالُ أَيْضاً بِالنِسْبَةِ لِلجَسَدِ إِذْ يَتَفَسَّخُ فِي التُربَةِ.

٢- الخَوَاصُ الأَسَاسِيَّةُ لِلمَادَةِ وَالغَيرُ قَابلَةٍ لِلتَغْيِرِ. الأَسَاسُ لاَ يَتَغَيَّرُ أَبَداً وَلاَ يَفْقِدُ أَيٍّ مِنْ خَصَائِصِهِ البَتَةَ وَلاَ يَتخذُ شَكْلاً مُخْتَلِفَاً مَهْمَا إِخْتَلَفَتِ الظُرُوفُ. مُعْتَمِداً بِشَكْلٍ كُلِي عَلَى البِيئَةِ الَتِي يَتَوَاجَدُ فِيهَا مِنْ نَوعِيَةِ التُربَةِ وَالسَمَادِ وَنُورِ الشَمْسِ نَحْنُ نَرَى إِخْتِلافَاً فِي مَرَاحِلِ نُمُوِ البُرعُمِ الَذِي يَنْشَأُ مِنْ حَبَةِ القَمْحِ وَلَكِنَّ وَبِالرَغْمِ مِنْ كُلِّ التَغْيِيرَاتِ الَتِي يَمُرُ بِهَا البُرعُمَ يَنْمُو لِيُصْبِحَ سُنْبُلَةَ قَمْحٍ وَلَيسَ شَعِيرٍ.

٣- الخَاصِيَّاتُ الَتِي تَتَغَيَّرُ تَحْتَ تَأثِيرِ القُوَّةِ الخَارِجِيَّةِ. مُتَأثِراً بِمَرَاحِلِ النُمُوِ الخَارِجِيَّةِ نَرَى التَغْيِيرَاتَ فِي الجُزءِ الَذِي يَخْرُجُ مِنَ الأَسَاسِ وَلَكِنَّ التَغْيِرَ لاَ يَشْمُلُ الأَسَاسَ نَفْسَهُ، فَحَبَّةُ القَمْحِ تَبْقَى فِي ذَاتِهَا حَبَّةُ قَمْحٍ وَلَكِنَّ الشَكْلَ الخَارِجِيَّ هُوَ الجُزءُ الَذِي يَتَعَرَّضُ لِلتَغْيِرِ بِحَسْبِ تَأثِيرِ البِيئَةِ عَلَيهِ. تَظْهَرُ مَرَاحِلُ خَارِجِيَّةٌ جَدِيدَةٌ إِضَافِيَّةٌ وَالَتِي تَلْتَحِقُ مُنْخَرِطَةً مَعَ الأَسَاسِ وَبِالإِتِحَادِ مَعَاً يُوَّلِدَانِ صِفَةً أَوْ سِمَةً جَدِيدَةً تَحْتَ تَأثِيرِ البِيئَةِ أَيْ المُجْتَمَعِ الَذِي يَنْتَمِي إِلَيهِ الشَخْصُ وَوُجُودهُ مَعَ المَجْمُوعَةِ وَطَبْعَاً تَأْثِيرُ الكُتُبِ وَالمُعَلِّمِ عَلَيْهِ.

٤- التَغيرَاتُ الَتِي تَشْمُلُ القُوَّةَ الخَارِجِيَّةَ. إِنَّ الإِنسَانَ بِحَاجَةٍ مَاسَةٍ إِلَى البِيئَةِ أَيْ المَجْمُوعَةِ وَالَتِي تَنْمُو بِشَكْلٍ مُسْتَمِرٍ وَالتِي تُؤَثِرُ عَلَى مَرَاحِلِ نُمُوِ الفَرْدِ

بِشَكْلٍ مُسْتَمِرٍ وَمَا دَامَ الإِنْسَانُ يَنْمُو وَيَتَطَوَّرُ يُؤَثِرُ فِي دَوْرِهِ عَلَى البِيئَةِ أَوْ المَجْمُوعَةِ مُجْبِرَاً إِيَّاهَا عَلَى النُمُوِ وَالتَقَدُّمِ أَيْضَاً وَمَعَاً يَنْمُونَ سَوِيَّاً.

إِنَّ هَذِهِ العَوَامِلَ الأَرْبَعَ تُحَدِّدُ حَالَةَ أَوْ دَرَجَةَ كُلِ مَخْلُوقٍ حَيٍّ وَحَتَى إِذَا أَمْضَى الإِنْسَانُ كُلَ وَقْتِهِ فِي البَحْثِ فَهُوَ لاَ يَسْتَطِيعُ تَغْيِيرَ أَوْ زِيَادَةَ أَيِّ شَيءٍ لَمَا تَتَضَمَنُهُ المَرَاحِلُ الأَرْبَعُ التِي سَبَقَ ذِكْرَهَا. فَإِنَّ كُلَّ مَا نَقُومُ بِهِ أَوْ نَفْتَكِرُ بِهِ قَائِمٌ فِي مَضْمُونِ هَذِهِ المَرَاحِلِ الأَرْبَعِ إِذْ أَنَّهَا تُحَدِدُ وَبِقُوَةٍ مَعَالِمَ شَخْصِيَتَنَا وَطَرِيقَةَ تَفْكِيرِنَا.

١- الإِنْسَانُ لاَ يَسْتَطِيعُ تَغْيِيرَ جَوْهَرِهِ.

٢- الإِنْسَانُ لاَ يَسْتَطِيعُ تَغْيِيرَ القَوَانِينِ وَالَتِي يَتَغَيَّرُ جَوْهَرَهُ بِحَسْبِهَا.

٣- الإِنْسَانُ لاَ يَسْتَطِيعُ تَغْيِيرَ القَوَانِينِ وَتَغْيِيرَ خَصَائِصِهِ أَو سِمَاتِهِ الدَاخِلِيَّةِ النَاتِجَةَ عَنْ التَأْثِيرَاتِ الخَارِجِيَّةِ الَتِي يَتَعَرَّضُ لَهَا.

٤- البِيئَةُ الَتِي يَعِيشُ فِيهَا الإِنسَانُ وَالَذِي يَعْتَمِدُ عَلَيهَا كُلِيَّاً مِنَ المُمْكِنِ تَغْيِرَهَا.

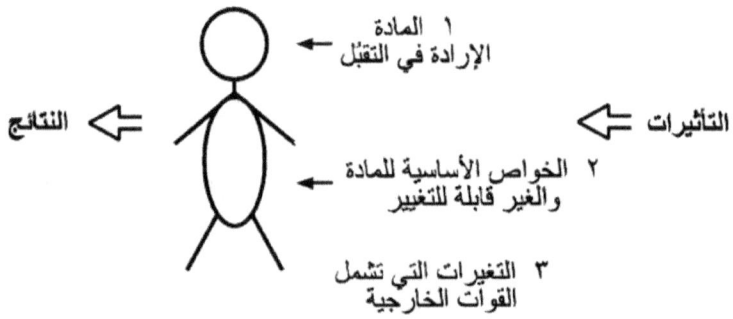

قُدْرَةُ الإِنْسَانِ فِي التَأْثِيرِ عَلَى مُحِيْطِهِ فِي الوَقْتِ الحَاضِرِ تَجْعَلُهُ قَادِراً عَلَى تَحْدِيدِ مُسْتَوَاهُ فِي المُسْتَقْبَلِ. العَوَامِلُ الوَحِيدَةُ التِي يَسْتَطِيعُ مُحِيطُ الإِنْسَانِ أَوْ بِيئَتُهُ التَأْثِيرَ عَلَيْهِ تَكْمُنُ فِي سُرْعَةِ وَجَوْدَةِ نُمُوهِ. فَإِمَا أَنْ يَعِيشَ فِي أَلَمٍ وَمُعَانَاةٍ وَخَوفٍ وَصِرَاعٍ لاَ نِهَايَةَ لَهُ فِي هَذِهِ الحَيَاةِ، وَأَمَا أَنْ يَتَقَدَّمَ بِهُدُوءٍ وَبِسْرعَةٍ وَذَلِكَ مُمْكِنُ لأَنَّ الإِنْسَانَ يَطْمَحُ إِلَى الهَدَفِ فِي ذَاتِهِ وَلِهَذَا السَبَبُ نَجِدُ عُلَمَاءَ الكَابَالا يَحُثُونَا بِإِلحَاحٍ عَلَى بِنَاءِ البِيئَةِ المُلائِمَةِ لِتَوعِيَةِ جَمِيعِ النَاسِ عَلَى كَيْفِيَّةِ الحُصُولِ عَلَى حَيَاةٍ سَعِيدَةٍ وَتَجَنُبِ المُعَانَاةَ وَتَحْقِيقِ هَدَفُ الخَلِيْقَةِ.

إِذاً بِالرَغْمِ مِنْ أَنَّنَا لاَ نَسْتَطِيعُ تَحْدِيدِ الأُمُورِ الأَسَاسِيَّةِ بِالنِسْبَةِ لِوُجُودِنَا فِي هَذِهِ الحَيَاةِ، مِثَالُ كَيْفَ نُولَدُ وَمَنْ يُولَدُ فِي أَيِّ عَائِلَةٍ، لَكِنْ نَسْتَطِيعُ التَأْثِيرَ عَلَى المَرَاحِلِ الثَلاثَةِ الأُولَى فِي إِخْتِيَارِ البِيئَةِ التِي نَعِيشُ فِيهَا فِي مَدَى تَأْثِيرَهَا عَلَيْنَا أَيْ وُجُودِنَا مَعَ الأَصْدِقَاءِ الذِينَ يَدْرُسُونَ عِلْمُ الكَابَالاَ، وَالكُتُبُ التِي نَقْرَأَهَا وَتَأْثِيرَهَا عَلَى فِكْرِنَا وَنَفسِيَتِنَا وَطَبْعاً تَلَقِّي العِلْمُ مِنْ عَالِمِ الكَابَالا نَفْسَهُ شَيءٌ مُهِمٌ جِداً. فَالبِيئَةُ لَهَا دَوْرٌ كَبِيرٌ جِداً فِي التَأْثِيرِ عَلَيْنَا وَفِي صِيَاغَةِ وَتَشْكِيلِ مُسْتَقْبَلِنَا. إِذاً حُرِيَّةُ الإِخْتِيَارِ لَدَيْنَا تَتَمحْوَرُ فِي هَذِهِ النُقْطَةِ فِي إِخْتِيَارِنَا لِلبِيئَةِ وَالتِي تُؤَثِّرُ عَلَيْنَا بِنَوعِيَّةِ التَفْكِيرِ الحَسَنِ. فَإِذَا لَمْ يَسْعَ الإِنْسَانُ إِلَى هَذَا يَجِدُ نَفْسَهُ فِي مُحِيطٍ غَيرُ صَحِيٍّ وَجِيدٍ وَالذِي يُؤَثِرُ عَلَيْهِ بِشَكْلٍ سَلْبِيٍّ وَبِالتَالِي لاَ يَلْقَى إِلاَّ المُعَانَاةَ وَالفَشَلَ فِي الحَيَاةِ.

مِنْ هُنَا نَرَى أَنَّ المُكَافَأَةَ وَالعِقَابَ يَأْتِيَانِ عَلَى الإِنْسَانِ لَيْسَ كَقِصَاصٍ عَلَى أَفْكَارِهِ وَأَفعَالِهِ وَالتِي لاَ يَمْلِكُ حُرِيَّةَ الإِخْتِيَارِ فِيهَا بَلْ مِنْ إِخْتِيَارِهِ لِلبِيئَةِ التِي يَتَواجَدُ فِيهَا بِمَا أَنَّهُ يَمْلُكُ حُرِيَّةَ الإِخْتِيَارِ فِي تَحْدِيدِ نَوْعِ البِيئَةِ فِي تَأْثِيرَهَا عَلَيهِ. وَهُنَا عِقَابُ الإِنْسَانِ يَكُونُ لِهَدَفِ مُسَاعَدَتِهِ فِي إِعْطَاءِهِ القُدْرَةَ أَنْ يَخْتَارَ البِيئَةَ الصَحِيحَةَ لِتُسَاعِدُهُ لِلوُصُولِ إِلَى هَدَفِهِ فِي الحَيَاةِ.

مِنْ هُنَا نَرَى بِأَنَّ الإِنْسَانَ الَذِي يَبْذُلُ جُهْدَهُ فِي كُلِ مَرَّةٍ فِي إِخْتِيَارِهِ لِلبِيئَةِ التِي يَرْغَبُ فِي التَوَاجُدِ فِيْهَا يَجِدُ النَجَاحَ حَلِيْفَهُ لَيْسَ بِسَببِ أَفْكَارِهِ الجَيْدَةِ بَلْ بِسَبَبِ إِصْرَارِهِ وَمُثَابَرَتِهِ فِي تَحْسِينِ مُحِيْطِهِ وَالَذِي يَقُودَهُ إِلَى التَفْكِيرِ الحَسَنِ وَلِهَذَا يُمْنَحُ تَقَدُّماً مَلْحُوظاً فِي المُسْتَوَى الرُوحِيِّ الَذِي يَتَوَصَّلُ إِلَيْهِ.

رَوَى الحُكَمَاءُ قِصَّةً فِي كِتَابِ الزُوُهَارِ عَنْ إِنْسَانٍ فَقِيرٍ وَلَكِنَّهُ حَكِيمٌ، قُدِمَتْ لَهُ دَعْوَةً مِنْ رَجُلٍ غَنِي جِداً لِكَي يَنْتَقِلَ مِنْ مَكَانِهِ إِلَى مَدِينَةِ الرَجُلِ الغَنِي لِيَعِيشَ فِي بَيْتِهِ حَيَاةً مُرِيحَةً يَجِدُ فِيْهَا كُلَّ إِحْتِيَاجَاتِهِ وَأَكْثَر مِما يَرْغَبُ بِهِ وَلَكِن رَفَضَ الرَجُلُ الحَكِيمُ الدَعْوَةَ قَائِلاً لِلرَجُلِ الغَنِي "مَهْمَا كَانَتِ الظُرُوُفُ وَفِي أَيِّ حَالٍ مِنَ الأَحْوَالِ وُجِدْتُ فَإِنَّهُ مِنَ المُسْتَحِيلِ أَنْ أَقْبَلَ السَكَنَ فِي مَكَانٍ لاَ يُوُجَدُ فِيهِ رَجُلٌ حَكِيمٌ" فَقَالَ لَهُ الرَجُلُ الغَنِيُ "وَلَكِنْ أَنْتَ أَحْكَمُ مُنْ فِي عَصْرِكَ فَمِمَنْ تَسْتَطِيعُ أَنْ تَتَعَلَّمَ". فَأَجَابَ الرَجُلُ الحَكِيمُ قَائِلاً "حَتى أَنَّ أَعْظَمَ عُلَمَاءِ الحِكْمَةِ يُصْبِحُ عَدِيمَ المَعْرِفَةِ إِذَا أَحَاطَ نَفْسَهُ بِالبُلَهَاءِ وَالحَمْقَى".

لِذَلِكَ يَجِبُ عَلَينَا خَلْقَ البِيئَةَ التِي تُؤَثِرُ عَلَيْنَا بِالتَفْكِيرِ الحَسَنِ إِذْ أَنَّهَا العَامِلُ الوَحِيْدُ الَذِي يَقُودَنَا إِلَى النَجَاحِ إِذْ أَنَّنَا نَعْتَمِدُ عَلَيْهَا بِشَكْلٍ كُلِي. نَحْنُ جَمِيعَنَا أَسْرَى طَبِيعَتَنَا الأَنَانِيَّةِ، وَتَحْرِيرُ أَنْفُسَنَا يَعْنِي التَخَطِي فَوْقَ قُيُودِ وَحُدُوُدِ هَذَا العَالَمَ وَدُخُوُلَ الوَاقِعِ الشَامِلِ. وَبِمَا أَنَّنَا فِي قَبْضَةِ هَذَا العَالَمَ تَمَاماً، نَسْتَطِيعُ أَنْ نُطْلِقَ أَنْفُسَنَا أَحْرَاراً حَتى مِنْ طَبِيعَتِنَا الأَنَانِيَّةِ بِخَلْقِ مُحِيْطٍ نَضَعُ فِيهِ أَنْفُسَنَا بَيْنَ أُنَاسٍ يُشَارِكُوُنَنَا وِجْهَةَ النَظَرِ نَفْسَهَا وَيُشَارِكُوُنَنَا طُمُوحَاتَنَا نَحْوَ الهَدَفِ لِنَرْمِي بِعَنَانِ أَنْفُسِنَا بَيْنَ أَيْدِيهُم خَاضِعِينَ لِقَوَانِينِ العَالَمِ الرُوحِيِّ. فَإِنَّ تَحْرِيرَ أَنْفُسَنَا مِنْ حِبَالِ عُبُودِيَّةِ الأَنَا "حُبُ الذَاتِ-الأَنَانِيَّةِ" وَإِظْهَارُ مِيْزَةِ العَطَاءِ مَعْنَاهُ أَنَّنَا نَفْهَمُ وَنُدْرِكُ مَعنَى الإِرَادَةَ الحُرَّةَ عِنْدَ الإِنْسَانِ.

يَتصرَّفُ الإنْسَانُ تِلْقَائِيّاً تَحْتَ تَأثِيرِ العَوَامِلِ الدَاخِلِيَّةِ وَالخَارِجِيَّةِ التِي تُؤَثِرُ عَلَيْهِ بِقُوَّةٍ فِي تَسْيِيرِ حَيَاتِهِ وَلَيْسَ لَهُ إلاَّ الخُضُوعُ لَهَا وَلَكِنْ إِذَا أَرَادَ أَنْ يَخْرُجَ مِنْ تَحت سَيْطَرَةِ الأَنَانِيَّةِ وَيَهْرُبُ مِنْ قَبْضَتِهَا فَلاَ بُدَّ لَهُ أَنْ يُعَرِّضَ نَفْسَهُ لِتَأثِيرِ البِيئَةِ الصَحِيحَةِ التِي إخْتَارَهَا. فَبِإخْتِيَارِهِ لِلبِيئَةِ الصَحِيْحَةِ وَالجَيْدَةِ أيْ "المُعَلِمُ وَالكُتُبُ وَالمَجْمُوعَةُ التِي تَسْعَى فِي الطَرِيقِ نَفْسِهِ" لِتُمْلِي عَلَيْهِ الفِكْرَ الحَسَنَ وَالسُلُوكَ الحَسَنَ شَيءٌ مُهِمٌ جِداً لِمَنْحِهِ القُوَّةَ التِي يَحْتَاجَهَا فِي التَقَدُمِ نَحْوَ الهَدَفِ.

فِي إكْتِشَافِ أَنَّ عَقْلَ الإنْسَانِ هُوَ حَصِيلَةَ تَجْرُبَتِهِ فِي الحَيَاةِ نَسْتَنْتِجُ أَنَّ لَيْسَ لِلعَقْلِ سُلطَةٌ عَلَى الجَسَدِ لأَنَّهُ عِبَارَةً عَنْ إنْعِكَاسٍ لِلظُرُوفِ وَالأَحْدَاثِ التِي مَرَّ الإِنْسَانُ بِهَا. فَالعَقْلُ هُوَ القُوَّةُ التِي تُحركُ الجَسَدَ وَتُوَجِهُهُ نَحْوَ الأَشْيَاءِ المُفِيْدَةِ وَالجَيْدَةِ وَتُبْعِدُهُ عَنْمَا يُسَبِبُ لَهُ الأَذِيَّةَ وَالضَرَرَ. لَكِنَ كَمَا تَسْتَخْدِمُ العَيْنُ المَجْهَرَ فِي البَحْثِ عَنْ أَصْغَرَ الكَائِنَاتِ الحَيَّةِ كَذَلِكَ خَيَالُ الإنْسَانِ يَسْتَخْدِمُ العَقْلَ لإِكْتِشَافِ أَيِّ الأَسْبَابِ مَهمَا صَغُرَ حَجمَهَا وَتُنَبِهُ الإِنْسَانَ الذِي يَأْخُذُ بِالإِبْتِعَادِ عَنْهَا وَهَذَا مَا يَسْمَحُ لِلإِنْسَانِ تَفَادِي التَأْثِيرَاتَ الضَارَةَ عَلَيْهِ كَالمَيْكرُوبَاتِ وَالبَكْتِيرِيَا وَالفَيْرُوسَاتِ التِي لاَ يَسْتَطِيعُ الإِحْسَاسَ بِهَا مِنْ خِلاَلِ حَوَاسِهِ الخَمْسَةِ. نَحْنُ نَرَى أَنَّ فِي الحَالَةِ التِي لاَ يَسْتَطِيعُ الجَسَدُ فِيهَا كَشْفَ وَضَبْطَ الأَشْيَاءِ فِي أَيٍّ مِنْ حَالاَتِهَا أي إِذَا كَانَتْ مُفِيْدَةً أَوْ ضَارَةً لَهُ، نَجِدُ أَنَّ العَقْلَ يُصْبِحُ وَثِيقَ الصِلَةِ بِمَا يُوَاجِهُ الإِنْسَانَ لِيَأْخُذَ السَيْطَرَةَ الكَامِلَةَ عَلَى الجَسَدِ مُجِيزاً لَهُ بِالإِبْتِعَادِ عَنْ أَيِّ مَكْرُوهٍ.

مَفْهُومَنَا فِي أَنَّ العَقْلَ هُوَ إِنْعِكَاسٌ لِتَجَارِبِ الحَيَاةِ فَالإنسَانُ مَفْتُوحٌ لِيَتَقَبَّلَ تَفْكِيرَ وَحِكْمَةَ الآخَرِينِ وَكَأَنَّهَا قَانُونُ الحَيَاةِ، هَذَا إِذَا كَانَ لِلإِنْسَانِ ثِقَةٌ بِمَصْدَرِ هَذَا الفِكْرِ وَهَذِهِ الحِكْمَةِ. فَفِي الوَقْتِ الذِي يَحْتَاجُ بِهِ الإِنْسَانُ إِلَى

طَبِيبٍ نَرَى أَنَّ الإِنْسَانَ يَعْتَمِدُ إِعْتِمَاداً كُلِّيّاً عَلَى رَأْيِ الطَّبِيبِ وَيُتَابِعُ تَعْلِيمَاتِهِ حَرْفِيَّاً بِالرَّغْمِ مِنْ أَنَّهُ يَجْهَلُ أُمُورَ الطِّبِّ وَلَكِنَّهُ يَثِقُ بِالطَّبِيبِ بِشَكْلٍ تَامٍّ. إِذاً الإِنْسَانُ قَادِرٌ عَلَى اسْتِخْدَامِ عَقْلِ الآخَرِينَ كَقُدْرَتِهِ فِي اسْتِخْدَامِ عَقْلِهِ لِيَحْمِي نَفْسَهُ مِنْ أَيِّ ضَرَرٍ.

هُنَاكَ طَرِيقَتَانِ لِلسُّلْطَةِ العُلْيَا لِضَمَانِ نَجَاحِ الإِنْسَانِ فِي تَحْقِيقِ هَدَفِ الخَلِيقَةِ فِي الوُصُولِ إِلَى التَوَازُنِ مَعَ سِمَاتِ الخَالِقِ.

١- طَرِيقُ المُعَانَاةِ

٢- طَرِيقُ عِلْمِ حِكْمَةِ الكَابَالا

إِنَّ طَرِيقَ عِلْمِ الكَابَالا يَعْتَمِدُ بِشَكْلٍ كُلِّيٍّ عَلَى عُقُولِ الَذِينَ إِسْتَطَاعُوا إِحْرَازَ العَالَمِ الرُوحِيِّ وَالوُصُولَ إِلَى الهَدَفِ الأَعْلَى لِلْخَلِيقَةِ وَلَكِنْ كَيْفَ بِإِمْكَانِنَا التَأَكُّدُ مِنْ أَنَّ العُقُولَ الَتِي نَعْتَمِدُ عَلَيْهَا فِي إِحْرَازِ هَدَفِ الإِنْسَانِ السَامِي فِي هَذِهِ الحَيَاةِ جَدِيرٌ بِالثِقَةِ؟ وَلَكِنْ وَمِنْ النَّاحِيَةِ الأُخْرَى نَرَى أَيْضاً بِأَنَّ عَدَمَ إِتِبَاعِ مَا أَمْلَاهُ عَلَيْنَا الطَبِيبُ وَكَأَنَّنَا نُدِينُ أَنْفُسَنَا إِلَى طَرِيقِ العَذَابِ وَالشَقَاءِ الطَوِيلِ وَالَذِي يُؤَدِّي بِحَيَاتِنَا فِي وَقْتٍ لَا نَتَوَقَّعُهُ بِسَبَبِ جَهْلِنَا فِي مُعَالَجَةِ أَنْفُسِنَا مِنْ تِلْقَاءِ أَنْفُسِنَا.

هَكَذَا هُوَ الفَرْقُ بَيْنَ طَرِيقِ المُعَانَاةِ وَطَرِيقِ الكَابَالا فَالَذِي لَا يَمْلُكُ الثِقَةَ وَالإِيمَانَ فِي طَرِيقِ عِلْمِ حِكْمَةِ الكَابَالا يَسْتَطِيعُ أَنْ يُحَاوِلَ مِنْ تِلْقَاءِ نَفْسِهِ مَارَّاً فِي مَصَاعِبِ الحَيَاةِ بَدَلاً مِنَ التَعَلُّمِ مِنْ هَؤُلَاءِ الَذِينَ إِخْتَبَرُوا وَعَلِمُوا مَا هُوَ الصَالِحُ وَمَا هُوَ الطَالِحُ فِي هَذِهِ الحَيَاةِ وَالَذِي بِقُدْرَتِهِ تَسْهِيلُ وَتَعْجِيلُ

مَرَاحِلَ التَصْحِيحِ الَتِي يَتَوَجَّبُ عَلىَ الإِنْسَانِ العُبُوُرَ بِهَا لِيَصِلَ إِلَى النِهَايَةِ وَكُلُّ هَذَا يَأتِي عَنْ طَرِيقِ الجُهْدِ فِي الحُصُوُلِ عَلى البِيئَةِ الصَحِيْحَةِ.

مُنْذُ بِدَايَةِ نُمُوِ البَشَرِيَّةِ نَرَى أَنَّ الطَبِيْعَةَ عَمِلَتْ عَلَى وَضْعِ الإِنْسَانِ فِي مُجْتَمَعٍ، وَالإِنْسَانُ خَاضِعٌ لِقَوَانِينِ هَذَا المُجْتَمَعِ وَإِذَا خَالَفَ هَذِهِ القَوَانِينِ يَلْقَى العِقَابَ إِذَا كَانَ مُدْرِكاً لِهَذِهِ القَوَانِينِ أَمْ لاَ إِذْ أَنَّ قَانُونَ العَيْشِ الجَمَاعِيِّ هُوَ أَحَدُ قَوَانِينِ الطَبِيْعَةِ وَيَتَوَجَّبُ الخُضُوُعَ لَهُ وَبِحَذَرٍ شَدِيدٍ. مِنْ مُلتَزَمَاتِ هَذَا القَانُوُنِ هُوَ تَنْمِيَةُ الوَعْيِ عِنْدَ الإِنْسَانِ عَلى أَنَّ مَحَبَّةَ الذَاتِ هِيَ شَرٌ وَمَحَبَّةُ الآخَرِينَ هِيَ الشَيءُ الصَحِيحُ لأَنَّهَا الطَرِيقُ الوَحِيْدُ إِلَى الخَالِقِ. وَمَعَ ذَلِكَ لاَ يُوُجَدُ أَيُّ حَقٍ لِلأَغْلَبِيَّةِ فِي قَمْعِ أَوْ كَبْتِ رَأيِ أَيِّ فَرْدٍ فِي مَجَالِ عِلاَقَتِهِ بِالخَالِقِ وَلِكُلِ إِنسَانٍ الحُرِيَّةَ فِي أَنْ يَعْمَلَ مَا يَرَاهُ بِأَنَّهُ حَقٌ وَصَحِيحٌ مِنْ هَذِهِ النَاحِيَةِ فَإِنَّهَا حُرِيَتَهُ الشَخْصِيَّةِ. قَوَانِينُ السُلُوكِ البَشَرِيِّ أَمْرٌ يُمْلَى بِهِ طِبْقَاً لِمَبَادِئِ وَأَعْرَافِ المُجتَمَعِ فِي حُكْمِ الأَغْلَبِيَّةِ وَلَكِنْ إِذَا كَانَ يَتَعَلَّقُ الأَمْرُ فِي عَلاَقَةِ الإِنْسَانِ بِخَالِقِهِ فَهَذَا أَمْرٌ لاَ يَحْكُمُ فِيهِ إِلاَّ الإِنْسَانُ وَحْدَهُ فَهُوَ الوَحِيْدُ الذِي يَمْلُكُ الحَقَ فِي تَنْسِيقِ وَتَنْظِيمِ عَلاَقَتَهُ مَعَ خَالِقِهِ.

يَنُصُّ قَانُونُ المُجتَمَعِ عَلَى وُجُوبِ خُضُوُعِ الأَقَلِيَّةِ لِلأَغْلَبِيَّةِ وَلَكِنْ وَعَلَى أَيِّ أَسَاسٍ يَحِقُ لِلأَغْلَبِيَّةِ فِي أَنْ تَأخُذَ عَلَى عَاتِقِهَا الحَقَ فِي أَنْ تَكْبَحَ وَتَسْحَقَ حُرِيَّةَ الشَخْصِ الفَرْدِيَّةِ مُرْغِمَةً إِيَّاهُ وَبِإِكْرَاهٍ فِي إِتبَاعِ مَا تَنُصُّهُ. بِمَا أَنَّ الطَبِيعَةَ فَرَضَتْ عَلَيْنَا العَيْشَ فِي المُجتَمَعِ البَشَرِيِّ فَكُلُ فَرْدٍ مُلْزَمٌ أَنْ يَخْدُمَ مُجْتَمَعَهُ وَيُسَاهِمَ مِنْ خِلاَلِ الجُهُوُدِ المُشْتَرَكَةِ فِي بِنَاءِهِ وَإِزْدِهَارِهِ وَهَذَا لَيسَ مُمْكِنَاً إِلاَّ عَنْ طَرِيقِ إِذْعَانِ وَخُضُوُعِ الفَرْدِ لِقَوَانِينِ المُجتَمَعِ، فَإِنَّهُ يَتَوَجَّبُ عَلَى كُلِ شَخْصٍ إِطَاعَةَ الأَعْرَافِ وَالتَقَالِيدِ المَنْصُوصِ عَلَيهَا فِي مُجْتَمَعِهِ وَلَكِنَّهُ مِنَ الوَاضِحِ جِداً أَنَّهُ إِنْ لَمْ يَنْتَهِكَ الإِنْسَانُ حُرْمَةَ قَوَانِينِ مُجْتَمَعِهِ فَلاَ حَقٌ لِلأَغْلَبِيَّةِ

فِي كَبْتِ وَقَمْعِ حُرِّيَّتِهِ الشَّخْصِيَّةِ وَلاَ فِي أَيِّ شَكْلٍ مِنَ الأَشْكَالِ وَهَؤُلاَءِ الَّذِينَ يَعْمَلُونَ عَلَى كَبْحِ حُرِّيَّةِ الفَرْدِ فِي مُجْتَمَعِهِ لَيْسَ هُمْ إِلاَّ مُجْرِمِينَ مُسْتَحِقِّينَ القَضَاءَ لِأَنَّ الطَّبِيعَةَ لاَ تُجْبِرُ الإِنْسَانَ عَلَى الخُضُوعِ لِرَأْيِ الأَغْلَبِيَّةِ وَسَحْقِ حُرِّيَّتِهِ الشَّخْصِيَّةِ.

لَقَدْ ثَبَتَ عَبْرَ التَّارِيخِ بِأَنَّ الفَرْدَ يَنْمُو وَيَتَطَوَّرُ أَكْثَرَ مِنَ العَامَةِ مَعاً، وَإِذَا بَدَأَ المُجْتَمَعُ يَنْمُو وَيَتَطَوَّرُ طِبْقاً لِقَوَانِينِ الطَّبِيعَةِ لِيُدْرِكَ ضَرُورَةَ تَفَادِي المُعَانَاةِ عِنْدَهَا يَجِبُ عَلَى المُجْتَمَعِ أَنْ يَخْضَعَ لِلْفَرْدِ وَأَنْ يَتَّبِعَ تَوْجِيهَاتِهِ وَإِرْشَادَاتِهِ. وَعِنْدَمَا يَتَعَلَّقُ الأَمْرُ بِالعَالَمِ الرُّوحِيِّ فَإِنَّ حَقَّ الأَغْلَبِيَّةِ يَتَغَيَّرُ إِلَى وَاجِبِهَا فِي إِتْبَاعِ الفَرْدِ، وَالمَقْصُودُ هُنَا بِالفَرْدِ عَالِمُ الكَابَالا الَّذِي أَحْرَزَ العَالَمَ الرُّوحِيَّ. فَعُلَمَاءُ الكَابَالا هُمْ أُنَاسٌ مُتَقَدِّمِينَ وَذُو ثَقَافَةٍ عَالِيَةٍ فِي مَعْرِفَةِ أُمُورِ العَوَالِمِ الرُّوحِيَّةِ وَهُمْ يُشَكِّلُونَ القِلَّةَ الضَّئِيلَةَ مِنَ العَامَةِ وَلَكِنَّ جَمِيعَ الإِنْجَازَاتِ العَظِيمَةِ فِي العَالَمِ الرُّوحِيِّ يُقَرَّرُ فِيهَا مِنْ قِبَلِ الأَقَلِّيَّةِ. وَبِالتَّالِي يَتَوَجَّبُ عَلَى المُجْتَمَعِ الحِفَاظُ عَلَى أَفْكَارِ هَؤُلاَءِ الأَفْرَادِ إِذْ يَجِبُ أَنْ يَعِيَ المُجْتَمَعُ بِأَنَّ خَلاَصَهُ لَيْسَ فِي يَدِ الأَغْلَبِيَّةِ الحَاكِمَةِ بَلْ فِي يَدِ الأَفْرَادِ المُتَنَوِّرِينَ.

نَتِيجَةَ التَّجَارِبِ الَّتِي خَاضَهَا الإِنْسَانُ عَبْرَ التَّارِيخِ تَوَصَّلَ إِلَى الإِدْرَاكِ أَنَّهُ، وَعَلَى الرَّغْمِ مِنَ المَسَاعِي وَالجُهُودِ وَالمُحَاوَلاَتِ فِي تَغْيِيرِ مَسَارِ التَّارِيخِ وَإِتِّجَاهِ نُمُوِّ المُجْتَمَعِ، وُجِدَ بِأَنَّ الحَيَاةَ تَسِيرُ دَائِماً بِخِلاَفِ مَا يَبْغَاهُ فَارِضَةً عَلَيْهِ قَوَانِينَهَا وَطُرُقَهَا. يَرَى الإِنْسَانُ أَنَّ كُلَّ مَا يَحْدُثُ لَهُ وَلِمُحِيطِهِ غَيْرُ مُعْتَمِدٍ عَلَيْهِ أَبَداً فَالحَيَاةُ تَأْخُذُ مَجْرَاهَا بِالرَّغْمِ مِنْ تَوَافُقِ الإِنْسَانِ مَعَهَا أَوْ مُعَارَضَتِهِ لَهَا. فَهَلْ هَذَا يَعْنِي بِأَنَّهُ حُكِمَ عَلَيْنَا بِهَذَا القَدَرِ مَدَى حَيَاتِنَا، وَسَنَبْقَى خَاضِعِينَ تَحْتَ حُكْمِ الحَيَاةِ هَذَا مِنْ دُونِ حَوْلٍ وَلاَ قُوَّةٍ فِي تَغْيِيرِ أَيِّ شَيْءٍ؟

دِرَاسَةَ الكَوْنِ مِنْ خِلَالِ إِتِبَاعِ نَظَرِيَّةِ عِلْمِ الكَابَالَا أَظْهَرَتْ بِأَنَّ جَوْهَرَ الإِنْسَانِ مُكَوَّنٌ مِنْ ثَلَاثَةِ أَجْزَاءٍ:

الجُزْءُ الأَوَّلُ: الجُزْءُ الحَيَوَانِيُّ- وَيَظْهَرُ فِي رَغَبَاتِ الجَسَدِ الأَسَاسِيَّةِ لِلبَقَاءِ كَالطَعَامِ وَالجِنْسِ وَالسَكَنِ وَالعَائِلَةِ وَهَذِهِ الظَاهِرَةُ تُوجَدُ فِي كُلِّ إِنْسَانٍ بِصَرْفِ النَظَرِ عَنِ البِيئَةِ الَتِي تَعِيشُ فِيهَا.

الجُزْءُ الثَانِي: الجُزْءُ البَشَرِيُّ- وَيَتَجَلَّى هَذَا الجُزْءُ فِي رَغَبَاتِ الإِنْسَانِ فِي تَحْصِيلِ السُلْطَةِ وَالثَرْوَةِ وَالشُهْرَةِ وَالمَعْرِفَةِ وَالَتِي مِنْ خِلَالِهَا يَعْتَمِدُ الإِنْسَانُ فِيهَا عَلَى المُجْتَمَعِ بِشَكْلٍ كُلِّيٍّ.

الجُزْءُ الثَالِثُ: الجُزْءُ الرُوحِيُّ- وَالَذِي خُلِقَ فِي دَاخِلِنَا طُمُوحٌ أَوْ إِحْتِيَاجٌ لِلعَالَمِ الرُوحِيِّ.

لَقَدْ خُلِقَ الإِنْسَانُ فِي هَذَا العَالَمِ لِكَيْ يَكْتَشِفَ العَالَمَ الرُوحِيَّ خِلَالَ حَيَاتِهِ الَتِي يُحْيَاهَا عَلَى هَذِهِ الأَرْضِ، وَبِهَذَا يَسْتَطِيعُ العَيْشَ بِالعَالَمَيْنِ عَلَى حَدِ سَوَاءٍ فِي هَذَا العَالَمِ وَفِي العَالَمِ الرُوحِيِّ أَيْضاً. وَبَعْدَ إِضْمِحْلَالِ الجَسَدِ يَشْعُرُ الإِنْسَانُ بِالعَالَمِ الرُوحِيِّ إِلَى نَفْسِ الدَرَجَةِ الَتِي كَانَ بِإِمْكَانِهِ التَوَصُّلُ إِلَيْهَا حِينَ وُجُودِهِ فِي هَذَا العَالَمِ. إِنَّ نَفْسَ الإِنْسَانِ فِيهِ قَادِرَةٌ عَلَى إِظْهَارِ العَالَمِ الرُوحِيِّ لَهُ فَقَطْ فِي حَالِ هَذِهِ النَفْسِ مَوْجُودَةٌ فِي الجَسَدِ البَشَرِيِّ.

مِنْ كُلِّ مَا وَرَدَ نَرَى بِأَنَّ العَالَمَ بِأَكْمَلِهِ كَائِنٌ لِهَدَفٍ وَاحِدٍ أَيْ لِمُسَاعَدَتِنَا فِي إِكْتِشَافِ العَالَمِ الرُوحِيِّ.

إِنَّ الجُزْءَ الحَيَوَانِيَّ وَالجُزْءَ البَشَرِيَّ مِنَ المَخْلُوقِ لَا يَعِيشُونَ بِحَالَةٍ مُسْتَقِلَّةٍ وَانْعِزَالِ الوَاحِدِ عَنِ الآخَرِ بَلْ أَنَّ دَوْرَهُمَا مَحْتُومٌ فِي قَدَرِ مُسَاهَمَةِ كُلٍّ مِنْهُمَا

فِي إِدْرَاكِ الْجُزْءِ الثَّالِثِ أَي الْجُزْءِ الرُوحِيِّ فِي الإِنْسَانِ فِي حِيْنِ وُجُودِهِ فِي هَذَا العَالَمِ. فَإِنَّ أَفْعَالَ الإِنْسَانِ قَادِرَةً فِي مَفْعُولِهَا فَقَطْ إِلَى حَدٍّ صِلَتِهَا وَعِلاَقَتِهَا بِالتَقَدُّمِ الرُوحِيِّ لِلإِنْسَانِ إِذْ أَنَّ القِسْمَ الرُوحِيَّ فَقَطْ هُوَ الَذِي بِحَاجَةٍ إِلَى تَحْوِيلٍ بِمَا أَنَّ الْجُزْئَيْنِ الآخَرَيْنِ - الحَيَوَانِي وَالبَشَرِي- هُمَا فِي طَبِيعَتِهِمَا وَفِي بِيئَتِهِمَا الْمُنَاسِبَةِ لَهُمَا. فَالْجُزْءُ الأَوَلُ وَالثَانِي لاَ يَتَغَيَّرَا أَبَداً مِنْ تِلْقَاءِ نَفْسِهُمَا ولاَ يَعْتَمِدَانِ عَلَى رَغْبَاتِنَا أَيْضاً، وَلَكِنْ إِدْرَاكُ الْجُزْءِ الرُوحِيِّ يُحَدِدُ مَدَى التَغْيِيرَ الَذِي يَطْرَاءُ عَلَيْهِمَا.

إِنَّ جَمِيعَ أَفْعَالِنَا الْمُرْتَبِطَةَ فِي الْجُزْءِ الأَوَلِ وَالثَانِي مِنْ كَيَانِنَا لاَ نَمْلِكُ أَيَّ حُرِيَّةٍ فِيْهَا وَلَيْسَ لَدَيْنَا أَيَّ سُلْطَةٍ عَلَيْهَا إِذْ أَنَّ هَذَيْنِ الْجُزْئَيْنِ مُبَرْمَجِيْنَ مِنَ الطَبِيْعَةِ وَالذِينِ يُشَكِلاَنِ إِطَاراً صَلْباً وَمُتَزَمِتاً لِهَيْكَلِنَا وَبِإِخْتِيَارِنَا كَيْفَ يُمْكِنُنَا تَنْمِيَةُ الْجُزْءِ الرُوحِيِّ فِينَا نَسْتَطِيعُ تَحْدِيدِ دَرَجَتِنَا لَيْسَ فَقَطْ بِالنِسْبَةِ لِلجُزْءِ الرُوحِيِّ فِيْنَا وَلَكِنْ أَيْضاً فِي كِلاَ الْجُزْئَيْنِ الأَوَلِيَيْنِ. فِي تَنَازُلِنَا وَتَرَاجُعِنَا عَنِ القِيَامِ بِإِعْمَالِ العَبَثِ وَالحَمَاقَةِ الْمُتَعَلِقَةِ بِالْجُزْءِ الأَوَلِ وَالثَانِي مِنَ الرَغَبَاتِ الحَيَوَانِيَّةِ وَالبَشَرِيَّةِ وَتَركِيزُ جُهُودَنَا نَحْوَ إِظْهَارِ الوَاقِعِ الرُوحِيِّ يَحْصَلُ الإِنْسَانُ عَلَى القُدْرَةِ فِي السَيْطَرَةِ عَلَى كُلِ مَا هُوَ فِي العَالَمِ فِي كِلاَ الْمَرْحَلَتِيْنِ مِنَ الْجُزْءِ الأَوَلِ وَالثَانِي مِنَ الوُجُودِ. أَيْ أَنَّ تَسَلُّطَ الإِنْسَانِ عَلَى هَذَا العَالَمِ يَكُونُ فَقَطْ مِنْ خِلاَلِ إِحْرَازِهِ لِلعَالَمِ الرُوحِيِّ.

نَحْنُ نَرَى الآنَ مِنْ خِلاَلِ هَذَا الدَرْسِ كَيْفَ أَنَّ أَفْعَالَ الإِنْسَانِ جَمِيعَهَا مُحَددَةٌ سَلَفاً فِي هَذَا العَالَمِ إِلاَّ وَاحِدَةً فَقَطْ وَالَتِي تُحَدِدُ كُلَّ شَيءٍ بِالنِسْبَةِ لَهُ إِلاَّ وَهِيَ طُمُوحَهُ لِلعَالَمِ الرُوحِيِّ وَرَغْبَتَهُ فِي إِظْهَارِهِ لِيَتَضَلَّعَ فِي مَعْرِفَةِ القَوَانِينِ الَتِي وُضِعَتْ مِنْ قِبَلِ العِنَايَةِ الإِلَهِيَّةِ وَكَيْفِيَّةِ عَمَلِهَا وَتَسْيِيرِهَا. فَإِلَى أَنْ يَصِلَ الإِنْسَانُ لِلمَرْحَلَةِ الَتِي فِيْهَا يَمْلُكُ حُرِيَّةَ الإِخْتِيَارِ فِي السَمَاحِ لِلنُورِ فِي

تَصْحِيحِ الأَنَا فِيهِ مِنْ خِلاَلِ إخْتِيَارِهِ لِلبِيئَةِ يَصِلُ إلَى مَفْهُومِ عَمَلِ نِظَامِ القَانُونِ العَامِ المُتَكَامِلِ وَالَذِي يُشَكِلُّ الرَسْمَ البَيَانيَّ لِمَرَاحِلِ التَصْحِيحِ وَالَتِي تَشْمَلُ نُقْطَةَ البِدَايَةِ فِي تَوَاجُدِنَا فِي هَذَا العَالَمِ، وَمَرَاحِلُ نُمُوَ الرَغْبَةِ فِينَا حَتَىَ وَصَلَتِ إلَى مَرْحَلَةِ تَسَائُلِ الإِنْسَانِ عَنْ وُجُودِ الخَالِقِ وَالعَالَمِ الرُوحِيِّ وَالَتِي تَتَمَثَّلُ بِيَقْظَةِ النُقْطَةِ فِي القَلْبِ وَالَتِي مِنْهَا يَأخُذُ الإِنْسَانُ بِدِرَاسَةِ عِلْمِ حِكْمَةِ الكَابَالاَ وَالَتِي مِنْ خِلاَلَهَا يَبْدَأُ النُورُ المُحِيطُ فِي التَأثِيرِ عَلَيْهِ بِتَصْحِيحِ رَغَبَاتِهِ بِالتَدْرِيجِ إلَى أَنْ يَصِلَ إلَى الوَعْيِ لِضَرُورَةِ وُجُودِهِ فِي البِيْئَةِ الصَحِيْحَةِ وَالَتِي مِنْ خِلاَلِهَا يَسْتَطِيعُ إمْتِلاَكَ حُرِيَّةُ الإِخْتِيَارِ لِيَأخُذَ النُورُ المُحِيْطُ التَأثِيرَ عَلَيْهِ بِأَكْثَرِ قُوَّةٍ وَبِشَكْلٍ مُبَاشَرٍ لإِحْرَازِ العَالَمَ الرُوحِيِّ حَسْبَ دَرَجَاتِ السُلَّمِ إلَى أَنْ يَصِلَ إلَى نِهَايَةِ مَرَاحِلِ التَصْحِيحِ فِي تَوَازُنِهِ الشَكْلِي الكَامِلِ فِي السِمَاتِ مَعَ نُورِ الخَالِقِ.

الرَسْمَ التَالِي يُظْهِرُ صُورَةَ عَمَلِ النِظَامِ بِشَكْلٍ كُلِّيٍ:

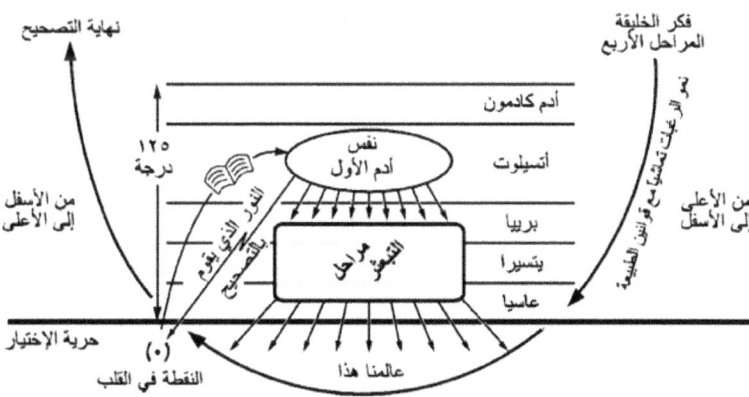

تَفْسِيرُ المُصْطَلَحَاتِ:

الحُرِّيَّةُ الشَّخْصِيَّةُ: يَمْتَلِكُ الإِنْسَانُ الحُرِّيَّةَ فَقَطْ فِي إِخْتِيَارِ البِيئَةِ الَّتِي يَوَدُّ أَنْ يَتَوَاجَدَ فِيهَا وَيَكُونَ تَحْتَ تَأْثِيرِهَا.

جَوْهَرُ الإِنْسَانِ: هِيَ المَادَّةُ الأَسَاسِيَّةُ الَّتِي عُمِلَ مِنْهَا الإِنْسَانُ وَتُدْعَى الإِرَادَةَ فِي التَّقَبُّلِ.

طَرِيقُ المُعَانَاةِ: مُحَاوَلَةُ الوُصُولِ إِلَى هَدَفِ الخَلِيقَةِ عَنْ طَرِيقِ العَنَاءِ وَالعَذَابِ تَحْتَ وَطْأَةِ قَوَانِينِ الطَّبِيعَةِ وَالَّتِي تَدْفَعُ الإِنْسَانَ تِجَاهَ التَّصْحِيحِ بِصَرَامَةٍ وَحَزْمٍ كَمَا يُؤَدِّبُ الأَبُ طِفْلَهُ بِالعَصَا.

طَرِيقُ الكَابَالا: الوُصُولُ إِلَى هَدَفِ الخَلِيقَةِ بِاسْتِخْدَامِ النُّورِ المُحِيطِ الَّذِي يَقُومُ بِتَصْحِيحِ رَغَبَاتِنَا وَبِالتَّالِي تَفَادِي المُعَانَاةِ وَالأَلَمِ.

البِيئَةُ: وَهِيَ المُجْتَمَعُ الَّذِي يُؤَثِّرُ عَلَى الإِنْسَانِ. كَتَأْثِيرِ التُّرْبَةِ عَلَى حَبَّةِ القَمْحِ لِتَنْمُوَ وَتُصْبِحَ سَنَابِلاً هَكَذَا أَيْضًا تَأْثِيرُ البِيئَةِ عَلَى الإِنْسَانِ فِي نُمُوِّهِ الرُّوحِيِّ وَسُلُوكِهِ.

كُتُبُ الكَابَالا: كُتُبٌ تَحْتَوِي عَلَى خُلاَصَةِ تَجَارُبَ وَدِرَاسَاتٍ وَبُحُوثِ عُلَمَاءِ الكَابَالا مِنْ مَعْلُومَاتٍ وَشَرْحِ الطَّرِيقَةِ الصَّحِيحَةِ فِي تَصْحِيحِ الإِنْسَانِ لِلأَنَا وَإِحْرَازِ العَالَمِ الرُّوحِيِّ.

المُعَلِّمُ: هُوَ الشَّخْصُ الَّذِي أَحْرَزَ دَرَجَةً مُعَيَّنَةً فِي إِحْرَازِهِ لِلعَالَمِ الرُّوحِيِّ وَالَّذِي كَرَّسَ حَيَاتَهُ لِتَعْلِيمِ نَظَرِيَّةِ عِلْمِ الكَابَالا الصَّحِيحِ لِيُسَاعِدَ العَالَمَ عَلَى رُؤْيَةِ المَعْرِفَةِ الحَقِيقِيَّةِ لِبُنْيَةِ الكَوْنِ وَأَسْرَارِ حِكْمَةِ الوُجُودِ لِيَصِلَ العَالَمُ إِلَى السَّلاَمِ وَالعَيْشِ الهَنِي.

الجُزْءُ الحَيَوَانِيُّ: يُنْسَبُ إِلَى الرَّغَبَاتِ الغَرِيزِيَّةِ عِنْدَ الإِنْسَانِ.

إِخْتَبِرْ مَعْلُومَاتَكَ

س١ : مَا هُوَ تَأْثِيرُ المُجْتَمَعِ المُحِيطِ بِنَا عَلَى سُلُوكِنَا وَرَغَبَاتِنَا فِي إِمْتِلاكِنَا حُرِيَّةَ الإِخْتِيَارِ؟

س٢ : مَا هِيَ المَرَاحِلُ الأَرْبَعُ وَكَيْفَ تُحَدِّدُ تَفْكِيرَ الإِنْسَانِ وَمَعَالِمَ شَخْصِيَّتِهِ؟

س٣ : مَا السَّبِيلُ الَّذِي وَضَعَهُ الخَالِقُ أَمَامَ الإِنْسَانِ لِيُسَاعِدَهُ فِي الوُصُولِ إِلَى هَدَفِ الخَلِيقَةِ مُتَفَادِياً طَرِيقَ المُعَانَاةِ؟

س٤ : مَا هِيَ الأَجْزَاءُ الثَّلاثَةُ الَّتِي تُشَكِّلُ جَوْهَرَ الإِنْسَانِ؟

س٥ : هَلْ يَمْلُكُ الإِنْسَانُ حُرِيَّةَ الإِخْتِيَارِ حَقّاً؟ وَفِي أَيِّ مَجَالٍ لَدَيْهِ الفُرْصَةُ فِي مُمَارَسَةِ هَذِهِ الحُرِيَّةِ؟

غِذَاءٌ لِلفِكْر

يُوضِحُ العُلَمَاءُ أَنَّ قَانُونَ الإِيمَانَ يَكْمُنُ فِي مَحَبَّةِ الإِنْسَانِ لأَخِيهِ الإِنْسَانِ. قَانُونٌ بَسِيطٌ، أَلَيسَ كَذَلِكَ؟ وَلَكِنَّهُ أَسَاسُ بُنْيَةَ الكَونِ بِأَكْمَلِهِ. وَكُلُّ مَا يَعْمَلُهُ الإِنْسَانُ خَارِجاً عَنْ إِطَارِ حُدُودِ هَذَا القَانُونِ يَعُودُ عَلَيهِ بِالخَرَابِ وَالدَمَارِ. عِنْدَمَا يَقُومُ الإِنْسَانُ بِأَيِّ عَمَلٍ أَكَانَ عَمَلاً سَيئاً أَوْ جَيداً فَإِنَّهُ بِسُلُوكِهِ هَذَا يَسْتَطِيعُ التَأْثِيرَ عَلَى مُحِيْطِهِ إِمَا بِشَكْلٍ إِيجَابِيٍّ أَوْ بِشَكْلٍ سَلْبِيٍّ وَتَأْثِيرِهِ يَكُونُ عَلَى كَافَةِ مُسْتَوَيَاتِ وَدَرَجَاتِ الطَبِيْعَةِ وَهَذَا بِسَبَبِ النِظَامِ الوَاحِدِ الَذِي يَحْكُمُ الجَمِيعُ. وَبِمَا أَنَّ الإِنْسَانَ هُوَ الوَحِيْدُ الخَارِجُ عَنْ نِظَامِ الطَبِيْعَةِ وَلَيْسَ خَاضِعاً لِقَوَانِينِهَا لِهَذَا يَجِبُ عَلَيْنَا تَغْيِيرُ نَوْعِيَّةِ سُلُوكِنَا وَإِحْرَازُ التَوَازُنِ فِيمَا بَيْنَنَا كَبَشَرٍ، عِنْدَهَا فَقَطْ يَكُونُ بِإِمْكَانِ جَمِيعِ العَنَاصِرِ الأُخْرَى فِي الطَبِيْعَةِ أَنْ تَتَوَازَنَ مِنْ تِلْقَاءِ نَفْسِهَا وَبِحَسَبِ قَوَانِينِ الطِبِيعَةِ الَتِي وَضَعَهَا الخَالِقُ.

يُوجَدُ هُنَاكَ حَلٌ وَاحِدٌ لاَ غَيرْ وَهُوَ إِرْتِبَاطُ البَشَرِيَّةِ مَعاً عَلَى مَبْدَأ وَأَسَاسِ "أَحِبَ قَرِيبَكَ كَنَفْسِكَ". فَفِي مَحَبَّةِ الإِنْسَانِ لأَخِيهِ الإِنْسَانِ نَكُونُ خَاضِعِينَ لِنِظَامٍ وَقَانُونٍ وَاحِدٍ كَمَا الطَبِيْعَةُ الَتِي نَحْنُ فِيْهَا. يَجِبُ عَلَيْنَا الإِرْتِبَاطُ مَعاً فِي وَحْدَوِيَّةِ الخَلاَيَا فِي الجَسَدِ الوَاحِدِ وَتَكُونُ لَدَيْنَا الرَغْبَةَ فِي أَنْ يَكُونَ هَذَا الإِرْتِبَاطُ الَذِي يَجْمَعُ بَيْنَنَا هُوَ الوَسِيلَةُ فِي مُسَاعَدَةِ العَالَمِ فِي السَعْيِّ نَحْوَ تَحْصِيلِ هَذَا الإِرْتِبَاطِ الَذِي مِنْ خِلاَلِهِ يَكُونُ التَأْثِيرُ مُجْدِي فِي السِيْطَرَةِ عَلَى جَمِيعِ الأَحْدَاثِ السَلْبِيَّةِ التِي تَحْدُثُ الآنَ وَتِلْكَ التِي فِي المُسْتَقْبَلِ وَالَتِي سَتَعْمَلُ فِي أُسْلُوبٍ يَحُثُنَا نَحْوَ التَصْحِيحِ بِالقُوَةِ الجَبْرِيَّةِ.

مِنْ عَالِمِ الكَابَالا

إِظْهَارُ وَتَوَارِي نُورُ الخَالِقِ

فِي الوُجُودِ بِأَكْمَلِهِ لاَ يُوجَدُ إِلاَ نُورَ الخَالِقِ وَالخَلِيْقَةِ التِي خَلَقَهَا أَيْ الإِنْسَانُ. يَسْتَطِيعُ الإِنْسَانُ وَعِيَ وَإِدْرَاكَ النُورَ فِي حَالِ وُجُودِ أَيُّ نَوْعِ مِنَ التَوافُقِ وَالإِنْسِجَام بَيْنَ مِيزَاتِ الكَائِنِ الحَيْ وَالخَالِقِ، وَإِذَا لَمْ يَكُنْ هُنَاكَ أَيُّ نَوْعِ مِنَ التَطَابُقِ فِي السِمَاتِ وَالمِيِّزَاتِ عِنْدَهَا يَكُوْنُ الإِنْسَانُ غَيْرُ قَادِرٍ عَلى إِحْرَازِ النُورِ. فَمِنَ البِدَايَةِ نَحْنُ وُضِعْنَا فِي مَكَانٍ تَحْتَ السَيْطَرَةِ الكَامِلَةِ لِلأَنَا "الأَنَانِيَّةُ وَحُبُّ الذَاتِ"، وَهَذَا المَكَانُ يُدْعَى "هَذَا العَالَمْ" وَفَقَطْ عَنْ طَرِيقِ جُهُودِنَا التِي نَبْذُلَهَا نَسْتَطِيعُ إِنْشَاءَ وَصَقْلَ الرَغْبَةِ أَوْ الحَاجَةِ فِي دَاخِلِنَا لِلإِرْتِبَاطِ بِالخَالِقِ (أَيْ خَلْقِ إِنَاءٍ لِيَكُوْنَ بِإِمْكَانِنَا إِحْتِوَاءُ نُورَ الخَالِقِ فِيْنَا) لِنَمْلِكُ القُدْرَةَ فِي إِدْرَاكِ وَفَهْمِ سِمَةُ الخَالِقِ وَنُورِهُ.

يَجِبُ عَلَيْنَا أَنْ نُرَكِزَ جُهُودَنَا عَلَى تَصْحِيحِ أَنْفُسِنَا بِكُلِ القُوَّةِ التِي نَمْلِكُهَا حَتَى نَصِلَ إِلَى مَرْحَلَةٍ نَرَى بِوضُوحِ أَنَّ جَمِيعَ الجُهُودِ التِي بَذَلنَاهَا فِي مُحَاوَلَةِ الوُصُوْلِ إِلَى الهَدَفِ جَمِيعُهَا بَائِتْ بِالفَشَلِ وَعِنْدَهَا نَتَوَجَّهُ إِلَى الخَالِقِ بِالصَلاَةِ وَالنَاجَاةِ طَالِبِينَ مُسَاعَدَتَهِ لِتَحْرِيرِنَا مِنْ حَبَالِ الأَنَا لِنَرْتَبِطَ مَعَهُ فِي وَحْدَوِيَةٍ وَإِنْسِجَامِ. تَسْتَغْرِقُ هَذِهِ العَمَلِيَّةُ شُهُوراً وَأَحْيَاناً تَسْتَغْرِقُ سَنَوَاتٌ، وَبِعَدَمِ إِتبَاعِ تَعْلِيمَاتِ وَإِرْشَادَاتِ عَالَمِ الكَابَالا سَيَقْضِي الإِنْسَانُ عُمْرَهُ فِي المُحَاوَلَةِ مِنْ دُوْنِ جَدْوَى بِعَذَابٍ وَمُعَانَاةٍ طَوَالَ مُدَةَ حَيَاتِهِ فِي هَذَا العَالَمِ. فَإِنَّ الجُهُودَ التِي تُبْذَلُ فِي الطَرِيقِ أَوْ المَنْهَجِ الصَحِيحِ هِيَ التِي تُنْتِجُ إِنَاءَ النَفْسِ فِي الإِنْسَانِ الَذِي يَمْلَؤُهُ الخَالِقُ بِنُورِهِ.

فَالإِنْسَانُ لَمْ يُولَدْ فِي هَذَا العَالَمِ بِمَشِيئَتِهِ وَلَمْ يَخْتَرْ أَنْ يَخْطُو طَرِيقَ المُعَانَاةِ فِي الحَيَاةِ بِإِرَادَتِهِ، وَلَكِنَّ لِلإِنسَانِ القُدْرَةَ وَالكَفَاءَةَ عَلَى أَنْ يُولَدَ بِشَكْلٍ مُسْتَقِلٍ بِوَاسِطَةِ مَا تُوَفِرُهُ لَهُ حِكْمَةُ الكَابَالا. فَإِنْ لَمْ يَعِشْ الإِنْسَانُ حَيَاتَهُ تِبْعاً لِلإِرَادَتِهِ الأَنَانِيَّةِ فَيُكَافَأَ بِحَيَاةٍ رَوحِيَةٍ أَبَدِيَةٍ حَقَّةٍ. كَمَا أَنَّهُ لَمْ يُولَدْ بِإِرَادَتِهِ فَالإِنسَانُ أَيْضاً لاَ يَمُوتَ حَسْبَ إِرَادَتِهِ لَكِنْ هَذَا أَمْرٌ مَفْرُوضٌ عَلَيْهِ. وَلَكِن لَو أَرَادَ الإِنْسَانُ أَنْ لاَ يَمُوتَ بِمَعْنَى أَنْ لاَ يَمُوتَ رُوحِيّاً "أَيْ أَنْ يَكُونَ مِنْ دُوْنِ نَفْسٍ أَوْ مِنْ دُوْنِ نُورِ الخَالِقِ فِيْهِ وَالَذِي هُوَ نَفَسُ الحَيَاةِ"، إِذاً يَتَوَجَّبُ أَنْ لاَ يَعْمَلَ الإِنْسَانُ حَسْبَ مَشِيئَتِهِ هُوَ فِيمَا يَخُصُ مَصِيرَهُ الرُوحِيِّ.

عِنْدَمَا يَبْدَأُ الإِنْسَانُ فِي عَمَلِيَةِ تَصْحِيحِ نَفْسِهِ يَبْدُوُ وَكَأَنَّهُ يَخْطُوُ فِي طَرِيقٍ ذُو جَانِبَيِنِ، الأَوَلُ مِنْ جِهَةِ اليَسَارِ وَالآخَرِ مِنْ جِهَةِ اليَمِينِ وَهُوَ سَائِرٌ فِي الوَسَطِ وَفِيمَا أَنَّ الإِنْسَانَ يَسْتَخْدِمُ التْسُومْتسُومْ "أَيْ الإِمْتِنَاعُ عَنْ إِقْتِنَاءِ النُورِ فِي رَغْبَاتِهِ الأَنَانِيَّةِ"، يُرِيهِ نُورُ حُوخْمَا- نُورُ الحِكْمَةِ (مَدَى شَرُّ الأَنَانِيَّةِ فِيْهِ أَيْ قُوَّةَ الأَقْيُوتْ) الإِرَادَةُ فِي التَلَقِّي لِلَذَاتْ، وَعِنْدَهَا يَشْعُرُ أَنَّهُ لاَ يُوجَدُ فِي الكَوُنِ أَسْوَاءَ مِنْ أَنْ يَعْمَلَ الإِنْسَانُ فِي سَبِيلِ إِشْبَاعِ الأَنَا فِيْهِ.

وَلَكِنَ فِي هَذِهِ المَرْحَلَةِ نَرَى أَنَّ الإِنْسَانَ مَا زَالَ لاَ يَمْلُكُ الرَغْبَةَ وَلاَ القُوَّةَ لِلعَمَلِ لِمَحبَّةِ وَمَنْفَعَةِ الآخَرِينَ وَالتَحَلِّي بِصِفَةِ العَطَاءِ فِي تَعَامُلِهِ مَعَ الغَيرِ وَلِهَذَا يَكُونُ الإِنْسَانُ بِحَاجَةٍ إِلَى الخَطِ الأَيْسَرِ وَالذِي يُوَفِرُ لِلإِنسَانِ الرَغْبَاتَ الغَيْرِيَةَ (فِي مَحَبَّةِ الآخَرِين) وَالقُوَّةَ الذِي يَحْتَاجَهَا.

إِنَّ حَوَاسَ الإِدْرَاكِ الرُوحِيَّةِ شَبِيهَةٌ بِحَواسِنَا الخَمْسَةِ "البَصَرُ وَالسَمعُ وَالشَّمُ وَاللَّمْسُ وَالتَذَوُقُ" كُلُّ وَاحِدَةٍ مِنْهَا لَهَا وَظِيفَتَهَا الخَاصَةَ بِهَا. الرَغْبَةُ هِيَ التِي تَحُثُ حَوَاسَنَا الخَمْسَةَ لِتَقُوُمَ بِعَمَلِهَا، وَفِي حَالِ فُقْدَانِ الرَغْبَةِ فِي إِشْبَاعِ

أَنْفُسِنَا نَشْعُرُ بِفُقْدَانِ النَشَاطِ وَالحَيوِيَّةِ لِلقِيَام بِأَيِّ عَمَلٍ ويُؤَدِي هَذَا بِنَا إِلَى مَرْحَلَةِ البَلَادَةِ وَالكَسَلِ. فِي هَذِهِ النُقْطَةِ نَحْنُ مَا زِلنَا غَيْرُ قَادِرِينَ عَلَى إِدْرَاكِ مَفْهُومِ العَطَاءِ وَأَنَّهُ مِنَ المُمْكِنِ أَنْ يَكُونَ هَدَفَ جُهُودِنَا العَطَاءُ بَدَلاً مِن الأَخْذِ، وَلِذَلِكَ نَحْنُ بِحَاجَةٍ لِتَأْثِيرِ الخَطِ الأَيْسَرِ عَلَيْنَا لِنَحْصَلَ عَلَى مِيزَةٍ أَوْ خَاصِيَّةٍ أُخْرَى وَالَتِي بِدَوْرِهَا سَتَقُومُ بِإِقْنَاعِ رَغَبَاتِنَا بِقُبُولِ العَمَلِ مِنْ أَجْلِ مَنْفَعَةِ الآخَرِينَ وَهَذِهِ المِيْزَةِ هِيَ سِمَةُ السَفِيرَا بِينَا. وَعِنْدَمَا نَحْصَلُ عَلَى الحَيَوِيَّةِ الرُوحِيَّةِ تَأْخُذُ أَفْعَالَنَا صِفَةً جَدِيدَةً إِذْ نَبْدَأُ العَمَلَ مِنْ خِلَالِ مَزْجِ وَدَمْجِ المِيِّزَاتِ مِنَ الجَانِبَيْنِ مِنَ اليَسَارِ وَمِنَ اليَمِينِ أَيْ نَأْخُذُ رَغْبَتِنَا "اليَمِينِ" مَعَ المِيِّزَةِ الَتِي حَصَلْنَا عَلَيهَا لِمَحَبَّةِ الآخَرِينَ "بِينَا" مِنَ اليَسَارِ لِنَسِيرَ بِهُمَا فِي خَطٍ مُسْتَقِيمٍ وَهَذَا مَا يُدْعَى خَطْ الوَسَطْ. إِذاً عَمَلُنَا مَحْصُورٌ فِي إِطَارِ الخُطُوطِ الثَلاَثَةِ -اليَمِينُ وَاليَسَارُ وَخَطُ الوَسَطِ.- وَبِالنَتِيجَةِ نَتَلَقَى نُورَ الخَالِقِ فِي رِغْبَاتِنَا الجَدِيدَةِ فِي خَطِ الوَسَطِ.

إِنَّ الكَثِيرُ مِنَ الأَدْيَانِ قَامَتْ بِتَبَنِي مَبْدَأَ رَفْضُ الإِشْبَاعِ الذَاتِّي كَالتَصّوُّفِ أَوْ التَقَشُّفِ، أَوْ تَبَنِي مَبْدَأً آخَراً مُعَاكِساً لِلسَابِقِ وَالَذِي يَحُثُّ عَلَى السَعْيِ وَرَاءَ المَلَّذَاتِ، كِلاَ المَبْدَأَيْنِ نَابِعَيْنِ مِنَ القُوَّاتِ الغَيرِ الطَاهِرَةِ "الكْلِيپُوتْ"، وَلَكِنَّ عِلْمُ الكَابَالاَ يُعَالِجُ هَذَا المَوضُوعَ بِشَكْلٍ مُخْتَلِفٍ إِذْ لاَ يَنُصُ عَلَى قَمْعِ وَكَبْتِ "الأَنَا" إِنْمَا يَنُصُ عَلَى ضَرُورَةِ وَضْعِ حُدُودٍ عَلَى الذَاتِ "حُبُّ الذَاتِ- الرَغَبَاتِ الأَنَانِيَّةِ" لِيَسْتَطِيعَ الإِنْسَانُ العَمَلَ عَلَى تَصْحِيحِ نَفْسِهِ. هَذِهِ هِيَ المَرْحَلَةُ البِدَائِيَّةُ لِلعَمَلِ عَلَى الذَاتِ فِي مُحَاوَلَةِ رَفْضِ فِكْرَةِ إِشْبَاعِ الذَاتِ بِاسْتِخْدَامِ قُوَّةُ الإِرَادَةِ الشَخْصِيَّةِ لَدَى الإِنْسَانِ. لَكِنَّ الهَدَفَ مِنْ أَيِّ عَمَلٍ هُوَ فِي إِحْرَازِ خَطِ الوَسَطِ فِي الإِرْتِقَاءِ إِلَى عَالَمِ الأَبَدِيَّةِ وَالَذِي لَيْسَ لَهُ نِهَايَةٌ وَلاَ حُدُودٌ وَبِالتَالِي إِنَّ إِحْرَازَ نُورَ الخَالِقِ لاَ حُدُودَ لَهُ.

مِنْ جِهَةِ المُفْرَدَاتِ وَالمُصْطَلَحَاتِ التِي تُسْتَخْدَمُ فِي التَعْبِيرِ عَنْ العَالَمِ الرُوحِيِّ إِنَّ كَلِمَةَ "الرَغْبَة" تُوحِي إِلَى "مَكَانٍ"، فُقْدَانُ الرَغْبَةِ عِنْدَ الإِنْسَانِ يُشَارُ إِلَيْهِ "بِفُقْدَانِ المَكَانِ". المَوقِفُ هُنَا شَبِيهٌ بِالإِنْسَانِ الَذِي أَكَلَ حَتَى الشَبَع فَإِذَا قَدِمْتَ لَهُ المَزِيدَ مِنَ الطَعَامِ يُعْلِنُ بِأَنَّهُ لاَ يُوجَدُ مَكَانٌ فِي مَعِدَتِهِ أَيْ أَنَّهُ لاَ يَمْلُكُ أَيَّ رَغْبَةٍ فِي الأَكْلِ. إِنَّ المَكَانَ الرُوحِيَّ أَيْ رَغْبَةُ الفَرْدِ فِي فَهْمِ وَإِدْرَاكِ الخَالِقِ تُدْعَى "إِنَاءٌ" وَهِيَ النَفسُ أَيْ الكُلِي. إِنَّ هَذَا الإِنَاءَ الرُوحِيَّ "نَفْسُ الإِنسَانِ" يَتَلَقَّى نُورَ الخَالِقِ أَوْ وَحْيَ الخَالِقِ فِيْهِ.

بِمَا أَنَّ الغُرُوْرَ وَحُبَّ الذَاتِ تَغَلْغَلَ فِي رَغَبَاتِنَا مُخْتَرِقاً أَحَاسِيسَنَا وَمَشَاعِرَنَا كَامِلَةً نَجِدُ أَنَّ نُورَ الخَالِقِ مُتَوَارٍ عَنَا لِذَلِكَ نَحْنُ لاَ نَسْتَطِيعُ رُؤيَتَهُ أَوْ الإِحْسَاسَ بِهِ وَكُلَّمَا دُفِعَ بِالغُرُوْرِ مِنْ خَارِجِ رَغَبَاتِنَا وَبِالتَدْرِيجِ يَتْرُكُ هَذَا الفِعْلُ مَكَاناً شَاغِراً. إِنَّ الرَغْبَةَ الغَيْرُ مُصَحَحَةٍ تُعْرَفُ بِالغُرُوْرِ وَأَمَا الرَغْبَةَ المُصَحَحَةَ تُدْعَى "يَشَارْ-كِيل" أَيْ الرَغْبَةُ التِي تَصْبُوُ إِلَى العَالَمِ الرُوحِيِّ وَإِلَى الخَالِقِ. فَعِنْدَمَا يُصْبِحُ المَكَانُ خَالِياً يَمْلَءُ نُوُرُ الخَالِقِ هَذَا المَكَانَ نَتِيجَةَ تَصْحِيحِ الرَغْبَةِ. إِنَّ إِخْتِلاَفَ الدَرَجَاتِ فِي تَلَقِي نُوُرِ الخَالِقِ فِي دَاخِلِ رَغَبَاتِنَا هَذَا مَا يُدْعَى "النَفسْ".

فِي الوَقْتِ الَذِي نَكُوُنُ فِيْهِ قَادِرِينَ عَلَى تَصْحِيحِ وَلَو حَتَى رَغْبَةً وَاحِدَةً مِنْ رَغَبَاتِنَا لِتَكُنْ فِي مَحَبَّةِ الغَيرِ وَلَيْسَ لِمَحَبَّةِ الذَاتِ فِي أَنَانِيَّةٍ، نَحْصَلُ وَفِي الحَالِ عَلَى إِحْرَازِ مَعْرِفَةِ الخَالِقِ فِي دَاخِلَنَا، أَيْ أَنَّنَا وَصَلْنَا إِلَى دَرَجَةٍ مِنَ التَوازُنِ الشَكْلِيِّ فِي تَبَنِيْنَا مِنْ سِمَاتِ الخَالِقِ عَلَيْنَا فِي التَعَامُلِ مَعَ الغَيْرِ فِي مَحَبَّةٍ طَاهِرَةٍ مِنْ دُوُنِ جَنْيِ الرِبْحِ أَوْ الفَائِدَةَ الشَخْصِيَّةَ مِنْ وَرَائِهَا فَكَانَ النُوُرُ هُوَ المُكَافَأَةَ؛ وَلِذَلِكَ قِيلَ أَنَّ نَفْسَ الإِنسَانِ هِيَ جُزْءٌ مِنَ الخَالِقِ. عِنْدَمَا نَصِلُ إِلَى مَرْحَلَةِ التَصْحِيحِ النِهَائِيَةِ يَمْلَءُ الخَالِقُ رَغَبَاتِنَا بِالكَامِلِ أَيْ أَنَّهُ يُظْهِرُ نَفْسَهُ

كَمَا أَرَادَ عِنْدَ خَلْقِ الخَلِيْقَةِ. فَإِنَّ رَغَبَاتَنَا صُمِمَتْ مُنْذُ البِدَايَةِ مِنْ أَجْلِ الوُصُولِ إِلَى هَذَا الهَدَفِ السَامِي.

الشْخِينَا هِيَ جَذْرُ جَمِيعِ النُفُوسِ مَعاً كُلُ مَخْلُوقٍ بِمُفْرَدِهِ. لِكُلِ جُزءٍ مِنْ هَذِهِ النَفْسِ أَيْ لِكُلِ إِنسَانٍ لَهُ دَورَهُ فِي إِظْهَارِ نُورِ الخَالِقِ. عِنْدَمَا يُظْهِرُ الخَالِقُ نَفْسَهُ لِخَلِيْقَتِهِ يَعْنِي أَنَّهُ يُظْهِرُ رَغْبَتِهِ فِي إِغْدَاقِ المَسَرَّةِ عَلَى خَلِيْقَتِهِ. هَذَا هُوَ مَفْهُومُ أَوْلَئِكَ الَذِينَ قَامُوا بِإِحْرَازِ نُورِ الخَالِقِ. لَيْسَ لَدَيْنَا الجَوابَ عَنْ سَبَبِ رَغْبَةِ الخَالِقِ فِي خَلْقِنَا لِإِغْدَاقِ المَسَرَّةِ عَلَيْنَا لأَنَّ هَذَا أَمْرٌ أَخَذَ مَجْرَاهُ قَبْلَ تَوَاجُدِ الخَلِيْقَةِ وَنَحْنُ نَسْتَطِيعَ فَقَطْ فَهْمَ وَإِدْرَاكَ الأُمُورِ الَتِي حَصَلَتْ بَعْدَ ظُهُورِ الخَلِيْقَةِ. إِنَّ الدَرَجَةَ البِدَائِيَةَ وَالَتِي مِنْهَا بَدَأْنَا بِفَهْمِ الخَلِيْقَةِ هِيَ تَلَقِي المَسَرَّاتِ الَتِي تَنْبَثِقُ مِنَ الخَالِقِ وَلِذَلِكَ هَدَفُ وُجُودِ الخَلِيقَةِ هُوَ فِي رَغْبَةِ الخَالِقِ فِي إِسْعَادِ خَلِيْقَتِهِ وَمِلْؤُهَا بِالمَسَرَّاتِ. وَكُلُ مَا وَرَاءَ هَذَا هِيَ أُمُورٌ فَوقَ قُدْرَتِنَا عَلَى فَهْمِهَا وَتَحْلِيلِهَا. وَيَجِبُ عَلَينَا أَنْ نَذْكُرَ أَنَّ كُلَّ مَقْدَارُ فَهْمِ وَمَعْرِفَةِ الإِنْسَانِ مُسْتَمَدٌ فَقَطْ مِنْ خِلاَلِ تَجَارِبِهِ وَمَا إِخْتَبَرَهُ بِنَفْسِهِ.

إِنَّ المَادَةَ الوَحِيدَةَ الَتِي عُمِلْنَا مِنْهَا هِيَ الرَغْبَةُ فِي تَلَقِي المَسَرَّاتِ. فَإِنَّ جَمِيعَ إِمْكَانِيَاتِنَا الجَسَدِيَّةِ وَالعَقْلِيَةِ وَجَمِيعَ قُدُرَاتِنَا وَطَاقَاتِنَا وَجَمِيعَ مَرَاحِلَ النُمُوِ وَالتَقَدُّمِ وَالتَطَوُرِ الَتِي نَحْصَلُ عَلَيْهَا مُوَجَهَةٌ نَحْوَ هَدَفٍ وَاحِدٍ لاَ غَيرْ لإِعْطَاءِنَا الفُرصَةَ لِتَلَقِي المَلَذَّاتِ وَالرَاحَةِ وَالإِكْتِفَاءِ. مِنْ كُلِ الأَشْيَاءِ الَتِي نَقُومُ بِإِخْتِرَاعِهَا وَإِنْتَاجِهَا وَكُلُ مَا نَعْتَبِرُهُ ضَرُورِي وَيَتَمَاشَى مَعَ العَصْرِ الَذِي نَحْنُ فِيهِ وَكُلُ مَا عَمِلَهُ الإِنْسَانِ وَمَا يَعْمَلَهُ مُوَجَهٌ لِهَدَفِ إِيجَادِ المَصْدَرِ الَذِي يَسْتَطِيعُ تَلَقِي المَسَرَّاتِ وَالمَلَذَّاتِ مِنْهُ. إِنَّ الإِرَادَةَ فِي تَلَقِي المَسَرَّاتِ أَيْ رَغْبَتِنَا المُتَعَدِدَةِ الطَبَقَاتِ تَحْتَاجُ إِلَى جَمِيعِ قِوَانَا العَقْلِيَّةِ وَالفِكْرِيَّةِ وَالجَسَدِيَّةِ وَالأَخْلاَقِيَّةِ وَكُلِ مَا يُوجَدُ فِي الإِنْسَانِ مُتَضَمِناً الذَاكِرَةَ فِي كُلِ أَجْزَاءِهَا وَدَرَجَاتِهَا إِلَى

أَقْصَى دَرَجَاتِ ذَكَاءِ الإِنْسَانِ. بِطَبِيعَتِنَا البَشَرِيَّةِ نَحْنُ غيرُ قَادِرِينَ عَلَى القِيَامِ بِأَيِّ عَمَلٍ عَلَى الإِطْلاَقِ مَا لَمْ يَكُنْ العَائِدُ مِنْ هَذَا العَمَلِ أَعْظَمُ مِمَا لَدَيْنَا قَبْلَ القِيَامِ بِهِ. لاَ يُوجَدُ هُنَاكَ أَيُّ صِلَةٍ بَيْنَ المَلَذَّةِ وَكَيْفِيَّةَ الوُصُولِ إِلَيْهَا وَلَكِنَ المُهِمُ هُوَ أَنْ نَصِلَ إِلَى دَرَجَةٍ مِنَ المَلَذَّةِ وَالإِكْتِفَاءِ أَكْثَرَ مِنَ التِي نَحْنُ عَلَيْهَا فِي الوَقْتِ الحَاضِرِ وَهَذَا يَكُونُ لَنَا الدَافِعَ الوَحِيْدَ لِلقِيَامِ بِأَيِّ عَمَلٍ.

لِنَأْخُذُ عَلَى سَبِيلِ المِثَالِ رَجُلٌ يُحِبُ المَالَ وَيَمْلُكُ مِنْهُ الكَثِيرِ وَلَكِنَّهُ رَاضٍ فِي أَنْ يُعْطِي كُلَ مَا لَدَيْهِ إذا وَاجَهَهُ أَحَدَ قُطَّاعِ الطُرُقِ لَيْلاً مُهَدِداً إِيَاهُ بِالمَوْتِ مُقَابِلَ مَا مَعَهُ مِنَ الجَوَاهِرِ وَالمَالِ. فِي هَذَا الحَالِ نَجِدُ أَنَّ الرَجُلَ الغَنِيَّ بِالرَغْمِ مِنْ حُبِهِ لِلمَالِ يَدْفَعَهُ بِكَامِلِهِ لِلسَارِقِ عَلَى شَرْطِ أَنْ يَعْتِقُهُ السَارِقِ بِحَالِهِ. نَجِدُ هُنَا أَنَّ الرَجُلَ أَبْدَلَ مَلَذَّةَ المَالِ بِالمَلَذَّةِ فِي البَقَاءِ عَلَى قَيْدِ الحَيَاةِ.

وَالسُؤَالُ هُنَا مَا هُوَ الفَرْقُ بَيْنَ المَلَذَّةِ التِي يُحْصَلُ عَلَيْهَا الإِنْسَانُ بِدَافِعِ الأَنَانِيَّةِ فِي الأَخْذِ وَالمَلَذَّةِ التِي يُحْصَلُ عَلَيْهَا مِنْ سِمَةِ العَطَاءِ بِدَافِعِ مَحَبَتِنَا لِلآخَرِينَ؟ يُوجَدُ فَارِقٌ عَمِيقٌ بَيْنَ نَوعَي المَلَذَّةِ، فَالمَلَذَّةَ التِي نَتَلَقَّاهَا مِنْ الأَخْذِ دَائِمَاً مَصْحُوبَةٌ بِالشُعُورِ بِالخَجَلِ وَأَمَا المَلَذَّةِ التِي تَأَتِي مِنَ العَطَاءِ مِنْ أَجْلِ إِرْضَاءِ الخَالِقِ لاَ يَصْتَحِبُوهَا الشُعُورِ بِالخَجَلِ بَلْ تَكُونُ مَلَذَّةً كَامِلَةً إِذْ تَجْلُبُ لَنَا شُعُوراً حَقِيقِيَاً بِالإِكْتِفَاءِ.

لَمْ يَكُنْ أَبُونَا أَدَم عَلَيْهِ السَلاَمُ قَادِراً عَلَى أَنْ يَخْضَعَ لِهَذَا التَحْوِيلِ فِي نَوْعِيَّةِ المَلَذَّةِ بِمَا أَنَّهُ كَانَ الإِرَادَةَ فِي التَلَقِّي بِوَحْدَوِيَتِهَا وَكَثَافَتِهَا لِذَلِكَ تَبَعْثَرَت نَفْسُهُ إِلَى عِدَةِ أَجْزَاءٍ "البَشَر".

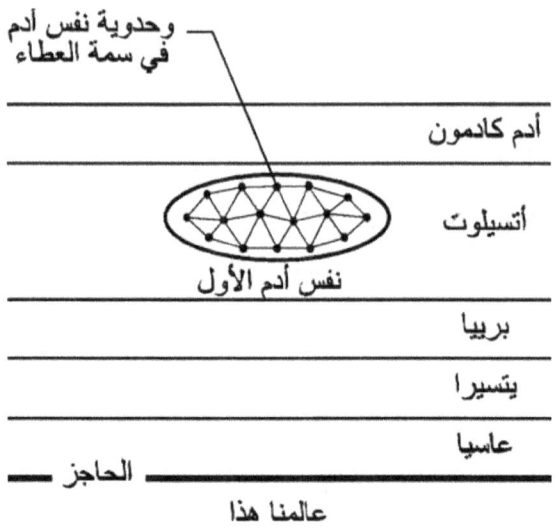

كُلُ جُزءٍ مِنْ هَذِهِ النَفْسِ أُعْطِيَ جُزءً صَغِيراً مِنْ عِبءِ الأَنَا لِيَقُوُمَ بِتَصْحِيحِهِ، وَفِي حَالِ كُلِ جُزءٍ قَامَ بِتَصْحِيحِ نَفْسِهِ تَرْتَبِطُ جَمِيعُ هَذِهِ الأَجْزَاءِ مَعاً فِي وَحْدَوِيَّةٍ لِتَشْكِلِ نَفْساً وَاحِدَةً مُصَحَحَةً فَعِنْدَمَا نَصِلُ إِلِى هَذِهِ الدَرَجَةِ "التَصْحِيحُ الكَامِلُ أَيْ قِمَار تِيكُوُنْ" نَصِلُ إِلَى دَرَجَةِ الكَمَالِ.

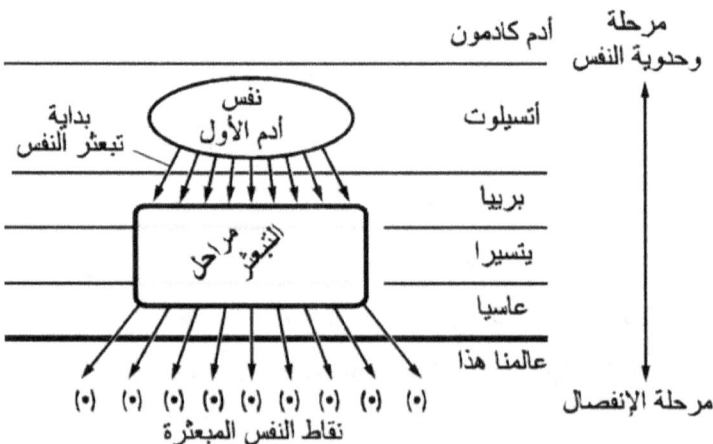

إنَّ الإِنْسَانَ يُحْجِمُ نَفْسُهُ عَنْ سَرِقَةِ مَبْلَغٍ صَغِيرٍ مِنَ المَالِ بِسَبَبِ أَنَّهُ يُشَكِلُ مَصْدَراً صَغِيراً مِنَ اللَّذَةِ وَلا يَسْتَحِقُ المُخَاطَرَةَ. فَإِنَّ الخَوفَ مِنَ العِقَابِ مَعَ الشُعُورِ بِالخَجَلِ يَتَغَلَّبُ عَلَى الرَغْبَةِ فِي السَرقَةِ. وَلَكِن إذَا كَانَ المَبْلَغُ كَبِيرٌ يَكُونُ الدَافِعُ أَكْثَرَ قُوَةً لاَ يَسْتَطِيعُ الإِنْسَانُ مُقَاوِمَةَ الرَغْبَةِ تجاهَهُ. وَهَكَذَا وَبِنَفْسِ الطَرِيقَةِ يُنْتِجُ الخَالِقُ الظُرُوفَ اللازِمَةَ لِحُرِّيَةِ الإِخْتِيَارِ وَالَتِي نَحْنُ بِحَاجَتِها لِلتَغلُبِ عَلَى حُبِّ الذَاتِ وَالأَنَانِيَّةِ. لَقَدْ قَسَّمَ الخَالِقُ النَفْسَ إِلَى عِدَةِ أَجْزَاءٍ وَبَعْدَهَا فَرَّقَ كُلَّ جُزءٍ عَنْ الآخَرِ مِنْ خِلاَلِ مَرَاحِلِ التَصْحِيحِ المُتَتَالِيَةِ. وَبَعْدَهَا فَصَلَ بَيْنَ كُلِ مَرْحَلَةٍ وَأَخْرَى مِنْ المَخْلُوقِ أَي النَفْسِ إِلَى عِدَةِ مَرَاحِلِ مِنَ الإِحْرَازِ لِيَسْتَطِيعَ الإِنْسَانُ تَغْيِيرَ طَبِيعَتِهِ الأَنَانِيَّةِ.

إِذَا شَعَرَ الإِنْسَانُ بِرَغْبَةٍ لِلتَقَرُّبِ مِنَ الخَالِقِ بِشَكْلٍ مُفَاجِىءٍ يَجِبُ عَلَى هَذَا الشَخْصِ أَنْ يُدْرِكَ عَلَى الفَورِ بِأَنَّ هَذِهِ الرَغْبَةَ لَمْ تَتَوَلَّدْ فِيهِ بِسَبَبِ أَفْعَالِهِ الحَسَنَةِ لَكِنْ وَفِي الحَقِيقَةِ إِحْسَاسُهِ بِهَذِهِ الرَغْبَةِ يَعْنِي أَنَّ الخَالِقَ إِتْخَذَ خُطْوَةً تجاهَهُ جَاذِباً إِيَاهُ نَحْوَهُ. فَفِي بِدَايَةِ الطَرِيقِ يَسْتَخْدِمُ الخَالِقُ كُلَّ فُرْصَةٍ مُنَاسِبَةٍ لِلتَوَاصُلِ مَعَنَا وَيَسْتَحِثُّنَا بِإِيقَاظِ الشُعُورِ بِالكَرْبِ وَالشَجَنِ مَعَ رَغْبَةٍ شَدِيدَةٍ وَشَوقٍ كَبِيرٍ لِلعَالَمِ الرُوحِيِّ، وَلكِنَّ فِي كُلِ مَرَّةٍ يُعْطِينَا الخَالِقُ هَذِهِ الرَغْبَةَ الشَدِيدَةَ لِلعَالَمِ الرُوحِيِّ يَتَوَقَّعُ الشَيءَ نَفْسَهُ مِنَا فِي المُبَادَرَةِ فِي السَعِيِّ نَحْوَهُ.

فَإذَا إِسْتَطَعْنَا فَهْمَ أَنَّ شِدَةَ الرَغْبَةِ الَتِي نَشْعُرُ بِهَا فِي التَوَقَانِ بِحَنِينٍ لِلتَقَرُّبِ مِنَ الخَالِقِ تُعَادِلُ بِقُوَتِهَا تَوقَانَ وَحَنِينَ الخَالِقِ فِي رَغْبَتِهِ بِالتَقَرُّبِ مِنَا يَجِبُ عَلَيْنَا أَنْ نُحَاوِلَ بِكُلِ قُدرَتِنَا أَنْ نُقَوِي وَنُنَمِي هَذَا الإِحْسَاسَ فِينَا. هَكَذَا نَسْتَطِيعُ أَنْ نَتَقَدَّمَ نَحوَ الخَالِقِ حَتى نَصِلَ إِلَى دَرَجَةٍ نَكُونُ قَادِرِينَ فِيهَا عَلى الإِلْتِصَاقِ بِهِ بِكُلِ رَغَبَاتِنَا وَمِيزَاتِنَا. وَلَكِنَّ عِنْدَمَا لاَ نَزَالُ فِي بِدَايَةِ الطَرِيقِ فَنَحْنُ لاَ نَفْهَمُ أَوْ نَشْعُرُ بِالخَالِقِ، وَبَعْدَ أَنْ نَقُومَ بِعِدَّةِ محُاوَلاَتٍ غَيرُ مُثْمِرَةٍ

بِالتَّقَرُّبِ مِنْهُ، فَجْأَةً يَظْهَرُ لَنَا أَنَّنَا بَيْنَمَا نُحَاوِلُ نَحْنُ التَّقَرُّبَ مِنَ الْخَالِقِ نَرَاهُ يَتَغَاضَى عَنَّا مُتَجَاهِلاً إِيَّانَا بِإِسْتِخْفَافٍ بِرَغْمِ جَمِيعِ مُحَاوَلَاتِنَا بِالتَّقَرُّبِ مِنْهُ. وَبِالتَّالِي تَكُونُ رَدَّةَ فِعْلِنَا فِي إِلْقَاءِ اللَّوْمِ عَلَيْهِ لِتَجَاهُلِنَا بَدَلاً مِنْ أَنْ نَسْعَى تُجَاهَهُ بِحَنِينٍ أَكْبَرَ وَرَغْبَةٍ أَشَدَّ مِنْ ذِي قَبْلُ لِلْوُصُولِ إِلَى دَرَجَةٍ نَسْتَطِيعُ التَّعَلُّقَ بِهِ بِكُلِّ قُوَانَا بَلْ وَعَلَى الْعَكْسِ نَغْضَبُ مُتَغَافِلِينَ عَنْ حَقِيقَةِ الْوَاقِعِ فِي أَنَّ رَغْبَةَ الْخَالِقِ إِلَيْنَا قَوِيَّةٌ بِقَدْرِ رَغْبَتِنَا إِلَيْهِ.

مَا دُمْنَا نَفْقِدُ الإِيمَانَ فِي وَحْدَوِيَّةِ الْخَالِقِ لَنْ نَتَمَكَّنَ مِنَ التَّفَادِي فِي الْوُقُوعِ فِي الْخَطَاءِ نَفْسِهِ مَرَّةً تِلْوَةَ الْأُخْرَى إِلَى أَنْ يُرِيَنَا الْخَالِقُ بِأَنَّهُ مَصْدَرُ جَمِيعِ رَغَبَاتِنَا وَكُلِّ مَا نَشْعُرُ بِهِ وَبِمُسَاعَدَتِهِ قَابِلِينَ بَذْلَ كُلِّ الْجُهُودِ الْمَطْلُوبَةِ مِنَّا لِإِظْهَارِ نُورِهِ مِنْ خِلَالِ إِظْهَارِ الْعَالَمِ بِوَاقِعِهِ الشَّامِلِ لَنَا وَإِظْهَارِ مَجْدِ عَظَمَتِهِ. بِإِمْكَانِنَا فَقَطْ التَّعَلُّقِ بِالْخَالِقِ مِنْ خِلَالِ تَوْجِيهِ جَمِيعِ رَغْبَتِنَا وَشَوْقِنَا تُجَاهَهُ بِفَرَحٍ وَهَذَا مَا هُوَ الْمَقْصُودُ بِعِبَارَةِ "مِنْ كُلِّ نَوَايَا الْقَلْبِ" وَهَذَا يَتَضَمَّنُ حَتَّى الرَّغَبَاتِ الَّتِي لَيْسَ بِمَقْدُورِنَا تَصْحِيحُهَا وَالْوُصُولُ بِهَا إِلَى دَرَجَةِ التَّوَازُنِ الْكَامِلِ. فَإِذَا كَانَ فِي إِسْتِطَاعَتِنَا التَّحَكُّمُ فِي وَضْعِ حَدٍّ لِجَمِيعِ رَغَبَاتِنَا الْأَنَانِيَّةِ الَّتِي تَظْهَرُ أَمَامَنَا بَيْنَمَا نَشْعُرُ بِالسَّعَادَةِ فِي قُلُوبِنَا نَسْتَطِيعُ بِهَذَا تَرْسِيخِ شُرُوطٍ تُسَاعِدُنَا عَلَى مَلْءِ قُلُوبِنَا بِنُورِ الْخَالِقِ. إِنَّ أَهَمَّ نَاحِيَةٍ فِي مُهِمَّةِ تَصْحِيحِ الذَّاتِ هُوَ الْوُصُولُ إِلَى مُسْتَوَى السَّعَادَةِ فِي أَعْمَالِنَا الَّتِي نَقُومُ بِهَا مِنْ أَجْلِ أَنْ نَنَالَ رِضَى الْخَالِقِ. فَإِنَّ مِحْوَرَ جُهُودِنَا هُوَ فِي إِحْرَازِ السُّرُورِ فِي تَعَامُلِنَا مَعَ الْخَالِقِ وَفِي إِكْتِسَابِ حَلَاوَةِ وَعُذُوبَةِ الْأَفْكَارِ وَالْمَشَاعِرِ تُجَاهَهُ.

عِنْدَمَا يَشْعُرُ الإِنْسَانُ بِفَرَاغٍ فِي قَلْبِهِ فَهَذَا دَلِيلٌ عَلَى أَنَّهُ الْوَقْتُ الْمُنَاسِبُ لِلْبَحْثِ عَنْ عَظَمَةِ الْخَالِقِ لِيَجِدَ الدَّعْمَ وَالسَّنَدَ لَهُ. فَبِحَسْبِ التَّوَاضُعِ الَّذِي فِينَا يَكُونُ مَدَى إِدْرَاكِنَا لِعُلُوِّ وَعَظَمَةِ الْخَالِقِ وَفِي طَلَبَتِنَا مِنْهُ فِي تَسْكِينِ

وَتَخْفِيفِ الظُّرُوفِ القَاسِيَةِ الَّتِي نَمُرُّ بِهَا. يَسْمُو بِنَا الخَالِقُ مُسْتَجِيباً لِدُعَائِنَا بَعْدَ أَنْ يُظْهِرَ عَظَمَتَهُ لَنَا لِكَيْ يَمْنَحَنَا القُوَّةَ لِلتَّقَدُّمِ إِلَى الأَمَامِ. نَحْنُ نَرَى أَنَّ المَنْطِقَ لَدَيْنَا يُحَاوِلُ أَخْذَنَا فِي طُرُقٍ مُخْتَلِفَةٍ وَلَكِنَّ الإِحْسَاسَ بِالحَاجَةِ إِلَى الخَالِقِ أُعْطِيَ لَنَا بِالتَّحْدِيدِ لِكَيْ نَمْتَلِئَ مِنْ نُورِ عَظَمَةِ الخَالِقِ وَهَذَا مَا يُدْعَى بِالإِيمَانِ.

إِنَّ الرَّجُلَ البَارَ وَالصِّدِّيقَ هُوَ الَّذِي يُبَرِّرُ أَعْمَالَ الخَالِقِ فِي أَيِّ حَالٍ مِنَ الأَحْوَالِ مَهْمَا كَانَ إِنْعِكَاسُهَا عَلَى الجَسَدِ وَالقَلْبِ وَالمَنْطِقِ لَدَيْهِ فِي الشُّعُورِ الَّذِي يَخْتَبِرُهُ. فَبِتَبْرِيرِ الإِنْسَانِ لِسُلُوكِ الخَالِقِ تِجَاهَهُ وَكَأَنَّهُ يَخْطُو إِلَى الأَمَامِ فِي تَقَدُّمِهِ نَحْوَ العَالَمِ الرُّوحِيِّ وَلَكِنْ بِالرَّغْمِ مِنْ حِدَّةِ الظُّرُوفِ وَقَسْوَةِ المَشَاعِرِ الَّتِي نَخْتَبِرُهَا يَجِبُ عَلَى الإِنْسَانِ أَلَّا يَتَجَاهَلَ أَوْ يُنْكِرَ حَقِيقَةَ وَوَاقِعَ مَشَاعِرِهِ أَيْضاً بَلْ يُقَرِّرُ فِي قَلْبِهِ أَنَّ الخَالِقَ جَيِّدٌ وَكُلُّ مَا يَأْتِي مِنْهُ جَيِّدٌ وَالسَّبَبُ فِي شُعُورِهِ القَاسِي الَّذِي يُعَانِي مِنْهُ هُوَ بِسَبَبِ أَنَّ رَغَبَاتِهِ مُعَاكِسَةٌ لِتِلْكَ الَّتِي لِلخَالِقِ وَلِذَلِكَ يَشْعُرُ بِالمُعَانَاةِ بَدَلاً مِنَ السُّرُورِ وَلَيْسَ لِأَنَّ الخَالِقَ لَيْسَ بِالرَّحِيمِ وَالمُحِبِّ وَالعَادِلِ.

فَالإِنْسَانُ الَّذِي يَسْعَى مُسْتَعِيناً بِالخَالِقِ أَنْ يَعْلُو فَوْقَ مَا يُمْلِيهِ مَنْطِقُ الأَنَا عَلَيْهِ وَكَأَنَّهُ يَفْصِلُ نَفْسَهُ "كَيَانُهُ الحَقِيقِيُّ" عَنْ رَغَبَاتِهِ الأَنَانِيَّةِ وَفِي هَذِهِ الحَالِ لَا يَعُدْ الإِنْسَانُ يَخْتَبِرُ تَرَاجُعاً فِي إِحْرَازِهِ العَالَمِ الرُّوحِيِّ وَكَأَنَّهُ يَسْقُطُ إِلَى القَعْرِ لِأَنَّ فِي هَذَا الوَضْعِ يَقُومُ بِعَمَلِ حِسَابَاتِهِ خَارِجَ إِطَارِ المَنَافِعِ الشَّخْصِيَّةِ فِي إِشْبَاعِ حُبِّ الذَّاتِ. كُلُّ مَا يَحْصَلُ هُوَ لِخَيْرِ الإِنْسَانِ، فَهَدَفُ الخَالِقِ هُوَ فِي رَفْعِ الإِنْسَانِ إِلَى دَرَجَةِ البَارِ أَوِ الصِّدِّيقِ فَعِنْدَمَا يَصِلُ الإِنْسَانُ إِلَى هَذِهِ الدَّرَجَةِ يَبْدَأُ بِالتَّدْرِيجِ إِسْتِرْجَاعَ الرَّغَبَاتِ الأَنَانِيَّةِ وَالعَمَلِ عَلَى تَصْحِيحِهَا

لِتُصْبِحَ جُزءً مِنْ إِنَاءِهِ الرَوحِيِّ لِيَتَلَقَّى فِيهِ المَزِيدِ مِنَ المَسَرَّاتِ فِي عَمَلِهِ فِي جَلْبِ الرِضَا إِلَى الخَالِقِ.

الإِنْسَانُ البَارُ هُوَ الَذِي يَسْلُكُ فِي سِمَةِ العَطَاءِ مِنْ خِلاَلِ مَحَبَّةَ الآخَرِينِ وَالعَمَلِ عَلَى مَنْفَعَتِهِم وَالإِهْتِمَامَ بِحَاجَاتِهِمْ، وَإِنَّ المَسَرَّاتَ التِي تَلَقَّاهَا مِنَ النُورِ لَمْ تَكُنْ مُكَافَأَةً عَلَى عَمَلِهِ فِي تَصْحِيحِ نَفْسِهِ فَالَذِي يَتَحَلَّى بِسِمَةِ الخَالِقِ فِي العَطَاءِ لاَ يَبْغِي أَيَّ شَيءٍ لِنَفْسِهِ بَلْ إِنَّ سِرَّ سَعَادَتِهِ أَنْ يَعْمَلَ فِي سَعَادَةِ وَخَيرِ الآخَرِينِ. مَثَلَهُ مَثَلُ الضَّيْفِ فِي بَيْتِ صَدِيقِهِ فَكُلَّمَا كَانَتْ شَهِيَّةُ الضَّيْفِ كَبِيرَةً وَيَسْتَلِذُ بِمَا يُقَدَّمُ إِلَيْهِ كُلَّمَا كَانَ المُضِيفَ مَسْرُوراً بِسَعَادَةِ ضَيْفِهِ مُقَابِلَ كُلِ الجُهْدِ الَذِي بَذَلَهُ مِنْ أَجْلِهِ. وَلَكِنْ عِنْدَ إِحْسَاسِ الضَّيْفِ بِالخَجَلِ مِنْ كُلِ المُشْتَهِيَاتِ التِي يُقَدِمُهَا إِلَيْهِ المُضِيفُ فَإِنَّهُ سَيَمْتَنِعُ عَنْ المَزِيدِ بِرَغْمِ رَغْبَتِهِ فِيهِ. وَلَكِنْ عِنْدَمَا يَشْعُرُ الضَّيْفُ بِأَنَّ قُبُولَهُ لِكُلِ مَا يُقَدِمُهُ المُضِيفَ إِلَيْهِ وَكَأَنَّهُ يَعْمَلُ مَعْرُوفاً مَعَهُ مُقَابِلَ كُلَّ التَعَبِ الَذِي عَانَاهُ فِي سَبِيلِ رَغْبَتِهِ فِي مَسَرَّةِ ضَيْفِهِ فِي هَذِهِ اللَحْظَةِ يَتَلاَشَى الشُعُورَ بِالخَجَلِ وَيَشْعُرُ بِالإِكْتِفَاءِ المُطْلَقِ.

طَبِيعَةُ الإِنْسَانِ الأَنَانِيَّةِ لاَ تُمَكِنُهُ مِنَ التَظَاهُرِ بِأَنَّهُ لاَ يَودُ تَلَقِّي أَيُّ مُقَابِلٍ لِمَا يُقَدِمُهُ لِلآخَرِينَ وَلَكِنَّ الإِنْسَانَ الَذِي يَتَوَصَّلُ إِلَى دَرَجَةِ البَارِ تُصْبِحُ مَلَذَّتَهُ الحَقِيقِيَّةُ فِي العَطَاءِ مِنْ أَجْلِ سَعَادَةِ وَإِرْضَاءِ الخَالِقِ. وَلَكِنْ عِنْدَمَا يُدْرِكُ الإِنْسَانُ البَارُ أَنَّ سَعَادَةَ الخَالِقِ مَحْصُورَةٌ فِي إِبْتِهَاجِ وَمُتْعَةِ خَلِيقَتِهِ، يَدْفَعُ هَذَا بِهِ لِلعَوْدَةِ إِلَى الإِرَادَةِ فِي التَقَبُّلِ وَلَكِنْ بِهَدَفٍ مُخْتَلِفٍ عَنْمَا كَانَ عَلَيْهِ الأَمْرُ مِنْ قَبْلٍ فِي التَلَقِّي لإِشْبَاعِ الذَاتِ لَكِنَ المَسَرَةَ التِي يَشْعُرُ بِهَا الآنْ بِسَبَبِ رِضَى الخَالِقِ وَسَعَادَتِهِ.

وَهَكَذَا كُلَّمَا إِزْدَادَتِ المَسَرَّاتُ التِي يَحْصَلُ عَلَيْهَا الإِنْسَانُ كُلَّمَا زَادَ إِرْتِقَاءُهُ فِي دَرَجَاتِ العَالَمِ الرُوحِيِّ. وَلَكِنَ الوُصُولَ إِلَى دَرَجَةِ البَارِ أَوْ الصِدِّيقِ لَيْسَ كَافِيًا لِتَحْقِيقِ هَدَفِ الخَلِيْقَةِ. إِنَّ تَلَقِّي النُورَ المُنْبَعِثِ مِنَ الخَالِقِ أَمْرٌ ضَرُورِيٌّ لِتَصْحِيحِ نَوَايَا الإِنْسَانِ وَرَغَبَاتِ قَلْبِهِ وَلَكِن إِحْرَازَ دَرَجَةِ البَارِ تُمَكِنُنَا فَقَطْ مِنَ التَخَلُّصِ مِنْ إِحْسَاسِ الخَجَلِ الذِي يَنْتَابُ الإِنْسَانُ عِنْدَ التَلَقِّي مِنَ الخَالِقِ. فَعَلَى مَدَى طُغْيَانِ وَتَحَكُمِ الأَنَانِيَّةِ فِي طَبِيعَتِنَا البَشَرِيَّةِ فِي هَذَا العَالَمِ يَبْدُوُ العَطَاءُ وَكَأَنَّهُ شَيءٌ خَيَالِيٌّ وَوَهْمِيٌّ وَيَبْدُوُ صَعْبًا وَأَحْيَانًا مُسْتَحِيلًا لِسَبَبِ إِحْتِجَابِ الخَالِقِ وَتَوَارِيهِ.بِمَا أَنَّ عِلْمَ الكَابَالا يُعَلِمُنَا أَنَّ إِشْبَاعَ الذَاتِ وَالرَغَبَاتِ الأَنَانِيَّةِ لَدَيْنَا هُوَ شَرٌّ فَكَيْفَ نَسْتَطِيعُ إِدْرَاكَ هَذَا المَفْهُومِ مَعَ العِلْمِ بِأَنَّهُ لا يُمْكِنَنَا تَلَقِّي المَسَرَّاتِ مِنْ خِلالِ المُعَانَاةِ، وَمَعَ هَذَا يَجِبُ عَلَيْنَا تَصْدِيقَ أَنَّ المُعَانَاةَ هِيَ شَيءٌ جَيِدٌ لِذَلِكَ نَجِدُ أَنَّ فِي أَفْعَالِنَا وَأَفْكَارِنَا مُدَاوَلاتٌ مُتَعَدِدَةٌ فِي مُحَاوَلَتِنَا فِي الوُصُولِ إِلَى مَا هُوَ صَحِيحٌ وَحَقِيقِيٌّ.

عَلاوَةً عَلَى ذَلِكَ أَنَّهُ فِي تَقَدُمِنَا فِي إِحْرَازِ العَالَمِ الرُوحِيِّ يَزْدَادُ الأَمْرِ صُعُوبَةً، وَيَأْخُذُ الإِنْسَانُ فِي التَسَاؤُلِ مُتَعَجِبًا "مَا الَذِي أُجْنِيهِ مِنَ العَمَلِ بِوَفَاءٍ فِي تَحْقِيقِ إِرَادَةِ الخَالِقِ؟". وَلَكِنَ سُرْعَانَ مَا يُدْرِكُ الإِنْسَانُ أَنَّ فِي عَمَلِهِ فِي تَصْحِيحِ نَفْسِهِ هُوَ مُكَافَأَتِهِ عَلَى عَمَلِ إِرَادَةِ الخَالِقِ إِذْ أَنَّهُ يَحْصَلُ عَلَى النَفْسِ الإِنْسَانِيَّةِ أَيْ عَلَى نُورِ الخَالِقِ.

يَقُولُ عِلْمُ الكَابَالاَ أَنْ نَزْعَةَ الشَرِّ فِي الإِنْسَانِ تَظْهَرُ لِلخَاطِىءِ وَكَأَنَّهَا عَقَبَةٌ صَغِيرَةٌ وَأَمَا بِالنِسْبَةِ لِلإِنْسَانِ البَارِ فَتَبْدُو وَكَأَنَّهَا جَبَلٌ عَالٍ. مِنْ مَنْظُورِ عِلْمِ الكَابَالاَ إِنَّ أَفْكَارَ وَرَغَبَاتَ الإِنْسَانِ لَهَا دَرَجَاتَهَا وَالإِسْمُ الخَاصُ الذِي يَدُلُ عَلَيْهَا فِي كُلٍ مِنْ هَذِهِ الدَرَجَاتِ. فَإِنَّ مَا يُشَارُ إِلَيْهِ بِإِسْمِ الخَاطِىءِ وَالبَارِ هِيَ الدَرَجَةُ الَتِي يَتَوَاجَدُ عَلَيْهَا الإِنْسَانُ فِي عَمَلِ تَصْحِيحِ النَفْسِ. إِنَّ التَعْبِيرَ

"التَوَارِي أَوْ الإِخْتِفَاءِ" لاَ يَقْتَصِرُ فَقَطْ فِي الإِشَارَةِ إِلَى تَوَارِي وَإِخْتِفَاءِ الخَالِقِ عَنِ الإِنْسَانِ بَلْ تُشِيرُ أَيْضاً إِلَى تَوَارِي الإِنْسَانِ عَنْ نَفْسِهِ إِذْ أَنَّنَا فِي الوَاقِعِ لاَ نَعْرِفُ حَقِيْقَةَ أَنْفُسِنَا وَلاَ خَصَائِصِهَا وَلَكِن كُلٌ مِنْ خَصَائِصِ النَفْسِ تَظْهَرُ لِلإِنْسَانِ بِحَسَبِ قُدْرَتِهِ عَلَى تَصْحِيحِهَا. وَلِهَذَا السَبَبُ يَكْشِفُ الخَالِقُ جُزءً بَسِيطاً مِنْ مِقْدَارِ الشَرِّ لِلإِنْسَانِ الذَي فِي بِدَايَةِ الطَرِيقِ "الخَاطِىء" لِيَشْعُرَ بِأَنَّ طَبِيعَتَهُ الأَنِانِيَّةُ "الأَنَا" لَيْسَ مِنَ المُسْتَحِيلِ التَغَلُّبِ عَلَيْهَا وَذَلِكَ كَيْ لاَ يَفْقِدُ الإِنْسَانُ أَمَلَهُ وَقُوَاهُ فِي الطَرِيقِ. وَلَكِنْ كُلَّمَا تَقَدَّمَ الإِنْسَانُ فِي عَمَلِيَّةِ التَصْحِيحِ يَكْشِفُ الخَالِقَ لَهُ طَبَقَةً أُخْرَىَ مِنْ حُبِّ الذَاتِ وَشَرِ الأَنَانِيَّةِ فِيْهِ وَهَذَا طَبْعاً وِفْقاً لِرَغْبَةِ الإِنْسَانِ نَحْوَ أَهَمِيَّةِ التَصْحِيحِ وَقُوَتُهِ فِي التَصَّدِي وَرَدْعِ النَزْعَةِ الأَنَانِيَّةِ فِيْهِ، وَهَكَذَا إِلَى أَنْ يَصِلَ الإِنْسَانُ إِلَى نِهَايَةِ مَرَاحِلِ التَصْحِيحِ.

تَفْسِيرُ المُصْطَلَحاتِ:

إِنَاءُ النَفْسِ: أَي رَغَبَاتُ الإِنْسَانِ المُصَححَةِ وَالَتِي يَسْتَطِيعُ النُورُ أَنْ يَقْطُنَ فِيْهَا.

خَطُ الوَسَطُ: وَهُوَ نُقْطَةُ الإِخْتِيَارِ الحُرِ عِنْدَ الإِنْسَانِ. وَكَأَنَّهُ يَسْلُكُ الطَرِيقَ الذَهَبِيَّ نَحْوَ إِحْرَازِ العَالَمِ الرُوحِيِّ.

خَطُ اليَمِينَ: هُوَ السَفِيرَا حِسِيدْ.

خَطُ اليَسَارِ: الرَغْبَةُ الأَنَانِيَّةُ الَتِي تَدْفَعَنِي بِالتَقَبُّلِ لِلنَفْسِ فِي حُبِّ الذَاتِ.

الشْخِينَا: هِيَ جَذْرُ جَمِيعِ النُفُوسِ مَعاً كُلُ مَخْلُوقٍ بِمُفْرَدِهِ.

قِمَارُ تِيكُوْنْ: نِهَايَةُ التَصْحِيحِ.

الرَجُلُ البَارُ: الرَجُلُ الصّدِيقُ الذِي يُبرِرُ أَعْمَالَ الخَالِقِ فِي أَيِّ حَالٍ مِنَ الأَحْوالِ. الرَجُلُ الَذِي يَسْلُكُ فِي مَحَبَّةٍ وَعَطَاءٍ تِجَاهَ الآخَرِينَ وَيَعَمَلُ عَلَى مَنْفَعَتِهِم وَالإِهْتِمَامَ بِحَاجَاتِهِمْ.

عَمَلِيَةُ التَصْحِيحِ: أَيْ أَنْ يَسْمَحَ الإِنْسَانُ لِلنُورِ أَنْ يُصَحِحَ رَغَبَاتِهِ الأَنَانِيَّةِ.

إِخْتَبِرْ مَعْلُومَاتَكَ.

س١ : مَا هُوَ اليَمِينُ وَمَا هُوَ اليَسَارُ فِي العَمَلِ الرُوحِيِّ؟

س٢ : مَا هُوَ الخَطُ الوَسَطُ؟

س٣ : مَا هِيَ الرَغْبَةُ فِي كِلاَ الشَكْلَينِ المُصَحَحَةِ وَالغَيْرِ مُصَحَحَةِ؟

س٤ : مَا الفَرْقُ بَيْنَ أَنْوَاعِ المَلَذَّاتِ التِي يَشْعُرُ بِهَا الإِنْسَانُ؟

س٥ : مَا هُوَ الإِيمَانُ؟

س٦ : مَنْ هُوَ الرَجُلُ البَارُ؟

غِذَاءٌ لِلفِكْر

مَحبَةُ الآخَرِينَ

قِيلَ فِي قِصَةِ يُوسُفُ الصِدِّيقُ: "فَوَجَدَهُ رَجُلٌ وَإِذَا هُوَ ضَالٌ فِي الحَقْلِ؛ فَسَأَلَهُ الرَجُلُ قَائِلاً مَاذَا تَطْلُبُ؟ فَقَالَ أَنَا طَالِبٌ إِخْوَتِي، أَخْبِرْنِي أَيْنَ يَرْعَونْ فَقَالَ الرَجُلُ لَقَدْ إِرْتَحلوُا مِنْ هُنَا".

إِنَّ الرَجُلَ "التَائِهَ فِي الحَقْلِ" يُنْسَبُ إِلَى المَكَانِ الَذِي مِنْهُ يَأتِي المَحْصُولُ الَذِي يُقِيتُ وَيَسْنُدُ العَالَمَ. فَعمَلُ الحَقْلِ هُوَ فِي الفِلاَحَةِ وَالزَرْعِ وَالحَصادِ وَقِيلَ بِهَذَا الشَأنِ: "الَذِينَ يَزْرَعَونَ بِالَدُمُوعِ يَحْصِدُونَ بِالإِبْتِهَاجِ وَالفَرَحِ". هَذَا مَا يُطْلَقُ عَلَيْهِ- الحَقْلُ الَذِي بَارَكَهُ الرَّبُ.

شَرَحَ عَالِمُ الكَابَالا هَاتُورِيم عَنْ هَذَا قَائِلاً: إِنَّ الرَجُلَ التَائِه فِي الحَقْلِ يُنْسَبُ إِلَى الشَخْصِ الَذِي إِنْحَرَفَ عَنْ طَرِيقِ الحَقِ أَيْ "المَنْطِقِ" وَالَذِي لاَ يَعْرِفُ الطَرِيقَ الصَحِيحَ لِيَسْلُكَ فِيهِ وَالَذِي يَنْتَهِي بِهِ إِلَى المَكَانِ الَذِي يُرِيدُ أَنْ يَصِلَ إِلَيْهِ، كَمَثَلِ "البَهِيمَةِ الَتِي تَنْحَرِفُ عَنْ الطَرِيقِ وَتجُولُ تَائِهَةً" هَكَذَا يَصِلُ الشَخْصُ إِلَى مَرْحَلَةٍ يَظُنُ فِيهَا بِأَنَّهُ مِنَ المُسْتَحِيلِ إِحْرَازُ الهَدَفِ الَذِي يُرِيدُ إِدْرَاكَهُ.

وَسَأَلَهُ الرَجُلُ قَائِلاً: مَنْ تَطْلُبُ؟ وَمَعْنَى هَذَا "كَيْفَ أَسْتَطِيعُ أَنْ أُسَاعِدَكَ؟" فَأَجَابَهُ وَقَالَ: "أَنَا أَبْحَثُ عَنْ إِخْوَتِي". فَعِنْدَمَا أَكُونُ مَعَ إِخْوَتِي بِمَعْنَى أَنَّهُ عِنْدَمَا أَكُونُ مَعَ المَجْمُوعَةِ المُرْتَبطَةِ بِرِبَاطِ المَحبَّةِ الطَاهِرَةِ وَالقَائِمَةِ عَلَى مَبْدَاءِ مَحبَّةُ الآخَرِينِ، أَسْتَطِيعُ أَنْ أَسْلُكَ فِي الطَرِيقِ الَذِي يُؤَدِي بِيَّ إِلَى بَيْتِ الرَّبِ. هَذَا الطَرِيقُ يُدْعَى "طَرِيقُ العَطَاءِ المُطْلَقِ" وَهُوَ الطَرِيقُ المُعَاكِسُ تَمَاماً لِلأَنَا- لِطَبِيعَتِنَا الأَنَانِيَّةِ. وَلِكَي يَكُونَ بِإِمْكَانِي إِحْرَازَ طَرِيقِ العَطَاءِ

وَالسُلُوكِ فِيْهِ لاَ يُوجَدُ إلاَّ وَسِيلَةً وَاحِدَةً فَقَطْ وَلاَ ثَانِي لَهَا وَهِيَ مَحَبَّةُ الآخَرِينَ. المَحَبَّةُ التِي مِنْ خِلاَلِهَا يُسَاعِدُ كُلُّ وَاحِدٍ صَدِيقَهُ لِلوُصُوُلِ إِلَى الهَدَفِ.

وَقَالَ لَهُ الرَجُلُ: "لَقَدْ رَحَلُوا مِنْ هُنَا". فَسَرَّ عَالِمُ الكَابَالا رَاشِي هَذَا كَمَا يَلِي: رَحَلُوُا مِنْ هُنَا بِمَعْنَى أَنَّهُم تَخَلَّوا عَنِ المَحَبَّةِ الأَخَوِيَّةِ وَسَلَكُوا فِي طَرِيقٍ مُخْتَلِفٍ أَيْ أَنَّهم لاَ يَرْغَبُونَ فِي الإِرْتِبَاطِ مَعَكَ فِي المَحَبَّةِ، هَذَا التَصَرُّفُ مَا أَدَى فِي النِهَايَةِ إِلَى وُقُوُعِ إِسْرَائِيل تَحْتَ نِيرِ العُبُودِيَّةِ فِي مِصْر "تَحْتَ نِيرِ الأَنَا" وَفِي مَا بَعْدَ خَلاَصِهِم وَخُرُوجِهِم مِنْ مِصْر. فَيَجِبُ عَلَيْنَا أَنْ نَأْخُذَ عَلَى عَاتِقِنَا الإِنْتِمَاءَ إِلَى المَجْمُوعَةِ المَبْنِيَّةِ عَلَى أَسَاسِ مَحَبَّةِ الآخَرِينَ بِقَلْبٍ طَاهِرٍ وَصَادِقٍ فَفِي هَذَا نَجِدُ البَرَكَةَ وَالمُكَافَأَةَ فِي الحُرِيَّةِ وَالخُرُوُجِ مِنْ مِصْر أَيْ مِنْ تَحْتِ نِيرِ عُبُودِيَّةِ الأَنَا وَتَلَقِّي النُوُرَ وَإِحْرَازِ سِمَةُ العَطَاءِ.

مِنْ كِتَابَاتِ الرَابَاش

المَرَاحِلُ الأَربَعُ لِنُمُوِ الرَغْبَةِ

خَلَقَ الخَالِقُ رَغْبَةً وَهَذَا هُوَ الشَيءُ الوَحِيْدُ الَذي عَمِلَهُ وَالشَيءُ الوَحِيْدُ الَذِي يُوُجَدُ إِلَى جَانِبِ الخَالِقِ. يَدْعُو عِلْمُ الكَابَالاَ هَذِهِ الرَغْبَةَ بِالإِرَادَةِ فِي التَقَبُّلِ. إِرَادَةٌ فِي تَقَبُّلِ مَاذَا؟ دَعَاهَا عُلَمَاءُ الكَابَالاَ بِالإِرَادَةِ فِي التَقَبُّلِ لأَنَهَا تَتَقَبَّلُ المَسَرَّاتِ. مَا هِيَ المَسَرَّةَ التِي تَسْتَمْتِعُ بِهَا الإِرَادَةُ فِي التَقَبُّلِ؟ تَسْتَمتِعُ بِالخَالِقِ نَفْسِهِ.

كَإِحِسَاسِ الإِنْسَانِ بِشُعُورِ الفَرَحِ وَالسُرُورِ وَالإِسْتِمْتَاعِ بِأَيِّ مَلَذَّةٍ مَا هَكَذَا إِحْسَاسُ الخَلِيْقَةِ بِالخَالِقِ. يَنْسُبُ عِلْمُ الكَابَالاَ إِلَى هَذِهِ المَسَرَّةِ أَوْ المَلَذَّةِ بِإِسْمِ النُورِ وَيَدْعُو الإِرَادَةَ فِي الأَخْذِ الإِنَاءُ أَيْ الكلي. وَمِنْ ثَمَّ هُنَاكَ الخَالِقُ وَالمَخْلُوقُ، الإِرَادَةُ فِي التَقَبُّلِ وَالمَسَرَّةُ، وَالنُورُ وَالإِنَاءُ. يُمْكِنُنَا تَقْسِيمَ الرَغْبَةِ فِي تَلَقِّي النُورِ فِي عَالَمِنَا هَذَا إِلَى أَرْبَعِ دَرَجَاتٍ: الجَامِدُ- النَبَاتِيُّ- الحَيُّ- الرُوحِيُّ "أَيْ الإِنْسَانُ". إِنَّ شِدَةَ أَوْ قُوَّةَ الرَغْبَةِ فِي التَلَقِّي وَالدَرَجَةِ التِي تَتَوَاجَدُ عَلَيْهَا هَذِهِ الرَغْبَةُ لِتَلَقِّي النُورِ تَخْتَلِفُ مِنْ دَرَجَةٍ إِلَى أُخْرَى.

إِنَّ أَضْعَفَ الدَرَجَاتِ هِيَ دَرَجَةُ الجَمَادِ أَوْ الجَامِدِ وَذَلِكَ لأَنَّ الرَغْبَةَ فِيْهَا صَغِيرَةٌ جِداً. فَفِي هَذِهِ الدَرَجَةِ لاَ تَزَالُ الخَلِيْقَةُ قَادِرَةً عَلَى إِمْتِلاَكِ الشُعُورِ لِسَبَبِ وُجُودِ الإِرَادَةُ فِي التَقَبُّلِ فِيْهَا وَلَكِنَّهَا لاَ تَسْتَطِيعُ التَعْبِيرَ عَنْ نَفْسِهَا بِسَبَبِ صِغَرِ حَجْمِ الرَغْبَةِ الكَائِنَةُ فِيْهَا. قَالَ عَالِمُ الكَابَالاَ يَهُودَا أَشْلاَغ المُلَقَبْ بِصَاحِبِ السُلَّمِ فِي كِتَابِ شَامَعْتِي مَقَال ١١٥مِنْ كِتَابِ شَامَعْتِي "أَنَا

سَمِعْتُ" .«أَنَّ درَجَةَ الجَمادِ لَيْسَ لَهَا أَيُّ سُلطَةٍ عَلى نَفْسِهَا بَلْ بِالعَكْسِ هِيَ تَحْتَ سُلطَةِ قَوَانِينِ الطَبِيْعَةِ بِشَكْلٍ تَامٍ وَيَتَوَجَّبُ عَلَيْهَا الخُضُوعَ الكَامِلَ لِتَطْبِيقِ كُلِ مَا يَتَوَجَّبُ عَلَيْهَا عَمَلَهُ».

أَمَا فِي دَرَجَةِ النَبَاتِيِّ فَإِنَّ قُدْرَةَ الإِرَادَةِ فِي تَقَبُّلِ النُوْرِ أَكْثَرَ نُمُواً بِمَا أَنَّهَا أَقْوَى مِمَا كَانَتْ عَلَيْهِ فِي الدَرَجَةِ السَابِقَةِ وَبِسَبَبِ قُوَّةَ الرَغْبَةِ فِيْهَا بِإِمْكَانِهَا أَنْ تَنْمُوَ إِذْ أَنَّهَا تَسْتَطِيعُ التَفْرِيقَ بينَ الخَيْرِ وَالشَرِّ. إِنَّ دَوْرَةَ حَياةِ النَبَاتِيِّ مَحْدُودَةٌ وَثَابِتَةٌ فَالنَبَاتِيُّ يَعْتَمِدُ بِشَكْلٍ كَبِيرٍ عَلَى البِيئَةِ لِذَلِكَ يَشْعُرُ بِالتَغْيِرِ وَالفَرْقِ بَيْنَ اللَيْلِ وَالنَهارِ. لِلنَبَاتِيِّ حَياةً مُخْتَلِفَةً تَمَاماً مُقَارَنَةً بِدَرَجَةِ الجَمادِ وَذَلِكَ بِسَبَبِ قُوَّةُ الرَغْبَةِ فِيْهِ لِتَلَقِّي النُوْرِ.

وَيَقُولُ صَاحِبُ السُلَّمِ مُتَابِعاً فِي مَقَالِهِ ١١٥مِنْ كِتَابِ شَامَعْتِي:

«إِنَّ النَبَاتِيَّ يَمْلُكُ سُلْطَتَهُ عَلى نَفْسِهِ وَلَكِنْ إِلَى حَدٍ مُعَيَنٍ إِذْ أَنَّ لَهُ رَأْيَهُ الخَاصُ بِهِ وَالمُخَالِفُ لِلطَبِيْعَةِ. وَهَذَا يَعْنِي أَنَّهُ يَتَحَلَّى لَيْسَ فَقَطْ بِصِفَةِ حُبِّ الذَاتِ بَلْ يَمْلُكُ القُدْرَةِ عَلَى العَطَاءِ. الرَغْبَةُ فِي العَطَاءِ مُنَاقِضَةٌ لِطَبِيْعَةِ الإِرَادَةِ فِي التَقَبُّلِ وَالتِي طَبَعَهَا الخَالِقُ فِي حُبِّ الذَاتِ حِينَ خَلَقَ الإِنْسَانَ فَقَطْ لِهَدَفِ تَلَقِي المَسَرَّاتِ مِنْهُ وَالتَمَتُعِ بِهَا. مَعَ ذَلِكَ وَكَمَا نَرَى فِي العَالَمِ أَنَّ النَبَاتِيَّ يَأْخُذُ أَشْكَالاً وَأَحْجَاماً مُخْتَلِفَةً وَلَكِنَّ الكُلَّ يَمْلِكُ مَيِّزَةً وَاحِدَةً بِمَعْنَى أَنَّهُ لاَ يُوجَدَ هُنَاكَ أَيُّ نَبتَةٍ فِي العَالَمِ قَادِرَةً عَلى أَنْ تَسْتَمِرَ فِي الحَيَاةِ إِذَا خَرَجَتْ عَن إِطَارِ مَا وَضَعَتْهُ لَهَا قَوَانِينُ الطَبِيْعَةَ لِلحَيَاةِ أَي يَجِبُ عَلَيْهَا الإِلتِزَامُ بِقَوَانِينِ المُسْتَوى النَبَاتِي. وَلِذَلِكَ لاَ تَمْلُكُ النَبْتَةُ الوَاحِدَةُ مِيزَةَ حَيَاةٍ مُخْتَلِفَةٍ بَلْ أَنَّهَا خَاضِعَةٌ لِنِظَامِ حَيَاةِ النَبَاتِيِّ بِمَعْنَى أَنَّهَا جَمِيعَهَا تَمْلُكُ شَكْلاً وَاحِداً مِنْ أَشْكَالِ الحَيَاةِ وَكَأَنَّهَا جَسَدٌ وَاحِدٌ وَأَنْوَاعُ النَبَاتَاتِ المُخْتَلِفَةِ هِيَ أَعْضَاءُ هَذَا الجَسَدِ. كَذَلِكَ الحَالُ

أَيْضاً فِي العَالَمِ الرُوحِيِّ، فَهُنَاكَ الكَثِيرُ مِنَ النَاسِ الَذِينَ يَمْلُكُونَ القُدْرَةَ عَلَى التَغَلُبِ عَلَى حُبِّ الذَاتِ لَدَيْهِم "الإِرَادَةُ فِي التَقَبُّلِ" إِلَى دَرَجَةٍ مُعَيَّنَةٍ وَلَكِنَّهُم حَبِيسِيِّ البِيئَةِ الَتِي يَتَوَاجَدُونَ فِيْهَا. فَلاَ يَسْتَطِيعُونَ عَمَلَ أَيِّ شَيءٍ لاَ يَتَمَاشَى مَعَ قَوَانِينِهَا وَأَسَالِيبِهَا وَمَعَ ذَلِكَ يُنَاقِضُونَ الإِرَادَةَ فِي التَقَبُّلِ لَدَيْهِم أَيْ أَنَّ لَدَيْهِم القُدْرَةَ عَلَى العَطَاءِ».

فِي دَرَجَةِ الحَي تَزْدَادُ قُوَّةُ الرَغْبَةِ أَكْثَرَ مِنَ السَابِقِ. فَالفَارِقُ بَيْنَ الحَيِّ وَالنَبَاتِيِّ هُوَ فِي قُوَّةِ الإِرَادَةِ، فَالحَيَوَانُ يَشْعُرُ بِالبِيئَةِ بِمُفْرَدِهِ وَيَعْرِفُ أَنْ يَقْتَرِبُ مِنَ الجَيدِ وَيَبْتَعِدُ عَنْ السَيِّء كَمَا أَنَّ لَهُ شَخْصِيَتَهُ الَتِي يَتَمَيَّزُ بِهَا وَلَهُ أَحَاسِيسَهُ أَيْضاً وَنَحْنُ نَجِدُ هُنَا أَنَّ الحَيَوَانَ لَهُ مِيزَاتٌ أَكْثَرَ مِنَ النَبَاتِيِّ وَذَلِكَ يَعُودُ لِقُوَّةِ الرَغْبَةِ فِيهِ وَلَكِنَّ مَا زَالَ الحَيَوَانُ قَاصِرٌ وَمَحْدُودٌ إِذْ لاَ يَسْتَطِيعُ الإِحْسَاسَ بِالزَمَنِ أَوْ بِالآخَرِينَ مِنْ حَوْلِهِ أَوْ الإِحْسَاسُ بِالمَاضِي أَوْ لَدَيْهِ أَيُّ إِهْتِمَامٍ بِالمُسْتَقْبَلِ.

وَيُتَابِعُ صَاحِبُ السُلَّمِ قَولَه: «**أَمَا الحَيُّ فَإِنَّنَا نَرَى أَنَّ لِكُلِ حَيَوَانٍ شَخْصِيَتَهُ الخَاصَةُ بِهِ وَهُوَ لَيْسَ حَبِيسُ البِيئَةَ الَتِي فِيْهَا بَلْ نَرَى أَنَّ لِكُلِ مِنَ الحَيَوَانَاتِ أَحَاسِيسٌ وَشَخْصِيَّةٌ مُخْتَلِفَةٌ عَنِ الآخَرِ وَلِذَلِكَ يَسْتَطِيعُ كُلٌ مِنْهُم السُلُوك بِخِلاَفِ قَوَانِينِ الطَبِيعَةِ.**

لِكُلِ حَيٍّ لَهُ حَيَاتَهُ الخَاصَّةُ بِهِ وَحَيَاتَهُ لاَ تَعْتَمِدُ عَلَى حَيَاةِ الآخَرِينَ مِنْ جِنْسِهِ وَمَعَ هَذَا لاَ يَسْتَطِيعُ كُلُّ وَاحِدِ الإِحْسَاسَ إِلاَّ بِكَيَانِهِ فَقَطْ. بِكَلِمَةٍ أُخْرَى لَيْسَ لِلوَاحِدِ إِحْسَاسٌ بِالآخَرِ لِذَلِكَ لَيْسَ لِلوَاحِدِ القُدْرَةَ عَلَى الإِهْتِمَامِ بِالآخَرِ».

أَمَّا دَرَجَةُ المُتَكَلِّمِ أَيِ الإِنْسَانُ، تَتَكَوَّنُ مِنْ عُنْصُرَينِ: العَقْلُ وَالقَلْبُ أَي

الأَحَاسِيسُ. وَهَذَينِ العُنْصُرَينِ يُكَمِلُ وَاحِدُهُمَا الآخَرَ فِي النُمو وَلِذَلِكَ قُوَّةُ الإِنْسَانِ غَيرُ مَحْدُودَةٍ بِالمَكَانِ أَوْ الزَمَانِ. العَقْلُ وَالقَلْبُ يَعْمَلاَنِ مَعاً وَلاَ يُمْكِنُ تَفْرِيقَ الوَاحِدِ عَنْ الآخَرِ فَإِنَّ القُدْرَةَ عَلَى التَفْكِيرِ تُسَاعِدُ القَلْبَ وَالأَحَاسِيسَ. وَأَيْضاً العَكْسُ صَحِيحٌ فَعِنْدَمَا يَشْعُرُ القَلْبُ بِالأَحَاسِيسِ وَيُضَافُ العَقْلُ إِلَيْهَا نَجِدُ أَنَّ العَقْلَ يُسَاعِدُ الأَحَاسِيسَ فِي تَحْلِيلِ مَا يَحْدُثُ. فَالأَحَاسِيسُ وَالتَفْكِيرُ مَعاً يُوَّسِعَانِ فَهْمَ وَإِدْرَاكَ الإِنْسَانِ لِمَرَاحِلِ المَكَانِ وَالزَمَانِ لِدَرَجَةٍ أَنَّهُ لاَ يَعُودُ يَشْعُرُ أَنَّهُ مَحْدُودٌ بِهِمَا. وَبِسَبَبِ هَذَا الإِدْرَاكِ يَسْتَطِيعُ الإِنْسَانُ الإِرتِقَاءَ فَوقَ عَامِلِ الزَمَانِ وَالمَكَانِ.

وَيَقُولُ صَاحِبُ السُلَّمِ مُتَابِعاً فِي مَقَالِهِ مِنْ كِتَابِ شَامَعْتِي:

«المُتَكَلِّمُ مِنَ الخَلِيْقَةِ يَتَحلَّى بِمِيِّزَةٍ وَقُوَّةٍ خَاصَةٍ فَهُوَ يَسْلُكُ تِبْعاً لإِرَادَتِهِ الخَاصَةِ بِهِ وَهُوَ غَيرُ حَبِيسِ البِيئَةِ التِي يُوجَدُ فِيْهَا كَمَا النَبَاتِيِّ بَلْ أَنَّهُ مُسْتَقِلٌ عَنْ مُجْتَمعِهِ. لِلمُتَكَلِّمِ القُدْرَةَ عَلَى الإِحسَاسِ بِالآخَرِينَ وَلِذَلِك يَسْتَطِيعُ الإِهْتِمَامَ بِهِم وَالمُشَارَكَةَ بِأَفْرَاحِ وَأَتْرَاحِ العَامَةِ وَلَدَيْهِ القُدْرَةَ أَيْضاً عَلَى الإِحسَاسِ بِالمَاضِي وَبِالمُسْتَقبَلِ بِعَكْسِ دَرَجَةِ الحَيِّ الذِي لاَ يَمْلُكُ القُدْرَةَ إِلاَّ عَلَى الإِحْسَاسِ بِالحَاضِرِ وَالشُعُورِ بِكَيَانِهِ فَقَطْ».

مِنَ المُمْكِنِ أَنْ يَتَوَاجَدَ الإِنسَانُ فِي كُلِ مُسْتَوَيَاتِ أَوْ دَرَجَاتِ الرَغْبَةِ مَعاً الجَمَادُ وَالنَبَاتُّي وَالحَيُّ. وَلَكِنْ عِنْدَمَا يَكْتَشِفُ الإِنْسَانُ النُقْطَةَ فِي القَلْبِ وَيَأْخُذُ فِي تَنْمِيَتِهَا حَتَى تُصْبِحَ عَشْرُ سَفِيرَاتٍ لِتَأْخُذَ شَكْلَ الإِنَاءِ وَالَذِي مِنْ خِلاَلِهِ يَكُونُ الإِنْسَانُ قَادِراً عَلَى إِظْهَارِ الخَالِقِ. هَذَا الإِنْسَانُ يُدْعَى عَالِمَ كَابَالا.

إِنَّ الهَرَمَ المُؤَلَّفَ مِنَ الأَشْكَالِ الخَمْسَةَ لِلوَاقِعِ "الجَمَادُ- النَبَاتِّي- الحَيُّ(

الإِنْسَانُ فِي هَذَا العَالَمِ) وَالمُتَكَلِّمُ" ، يُرِي التَقْسِيمِ الجُزئِيَّ لِلوَاقِعِ وَمِقْدَارَ نِسْبَةِ كُلِّ جُزْءٍ فِيهِ. هَذِهِ هِيَ أَجْزَاءُ الرَغْبَةِ التِي خَلقَهَا الخَالِقُ "أَيْ الخَلِيْقَةُ" وَهِيَ مُؤَلَفَةٌ مِنْ خَمْسَةِ أَجْزَاءٍ وَفِيْهَا تَسْتَطِيعُ الشُعُوُرَ بِالخَالِقِ بِسَبَبِ إِمْتِلاَءِهَا بِالنُوُرِ. فَالشَيءُ الوَحِيْدُ الذِي تَسْتَطِيعُ الخَلِيقَةُ الإِحسَاسَ بِهِ هُوَ الخَالِقُ وَحْدَهُ.

كُلُ دَرَجَةٍ مِنْ دَرَجَاتِ الرَغْبَةِ -الجَمادُ -النَبَاتِيُّ -الحَيُّ - وَالمُتَكَلِّمُ -مُقَسَّمَةٌ فِي حَدِّ ذَاتِهَا إِلَى مُسْتَوَيَاتٍ مُتَماثِلَةٍ أَيْ أَنَّ كُلَّ دَرَجَةٍ بِمُفْرَدِهَا تَحْتَوِي عَلَى دَرَجَاتِهَا الخَاصَةَ بِهَا فِي دَاخِلِهَا. حَتَى فِي دَرَجَةِ الجَمادِ يُوُجَدُ فِيهَا -الجَمادُ- وَالنَبَاتِيُّ-وَالحَيُّ- وَالمُتَكَلِّمُ- وَفِي تَصْحِيحِ الإِنْسَانِ لِنَفْسِهِ فَإِنَّ نُمُوَهُ الرُوُحِيَّ يُوصِلُهُ إِلَى دَرَجَةٍ يَكُوُنُ فِيهَا فَوقَ كُلِ دَرَجَاتِ الخَلِيْقَةِ. وَلِهَذَا قِيْلَ أَنَّ كُلَّ الوُجُوُدِ مُوجُوُدٌ دَاخِلُ الإِنْسَانِ وَفِي إِحْرَازِهِ لِلعَالَمِ الرُوُحِيِّ بِإِمْكَانِهِ أَنْ يَرْفَعَ كُلَّ العَوَالَمِ لِتَرْتَقِي مَعَهُ وَهَكَذَا يُصْبِحُ بِإِمْكَانِهِ أَنْ يَسُوُدَ عَلَى العَالَمِ.

وَلَكِنْ مَا مَعْنَى كَلِمَةُ التَصْحِيحِ؟ التَصْحِيحُ هُوَ تَصْحِيحٌ لِسُلُوكِنَا الإِنْسَانِيِّ فِي عَلاقَتِنَا مَعَ الآخَرِينِ وَفِي طَرِيقَةِ تَقَرُّبِنَا مِنَ الخَالِقِ. فَالخَالِقُ أَعْطَى الرَغْبَةَ وَالقُوَّةَ لِتَصْحِيحِ هَذِهِ الرَغْبَةَ وَإِنَّ الذِي يَتَلَقَّى هَذِهِ الرَغْبَةَ يُدْعَى "أَدم" ، وَأَدم يَرْتَقِي فَوقَ جَمِيعِ دَرجَاتِ الرَغْبَةَ. أَبْنَاءُ أَدم هُمْ هَؤُلاءُ الذِينَ يَقَعُ عَلَى عَاتِقِهِمْ تَصْحِيحُ الطَبِيْعَةِ البَشَرِيَّةِ لِسَبَبِ أَنَّهُ مِنْ بَيْنِ جَمِيعِ المَخْلُوُقَاتِ الحَيَّةِ، الإِنْسَانُ هُوَ الوَحِيْدُ الذِي تَلَقَّى نَفْخَةً مِنْ رُوحِ الخَالِقِ عِنْدَمَا وُجِدَ. وَالإِنْسَانُ الذِي يَكْتَشِفُ النُقْطَةَ فِي قَلبِهِ وَالتِي هِيَ بِذَارُ النَفْسِ الإِنْسَانِيَّةِ وَيَأْخُذُ بِتَنْمِيَتِهَا تُصْبِحُ أَهَمَّ وَأَقْوَى شَيءٍ فِي كِلاَ العَالَمِينِ المَادِيِّ وَالرُوُحِيِّ وَهُنَا يَتَلَقَّى الإِنْسَانُ قُوَّةً تَجْعَلُهُ قَادِراً عَلَى إِكْتِشَافِ الخَالِقِ وَالإِرْتِبَاطِ بِهِ.

مِنَ الطَبِيعِيِّ أَنْ يَكُونَ كُلَّ شَيءٍ مُؤَسَسٍ عَلَى دَرَجَةِ الجَمَادِ "التُربَةِ"، وَإِنَّ وُجُودَ الدَرَجَةِ الرُوحِيَّةِ أَيْ "أَدم" مُمْكِناً بِسَبَبِ أَنَّ دَرَجَاتَ الخَلِيْقَةِ جَمِيعَهَا تَعْتَمِدُ عَلَى الأَرضِ كَمَصْدَرِ رِزْقٍ لَهَا. فَالأَرضُ فِي حَدِّ ذَاتِهَا تُعْتَبَرُ جُزءً ضَئِيلاً وَعَدِيمَ الأَهَمِيَّةِ وَلَكِنْ لاَ يُوجَدُ أَيُّ نَوعٍ مِنَ الحَيَاةِ قَادِرٌ عَلَى التَوَاجُدِ مِنْ دُوْنِهَا. بِإِمْكَانِنَا قَولُ الشَيءَ نَفْسَهُ بِالنِسْبَةِ إِلَى العَامَةِ مِنَ النَاسِ إِذْ أَنَّ لَدَيْهِم ثَلاثَةُ إِتجَاهَاتٍ مُمكِنَةٍ لِتَنْمِيَةِ الرَغْبَةِ. فَفِي وَسَطِ العَامَةِ يُوجَدُ إِمْكَانِيَّةُ إِيجَادِ رَغَبَاتٍ أَكْثَرَ تَقَدُّماً وَتَطَوُّراً وَالتِي تَنْسُبُ إِلَيْهَا الكَابَالا بِمُصطَلَحَاتِ "الغِنَى-السُلطَةَ-الحِكْمَةُ" وَالتِي تَتَمَاثَلُ مَعَ رَغَبَاتِ "الثَرَاءُ وَالقُوَّةُ وَالمَعْرِفَةُ" وَالتِي تَنْشَأُ مِنْ دَرَجَةِ الجَمَادِ.

وَفِي نِهَايَةِ النُمُوِ الرُوحِيِّ لِتِلْكَ الرَغْبَةِ تَنْشَأُ مِنْهَا رَغَبَاتٌ جَدِيدَةٌ وَهِيَ: "الشَهْوَةُ- الغَيْرَةُ-الإِحْتِرَامُ"، وَتَكُونُ هَذِهِ الرَغَبَاتُ مُتَقَدِمَةٌ فِي نُمُوِّهَا نَوعَاً مَا بِسَبَبِ تَأَثِرَهَا بِنُمُوِ الرَغْبَةِ التِي سَبَقَتْهَا. بِفَضْلِ النُمُوِ الرُوحِيِّ لِرَغَبَاتِ الإِنْسَانِ وَإِرْتِقَاءِهَا إِلَى دَرَجَاتٍ أَعْلَى يَصِلُ الإِنْسَانُ إِلَى دَرَجَةِ الكَمَالِ.

لِتَلخِيصِ وَتَفْسِيرِ مَا وَرَدَ نُرِيدُ أَنْ نُوَضِّحَ أَنَّ الرَغَبَاتَ الَّتِي نُشِيرُ إِلَيْهَا "الثَرَاءُ وَالقُوَّةُ وَالمَعْرِفَةُ- وَالشَهْوَةُ وَالغَيْرَةُ وَالسَعيُّ وَرَاءَ الشَرَفِ وَالإِحْتِرَام" هِيَ دَرَجَاتٌ يَرْتَقِي مِنْ خِلاَلِهَا الإِنْسَانُ إِلَى مُسْتَوَى أَعْلَى مِنَ التَصْحِيحِ. إِذاً بِسَبَبِ نُمُوِ الرَغْبَةِ فِي الدَرَجَةِ الأُولَى يَكْتَسِبُ الإِنْسَانُ مَيِّزَةً أَوْ خَاصَةً جَدِيدَةً وَأَقْوَى فِي صِفَاتِهَا إِذْ تُمَيِّزُ الإِنْسَانَ فَاصِلَةً إِيَّاهُ عَنِ العَامَةِ وَهَذَا مَعْنَاهُ أَنَّ فِي نُمُو رَغْبَةِ الإِنْسَانِ فِي مُسْتَوَى الجَمَادِ حَصَلَ عَلَى رَغْبَةٍ جَدِيدَةٍ مِنْ مُسْتَوَى أَعْلَى أَيْ أَنَّهَا وَصَلَتْ إِلَى المُسْتَوَى النَبَاتِّي مِنَ الخَلِيْقَةِ. وَمِنْ ثَمَّ تَتَطَوَّرُ الرَغْبَةُ أَكْثَرَ فَأَكْثَرَ لِتَرتَقِي بِالإِنْسَانِ إِلَى المُسْتَوَى الحَيِّ مِنَ الخَلِيْقَةِ مِمَا سَيَفْصِلُهُ أَكْثَرَ

وَأَكْثَرَ عَنِ العَامَةِ مِنَ النَاسِ. وَهَكَذَا الأَمْرُ فِي إِرْتِقَاءِ الرَغْبَةِ إِلَى أَنْ يَصِلَ الإِنْسَانُ إِلَى الرَغْبَةِ فِي الحُصُولِ عَلَى الشَرَفِ وَالإِحْتِرَامِ.

هَذِهِ الرَغْبَةُ تَتَمَيَّزُ عَنْ غَيرِهَا لِسَبَبِ وُجُودِهَا عَلَى المُسْتَوَى الإِنْسَانِيِّ أَيْ أَنَّ الإِنْسَانَ وَحْدَهُ فَقَطْ يَسْتَطِيعُ أَنْ يَحْصَلَ عَلَى هَذِهِ الرَغْبَةِ وَلَيْسَ لِهَؤُلاءِ الَذِينَ فِي دَرَجَاتِ الجَمَادِ وَالنَبَاتِيِّ وَحَتَى الحَيِّ مِنْ دَرَجَاتِ نُمُوِ الرَغْبَةِ لِلخَلِيْقَةِ. فَالإِنْسَانُ الَذِي يَبْدَأُ بِالسَعْيِّ وَرَاءَ الحُصُولِ عَلَى الشَرَفِ وَالإِحْتِرَامِ مَعْنَاهُ أَنَّ حَاجَتَهُ لِلآخَرِينَ بَدَأَتْ بِالنُمُوِ وَهَذَا فِي حَدِّ ذَاتِهِ مُسْتَوَى جَدِيدٌ فِي وُجُودِ هَذَا الإِنْسَانِ. فَفِي حَاجَةِ الإِنْسَانِ إِلَى الآخَرِينَ نَرَى هُنَا بِأَنَّ طُمُوحَهُ أَخَذَ فِي النُمُوِ إِذْ أَنَّهُ أَدْرَكَ حَاجَتَهُ إِلَى الآخَرِينِ لِتَلْبِيَةِ رَغْبَتِهِ وَالشُعُورِ بِاللَذَّةِ وَالإِكْتِفَاءِ. أَمَا هَؤُلاءِ الَذِينَ تَظْهَرُ لَدَيْهِم الرَغْبَةُ فِي طَلَبِ المَعْرِفَةَ وَالَتِي وَصَلُوا إِلَيْهَا بِدَافِعِ الغَيْرَةِ، هَؤُلاءُ هُمْ الَذِينَ يَحْصَلُونَ عَلَى المَعْرِفَةِ وَالحِكْمَةِ، وَدَرَجَةُ هَذِهِ الرَغْبَةِ هِيَ فِي مُسْتَوَى المُتَكَلِّمِ مِنَ الرَسْمِ البَيَانِيِّ لِلخَلِيْقَةِ.

عِنْدَمَا يَصِلُ الإِنْسَانُ إِلَى دَرَجَةِ المُتَكَلِّمِ فَإِنَّ المَكَانَ وَالزَمَانَ لاَ يُحِدِدُ أَفْعَالَهُ. فَقَدْ يَشْعُرُ الإِنْسَانُ بِالغَيْرَةِ وَالحَسَدِ مِنْ أُنَاسٍ لَمْ يَعُودُوا عَلَى قَيْدِ الحَيَاةِ وَكَأَنَّهُم أَحْيَاءٌ بعدْ، فَقَدْ يَشْعُرُ الإِنْسَانُ بِالغَيْرَةَ مِنَ العَالمِ إِسْحَاق نيُوتِن عَلَى سَبِيلِ المِثَالِ فِي رَغْبَتِهِ فِي أَنْ يَكُونَ عَلَى درجةِ ذَكَاءِهِ وَفِيمَا قَدَّمَهُ لِلإِنْسَانِيَّةِ مِنْ تَفْسِيرَاتِ عِلْمِيَّةٍ عَنْ قَوَانِينِ الطَبِيْعَةِ أَوْ أَنْ يَشْعُرَ بِالغَيْرَةِ مِنَ الرَّسَامِ وَالنَحاتِ العَالَمِيِّ لِيُونَارْدُو دَافِينْشِي فِي رَغْبَتِهِ فِي امْتِلاَكِ مَوهِبَتِهِ فِي الرَسْمِ. وَلَكِنَ الغَيْرَةَ لاَ تَقْتَصِرُ فِي رَغْبَةِ الإِنْسَانِ عَلَى الحُصُولِ عَلَى أَشْيَاءٍ لاَ يَمْلِكُهَا بَلْ أَنَّ الإِنْسَانَ يَغَارُ أَيْضاً مِمَنْ لَدَيهِ الشَيءَ نَفْسَهُ أَيْ أَنَّ الإِنْسَانَ يَطْمَحُ لَيْسَ فَقَطْ لِلحُصَولِ عَلَى كُلِ شَيءٍ مِمَا لَدَى الآخَرِينَ وَلَكِنْ أَنْ يَسْحَقَ طُمُوحَهُم فِي أَنْ يَمْلِكُوا أَيَّ شَيءٍ آخَرٍ. فَالإِنسَانُ فِي هَذِهِ الدَرَجَةِ يرغَبُ فِي أَخْذِ كُلَّ شَيءٍ

لِنَفْسِهِ إِذْ أَنَّ طُمُوحَهُ قَوِيٌّ جِداً وَيَودُ لَو أَنَّهُ يَمْتَلِكُ الوُجُودَ بِكَامِلِهِ لِوَحْدِهِ. نَحْنُ جَمِيعُنَا عَلَى هَذَا النَحْوِ.

هَذِهِ الخَاصِيَّةُ هِيَ مِنْ صِفَةِ الإِنْسَانِ فَقَطْ. فَهَؤُلاءِ الذِينَ لاَ يَصِلُوا إِلَى دَرَجَةِ المُتَكَلِّمِ لاَ يَكُونُ طُمُوحَهُم شَدِيدٌ أَوْ كَثِيفٌ إِلَى هَذِهِ الدَرَجَةِ وَلَكِنَّهُم يُطَارِدُونَ الطَمَعَ إِذْ يَسْعَونَ وَرَاءَ الشُعُورِ بَاليَقِينِ فِي إِشْبَاعِ حَاجَاتِهِم هُمْ فَقَطْ وَلاَ يُبَالُونَ بِمَا يَمْلِكُهُ أَوْ يَحْصَلُ عَلَيْهِ الآخَرِين. فَلَولاَ صِفَةُ الحَسَدِ لَمْ يَسْتَطِعْ الإِنْسَانُ تَكْثِيفَ رَغْبَتِهِ وَإِزْدِيَادِ حِدَّةَ الإِرَادَةَ فِي التَقَبُّلِ لَدَيهِ لِيَرْتَقِي بِهَا إِلَى دَرَجَةِ المُتَكَلِّمِ.

وَبِالرَغْمِ مِنْ ذَلِكَ نَجِدُ أَنَّ هَؤُلاءَ غَارِقِينَ فِي حَالَةِ عَجْزٍ وَضَعْفٍ لاَ مَفرَّ مِنْهُ بِسَبَبِ أَنَّ رَغْبَتَهُم لَيسَتْ قَوِيَّةً بِشَكْلٍ كَافٍ إِذْ أَنَّهُم يَمْزُجُونَ مُسْتَوَيَات الخَلِيْقَةِ مَعاً وَلِذَلِكَ نَجِدُ أَنَّ رَغْبَتَهُم مُتَنَاثِرَةً وَمُبَعْثَرَةً بَيْنَ هَذِهِ المُسْتَوَيَاتِ الثَلاثَةِ وَلاَ يَمْلُكُونَ التَرْكِيزَ فِي طُمُوحَاتِهِم لِكَي يَسْتَطِيعُوا إِحْرَازَ شَيءٍ مُعَيَّنٍ وَمُتَمَاسِكٍ وَمُحَدَدٍ. وَلِذَلِكَ نَرَى الإِنْسَانُ يَتَغَيَّرُ بِإِسْتِمْرَارٍ بَاحِثاً عَنْ شَيءٍ آخَرٍ فِي الحَيَاةِ وَبِذَلِكَ يُبَدِّدُ طَاقَتَهُ بِلاَ طَائِلٍ وَلاَ جَدْوَى، مَثَلَهُ مِثَالُ الطِفْلِ الذِي يَبْغِي الإِسْتِحْوَاذَ عَلَى كُلِّ مَا يَرَاهُ. فَحَتَى لَو إِمْتَلَكَ الإِنْسَانُ رَغْبَةً قَوِيَّةً وَلَكِنَّهَا مَا دَامَتْ مُتَأَرْجِحَةً بَيْنَ هَذِهِ المُسْتَوايَاتِ الثَلاثَةِ فَلَنْ يَحْصَلَ عَلَى أَيِّ شَيءٍ فِي نَهَايَةِ المَطَافِ. وَأَمَّا الأُنَاسُ الذِينَ عَلَى دَرَجَةِ الجَمَادِ فَهُم يُدْرِكُونَ إِحْتِيَاجَاتِهِم الضَرُورِيَّةِ لِلبَقَاءِ فَتَبْدُو حَيَاتِهِم بِأَكْمَلِهَا وَكَأَنَّهَا يَومٌ وَاحِدٌ لاَ جَدِيدَ فِيهَا.

عِنْدَمَا يَسْعَى الإِنْسَانُ وَرَاءَ الثَرَاءِ أَوْ تَحْصِيلَ السُلْطَةِ لَمْ يَعُدْ يَهْتَمُ فِي أَيِّ شَيءٍ آخَرٍ وَيَعْمَلُ جُهْدَهُ فِي الوُصُولِ إِلَى هَدَفِهِ. أَمَّا مُشْكِلَةُ هَؤُلاءِ الذِينَ يَصِلُونَ إِلَى دَرَجَةِ الغَيْرَةِ، أَنَّهُم يَنْظُرُونَ إِلَى الآخَرِينِ وإِلَى كُلِّ مَا يَمْلِكُونَهُ وَيَودُونَهُ

لأَنفُسِهِم عَلَى التو، لِهَذَا السَبَبِ لا يُحرِزُونَ أَيَّ شَيءٍ بَتَاتاً. وَلَكِنْ إِلَى جَانِبِ هَذَا هؤُلاءِ قَادِرُونَ عَلَى الإِستِلاءِ عَلَى رَغَبَاتِ الآخَرِينَ لِدَرجَةِ أَنَّهم يَمْتَلِكُونَ رَغْبَةً قَوِيَّةً وَالَتِي تُعَادِلُ فِي قُوَّتِهَا رَغْبَةَ العَالَمِ كُلَّهُ وَبالرَغْم مِنْ أَنَّ هَذِهِ الرَغْبَةَ لَيْسَتْ مُوَجَهَّةً فِي الطَرِيقِ الصَحِيحِ تَبْقَى ذُو قُوَّةٍ فَائِقَةٍ.

إِنَّ القُوَّةَ وَبِغَضِ النَظَرِ عَنْمَا إِذَا كَانَتْ سَلبِيَّةٌ أَوْ إِيجَابِيَّةٌ تَبْقَى قُوَّةً فَعَّالَةً فِي مَضْمُونِهَا. فَإِنَّ قُوَّةَ إِنْسَانٍ وَاحِدٍ تُعَادِلُ قُوَّةَ عَالَمِ الحَيَوَانِ بِأَكْمَلِهِ فِي كُلِّ الأَزمِنَةِ المَاضِي وَالحَاضِرِ وَالمُسْتَقْبَلِ مَعاً وَكَمَا أَنَّهُ بِإِمْكَانِهِ أَنْ يُسَبِبَ ضَرَراً عَظِيماً هُوَ أَيْضاً قَادِرٌ عَلَى اسْتِخْدَم هَذِهِ القُوَّةِ لِلخَيرِ بِالمِقْدَارِ نَفسِهِ. وَلِذَلِكَ قَبْلَ أَنْ يَتَعَلَّمَ الإِنْسَانُ كَيْفَ يَعْمَلُ عَلَى إِيجَادِ التَوَازُنِ فِي المَعْرِفَةِ فِي تَأْثِيرِهِ عَلَى العَالَمِ لَنْ يُعْطَى القُوَّةَ أَوْ القُدْرَةَ عَلَى اسْتِخْدَامِهَا بِسَبَبِ عَدَمِ تَوَازُنِ رَغَبَاتِهِ فِي دَرَجَةِ الحِكْمَةِ وَالأَخْلاقِ.

لِهَذَا السَبَبِ أَخْفَى عُلَمَاءُ الكَابَالا هَذِهِ الحِكْمَةَ عَنْ العَامَةِ لِخَوفِهِم مِنْ أَنْ تَقَعَ فِي يَدِ القَبِيحِ لإِشْبَاعِ رَغَبَاتِهِ البَهِيمِيَّةِ وَيُؤَدِي بِالعَالَمِ إِلَى نِهَايَةٍ شَنِيعَةٍ وَمُأسَاوِيَّةٍ. فَالحِكْمَةُ هِيَ ذَخِيرَةٌ إِضَافِيَّةٌ لِمَا لِلإِنسَانِ مِنْ قُوَّاتٍ طَبِيعِيَّةٍ حَسْبَ مُسْتَوَاهُ الرُوحِيُّ وَالأَخْلاقِيُّ وَأَمَا مَا كَانَ عَلَى خِلافِ ذَلِكَ فَإِنَّهَا تَكُونُ سَبَبَ الأَذِيَّةِ. بِالرَغْمِ مِنْ قُدْرَتِهِم اللامَحْدُودَةِ عَاشَ عُلَمَاءُ الكَابَالا حَيَاةً مُتَوَاضِعَةً وَفِي عَوزٍ رَافِضِينَ كُلَّ أَنْوَاعِ المَلَذَّاتِ المَادِيَّةِ لِهَدَفِ إِحْرَازِ العَالَمِ الرُوحِيِّ.

وَلَكِنَّ وَمَعَ مُرُورِ الزَمَنِ وَإِنْحِطَاطِ الأَخْلاقِ أَخَذَ بَعْضٌ مِنَ الَذِينَ أَدْرَكُوا الحِكْمَةَ فِي اسْتِخْدَام هَذِهِ المَعْرِفَةِ لِجَنْي الأَرْبَاحِ المَادِيَّةِ وَمُحَاوَلَةَ التَسَلُطِ عَلَى العَامَةِ فَأَدَّى هَذَا الفَسَادُ وَتَدَهْوُرُ الأَخْلاقِ إِلَى خَرْقِ حُرْمَةِ هَذِهِ الحِكْمَةِ وَمِنْ ثَمَّ أَخَذَ النَاسُ يُسِيؤُنَ اسْتِخْدَامَهَا كَمَا يَظْهَرُ هَذَا فِي وَقْتِنَا الحَالِيِّ. فَلَو لَمْ يَكُنْ

التَقَدُّمُ العِلْمِيُّ وَالتِكْنُولُوجِيُّ الَذِي تَوَصَّلْنَا إِلَيْهِ فِي يَومِنَا هَذَا عَلَى مَا هُوَ عَلَيْهِ الآنَ لَكُنَّا قَدْ تَوَصَّلْنَا إِلَى دَرجَةٍ رَفِيْعَةٍ مِنَ التَقَدُّمِ وَالتَطَوُرِ فِي القِيَمِ الرُوحِيَّةِ، وَلَكِنَ مِنْ نَاحِيَةٍ أُخْرى لَو أَنَّ تَقَدُمِنَا كَانَ يَتَوَاسَى متماشياً مَعَ دَرَجَةِ الأَخْلاَقِ التِي نُوجَدُ فِيهَا اليوم لَكَانَ وَاقِعُنَا الآنَ كَمَا كَانَ عَلَيْهِ الأَمْرُ قَبْلَ أَلفَي سَنَةٍ. وَمِنْ هُنَا يَجِبُ عَلَيْنَا أَنْ نَأْخُذَ كُلَّ شَيءٍ بِعَينِ الإِعْتِبَارِ إِذْ أَنَّ كُلَّ مَا حَصَلَ خَارِجَ إِطَارِ وَاقِعِهِ لَمْ يَكُنْ إِلاَّ فَسَاداً وَلَكِنْ هَذَا الفَسَادُ حَدَثَ مِنْ أَجْلِ تَعْزِيزِ مَرَاحِلِ التَصْحِيحِ.

لَيسَ المَقْصُودُ هُنَا أَنَّهُ يَتَوَجَّبُ عَلَيْنَا أنْ نَعْزُلَ أَنْفُسَنَا عَنْ وَاقِعِنَا لِنَعِيشُ كَمَا عَاشَ أَبَاؤُنَا وَأَجْدَادُنَا مُنْذُ أَلفي سَنَةٍ بَلْ يَجِبُ عَلَيْنَا إِدْرَاكَ الحَقِيقَةِ أَنَّ جَمِيعَ مَرَاحِلَ التَطَوُرِ التِي نَمُرُّ بِهَا الآنَ أَكَانَتْ عَلَى مُسْتَوَى المُجْتَمَعِ أَوْ عَلَى مُسْتَوَى الإِنْسَانِ بِمُفْرَدِهِ غَيرُ مُتَوَازِنَةٍ، لِهَذَا مَهْمَا حَاولَنا فِي تَحْسِينِ حَيَاتِنَا فَلَنْ يَكُونَ هَذَا إِلاَّ مِنْ خِلاَلِ الجُهُودِ التِي نَبْذُلَهَا فِي إِحْرَازِ العَالَمِ الرُوحِيِّ وَلِذَلِكَ فَإِنَّ الشَخْصَ الَذِي يَسْعَى فِي إِحْرَازِ العَالَمِ الرُوحِيِّ يَرْغَبُ فِي العَيشِ البَسِيطِ وَالمُتَوَاضِعِ.

إِنَّ تَطَوُرَ العَالَمِ مِنْ خِلاَلِ التَقَدُّمِ العِلْمِيِّ يُعْتَبَرُ تَطَوُرَاً فِي طَرِيقِ المُعَانَاةِ، وَسَتَبْقَى البَشَرِيَّةُ تَسِيرُ فِي هَذَا الطَرِيقِ إِلَى أَنْ تَكْتَشِفَ أَنَّهُ ذُو نِهَايَةٍ مَسْدُودَةٍ. لَقَدْ حَانَ الوَقْتُ فِي أَنْ نَسْلُكَ طَرِيقَاً آخَراً، فَالطَرِيقُ الَذِي كُنَّا نَسْلُكُهُ مُعْتَقِدِينَ أَنَّهُ يَقُودَنَا إِلَى التَطَوُرِ لِيُسَاعِدَنَا فِي الوُصُولِ إِلَى الهَدَفِ النِهَائِيِّ نَرَى الآنَ أَنَّهُ طَرِيقاً مُخَالِفاً وَمُعَاكِساً للإِتِجَاهِ الَذِي كُنَّا نَسْعَى تِجَاهَهُ. فَإِذَا قُمْنَا بِتَرْكِيزِ جُهُودِنَا فِيمَا يَخُصُّ أُمُورَ العَالَمِ الرُوحِيِّ سَنَحْصَلُ عَلَى نَتَائِجٍ إِيجَابِيَّةٍ.

إنَّ الوَاقِعَ أَيْ العَالَمَ الَذي نَعِيشُ فِيْهِ وُجِدَ لِيَتَوفَرَ لِلإِنْسَانِ المَكَانَ لِكَي يَقُوْمَ بِتَصْحِيحِ نَفْسِهِ مِنْ خِلاَلِ عِلْمِ حِكْمَةِ الكَابَالا. وَنَحْنُ الآنَ الجِيلُ الذَي يُوجَدُ فِي حُقْبَةٍ تَارِيخيَّةٍ هَامَةٍ مِنْ وُجُودِ الخَلِيْقَةِ وَالَتِي فِيْهَا عِلْمُ حِكْمَةِ الكَابَالاَ مَفْتُوحٌ أَمَامَ الجَميعِ مِنْ رِجَالٍ وَنِسَاءٍ، كِبَارٌ وَصِغَارٌ وَلاَ خَوفَ مِنَ المُسْتَغِلِينَ لِلمَعْرِفَةِ وَالَذِينَ يُحَاوِلُونَ الإِنْتِفَاعَ مِنْهَا وَتَخْرِيبُ العَالَمَ. فَقَدْ وَرَدَ فِي عِلْمِ حِكْمَةِ الكَابَالا عَنْ جِيلِنَا نَحْنُ أَنَّهُ لاَ يُوجَدُ أَيُّ خَوفٍ مِنْ هَؤُلاءِ الغَيرِ مُسْتَحِقِينَّ مِنْ الإِسْتِسْقَاءِ مِنْ هَذَا العِلْمِ لأَنَّهُ لاَ يُوجَدُ فِيْهِ مَنْ يُرِيدُ هَذِهِ المَعْرِفَةَ وَذَلِكَ لِسَببِ أَنَّ حِكْمَةَ الكَابَالا تُؤَكِّدُ عَلَى ضَرُوْرَةَ الإِنْسَانِ أَنْ يَقُوْمَ بِتَصْحِيحِ سِمَاتِهِ الأَنَانِيَّةِ عَنْ طَرِيقِ مَحَبَّةِ الآخَرِينِ وَتَصْحِيحُ نِيَّتِه مِنْ حُبِّ الذَاتِ إِلَى حُبِّ الغَيرِ لِكَي يَتَمَكَّنَ مِنْ تَبَنِي سِمَاتُ الخَالِقِ فِيْهِ وَعِنْدَهَا فَقَطْ يَسْتَطِيعُ الإِنْسَانُ أَنْ يُحرِزَ مَعْرِفَةَ حِكْمَةِ الكَابَالا.

فِي وَقْتِنَا هَذَا نَرَى أَنَّ الرَغْبَةَ فِينَا تُفَاخَمتْ بِشَكْلٍ كَبِيرْ جِداً لِدَرَجَةٍ أَنَّنَا لَمْ نَعُدْ نَهْتَمُ بِأَيِّ شَيءٍ إِلَى جَانِبِ العَوَائِدِ وَالأَرْبَاحِ المَادِيَّةِ، فَقَطْ هَؤُلاءُ الَذِينَ يَطْمَحُوْنَ وَيَتُوقُوْنَ لإِحْرَازِ وَإِظْهَارِ العَالَمَ الرُوْحِيِّ هُمْ الَذِينَ يُرِيدُونَ إِحْرَازَ عِلْمُ حِكْمَةِ الكَابَالا بَيْنَمَا يُحَاوِلُ الآخَرُونَ أَنْ يَعْبَثُوا بِهَا لِمَنْفَعَتِهِم الخَاصَّةَ.

سَيَكُوْنُ لِكُلِّ إِنْسَانٍ الفُرصَةَ لِدِرَاسَةِ عِلْمِ الكَابَالا وَلَكِنْ لِهَؤُلاءِ الَذِينَ لَدَيْهِم الإِسْتِعْدَادَ وَالرَغْبَةَ لِلخَالِقِ وَلِلعَالَمِ الرُوْحِيِّ هُمْ فَقَطْ الَذِينَ سَيفْهَمُونَ أُمُوْرَ الحِكْمَةِ وَالخَلِيْقَةِ وَالخَالِقِ وَبِحَسْبِ طَهَارَةِ نِيَّتِهِم. وَذَاكَ الشَخْصُ الَذِي سَيُدْرِكُ مَعْرِفَةَ عِلْمِ حِكْمَةِ الكَابَالا هُوَ الَذِي لاَ يَسْعَى وَرَاءَ تَحْصِيلِ الأَرْبَاحِ وَلَكِنْ وَبِبَسَاطَةٍ يَهْتَمُ فَقَطْ فِي أَنْ يَجْلُبَ الرِضَى لِلخَالِقِ عَنْ طَرِيقِ مَحَبَّةِ الآخَرِينِ وَبِذَلِكَ يَكُوْنُ قَادِراً عَلَى التَقَدُّمِ فِي مَعْرِفَةِ وَإِحْرَازِ العَالَمِ الرُوحِيِّ وَالتَقَرُّبِ مِنَ الخَالِقِ.

إِنَّ رَغْبَةَ الإنسَانِ هِيَ الَتي تُحدِدُ كُلَّ شَيءٍ وَمِنْ خِلاَلِ النُقْطَةِ فِي القَلبِ لَديهِ يَسْتَطِيعُ مَعْرِفَةَ الدرَجَةِ الرُوحِيَّةِ الَتِي يَتَوَاجَدُ عَلَيْهَا وَبالتَدْرِيج يِسْتَطِيعُ أَنْ يُدْرِكَ أَنَّهُ إِلَى جَانِبِ إرْتِبَاطِهِ وَإِلتِصَاقِهِ بِالخَالِقِ لَنْ يَحْصَلَ عَلَى أَيِّ شَيءٍ آخَرٍ مِنَ المَلَذَّاتِ الدُنْيَوِيَّةِ وَالغِنَى وَالسُلطَةِ وَمَا إِلَى آخِرِهِ مِنْ كُلِّ الشَهَوَاتِ العَالَمِيَّةِ. وَلِهَذَا السَبَبِ أَنَّ هَؤُلاءَ الَذِينَ يَعُونَ هَذِهِ الحَقِيقَةِ وَيَسْعَوْنَ إِلَى إِظْهَارِ وَإِحْرَازِ جُوْهَرِ العَالَمِ الرُوحِيِّ يَتَحَمَّلُونَ وَيَسْتَمِرُونَ حَتَى النِهَايَّةَ. فِي سِيَاقِ التَقَدُمِ الرُوحِيِّ نَجِدُ بِأَنَّ القِلَّةَ القَلِيلَةَ هِيَ التِي تَبْقَى فَكُلَّمَا قَرُبَتِ المَجْمُوعَةُ مِنَ الهَدَفِ النِهَائِيِّ يُصْبِحُ الإِخْتِيَارُ صَعْباً وَمَنْ تَبَقَّى مِنْ هَؤُلاءِ هُمْ المُسْتَحِقِّينَ لِلعَالَمِ الرُوحِيِّ مَعَ الأَخْذِ بِعَيْنِ الإِعْتِبَارِ أَنَّ الخَوضَ فِي دِرَاسَةِ الكَابَالاَ يَمْنَحُ الدَارِسَ كُلَّ مَا يَحْتَاجُ إِلَيْهِ لِمُسَاعَدَتِهِ فِي مَسِيرَتِهِ نَحْوَ تَحْقِيقِ هَدَفِهِ فِي الحَيَاةِ.

تفْسِيرُ المُصْطَلَحَاتِ:

النُوُرُ: هُوَ المَسَرَّةُ التِي يَشْعُرُ بِهَا الإِنْسَانِ وَالَذِي يُوَلِّدُ فِيهِ الإِحْسَاسَ بِالإِكْتِفَاءِ التَامِ.

التَصْحِيحُ: يَعْنِي تَصْحَيحُ الإِنْسَانُ لِسُلُوكِهِ الإِنسَانِيِّ فِي عِلاقَتِهِ مَعَ الآخَرِينِ وَفِي أُسْلُوبِ تَقرُّبِهِ وَتَعَامُلِهِ مَعَ الخَالِقِ.

النِيَّةُ: هِيَ الَصِفَةُ الَتِي تُحَدِدُ طَبِيعَةَ عَمَلِ الإِنْسَانِ إِذَا مَا كَانَ لِمَصْلَحَتِهِ الَذَاتِيَّةِ عَلَى حِسَابِ الآخَرِينَ أَمْ لِصَالِحِ الغَيْرِ فِي مَحَبَّةِ الآخَرِينِ، وَالَتِي تَرْسُمُ الخَطَ الفَاصِلَ بيْنَ الإِرَادَةِ فِي الأَخْذِ لِلذَاتِ وَبَيْنَ الإِرَادَةِ فِي العَطَاءِ.

الجُهودُ التِي يَبْذُلَهَا الإِنْسَانُ فِي إِحْرَازِ العَالَمِ الرُوُحِيِّ: أَيْ الجُهُوُدُ الَتِي يَبْذُلَهَا الإِنْسَانُ فِي الرَغْبَةِ فِي السَمَاحِ لِلنُوُرِ بِتَصْحِيحِ رَغَبَاتِهِ الأَنَانِيَّةِ.

القَلْبُ: مَنْبَعَ الأَحَاسِيسِ وَالرَغَبَاتِ عِنْدَ الإِنْسَانِ. القَلْبُ وَالعَقْلُ يَعْمَلاَنِ مَعَاً لِيَرتَقِيَانِ بِالإِنْسَانِ إِلَى دَرَجَةِ الإِدْرَاكِ فِي فَهْمِ نِظَامِ العَالَمِ الرُوُحِيِّ وَقَوَانِينِهُ.

المَكَانُ وَالزَمَانُ: مَا يُحَدِدَانِ إِطَارَ العَالَمِ المَادِيِّ الَذِي نَعِيشُ فِيْهِ.

إِخْتَبِرْ مَعْلُومَاتَكَ

س١ : عَدِدْ دَرَجَاتَ الرَغْبَةِ؟

س٢ : أَوْضِحْ مَيزَةَ كُلِّ دَرَجَةٍ مِنْ دَرَجَاتِ الرَغْبَةِ بِحَسْبِ تَدْرِيجِهَا مِنَ الأَضْعَفِ إِلَى الأَقْوَى؟

الأُولَى :

الثَانِيَة :

الثَالِثَة :

الرَابِعَة :

س٣ : بِمَا تَتَمَيَّزُ دَرَجَةُ المُتَكَلِّمِ عَنْ غَيْرِهَا مِنَ الدَرَجَاتِ؟

س٤ : مَا مَعْنَى كَلِمَةُ التَصْحِيحِ؟

غِذَاءٌ لِلفِكْر

لَقَدْ قِيلَ فِي كِتَابِ الزُوُهَارِ فِي المَقَالَةِ الأُسْبُوعِيَّةِ بِعُنْوَانِ تَازْرِيَا ص٤٠ : "إِنَّ كُلَّ العَوَالِمِ إِبْتِدَاءً مِنَ العَالَمِ الأَعْلَى إِلَى العَالَمِ الأَسْفَلِ كُلَّهَا مَوجُودَةٌ دَاخِلَ الإِنْسَانِ. وَكُلُّ مَا خَلَقَهُ الخَالِقِ فِي العَالَمِ عَمِلَهُ مِنْ أَجْلِ الإِنْسَانِ وَكُلُّ مَا فِيْهِ يَعِيشُ وَيَنْمُوُ بِسَبَبِ الإِنْسَانِ". فَهَلْ الإِنْسَانُ غَيْرَ رَاضٍ بكل هَذَا العَالَمِ وَمَا وُجِدَ فِيْهِ حَتَى أَنَّهُ يَرْغَبُ فِي إِحْرَازِ العَالَمِ الأَعْلَى أَيْضاً.

مِنْ كِتَابِ المُقدِمَةُ لِعِلْمِ حِكْمَةِ الكَابَالا

"إِنَّ دِرَاسَةَ نَظَرِيَّةَ التَصْحِيحِ التِي يَشْرَحُهَا كِتَابُ الزُوُهَارِ تُطَهِرُ الجَسَدَ وَالنَفْسَ كَمَا وَلَهَا فَضِيلَةٌ بِمُوجَبِ أَنَّهَا تُنْتِجُ خَلاَصاً قَرِيباً فِي أَيَامِنَا هَذِهِ".

مِنْ أَقْوَالِ مَتَّى إِفْرَايِم

لِمَعْرِفَةِ حِكْمَةٍ وَأَدَبٍ لإِدْرَاكِ أَقْوَالُ الفَهْمِ. لِقُبُولِ تَأْدِيبِ المَعْرِفَةِ وَالعَدْلِ وَالحَقِ وَالإِسْتِقَامَةِ. لِتُعْطِي الجُهَالَ ذَكَاءً وَالشَابَ مَعْرِفَةً وَتَدْبِراً. يَسْمَعُهَا الحَكِيمَ فَيزْدَادُ عِلْماً وَالفَهِيمُ يَكْتَسِبُ تَدْبِيراً. لِفَهْمِ المَثَلِ وَاللُغْزِ، أَقْوَالُ الحُكَمَاءِ وَغَوَامِضُهُم. مَخَافَةُ الرَّبِ رَأْسُ المَعْرِفَةِ. أَمَا الجَاهِلُوُنَ فَيَحْتَقِرُونَ الحِكْمَةَ وَالأَدَبَ. اسْمَعْ يَا إِبْنِي تَأدِيبَ أَبِيكَ وَلاَ تَرْفُضْ شَرِيعَةَ أُمِكَ. لأَنُهُمَا إِكْلِيلُ نِعْمَةٍ لِرَأسِكَ وَقَلاَئِدُ لِعُنُقِكَ.

مِنْ حَكِيمِ الحُكَمَاءِ المَلِكُ سُلَيمَان

لَيسَ هُنالِكَ سِوَاهُ

هَذَا الدَرْسُ مُخصّصٌ لِمَقَالِ "لَيْسَ هُنَالِكَ سِوَاهُ" وَالَذي نَصَّهُ عَالِمُ الكَابَالا يَهُودَا أَشْلاَغ المُلَقَّب بِصَاحِبِ السُلَّمِ وَكَتَبَهُ عَالِمُ الكَابَالا بَارُوخْ شَالُوْمْ هَالِڤِي أَشْلاَغ وَالمُلَقَّب بِالرَابَاشِ مَعَ الكَثِيرِ مِنَ المَقَالاَتِ الأُخْرَى الَتِي نَقَلَهَا مِنْ مُعَلِمِهِ صَاحِبُ السُلَّمِ وَدَوَنَهَا جَمِيعَهَا فِي مُفكِرَتِهِ الَتي كَانَ يَحْتَفِظُ بِهَا لِنَفْسِه نُشرَتْ هَذِهِ المَقَالات فِي كِتَابِ أَطْلَقَ عَلَيْهِ إِسْمَ شَامَعْتِي "أَنَا سَمِعْتُ" كَمَا دَعَاهُ الرَابَاشِ. يَتَمَيَّزُ هَذَا المَقَالُ عَنْ غَيرِهِ مِنَ المَقَالاَتِ الأُخرَى فِي أَنَّهُ يَحْتَوِي عَلَى مَنْهَجِ عِلْمِ الكَابَالا الكَامِلِ إِذْ أَنَّ كُلَ جَوهَرَ عِلْمُ حِكْمَةِ الكَابَالا مُوجُودٌ فِيمَا يَتَضَمَّنُهُ هَذَا المَقَال.

لَقَدْ تَقَرَرَ نَشْرَ مَقَالاَتِ شَامَعْتِي لإِحتِوَائَهَا عَلَى الشَرحِ التَفْصِيلِيِّ لِلمَرَاحِلِ الَتِي يَمُرُّ بِهَا الإِنْسَانُ فِي تَصحِيحِ نَفسِهِ فَإِنَّ كِتَابَ شَامَعْتِي يَخْتَصُ فِي تَحْدِيدِ الدَرَجَةِ أَوْ المُسْتَوَى الرُوْحِيِّ الَذِي يَتَوَّصَلُ إِلَيْهِ الإِنْسَانُ إِذْ فِيهَا فِكرُ وَإِحسَاسُ أَعْلَى الدَرَجَاتِ الرُوُحِيَّةِ فِي الوَاقِعِ الشَامِلِ. إِذاً دَعُونَا نَبْدَأُ بِجَذْبِ النُورِالأَعلَى عَلَيْنَا وَلِنَشعُرُ بِمَا يُرِيدُ الكَاتِبِ إِظْهَارُهُ لنَا. هَذَا هُوَ المَقَالُ بِكَامِلِهِ فِي البِدَايَةِ وَبَعْدَهَا سَنَقُومُ بِالشَرحِ التَفْصِيلي.

لَيسَ هُنالِك سِوَاهُ

اليَومُ السَادِسُ مِنْ شُبَاطِ مِنْ عَام ١٩٤٤

قَدْ كُتِبَ "لَيْسَ هُنَالِكَ سِوَاهُ". وَهَذَا يَعْنِي أَنَّهُ لَيْسَ هُنَالِكَ مِنْ قُوى أُخْرَى تَمْلُكُ القُدْرَةَ عَلَى أَنْ تَقُومَ بِأَيِّ عَمَلٍ مَا ضِدَ إِرَادَتِهِ. وَمَا يَرَاهُ الإِنْسَانِ مِنْ أَنَّ هُنَاكَ أُمُوراً فِي هَذَا العَالَمِ تَنْكُرُ وُجُوْدَ السُلطَةِ العُليَا، هَذَا سَبَبُهُ أَنَّ هَذِهِ هِيَ مَشِيئَةُ الخَالِقِ وَهَذَا مَا يُعْتَبَرُ تَصْحِيحاً وَالَذِي يُقَالُ لَهُ "اليَسَارُ تَرفُضُ وَاليَمِينُ تُقَرِّبُ مِنَ المِحْوَرِ الرَئِيسِيِّ"، مَعنَى ذَلِكَ أَنَّ مَا تَرْفُضَهُ اليُسرَى يُعْتَبَرُ تَصْحِيحاً. هَذَا يَعْنِي بِأَنَّ هُنَاكَ أُمُوراً فِي هَذَا العَالَمِ تَسْعَى مِنَ البِدَايَةِ إِلَى تَحوِيلِ وَإِبْعَادِ الشَخْصَ عَنْ الطَرِيقِ الصَحِيحِ، وَالَتِي بِوَاسِطَتَهَا يُرْفَضُ الإِنْسَانُ مِنَ القَدَاسَةِ، وَالفَائِدَةُ مِنْ هَذَا الرَفْضِ أَنَّ مِنْ خِلاَلِهِ يَحصَلُ الشَخْصُ عَلَى الحَاجَةِ وَعَلَى الرَغْبَةِ التَامَةِ إِلَى مُسَاعَدَةِ الخَالِقِ لَهُ وِفْقاً لإِدْرَاكِهِ بِأَنَّهُ تَائِهٌ مِنْ دُونِ مُسَاعَدَتِهِ. وَلاَ يَرَى أَنَّهُ لاَ يَتَقَدَّمُ فِي العَمَلِ فَحَسْب بَلْ يُدْرِكُ أَنَّهُ يَرْتَدُ إِلَى الوَرَاءِ، وَبِذَلِكَ يَرَى أَنَّهُ يَفْقِدُ القُدْرَةَ عَلَى حِفْظِ الأَسْفَارِ وَالوَصَايَا حَتَى وَإِنْ كَانَتْ لِلولِيشْمَا (لَيسَ مِنْ أَجْلِ إِسمِ الخَالِقِ). وأَنَّهُ فَقَطْ عَنْ طَرِيقِ التَغَلُّبِ الحَقِيقِيِّ عَلَى كُلِّ العَوَائِقِ فَوْقَ حُدُوْدِ المَنْطِقِ يُمْكِنُهُ أَنْ يَحفَظَ الأَسْفَارَ وَالوَصَايَا. وَلَكِنَ لَيسَ لَدَيهِ القُوَةُ دَائِماً لِلوُصُولِ إِلَى الإِيمَانِ فَوْقَ حُدُوْدِ المَنْطِقِ وَإِلاَّ فَهُوَ سَيُجْبَرُ لاَ قَدَّرَ الرَّبُ عَلَى الإِنْحِرَافِ عَنْ الطَرِيقِ الصَحِيحِ حَتَى وَلَو مِنْ مَكَانِهِ مِنْ لُولِيشْمَا، وَالشَخْصُ الَذِي يَشعُرُ دَائِماً بِأَنَّ

الأَجْزَاءَ المُبَعْثَرَةَ أَعْظَمَ مِنْ الكُلِ الكَامِلِ، أَيْ أَنَّ هُنَاكَ تَرَاجُعٌ أَكْثَرَ مِمَا هُنَاكَ مِنْ إِحْرَازَاتٍ، وَيَرَى أَنَّهُ لَيسَ مِنْ نِهَايَةٍ لِهَذَا الوَضْعِ، وَأَنَّهُ سَيَبْقَى إِلَى الأَبَدِ خَارِجَ القَدَاسَةِ، لأَنَّهُ يَرَى أَنَّهُ مِنَ الصَعْبِ عَلَيْهِ حِفْظُ الوَصَايَا حَتى وَلَو بِمِقْدَارِ ذَرَةٍ، مَا لَمْ يَكُنْ عَنْ طَرِيقِ إِحرَازِ الإِيمَانِ فَوْقَ حُدُودِ المَنْطِقِ. وَلَكِنَّهُ غَيرَ قَادِرٍ عَلَى الغَلَبَةِ دَائِماً. فَكَيْفَ سَتَكُونُ النِهَايَّةَ؟

عِنْدَهَا يَتَوَصَّلُ إِلَى الإِعْتِرَافِ بِأَنَّهُ لاَ يُمْكِنُ لأَحدٍ أَنْ يُسَاعِدَهُ إِلاَّ الخَالِقُ نَفسُهُ. هَذَا يَدْعُوهُ إِلَى أَنْ يَطْلُبَ وَمِنْ صَمِيمِ قَلْبِهِ أَنْ يَفْتَحَ الخَالِقُ عَينَيهِ وَقَلْبَهُ، وَأَنْ يُقَرِّبُهُ مِنْهُ فِي إِتِحَادٍ أَبَدِيٍّ مَعَهُ. وَبالتَالِي يَسْتَنْتِجُ أَنَّ كُلَّ الرَفْضِ الَذِي عَانَى مِنْهُ كَانَ يَأْتِيهِ مِنَ الخَالِقِ نَفسِهُ وَهَذَا يَعْنِي أَنَّهُ لَيسَ لِكَونِهِ عَلَى خَطَأٍ، أَوْ لأَنَّهُ لَمْ يَمْتَلِكَ القُدْرَةَ عَلَى تَخَطِي الأَمْرِ. إِنَمَا لِهَؤُلاءِ الَذِينَ يُرِيدُونَ حَقاً أَنْ يَقْتَرِبُوا مِنَ الخَالِقِ وَلَنْ يَسْتَقِرُوا رَاضِيينَ بِالقَلِيلِ، يَبقُوا كَالأَطْفَالِ غَيرُ مُكْتَفِين، مِنْ أَجْلِ هَؤُلاءِ أُعْطَى عَوناً مِنَ الأَعَالِي لِكَي لاَ يَقُولُوا الشُكْرُ لِلرَبِّ عِنْدَنَا الأَسْفَارُ وَالوَصَايَا وَالأَعْمَالُ الصَالِحَةِ فَمَا لَنَا الحَاجَةَ إِلَى شَيءٍ آخرٍ؟

إِذَا إِمتَلَكَ الإِنسَانُ الرَغْبَةَ الحَقِيقِيَّةَ عِنْدَهَا فَقَطْ سَوْفَ يَحْصَلُ عَلَى العَوْنِ مِنَ الأَعَالِي. وَسَوفَ يَبْدُو لَهُ دَائِماً كَيفَ أَنَّهُ عَلَى خَطَاءٍ فِي وَضْعِهِ الحَاضِرِ. أَيْ سَوْفَ يَتَلَقَّى أَفْكَاراً وَآرَاءً مُتَنَاقِضَةً مَعَ عَمَلِهِ فِي تَصْحِيحِ نَفسِهِ، وَذَلِكَ لِكَي يُدْرِكَ بِأَنَّهُ لَيْسَ مُتْحِداً مَعَ الخَالِقِ. وَمَهْمَا تَخَطَّى مِنَ العَقَبَاتِ فَسَوفَ يَرَى دَائِماً كَمْ هُوَ بَعِيدٌ عَنْ القَدَاسَةِ أَكْثَرَ مِنْ غَيرِهِ مِنَ الَذِينَ يَشْعُرُونَ أَنَهُّمْ وَاحِدٌ مَعَ الخَالِقِ وَلَكِنَّهُ بِالمُقَابِلِ دَائِماً لَدَيهِ شَكَاوَى وَطَلَبَاتٌ وَلاَ يُمْكِنَهُ أَنْ يُبرِرَ سُلُوكَ الخَالِقِ تِجَاهَهُ وَطَرِيقَةَ تَعَامُلِ الخَالِقِ مَعَهُ. وَيُحْزِنُهُ عَدَمَ إِرْتِبَاطِهِ مَعَ الخَالِقِ؟ وَأَخِيراً يَتَوَصَّلُ إِلَى الإِحْسَاسِ بِأَنَّهُ لَيسَ لَهُ أَيُّ مَكَانٍ فِي القَدَاسَةِ مَهْمَا كَانَ الأَمْرُ عَلَيْهِ.

رَغْمَ أَنَّهُ وَبِشَكْلٍ مُسْتَمِرٍ يَحْصَلُ عَلَى يقَاظَاتٍ مِنَ الأَعلَى وَهَذَا مَا يُحِيهِ مُؤَقَتاً وَلَكِنَّهُ سُرْعَانَ مَا يَسْقُطُ فِي مَكَانٍ وَضِيع. وَلَكِنَّ هَذَا مَا يَدْفَعُهُ إِلَى الإِدْرَاكِ بِأَنَّ الخَالِقَ وَحْدَهُ هُوَ القَادِرُ عَلَى مُسَاعَدَتِهِ وَتَقْرِيبِهِ مِنْهُ بِالفِعْلِ عَلَى المَرءِ أَنْ يُحَاوِلَ دَائِماً أَنْ يَتَشَبَّثَ بِالخَالِقِ بِمَعْنَى أَنْ تَكُونَ كُلَّ أَفْكَارِهِ مَعَ الخَالِقِ. وَذَلِكَ يَعْنِي أَنَّهُ حَتَى فِي أَسْوَأَ الحَالاَتِ وَالَتِي لاَ إِنْحِدَارَ أَكْثَرَ مِنْهَا، عَلَيْهِ أَنْ لاَ يَخْرُجَ مِنْ تَحْتِ سُلْطَةِ الخَالِقِ أَيْ بِأَنْ يَعْتَقِدَ بِأَنَّ هُنَاكَ سُلْطَةٌ أُخْرَى يُمْكِنُهَا أَنْ تَمْنَعُهُ مِنْ دُخُولِ القَدَاسَةِ أَو أَنْ تَجْلُبَ عَلَيْهِ نَفْعٌ أَوْ ضَرَرٌ.

أَيْ أَنَّهُ يَجِبُ أَلاَّ يَظُنُ أَنَّ هُنَاكَ قُوَى أَوْ إِلَهٌ آخَرٌ (الجَانِبُ الآخَرُ) وَالَتِي تَمْنَعُ الشَخْصَ مِنْ أَنْ يَعْمَلَ صَالِحاً وَيَتبَعَ طُرُقَ الخَالِقِ. وَلَكِنَّ بِالأَحْرَى يَعْلَمُ بِأَنَّ كُلَّ شَيءٍ هُوَ مِنْ عَمَلِ الخَالِقِ.

عَالِمُ الكَابَالاَ بَعِلْ شِيمْ تُوفْ قَالَ أَنَّ كُلَ مَنْ يَقُولُ بِأَنَّهُ يُوجَدُ قُوَى أُخْرَىَ فِي العَالَمِ بِجَانِبِ الخَالِقِ، أَيْ الكِلِيبُوتْ قُوَةٌ غَيرُ طَاهِرَةٍ يَكُونُ هَذَا الشَخْصُ فِي حَالَةِ "عِبَادَةِ آلِهَةٍ أُخْرَىَ". إِذاً لَيْسَ بِالضَرُورَةِ أَنَّ فِكْرَةَ الهَرطَقَةِ "الإِلْحَادِ" وَالبِدَعِ هِيَ التَعَدِّي بِحَدِ ذَاتِهَا. وَلَكِنَّ إِذَا ظَنَّ الإِنسَانَ أَنَّ هُنَاكَ سُلطَةٌ أُخْرَىَ وَقُوى مُنْفَصِلَةٌ عَنْ الخَالِقِ فَبِهَذَا هُوَ يَرْتَكِبُ خَطِيئَةً. عَلاَوَةً عَلَى ذَلِكَ أَنَّ كُلَّ مَنْ يَقُولُ بِأَنَّ الرَجُلَ لَهُ سُلطَةٌ مُسْتَقِلَةٌ عَلَى نَفْسِهِ أَيْ أَنْ يَقُولَ أَنَّهُ هُوَ بِالأَمْسِ لَمْ يَرْغَبْ بِإِتبَاعِ طُرُقِ الخَالِقِ فَهَذَا أَيْضاً يُعْتَبَرُ إِرْتِكَابَ خَطِيئَةَ الإِلْحَادِ إِذْ أَنَّهُ لاَ يُؤمِنُ بِأَنَّ الخَالِقَ وَحْدَهُ هُوَ مُسَيِّرُ العَالَمِ.

وَلَكِنَ عِنْدَمَا يَرْتَكِبُ خَطِيئَةً فَعَلَيْهِ بِالتَأْكِيدِ أَنْ يَنْدَمَ عَلَيهَا وَيَأسَفَ عَلَى إِرْتِكَابَهُ إِيَاهَا. وَلَكِنْ وَحَتَى فِي هَذِهِ لاَ بُدَّ أَنْ نَضَعَ الأَسَفَ وَالحُزْنَ فِي

مَوْضِعِهُمَا الصَحِيح حَيْثُ الإِشَارَةَ بِالتَحْدِيدِ إِلَى السَبَبِ فِي إِرْتِكَابِ الخَطِيئَةِ فَهَذِهِ هِيَ النُقْطَةُ التِي يَجِبُ أَنْ يَنْدَمَ عَلَيهَا.

ثُم يَنْبَغِي أَنْ يَكُونَ نَادِماً وَيَقُولُ: أَنَا إِرْتَكَبْتُ خَطِيئَةً لأَنَّ الخَالِقَ أَلْقَى بِيَّ إِلَى الأَسْفَلِ أَيْ مِنَ القَدَاسَةِ إِلَي القَذَارَة. وَهَذَا يَعْنِي أَنَّ الخَالِقَ أَعْطَاهُ الرَغْبَةَ وَالشَهْوَةَ لِيُلهِي نَفْسَهُ وَيَسْتَنْشِقُ الهَوَاءَ فِي مَكَانٍ ذُو رَائِحَةٍ كَرِيهَةٍ وَقَدْ تَقُولُ أَنَّهُ مَكْتُوبٌ فِي الكُتُبِ أَنَّهُ أَحْيَانَاً يَأتِي الشَخْصُ مُتَجَسِداً فِي صُورَةِ خَنْزِيرِ. يَجِبُ عَلَيْنَا تَفْسِيرَ هَذَا وَكَأَنَّهُ يَقُولُ أَنَّ الشَخْصَ يَحْصَلُ عَلَى رَغْبَةٍ وَشَهْوَةٍ لِيَأخُذَ الحَيَاةَ مِنَ الأَشْيَاءِ التِي كَانَ قَدْ قَرَرَ أَنَّهَا قُمَامَةٌ، وَلَكِنَّهُ الآنَ يُرِيدُ أَنْ يَحْصَلَ عَلَى التَغْذِيَةِ مِنْهَا أَيْضاً.

عِنْدَمَا يَشْعُرُ المَرءُ بِأَنَّهُ فِي مَرْحَلَةِ الإِرْتِقَاءِ، وَيَشْعُرُ بِلَذَّةٍ فِي العَمَلِ وَهُنَا يَجِبُ أَنْ لاَ يَقُولَ: "الآنَ أَنَا فِي مَرْحَلَةٍ أَفْهَمُ فِيهَا أَنَّ عِبَادَةَ الخَالِقِ تَسْتَحِقُ العَنَاءَ". بِالأَحْرَى عَلَيْهِ أَنْ يَعْلَمَ أَنَّهُ الآنَ وَجَدَ نِعْمَةً فِي عَيْنَيَّ الخَالِقِ، وَبِالتَالِي قَرَّبَهُ الخَالِقُ إِلَيْهِ، وَلِهَذَا السَبَبُ يَشْعُرُ الآنَ بِلّذَّةٍ فِي العَمَل. وَعَلَيْهِ أَنْ يَحْذَرَ مِنْ أَنْ يَتْرُكَ مَكَانَ القَدَاسَةِ الَذِي وَضَعَهُ فِيهِ الخَالِقُ، وَيَقُولُ بِأَنَّهُ يُوجَدُ هُنَاكَ آخَرٌ يَعْمَلُ إِلَى جَانِبِ الخَالِقِ وَهَذَا يَعْنِي أَنَّ مَسْأَلَةَ الإِسْتِحْسَانِ مِنْ قِبَلِ الخَالِقِ أَوْ العَكْسِ أَيْ أَنَّهُ لَمْ يَجِدْ مَعْرُوفَاً فِي عَيْنَي الخَالِقِ، لاَ يَعْتَمِدُ هَذَا عَلَى الشَخْصِ نَفْسِهِ وَلَكِنَه يَعْتَمِدُ عَلَى الخَالِقِ فَقَطْ. وَالمَرءُ بِتَفْكِيرِهِ الخَارِجِيِّ لا يُمْكِنُهُ أَنْ يَسْتَوعِبَ أَو يُدْرِكَ لِمَاذَا فَضَّلَهُ الخَالِقُ الآنَ وَبِعْدَئِذٍ لَمْ يُفَضِلْهُ.

وَبِطَرِيقَةٍ مُمَاثِلَةٍ عِنْدَمَا يَأسَفُ الإِنْسَانُ عَلَى أَنَّ الخَالِقَ لَمْ يُقَرِّبْهُ إِلَيْهِ، عَلَيْهِ أَيّضاً أَنْ يَحْذَرَ أَنْ لاَ يَكُونَ إِهْتِمَامَهُ مُنْصَبَّاً عَلَى نَفْسِهِ أَيْ أَنَّهُ بَعِيدٌ عَنَ الخَالِقِ. وَذَلِكَ لأَنَّهُ يُصْبِحُ بِهَذَا مُتَلَقِيَاً لِمَصْلَحَتِهِ الذَاتِيَّةِ، وَذَاكَ الَذِي يَأخُذُ لِذَاتِهِ يُعْزَلُ بَعِيداً

عَنْ الخَالِقِ. وَلَكِنْ بِالأَحْرَى يَجِبُ عَلَيْهِ أَنْ يَأسَفَ عَلَى إِبْتِعَادِ الشِخِينَا الأُلُوهِيَّةِ، أَيْ أَنَّهُ يُسَبِبُ الحَزْنَ لِلأُلُوهِيَّةِ. عَلَى الإِنْسانِ أَنْ يَتَصَّوَرَ كَمَا لَو أَنَّ عُضْوَاً صَغِيرَاً فِي جَسَدِهِ يَتَأَلَمُ فَإِنَّ الذِهْنَ وَالقَلْبَ يَشْعُرَانِ بالأَلَمِ أَيْضَاً وَعَلَى حَدٍ سَوَاء. القَلْبُ وَالذِهْنُ أَسَاسُ بُنْيَةِ الإِنْسَانِ كَكُلْ. وَبِالتَأْكِيدِ فَإِنَّ إِحْسَاسَ عُضْوٍ وَاحِدٍ لاَ يُقَارَنُ بِإِحْسَاسِ الشَخْصِ بِقَوَامِهِ الكَامِلِ حَيثُ يِشْعُرُ بِالأَلَمِ بِشَكْلٍ كُلِّي.

عَلَى النَحْوِ نَفْسِهِ، الأَلَمُ الَذِي يَشْعُرُ بِهِ الشَخْصُ عِنْدَمَا يَكُوْنُ بَعِيدَاً عَن الخَالِقِ. بِمَا أَنَّ الإِنْسَانَ لَيسَ إِلاَّ عُضْوَاً وَاحِداً فِي الشِخِينَا المُقَدَسَةِ إِذْ أَنَّ الشِخِينَا المُقَدَسَةَ هِيَ الرُوْحُ المُشْتَرَكَةُ لِشَعْبِ الرَّبِ، إِذَاً فَإِحْسَاسُ العُضْوِ الوَاحِدِ لاَ يَتَمَاثَلُ بِالشُعُورِ بِالأَلَمِ العَامِ الَذِي يَشْمُلُ الكُل. وَهَذَا يَعْنِي أَنَّ هُنَالِكَ أَسَى فِي الشِخِينَا عِنْدَمَا تَكُوْنُ الأَعْضَاءُ مَفْصُوْلَةً عَنْهَا وَلَيْس بِإِمْكَانِهَا أَنْ تَرْعَى أَعْضَائَهَا.

وَيَنْبَغِي عَلَيْنَا أَنْ نَقُولَ إِنَّ هَذَا مَا قَالَهُ حُكَمَاؤُنَا: عِنْدَمَا يَنْدَمُ المَرءُ، مَاذَا تَقُولُ الشِخِينَا؟ بِالتَعْبِيرِ إِنَّهُ أَخَفُ مِنْ رَأْسِي. فَإِنَّ عَدَمَ نَسْبِ الشُعُورِ بِالحُزْنِ لِلإِبْتِعَادِ عَنْ الخَالِقِ لِذَاتِ الشَخْصِ فَإِنَّهُ يُعْفَى مِنَ الوُقُوْعِ فِي فَخِّ الرَغْبَةِ فِي التَحْصِيلِ لِلذَاتِ الرَغْبَةَ الأَنَانِيَّةِ وَالَتِي تُعْتَبَرُ إِبْتِعَاداً عَنْ القَدَاسَةِ. إِنَّ الأَمْرَ نَفْسَهُ أَيْضَاً عِنْدَمَا يَشْعُرُ الشَخْصُ بِالتَقَرُّبِ مِنَ القَدَاسَةِ، عِنْدَمَا يَشْعُرُ بِالبَهْجَةِ وَالفَرَحِ حِينَ يَجِدُ نِعْمَةً مِنْ قِبَلِ الخَالِقِ. عِنْدَهَا أَيْضَاً يَتَوَّجَبُ عَلَى الشَخْصِ أَنْ يَقُولَ أَنَّ سَبَبَ بَهْجَتِهِ هُوَ أَنَّهُ يُوْجَدُ بَهْجَةٌ فِي الأَعَالِي أَيْ فِي الشِخِينَا المُقَدَّسَةِ فِي تَمَّكُنِهَا مِنْ جَلْبِ أَحَدِ أَعْضَائِهَا بِالقُرْبِ مِنْهَا، وَبِأَنَّهَا لَمْ تَضْطَرْ بِأَنْ تُرْسِلَهُ بَعِيداً عَنْهَا، فَإِنَّ الشَخْصَ يَسْتَمِدُ البَهْجَةَ مِنْ مُكَافَئَتِهِ لإِرْضَاءِ الشِخِينَا. وَهَذَا وَتَوَافُقَاً لِمَا وَرَدَ أَنَّهُ عِنْدَمَا يَكُوْنُ هُنَاكَ فَرَحٌ جُزْئِيٌّ فَهُوَ

لَيسَ إلاَّ جُزْءٌ مِنَ الفَرَحِ الكُلِّي. تَمَاشِياً مَعَ هَذَا يَفْقِدُ الشَخْصُ فَرْدِيَتُهُ وَيَتَجَنَّبُ الوُقُوعَ فِي فَخِ القُوَّةِ الأُخْرَى وَالَتِي هِيَ الإِرَادَةُ أَو الرَغْبَةُ فِي الأَخْذِ لأَجْلِ مَصْلَحَتِهِ الأَنَانِيَّةِ.

وَبِالرَغْمِ مِنْ أَنَّ الرَغْبَةَ فِي الأَخْذِ لِلذَاتِ -الرَغْبَةُ الأَنَانِيَّةُ- ضَرُورِيَّةَ بِمَا أَنَّهَا تُشَكِلُ مَاهِيَّةَ الإِنْسَانِ، وَبِمَا أَنَّ كُلَّ مَا هُوَ مَوجُودٌ فِي الشَخْصِ مُنْفَصِلٌ عَنْ الأَنَا فِيهِ أَوْ عَنِ الرَغْبَةِ فِي الأَخْذِ لِلذَاتِ لاَ يَنْتَمِي لِلمَخْلُوقِ بَلْ أَنَّهَا تُعْزا لِلخَالِقِ، لَكِنْ يَتَوَجَبُ تَصْحِيحُ الرَغْبَةَ الأَنَانِيَّةَ لِتُصْبِحَ رَغْبَةً فِي العَطَاءِ المُطْلَقِ.

وَبِذَلِكَ نَقُولُ أَنَّ البَهْجَةَ وَالفَرَحَ التِي تَحْصَلُ عَليهِمَا "الإِرَادَةُ فِي الأَخْذِ" لاَ بُدَّ أَنْ تَكُونَ ضِمْنَ إِطَارِ النِيَّةِ وَالقَصْدِ بِأَنَّ هُنَالِكَ رِضاً وَسَعَادَةً فِي الأَعَالِي حِينَمَا يَشْعُرُ الخَلْقُ بِالسُرُورِ، لأَنَّ هَذَا هُوَ هَدَفُ الخَلِيْقَةَ -لِمَنْفَعَةِ خَلِيقَتِهِ. وَهَذَا مَا يُدْعَى فَرَحُ الشَخِينَا فِي الأَعْلَى.

لِهَذَا السَبَبُ، عَلَى الإِنْسَانِ أَنْ يَلتَمِسَ النَصِيحَةَ عَنْ كَيْفِيَّةِ جَلْبِ الرِضَا لِلشْخِينَا. وَبِالطَبْعِ عِنْدَمَا يَحْصَلُ هُوَ عَلَى السُرُورِ كَذَلِكَ الشُعُورُ بِالرِضَا سَيَمْلاءُ الشْخِينَا. لِذَلِكَ يَتُوقُ دَائِماً لأَنْ يَكُونَ فِي قَصْرِ المَلِكِ وَأَنْ تَكُونَ لَدَيهِ القُدْرَهَ عَلَى التَمَتُعِ بِكُنُوزِ المَلِكِ. وَهَذَا بِالتَأْكِيدِ سَيُؤَدِي بِرِضَا الشْخِينَا فِي الأَعَالِي. وبِناءً عَلَى ذَلِكَ لاَ بُدَّ أَنْ يَكُونَ كُلَّ سَعْيِ الإِنْسَانِ وَرَغْبَتِهِ فَقَطْ مِنْ أَجْلِ اسْمِ الخَالِقِ.

إِنَّ عَالِمَ الكَابَالا الرَابَاشِ دَوَّنَ وَكَتَبَ كُلَّ مَا سَمِعَهُ مِنْ مُعَلِّمِهِ عَالِمُ الكَابَالا يَهُودَا أَشْلاغَ المُلَقَبَ بِصَاحِبِ السُلَّمِ وَعِنْدَمَا أَتَى تِلْمِيذُهُ لِدِرَاسَةِ عِلْمِ الكَابَالا وَالتَتَلّمُذِ عَلَى يَدِهِ كَانَ يَسْأَلُهُ دَائِماً أَسْئِلَةً صَعْبَةً كَانَتْ تُزْعِجُهُ كَثِيراً طَالِباً

الإِجَابَةَ عَلَيْهَا وَلَكِنَّ الرَابَاشَ كَانَ دَائِماً يَتَفَادَى الإِجَابَةَ، وَلَكِنَّ بِسَبَبِ إِلْحَاءِ تِلْمِيذِهِ بِشَكْلٍ دَائِمٍ أَعْطَاهُ الرَابَاشُ مُفَكِّرَتَهُ لِيَقْرَأَهَا. كَانَ هَذَا فِي عَامِ ١٩٨١ فَعَمِلَ نَسْخَةً لِنَفْسِهِ وَكَانَ يَقْرَأُ مَقَالَاتِهَا لِمُدَّةِ عَشْرِ سَنَوَاتٍ. وَفِي عَامِ ١٩٩١ وَقَبْلَ يَوْمٍ وَاحِدٍ مِنْ وَفَاتِهِ دَعَا الرَابَاشُ تِلْمِيذَهُ وَأَعْطَاهُ الْمُفَكِّرَةَ قَائِلاً لَهُ أَنَّهَا مُلْكَكَ الآنَ لِيَأْخُذَهَا وَيَتَعَلَّمَ مِنْهَا.

يَقُولُ عَالِمُ الكَابَالا أَنَّ هَذِهِ المَقَالَاتِ مُهِمَّةٌ جِدّاً وَعَمِيقَةٌ جِدّاً فِي مَضْمُونِهَا وَفِي كُلِّ مَرَّةٍ يَقْرَأُهَا الإِنْسَانُ يَكْتَشِفُ شَيْئاً جَدِيداً فِيهَا وَبَيْنَ الحِينِ وَالآخَرِ يَأْتِي الشَّخْصُ إِلَى دَرَجَةٍ يَعْتَقِدُ بِأَنَّهُ يَفْهَمُ كُلَّ مَا هُوَ هُنَالِكَ وَلَكِنْ عِنْدَمَا يَقْرَأُ هَذِهِ المَقَالَاتِ مَرَّةً تِلْوَ الأُخْرَى يَرَى بِأَنَّهُ كَانَ مُخْطِئاً فِي إِدْرَاكِهِ إِذْ يَجِدُ أَنَّ فَهْمَهُ السَّابِقَ لِلْأُمُورِ كَانَ كَامِلاً وَلَكِنْ وَبَعْدَ فَتْرَةٍ عِنْدَمَا يَعُودُ إِلَى قِرَاءَةِ هَذِهِ النُّصُوصِ يَرَى بِأَنَّ عُمْقاً جَدِيداً يَنْكَشِفُ أَمَامَهُ وَإِدْرَاكٌ جَدِيدٌ يَظْهَرُ لَهُ وَهَذَا بِسَبَبِ أَنَّ مَعْرِفَةَ وَوَعْيَ الإِنْسَانِ لِلْمَضْمُونِ يَخْتَلِفُ حَسَبَ دَرَجَتِهِ الرُّوحِيَّةِ الَّتِي يَتَوَاجَدُ فِيهَا وَنَحْنُ نَنْصَحُ كُلَّ شَخْصٍ عَلَى قِرَاءَةِ مَقَالَاتِ شَامَعْتِي وَلَوْ حَتَّى سُطُورٍ قَلِيلَةٍ فِي كُلِّ مَرَّةٍ إِذْ أَنَّهُ يُوجَدُ قَدْرٌ كَافٍ حَتَّى وَلَوْ فِي الكَلِمَاتِ القَلِيلَةِ لِبَعْثِ النُّورِ فِي النَّفْسِ.

دَعُونَا الآنَ نَبْدَأُ فِي دِرَاسَةِ أَكْثَرِ المَقَالَاتِ سِعَةً وَعُمْقٍ فِي كِتَابِ شَامَعْتِي، المَقَالُ الَّذِي يَحْتَلُّ مَكَانَ الصَّدَارَةِ لِأَنَّهُ يَحْتَوِي فِي طَيَّاتِهِ عَلَى الأَسَاسِ الَّذِي يَحْتَاجُهُ الإِنْسَانُ كَقَاعِدَةٍ لِبِنَاءِ بَحْثِهِ عَنِ الخَالِقِ مِنْ خِلَالِ عِلْمِ الكَابَالا. فِي البِدَايَةِ يَجِبُ عَلَيْنَا مَعْرِفَةُ شَيْءٍ وَاحِدٍ لَا غَيْرُ لِنَجْعَلَهُ قَاعِدَةً ثَابِتَةً وَدَائِمَةً. يَجِبُ مَعْرِفَةُ أَنَّ هُنَاكَ قُوَى عُلْيَا وَاحِدَةً ذَاتَ النُّفُوذِ المُطْلَقِ وَالَّتِي تَحْكُمُ وَتُدِيرُ عَالَمَنَا. لَهَا طَرِيقَةٌ مُعَيَّنَةٌ فِي التَّعَامُلِ مَعَنَا وَلَا يُوجَدُ أَحَدٌ قَادِرٌ عَلَى التَّأْثِيرِ أَوْ

التحَكُّم بِهَذِهِ القُوَةِ وَلاَ أَحَدٌ قَادِرٌ عَلَى التَسَلُّطِ عَلَيْهَا أَوْ تَغْيِيرِهَا فَهذِهِ القُوَى هِيَ قُوَةٌ مُطْلَقَةٌ.

«قَدْ كُتِبَ "لَيسَ هُنَالِكَ سِوَاهُ" . وَهَذَا يَعْنِي أَنَّهُ لَيسَ هُنَالِكَ مِنْ قُوَى أُخْرَى تَمْلُكُ القُدْرَةَ عَلى أَنْ تَقُومَ بِأَيِّ عَمَلٍ مَا ضِد إِرَادَتِهِ. وَمَا يَرَاهُ الإِنْسَانِ مِنْ أَنَّ هُنَاكَ أُمُوراً فِي هَذَا العَالَمِ تَنْكُرُ وُجُودَ السُلطَةِ العُليَا، هَذَا سَبَبُهُ أَنَّ هَذِهِ هِيَ مَشِيئَةُ الخَالِقِ وَهَذَا مَا يُعْتَبَرُ تَصْحِيحاً وَالَذِي يُقَالُ لَهُ "اليَسَارُ تَرفُضُ وَاليَمِينُ تُقَرِّبُ مِنَ المِحْوَرِ الرَئِيسِيِّ" ، مَعنَى ذَلِكَ أَنَّ مَا تَرْفُضَهُ اليُسرَى يُعْتَبَرُ تَصْحِيحاً. هَذَا يَعْنِي بِأَنَّ هُنَاكَ أُمُوراً فِي هَذَا العَالَمِ تَسْعَى مِنَ البِدَايَةِ إِلَى تَحوِيلِ وَإِبْعَادِ الشَخْصِ عَنْ الطَرِيقِ الصَحِيحِ، وَالَتِي بِوَاسِطَتِهَا يُرْفَضُ الإِنْسَانُ مِنَ القَدَاسَةِ، وَالفَائِدَةُ مِنْ هَذَا الرَفْضِ أَنَّ مِنْ خِلاَلِهِ يَحْصَلُ الشَخْصُ عَلَى الحَاجَةِ وَعَلَى الرَغْبَةِ التَامَةِ إِلَى مُسَاعَدَةِ الخَالِقِ لَهُ وِفْقاً لإِدْرَاكِهِ بِأَنَّهُ تَائِهٌ مِنْ دُونِ مُسَاعَدَتِهِ. وَلاَ يَرَى أَنَّهُ لاَ يَتَقَدَّمُ فِي العَمَلِ فَحَسْب بَلْ يُدْرِكُ أَنَّهُ يَرْتَدُ إِلَى الوَرَاءِ، وَبِذَلِكَ يَرَى أَنَّهُ يَفْقِدُ القُدْرَةَ عَلَى حِفْظِ الأَسْفَارِ وَالوَصَايَا حَتَى وَإِنْ كَانَتْ لِلولِيشْمَا - لَيسَ مِنْ أَجْلِ إِسمِ الخَالِقِ. وَأَنَّهُ فَقَطْ عَنْ طَرِيقِ التَغَلُّبِ الحَقِيقِيِّ عَلَى كُلِّ العَوَائِقِ فَوْقَ حُدُودِ المَنطِقِ يُمْكِنُهُ أَنْ يَحفَظَ الأَسْفَارَ وَالوَصَايَا. وَلَكِنَ لَيسَ لَدَيهِ القُوَةُ دَائِماً لِلوُصُولِ إِلَى الإِيمَانِ فَوْقَ حُدُودِ المَنطِقِ وَإِلاَّ فَهُوَ سَيُجْبَرُ لاَ قَدَّرَ الرَّبُ عَلَى الإِنْحِرَافِ عَنْ الطَرِيقِ الصَحِيحِ حَتَى وَلَو مِنْ مَكَانِهِ مِنْ لُولِيشْمَا، وَالشَخْصُ الَذِي يَشعُرُ دَائِماً بِأَنَّ الأَجْزَاءَ المُبَعْثَرَةَ أَعْظَمَ مِنَ الكُلِ الكَامِلِ، أَيْ أَنَّ هُنَاكَ تَرَاجُعٌ أَكْثَرَ مِمَا هُنَاكَ مِنْ إِحْرَازَاتٍ، وَيَرَى أَنَّهُ لَيسَ مِنْ نِهَايَةٍ لِهَذَا الوَضْعِ، وَأَنَّهُ سَيَبْقَى إِلَى الأَبَدِ خَارِجَ القَدَاسَةِ، لأَنَّهُ يَرَى أَنَّهُ مِنَ الصَعْبِ عَلَيْهِ حِفْظُ الوَصَايَا حَتَى وَلَو

بِمِقْدَارِ ذَرَةٍ، مَا لَمْ يَكُنْ عَنْ طَرِيقِ إِحرَازِ الإِيمَانِ فَوْقَ حُدُوْدِ المَنْطِقِ. وَلَكِنَّهُ غَيرَ قَادِرٍ عَلَى الغَلَبَةِ دَائِماً. فَكَيْفَ سَتَكُونُ النِهَايَّةَ؟»

إِذَاً الخَالِقُ هُوَ السُلْطَةُ الوَحِيْدَةُ الحَاكِمَةُ فِي الوُجُوْدِ وَهُوَ الَذِي خَلَقَ الإِنْسَانَ بِصِفَاتِهِ وَسِمَاتِهِ المُمَيزَةِ وَوَضَعَهُ فِي بِيئَةٍ تُسَاعِدُهُ فِي السَعْيِّ وَالوُصُوْلِ إِلَى هَدَفِ الخَلِيْقَةِ أَيْ الوُصُوْلُ إِلَى دَرجَةِ الكَمَالِ فِي تَحْقِيقِ التَوازُنِ فِي السَمَاتِ بَيْنَهُ وَبَيْنَ الخَالِقِ. وَمَعَ هَذَا نَرَى أَنَّ الخَالِقَ لاَ يُسَاعِدُ الإِنسَانُ فَقَطْ وَبِشَكْلٍ مُبَاشَرٍ وَلَكِنَّهُ يُرْبِكَهُ مُحَيِّراً إِيَّاهُ عَنْ طَرِيقِ المُعْضَلاَتِ الَتِي يَضَعَهَا فِي طَرِيقِهِ كَمُعَانَاتِهِ فِي العَمَلِ أَو العَائِلَةِ أَو مَا إِلَى ذَلِكَ مِنْ مُعَانَاةِ الحَيَاةِ الَتِي تُوَاجِهُ الإِنْسَانَ فِي حَيَاتِهِ وَهَذَا بِسَبَبِ طَبِيعَةِ الإِنْسَانِ الأَنَانِيَّةِ إِذْ أَنَّ الإِنْسَانَ لاَ يَهْتَمُّ بِمَا خَارِجَ إِطَارِ الأَنَا لَدَيْهِ إِلاَّ إِذَا أَحَسَّ بِالمُعَانَاةَ، وَالمُعَانَاةِ هِيَ الَتِي تُسَاعِدُهُ فِي إِحْرَازِ التَقَدُم فِي سَعْيِهِ تِجَاهَ العَالَمِ الرُوحِيِّ وَالَتِي بِالتَالِي تُعْطِيهِ القُدْرَةَ عَلَى الوُصُوْلِ إِلَى دَرَجَةِ الكَمَالِ.

إِنَّ حَالَةَ المُعَانَاةِ هَذِهِ تَأتِي إِلَى مَرحَلَةِ النِهَايَّةِ عِنْدَمَا يُدرِكُ الإِنْسَانُ أَنَّهُ لاَ يُوجَدُ أَيُّ شَيءٍ فِي العَالَمِ يَسْتَطِيعُ مَسَاعَدَتُهُ إِلاَّ الخَالِقُ وَحْدُهُ. هَذَا الإِدْرَاكُ يُوَّلِدُ رَغْبَةً حَقِيقِيَّةً فِي قَلبِ الإِنْسَانِ لِيَطْلُبُ مِنَ الخَالِقِ أَنْ يُنِيِّرَ بَصرَهُ وَيَفْتَحُ قَلْبَهُ وَيُقَرِّبُهُ مِنَ الهَدَفِ لِيَعِيشَ لِلأَبَدِ مَعَ الخَالِقِ.

فَالخَالِقُ يَرْغَبُ فِي أَنْ يَرْتَقِي الإِنْسَانُ كَافَةَ دَرَجَاتِ العَالَمِ الرُوحِيِّ وَلَكِنْ يَجِبُ عَلَى الإِنسَانِ أَنْ يَعلَمَ بِأَنَّهُ لاَ يَستَطِيعَ إِحْرَازَ العَالَمِ الرُوحِيِّ مِنْ دُوْنِ مُسَاعَدَةِ الخَالِقِ لَهُ فَالإِنْسَانُ مَهْمَا بَلَغَ مِنَ القُوَّةِ وَالعَظَمَةِ فَهُوَ لاَ يَستَطِيعَ الوُصُوْلَ إِلَى هَدَفِ الخَلِيْقَةِ مِنْ تِلْقَاءِ نَفْسِهِ إِذْ أَنَّ إِخْتِلاَفَ سِمَاتِهِ مَعَ سِمَاتِ الخَالِقِ هُوَ سَبَبُ المُعَانَاةِ وَالعَذَابِ الَذِي يُعَانِي مِنْهُ. لِذَلِكَ وَنَتِيجَةً لِهَذَا

التَنَاقُضِ فِي إِخْتِلاَفِ السِمَاتِ نَجِدُ أَنَّ جَمِيعَ مَا نَرَاهُ مِنْ حَوْلِنَا فِي هَذَا العَالَمِ لَيْسَ إِلاَّ مُجَرَّدَ إِنْعِكَاسِ صُورَةِ هَذِهِ السِمَاتِ مُقَابِلَ النُورِ فَمَا نَرَاهُ أَمَامَنَا هُوَ سِمَاتَنَا نَحْنُ وَكَأَنَّنَا نُشَاهِدُهَا عَلَى خَشَبَةِ مَسْرَحٍ أَمَامَنَا. فَالشَخْصُ لاَ يَسْتَطِيعُ الإِحْسَاسَ بِالنُورِ عِنْدَمَا يَشُعُ مِنَ الأَعْلَى وَلَكِنْ بِالأَحْرَى يَشعُرُ بِصِفَاتِهِ وَخَصَائِلِهِ السَلْبِيَّةِ أَمَامَ النُورِ، وَمِنْ أَجْلِ أَنْ يَشْعُرَ هَذَا الشَخْصُ بِالنُورِ فِي نَفْسِهِ يَجِبُ أَنْ يُحررَ وَيُطَهِرَ نَفْسَهُ مِنَ الأَنَانِيَّةِ وَشَرِّهَا وَجَمِيعُ عَرَاقِيلِهَا. فَعِنْدَمَا يَصْرُخُ الإِنسَانُ طَالِباً نَجْدَةَ الخَالِقِ وَمُسَاعَدَتِهِ فَجْأَةً يَرَى وَبِوُضُوحٍ أَنَّ كُلَّ العَقَبَاتِ وَالتَحدِيَّاتِ الَتِي إِخْتَبَرَهَا وَالَتِي عَانَى مِنْهَا كُلَّهَا جَاءَتْ مِنَ الخَالِقِ.

يَجِبُ عَلَيْنَا أَنْ نُدْرِكَ بِأَنَّ مَبْدَأَ "لَيْسَ هُنَالِكَ سِوَاهُ" هُوَ فَوقَ كُلِّ مَا يُوَاجِهُ الإِنْسَانَ مِنْ صُعُوبَاتٍ فِي الحَيَاةِ وَالَتِي وُضِعَتْ أَمَامَنَا عَمْداً لِتَضْلِيلَنَا عَنْ الطَرِيقِ الصَحِيحِ لِكَي نَتَعَلَّمَ أَنْ نَتَنَاغَمَ مُتَوَافِقِينَ بِإِنْسِجَامٍ مَعَ القُوَى العُلْيَا وَالَتِي هِيَ مَصْدَرَ الحَيَاةِ الوَحِيْدِ.

«عِنْدَهَا يَتَوَصَّلُ إِلَى الإِعْتِرَافِ بِأَنَّهُ لاَ يُمْكِنُ لأَحَدٍ أَنْ يُسَاعِدَهُ إِلاَّ الخَالِقُ نَفسُهُ. هَذَا يَدْعُوهُ إِلَى أَنْ يَطْلُبَ وَمِنْ صَمِيمِ قَلْبِهِ أَنْ يَفْتَحَ الخَالِقُ عَينَيهِ وَقَلْبِهُ، وَأَنْ يُقَرِّبُهُ مِنْهُ فِي إِتحادٍ أَبدِيٍّ مَعَهُ. وَبِالتَالِي يَسْتَنْتِجُ أَنَّ كُلَّ الرَفْضِ الَذِي عَانَى مِنْهُ كَانَ يَأتِيهِ مِنَ الخَالِقِ نَفسِهُ وَهَذَا يَعْنِي أَنَّهُ لَيسَ لِكَونِهِ عَلَى خَطأٍ، أَوْ لأَنَّهُ لَمْ يَمْتَلِكَ القُدْرَةَ عَلَى تَخَطِي الأَمْرِ. إِنمَا لِهَؤُلاَءِ الَذِينَ يُرِيدُونَ حَقاً أَنْ يَقْتَرِبُوا مِنَ الخَالِقِ وَلَنْ يَسْتَقِرُوا رَاضِيينَ بِالقَلِيلِ، يَبقُوا كَالأَطْفَالِ غَيرُ مُكتَفِينَ، مِنْ أَجْلِ هَؤُلاَءِ أُعطَى عوناً مِنَ الأَعَالِي لِكَي لاَ يَقُولُوا الشُكْرُ لِلرَبِّ عِنْدَنَا الأَسْفَارُ وَالوَصَايَا وَالأَعْمَالُ الصَالِحَةِ فَمَا لَنَا الحَاجَةَ إِلَى شَيءٍ آخَرٍ؟

إذَا إمْتَلَكَ الإنسَانُ الرَغْبَةَ الحَقِيقِيَّةَ عِنْدَهَا فَقَطْ سَوْفَ يَحْصَلُ عَلَى العَوْنِ مِنَ الأَعَالِي. وَسَوف يَبْدُو لَهُ دَائِمَاً كَيْفَ أَنَّهُ عَلَى خَطَاءٍ فِي وَضْعِهِ الحَاضِرِ. أَيْ سَوْفَ يَتَلَقَّى أَفْكَاراً وَآرَاءً مُتَنَاقِضَةً مَعَ عَمَلِهِ فِي تَصْحِيحِ نَفسِهِ، وَذَلِكَ لِكَي يُدْرِكَ بِأَنَّهُ لَيْسَ مُتْحِداً مَعَ الخَالِقِ. وَمَهْمَا تَخَطَّى مِنَ العَقَبَاتِ فَسَوفَ يَرَى دَائِمَاً كَمْ هُوَ بَعِيدٌ عَنْ القَدَاسَةِ أَكْثَرَ مِنْ غَيرِهِ مِنَ الَذِينَ يَشْعُرُونَ أَنَّهُمْ وَاحِدٌ مَعَ الخَالِقِ وَلَكِنَّهُ بِالمُقَابِلِ دَائِمَاً لَدَيهِ شَكَاوَى وَطَلَبَاتٌ وَلاَ يُمْكِنَهُ أَنْ يُبرِرَ سُلُوكَ الخَالِقِ تِجَاهَهُ وَطَرِيقَةَ تَعَامُلِ الخَالِقِ مَعَهُ. وَيُحْزِنُهُ عَدَمَ إِرْتِبَاطِهِ مَعَ الخَالِقِ؟ وَأَخِيراً يَتَوَصَّلُ إِلَى الإِحْسَاسِ بِأَنَّهُ لَيْسَ لَهُ أَيُّ مَكَانٍ فِي القَدَاسَةِ مَهْمَا كَانَ الأَمْرُ عَلَيْهِ.

رَغْمَ أَنَّهُ وَبِشَكْلٍ مُسْتَمِرٍ يَحْصَلُ عَلَى يَقَاظَاتٍ مِنَ الأَعلَى وَهَذَا مَا يُحْيِهِ مُؤَقَتَاً وَلَكِنَّهُ سُرْعَانَ مَا يَسْقُطُ فِي مَكَانٍ وَضِيعٍ. وَلَكِنَّ هَذَا مَا يَدْفَعُهُ إِلَى الإِدْرَاكِ بِأَنَّ الخَالِقَ وَحْدَهُ هُوَ القَادِرُ عَلَى مُسَاعَدَتِهِ وَتَقْرِيبِهِ مِنْهُ بِالفِعْلِ عَلَى المَرءِ أَنْ يُحَاوِلَ دَائِمَاً أَنْ يَتَشَبَّثَ بِالخَالِقِ بِمَعْنَى أَنْ تَكُونَ كُلَّ أَفْكَارِهِ مَعَ الخَالِقِ. وَذَلِكَ يَعْنِي أَنَّهُ حَتَى فِي أَسْوَأَ الحَالاَتِ وَالَتِي لاَ إِنْحِدَارَ أَكْثَرَ مِنْهَا، عَلَيْهِ أَنْ لاَ يَخْرُجَ مِنْ تَحْتِ سُلْطَةِ الخَالِقِ أَيْ بِأَنْ يَعْتَقِدَ بِأَنَّ هُنَاكَ سُلْطَةٌ أُخْرَى يُمْكِنَهَا أَنْ تَمْنَعُهُ مِنْ دُخُولِ القَدَاسَةِ أَو أَنْ تَجْلُبَ عَلَيْهِ نَفْعٌ أَوْ ضَرَرْ.

أَيْ أَنَّهُ يَجِبُ أَلاَّ يَظُنُ أَنَّ هُنَاكَ قُوَى أَوْ إِلَهٌ آخَرٌ أَي الجَانِبُ الآخَرُ وَالَذِي يَمْنَعُ الشَخْصَ مِنْ أَنْ يَعْمَلَ صَالِحَاً وَيَتبعَ طُرُقَ الخَالِقِ. وَلَكِنَّ بِالأَحْرَى يَعْلَمُ بِأَنَّ كُلَّ شَيءٍ هُوَ مِنْ عَمَلِ الخَالِقِ».

يَسْمَحُ الخَالِقُ بِالمُعَانَاةِ مِنْ أَجلِ أَنْ يَعُودَ الإِنْسَانُ عَنْ شَرِّهِ وَيُغَيِّرُ طَرِيقَهُ لِيَسْعَى وَرَاءَ الهَدَفِ الَذِي وُضِعَ فِي هَذَا العَالَمِ مِنْ أَجْلِهِ. فَفِي طَبِيْعَةِ الإِنْسَانِ

عِنْدَمَا يَكُونُ كُلُّ شَيءٍ عَلَى مَا يُرَامُ وَجَمِيعُ الأُمُورِ تَسِيرُ حَسْبَ رَغْبَتِهِ وَأَنَّهُ يَحْصَلُ عَلَى كُلِ مَا يُرِيدُه فشي دُنْيَاهُ فَهُوَ لاَ يَسْأَلُ عَنْ الخَالِقِ وَلاَ يَهْتَمْ لِبُرهَةٍ إِذَا مَا كَانَ الخَالِقُ ظَاهِراً أَوْ مُسْتَتِراً أَو حَتَى إِذْا كَانَ مُوجُوداً وَلَكِنْ عِنْدَمَا تَتَعَسَّرُ الأُمُورُ وَتَأتِي المَصَاعِبِ وَتَحُلُّ بِهِ المِحَنُ يَأْخُذُ فِي مُنَاجَاةِ الخَالِقِ رَاغِباً فِي التَوَاصُلِ مَعَهُ.

مِنَ الضَرُورِي جِداً لِلإِنسَانِ فِي أَنْ يَتَوَاجَدُ فِي حَالَةِ وَحْدَوِيَّةٍ وَتَوَازُنٍ مَعَ الخَالِقِ وَخَاصَةً عِنْدَمَا يَكُونُ فِي حَالَةٍ جَيدَةٍ وَكُلُّ شَيءٍ فِي حَيَاتِهِ يَسِيرُ عَلَى مَا يُرَام. فَفِي طَبِيعَةِ الإِنْسَانِ الأَنَانِيَّةِ يَصْعُبُ عَلَيْهِ التَفْكِيرَ بِأَيِّ أَحَدٍ آخَرٍ إِلَى جَانِبِ نَفْسِهِ، فَقَطْ عِنْدَمَا يَشْعُرُ بِالسُؤِ يَبْدَأُ فِي التَفْكِيرِ بِالخَالِقِ وَفِي البَحْثِ عَنْهُ وَلَكِنْ عَمَلُنَا يَعْتَمِدُ وَبِشَكْلٍ كَبِيرٍ جِداً عَلَى حَالَةِ تَوَاجُدِ الإِنْسَانِ فِي تَوازُنٍ وَفِي تَقَارُبٍ مِنَ الخَالِقِ عِنْدَمَا يَكُونُ فِي حَالَةٍ جَيدَةٍ وَسَعِيدٍ وَمِنْ دُونِ أَنْ يَشْعُرَ بِأَيِّ سُؤٍ فِي حَيَاتِهِ.

نَحْنُ نَرَى هُنَا بِأَنَّ عِلْمَ الكَابَالاَ يَتَكَلَّمُ عَنْ أَعْلَى وَأَنْقَى دَرجَةٍ رُوحِيَّةٍ مِنْ المُمْكِنِ أَنْ يَتَوَاجَدَ الإِنْسَانُ فِيهَا مِنَ الفَهْمِ وَالإِدْرَاكِ الرُوحِيِّ فِي إِرْتِبَاطِهِ مَعَ الخَالِقِ. فَإِنَّ الإِنْسَانَ الَذِي يَعِيشُ حَيَاتَهُ مِنْ دُونِ هَذَا الإِرتِبَاطِ مَعَ خَالِقِهِ تَأْتِيهِ ضَرَبَاتُ القَدرِ بِشَكْلٍ غَيرُ مُتَوَقعٍ. فَكُلُّ وَاحِدٍ مِنَّا يَتَوَاجَدُ تَحْتَ عِنَايَةِ وَإِدَارَةِ الخَالِقِ وَيَعِيشُ تَحْتَ سُلطَتِهِ وَهَذِهِ السُلطَةُ تَظْهَرُ فِي جَلاءٍ لَهُ مِنْ خِلاَلِ المُعَانَاةِ التِي تُوَاجِهُهُ فِي حَالِ نِسْيَانِهِ لِلخَالِقِ. وَلِيُذَكِرُنَا الخَالِقُ بِوُجُودِهِ يُرسِلُ لَنَا إِشَارَاتٍ عَلَى شَكْلِ أَوْجَاعٍ وَمُعَانَاةٍ إِذْ أَنَّهَا الطَرِيقَةَ الوَحِيدَةَ التِي تَسْتَطِيعُ خَرْقَ نِظَامِ الأَنَا، وَمِنْ خِلاَلِ هَذِهِ الأَوْجَاعِ يُعْلِمُنَا ضَرُورَةَ تَوجِيهِ أَفْكَارِنَا وَقُلُوبِنَا نَحْوَهُ وَهَذَا هُوَ الشَيءُ الوَحِيْدُ المَطْلُوبُ مِنَ الإِنْسَانِ.

لَقَدْ كَتَبَ صَاحِبُ السُلَّم قَائِلاً «**يَتوَّجَبُ عَلَى الإِنْسَانِ فِي كُلِ حِينٍ أَنْ يُحَاوِلَ الإِلتِصَاقَ وَالتَعلُّقَ بِالخَالِقِ**». وَهَذَا يَعْنِي بِأَنْ يَسْعَى الإِنْسَانُ فِي أَنْ يَرْغَبَ وَيفْتكِرَ مَعْنَى أَنْ يَكُونَ مُرتَبِطاً بِالقُوى العُلْيَا التِي تُدِيرُ وَتُسَيِّرُ حَيَاتَه. فَمَا هُوَ المَقْصُودُ فِي أَنْ يَلتَصِقَ الإِنْسَانُ بِالخَالِقِ؟ لَقَدْ وَرَدَ فِي المَقَالِ أَنَّهُ يَجِبُ أَنْ تَكُوْنَ أَفْكَارُ الإِنْسَانِ مَعَ الخَالِقِ. وَلَكِنْ نَتَسَائَلُ هُنَا أَلَيسَتْ هَذِهِ بِمَرْحَلَةِ نِهَايَةِ التَصْحِيحِ عِنْدَمَا يَصِلُ الإِنْسَانُ إِلَى دَرَجَةِ الكَمَالِ فِي تَوَازُنِهِ مَعَ الخَالِقِ بِشَكْلٍ تَامٍ عِنْدَهَا يَسْتَطِيعُ أَنْ يَتَوَاجَدَ فِي وَحْدَوِيَّةٍ مَعَ الخَالِقِ؟ لاَ، إِذْ أَنَّ الإِنْسَانَ يَكْتَشِفُ الرَغَبَاتَ التِي يَسْتَطِيعُ العَمَلَ مِنْ خِلاَلِهَا وَفَقَطْ حَسْبَ مَدَى عُمْقِ هَذِهِ الرَغَبَاتِ يَسْتَطِيعُ الإِنْسَانُ الإِلتِصَاقَ بِالخَالِقِ. فَحَسْبَ إِتسَاعِ وَعُمْقِ الرَغْبَةِ التِي تَظْهَرُ وَبِقَدَرِ دَرَجَةِ تَلَفِهَا وَإِنْحِرَافِهَا وَإِلَى مَدَى مُحَاوَلَتِهَا فِي قُوَّةِ جَذْبِ الإِنْسَانِ وَسَحْبِهِ وَرَاءَهَا بِهَدَفِ إِعَاقَتِهِ وَعَرقَلَتِهِ فِي الطَرِيقِ. هُنَا وَفِي هَذِهِ المَرْحَلَةِ، إِذَا عَمِلَ الإِنْسَانُ عَلَى كَبْحِ جِمَاحِ هَذِهِ الرَغْبَاتِ وَالتَغَلُّبِ عَلَيْهَا مُحَاوِلاً رَبْطَهَا بِالمَصْدَرِ الوَحِيْدِ أَيْ القُوَى العُلْيَا- الخَالِقُ وَالَذِي هُوَ مَصْدَرُ كُلَّ مَا يَأتِي عَلَى الإِنْسَانِ، عِنْدَهَا يَكُوْنُ بِإِمْكَانِهِ الوُصُوْلَ وَالإِلتِصَاقَ بِالقُوَى العُلْيَا عَلَى مُسْتَوَى قُدْرَتِهِ فِي التَغَلُّبِ فِي عَدَمِ الإِنْجرَافِ وَرَاءَ الرَغَبَاتِ الأَنَانِيَّةِ. وَهَذِهِ الجُهُودُ التِي بَذَلَهَا تُصْبِحُ أَسَاساً لَهُ لِلدَرجَةِ التِي تَلِيهَا.

عِنْدَمَا قَالَ: «**وَذَلِكَ يَعْنِي أَنَّهُ حَتى فِي أَسْوَأَ الحَالاَتِ وَالتِي لاَ إِنْحِدَارَ أَكْثَرَ مِنْهَا، عَلَيْهِ أَنْ لاَ يَخْرُجَ مِنْ تَحْتِ سُلْطَةِ الخَالِقِ**». هَذَا يَعْنِي أَنَّ الإِنْسَانَ دَائِماً يَسْهَى عَنْ أَنَّ هُنَاكَ قُوَى وَاحِدَةً لاَ غَير وَهِيَ قُوَى تَتَمَيَّزُ بِطَابِعِ المَحبَّةِ وَالخَيرِ، وتَهدُفُ بِتَنْمِيَتِهِ وأَنْ تَأتِي بِهِ إِلَى الهَدَفِ النِهَائِي لِيَتَمَتَّعَ بِالإِكْتِفَاءِ التَامِ وَالسَعَادَةِ الأَبَدِيَّةِ، وَلَكِنَهُ مُضْطَرِبٌ وَمُحْتَارٌ مِنْ جِهَةِ أَسَالِيبِ وَطُرُقِ عَمَلِ

هَذِهِ القُوَى مَعَهُ مُتَخبطاً فِي كُلِّ متاهَاتِ الحَيَاةِ نَاسِياً الخَالِقُ وَمُعْتَقِداً أَنَّ هُنَاكَ قُوَّاتٌ أُخْرَى ذَاتَ سُلطَةٍ مُخْتَلِفَةٍ تُؤَثِرُ عَلَيْهِ مُحَاوِلاً الدِفَاعَ عَنْ نَفْسِهِ ضِدَهَا بِمُخْتَلِفِ الأَسَالِيبِ وَيَعْتَقِدُ بِأَنَّ هَذَا هُوَ قَدَرهُ وَهَكضَذَا فَهُوَ يَعِيشُ حَيَاتُهُ كَمَا الآخَرِينَ مِنْ حَولِهِ. وَهَذَا مَا يُدْعَى بِأَسْوَاءِ إنْحِدَارٍ وَلَكِنْ وَبالرَغم مِنْ هَذَا الإِنْحِدَارِ يُوجَدُ فِي قَلْبِهِ فِكْرٌ صَغِيرٌ جِداً فِي أَنَّ الخَالِقَ هُوَ الَذِي يَتَعَامَلُ مَعَهُ وَهُنَاكَ يَجِبُ عَلَيْهِ أَنْ يَتَشَدَّدَ وَيَجْمَعَ قُوَاهُ وَلاَ يَتْرُكَ مَكَانَهُ أَيْ أَنْ يَخْرُجَ عَن إِطَارِ هَذَا الفِكْرِ.

«**أَيْ أَنَّهُ يَجِبُ أَلاَّ يَظُنُ أَنَّ هُنَاكَ قُوى أَوْ إِلَهٌ آخَرٌ (الجَانِبُ الآخَرُ) وَالَتِي تَمْنَعُ الشَخْصَ مِنْ أَنْ يَعْمَلَ صَالِحاً وَيَتبع طُرُقَ الخَالِقِ. وَلَكِنَّ بِالأَحْرَى يَعْلَمُ بِأَنَّ كُلَّ شَيءٍ هُوَ مِنْ عَمَلِ الخَالِقِ**».

يَجِبُ عَلَى الإِنْسَانِ أَلاَّ يَظُنَ بِأَنَّ هُنَاكَ سُلطَةٌ أَخْرَى أَوْ مَصْدَرٌ آخَرٌ إِلَى جَانِبِ الخَالِقِ. عِلْمُ الكَابَالاَ يُوَّضِحُ بِأَنَّ نَتِيْجَةَ تَحطُمَ النَفْسِ البَشَرِيَّةِ عِنْدَ سُقُوطِ أَبُونَا أَدَم مِنَ العَوَالِمِ الرُوحِيَّةِ أَنَّهُ يُوجَدُ هُنَاكَ قُوَّاتٌ طَاهِرَةٌ وَمَا يُنْسَبُ إِلَيْهَا بِالقَدَاسَة، وَقُوَّاتٌ غَيرُ طَاهِرَةٌ وَهِيَ مَا تُدْعَى "الكلِيبُوتْ". وَيَعْتَقِدُ النَاسُ بِأَنَّ هَذِهِ القُوَّاتُ تَبْدُو وَكَأَنَهَا قُوَّتَانِ تَتعَارَكَانِ مَعاً بِسَبَبِ عَدَم قُدْرَةِ الإِنْسَانِ عَلَى رَبْطِ الخَيرِ بِالشَرِ فَتبْدُو لَنَا هَذِهِ القُوَّاتُ وَكَأَنَّهَا مُتَبَاعِدَةٌ وَمُتَنَاقِضَةٌ وَكَأَنَّ الوَاحِدَةَ مَكْرَهَةُ الأُخْرَى وَالإِنْسَانُ مَوجُودٌ بَيْنَهُمَا. لِذَلِكَ إِنَّ عَمَلَنَا نَحْنُ مَحْصُورٌ فِي رَبطِ هَاتَينِ القُوَّتينِ مَعاً قُوَّةُ الخَيرِ وَقُوَّةُ الشَرِّ فِي المَصْدَرِ التِي نَشَأَتْ مِنْهُ أَيْ الخَالِقُ إِذْ أَنَّ كِلتَاهُما تَعْمَلاَنِ مَعاً عَلَى الشَخْصِ. فَفِي الحَقِيقَةِ أَنَّهُ لاَ يُوجَدُ هُنَاكَ شَرٌّ وَلَكِنَّهَا الطَرِيقَةَ التِي يَتوَاصَلُ بِهَا الخَالِقُ مَعَ الإِنْسَانِ مِنْ أَجَلِ أَنْ يَحُثَّهُ لِيَعْمَلَ عَلَى تَغْيِيرِ سِمَاتِهِ الأَنَانِيَّةِ.

إِذَا كُلُّ شَيْءٍ يَأْتِي مِنَ الخَالِقِ وَلاَ يُوجَدُ هُنَاكَ أَيُّ مَصْدَرٍ آخَرَ، لاَ يَسْتَطِيعُ الإِنْسَانُ عَمَلَ أَيِّ شَيْءٍ بِنَفْسِهِ فَالإِنْسَانُ نُقْطَةٌ وَهَذِهِ النُّقْطَةُ فِيهَا تَرْتَبِطُ جَمِيعُ تَأْثِيرَاتِ هَذِهِ القُوَّاتِ مَعَ المَصْدَرِ فَهَذَا هُوَ دَوْرُ الإِنْسَانِ فِي الوُجُودِ وَهَذَا هُوَ هَمُّهُ فِي هَذَا العَالَمِ وَكُلُّ مَا يَعْمَلُهُ يَجِبُ أَنْ يَكُونَ نَتِيجَةَ جُهْدِهِ الَّذِي يَبْذُلُهُ نَحْوَ الهَدَفِ.

«عَالِمُ الكَابَالا بَعِلِّ شِيمْ تُوفْ قَالَ أَنَّ كُلَّ مَنْ يَقُولُ بِأَنَّهُ يُوجَدُ قُوًى أُخْرَى فِي العَالَمِ بِجَانِبِ الخَالِقِ، أَيِ الكِلِيبُوتْ -قُوَّةٌ غَيْرُ طَاهِرَةٍ- يَكُونُ هَذَا الشَّخْصُ فِي حَالَةِ "عِبَادَةِ آلِهَةٍ أُخْرَى". إِذًا لَيْسَ بِالضَّرُورَةِ أَنَّ فِكْرَةَ الهَرْطَقَةِ "الإِلْحَادِ" وَالبِدَعِ هِيَ التَّعَدِّي بِحَدِّ ذَاتِهَا. وَلَكِنْ إِذَا ظَنَّ الإِنْسَانُ أَنَّ هُنَاكَ سُلْطَةً أُخْرَى وَقُوًى مُنْفَصِلَةً عَنِ الخَالِقِ فَبِهَذَا هُوَ يَرْتَكِبُ خَطِيئَةً. عَلاوَةً عَلَى ذَلِكَ إِنَّ كُلَّ مَنْ يَقُولُ بِأَنَّ الرَّجُلَ لَهُ سُلْطَةٌ مُسْتَقِلَّةٌ عَلَى نَفْسِهِ أَيْ أَنْ يَقُولَ أَنَّهُ هُوَ بِالأَمْسِ لَمْ يَرْغَبْ بِإِتْبَاعِ طُرُقِ الخَالِقِ فَهَذَا أَيْضًا يُعْتَبَرُ إِرْتِكَابَ خَطِيئَةَ الإِلْحَادِ إِذْ أَنَّهُ لاَ يُؤْمِنُ بِأَنَّ الخَالِقَ وَحْدَهُ هُوَ مُسَيِّرُ العَالَمِ».

لاَ يُوجَدُ أَيُّ فِكْرٍ يَأْتِي لِلإِنْسَانِ لَمْ يُرْسِلْهُ الخَالِقُ لَهُ، فَهَذَا أَمْرٌ مَحْتُومٌ مُنْذُ بِدَايَةِ الخَلِيقَةِ وَلاَ يُمْكِنُنَا تَغْيِرَ أَيِّ شَيْءٍ فِيهِ. إِذًا كَيْفَ يَتَمَكَّنُ الإِنْسَانُ مِنْ مَعْرِفَةِ ذَاتِهِ؟ وَإِذَا كَانَ كُلُّ مَا هُوَ مَوْجُودٌ مَحْتُومٌ مُنْذُ البِدَايَةِ فَمَنْ هُوَ الإِنْسَانُ؟ الإِنْسَانُ هُوَ الخَلِيقَةُ، وَهُوَ قَادِرٌ عَلَى الشُّعُورِ بِالعَالَمِ الرُّوحِيِّ وَمَعْرِفَةِ نِظَامِهِ وَعَمَلِ قُوَّاتِهِ. فِي البِدَايَةِ يَشْعُرُ الإِنْسَانُ بِالعَالَمِ الرُّوحِيِّ بِإِحْسَاسٍ يَنْتَابُهُ التَّشْوِيشُ وَالإِلْتِبَاسُ وَكَأَنَّهُ عَالَمٌ تَسُودُهُ الفَوْضَى وَذَلِكَ بِسَبَبِ أَنَّ العَالَمَ الرُّوحِيَّ يُحَاوِلُ أَنْ يَخْتَرِقَ وَيَتَغَلْغَلَ فِي كِيَانِ الخَلِيقَةِ وَنَتِيجَةَ جَمِيعِ المُحَاوَلاَتِ وَالتَّصَادُمَاتِ مَعَ المَسَاخِ الَّذِي لِلإِنْسَانِ مَا يُؤَدِّي بِهِ إِلَى الإِحْسَاسِ بِالتَّشْوِيشِ، وَلَكِنْ وَبِالتَّدْرِيجِ يَأْخُذُ الخَالِقُ فِي إِيجَادِ مَكَانِهِ فِي الإِنْسَانِ

وَحِينَهَا نرَى بِأَنَّ الأُمُورِ عَلَى مَا يَجِبُ أَنْ تَكُونَ عَلَيْهِ وَفِي إِطَارِهَا الصَحِيحِ مُتَكَامِلَةٌ وتَسِيرُ فِي نِظَامٍ مُحكَّمٍ خَاضِعٍ لِقَوَانِينٍ ثَابتَةٍ.

فَإِعْتِقَادُ الإِنْسَانِ فِي وُجُودِ قُوَى أُخْرَى إِلَى جَانِبِ الخَالِقِ يُعْتَبَرُ هَذَا عِبَادَةَ أَوْثَانٍ أَيْ أَنَّهُ لاَ يُؤْمِنُ بِسُلْطَةِ الخَالِقِ عَلَى أَنَّهَا السُلْطَةُ المُطْلَقَةُ وَلاَ يَعِي بِأَنَّ القُوَى التِي تُؤَثِرُ عَلَيْهِ هِيَ الخَالِقُ نَفْسَهُ وَلَيْسَ قُوَى مُنْفَصِلَةً وَذَاتَ سُلْطَةٍ مُسْتَقِلَّةٍ وَلَهَا القُوَّةُ وَالإِرَادَةُ فِي أَنْ تُؤْذِيهِ أَوْ تَجْلُبَ لَهُ الحَظ. إِذَا أَخَذَ الإِنْسَانُ فِي التَرْكِيزِ عَلَى رُؤْيَةَ الخَالِقِ وَرَاءَ كُلِّ مَا يَحْصَلَ مَعَهُ فِي حَيَاتِهِ فَمِنْ خِلاَلِ الجَهْدِ الَذِي يَبْذُلَهُ فِي ذِهْنِهِ لِيَصِلَ إِلَى هَذِهِ المَعْرِفَةِ، عِنْدَهَا سَيَكْتَشِفُ الطَرِيقَةَ الصَحِيحَةَ فِي رَبْطِ الأُمُورِ بِشَكْلٍ صَحِيحٍ، وَيَكْتَشِفُ طَرِيقَةَ التَعَامُلِ مَعَ وَاقِعِهِ بِأُسْلُوبٍ صَحِيحٍ مُتَفَادِياً الخَطَاءَ وَالإِلتِبَاسَ وَالحَيْرَةَ. فَالجَهْدُ هُوَ الأَكْثَرُ أَهَمِيَّةً إِذْ أَنَّهُ يَبْنِي السُلُوكَ الصَحِيحَ فِي الإِنْسَانِ عَلَى خِلاَفِ الَذِينَ يَقُولُونَ بِأَنَّ كُلَّ شَيْءٍ يَأْتِي مِنَ الخَالِقِ أَكَانَ خَيْراً أَمْ شَرَّاً فَمَا جَدْوَى التَعَب. فَهَذَا مَنْطِقٌ غَيْرُ صَحِيحٍ وَيَخْلِقُ الكَثِيرَ مِنَ التَصَرُفَاتِ الغَيْرِ صَحِيحَةٍ. وَيَظْهَرُ هَذَا فِي تَصَرُفَاتِ هَؤُلاءِ الَذِينَ لاَ يَعُوا مَبْدَأَ "لَيْسَ هُنَالِكَ سِوَاهُ". فِي هَذِهِ الحَالَةِ يُخْطِءُ الإِنْسَانُ وَيَنْحَرِفُ عَنِ الهَدَفِ.

وَهَذَا هُوَ مَعْنَى الخَطِيْئَةَ. فَالخَطِيْئَةَ لَيْسَتْ كَمَا نَعْتَقِدُ بِشَكْلٍ عَام فِي عَمَلِ الإِنْسَانِ لِفِعْلٍ قَبِيحٍ ضِدَ الخَالِقِ، فَكَيْفَ لِلإِنْسَانِ أَنْ يُؤذِيَ الخَالِقُ إِذَا لَمْ يَكُنْ لِلخَالِقِ إِرَادَةً فِي التَقَبُّل؟ أَنْ يُخْطِءَ الإِنْسَانُ أَيْ أَنْ لاَ يَسِيرَ فِي الطَرِيقِ الصَحِيحِ لإِحْرَازِ هَدَفِهِ فِي حَيَاتِهِ. وَأَمَا الإِنْسَانُ الَذِي يَلْحِدُ هُوَ الإِنْسَانُ الَذِي يَفْتَكِرُ وَلَو لِلَحْظَةٍ وَاحِدَةٍ بَلْ لِبُرهَةٍ وَاحِدَةٍ بِأَنَّ كُلَّ شَيْءٍ لاَ يَأْتِي مُبَاشَرَةً مِنَ الخَالِقِ.

«يَعْنِي أَنَّهُ لاَ يُؤمِنُ بِأَنَّ الخَالِقَ وَحْدَهُ هُوَ مُسَيِّرُ العَالَمَ». كَلِمَةُ يُؤمِنُ فِي عِلْم الكَابَالا تَعْنِي "يَجِدُ بِمَعْنَى يَكْتَشِفُ" لِمَاذَا؟ الإِيمَانُ هُوَ قُوَّةُ السَفِيرَا بِينَا، وَبِينَا هِيَ قُوَى العَطَاءِ. عِنْدَمَا يَمْلِكُ الإِنْسَانُ قُوَّةَ العَطَاءِ وِفْقاً لِمَبْدَأ التَوازُنِ فِي السِمَاتِ عِنْدَهَا يَكْتَشِفُ وَيَشْعُرُ بِالخَالِقِ فِي كَونِهِ قُوَى العَطَاءِ الكَامِلَةِ وَعِنْدَهَا يُؤمِنُ الإِنْسَانُ بِأَنَّ الخَالِقَ وَحْدَهُ يَقُودُ العَالَمَ. لَقَدْ تَعَلَّمْنَا مِنْ عِلْم حِكْمَةِ الكَابَالاَ بِأَنَّ الخَالِقَ خَلَقَ الإِرَادَةَ فِي التَقبُّلِ أَي الرَغْبَةَ "النُقْطَةُ فِي القَلْبِ" وَالَتِي وُجِدَتْ مِنَ اللاَشيءِ، بَعْدَ ذَلِكَ أَخَذَتْ الرَغْبَةُ فِي النُمو والتَطَوُرِمِنْ خِلاَلِ النُورِ وَقُوَى العَطَاءِ. فَإِنْ لَمْ تَتَوَاصَلُ قُوَى العَطَاءِ فِي تَرَابُطٍ مَعَ هَذِهِ الرَغْبَةِ لَبَقِيَتْ هَذِهِ النُقْطَةُ عَلَى وَضْعِهَا وَمِنْ دُونِ تَغْيِيرٍ. بِعِبَارَةٍ أُخْرَى إِنَّ كُلَّ التَغْيِيرَ الَذِي يَحْصَلُ فِي دَاخِلِ الرَغْبَةِ يَأتِي مِنَ النُورِ، فَالنُورُ "قُوَى العَطَاءُ" وَهُوَ الوَحِيدُ الذِي يَعْمَلُ مُؤَثِراً عَلَى المَادَةِ "الرَغْبَةِ". فَلَوْلاَ تَبَعْثُرُ نَفْسَ أَدَم وَالَتِي هِيَ بِمَثَابَةِ الإِنَاءِ الرُوحِيِّ لِلنُورِ إِلَى أَقْسَام صَغِيرَةٍ جِداً وَدُخُولِ الشَرَارَتِ الصَغِيرَةِ إِلَى الإِرَادَةِ فِي التَقَبُّلِ "الرَغْبَةُ-الإِرَادَةُ فِي التَقبُّلِ" لَبَقِيَتْ هَذِهِ الرَغْبَةُ جَامِدَةً وَلاَ حَيَاةَ فِيهَا إِذْ لاَ يُوجَدُ فِيْهَا أَيُّ قُوَةٍ لِعَمَلِ أَيِّ شَيءٍ، فَالحَيَاةُ لِلرَغْبَةِ تَأتِي مِنَ الإِنْطِبَاعِ الَذِي يُخَلِّفُهُ النُورَ مِنْ خِلاَلِ وُجُودِ الشَرَارَةِ فِيْهَا وَالَتِي تُدْعَى "رِيشِيمُو"، حِيْنَهَا تَصْحُو الرَغْبَةُ فِي طَلَبِ شَيءٍ مَا بِغَرَضِ إِيجَادِ المَلَذَّةَ وَالمُتعَةَ. فَكُلَمَا إِزْدَادَتْ كَمِيَّةَ النُورِ فِي الرَغْبَةِ كُلَمَا قَرُبَتْ الرَغْبَةُ مِنْ مَصْدَرِ النُورِ أَيْ مِنَ الخَالِقِ إِذْ أَنَّهُ الوَحِيْدُ الَذِي يُعْطِي الرَغْبَةَ الإِحْسَاسَ بِالإِكْتِفَاءِ الكَامِلِ وَالأَبَدِيِّ وَالتَمتُع بِالمَلَذَّةِ الَتِي كَانَتْ تَسْعَى الرَغْبَةُ وَرَاءَهَا. فَالخَالِقُ هُوَ الَذِي يُسَيِّرُ العَالَمَ مِنْ خِلاَلِ مَلءِ الرَغْبَةِ "الإِرَادَةُ فِي التَقَبُّلِ" وَالَتِي تُدْعَى لِيبَا أَيْ القَلْبَ وَالَذِي يَشْعُرُ وَيُحِسُ بِالمَصْدَرِ وَالهَدَفِ، وَالمُوخَا "المُخِ أَوْ عَقْلُ الإِنْسَانِ" الَذِي يَعْمَلُ خِلاَلَ كَافَةِ

المَرَاحِلِ التِي يَخْطُوهَا الإِنْسَانُ. فَالخَالِقُ هُوَ القُوَى التِي تُدِيرُ الإِنْسَانَ عَنْ طَرِيقِ الرَغَبَاتِ وَلاَ يُوجَدُ قُوَى أُخْرَى غَيْرَهُ.

«وَلَكِنْ عِنْدَمَا يَرْتَكِبُ خَطِيئَةً فَعَلَيْهِ بِالتَأْكِيدِ أَنْ يَنْدَمَ عَلَيهَا وَيَأْسَفَ عَلَى إِرْتِكَابِهُ إِيَاهَا». لِمَاذَا يُخْطِئُ الإِنسَانُ؟ وَمَا هُوَ السَبَبُ الذِي يُؤَدِي بِهِ إِلَى الإِنْفِصَالِ عَنْ الخَالِقِ وَعَنْ الهَدَفِ؟ وَلِمَاذَا يَنْسَى مَصْدَرَ حَيَاتِهِ وَمَنْبَعَهُ أَوْ مَصْدَرَ الوُجُودِ؟

«وَلَكِنْ وَحَتى فِي هَذِهِ لاَ بُدَّ أَنْ نَضَعَ الأَسَفَ وَالحُزْنَ فِي مَوْضِعِهُمَا الصَحِيحِ حَيْثُ الإِشَارَةَ بِالتَحْدِيدِ إِلَى السَبَبِ فِي إِرْتِكَابِ الخَطِيئَةِ فَهَذِهِ هِيَ النُقْطَةُ التِي يَجِبُ أَنْ يَنْدَمَ عَلَيهَا». فَمَنْ الذِي أَدَى بِالإِنْسَانِ إِلَى أَنْ يُخْطِئَ وَمَا هُوَ السَبَبُ الذِي أَدَى بِهِ إِلَى إِرْتِكَابِ الخَطَاءِ؟ كَمَا شَرَحْنَا مِنْ قَبْلِ، إِنَّ الخَالِقَ وَحْدَهُ هُوَ الذِي يُدِيرُ الكَوْنَ بِإِرَادَتِهِ الخَيْرَةِ وَسُلْطَتِهِ المُطْلَقَةِ، فَكَيْفَ وَهُوَ رَمْزُ الخَيْرِ وَالعَطَاءِ وَالمَحَبَّةِ يَدْفَعُ بِالإِنْسَانِ أَنْ يُخْطِئَ؟ إِلَى جَانِبِ تَصْنِيفِ وَتَرْتِيبِ وَرَبْطِ كُلِّ مَا يَحْدُثُ مَعَ الإِنْسَانِ بِالمَصْدَرِ الوَحِيْدِ، هُنَا يَظْهَرُ لَدَيْنَا فَهْمٌ جَدِيدٌ مِمَا يَقُودَنَا إِلَى التَسَاؤُلِ فَيَقُولُ الإِنْسَانُ فِي نَفْسِهِ لِمَا تَقَعُ عَلَيَّ أَنَا مَسْؤُولِيَةَ تَنْظِيمِ جَمِيعِ هَذِهِ الأَحْدَاثِ وَرَبْطِهَا بِالمَصْدَرِ؟ وَمَا الذِي سَأَجْنِيهِ إِذَا قُمْتُ بِكُلِ هَذَا العَمَلِ؟ هَلْ سَيَعُوْدُ هَذَا عَلَيَّ بِالسَعَادَةِ وَالأَمَانِ وَالعَيْشِ الرَغِيدِ؟ وَيَقُوْلُ فِي بَالِهِ، عَلَى أَيِّ حَالٍ شُكْرَاً لِلخَالِقِ فَهُوَ السُلْطَةُ الوَحِيْدَةُ فِي هَذَا الوُجُوْدِ وَلاَ يُوجَدُ هُنَاكَ سِوَاهُ، وَكَالجَنِينِ فِي الرَحْمِ هَكَذَا يَهْتَمُ وَيَعْتَنِيَ بِيَّ وَأَنَا قَائِمٌ تَحْتَ سُلْطَتِهِ وَالشُكْرُ لَهُ عَلَى كُلِّ مَا يَأْتِي مِنْ عِنْدِهِ؛ وَلَكِنْ هُنَا يَجِبُ أَنْ يَزِيدَ الإِنْسَانُ مِنْ ثِقَتِهِ وَإِيمَانِهِ مُذَكِّرَاً نَفْسَهُ بِمَحَبَّةِ الخَالِقِ الذِي يُرِيدُ إِغْدَاقَ كُلِ مَا هُوَ حَسَنٌ وَطَيِبٌ وَجَيْدٌ عَلَيْهِ، وَإِنَّ الأَلَمَ الذِي

يَشْعُرُ بِهِ هُوَ بِسَبَبِ إِنْفِصَالِهِ عَنْ الخَالِقِ عَالِماً بِأَنَّ هَذَا يُؤلِمُ الخَالِقُ أَكْثَر بِكَثِيرٍ مِنَ الأَلَمِ الذي يَشْعُرُ هُوَ بِهِ.

النُقْطَةُ المُهِمَةُ هُنَا هُوَ أَنَّ كُلَّ الجَهْدِ الذِي يَبْذُلُهُ الشَخْصُ هُنَا تَعُودُ ثَائِدَتَهُ عَلى الخَالِقِ وَلَيْس عَلَيْهِ. أَيْ أَنَّ حُزْنَ الإِنْسَانِ هُوَ فِي بُعْدِهِ عَنْ الخَالِقِ وَأَلَمِهِ لَيْس لِمَا يَشْعُرُ هُوَ بِهِ بَلْ لِسَبَبِ الأَلَمِ الذِي يُسَبِبُهُ هُوَ لِلخَالِقِ.

فَمَا هِيَ أَهَمِيَّةُ إِدْرَاكِ الشَخْصِ لِلوَاقِعِ بِشَكْلٍ صَحِيحٍ؟ وَمَا هِيَ نَتِيجَةَ الإِدْرَاكِ الصَحِيحِ؟ هَلْ لِيُرِيحَ قَلْبَهُ وَيُطَمْئِنَ نَفْسَهُ بِأَنَّ الخَالِقَ يَهْتَم بِكُلِّ شَيءٍ وَلَيْسَ لَهُ بِأَنْ يَهْتَمَ وَيَأَرَقَ بَلْ يَتْرُكَ كُلَّ شَيءٍ لِلخَالِقِ. هَلْ هَذَا هُوَ الهَدَفُ؟

يَقُولُ صَاحِبُ السُلَّم بِأَنَّهُ يَتَوَجَّبُ عَلَى الإِنْسَانِ أَنْ يَأَخُذَ عَلَى عَاتِقِهِ تَنْظِيمُ الأَحْدَاتِ وَالآلاَم التِي يَشْعُرُ بِهَا وَذَلِكَ بِسَبَبِ أَنَّهُ فِي المَاضِي لَمْ يَكُنْ بِإِسْتِطَاعَتِهِ القِيَامَ بِهَذَا العَمَلِ. فَمَا الذِي يَتَأَسَّفُ عَلَيْهِ الإِنْسَانُ إِذاً؟ هَل يَتَأَسَّفُ عَلَى إِسَاءَةِ الخَالِقِ لَهُ أَمْ عَلى عَدمِ قُدْرَتِهِ عَلى تَنْظِيمِ الدَرَجَاتِ التِي سَبَقَ وَمَرَّ بِهَا وَبِالرَغْمِ مِنْ أَنَّهُ كَانَ مُرْتَبِطاً مَعَ الخَالِقِ وَلَكِنْ لَمْ يَكُنْ بِوِسْعِهِ أَنْ يُغْدِقَ عَلَى الخَالِقِ مِنْ دُونِ أَيِّ عَائِدٍ عَلى نَفْسِهِ. فِي النِهَايَةِ إِمَا أَنْ يَتَأَسَّفَ الإِنْسَانُ عَلَى عَدمِ قُدْرَتِهِ عَلى إِرْضَاءِ الخَالِقِ أَوْ عَلَى العَكْسِ أَنْ لاَ يُبَالِي بِالأَمْرِ.

«ثُم يَنْبَغِي أَنْ يَكُونَ نَادِماً وَيَقُولُ: أَنَا إِرْتَكَبْتُ خَطِيئَةً لأَنَّ الخَالِقَ أَلْقَى بِيَّ إِلَى الأَسْفَلِ أَيْ مِنَ القَدَاسَةِ إِلَيَ القَذَارَة. وَهَذَا يَعْنِي أَنَّ الخَالِقَ أَعْطَاهُ الرَغْبَةَ وَالشَهْوَةَ لِيُلهِي نَفْسَهُ وَيَسْتَنْشِقُ الهَوَاءَ فِي مَكَانٍ ذُو رَائِحَةٍ كَرِيهَةٍ، وَقَدْ تَقُولُ أَنَّهُ مَكْتُوبٌ فِي الكُتُب أَنَّهُ أَحْيَاناً يَأتِي الشَخْصُ مُتَجَسِداً فِي صُورَةِ خَنْزِيرٍ. يَجِبُ عَلَيْنَا تَفْسِيرَ هَذَا وَكَأَنَّهُ يَقُولُ أَنَّ الشَخْصَ يَحْصَلُ عَلَى رَغْبَةٍ وَشَهْوَةٍ

لِيأخُذَ الحَيَاةَ مِنَ الأَشْيَاءِ التِي كَانَ قَدْ قَرَرَ أَنَّها قُمامَةٌ، وَلَكِنَّهُ الآنَ يُرِيدُ أَنْ يَحْصَلَ عَلَى التَغْذِيَةِ مِنْهَا أَيْضاً». إذاً الخَالِقُ هُوَ الَذِي رَمَى الإِنْسَانَ خَارِجاً. إذَا وُجِدَ الإِنْسَانُ وَلَو لِلَحْظَةٍ وَاحِدَةٍ خَارِجَ نِطَاقِ الوَحْدَوِيَّةِ وَالتَوازُنِ مَعَ الخَالِقِ وَالتِي تُدْعَى القَدَاسَةَ سَيَجِدُ نَفْسَهُ خَارِجاً لأَنَّهُ مِنَ المُسْتَحِيلِ تَواجُدِ الإِنْسَانِ مَعَ الخَالِقِ إلاَّ فِي حَالِ الوَحْدَوِيَّةِ. كَلِمَةُ **القَذارَةِ** هِيَ الأَفْكَارُ الغَرِيبَةُ وَالتِي لاَ يَسْتَطِيعُ الإِنْسَانُ إيجَادَ رَبْطِهَا مَعَ المَصْدَرِ لِتَكُونَ الرَابطَ بَيْنَهُ وَبَيْنَ الخَالِقِ .**«وَيَسْتَنْشِقُ الهَوَاءَ فِي مَكانٍ ذُو رَائِحَةٍ كَرِيهَةٍ»** أَيْ أَنَّ الإِنْسَانَ لَمْ يَكُنْ يَعْمَلُ مِنْ خِلاَلِ صِفَةِ العَطَاءِ، وَأَما العَمَلُ مِنْ خِلاَلِ الأَفْكَارِ الأَنَانِيَّةِ وَالتَلَذُذِ مِما يَجْتَنِبِهِ مِنْهَا وَهَذَا مَا يُقَالُ فِيهِ أَنَّ كُلَّ مَا يَتَقَيَّأَهُ الإِنْسَانُ عَادَ الآنَ لِيأكُلَهُ كَمَا يُقَالُ عَادَتِ الحَمْاءُ إلَى قَيْئِهَا.

«عِنْدَمَا يَشْعُرُ المَرءُ بِأَنَّهُ فِي مَرْحَلَةِ الإِرْتِقَاءِ وَيَشْعُرُ بلَذَّةٍ فِي العَمَلِ وَهُنَا يَجِبُ أَنْ لاَ يَقُولَ: "الآنَ أَنَا فِي مَرْحَلَةٍ أَفْهَمُ فِيهَا أَنَّ عِبَادَةَ الخَالِقِ تَسْتَحِقُ العَنَاءَ". بِالأَحْرَى عَلَيْهِ أَنْ يَعْلَمَ أَنَّهُ الآنَ وَجَدَ نِعْمَةً فِي عَينَيَّ الخَالِقِ، وَبالتَالِي قَرَّبَهُ الخَالِقُ إِلَيْهِ، وَلِهَذا السَبَبُ يَشْعُرُ الآنَ بِلَذَّةٍ فِي العَمَلِ. وَعَلَيْهِ أَنْ يَحْذَرَ مِنْ أَنْ يَتْرُكَ مَكانَ القَدَاسَةِ الذِي وَضَعَهُ فِيهِ الخَالِقُ، وَيَقُوْلُ بِأَنَّهُ يُوجَدُ هُنَاكَ آخَرٌ يَعْمَلُ إِلَى جَانِبِ الخَالِقِ وَهَذا يَعْنِي أَنَّ مَسْأَلَةَ الإِسْتِحْسَانِ مِنْ قِبَلِ الخَالِقِ أَوْ العَكْسِ أَيْ أَنَّهُ لَمْ يَجِدْ مَعْرُوفاً فِي عَيْنَي الخَالِقِ، لاَ يَعْتَمِدُ هَذا عَلَى الشَخْصِ نَفْسِهِ وَلَكِنه يَعْتَمِدُ عَلَى الخَالِقِ فَقَطْ. وَالمَرءُ بِتَفْكِيرِهِ الخَارِجِيِّ لا يُمْكِنُهُ أَنْ يَسْتَوعِبَ أَوْ يُدْرِكَ لِمَاذا فَضَّلَهُ الخَالِقُ الآنَ وَبَعْدَئِذٍ لَمْ يُفَضِلْهُ»

يَبْدُو لِلإِنْسَانِ أَنَّهُ يَتَقَلَّبُ بَيْنَ عِدَّةِ دَرَجَاتٍ أَوْ مَرَاحِلٍ فِي الحَيَاةِ فَمَرَةً يَشْعُرُ بِأَنَّهُ فِي حَالَةٍ حَسَنَةٍ وَكُلُّ شَيءٍ يَسِيرُ كَمَا يَلِيقُ بِهِ وَأَنَّهُ يَعِيشُ فِي طَهَارَةٍ وَنَقَاوَةٍ، وَأَحْيَاناً أُخْرَى يَشْعُرُ وَكَأَنَّ الهُمُومَ تَغْمُرُهُ وَيَشْعُرُ بِاليَأسِ وَالمَأَسَاةِ

وَأَنَّ كُلَّ شَيءٍ يَسِيرُ مُعَاكِساً لِمَا يَبْغاهُ. فَمَا هُوَ مَرَامُ الخَالِقِ فِي التَعَامُلِ مَعَ الإِنْسَانِ بِهَذِهِ الطَرِيقَةِ؟ يَجِبُ عَلَى الإِنْسَانِ أَنْ يَعِي بِأَنَّهُ جُزْءٌ صَغِيرٌ مِنْ جَسَدِ البَشَرِيَّةِ وَالَذِي هُوَ دَرَجَةٌ عَظِيمَةٌ وَكَامِلَةٌ وَهُوَ يُحَاوِلُ أَنْ يَجِدَ مَكَانَهُ لِيَرْتَبِطَ بِهِ بِشَكْلٍ صَحِيحٍ وَسَلِيمٍ. وَكَالخَلاَيَا فِي الجَسَدِ نَجِدُ أَنَّ كُلَّ خَلِيَّةٍ فِيْهِ تَعِي مَكَانَهَا وَعَمَلَهَا وَكَيْفِيَّةَ تَرَابُطِهَا مَعَ الخَلاَيَا الأُخْرَى، وَتَعِي أَيْضاً مَدَى أَهَمِيَّةِ عَمَلِهَا لِهَدَفِ إِبْقَاءِ الجَسَدِ عَلَى قَيْدِ الحَيَاةِ، كَذَلِكَ الإِنْسَانُ عِنْدَمَا يَعِي مَعْنَى هَدَفِهِ فِي الحَيَاةِ وَأَهَمِيَّةَ دَوْرِهِ وَمَكَانَتِهِ فِي جَسَدِ البَشَرِيَّةِ يَعْلَمُ كَيْفَ يَرْبُطُ نَفْسَهُ فِي هَذَا الجَسَدِ، فَكَعَمَلِ الخَلِيَّةِ إِذْ تَأْخُذُ حَاجَتَهَا لِتَبْقَى عَلَى قَيْدِ الحَيَاةِ وَتُعْطِي كُلَّ شَيءٍ لِلآخَرِينِ عَامِلَةً كُلَّ مَا بِوسْعِهَا لِتُحَافِظَ عَلَى حَيَاةِ الجَسَدِ، هَكَذَا الإِنْسَانُ يَأْخُذُ مَا يَحْتَاجُهُ لِيَبْقَى عَلَى قَيْدِ الحَيَاةِ وَيُسَاهِمَ بِدَوْرِهِ لِيُحَافِظَ عَلَى حَيَاةِ جَسَدِ البَشَرِيَّةِ فِي عَطَاءٍ مُطْلَقٍ، عِنْدَهَا يَرْتَقِي دَرَجَاتَ السُلَّمِ الوَاحِدَةُ تِلوَ الأُخْرَى إِلَى أَنْ يَصِلَ إِلَى نِهَايَةِ التَصْحِيحِ.

هُنَا يُدْرِكُ الإِنسَانُ كَيْفَ يَتَوَجَّبُ عَلَيْهِ تَصْنِيفَ وَتَرْتِيبَ جَمِيعَ الأَحْدَاثِ بِشَكْلٍ صَحِيحٍ لأَنَّهُ فِي هَذِهِ المَرْحَلَةِ قَادِرٌ عَلَى مَعْرِفَةِ كُلَّ شَيءٍ إِذْ أَنَّهُ يَعْرِفُ مَصْدَرَ الأَحْدَاثِ وَهَدَفَهَا وَبِالتَالِي يَسْتَطِيعُ حِسَابَ المُعَادَلَةِ بِشَكْلٍ صَحِيحٍ إِذْ أَنَّهُ الآنَ جُزْءٌ مِنَ النِظَامِ الَذِي يَسِيرُ الوَجُودُ بِهِ لِذَلِكَ الآنَ يَعْلَمُ سَبَبَ مُعَامَلَةِ الخَالِقِ لَهُ عَلَى مَا كَانَ يَبْدُو لَهُ أَنَّهَا طَرِيقَةً سَيئَةً أَو جَيْدَةً، فَإِنَّهُ فَقَطْ مِنْ دَرَجَةِ نِهَايَةِ التَصْحِيحِ يَسْتَطِيعُ الإِنْسَانُ رُؤيَةَ الحَقِيقَةِ وَقَوَانِينِ النِظَامِ الَذِي يَسِيرُ الكَوْنُ عَلَيْهِ.

الفِكْرُ السَطْحِيُّ لِلإِنْسَانِ يُظْهِرُ لَهُ أَنَّهُ لَيْس جُزْءٌ مِنَ النِظَامِ وَهُوَ بَعِيدٌ عَنْ الخَالِقِ بُسَببِ عَدَمَ التَوَازُنِ فِي السِمَاتِ وَالَذِي عَنْ طَرِيقِهِ يَكُونُ قَادِراً عَلَى التَقَرُّبِ مِنَ الخَالِقِ وَمَعْرِفَةِ فِكْرِهِ وَأَفْعَالِهِ. مِنْ دُوْنِ أَنْ يُحَقِقَ الإِنْسَانُ التَوَازُنَ

الشَّكْلِيِّ فِي السِّمَاتِ بَيْنَهُ وَبَيْنَ الْخَالِقِ يَكُونُ مِنَ الْمُسْتَحِيلِ عَلَيْهِ فَهْمَ وَتَبْرِيرَ أَفْعَالِ الْخَالِقِ نَحْوَهُ. نَحْنُ ذَكَرْنَا أَنَّ الْإِنْسَانَ يُصَنِّفُ كُلَّ التَّأْثِيرَاتِ الَّتِي يَشْعُرُ بِهَا فِي فِئَتَيْنِ، إِمَّا الْجَيِّدُ أَوْ السَّيِّءُ، وَهَذَا يَتَمَاشَى مَعَ مِيزَاتِهِ وَحَسْبَ الْإِحْسَاسِ الَّذِي لَدَيْهِ فِي رَغْبَتِهِ. فَالْمَثَلُ يَقُولُ "بِأَنَّ كُلَّ إِنْسَانٍ يَحْكُمُ فِي الْأُمُورِ مِنْ خِلَالِ عُيُوبِهِ أَوْ نَقْصِهِ". فَإِذَا كَانَتْ رَغَبَاتُهُ أَنَانِيَّةً فَيَشْعُرُ الْإِنْسَانُ بِالسَّعَادَةِ فِي مِلْئِهَا وَأَمَّا إِذَا كَانَتِ الرَّغَبَاتُ غَيْرَ أَنَانِيَّةٍ فَالْإِنْسَانُ يَشْعُرُ بِالسَّعَادَةِ عِنْدَمَا يُنْعِمُ عَلَى الْآخَرِينَ فِي سَخَاءٍ تَامٍّ.

تَمَاشِياً مَعَ مَا سَبَقَ ذِكْرُهُ نَرَى أَنَّ الْإِنْسَانَ هُوَ الَّذِي يُحَدِّدُ طَرِيقَةَ الْخَالِقِ فِي التَّعَامُلِ مَعَهُ. فَإِذَا كَانَ لَا يُوجَدُ هُنَاكَ سِوَاهُ إِذاً هَذِهِ الْقُوَى الْعُلْيَا هِيَ الَّتِي تَعُدُّ طَرِيقَةَ تَصْحِيحِهِ وَتُعْطِيهِ أَنْ يَشْعُرَ بِظَوَاهِرِ الرَّغَبَاتِ عَلَى هَذَا النَّحْوِ وَلَكِنْ وَإِلَى مَدَى تَصْحِيحِ الْإِنْسَانِ لِرَغَبَاتِهِ وُفْقاً لِلْقَوَانِينِ الَّتِي وَضَعَهَا الْخَالِقُ يَحْصُلُ هَذَا الْإِنْسَانُ عَلَى الْفِطْنَةِ وَالْفِكْرِ الصَّحِيحِ لِمَعْرِفَةِ كَيْفِيَّةِ عَمَلِ الْقَوَانِينِ الرُّوحِيَّةِ وَعِنْدَهَا يَرَى بِأَنَّ الْخَالِقَ لَمْ يُعَامِلْهُ بِطَرِيقَةٍ سَيِّئَةٍ أَبَداً وَلَكِنْ كَانَ يَبْدُو لَهُ هَذَا بِسَبَبِ عَدَمِ قُدْرَتِهِ عَلَى رَبْطِ كُلِّ الْأَحْدَاثِ لِقَانُونٍ لَيْسَ هُنَالِكَ سِوَاهُ.

إِنَّ مَبْدَأَ لَيْسَ هُنَالِكَ سِوَاهُ هُوَ مَصْدَرُ كُلِّ الشَّرِّ وَكُلِّ الْخَيْرِ فِي الْعَقْلِ وَفِي الْقَلْبِ وَفِي الْأَحَاسِيسِ الْمُخْتَلِفَةِ وَالْحَيْرَةِ الَّتِي نُعَانِي مِنْهَا فِي هَذِهِ الْحَيَاةِ.

«وَبِطَرِيقَةٍ مُمَاثِلَةٍ عِنْدَمَا يَأْسَفُ الْإِنْسَانُ عَلَى أَنَّ الْخَالِقَ لَمْ يُقَرِّبْهُ إِلَيْهِ، عَلَيْهِ أَيْضاً أَنْ يَحْذَرَ أَنْ لَا يَكُونَ إِهْتِمَامُهُ مُنْصَبّاً عَلَى نَفْسِهِ أَيْ أَنَّهُ بَعِيدٌ عَنِ الْخَالِقِ. وَذَلِكَ لِأَنَّهُ يُصْبِحُ بِهَذَا مُتَلَقِّياً لِمَصْلَحَتِهِ الذَّاتِيَّةِ، وَذَاكَ الَّذِي يَأْخُذُ لِذَاتِهِ يُعْزَلُ بَعِيداً عَنِ الْخَالِقِ. وَلَكِنْ بِالْأَحْرَى يَجِبُ عَلَيْهِ أَنْ يَأْسَفَ عَلَى إِبْتِعَادِ الشِّخِينَا - الْأُلُوهِيَّةِ، أَيْ أَنَّهُ يُسَبِّبُ الْحُزْنَ لِلْأُلُوهِيَّةِ. عَلَى الْإِنْسَانِ أَنْ يَتَصَوَّرَ كَمَا لَوْ أَنَّ

عُضْوَاً صَغِيراً فِي جَسَدِهِ يَتَأَلَّمُ فَإِنَّ الذِهْنَ وَالقَلْبَ يَشْعُرَانِ بالأَلَمِ أَيْضَاً وَعلَى حَدٍ سَوَاء. القَلْبُ وَالذِهْنُ أَسَاسُ بُنْيَةِ الإِنْسَانِ كَكُلْ. وَبالتَأْكِيدِ فَإِنَّ إِحْسَاسَ عُضْوٍ وَاحِدٍ لاَ يُقَارَنُ بِإِحْسَاسِ الشَخْصِ بِقَوامِهِ الكَامِلِ حَيثُ يِشْعُرُ بِالأَلَمِ بِشَكْلٍ كُلِيٍّ.

علَى النَحْوِ نَفْسِهِ، الأَلَمُ الَذِي يَشْعُرُ بِهِ الشَخْصُ عِنْدَمَا يَكُونُ بَعِيدَاً عَن الخَالِقِ. وَبِمَا أَنَّ الإِنْسَانَ لَيسَ إِلاَّ عُضْوَاً وَاحِداً فِي الشِخِينَا المُقَدَسَةِ إِذْ أَنَّ الشِخِينَا المُقَدَسَةَ هِيَ الرُوُحُ المُشْتَرَكَةُ لِشَعْبِ الرَّبِ، إِذاً فَإِحْسَاسُ العُضْوِ الوَاحِدِ لاَ يَتَمَاثَلُ بِالشُعُورِ بِالأَلَمِ العَامِ الَذِي يَشْمُلُ الكُل. وَهَذَا يَعْنِي أَنَّ هُنَالِكَ أَسَى فِي الشِخِينَا عِنْدَمَا تَكُونُ الأَعْضَاءُ مَفْصُوُلَةً عَنْهَا وَلَيسَ بِإِمْكَانِهَا أَنْ تَرْعَى أَعْضَائَهَا».

عِنْدَمَا يَتَسَاءَلُ الإِنْسَانُ عَنْ وُجُودِ الخَالِقِ وَعَنْ سَبَبِ إِبْتِعَادِهِ عَنْهُ يَبْدُوُ لَنَا هَذَا وَكَأَنَّهَا صَلاَةٌ إِذْ أَنَّ الإِنْسَانَ يَسْكُبُ قَلْبَهُ طَالِبَاً القُرْبَ مِنَ الخَالِقِ. فَالشَخْصُ يَبْكِي أَوْ يَغْضَبُ أَوْ يَرْفَعُ صَوْتَهُ بِشِدَّةٍ يُنَاجِي الخَالِقَ لِمَسَاعَدَتِهِ وَلَكِنَّهُ قِيلَ "إِنَّ شَعْبِي تَنَهَدَّ وَتَأَوَّهَ بِحَسْرَةٍ بِسَبَبِ العُبُودِيَّةِ". وَلَكِنَنَا نَتَسَأَلُ هُنَا مَا المَقْصُودُ بِكَلِمَةِ "تَنَهَّدَ"؟ وَمَا هُوَ الضَعْفُ وَنَوعُ الضَغْطِ الَذِي يَجِبُ عَلَى الإِنْسَانِ إِكْتِشَافَهِ لِيَصِلَ إِلَى مَرْحَلَةِ التَنَهُّدِ؟ فَعِنْدَمَا يَبْكِي الإِنْسَانُ صَارِخَاً لاَ يُسْتَجَابُ لَهُ إِذْ أَنَّ صُرَاخَهُ مِنْ أَجْلِ الإِرَادَةِ فِي التَقَبُّلِ فِيهِ لِتَلْبِيَةِ رَغَبَاتِهِ الأَنَانِيَّةِ فِي حُبِّ الذَاتِ. بَلْ يَجِبُ عَلَيْهِ أَنْ يَسْتَقِلَّ بِذَاتِهِ مُبْتَعِداً عَنْ رَغَبَاتِهِ الأَنَانِيَّةِ وَكَالخَلِيَّةِ بِالجَسَدِ يَكُونُ هَمُّهُ الوَحِيْدُ مُتَرَكِزٌ عَلَى الإِهْتِمَامِ بِالخَلاَيَا الأُخْرَى مُؤَدِيَّاً دَوْرَهُ لِمُسَاعَدَتِهَا وَمَنْفَعَتِهَا.

لِمَاذَا يَتَوَجَّبُ عَلَى الفَرْدِ التَفْكِيرَ عَلَى هَذَا النَحْوِ؟ وَمِنْ نَاحِيَةٍ أُخْرَى هَلْ مِنَ

المُمْكِنِ أَنْ يَشْعُرَ الخَالِقُ بِالحُزْنِ وَالأَسَى؟ فَهُوَ قُوَى العَطَاءِ الكَامِلِ وَهُوَ السُمُوُ وَالجُودُ وَالوَرَعُ وَالتَقْوَى وَلَيسَ لَهُ إِرَادَةٌ فِي التَقَبُّلِ فَكَيْفَ إِذاً يَسْتَطِيعُ أَنْ يَشْعُرَ بَالفَرَحِ أَوْ بِالأَسَى مِنْ تَصرُفَاتِ الإِنْسَانِ تجاهَهُ؟

الخَالِقُ هُوَ قُوَى العَطَاءِ وَرَغْبَتَهِ أَنْ يُغْدِقَ كُلَّ الخَيْرَ عَلَى الإِنْسَانِ وَمِنْ دُوُنِ حُدُوُدٍ. فَإِذَا أَخَذْنَا مَثَلَ الضَيْفِ وَالمُضِيفِ فَإِنَّ المُضِيفَ يَفْرَحُ فِي حَالِ أَنَّ الضَيْفَ تَقَبَّلَ مِنْهُ كُلَّ شَيءٍ بِسُرُورٍ، وَلَطَالَمَا الضَيْفُ سَعِيدٌ وَمُكْتَفِيٌ يَكُوُنُ المُضِيفُ مُكْتَفِياً، لَيسَ أَنَّ الضَيْفَ فِي هَذهِ الحَالَةِ يُقَدِّمُ أَيَّ شَيءٍ لِلمُضِيفِ وَلَكِنْ كُلَّ مَا يَقُومُ بِهِ هُوَ أَنْ يَتَلَقَّى مِنَ المُضِيفِ كُلَّ مَا يُقَدِمُهُ لَهُ بِسُرُورٍ وَهَكَذَا يُعَبِّرُ الضَيْفُ عَنْ حَالَتِهِ. وَهَذَا مَا يُدْعَى فَرَحُ الشَخِينَا أَوْ حُزْنَهَا. إِنَّ كَلِمَةَ "شْخِينَا" فِي لُغَتِهَا الأَصْلِيَّةِ تَأتِي مِنَ الجَذْرِ شُوُخِنْ وَمَعْنَاهَا سَاكِنٌ أَوْ مُقِيمٌ أَوْ كَامِنٌ بِدَاخِلِ أَحَدٍ أَوْ شَيءٍ مَا. فَعِنْدَمَا تُقِيمُ الشَخِينَا فِي المَخْلُوُقِ أَيْ أَنَّ الخَالِقَ رَاضِياً وَمَسْرُوُراً بِإِيجَادِهِ مَكَاناً يُقِيمُ بِهِ مَعَ المَخْلُوقِ كَمَا هُوَ الحَالُ فِي مِثَلِ المُضِيفِ إِذْ أَنَّهُ مَسْرُوُرٌ فِي تَوَاجُدِهِ مَعَ الضَيْفِ وَتَقْدِيمُ كُلَّ مَا لَدَيْهِ لإِسْعَادِهِ. وَفِي حَالِ رَفْضِ الضَيْفِ لِمَا يُقَدِمُ إِلَيْهِ فَهَذَا مَا يَبْعَثُ الحُزْنَ وَالأَسَى فِي نَفْسِ المُضِيفِ وَهَذَا هُوَ المَقْصُودُ بِالقَولِ **«هُنَالِكَ أَسَى فِي الشَخِينَا»**.

إِذَا أَصَابَ الشَخْصُ وَلَو مَكْرُوُهٌ صَغِيرٌ، لِنَقُلْ عَلَى سَبِيلِ المِثَالِ إِذَا دَخَلَتْ شَوْكَةٌ فِي إِصْبَعِ يَدِيهِ فَنَجِدُهُ يَتَأَوَهُ وَمُنْزَعِجٌ بِسَبَبِ الأَلَمِ الَذِي يَشْعُرُ بِهِ وَنَرَى أَنَّهُ مِنَ الصَعْبِ أَنْ يَهْدَاءَ وَيَرْتَاحَ قَبْلَ أَنْ يُخْرِجَ الشَوْكَةَ مِنْ إِصْبَعِهِ. وَهَكَذَا نَرَى تَأْثِيرُ أَلَمٍ صَغِيرٍ عَلَى الجَسَدِ بِكَامِلِهِ. بِمَا أَنَّ الإِنْسَانَ جُزْءٌ مِنَ النَفْسِ البَشَرِيَّةِ الَتِي تُدْعَى آدَم فَإِذَا كَانَ هَذَا الجُزءُ فَاسِداً فَإِنَّ الجَسَدُ بِكَامِلِهِ يَشْعُرُ بِتَأْثِيرِ هَذَا الفَسَادِ. فَمِنْ خِلاَلِ النِظَامِ عَمَلِ الجَسَدِ نَرَى بِأَنَّ الخَلِيَّةَ المُصَابَةَ

تَتَألَّمُ وَلَكِنَّ أَلَمَهَا لَيْسَ بِسَبَبِ وُجُودِ الشَوْكَةِ بِهَا إِنَمَا بِسَبَبِ أَنَّ الأَلَمَ يَتَسَرَّبُ إِلَى جَمِيعِ الخَلاَيَا فِي الجَسَدِ مِنْ خِلاَلِهَا. فَإِذَا كَانَ أَلَمُ الإِنْسَانِ لَيْسَ لِنَفْسِهِ بَلْ مِنْ أَجْلِ الأَلَمَ الَذِي سَبَبَهُ لِلآخَرِينِ وَالفَسَادُ الَذِي جَلَبَهُ عَلَى كَامِلِ النَفْسِ وَلِعَدَمِ قُدْرَةِ الخَالِقِ فِي أَنْ يُقِيمَ مَعَهُم بِسَبَبِ هَذَا الأَلَمِ، هَذَا مَا يُدْعَى بِالأَسَى الحَقِيقِيِّ وَهَذَا بِالتَحْدِيدِ مَا يَحْتَاجُ الإِنْسَانُ أَنْ يَتَأَسَّفَ عَلَيْهِ وَمِنْ كُلِّ قَلْبِهِ.

لاَ يَجِبُ عَلَى الإِنْسَانِ عَدَمُ المُبَالاَةِ بِالأَلَمِ القَلِيلِ الَذِي يَشْعُرُ بِهِ إِذْ أَنَّ فِي مُحَاوَلَتِهِ فِي الإِرْتِبَاطِ بِالآخَرِينِ يَرَى كَمِيَّةَ الأَلَمَ الَذِي سَبَبَهُ لِلجَمِيعِ بِسَبَبِ فَسَادِهِ وَعِنْدَهَا يَرَى أَنَّهُ لَمْ يَكُنْ أَلَمٌ صَغِيرٌ وَلَمْ يَكُنْ عَلَى نَفَقَتِهِ لِوَحْدِهِ. إِذاً يَجِبُ عَلَى الإِنْسَانِ أَنْ يَشْعُرَ بِالأَلَمَ وَبِنَوعِيَّةَ الأَلَمَ الَذِي يُسَبِبُهُ لِلآخَرِينِ. يَجِبُ عَلَيْهِ أَنْ يَعِيَ مَدَى إِرْتِبَاطِهِ بِالآخَرِينِ وَبِنِظَامِ وَحْدَوِيَّةِ الجَسَدِ وَكَمْ مِنَ الأَلَمَ الَذِي يُسَبِبُهُ لِلخَالِقِ فِي عَدَمِ قُدْرَةِ الخَالِقِ عَلَى أَنْ يَرْتَبِطَ بِهِ وَيُقِيمَ فِي جَمِيعِ أَجْزَاءِ النَفْسِ بِسَبَبِ الفَسَادِ الَذِي فِيْهِ وَحْدَهُ. حَتَى فِي حَالِ أَنَّ الشَخْصَ لاَ يَأخُذَ المَسْؤُولِيَّةَ عَلَى عَاتِقِهِ وَيَنْسُبُ إِلَى نَفْسِهِ الفَسَادَ الَذِي سَبَبَهُ بَلْ عَلَى العَكْسِ إِذْ أَنَّهُ يُظْهِرُ رَغْبَتَهُ فِي عَمَلِ الخَيْرِ مِنْ أَجْلِ إِرْضَاءِ الخَالِقِ. فَهُوَ يُفَكِرُ بِنَفْسِهِ وَلَيْسَ بِالآخَرِينِ فَهَذِهِ لَهُ كلِيبَا-مُفْرَدُ الكلِيبُوتْ. وَفِي هَذَا المَوقِفِ يَأخُذُ الإِنْسَانُ إِدْرَاكَهُ الحِسِيِّ وَالشَخْصِيِّ لِلأُمُورِ بَدَلاً مِنْ أَنْ يُفَكِرَ آخِذاً بِإِعْتِبَارِ كُلِيَّةَ النِظَامِ المُتَمَاسِكِ فِي وَحْدَوِيَّةٍ لاَ تَتَجزَاءُ مِنْ مَنْظُورِ الخَالِقِ.

يُوجَدُ هُنَالِكَ رَغْبَةٌ وَاحِدَةٌ عَامَةٌ فِي النِظَامِ الَذِي يُدْعَى أَدَم الأَوَلُ وَالَتِي يَتَوجَّبُ تَصْحِيحَهَا لِتَكُنْ إِنَاءً لِتَلَقِّي النُورَ الأَعَلَى بِكَامِلِهِ.

«عِنْدَمَا يَنْدَمُ المَرءُ، مَاذَا تَقُولُ الشِخِينَا؟ بِالتَعْبِيرِ إِنَّهُ أَخَفُ مِنْ رَأسِي. فَإِنَّ عَدَمَ نَسْبَ الشُعُورِ بِالحُزْنِ لِلإِبْتِعَادِ عَنْ الخَالِقِ لِذَاتِ الشَخْصِ فَإِنَّهُ يُعفَى مِن

الوُقُوع فِي فَخِّ الرَغْبَةِ فِي التَحْصِيلِ لِلذَاتِ -الرَغْبَةَ الأَنَانِيَّةِ وَالَتِي تُعْتَبَرُ إبْتِعَاداً عَنْ القَدَاسَةِ».

إنَّ الوَسِيلَةَ الأَفْضَلَ لِيَعْلَمَ الإِنْسَانُ أَنَّهُ سَائِرٌ فِي الطَرِيقِ الصَحِيحِ وَلِيَتَمَكَّنَ مِنْ أَنْ يَتَفَحصَّ تَقَدُّمَهُ هُوَ فِي كَونِ أَحَاسِيسِهِ وَمَفْهُومِهِ فِي كَيْفِيَّةِ تَعامُلِ الخَالِقِ مَعَهُ، وَمِنْ شُعُورِهِ نَحْوَ الخَالِقِ الَذِي يَفِيضُ مِنْ خِلالِ الآخَرِين. هَذَا هُوَ الحَلُ الوَحِيْدُ لإِرْتِبَاطِ الإِنْسَانِ بِالخَالِقِ وَفِي تَفَحُّصِ الإِنْسَانِ لِنَفْسِهِ إِذَا مَا كَانَ يَسِيرُ عَلَى الطَرِيقِ الصَحِيحِ نَحْوَ الخَالِقِ وَلَيْسَ نَحْوَ هَدَفٍ مِنْ صُنْعَةِ خَيَالِهِ أَوْ شَيءٍ آخَرِ.

»إنَّ الأَمْرَ نَفْسَهُ أَيْضاً عِنْدَمَا يَشْعُرُ الشَخْصُ بِالتَقَرُّبِ مِنَ القَدَاسَةِ، عِنْدَمَا يَشْعُرُ بِالبَهْجَةِ وَالفَرحِ حِينَ يجِدُ نِعْمَةً مِنْ قِبَلِ الخَالِقِ». يَشْعُرُ الإِنْسَانُ بِالفَرَحِ وَالسَعَادَةِ بِسَبَبِ شُعُورِهِ أَنَّهُ قَرِيبٌ مِنَ الخَالِقِ وَهَذَا شُعُورٌ لَيْسَ لَهُ أَنْ يُقَرِرَ أَوْ يَتَحَكَّمَ بِهِ، وَلَكِنْ مَا هُوَ هَذَا الشُعُورُ بِالفَرَحِ وَمِنْ أَيْنَ يَنْشَأُ أَمِنَ الإِرَادَةِ فِي التَقَبُّلِ أَمْ مِنْ الإِرَادَةِ فِي العَطَاءِ؟

«عِنْدَهَا أَيْضاً يَتَوَجَبُ عَلَى الشَخْصِ أَنْ يَقُولَ أَنَّ سَبَبَ بَهْجَتِهِ هُوَ أَنَّهُ يُوجَدُ بَهْجَةٌ فِي الأَعَالِي أَيْ فِي الشَخِينَا المُقَدَسَّةِ فِي تمَّكُنِهَا مِنْ جَلْبِ أَحَدِ أَعْضَائِهَا بِالقُرْبِ مِنْهَا، وَبِأَنَّهَا لَمْ تَضْطَرْ بِأَنْ تُرْسِلَهُ بَعِيداً عَنْهَا، فَإِنَّ الشَخْصَ يَسْتَمِدُ البَهْجَةَ مِنْ مُكَافَئَتِهِ لإِرْضَاءِ الشَخِينَا. وَهَذَا وَتَوَافُقاً لِمَا وَرَدَ أَنَّهُ عِنْدَمَا يَكُونُ هُنَاكَ فَرَحٌ جُزْئِيٌّ فَهُوَ لَيْسَ إِلاَّ جُزْءٌ مِنَ الفَرَحِ الكُلِّي. تمَاشِياً مَعَ هَذَا يَفْقِدُ الشَخْصُ فَرْدِيَتُهُ وَيَتَجَنَّبُ الوُقُوعَ فِي فَخِ القُوَّةِ الأُخْرَى وَالَتِي هِيَ الإِرَادَةُ أَوْ الرَغْبَةُ فِي الأَخْذِ لأَجْلِ مَصْلَحَتِهِ الأَنَانِيَّةِ».

يجِبُ عَلَى الإِنْسَانِ أَنْ يَكُونَ فَطِنَاً فِي تمْيِيزِ مَا إِذَا كَانَ سَعِيدَاً لِسَبَبِ أَنَّهُ قَادِرٌ

أَنْ يَفْصِلَ نَفْسَهُ عَنْ النَتِيجَةِ فِي إِنَاءِهِ الرُوحِيِّ، أَهُوَ سَعِيدٌ حَقاً فِي إِعْطَاءِ الخَالِقِ الفُرْصَةَ فِي أَنْ يَكْتَسِي فِي دَاخِلِ نَفْسِ أَدم طِبْقاً لِقَوَانِينِ عَمَلِ النِظَامِ فِي تَصْحِيحِ النَفْسِ وَهَذَا هُوَ سَبَبُ سَعَادَتِهِ. إِذَا كَانَ الإِنْسَانُ يَرَى نَفْسَهُ عَلَى أَنَّهُ عَامِلٌ فِي هَذَا النِظَامِ الشَامِلِ وَهُوَ الذِي يُدِيرُ أُمُورَهُ لإِعْطَاءِ الخَالِقِ الفُرْصَةَ فِي إِيصَالِ النَفْسِ إِلَى دَرَجَةِ التَوَازُنِ مَعَهُ لِيَسْتَطِيعَ إِغْدَاقَ الخَيْرِ عَلَيْهَا، فَهَذَا هُوَ الفَرَحُ الحَقِيقِيُّ وَالمُقَدَّسُ وَإِذَا كَانَ الأَمْرُ عَلَى خِلاَفِ ذَلِكَ فَكُلُّ هَذَا إِذاً كَانَ لإِشْبَاعِ حُبُّ الذَاتِ وَأَنَانِيَّةُ الإِنْسَانِ. مِنْ المُمْكِنِ أَحْيَاناً أَنْ يَفْتَكِرَ الإِنْسَانُ فِي نَفْسِهِ قَائِلاً: "أَنَا الذِي قُمْتُ بِهَذَا العَمَلِ وَأَنَا الذِي جَعَلْتُ الخَالِقَ سَعِيداً". هَذَا الفِكْرُ أَيْضاً يَتَوَجَّبُ فَحْصَهُ إِذَا مَا كَانَ يُسَبِبُ إِعْتِزَازَ الكِبْرِيَاءِ وَالتَفَاخُرِ وَالغُرُورِ لَدَيْهِ مِمَا يُسَبِبُ فَسَاداً أَعْظَمَ مِنْ قَبْلٍ. فَكُلَّمَا سَاهَمَ فِي خِدْمَةِ الآخَرِينِ بِمَعْنَى أَنْ يَأْخُذَ فَرَحَ أَوْ هُمُومَ الآخَرِينِ عَلَيْهِ بَدَلاً مِنَ التِي لَهُ يَسْتَطِيعُ بِهَذَا أَنْ يَتَجَنَّبَ الوُقُوعَ فِي شِبَاكِ الأَنَانِيَّةِ وَحُبِّ الذَاتِ.

وَبِقَولِهِ: «**أَنَّهُ يُوجَدُ بَهْجَةٌ فِي الأَعَالِي أَيْ فِي الشِخِينَا المُقَدَسَّةِ فِي تَمَكُّنِهَا مِنْ جَلْبِ أَحَدِ أَعْضَائِهَا بِالقُرْبِ مِنْهَا**». يَقْصِدُ أَنَّ الوُجُودَ الإِلَهِي لَمْ يَفْصِلْهُ عَنِ الإِحْسَاسِ بِوَحْدَوِيَّةِ النِظَامِ. فَالإِنْسَانُ الَذِي لاَ يَشْعُرُ بِهَذَا النِظَامِ فِي نَفْسِهِ أَيْ بِأَجْزَاءِ النَفْسِ المُبَعْثَرَةِ وَضَرُورَةَ تَضْمِيضِ هَذَا الشَرْخِ فَهُوَ إِذاً لاَ يَفْتَكِرُ بِالخَالِقِ وَلاَ بِالآخَرِينِ وَلاَ بِالنِظَامِ إِذْ أَنَّهُ مُسْتَقِلٌ عَنْهُ. يَجِبُ أَنْ تَكُونَ كُلَّ حِسَابَاتِهِ وَإِهْتِمَامِهِ لَيْسَ مِنْ أَجْلِ نَفْسِهِ بَلْ مِنْ أَجْلِ الآخَرِينِ لِيَسْتَطِيعَ الخَالِقُ جَمْعَ كَافَةِ أَجْزَاءِ هَذِهِ النَفْسِ المُتَبَعْثِرَةِ كَالأَمِ التِي تَعْمَلُ كُلَّ شَيءٍ مِنْ أَجْلِ رَضِيعِهَا فَهِيَ لاَ تُعِيرُ نَفْسَهَا أَيُّ إِنْتِبَاهٍ وَلاَ لإِحْتِيَاجَاتِهَا الشَخْصِيَّةَ إِذْ أَنَّ كُلَّ هَمِهَا مُنْصَّبٌ عَلَى الإِعْتِنَاءِ بِالطِفْلِ وَتَلْبِيَةِ حَاجَاتِهِ، هَكَذَا يَجِبُ أَنْ يَتَصَرَّفَ

الإنسَانُ تجاهَ الآخَرِينِ وَإِنْ كَانَ فِي البِدَايَةِ يَشْعُرُ باسْتِقْلاَلِيَتِهِ التَامَةِ عَنْ الآخَرِينِ لَكِنَّ سَرِيعاً مَا يَكْتَشِفُ أَنَّهُ جُزْءٌ لاَ يَتجزأُ مِنْهُمْ وَمِنْ خِلاَلِ هَذَا السُلُوكِ سَيَجِدُ نَفْسَهُ عَلَى المُسْتَوَى "أَحِبَ قَرِيبَكَ كَنَفْسِكَ". فَعِنْدَمَا يَكُونُ فَرَحٌ فِي الشِخِينَا فَالفَرَحُ هُوَ نَتِيجَةَ الإِرْتِبَاطِ بَيْنَ أَجْزَاءِ النَفْسِ لِتُشَكِلَ إِنَاءً رُوحِياً لِلنُورِ.

«وَبِالرَغْمِ مِنْ أَنَّ الرَغْبَةَ فِي الأَخذِ لِلذَاتِ -الرَغْبَةُ الأَنَانِيَةُ ضَرُورِيَّةً بِمَا أَنهَا تُشَكِلُ مَاهِيَّةَ الإِنْسَانِ، وَبِمَا أَنَّ كُلَّ مَا هُوَ مَوجُودٌ فِي الشَخْصِ مُنْفَصِلٌ عَنْ الأَنَا فِيهِ أَوْ عَنِ الرَغْبَةِ فِي الأَخْذِ لِلذَاتِ لاَ يَنْتَمِي لِلمَخْلُوقِ بَلْ أَنهَّا تُعْزا لِلخَالِقِ، لَكِنْ يَتَوَجَبُ تَصْحِيحَ الرَغْبَةِ الأَنَانِيَةِ لِتُصْبِحَ رَغْبَةً فِي العَطَاءِ المُطْلَقِ».

أَيُّ عَمَلٍ يَقُومُ بِهِ الإِنْسَانُ يَكُونُ نَابعاً مِنْ طَبِيْعَتِهِ أَيْ مِنَ الأَنَا أَوْ مِنَ الإِرَادَةِ فِي التَقَبُّلِ الَتِي وُلِدَ بهَا. الإِنسَانُ لَيْسَ بِحَاجَةٍ لِتَغْيِيرِ طَبِيْعَتِهِ فِي أَنْ يَتحَوَّلَ إِلَى مَلاَكٍ عِنْدَمَا يَأْخُذُ بِدِرَاسَةِ عِلْمِ الكَابَالا، لاَ بَلْ عَلَى العَكْسِ فَهُوَ بِحَاجَةٍ إِلَى كَامِلِ قُوَاهُ الطَبِيْعِيَّةِ وَالَتِي وُلِدَ بهَا لِكَي يَسْتَطِيعَ إِحْرَازَ العَالَمِ الرُوحِيِّ. فَإِنَّ المَلَذَّاتَ الَتِي يَشْعُرُ بهَا يُدْرِكُهَا فِي الأَنَا عِنْدَهُ وَالَتِي هِيَ إِنَاءَهُ الَذِي فِيْهِ يَسْتَطِيعُ التَمْيِزَ بَيْنَ الخَيرِ وَالشَرِّ وَتحدِيدِ نَوعِيَّةِ العَمَلِ وَكَيْفِيَّةِ تَطْبِيقِهِ، فَالأَنَا هِيَ الأَدَاةُ المُهِمَةُ الَتِي تُسَاعِدُ الإِنْسَانَ فِي عَمَلِهِ فِي تَصْحِيحِ نَفْسِهِ.

«وَبِذَلِكَ نَقُولُ أَنَّ البَهْجَةَ وَالفَرَحَ الَتِي تحْصَلُ عَلَيهِمَا "الإِرَادَةُ فِي الأَخْذِ" لاَ بُدَّ أَنْ تَكُونَ ضِمْنَ إِطَارِ النِيَّةِ وَالقَصْدِ بِأَنَّ هُنَالِكَ رِضاً وَسَعَادَةً فِي الأَعَالِي حِينَمَا يَشْعُرُ الخَلْقُ بِالسُرُورِ، لأَنَّ هَذَا هُوَ هَدَفُ الخَلِيْقَةِ -لِمَنْفَعَةِ خَلِيقَتِهِ. وَهَذَا مَا يُدْعَى فَرَحُ الشَخِينَا فِي الأَعْلَى».

كَمَا أَصْبَحَ جَلِيّاً لَنَا الآنَ أَنَّ الإِنْسَانَ يَرْغَبُ فِي الشُعُورِ بِالْمَسَرَّاتِ وَالْمَلَذَّاتِ فِي نَفْسِهِ إِذَا كَانَ هَذَا يَجْلُبُ السُرُورَ وَالبَهْجَةَ لِلخَالِقِ. بِقَدرِ تَصْحِيحِ الأَنَا فِيهِ يَسْتَطِيعُ اسْتِخْدَامَ هَذَا الجُزْءِ المُصَحَحِ لِلإِسْتِمْتَاعِ بِكُلِ مَا أَعْطَاهُ إِيَّاهُ الخَالِقُ. إِذاً تُصْبِحُ الأَنَا الأَدَاةَ التِي مِنْ خِلاَلِهَا يَمْنَحُ الخَالِقُ السُرُورَ وَالرِضَا. فَالخَالِقُ هُوَ صَاحِبُ قُوَى العَطَاءِ وَحَاجَتَهُ الوَحِيْدَةُ هِيَ فِي أَنْ يُعْطِيهِ الإِنْسَانُ الفُرْصَةَ لِيُغْدِقَ عَلَيْهِ وَهَذَا مَا يَجْلُبُ البَهْجَةَ وَالسُرُورَ لَهُ لأَنَّ العَطَاءَ هُوَ طَبِيْعَتَهُ. لِيَكُنْ هَذَا سَبَبُ سَعَادَةٍ لَنَا، بِأَنْ تَتَوَاجَدُ أَمَامَنَا الفُرْصَةَ لِلإِنْعَامِ عَلَى الخَالِقِ فِي كُلِّ عَظَمَتِهِ.

«لِهَذَا السَبَبُ، عَلَى الإِنْسَانِ أَنْ يَلتَمِسَ النَصِيحَةَ عَنْ كَيْفِيَّةِ جَلْبِ الرِضَا لِلشْخِينَا. وَبِالطَبْعِ عِنْدَمَا يَحْصَلُ هُوَ عَلَى السُرُورِ كَذَلِكَ الشُعُورُ بِالرِضَا سَيَملأُ الشْخِينَا. لِذَلِكَ يَتُوقُ دَائِماً لأَنْ يَكُونَ فِي قَصْرِ المَلِكِ وَأَنْ تَكُونَ لَدَيهِ القُدْرَةَ عَلَى التَمَّتُعِ بِكُنُوزِ المَلِكِ. وَهَذَا بِالتَأْكِيدِ سَيُؤَدِي بِرِضَا الشْخِينَا فِي الأَعَالِي. وبِنَاءً عَلَى ذَلِكَ لاَ بُدَّ أَنْ يَكُونَ كُلَّ سَعْيِ الإِنْسَانِ وَرَغْبَتِهِ فَقَطْ مِنْ أَجْلِ اسْمِ الخَالِقِ».

فَعِنْدَمَا يُصَحِحُ الإِنْسَانُ سُلُوكَهِ وَيَجِدُ الإِرْتِبَاطَ الصَحِيحَ بِالخَالِقِ، يَجِبُ أَنْ يَسْعَى وَرَاءَ النَصِيحَةِ الصَحِيحَةِ وَالتِي تُسَاعِدُهُ عَلَى التَخَلُّصِ مِنْ كُلِّ الأَفْكَارِ وَالحِسَابَاتِ وَتَقْيِّمِ الأَشْيَاءِ مِنْ وِجْهَةِ نَظَرِهِ لِيَفْصِلَهَا عَنْ نَفْسِهِ وَيَتَخِذُ مَنْظُوراً آخَراً لِلأُمُورِ تِبْعَاً لِقَوَانِينِ النِظَامِ الشَامِلِ مُسْتَبْدِلاً أَفْكَارَهُ الأَنَانِيَّةِ لِيُحولَهَا لِمَنْفَعَةِ الآخَرِينِ وَلَيْسَ لِنَفْسِهِ لِيَسْمَحَ لِلخَالِقِ فِي أَنْ يُغْدِقَ خَيْرَهُ عَلَى أَصْحَابِهِ وَيَفْرَحُ لِفَرَحِهِم. هَذَا هُوَ هَدَفَهُ أَيْ فِي أَنْ يَكُونَ كَالوَصْلَةِ بَيْنَ أُنْبُوبَينِ لِيَسْمَحَ لِلوَاحِدِ فِي أَنْ يَمْلءَ الآخَرَ.

عِبَارَةَ «**قَصْرُ المَلِكِ**» لَيسَ لَهَا المَفْهومُ الَذِي نُدْرِكُهُ هُنَا فِي عَالَمِنَا المَادِيِّ. قَصْرُ المَلِكِ هُوَ إِنَاءُ العَطَاءِ أَي السَفِيرَا بِينَا وَالَتِي تُسَيْطِرُ عَلى الإِرَادَةِ فِي التَقبُّلِ، وَعِنْدَمَا يَصِلُ الإِنْسَانُ فِي إِحْرَازِهِ لِلسَفِيرَا بِينَا عِنْدَهَا يَسْتَطِيعُ الوُصُولَ إِلى السَفِيرَا كِيْتِيرْ وَالَتِي هِيَ قَصْرُ المَلِكِ. فِي عِبَارَةِ «**التَمتُّع بِكُنُوزِ المَلِكِ**» إِنَّ كَلِمَةَ كُنُوزٍ تَعْنِي النُورَ فِي كُلِ مَرَاحِلِهِ وَعَلَى كَامِلِ دَرَجَاتِهِ وَالَذِي يُؤَثِرُ عَلَى جَمِيعِ الرَغَبَاتِ الَتِي خَلَقَهَا الخَالِقُ مِنْ نُقطَةِ العَدَمِ أَوْ اللاشَيءِ إِلَى أَنْ يَأتِي بِهَا إِلَى دَرَجَةِ "لَيْسَ هُنَالِكَ سِوَاهُ".

إِلَى جَانِبِ الإِرَادَةِ فِي التَقَبُلِ التِي عَمِلَهَا الخَالِقُ مِنَ العَدَمِ يُوجَدُ هُنَاكَ شَوْقٌ إِضَافِيٌّ إِذَا صَحَّ التَعْبِيرُ وَالذِي أَصْبَحَ قُوَةً إِضَافِيَّةً يَحْصَلُ الإِنْسَانِ عَلَيْهَا. فَفِي الدُرُوسِ السَابِقَةِ دَرَسْنَا عَنْ عَالَمِ الأَبَدِيَّةِ وَعَنْ السَفِيرَا مَلْخُوتْ وَالَتِي وُلِدَتْ مِنْ نُمُوِ وَتَطَوُرِ المَرَاحِلِ الأَرْبَعِ لِلنُورِ المُبَاشَرِ. فَمَا هُوَ الفَرقُ بَيْنَ البِهِينَا دَالِتْ "المَرحَلَةُ الرَابِعَةُ" وَبَيْنَ البِهِينَا أَلِيفْ "المَرْحَلَةُ الأُولَى"؟

البِهِينَا أَلِيفْ هِيَ الرَغْبَةُ الَتِي خَلَقَهَا الخَالِقُ أَمَا البِهِينَا دَالِتْ فَهِيَ الشَّوقُ الَذِي وُجِدَ كَقُوَةٍ إِضَافِيَّةٍ. هَذِهِ القُوَةُ الإِضَافِيَّةُ وَالَتِي اكْتَشَفَتْهَا مَلْخُوتْ حِينَ أَدْرَكَتْ بِأَنَّ هُنَاكَ خَالِقٌ وَالَذِي هُوَ مَصْدَرُ المُتَع وَالمَلذَّاتِ. فَالرَغْبَةُ تَشْعُرُ بِالمَلَذَّةِ، وَهَذَا الشَوقُ أَوْ التَوقَانُ هُوَ رَغْبَةٌ إِضَافِيَّةٌ.

يَقُولُ صَاحِبُ السُلَّمِ فِي هَذَا أَنَّ شَوقَ الإِنْسَانِ كُلَّهُ وَالقُوَةَ الإِضَافِيَّةَ الَتِي إِكْتَشَفَهَا مِنْ خِلاَلِ إِكْتِشَافِهِ لِوُجُودِ الخَالِقِ عَلَى أَنَّهُ المَصْدَرُ الوَحِيْدُ لِكُلِّ شَيءٍ أَيْ "لَيْسَ هُنَالِكَ سِوَاهُ" إِذاً كُلُّ مَا يَجِدْهُ يَجِبُ أَنْ يَكُونَ مِنْ أَجْلِ إِرْضَاءِ الخَالِقِ أَيْ اسْتِخْدَامِهُ فِي أُسْلُوبِ العَطَاءِ.

تَفْسِيرُ المُصْطَلَحَاتِ:

الوَصِيَّةُ: وَمَعْنَاهَا إِتِبَاعُ قَانُونِ العَطَاءِ وَالَمحبَّةِ. وَإتِبَاعُ الوَصِيَّةِ مَعْنَاهُ أَنَّ الإِنْسَانَ قَامَ بِتَصْحِيحِ جُزْءٌ مِنْ أَجْزَاءِ الرَغْبَةِ.

الإِيمَانُ: هُوَ إِحْرَازُ قُوَةَ العَطَاءِ لَيْسَ بِشَكْلٍ تَجْرِيدِيٍّ بَلْ بِشَكْلٍ وَاقِعِيٍّ.

المُعَانَاةُ: إِنَّ الخَالِقَ هُوَ مَصْدَرُ الخَيْرِ المُطْلَقِ وَنَحْنُ نَعِيشُ فِي نُورِهِ، وَرَغْبَتُهُ هِيَ فِي إِنْعَامِ الخَيْرِ عَلَيْنَا وَلَكِنْ وَبِمَا أَنَّنَا فِي حَالَةِ عَدَمِ تَوَازُنٍ فِي السِمَاتِ مَعَهُ فَإِنَّنَا نَشْعُرُ بِنُورِهِ وَكَأَنَّهُ أَلَمٌ وَمُعَانَاةٌ لِفُقْدَانِنَا الإِنَاءُ الرُوحِيُّ المُنَاسِبُ لإِحْتِوَاءِ المَلَذَّاتِ مِنْهُ.

الصَلاَةُ: هِيَ إِحْسَاسٌ أَوْ حَاجَةٌ فِي قَلْبِ الإِنْسَانِ. فَفِي إِدْرَاكِهِ أَنَّهُ لاَ يُوجَدُ أَحَدٌ أَوْ شَيءٌ مَا فِي العَالَمِ يَسْتَطِيعُ مُسَاعَدَتَهُ إِلاَّ الخَالِقِ وَحْدَهُ تَكُونُ صَلاَتَهُ نَابِعَةٌ مِنْ أَعْمَاقِ قَلْبِهِ. يَصِلُ الإِنْسَانُ إِلَى هَذِهِ المَعْرِفَةِ فِي أَنَّهَا لاَ تَأْتِي إِلاَّ فِي حَالِ بَذْلِ أَقْصَى جُهْدِهِ فِي المُحَاوَلَةِ فِي إِيجَادِ حَلٍ لِوَضْعِهِ وَبَائَتْ كُلَّ جُهُودِهِ بِالفَشَلِ. لِذَلِكَ يَجِبُ عَلَى الإِنْسَانِ أَنْ يَعْمَلَ كُلَّ مَا فِي وِسْعِهِ لِتَكُنْ صَلاَتَهُ نَابِعَةً مِنْ أَعْمَاقِ قَلْبِهِ وَعِنْدَهَا يَسْمَعُ الخَالِقُ لَهُ.

لَيسَ هُنَالِكَ سِوَاهُ: أَيْ أَنَّهُ يُوجَدُ قُوى وَسُلْطَةٌ وَاحِدَةٌ فَقَطْ لاَ غَيرْ. وَهِيَ الوَحِيْدَةُ التِي تُدِيرُ الكَوْنَ بِأَكْمَلِهِ وَالإِنْسَانُ عَلَى السَوَاءِ. وَهِيَ قُوَّةُ الخَيرِ فِي كُلِ أَبْعَادِهِ مَهْمَا شَعَرَ الإِنْسَانُ تِجَاهَهَا.

الإِلْتِصَاقُ بِالخَالِقِ: وَهُوَ أَنْ يَصِلَ الإِنْسَانُ إِلَى دَرَجَةِ التَوَازُنِ الكَامِلِ فِي سِمَاتِهِ مَعَ سِمَاتِ الخَالِقِ. أَيْ أَنْ يَمْتَلِكَ سِمَةَ العَطَاءِ مُتَمَثِّلاً بِالخَالِقِ فِي مَحَبَّتِهِ وَإِغْدَاقِ الخَيْرِ عَلَى الآخَرِينَ فِي سَعَادَةٍ تَامَةٍ.

القَدَاسَةُ: سِمَةُ العَطَاءِ.

الكَلِيبُوتُ: هِيَ القُوَّاتُ الغَيْرُ طَاهِرَةٍ أَيْ الرَغَبَاتُ الأَنَانِيَّةُ.

عِبَادَةُ الأَوْثَانِ: وَهِيَ مَرْحَلَةٌ مِنْ مَرَاحِلِ النُمُوِ الرُوحِيِّ فِي تَفْسِيرِ كُلِّ مَا يَحْصُلُ مَعَ الإِنْسَانِ مِنَ الخَيْرِ أَوْ الشَرِّ فِي عَدَمِ قُدْرَتِهِ عَلَى رَبْطِهَا مَعَ المَصْدَرِ الوَحِيدِ أَيْ الخَالِقِ.

الخَطِيئَةُ: الإِنْسَانُ الَّذِي يُلْحِدُ هُوَ الإِنْسَانُ الَّذِي يَفْتَكِرُ وَلَوْ لِلَحْظَةٍ وَاحِدَةٍ بِأَنَّ كُلَّ شَيْءٍ لَا يَأْتِي مُبَاشَرَةً مِنَ الخَالِقِ.

المَادَةُ: وَهِيَ الرَغْبَةُ الَّتِي عُمِلَ مِنْهَا الإِنْسَانُ. وَهِيَ الخَلِيقَةُ الوَحِيدَةُ الَّتِي عُمِلَتْ مِنَ اللَاشَيْءِ.

القَذَارَةُ: هِيَ الأَفْكَارُ الغَرِيبَةُ وَالَّتِي لَا يَسْتَطِيعُ الإِنْسَانُ إِيجَادَ رَبْطِهَا مَعَ المَصْدَرِ لِتَكُنْ الرَابِطَ بَيْنَهُ وَبَيْنَ الخَالِقِ.

الشِخِينَا: وَهِيَ مَجْمُوعَةُ النِقَاطِ فِي القَلْبِ أَيْ أَجْزَاءُ نَفْسِ أَدَمَ المُبَعْثَرَةِ فِي وَحْدَوِيَّتِهَا مَعاً وَالَّتِي تُشَكِّلُ الإِنَاءَ لِإِظْهَارِ نُورِ الخَالِقِ.

إِخْتَبِرْ مَعْلُومَاتَكَ

س١ : لِمَاذَا يُعْتَبَرُ مَقَالُ "لَيْسَ هُنَالِكَ سِوَاهُ" مِنْ أَهَمِّ المَقَالَاتِ وَيَحْتَلُّ مَرْتَبَةَ الصَّدَارَةِ؟

س٢ : مَا هُوَ دَوْرُ المُعَانَاةِ وَأَهَمِّيَتَهَا فِي إِحْرَازِ الإِنْسَانِ لِلْعَالَمِ الرُّوحِيِّ؟

س٣ : إِذَا كَانَ الخَالِقُ وَاحِدٌ لِمَاذَا يَبْدُو لِلْإِنْسَانِ بِأَنَّ هُنَاكَ قُوَّتَانِ، قُوَى الخَيْرِ وَقُوَى الشَّرِّ وَهُمَا فِي تَصَارُعٍ دَائِمٍ وَهُوَ مُتَوَاجِدٌ بَيْنَهُمَا؟

س٤ : مَا مَعْنَى مُصْطَلَحِ الخَطِيئَةِ؟

س٥ : مَا أَهَمِّيَةُ إِدْرَاكِ الإِنْسَانِ لِلْوَاقِعِ الشَّامِلِ فِي مُسَاعَدَتِهِ فِي فَهْمِ مَبْدَأِ لَيْسَ هُنَالِكَ سِوَاهُ؟

س٦ : كَيْفَ يَتَجَلَّى دَوْرُ الإِنْسَانِ فِي جَسَدِ البَشَرِيَّةِ بِنَاءً عَلَى النِّظَامِ الَّذِي يَسِيرُ الكَوْنُ بِقَوَانِينِهِ؟

غِذَاءٌ لِلفِكْر

مَصْدَرُ السَعَادَةِ هُوَ فِي مَخَافَةِ الرَبِّ

سَمِعْتُ فِي عَامِ ١٩٤٨

إِنَّ السَعَادَةَ هِيَ المَحَبَّةُ، وَالمَحَبَّةُ هِيَ الوُجُودُ ذَاتَهُ. هَذَا مُشَابِهٌ لإِنْسَانٍ بَنَى بَيْتاً لِنَفْسِهِ وَلَمْ يَعْمَلْ أَي نَوَافِذٍ أَوْ أَبْوَابٍ فِي حِيطَانِ هَذَا البَيْتِ وَهَكَذَا فَلَنْ يَكُنْ لَدَيْهِ مَدْخَلاً أَوْ مَخْرَجاً لِلبَيْتِ الَذِي بَنَاهُ لِذَلِكَ يَتَوَجَّبُ عَمَلَ فُتْحَةٍ فِي الحَائِطِ لِيَتَمَكَّنَ مِنْ الدُخُولِ.

كَذَلِكَ الأَمْرُ أَيْضاً فِي إِطَارِ حَيَاةِ الإِنْسَانِ فَفِي المَكَانِ الَذِي تُوجَدُ فِيهِ المَحَبَّةَ لاَ بُدَّ مِنْ وُجُودِ مَخَافَةَ الرَبِّ أَيْضاً، كَفُتْحَةِ البَابِ فِي حَائِطِ المَنْزِلِ هَكَذَا مَخَافَةُ الرَبِّ هِيَ المَنْفَذُ. بِمَعْنَى آخَرٍ أَنَّهُ يَجِبُ عَلَى الإِنْسَانِ إِيقَاظَ مَخَافَةِ الرَبِّ فِي نَفْسِهِ فِي أَنَّهُ غَيْرُ قَادِرٍ عَلَى تَبَنِّي وَإِحْرَازِ سِمَةِ المَحَبَّةِ وَالعَطَاءِ المُطْلَقِ مِنْ تِلْقَاءِ نَفْسِهِ.

الخُلاَصَةُ هِيَ فِي أَنَّهُ عِنْدَمَا يَتَوَاجَدُ الإِثْنَانِ مَعاً أَيْ المَحَبَّةُ وَمَخَافَةُ الرَّبِ فَفِي تَوَاجُدِهِمَا مَعاً يُوجَدُ الكَمَالُ. لَكِنْ إِذَا كَانَ الأَمْرُ عَلَى خِلاَفِ هَذَا فَإِنَّ السِمَةَ الوَاحِدَةَ تُلْغِي وَتُبْطِلُ الأُخْرَى وَلِهَذَا السَبَبِ يَجِبُ عَلَى الإِنْسَانِ فِي أَنْ يُحَاوِلَ وَضْعَ هَاتَينِ الصِفَتَيْنِ مَعاً فِي مَكَانٍ وَاحِدٍ.

وَهَذَا هُوَ مَعْنَى القَولُ فِي الحَاجَةِ إِلَى المَحَبَّةِ وَالخَوفِ مَعاً. فَالمَحَبَّةُ تُدْعَى الحَيَاةُ أَوْ الوُجُودُ، وَالخَوفُ يُدْعَى الغَورُ أَوْ المَنْفَذُ وَفِي تَوَاجُدِهِمَا مَعاً يُوجَدُ الكَمَالُ. وَهَذَا مَا يُطْلَقُ عَلَيْهِ أَوْ يُنْسَبُ إِلَيْهِ "بِالسَاقَيْنِ- اليُمْنَى وَاليُسْرَى" وَبِالتَحْدِيدِ عِنْدَمَا يَكُونُ لِلإِنْسَانِ سَاقَيْنِ إِثْنَتَينِ يَسْتَطِيعُ المَشْيَ.

مِنْ كِتَابِ شَامَعْتِي لِصَاحِبِ السُلَّمِ

مِنْ مَقالاتِ الرَابَاش

كَانَ بَارُوُخ شَالُوُمْ هَالَفِي أَشْلاغْ آخِرُ "الذُرِيَّةُ وَالنَسْلُ الذَهَبِيُّ" وَآخِرُ حَلقَةٍ فِي سِلْسِلَةِ عُلَمَاءِ الكَابَالا عَبْرَ التَارِيخ. لَقَدْ بَدَاءَتِ السِلْسِلَةُ مِنْ سَيِدُنَا وَأَبُوُنَا إِبْرَاهِيمُ عَلَيْهِ السَلامُ وَإِنْتَهَتْ مَعَ عَالِمِ الكَابَالا يَهُوُدَا أَشْلاغْ "صَاحِبُ السُلَّمِ" وَتَبِعَهُ الرَابَاشُ وَالَذِي كَانَ دَوْرَهُ أَكْثَرَ أَهَمِيَّةٍ بِالنِسْبَةِ لَنَا نَحْنُ فِي هَذَا الجِيلِ إِذْ كَانَ الحَلَقَةَ الَتِي رَبَطَتِ السِلْسِلَةَ مَعاً وَأَوْصَلَتْنَا نَحْنُ أَيْضاً بِرِبَاطٍ قَوِيٍّ مَعَ كُلِّ هَؤلاءِ العُظَمَاءِ. فَمِنْ خِلالِ جُهْدِهِ وَمُثَابَرَتِهِ بِكُلِّ قُوَّتِهِ فِي الدِرَاسَةِ وَالبَحْثِ هَيَأَ لَنَا عِلْمُ حِكْمَةِ الكَابَالا بِطَرِيقَةٍ تَتَنَاسَبُ مَعَ جِيلِنَا.

بِالرَغْمِ مِنْ عُلُوِ دَرَجَتِهِ الرُوُحِيَّةِ عَرَفَ الرَابَاشُ لِمَاذَا نَحْنُ الَذِينَ نَعِيشُ فِي القَرْنِ العِشْرِينِ بِحَاجَةٍ إِلَى مَعْرِفَةِ سِرُّ الحَيَاةِ، لِذَلِكَ كَانَ بِإِمْكَانِهِ أَنْ يُقَدِمَ لَنَا عِلْمُ حِكْمَةِ الكَابَالا بِلُغَةٍ سَهْلَةٍ وَبَسِيطَةٍ وَمُنَاسِبَةٍ لِعَصْرِنَا وَلِلجِيلِ الَذِي نَحْنُ فِيْهِ. وَبِعَمَلِهِ هَذَا فَتَحَ أَمَامَنَا المَجَالَ لإِحْرَازِ عَالَمٍ أَبَدِي رَائِعٍ مُسَهِلاً الطَرِيقَ اليَقِينَ أَمَامَنَا لِلوُصُوُلِ إِلَيْهِ. عِنْدَمَا غَادَرَتْ عَائِلَتَهُ مَدِينَةَ وَارسُوُ فِي سَنَةِ ١٩٢١ كَانَ الرَابَاشُ فِي عُمْرٍ يُنَاهِزُ الثَالِثَةَ عَشَر. كَانَ قَدْ أُهِلَ لِلْخِدْمَةِ فِي سِنِ السَابِعَةِ عَشَرَ مِنَ العُمْرِ إِذْ كَانَتْ لَدَيْهِ الرَغْبَةَ فِي مَعْرِفَةِ مَعْنَى وَسِرِّ الحَيَاةِ فَأَخَذَ يَسْعَى جَاهِدًا لإِيجَادِ الجَوَابِ المَنْطِقِيِّ لِسَبَبِ وُجُوُدِهِ فِي هَذَا العَالَمِ وَمَا هَدَفَهُ فِيْهِ، وَكَانَتْ أُمْنِيَتُهُ الوَحِيْدَةُ أَنْ يُصْبِحَ وَاحِدًا مِنْ طُلاَّبِ صَاحِبِ السُلَّمِ وَالَذِي كَانَ أَعْظَمَ عُلَمَاءِ الكَابَالا فِي جِيلِهِ إِذْ عَلِمَ الرَابَاشُ بِأَنَّهُ لا يُوُجَدُ أَيُّ شَيءٍ فِي العَالَمِ يَمْلاءُ رَغْبَتَهُ الَتِي تَتَّقِدُ فِي قَلْبِهِ فِي الوُصُوُلِ

إكتِشَافُ أَسْرَارِ الوُجُودِ

إِلَى العَالَمِ الرُوحِيِّ إِلاَّ عِلْمُ حِكْمَةِ الكَابَالا. وَعِنْدَمَا بَرْهَنَ صِدْقَ نِيَّتِهِ فِي رَغْبَتِهِ فِي الإِسْتِسْقَاءِ مِنْ عِلْمِ الحِكْمَةِ قَبِلَهُ صَاحِبُ السُلَّمِ وَضَمَّهُ لِيَكُونَ وَاحِداً مِنْ تَلامِيذِهِ.

بِرَغْمِ جَمِيعِ الصُعُوبَاتِ أَمَامَهُ، وَالظُرُوفِ القَاسِيَةِ التِي أَحَاطَتْ بِهِ آنَذَاكَ كَانَتْ رَغْبَتَهُ تَزْدَادُ فِي قَلْبِهِ يَوْماً بَعْدَ يَوْمٍ لِدَرَجَةٍ أَنَّهُ لَمْ يَدَعْ أَيُّ دَرْسٍ يَفُوتَهُ وَلا أَيُّ مُنَاسَبَةٍ دُعِيَ إِلَيْهَا لَمْ يَتَوَاجَدُ الرَابَاشْ بِجَانِبِ مُعَلِمِهِ، إِذْ كَانَ يُرَافِقَهُ حَيْثُمَا كَانَ يَذْهَبُ وَكَانَ يُشَارِكَهُ فِي كُلِّ رِحلاتِهِ وَخَدَمَهُ بِإِخْلاصٍ طَوَالَ حَيَاتِهِ، فَأَخَذَ صَاحِبُ السُلَّمِ بِتَلْمَذَتِهِ وَعَلَّمَهُ مَقَالَ "دِرَاسَةُ السَفِيرَاتُ العَشْرُ" وَكِتَابُ الزُوهَارِ بِكَامِلِهِ مُجِيباً عَلَى كُلِّ أَسْئِلَتِهِ وَأَهَلَهُ لِدَوْرِهِ المُمَيَّزُ فِي الحَيَاةِ لِنَشْرِ عِلْمُ حِكْمَةِ الكَابَالا لِلعَالَمِ بِأَكْمَلِهِ لِيَكْنْ فِي مُتَنَاوَلِ الجَمِيعِ.

كَانَ الرَابَاشُ يُدَوِّنُ كُلَّ مَا كَانَ يَتَكَلَّمُ بِهِ صَاحِبُ السُلَّمِ وَجَمَعَ كُلَّ هَذِهِ النُصُوصِ فِي مُذَكَّرَةٍ تَحْتَ عُنْوَانِ "شَامَعْتِي" أَنَا سَمِعْتُ. وَكَانَتْ تَحْتَوِي هَذِهِ النُصُوصُ عَلَى كَافَةِ الوَثَائِقِ التِي شَرَحَ فِيهَا صَاحِبُ السُلَّمِ العَمَلَ الرُوحِيَّ لِلإِنْسَانِ بِشَكْلٍ مُفَصَّلٍ وَدَقِيقٍ. وَكَانَ الكِتَابُ فِي حَوْزَتِهِ دَائِماً إِلَى مَا قَبْلَ أَنْ فَارَقَ الحَيَاةَ إِذْ أَوْدَعَ الكِتَابَ فِي صُحْبَةِ تِلْمِيذِهِ وَمُسَاعِدِهِ الشَخْصِي الرَاڤْ الذِي قَامَ بِنَشْرِ مُحْتَوَيَاتِهِ فِي كِتَابٍ يَحْمِلُ العُنْوَانَ نَفْسَهِ الذِي إِخْتَارَهُ الرَابَاشُ.

كَانَ الرَابَاشُ إِنْسَاناً مُتَوَاضِعاً وَوَدِيعاً هَادِئاً بِطَبْعِهِ وَمَرِحَ الرُوحِ وَقَلْبَهُ يَتَوَقَّدُ بِمَحَبَّةِ الآخَرِينَ. لَمْ يُشْغِلْهُ العَالَمُ المَادِيُّ وَلَمْ يَسْعَى وَرَاءَ المَجْدِ وَالشُهْرَةِ رَافِضاً كُلَّ المَنَاصِبِ التِي عُرِضَتْ عَلَيْهِ. كَانَ هَمُّهُ الوَحِيدُ مُنْصَبٌ فِي بَذْلِ حَيَاتِهِ لِنَشْرِ عِلْمِ الكَابَالا. فَقَدْ أَلَّفَ طَرِيقَةً جَدِيدَةً لِتَعْلِيمِ نَظَرِيَّةِ الكَابَالا إِذْ كَتَبَ

مَقالاَت أُسْبُوعِيَّةً لِطُلاَبِهِ الجُدُدِ كَانَ يَشْرَحُ فِيهَا بِكَلِمَاتٍ بَسِيطَةٍ كُلَّ مَرْحَلَةٍ مِنْ مَرَاحِلِ عَمَلِ الإِنْسَانِ الرُوحِيّ. لَقَدْ جُمِعَتْ هَذِهِ المَقَالاَتُ فِي مَجْمُوعَةٍ مِنَ الكُتُبِ تَحْتَ عُنْوَانِ "درَجَاتُ السُلَّم". كَانَ الرَابَاشُ الوَحِيْدُ الَذِي نَجَحَ فِي تَقْدِيمِ أَفْضَلَ الطُرُقِ لِمَعْرِفَةِ عُمْقِ وَاقِعِنَا الكَامِلِ أَيْ الوُجُودَ بِكَامِلِهِ.

بَارُوُخْ شَالُوُمْ هَالَفِي أَشْلاَغْ كَانَ فَرِيداً مِنْ نَوْعِهِ، أَرَادَ أَنْ يُنِيرَ المُسْتَقْبَلَ أَمَامَ كُلِّ إِنْسَانٍ وَقَدْ نَجَحَ فِي عَمَلِهِ. وَإِذَا أَخَذْنَا فِي تَطْبِيقِ شُرُوحَاتِهِ لِنَظَرِيَّةِ عِلْمِ الكَابَالا الَتِي تَرَكَهَا لَنَا سَنَحْصَلُ عَلَى نِعْمَةِ إِظْهَارِ الوَاقِعِ الأَبَدِيِّ الحَقِيقِيِّ وَالكَامِلِ وَالَذِي اكْتَشَفَهُ عُلَمَاءُ الكَابَالا فِي كُلِّ الاجْيَالِ السَابِقَةِ.

هَدَفُ المُجْتَمَع

نَحْنُ مَوجُودُوْنَ هُنَا اليَومُ لِهَدَفِ تَأْسِيسِ مُجْتَمع لِكُلٍّ مَنْ لَدَيْهِ الرَغْبَةَ فِي أَنْ يَسِيرَ وَيَسْلُكَ فِي طَرِيقِ عَالِمِ الكَابَالا صَاحِبُ السُلَّم، الطَرِيقُ الَذِي بِوَاسِطَتِهِ يَسْتَطِيعُ المَرءُ الإِرْتِقَاءَ إِلَى دَرجَةِ "المُتَكَلِّمْ" أَيْ مُسْتَوَى أَدَمْ وَلاَ يَعِيشُ عَلَى المُسْتَوَى البَهِيمِيَّ لِلحَيَاةِ كَمَا قَالَ حُكَمَاؤُنَا فِي يَفَامُوتْ رَقَمْ ٦١ بِخُصُوصِ المَقْطَعِ الَذِي يَنُصُّ قَائِلاً: "وَأَنْتُمْ يَا غَنَمِي وَيَا غَنَمُ مَرْعَايَ أَنْتُمْ أُنَاسٌ" وَأَيْضاً قَالَ عَالِمُ الكَابَالا الرَاشْبِي: أَنْتُمْ تُدْعَونَ أُنَاسٌ وَأَمَّا عَبَدَةَ الأَصْنَامِ لاَ يُدْعَونَ أُنَاساً.

لِشَرح وَفَهْم مَيِّزَةِ وَجَدَارَةَ هَذِهِ الدَرَجَةِ التِي نَدْعُوهَا "أَدَمْ -إِنْسَانْ" سَنَأْخُذُ مَقْطَعَاً مِنْ أَقْوَالِ الحُكَمَاءِ وَالَذِي وَرَدَ فِي بِيرَاخُوتْ رَقَم ٦ : دُوِّنَ فِي هَذَا المَقْطَعِ أَنَّ خُلاَصَةَ المَوْضُوعِ وَخِتَامَ الأَمْرِ كُلَّهُ مُعْلَنٌ فِي القَوْلِ "إِتْقِ الرَّبَ وَإحْفَظْ وَصَايَاهُ لأَنَّ هَذَا هُوَ الإِنْسَانُ كُلُّهُ" مِنْ كِتَابِ الجَامِعَةِ لِلْمَلِكِ سُلَيْمَانُ بِنْ دَاوُدِ. وَالسُؤَالُ هُنَا هُوَ عَنْمَا يَخُصُّ بِالقَوْلِ وَمَا الَذِي يُشِيرُ لَهُ بِالعِبَارَةِ "لأَنَّ هَذَا هُوَ الإِنْسَانُ كُلَّهُ" هُنَا يَشْرَحُ عَالِمُ الكَابَالا أَلِيعَازَرُ وَيَقُوْلُ: قَالَ الخَالِقُ أُنَّ العَالَمَ بِأَكْمَلِهِ خُلِقَ فَقَطْ مِنْ أَجْلِ هَذَا الغَرَضِ وَهَذَا يَعْنِي أَنَّ العَالَمَ بِأَكْمَلِهِ خُلِقَ مِنْ أَجْلِ أَنْ يَخَافَ الإِنْسَانُ الرَّبَ وَلَكِنْ يَجِبُ عَلَيْنَا أَنْ نَفْهَمَ مَا هِيَ مَخَافَةُ الرَّبِ وَالَتِي مِنْ أَجْلِهَا خُلِقَ العَالَمُ.

مِنْ كَلاَمِ الحُكَمَاءِ نَعْلَمُ بِأَنَّ الهَدَفَ مِنْ وُجُودِ الخَلِيْقَةِ هُوَ أَنْ يُغْدِقَ الخَالِقُ

البَرَكَةَ وَالبَهْجَةَ عَلَى خَلِيقَتِهِ، وَهَذَا مَعْنَاهُ أَنَّ الخَالِقَ يُحِبُّ أَنْ يُنْعِمَ عَلَى خَلِيْقَتِهِ لِكَيْ يَكُونُوا سُعَدَاءَ وَفَرِحِينَ، لِهَذَا قَالَ الحُكَمَاءُ فِي هَذَا عَنْ القَوْلِ "لأَنَّ هَذَا هُوَ الإِنْسَانُ كُلُّهُ" أَنَّهُ سَبَبُ الخَلِيْقَةِ هُوَ مَخَافَةُ الرَبِّ وَإِتقَائِهُ، وَلَكِنْ وِفْقاً لِلْشَرْحِ الذِي وَرَدَ فِي مَقَالِ "إِعْطَاءِ الوَصَايَا" مَكْتُوبٌ بِأَنَّ السَبَبَ فِي عَدَمِ تَلَقِّي الإِنْسَانُ الخَيْرَ وَالبَرَكَةَ مَعْ أَنَّ هَذَا هُوَ الدَافِعُ الأَسَاسِيُّ لِوُجُودِ الخَلِيْقَةِ هُوَ بِسَبَبِ التَبَايُنِ فِي السِمَاتِ بَيْنَ الخَالِقِ وَالمَخْلُوقِ. فَالخَالِقُ هُوَ عَطَاءٌ مُطْلَقٌ وَالمَخْلُوقُ هُوَ المُتَلَقِّي "الإِرَادَةُ فِي الأَخْذِ لِلْذَاتِ" وَأَنَّهُ يُوجَدُ قَانُونٌ يَسْتَوْجِبُ تَمَاثُلَ الأَغْصَانِ مَعَ الجُذُورِ الَتِي نَمتْ هَذِهِ الأَغْصَانُ مِنْهَا. وَبِمَا أَنَّهُ لاَ تُوجَدُ سِمَةُ الأَنَانِيَّةُ وَحُبُّ الذَاتِ فِي الجُذُورِ بِمَعْنَى أَنَّهُ لَيْسَ عِنْدَ الخَالِقِ أَيُّ عَجزٍ أَوْ نَقْصٍ وَلَيْسَ لَدَيْهِ حَاجَةٌ فِي تَلَقِّي أَيِّ شَيءٍ لإِشْبَاعِ رَغْبَتِهِ، فَإِنَّ سَبَبُ التَبَايُنِ هَذَا مَا يَبْعَثُ فِي الإِنْسَانِ الشُعُورَ بِالإِشْمِئْزَازِ وَالنُفُورِ عِنْدَمَا تَتَوَاجَدُ لَدَيْهِ الحَاجَةَ فِي التَلَقِّي مِنَ الآخَرِينَ وَهَذَا هُوَ السَبَبُ أَنَّ كُلَّ شَخْصٍ يَشْعُرُ بِالحَيَاءِ وَالخَجَلِ عِنْدَمَا يَأْخُذُ عَطِيَّةً أَوْ حَسَنَةً مَا.

وَلِتَصْحِيحِ هَذَا الشُعُورِ اسْتَوْجَبَ خَلْقُ العَالَمِ. "أُولاَمْ" أَيْ العَالَمُ وَالَتِي مَعْنَاهَا "هَا-ئِيلِيمْ" سَتَرَ - حَجَبَ - أَخفَا أَيْ أَنَّ البَهْجَةَ يَجِبُ أَنْ تَكُونَ فِي مَكَانٍ مَخْفِيٍّ وَمُتَوَارِيَةٍ عَنْ الأَنْظَارِ. لِمَاذَا؟ الجَوَابُ هُوَ الخَوْفُ. بِكَلِمَةٍ أُخْرَى أَنَّهُ يَجِبُ أَنْ يَكُونَ عِنْدَ الإِنْسَانِ الخَوْفُ فِي اسْتِخْدَامِ "حُبُّ الذَاتِ" كَهَدَفٍ وَهَذَا يَعْنِي أَنَّهُ يَجِبُ عَلَى المَرْءِ أَنْ يَمْتَنِعَ عَنْ تَلَقِّي البَرَكَةَ وَالبَهْجَةَ بِسَبَبِ أَنَّهُ يَشْعُرُ بِالشَهْوَةِ إِلَيْهَا لإِشْبَاعِ ذَاتِهِ، بَلْ يَجِبُ أَنْ تَكُونَ لَدَيْهِ القُوَّةَ لِيَسُودَ عَلَى هَذِهِ الشَهْوَةِ وَالَتِي هِيَ مَصْدَرُ الرَغْبَةِ عِنْدَ الإِنْسَانِ بِالأَحْرَى يَجِبُ أَنْ يَتَلَقَّى الإِنْسَانُ البَهجَةَ وَالمَسَرَّةَ لِغَرَضِ إِرْضَاءِ الخَالِقِ بِمَعْنَى أَنْ يُرِيدَ المَخْلُوقُ أَنْ يُنْعِمَ عَلَى الخَالِقِ وَبِأَنْ تَكُونَ لَدَيْهِ مَخَافَةُ الرَبِّ بِأَنْ لاَ يَأْخُذَ لإِشْبَاعِ ذَاتِهِ نَظَراً

إِلَى أَنَّ الأَخْذَ لإِشْبَاعِ الأَنَانِيَّةِ وَحُبُّ الذَاتِ يُسَبِبُ إِنْشِقَاقُ الإِنْسَانِ وَإِبْتِعَادُهُ عَنْ الخَالِقِ.

لِذَلِكَ عِنْدَمَا يَقُوْمُ الإِنْسَانُ فِي تَنْفِيذِ إِحْدَى وَصَايَا الرَّبِ يَجِبُ أَنْ يَكُوْنَ الهَدَفُ مِنْ حِفْظِ الوَصِيَّةِ هُوَ أَنْ تُوَّلِدَ لَدَيْهِ أَفْكَاراً طَاهِرَةً وَنَقِيَّةً لِيَتَمكَّنَ مِنْ إِرْضَاءِ الخَالِقِ فِي حِفْظِ وَصَايَاهُ. كَمَا قَالَ عَالِمُ الكَابَالا حَنَانِيًا بِنْ أَكَاشِيَا: لِرَغْبَةِ الخَالِقِ فِي تَطْهِيرِ شَعْبِهِ أَعْطَاهُم الوَصَايَا لِلحِفْظِ.

وَلِهَذَا السَبَبُ نَحْنُ هُنَا مَعاً لِتَأْسِيسِ مُجْتَمَعٍ تَسُوْدُهُ رُوُحُ المَحبَّةِ الطَاهِرَةِ وَالذِي فِيْهِ يَتَمكَّنُ كُلَّ إِنْسَانٍ مِنْ أَنْ تَكوْنَ لَدَيْهِ الرَغْبَةَ فِي الإِنْعَامِ عَلَى الخَالِقِ وَإِرْضَائِهِ وَلِبُلُوْغِ هَذِهِ المَرْحَلَةِ يَجِبُ أَنْ نَبْدَأَ بِالإِنْعَامِ عَلَى أَخِي الإِنْسَانِ هَذَا مَا يُسَمْىَ بِمَحَبَّةِ الآخَرِينِ. وَمَحَبَّةُ الآخَرِينِ لَيْسَتْ مُمْكِنَةٌ إِلاَّ بِإِلْغَاءِ وَإِبْطَالِ الأَنَانِيَّةِ وَحُبُّ الذَاتِ عِنْدَ الإِنْسَانِ. مِنْ نَاحِيَةٍ يَجِبُ أَنْ يَشْعُرَ الإِنْسَانُ بِالتَوَاضُعِ وَالوَدَاعَةِ وَمِنْ نَاحِيَةٍ أُخْرَى يَشْعُرُ بِالفَخْرِ بِأَنَّ الخَالِقَ أَعْطَانَا الفُرْصَةَ بِأَنْ نَكُوْنَ جُزْءً مِنْ مُجْتَمَعٍ كُلُّ فَرْدٍ فِيْهِ يَسْعَى نَحْوَ الهَدَفِ نَفْسِهِ فِي تَوَاجُدِ الخَالِقِ مَعَنَا.

بِمَا أَنَّنَا لَمْ نَصِلْ إِلَى تَحْقِيقِ هَذَا الهَدَفِ بَعدْ وَلَكِنْ لَدَيْنَا الرَغْبَةَ فِي تَحْقِيقِهِ،وَهَذَا شَيئٌ جَدِيرٌ بِالتَقْدِيرِ مِنْ نَاحِيَتِنَا فَبِالرَغْمِ مِنْ أَنَّنَا مَا زِلْنَا فِي بِدَايَةِ الطَرِيقِ غَيْرَ أَنَّنَا نَأْمَلُ وَنَرْغَبُ فِي تَحْقِيقِ الهَدَفِ السَامِي.

هَدَفُ المُجْتَمعِ ٢

بِمَا أَنَّ الإِنْسَانَ خُلِقَ مَعَ الكِلِي "الإِنَاءُ" وَالَتِي تُدْعَى "حُبُّ الذَاتِ" فَإِنَّ أَيَّ عَمَلٍ لاَ يَرَى فِيْهِ الإِنْسَانُ أَيَّ نَوْعٍ مِنَ الفَائِدَةِ التِي يَسْتَطِيعُ جَنْيَهَا لِنَفْسِهِ لَنْ يَكُونَ لَدَيْهِ أَيُّ بَاعِثٍ أَوْ حَافِزٍ يُحَرِضُهُ لِلقِيَامِ بِأَيِّ عَمَلٍ. وَلَكِنْ مِنْ نَاحِيَةٍ أُخْرَى مِنْ غَيْرِ أَنْ يُبْطِلَ الإِنْسَانُ أَنَانِيَّتَهُ وَيُبْطِلُ حُبُّ الذَاتِ لَدَيْهِ فَإِنَّهُ مِنَ المُسْتَحِيلِ أَنْ يُحرزَ "دْفِيكُوتْ" التَقَرُّبَ أَوْ الإِلْتِصَاقَ بِالخَالِقِ، بِمَعْنَى أَنَّهُ يَصِلُ إِلَى دَرَجَةِ التَوَازُنِ فِي السِمَاتِ مَعَ الخَالِقِ أَيْ تَبَنِّي مِنْ سِمَاتِ الخَالِقِ فِي المَخْلُوقِ.

وَبِمَا أَنَّ هَذَا العَمَلُ مُضَادُّ وَمُنَاقِضٌ تَمَاماً لِطَبِيعَتِنَا الأَنَانِيَّةِ لِهَذَا نَحْنُ بِحَاجَةٍ لِمُجْتَمَعٍ يَكُونُ بِمَثَابَةِ قُوَّةٍ كَبِيرَةٍ لِنَسْتَطِيعَ أَنْ نَعْمَلَ مَعاً عَلَى مَحْقِ الغُرُورِ وَالأَنَانِيَّةِ وَحُبُّ الذَاتِ الَذِي هُوَ "الشَرُّ" بِعَيْنِهِ، الشَرُّ الَذِي يَمْنَعُ بَلْ يَحُولُ بَيْنَنَا وَبَيْنَ الهَدَفِ الَذِي خُلِقَ الإِنْسَانُ لأَجْلِهِ.

لِهَذَا السَبَبُ يَجِبُ أَنْ يَتَكَوَّنَ المُجْتَمعُ مِنْ أَفْرَادٍ يَتَوَافَقُونَ الرَأْيِ بِالإِجْمَاعِ عَلَى الإِلْتِزَامِ فِي تَحْقِيقِ الهَدَفِ، عِنْدَئِذٍ وَبِمَا أَنَّ كُلَّ فَرْدٍ مُرْتَبِطٍ بِالآخَرِ يُصْبِحُ هَؤُلاءُ الأَفْرَادُ قُوَّةً عَظِيمَةً بِإِمْكَانِهَا الوُقُوفُ ضِدَّ الأَنَانِيَّةِ وَمُحَارَبَةُ حُبُّ الذَاتِ وَالغُرُورِ مَعاً. إِنَّ كُلَّ شَخْصٍ لَدَيْهِ الرَغْبَةَ الأَسَاسِيَّةَ فِي إِحْرَازِ الهَدَفِ السَامِي، وَلِيَسْتَطِيعَ كُلُّ وَاحِدٍ مِنَا الإِرْتِبَاطَ بِالآخَرِ يَجِبُ عَلَى كُلِّ شَخْصٍ أَنْ يُقَاوِمَ وَيُبْطِلَ أَنَانِيَّتَهُ "نَوَايَاهُ الأَنَانِيَّةِ" مُقَابِلَ الآخَرِينَ مِنَ المَجْمُوعَةِ. وَيَكُونُ

هَذَا مُمْكِنَاً عِنْدَمَا يَرَى الإِنْسَانُ مَا هُوَ صَالِحٌ فِي صَدِيقِهِ أَوْ صَاحِبِهِ وَلَيْسَ التَّرْكِيزِ عَلَى ضَعَفَاتِهِ وَأَخْطَائِهِ. وَلَكِنْ إِذَا كَانَ أَحَدٌ يُفَتِّكِرُ بِأَنَّهُ عَلَى دَرَجَةٍ رُوحِيَّةٍ أَعْلَى مِنَ الآخَرِينَ لَا يَكُنْ بِإِسْتِطَاعَةِ هَذَا الشَّخْصِ الإِرْتِبَاطِ مَعَ الْمَجْمُوعَةِ.

وَأَيْضَاً أَنَّهُ مِنَ الْمُهِمِّ جِدَّاً أَنْ يَبْقَى الإِنْسَانُ جِدِّيَّاً فِي تَرْكِيزِ فِكْرِهِ حِينَ إِجْتِمَاعِهِ مَعَ الآخَرِينَ حَتَّى لَا يَشْرُدَ بِإِنْتِبَاهِهِ وَيَبْتَعِدُ فِي نِيَّتِهِ عَنْ غَرَضٍ وَهَدَفِ إِجْتِمَاعِهِمْ سَوِيَّاً لِأَنَّهُمْ إِجْتَمَعُوا مَعَاً لِأَجْلِ إِرْتِبَاطِ نَوَايَا القُلُوبِ بِرِبَاطِ المَحَبَّةِ وَمَحْقِ الشَّرِّ. أَمَّا مِنْ نَاحِيَةِ أَنْ يَكُونَ الإِنْسَانُ مُتَوَاضِعَاً وَهَذَا بِالتَّأْكِيدِ شَيْءٌ عَظِيمٌ يَجِبُ عَلَى كُلِّ إِنْسَانٍ أَنْ يَعْتَادَ بِأَنْ يَكُونَ عَادِيَّاً فِي المَظْهَرِ وَلَكِنْ قَلْبُهُ يَتَّقِدُ بِالرَّغْبَةِ لِلْوُصُولِ إِلَى الْهَدَفِ.

وَلِهَؤُلَاءِ الْمُبْتَدِئِينَ، فِي حِينِ إِجْتِمَاعِهِمْ مَعَ المَجْمُوعَةِ يَجِبُ عَلَى الفَرْدِ أَنْ يَحْتَرِسَ وَأَنْ يَكُونَ مُتَيَقِّظَاً فِي أَنْ لَا يَتْبَعَ الكَلَامَ وَالأَعْمَالَ الَّتِي لَا تُذْعَنُ لِلْخُضُوعِ لِلْهَدَفِ الَّذِي مِنْ أَجْلِهِ تَمَّ الإِجْتِمَاعُ، الْهَدَفِ فِي الْحُصُولِ عَلَى "الدِفِيكُوتْ" أَيْ لِلْتَقَرُّبِ مِنَ الخَالِقِ.

وَلَكِنْ إِذَا كَانَ الإِنْسَانُ وَحْدَهُ وَلَيْسَ مَعَ الأَصْدِقَاءِ مِنَ المَجْمُوعَةِ فَمِنَ الأَفْضَلِ أَنْ لَا يُظْهِرَ نَوَايَا قَلْبِهِ أَمَامَ الآخَرِينَ مِنَ العَامَّةِ بَلْ أَنْ يَكُونَ كَوَاحِدٍ مِنْهُمْ وَهَذَا هُوَ الْمَقْصُودُ بِالقَوْلِ "أَنْ يَمْشِيَ الإِنْسَانُ بِتَوَاضُعٍ أَمَامَ الرَّبِّ الإِلَهِ".

وَمَعَ أَنَّ هُنَاكَ تَفْسِيرٌ لِمَا سَبَقَ عَلَى دَرَجَةٍ رُوحِيَّةٍ أَعْلَى مِنَ الَّذِي وَرَدَ هُنَا وَلَكِنَّ التَّفْسِيرَ البَسِيطَ جَيِّدٌ أَيْضَاً، كَمَا أَنَّهُ مِنَ الجَيِّدِ أَنْ يَكُونَ هُنَاكَ تَسَاوٍ بَيْنَ الأَصْدِقَاءِ الَّذِينَ يَجْتَمِعُونَ مَعَاً لِيَكُنْ بِإِسْتِطَاعَةِ كُلِّ فَرْدٍ أَنْ يَمْحَقَ وَيُبْطِلَ

رَغَبَاتِه الأَنَانِيَّة أَمَامَ الآخَرِين. هُنَا أَيْضاً يَتَوَجَّبُ الحَذَرُ وَالحِرْصُ فِي المُجْتَمَعِ "المَجْمُوعَةُ الكَبِيرَةُ" غَيْرَ مُعْطِينَ مَكَاناً لِلْعَبَثِ وَالطَّيْشِ وَالعَمَلِ التَّافِهِ بَيْنَ الأَفْرَادِ بِمَا أَنَّ العَبَثَ وَالطَّيْشَ يُلْحِقُ الضَرَرَ وَيُؤَدِّي إِلَى الخَرَابِ وَدَمَارِ كُلِّ شَيْءٍ. وَلَكِنْ وَكَمَا وَرَدَ سَابِقاً بِأَنَّ هَذَا العَمَلَ يَجِبُ أَنْ يَكُونَ مَسْأَلَةً بَاطِنِيَّةً أَيْ فِي دَاخِلِ نَفْسِ الإِنْسَانِ وَلَكِنْ فِي حَالِ تَوَاجُدِ زَائِرٍ لَيْسَ مِنَ المَجْمُوعَةِ وَهُوَ لَا يَسْعَى فِي طَرِيقِ الهَدَفِ نَفْسِهِ يَجِبُ عَدَمُ إِظْهَارِ أَيٍّ مِنَ الأُمُورِ الَتِي تُنَاقَشُ عَادَةً بِعُمْقٍ وَلَكِنِ الأَفْضَلُ أَنْ نَتَمَاشَى مَعَ هَذَا الإِنْسَانِ عَلَى دَرَجَتِهِ وَالتَّكَلُّمِ فِي الأُمُورِ الَتِي تَتَنَاسَبُ مَعَ مُسْتَوَاهُ كَوْنَهُ مُبْتَدِئٌ فِي المَجْمُوعَةِ.

بِكَلِمَةٍ أُخْرَى تَجَنَّبْ التَّكَلُّمَ بِأُمُورٍ مُعَقَّدَةٍ وَصَعْبَةٍ فِي حُضُورِ الشَّخْصِ المُبْتَدِئِ وَلَكِنْ تَنَاقَشُوا بِالأَمُورِ الَتِي تَخُصُّهُ وَبِمَكَانِ الأَهَمِّيَةِ لِهَذَا الشَّخْصِ الجَدِيدِ فِي المَجْمُوعَةِ وَالَذِي يُنْسَبُ إِلَيْهِ بِالضَّيْفِ الثَّقِيلِ.

مَحَبَةُ الآخَرِين

قِيلَ فِي قِصَةِ يُوسُفُ الصِدِّيقُ: "فَوَجَدَهُ رَجُلٌ وَإِذَا هُوَ ضَالٌ فِي الحَقْلِ؛ فَسَأَلَهُ الرَجُلُ قَائِلاً مَاذَا تَطْلُبُ؟ فَقَالَ أَنَا طَالِبٌ إِخْوَتِي، أَخْبِرْنِي أَيْنَ يَرْعَونْ فَقَالَ الرَجُلُ لَقَدْ إِرْتَحَلوُا مِنْ هُنَا".

إِنَّ الرَجُلَ "التَائِهَ فِي الحَقْلِ" يُنْسَبُ إِلَى المَكَانِ الَذِي مِنْهُ يَأتِي المَحْصُوُلُ الَذِي يُقِيتُ وَيَسْنُدُ العَالَمَ. فَعَمَلُ الحَقْلِ هُوَ فِي الفِلاَحَةِ وَالزَرْعِ وَالحَصادِ وَقِيلَ بِهَذَا الشَأنِ: "الَذِينَ يَزْرَعونَ بِالدُمُوُعِ يَحْصِدُوُنَ بِالإِبْتِهَاجِ وَالفَرَحِ". وَهَذَا مَا يُطْلَقُ عَلَيْهِ- الحَقْلُ الَذِي بَارَكَهُ الرَّبُ.

شَرَحَ عَالِمُ الكَابَالا هَاتُورِيم عَنْ هَذَا قَائِلاً: إِنَّ الرَجُلَ التَائِهَ فِي الحَقْلِ يُنْسَبُ إِلَى الشَخْصِ الَذِي إِنْحَرَفَ عَنْ طَرِيقِ الحَقِ أَيْ "المَنْطِقِ" وَالَذِي لاَ يَعْرِفُ الطَرِيقَ الصَحِيحَ لِيَسْلُكَ فِيْهِ وَالَذِي يَنْتَهِي بِهِ إِلَى المَكَانِ الَذِي يُرِيدُ أَنْ يَصِلَ إِلَيْهِ، كَمَثَلِ "البَهِيمَةِ الَتِي تَنْحَرِفُ عَنْ الطَرِيقِ وَتُجُوُلُ تَائِهَةً" هَكَذَا يَصِلُ الشَخْصُ إِلَى مَرْحَلَةٍ يَظُنُ فِيهَا بِأَنَّهُ مِنَ المُسْتَحِيلِ إِحْرَازُ الهَدَفِ الَذِي يُرِيدُ إِدْرَاكَهُ.

وَسَأَلَهُ الرَجُلُ قَائِلاً: مَنْ تَطْلُبُ؟ وَمَعْنَى هَذَا "كَيْفَ أَسْتَطِيعُ أَنْ أُسَاعِدَكَ؟" فَأَجَابَهُ وَقَالَ: "أَنَا أَبْحَثُ عَنْ إِخْوَتِي". فَعِنْدَمَا أَكُوُنُ مَعَ إِخْوَتِي بِمَعْنَى أَنَّهُ عِنْدَمَا أَكُوُنُ مَع المَجْمُوُعَةِ المُرْتَبِطَةِ بِرِبَاطِ المَحَبَّةِ الطَاهِرَةِ وَالقَائِمَةِ عَلَى مَبْدَاءِ مَحَبَّةُ الآخَرِينِ، أَسْتَطِيعُ أَنْ أَسْلُكَ فِي الطَرِيقِ الَذِي يُؤَدِي بِيَّ إِلَى

بَيْتِ الرَّبِّ. هَذَا الطَّرِيقُ يُدْعَى "طَرِيقُ العَطَاءِ المُطْلَقِ" وَهُوَ الطَّرِيقُ المُعَاكِسُ تَمَامًا لِلأَنَا- لِطَبِيعَتِنَا الأَنَانِيَّةِ. وَلِكَي يَكُونَ بِإِمْكَانِي إِحْرَازِ طَرِيقِ العَطَاءِ وَالسُّلُوكِ فِيهِ لَا يُوجَدُ إِلَّا وَسِيلَةٌ وَاحِدَةٌ فَقَطْ وَلَا ثَانِي لَهَا وَهِيَ مَحَبَّةُ الآخَرِينَ. المَحَبَّةُ التِي مِنْ خِلَالِهَا يُسَاعِدُ كُلُّ وَاحِدٍ صَدِيقَهُ لِلْوُصُولِ إِلَى الهَدَفِ.

وَقَالَ لَهُ الرَّجُلُ: "لَقَدْ رَحَلُوا مِنْ هُنَا". فَسَّرَ عَالِمُ الكَابَالَا رَاشِي هَذَا كَمَا يَلِي: رَحَلُوا مِنْ هُنَا بِمَعْنَى أَنَّهُمْ تَخَلَّوْا عَنِ المَحَبَّةِ الأَخَوِيَّةِ وَسَلَكُوا فِي طَرِيقٍ مُخْتَلِفٍ أَيْ أَنَّهُمْ لَا يَرْغَبُونَ فِي الإِرْتِبَاطِ مَعَكَ فِي المَحَبَّةِ، هَذَا التَّصَرُّفُ مَا أَدَّى فِي النِّهَايَةِ إِلَى وُقُوعِ إِسْرَائِيل تَحْتَ نِيرِ العُبُودِيَّةِ فِي مِصْرَ "تَحْتَ نِيرِ الأَنَا" وَفِي مَا بَعْدُ خَلَاصِهِم وَخُرُوجِهِم مِنْ مِصْرَ. فَيَجِبُ عَلَيْنَا أَنْ نَأْخُذَ عَلَى عَاتِقِنَا الإِنْتِمَاءَ إِلَى المَجْمُوعَةِ المَبْنِيَّةِ عَلَى أَسَاسِ مَحَبَّةِ الآخَرِينَ بِقَلْبٍ طَاهِرٍ وَصَادِقٍ فَفِي هَذَا نَجِدُ البَرَكَةَ وَالمُكَافَأَةَ فِي الحُرِّيَّةِ وَالخُرُوجِ مِنْ مِصْرَ أَيْ مِنْ تَحْتَ نِيرِ عُبُودِيَّةِ الأَنَا وَتَلَقِّي النُّورِ وَإِحْرَازِ سِمَةُ العَطَاءِ.

وَسَاعَدَ كُلُ وَاحِدٍ صَاحِبَهُ

يَجِبُ عَلَينا أَنْ نَفهَمَ كَيْفَ يَكُونُ بِإسْتِطَاعَةِ أَيِّ إِنْسَانٍ مُساعَدَةَ صَاحِبِهِ أَوْ أَخِيهِ الإِنْسَانِ. وَهَلْ هَذَا مَطْلُوبٌ حَيْثُ يُوجَدُ أُنَاسٌ مِنْ كُلِ الفِئَاتِ أَيْ الغَنِيُّ وَالفَقِيرُ، الحَكِيمُ وَالأَحْمَقُ، الضَعِيفُ وَالقَوِيُّ؟ وَلَكِنْ إِذَا كَانَ الكُلُّ أَغْنِيَاءٌ وَأَذْكِيَاءٌ وَأَقْوِيَاءٌ والخ. كَيْفَ يَكُونُ الإِنْسَانُ قَادِراً عَلَى مُسَاعَدَةِ الإِنْسَانِ الآخَرَ؟

نَرَى بِأَنَّ هُنَاكَ عَامِلٌ وَاحِدٌ مُشْتَرَكٌ بَيْنَ الجَمِيعِ وَهُوَ مَزَاجُ الإِنْسَانِ. فَقَدْ قِيلَ "إِذَا كَانَ عِنْدَ الشَخْصِ هَمٌّ مَا فِي قَلْبِهِ فَلِيَتَكَلَّمَ عَنْهُ مَعَ الآخَرِينَ. فَإِذَا كَانَ الأَمْرُ يَتَعَلَّقُ بِإِحْسَاسِ الشَخْصِ بِالفَخْرِ بِنَفْسِهِ وَبِالكِبْرِيَاءِ فَفِي هَذِهِ الحَالَةِ لاَ يُوجَدُ وَسِيلَةٌ أَوْ مَعْرِفَةٌ مَهْمَا كَانَتْ وَاسِعَةٌ وَشَامِلَةٌ بِإِسْتِطَاعَتِهَا مُسَاعَدَةَ هَذَا الشَخْصِ.

بِالأَصَّحِ أَنَّ الشَخْصَ الوَحِيْدَ الَذِي يَسْتَطِيعُ مُسَاعَدَةَ الآخَرِ هُوَ الَذِي يَرَى صَاحِبَهُ فِي حَالَةِ ضَعْفٍ. إِذْ إِنَّهُ مَكْتُوبٌ "لاَ يَسْتَطِيعُ أَيَّ إِنْسَانٍ تَخْلِيصَ نَفْسِهِ فِي كَوْنِهِ حَبِيسَ الضَعْفِ" . بِالأَحْرَى إِنَّ صَاحِبَهُ هُوَ الَذِي يَسْتَطِيعُ مُسَاعَدَتَهُ وَرَفْعَ مَعْنَوِيَاتَهُ.

بِمَعْنَى أَنَّ صَاحِبُ هَذَا الإِنْسَانِ هُوَ الَذِي يَسْتَطِيعُ رَفْعَهُ مِنْ حَالَةِ الضَعْفِ هَذِهِ إِلَى حَالَةٍ مُفْعَمَةٍ بِالحَيَاةِ بِمُسَانَدَتِهِ لَهُ. مِنْ ثَمَّ يَبْدَأُ الإِنْسَانُ بِإِكْتِسَابِ القُوَّةِ وَالثِقَةِ بِالحَيَاةِ وَوفْرَتِهَا، وَيَأْخُذُ يَسْعَى نَحْوَ الهَدَفِ وَكَأَنَّهُ فِي مُتَنَاوَلِ يَدِهِ. لَقَدْ

اتْضَحَ بِأَنَّهُ يَجِبُ عَلَى كُلِّ وَاحِدٍ مِنا بِأَنْ يَكُونَ مُتيَقْظاً وَيُفَكِرُ كَيْفَ بِإِمْكَانِهِ مُسَاعَدَةَ صَاحِبِهِ فِي رَفْعِ مَعْنَوِيَاتِهِ، فَإِنَّ فِي مُتَنَاوَلِ أَيِّ إِنْسَانٍ دَائِمَاً أَنْ يَجِدَ الحَاجَةَ لَدَى صَاحِبِهِ فِي مُسَانَدَتِهِ وَرَفْعِ مَعْنَوِيَاتِهِ، لأَنَّهُ فِي هَذِهِ المَسْأَلَةِ بِالذَاتِ يَسْتَطِيعُ أَيُّ شَخْصٍ أَنْ يَجِدَ هَذِهِ الحَاجَةَ عِنْدَ صَاحِبِهِ وَيَسْتَطِيعُ أَيْضاً أَنْ يَمْلَئَهَا.

شَجَرَةُ مَعْرِفَةِ الخَيْرِ وَالشَر

لَقَدْ وَرَدَ فِي كِتَابِ الزَبُوهَارِ: "شَجَرَةُ مَعْرِفَةِ الخَيْرِ وَالشَرِّ، إِذَا كَانُوا قَدْ نَالُوا مُكَافَأَةً فَهَذَا خَيْرٌ وَجِيدٌ، وَإِنْ لَمْ يَحْصَلُوا عَلَى مُكَافَأَةٍ فَهَذَا شَرٌّ".

فِي كِتَابِ الشَرْحِ السُلَّمِيِّ لِكِتَابِ الزَبُوهَارِ يَشْرَحُ صَاحِبُ السُلَّمِ قَائِلاً أَنَّهُ إِذَا كُوفِأَ الإِنْسَانُ فَإِنَّ صِفَةَ قَضَاءِ الدِينِ تَكُونُ مُسْتَتِرَةً وَتَظْهَرُ صِفَةُ الرَحْمَةِ وَهَذَا يَعْنِي أَنَّ السَفِيرَا مَلْخُوتْ وَالَتِي اكْتَسَبَتْ صِفَةُ الرَحْمَةِ مِنَ الخَالِقِ تَتَجَلَّى مَكَانَ القَضَاءِ. وَالعَكْسُ أَيْضاً صَحِيحٌ فِي حَالِ لَمْ يَنَالْ الإِنْسَانُ مُكَافَأَةً.

مِنَ المُتَوَجِّبِ عَلَيْنَا فَهْمَ الَذِي تُوحِي إِلَيْهِ الكَلِمَاتُ "إِظْهَارُ" وَ "إِخْفَاءُ". مِنَ المُتَعَارَفِ عَلَيْهِ بِأَنَّ الإِنْسَانَ يَتَأَلَّفُ مِنْ صِفَتَيْنِ، صِفَةُ الفَضِيْلَةِ وَالخَيْرِ وَأَيْضاً صِفَةُ السُؤِ. وَهَذَا لِسَبَبِ "أَنَّهُ لا يُوجَدُ إِنْسَانٌ بَارٌّ عَلَى وَجْهِ الأَرْضِ يَعْمَلُ الخَيْرَ وَلا يُخْطِئُ".

فِي كَلِمَةٍ أُخْرَى، يُوجَدُ دَائِماً حَاجَةٌ أَوْ نَقْصٌ دَاخِلَ قَلْبِ الإِنْسَانِ أَيْ رَغْبَةً إِضَافِيَّةً بِحَاجَةٍ إِلَى تَصْحِيحٍ، وَعَلَى خِلافِ ذَلِكَ لا يُوجَدُ أَيُّ شَيءٍ آخَرٍ لِلإِنْسَانِ لِيَعْمَلَهُ فِي هَذَا العَالَمِ. كَمَا الحَالُ فِي عِلاقَةِ شَخْصَيْنِ مَعاً تَجْمَعُ بَيْنَهُمَا عَلاقَةُ صَدَاقَةٍ وَفَجْأَةً يَسْمَعُ أَحَدَهُمْ بِأَنَّ الآخَرَ قَدْ قَامَ بِمَا أَسَئَ لَهُ، فَمُبَاشَرَةً نراه يَتَبَاعَدُ عَنْ صَدِيقِهِ، لا يَوَدُّ النَظَرَ إِلَيْهِ وَلا التَوَاجُدَ بِقُرْبِهِ، وَلَكِنْ بَعْدَئِذٍ يَتَرَاضَونَ مَعاً.

لَقَدْ حَذَّرَ حُكَمَاؤُنَا قَائِلِينَ "لا تُحَاوِلْ تَهْدِئَةَ أَوْ إسْتِرْضَاءَ صَدِيقِكَ فِي حِينِ مَا زَالَ فِي حَالَةِ غَضَبٍ تِجَاهَكَ. وَالسُّؤَالُ لِمَاذَا؟ السَّبَبُ أَنَّهُ عِنْدَمَا يَكُونُ الإِنْسَانُ فِي حَالَةِ غَضَبٍ فَهُوَ لا يَتَمَكَّنُ مِنَ الإِرْتِقَاءِ عَنِ النَّظَرِ إِلَى خَطَاءِ صَدِيقِهِ فِي هَذِهِ اللَّحْظَةِ وَبِالتَّالِي يَكُونُ غَيْرَ قَادِرٍ عَلَى مَغْفِرَةِ خَطَئِهِ بِمَا أَنَّ خَطَاءَ صَدِيقِهِ يَظْهَرُ بَادِياً لِلْعَيَانِ مُضْهِياً عَلَى سِمَاتِ صَدِيقِهِ الحَسَنَةِ، تِلْكَ السِّمَاتُ الحَسَنَةُ الَّتِي مِنْ أَجْلِهَا إِنْتَقَاهُ لِكَيْ يَكُونَ صَدِيقاً لَهُ، وَبِالتَّالِي كَيْفَ بِإِمْكَانِهِ التَكَلُّمُ مَعَ أَحَدٍ يَرَاهُ عَلَى أَنَّهُ إِنْسَانٌ سَيِّءٌ بِسَبَبِ الأَلَمِ الَّذِي سَبَّبَهُ لَهُ؟

وَلَكِنْ وَبَعْدَ مُرُورِ فَتْرَةٍ مِنَ الزَّمَنِ وَعِنْدَمَا يَنْسَى الأَلَمَ الَّذِي سَبَّبَهُ صَدِيقَهُ لَهُ يَسْتَطِيعُ إِعَادَةَ إِكْتِشَافِ السِّمَاتِ أَوِ الصِّفَاتِ الحَمِيدَةِ الَّتِي فِي صَدِيقِهِ وَالَّتِي تُضْهِي فِي دَوْرِهَا عَلَى صِفَاتِهِ السَّيِّئَةِ سَاتِرَةً إِيَّاهَا، بِمَعْنَى آخَرَ إِنَّ إِحْسَاسَهُ بِصِفَاتِ صَدِيقِهِ الحَسَنَةِ يَتَجَدَّدُ وَيُحْيَا فِيهِ مِنْ جَدِيدٍ.

فِي طَبِيعَةِ الأَمْرِ إِنْ لَمْ يُعِرِ الإِنْسَانُ إِنْتِبَاهَهُ لِلصِّفَاتِ السَّيِّئَةِ فِي صَدِيقِهِ مُقِيتاً إِيَّاهَا، فَلَنْ تَجِدَ سَنَداً لَهَا فَتُدْفَعُ جَانِباً مُتَوَارِيَةً عَنِ العَيَانِ. وَهَذَا بِسَبَبِ أَنَّهُ عِنْدَمَا يَتَكَلَّمُ الإِنْسَانُ عَنْ أَيِّ شَيْءٍ فَإِنَّ كَلِمَاتِهِ تُعْطِي قُوَّةً وَحَيَاةً لِمَا يُذْكَرُ فِي حَدِيثِهِ وَلِذَلِكَ عِنْدَمَا يَنْسَى الإِنْسَانُ غَضَبَهُ وَيُطْلِقُ عِنَانَ الأَلَمِ وَالحُزْنِ الَّذِي سَبَّبَهُ لَهُ صَدِيقُهُ عِنْدَهَا يَكُونُ بِإِمْكَانِهِ التَكَلُّمُ عَنِ المَسَرَّاتِ الَّتِي تَلَقَاهَا مِنْ صَدِيقِهِ بِسَبَبِ صِفَاتِهِ الحَسَنَةِ الَّتِي يَتَحَلَّى بِهَا.

تَتَضِحُ هَذِهِ الصُّورَةُ بِشَكْلٍ جَلِيٍّ فِي عِلاقَةِ الزَّوْجَيْنِ مَعاً إِذْ نَجِدُ أَحْيَاناً بِأَنَّهُمْ يَخْتَلِفَانِ فِي الرَّأْيِ إِلَى دَرَجَةٍ أَنَّهُ يَتَمَنَّى أَنْ يَهْجُرَ الوَاحِدُ الآخَرَ وَلَكِنْ بَعْدَ ذَلِكَ يَتَصَالَحَانِ. وَلَكِنْ مَاذَا بِالنِّسْبَةِ لِلأُمُورِ السَّيِّئَةِ الَّتِي حَصَلَتْ بَيْنَهُمَا أَثْنَاءَ شِجَارِهِمَا مَعاً؟ هَلْ أَنَّهَا إِخْتَفَتْ مِنْ عَالَمِهِمْ تَمَاماً؟"

بِالطَبْعِ يَصِحُ القَوْلُ هُنَا بِأَنَّهم جعَلُوا مِنْ أَسْبَابِ الخِصَام أَمْراً مُسْتَتِراً لِيَتَوارَى عَنْ أَنْظَارِهِم أَيْ أَنَّ كُلَّ شَخْصٍ سَتَرَ الصِفَاتَ السَيئَةَ لِلآخرِ كَاتِماً إِيَّاهَا، فَفِي وَقْتِ المُصَالَحَةِ وَالسَلاَمِ نَرَى أَنَّ كُلاً مِنْهُم لاَ يَفْتَكِرُ إِلاَّ فِي الصِفَاتِ الحَمِيدَةِ بَيْنَهُم وَهَذِهِ هِيَ قُوَّةُ التَطَابُقِ وَالتَنَاغُمِ التِي جَمَعَتْهُمَا مَعاً.

وَحَتَى فِي هَذِهِ المَرْحَلَةِ لَوْ أَتَى أَحَدٌ مَا مِنَ العَائِلَةِ وَأَخَذَ بِالتَكَلُّم عَنْ الرَجُلِ وَالمَرْأَةِ مُبِيحاً أَخْطَاءَ كُلٍّ مِنْهُمَا فَبِعَمَلِهِ هَذَا يُعْطِي قُوَّةً وَحَيَاةً لِتِلْكَ الصِفَاتِ السَيئَةِ التِي حَاوَلُوا سَتْرَهَا وَبِالتَالِي يَعْمَلُ عَلَى إِيْقَاظِهَا وَتَعْرِيَتِهَا فِي كُلٍ مِنَ الطَرَفَيْنِ. فِي هَذِهِ الحَالَةِ بِإِمْكَانِهِ أَنْ يُسَبِبَ إِنْشِقَاقاً بَيْنَهُمَا.

هَكَذَا الحَالُ أَيْضاً عِنْدَمَا يَتَعَلَّقُ الأَمْرُ بِصَدِيقَيْنِ فَإِذَا تَدَخَّلَ شَخْصٌ ثَالِثٌ بَيْنَهُمَا وَأَخَذَ يُظْهِرُ الصِفَاتَ السَيئَةَ الكَامِنَةَ فِي الوَاحِدِ لِلآخرِ فَبِعَمَلِهِ هَذَا يُعْطِي هَذِهِ الصِفَاتَ حَيَاةً وَقُوَّةً مِمَا يُؤَدِي إِلَى شَرْخٍ وَدَمَارِ عَلاَقَةُ الصَدَاقَةِ التِي تَجْمَعُ هَذَينِ الشَخْصَيْنِ.

وَرُبَمَا أَنَّهُ لِهَذَا السَبَبُ نَرَى أَنَّ الإِفْتِرَاءَ وَالتَشْهِيرَ وَتَشْوِيهَ السُمْعَةِ شَيءٌ مَحْظُورٌ وَمُحَرَّمٌ حَتَى وَلَو كَانَ صَحِيحاً بِمَا أَنَّهُ يَكْشِفُ الأُمُورَ التِي كَانَتْ مُسْتَتِرَةً فِي المَاضِي. وَلَيْسَ هَذَا فَقَطْ بَلْ أَنَّهُ يَعْمَلُ عَلَى سَتْرِ الصِفَاتِ الحَسَنَةِ وَيُظْهِرُ تِلْكَ الشَنِيعَةِ مِنْهَا وَبِالتَالِي يُسَبِبُ فِي إِنْشِقَاقِ العَلاَقَةِ وَالفِرَاقِ. بِالرَغْمِ مِنْ أَنَّ كُلَّ مَا قَالَهُ رُبَمَا صَحِيحٌ فَالسَبَبُ كَمَا أَوْرَدْتُ سَابِقاً إِنَّ كُلَّ شَيءٍ يَعْتَمِدُ عَلَى مَا هُوَ ظَاهِرٌ وَمَا هُوَ مُسْتَتِرٌ.

كَذَالِكَ الأَمْرُ فِيمَا يَتَعَلَّقُ مَا بَيْنَ الإِنْسَانِ وَالخَالِقِ. فَلَطَالَمَا أَنَّ شَرَّ الإِنْسَانِ مُسْتَتِرٌ فَهُوَ يَشْعُرُ بِأَنَّهُ ذُو خَصَائِلٍ حَمِيدَةٍ مِمَا يَدْفَعَهُ إِلَى عَمَلِ الخَيْرِ وَالصَلاَةِ بِمَا أَنَّهُ مُؤَهَّلٌ لإِحْرَازِ دَرَجَةٍ جَدِيدَةٍ. وَلَكِنْ عِنْدَمَا يَكُونُ الأَمْرُ مُعَاكِساً أَيْ أَنْ

صِفَاتَهُ الحَسَنَةَ هِيَ المُسْتَتِرَةُ وَعُيُوبَهُ هِيَ الظَاهِرَةُ فَهُوَ لاَ يَسْتَطِيعُ الإلْتِفَاتَ إِلَى الأَعْمَالِ الحَسَنَةِ وَالصَلاَةِ إِذْ أَنَّهُ يَرَى نَفْسَهُ غَيْرَ جَدِيرٍ لِلْقِيَامِ بِأَيِّ عَمَلٍ أَوْ أَيِّ شَيْءٍ حَسَنٍ. وَبِالتَالِي مِنَ الأَجْدَرِ بِهِ أَنْ يَعِيشَ حَيَاتَهُ كَالعَجْمَاءِ بِمَا أَنَّهُ لاَ يَسْتَطِيعُ أَنْ يَكُونَ إِنْسَاناً. قَالَ صَاحِبُ السُلَّمِ فِي هَذَا لَطَالَمَا يُشْغِلُ الإِنْسَانُ نَفْسَهُ فِي الأَعْمَالِ الحَسَنَةِ وَدِرَاسَةِ الحِكْمَةِ يَشْعُرُ بِتَوَاضُعِهِ فِي مَنْزِلَتِهِ الوَضِيعَةِ وَلَكِنْ عِنْدَمَا يُشْغِلُ نَفْسَهُ فِي الأُمُورِ العَالِمِيَّةِ فَهُوَ لاَ يَشْعُرُ أَبَداً بِرَدَائَتِهِ وَلاَ بِأَيِ نَوْعٍ مِنَ التَوَاضُعِ نَاظِراً الشَرَّ الَذِي فِيهِ.

بَيْنَمَا كَانَ يَتَوَجَّبُ أَنْ يَكُونَ الأَمْرُ عَلَى خِلاَفِ مَا ذُكِرَ إِذْ أَنَّهُ مِنَ المَنْطِقِيِّ أَنْ يَشْعُرَ الإِنْسَانُ بِتَوَاضُعِهِ عِنْدَمَا يُشْغِلُ نَفْسَهُ فِي الأُمُورِ العَالَمِيَّةِ وَالَتِي لاَ تَجْلُبُ لَهُ أَيُّ نَوْعٍ مِنَ الحَيَاةِ الرُوحِيَّةِ وَلَكِنْ لَطَالَمَا يُشْغِلُ نَفْسَهُ فِي الحِكْمَةِ وَدِرَاسَتِهَا وَفِي الأَعْمَالِ الحَسَنَةِ عِنْدَهَا يَعْتَبِرُ نَفْسَهُ كَامِلاً. وَهَذَا بِالطَبْعِ مُتَعَلِّقٌ بِالمَسْأَلَةِ الَتِي تَمَّ ذِكْرُهَا فِي البِدَايَةِ.

تَأْثِيرُ البِيئَةِ عَلَى الإِنْسَانِ

هُنَاكَ عُرْفٌ مُتَعَارَفٌ عَلَيْهِ وَمُتَبَعٌ فِي العَالَمِ كُلِّهُ، يُقَالُ أَنَّهُ لاَ يَصِحُ لِلإِنْسَانِ صَاحِبُ المَهَارَةِ العَالِيَةِ أَنْ يَضَعَ نَفْسَهُ مَعَ أُنَاسٌ مِنْ أَهْلِ مِهْنَتِهِ مِنَ الغَيْرِ المُحْتَرِفِينَ وَالغَيْرِ المَاهِرِينَ فِي عَمَلِهِم لِيَتَعَلَّمَ مِنْ أَفْعَالِهِم. فَعَلَى سَبِيلِ المِثَالِ إِذَا أَخَذْتَ إِسَكَافِياً وَوَضَعْتَهُ مَعَ غَيْرِ المَاهِرِينَ مِنْ أَبْنَاءِ حِرْفَتِهِ فَإِنَّهُم سَيُؤَثِرُونَ عَلَيْهِ بِتَفْكِيرِهِم بِأَنَّ العَنَاءَ غَيْرُ مُستَحِقٍ فِي بَذْلِ الجُهْدِ الكَثِيرِ فِي عَمَلِ حِذَاءٍ جَيْدِ النَوْعِيَّةِ وَبِعَدَمِ المُبَالاَةِ مِنْ نَاحِيَةِ الجَوْدَةِ لأَنَّ العَنَاءَ بَاطِلٌ وَبِدُونِ اسْتِحْقَاقٍ. أَوْ إِذَا أَخَذتَ خَيَّاطاً. وَإِذَا كَانَ هَذَا الخَيَّاطُ بَارِعَاً وَمَاهِراً فِي مِهْنَتِهِ فَعِنْدَمَا يَكُونُ ضِمْنَ أُوْلاَئِكَ الغَيْرُ بَارِعِينَ مِنْ أَهْلِ مِهْنَتِهِ فَهُم سَيُؤَثِرُونَ عَلَى تَفْكِيرِهِ فِي عَدَمِ الضَرُورَةِ بِأَنْ يُجْهِدَ نَفْسَهُ فِي عَمَلِ الأَلْبِسَةِ اللائِقَةُ المَظْهَرِ وَذَاتِ النَوْعِيَّةِ المُمْتَازَةِ وَلَيْسَ مِنَ الدَاعِي أَنْ يُتْعِبَ وَيُجْهِدَ نَفْسَهُ فِي المُحَاوَلَةِ أَوْ حَتَى التَفْكِيرِ فِي العَمَلِ.

وَلَكِنْ فِي حَالِ تَوَاجُدِ البَنَّاءَ بَيْنَ الخَيَاطِينَ فَهُوَ لاَ يَسْتَطِيعَ أَنْ يَتَعَلَّمَ مِنْ أَفْعَالِهِم السَيئَةِ لِسَبَبِ عَدَمِ وُجُودِ أَيِّ تَرَابُطٍ بَيْنَ كِلاَ المِهْنَتَيْنِ وَلَكِنْ فِي مَجَالِ المِهْنَةِ نَفْسِهَا يَجِبُ عَلَى الإِنْسَانِ أَنْ يُرَاقِبَ نَفْسَهُ وَيَحْذَرَ مِنَ التَعَامُلِ إِلاَّ مَعَ هَؤُلاءِ أَصْحَابُ القَلْبِ الصَافِي وَالنَقِيِّ.

تَمَاشِيَاً مَعَ الأَمْثِلَةِ السَابِقَةِ هَكَذَا هُوَ الحَالُ بِالنِسْبَةِ لأَيِّ إِنْسَانٍ يَخْدُمُ الخَالِقَ. فَيَجِبُ عَلَيْكَ أَنْ تَكُونَ يَقِظَاً وَتَحْتَرِسَ لِتَرَى إِذَا كَانَ هُوَ خَادِمَاً مَاهِرَاً فِي

عَمَلِه. بِمَعْنَى أَنَّهُ دَائِماً يَسْعَى بِأَنْ يَكُونَ عَمَلَهُ نَظِيفٌ وَبِنِيَّةٍ طَاهِرَةٍ وَصَادِقَةٍ وَالقَصْدُ مِنْهُ هُوَ تَمْجِيدُ إِسْمُ الخَالِقِ. فَفِي أَقَلِ الأَحْوَالِ يَجِبُ أَنْ يَعْلَمَ بِأَنَّهُ لَيْسَ هُوَ بِالعَامِلِ البَالِغ فِي مَهارَتِهِ، وَيَجِبُ أَنْ يَلْتَمِسَ النَصِيحَةَ وَالإِرْشَادَ دَاخِلَ نَفْسِهِ لِكَيْ يَكُونَ عَامِلاً بَارِعاً وَلَيْس عَامِلاً عَادِيَّاً يَسْعَى وَرَاءَ الرِبْحِ وَالمُكَافَأَةِ فَقَطْ.

لَكِنَ العَامِلُ المَاهِرُ وَالجَيِدُ هُوَ الرَجُلُ الَذِي لاَ يَأْخُذُ بِعَيْنِ الإِعْتِبَارِ المُكَافَأَةَ بَلْ يَرْغَبُ أَكْثَرَ فِي أَنْ يَسْتَمْتِعَ فِي عَمَلِهِ. فَإِذَا أَخَذْنَا مِثَالُ الخَيَّاطِ المَاهِرِ، فَعِنْدَمَا يَعْلَمُ أَنَّ المَلاَبِسَ التِي صَنَعَهَا مُلاَئِمَةٌ بِمَقَايِسِهَا عَلَى الزُبُونِ وَتَظْهَرُ بِفَائِقِ الأَنَاقَةِ وَاللَيَاقَةِ عَلَى الَذِي يَرْتَدِيهَا فَإِنَّ رُؤْيَةَ نَتِيجَةَ عَمَلِهِ سَتَمْنَحُهُ مُتْعَةً أَكْثَرَ مِنَ المُتْعَةِ التِي سَيَجْنِيهَا مِنَ الحُصُولِ عَلَى الربْحِ المَادِيِّ مُقَابِلَ عَمَلِهِ.

كَذَلِكَ الأَمْرُ بِالنِسْبَةِ لِهَؤُلاءِ الَذِينَ لَيْسُوا مِنْ أَهْلِ حِرْفَتِكَ، فَإِنَّهُ لَيْسَ مِنَ المُسْتَحِيلِ عَلَيْكَ التَوَاجُدَ مَعَهُم وَبَيْنَهُم إِذَا كُنْتَ تَعْمَلُ فِي حِرْفَةِ البِنَاءِ وَهُمْ يَعْمَلُونَ فِي الدِبَاغَةِ وَلَكِنْ بِالنِسْبَةِ لِهَؤُلاءِ الَذِينَ يَعْمَلُونَ فِي مَجَالِ عِلْم هَذِهِ الحِكْمَةِ وَهُمْ غَيْرُ مُبَالِينَ فِي عَمَلِهِم كَالخَيَّاطُ الَذِي لاَ يَهْتَمُ إِذَا كَانَتِ المَلاَبِسُ مُلاَئِمَةً وَتُوَافِقُ مَقَايِيسَ الزُبُونِ بَلْ أَنَّ فِكْرُهُمْ خَارِجٌ عَنْ أُصُولِ وَتَعَالِيمِ هَذِهِ الحِكْمَةِ وَالوَصَايَا وَالكِتَابِ. هُنَا يَجِبُ عَلَيْكَ الحَذَرَ الدَائِمَ فِي التَعَامُلِ مَعَ هَؤُلاءِ وَأَنْ تَكُونَ مُتَيَقِّظاً مِنْ نَاحِيَةِ هَؤُلاءِ وإِبْقَى بَعِيداً عَنْهُم. وَلَكِنَ الأَمْرَ لَيْسَ هَكَذَا مَعَ الأَشْخَاصِ العَادِيينَ.

أولاً : إِحْذَرْ مِنْ هَؤُلاءِ ذُوْ الفَقَاهَةِ وَالحَذَاقَةِ فِي التَلاَعُبِ فِي الأُمُورِ الرُوحِيَّةِ وَتَفْسِيرَهَا بِشَكْلٍ مُقْنِعٍ لِمَنْطِقِ الإِنْسَانِ وَلَيْسَ كَمَا يَسْتَوْجِبُ فَهْمَهَا.

ثَانِياً :إِحْذَرْ مِنْ هَؤُلَاءِ الَذِينَ يَسْتَتِرُونَ وَرَاءَ سِتَارِ العِلْمِ وَالفُقْهِ زَاعِمِينَ الرُوحِيَّات. يَجِبُ أَنْ تَكُونَ عَلَى إِحْتِرَاسٍ شَدِيدٍ مِنْهُم.

ثَالِثاً :وَمِنْ هَؤُلاءِ الَذِينَ عَلَى مَعْرِفَةٍ فِي كِتَابَاتِ صَاحِبِ السُلَّمِ وَدَرَسُوا الحِكْمَةَ لِغَرَضِ إِشْبَاعِ رَغَبَاتِهِمْ الأَنَانِيَّةِ، كُنْ يَقِظاً مِنْ نَاحِيَتِهِم وَإِحْتَرِسْ جِداً.

وَالسَبَبُ فِي ذَلِكَ هُوَ أَنَّ فِي عَالَمِ "النِيكُودِيمْ" أَيْ مَلْحُوتْ مِنْ دُونِ زِيفُوكْ عَلَيْهَا بِمَعْنَى أَنَّهَا فِي حَالِ كَوْنِهَا نُقْطَةٌ سَوْدَاءٌ وَفَارِغَةٌ وَلَيْسَ لَدَيْهَا القُدْرَةَ عَلَى إِظْهَارِ النُورِ المُنْعَكِسِ. إِنَّ دَرَجَةَ "مَلِكِ دَاتَاتْ" وَالَتِي هِيَ أَكْبَرُ وَأَعْلَى مَرْتَبَةِ المُلُوكِ أَيْ دَرَجَةَ "كِتْبِيرْ" وَهِيَ الجَذْرُ فِي أَيِّ دَرَجَةٍ سَقَطَتْ إِلَى القَعْرِ. وَهَذَا لِسَبَبِ أَنَّ "الإِرَادَةَ فِي التَلَقِّي" وَالَتِي بِدَوْرِهَا تَجْذُبُ النُورَ تَكُونُ عَلَى أَعْلَى الدَرَجَاتِ عِنْدَمَا يَكُونُ لَهَا "مَسَاخٌ" لِذَلِكَ كَانَ سُقُوطَهَا عَظِيمٌ وَأَعْظَمَ مِنْ سُقُوطِ القُوَّاتِ الأُخْرَى لِسَبَبِ فُقْدَانِهَا لِلمَسَاخِ.

بِإِمْكَانِنَا تَفْسِيرُ هَذَا كَمَا يَلِي. هَؤُلاءُ النَاسِ الَذِينَ يَسْلُكُونَ فِي طَرِيقِ الحَقِ فِي خِدْمَةِ الخَالِقِ يَكُونُ لَدَيْهِم مِقْيَاسُ الضِعْفُ مِنَ الإِرَادَةِ فِي التَلَقِّي لِلوَاقِعِ المَادِيِّ وَالوَاقِعِ الرُوحِيِّ مَعاً. عِنْدَمَا كَانُوا قَرِيبِينَ مِنْ صَاحِبِ السُلَّمِ وَكَانُوا يَرْتَوُنَ مِنَ النُورِ كَالمُتَطَفِلِينَ مُعْتَمِدِينَ عَلَيْهِ فِي حَجْمِ المَسَاخِ وَقُوَّةِ الأَفْيُوتِ-الكِلِي، وَلَكِنَ الأَنَ وَبَعْدَ رَحِيلِهِ فَهُم لَيْسُوا بِخَاضِعِينَ لأَيِّ سُلْطَةٍ وَلَيْسَ لَدَيْهِم أَيُّ رَغْبَةٍ فِي بَذْلِ الجُهْدِ لإِكْتِسَابِ المَسَاخِ لأَنْفُسِهِمْ، أَصْبَحَ هَمَّهُم الوَحِيْدُ أَنْ يَظْهَرُوا بِمَظْهَرِ المُعَلِمِينَ الحُكَماءَ فَقَطْ لاَ غَيْر.

فِي هَذِهِ الحَالَةِ لَدَيْنَا هُنَا أَفْيُوتٌ مِنْ دُونِ مَسَاخٍ أَيْ مِقْدَارٌ كَبِيرٌ مِنَ الإِرَادَةِ فِي التَقَبُّلِ وَبِالتَالِي يُعَلِّمُونَ الآخَرِينَ مِمَا عِنْدَهُم. بِالنِسْبَةِ لِي أَنَا لَيْسَ لَدَيَّ أَيُّ

ثِقَةٍ مِنْ نَاحِيَتِهِمْ وَلاَ يَسْتَطِيعُ أَحَدٌ أَنْ يَرُدَّهُمْ مَانِعاً إِيَّاهُمْ عَنْمَا يَفْعَلُونَ. أَنَا أَشَرْتُ إِلَى هَذَا بِشَكْلٍ إِيْجَازِيٍّ لِأَنَّنِي لاَ أَرْغَبُ فِي التَّفْكِيرِ بِهِمْ لِأَنَّكُمْ تَعْلَمُونَ أَنَّ قَلْبَ الإِنْسَانِ فِيمَا يُفَكِّرُ بِهِ.

لِفَهْمِ المَوْضُوعِ بِشَكْلٍ أَوْضَح سَأَطْرَحُ مِثَالاً بَسِيطاً. مِنَ المَعْرُوفِ أَنَّ بَيْنَ كُلِّ دَرَجَةٍ وَدَرَجَةٍ أُخْرَى يُوجَدُ وَسَطٌ مُكَوَّنٌ مِنْ مَزِيجٍ مِنْ كِلَا الدَّرَجَتَيْنِ مَعاً:

- بَيْنَ دَرَجَةِ الجَمَادِ وَدَرَجَةِ النَّبَاتِي يُوجَدُ الوَسَطُ وَيُدْعَى "الحَجَرُ المَرْجَانِيُّ".

- بَيْنَ دَرَجَةِ النَّبَاتِي وَدَرَجَةِ الحَيَوَانِي "ذُو الحَيَاةِ" يُوجَدُ وَسَطٌ وَهُوَ الصَّخْرَةُ فِي الحَقْلِ أَيْ الحَيَوَانُ المَرْتَبِطُ بِالأَرْضِ بِحَبْلٍ سُرِّيٍّ وَيَتَلَقَّى غِذَائَهُ مِنْهَا.

- وَبَيْنَ دَرَجَةِ الحَيَوَانِي وَالمُتَكَلِّمِ يُوجَدُ وَسَطٌ وَهُوَ القِرْدُ.

وَالسُّؤَالُ هُنَا مَا هُوَ الوَسَطُ بَيْنَ الحَقِّ وَالبَاطِلِ؟ وَمَا هِيَ الدَّرَجَةُ الَّتِي نَشَأَتْ مِنْ هَذَا المَزِيجِ بَيْنَ هَاتَيْنِ الدَّرَجَتَيْنِ؟

قَبْلَ أَنْ أَشْرَحَ هَذِهِ النُّقْطَةَ أُرِيدُ أَنْ أُضِيفَ قَانُونٌ كَقَاعِدَةٍ مِنْ أَجْلِ تَوْضِيحِ الفِكْرَةِ. مِنَ المَعْرُوفِ أَنَّهُ مِنَ الصَّعْبِ بَلْ مِنَ المُسْتَحِيلِ رُؤْيَةَ الأَشْيَاءِ فِي حَجْمِهَا الدَّقِيقِ وَالصَّغِيرِ بِالعَيْنِ المُجَرَّدَةِ وَلَكِنْ مِنَ الأَسْهَلِ رُؤْيَةَ الأَشْيَاءِ الكَبِيرَةِ. كَذَلِكَ الأَمْرُ عِنْدَمَا يَقْتَرِفُ الإِنْسَانُ أَكَاذِيبَ صَغِيرَةً فَهُوَ لاَ يَسْتَطِيعُ رُؤْيَةَ الحَقِيقَةِ فِي أَنَّهُ سَائِرٌ فِي طَرِيقِ الكَذِبِ وَالبَاطِلِ. بَلْ فِي الأَحْرَى أَنَّهُ مُقْتَنِعٌ فِي أَنَّهُ يَسِيرُ فِي طَرِيقِ الحَقِّ. وَلَكِنْ لاَ يُوجَدُ وَهْمٌ وَلاَ كِذْبَةٌ أَكْبَرُ مِنْ هَذِهِ وَالسَّبَبُ هُوَ أَنَّ هَذَا الإِنْسَانَ لَمْ يَرْتَكِبْ مِنَ الكَذِبِ بِشَكْلٍ مُتَوَفِّرٍ وَكَافٍ حَتَّى يَكُونَ بِإِمْكَانِهِ رُؤْيَةَ الحَقِيقَةِ

وَلَكِنْ عِنْدَمَا يَكْتَسِبُ هَذَا الإِنْسَانُ حَيَاةً مِلْؤُهَا الكَذِبُ إِلَى أَنْ تُصْبِحَ حَيَاتَهُ مَغْمُورَةً بِالأَكَاذِيبِ لِدَرَجَةٍ يَكُونُ بِإِسْتِطَاعَتِهِ أَنْ يَرَاهَا، هَذَا إِذَا كَانَ يَرْغَبُ هُوَ فِي رُؤْيَتِهَا وَالإِعْتِرَافُ بِهَا فِي نَفْسِهِ، عِنْدَهَا يَبْدَاءُ يُدْرِكُ بِأَنَّهُ سَائِرٌ فِي طَرِيقِ الأَبَاطِيلِ وَيَرَى وَضْعَهُ عَلَى حَقِيقَتِهِ. بِكَلِمَةٍ أُخْرَى أَنَّهُ يَرَى الحَقَ فِي نَفْسِهِ وَكَيْفَ يَكُونُ بِإِمْكَانِهِ أَنْ يَنْتَقِلَ لِلسَيْرِ عَلَى طَرِيقِ الحَقِ.

يَتَبَعُ ذَلِكَ أَنَّ مِنْ نُقْطَةِ مَعْرِفَةِ الحَقِ هَذِهِ أَيْ مَعْرِفَتَهُ أَنَّهُ سَائِرٌ فِي طَرِيقِ البَاطِلِ، هَذِهِ النُقْطَةُ هِيَ الوَسَطُ بَيْنَ الحَقِ وَالبَاطِلِ. هَذِهِ النُقْطَةُ تَكُونُ بِمَثَابَةِ الجِسْرِ الَذِي يَصِلُ بَيْنَ الحَقِ وَالبَاطِلِ. كَمَا وَتُعْتَبَرُ هَذِهِ النُقْطَةُ أَيْضاً نِهَايَةَ الكَذِبِ، وَمِنْ هُنَا تَكُونُ بِدَايَةُ طَرِيقِ الحَقِ.

هُنَا نَسْتَطِيعُ أَنْ نَرَى بِأَنَّهُ إِذَا أَرَدْنَا الحُصُولَ عَلَى بَرَكَةِ "لِيشْمَا" يَجِبُ أَنْ نَصِلَ أَوَلاً إِلَى "لُو-لِيشْمَا" فِي أَكْبَرِ مَرَاحِلِهَا عِنْدَهَا فَقَطْ نَسْتَطِيعُ الوُصُولَ إِلَى "لِيشْمَا". وَهَكَذَا هُنَا "لُو-لِيشْمَا" تُدْعَى الكَذِبُ، وَ "لِيشْمَا" تُدْعَى الحَقُ. فَفِي حَالِ أَنَّ الكِذْبَةَ صَغِيرَةً وَحِفْظُ الوَصَايَا وَالأَعْمَالُ الحَسَنَةِ قَلِيلٌ فَالشَخْصُ هُنَا يَمْلِكُ جُزْءً صَغِيراً مِنْ "لُو-لِيشْمَا" وَبِالتَالِي لاَ يَسْتَطِيعُ رُؤْيَةَ الحَقِ. وَلِهَذَا السَبَبُ فِي هَذِهِ المَرْحَلَةِ يَقُولُ الشَخْصُ بِأَنَّهُ يَسِيرُ عَلَى طَرِيقِ الحَقِ أَيْ أَنَّ عَمَلَهُ فِي "لِيشْمَا" وَأَنَّهُ يَصْنَعُ الحَقُ. وَلَكِنْ عِنْدَمَا يُشْغِلُ نَفْسَهُ فِي دِرَاسَةِ الحِكْمَةِ لَيْلاً وَنَهَاراً وَهُوَ فِي حَالَةِ "لُو-لِيشْمَا" عِنْدَهَا يَسْتَطِيعُ رُؤْيَةَ الحَقِ بِمَا أَنَّ أَكَاذِيبَهُ تَرَاكَمَتْ وَتَكَدَسَتْ بِكَثْرَةٍ فَقَدْ كَبُرَتِ الكِذْبَةُ إِلَى دَرَجَةٍ يَسْتَطِيعُ رُؤْيَتَهَا وَأَنْ يَرَى بِأَنَّهُ يَسِيرُ فِي طَرِيقِ البَاطِلِ وَعِنْدَهَا يَبْدَأُ بِتَصْحِيحِ أَفْعَالِهِ.

بِكَلِمَةٍ أُخْرَى أَنَّهُ يَشْعُرُ بِأَنَّ كُلَّ مَا يَفْعَلَهُ هُوَ ضِمْنُ إِطَارِ "لُو-لِيشْمَا" وَمِنْ

هَذِهِ النُقْطَةِ يَسْتَطِيعُ الإِنْسَانُ أَنْ يَعْبُرَ إِلَى طَرِيقِ الحَقِ إِلَى "لِيشْمَا". هُنَا فَقَطْ وَمِنْ هَذِهِ النُقْطَةِ يَبْدَأُ التَطْبِيقُ العَمَلِيُّ لِلْقولِ "يَنْتَقِلُ الإِنْسَانُ مِنْ لُو-لِيشْمَا إِلَى لِيشْمَا". وَلَكِنْ قَبْلَ هَذِهِ المَرْحَلَةِ إِنَّ كُلَّ مَا يَشْرَعُ بِهِ الإِنْسَانُ هُوَ المُجَادَلَةُ بِأَنَّهُ يَعْمَلُ كُلَّ أَفْعَالَهُ مِنْ أَجْلِ "لِيشْمَا" وَبِالتَالِي كَيْفَ يُمْكِنُهُ أَنْ يُغَيِّرَ طَرِيقَهُ؟

لِذَلِكَ إِذَا كَانَ الإِنْسَانُ يَتَسَكَّعُ مُتَكَاسِلاً فِي العَمَلِ وَمُهْمِلاً فَلَنْ يَتَمَكَّنَ مِنْ رُؤْيَةِ الحَقِيقَةِ وَبِالتَالِي فَهُوَ مُنْغَمِرٌ تَمَاماً فِي البَاطِلِ. وَلَكِنْ كُلَّمَا زَادَ مِنْ جُهْدِهِ فِي البَحْثِ وَفِي دِرَاسَةِ الحِكْمَةِ لِهَدَفِ إِرْضَاءِ الخَالِقِ، عِنْدَهَا يَسْتَطِيعُ رُؤْيَةَ الحَقِ أَيْ إِدْرَاكُهُ بِأَنَّهُ يَخْطُو فِي طَرِيقِ البَاطِلِ وَأَنَّهُ فِي "لُو-لِيشْمَا". إِدْرَاكُهُ هَذَا هُوَ مَا يُدْعَى بِنُقْطَةِ الوَسَطِ بَيْنَ الحَقِ وَالبَاطِلِ.إِذاً يَجِبُ عَلَيْنَا أَنْ نَكُونَ أَقْوِيَاءَ وَوَاثِقِينَ بِأَنَّنَا نَسِيرُ عَلَى الطَرِيقِ الصَحِيحِ لِيَكُونَ كُلَّ يَوم نَعِيشَهُ يَوماً جَدِيداً، فَإِنَّنَا بِحَاجَةٍ إِلَى تَجْدِيدِ أَسَاسِ المَعْرِفَةِ وَالإِدْرَاكِ لَدَيْنَا لِكَيْ نَسِيرَ دَائِماً إِلَى الأَمَامِ.

www.ingramcontent.com/pod-product-compliance
Lightning Source LLC
Chambersburg PA
CBHW071221080526
44587CB00013BA/1448
* 9 7 8 1 7 7 2 2 8 1 2 3 1 *